Fritz René Allemann
26mal die Schweiz

Band 5106

Zu diesem Buch

Als Allemanns Buch, Produkt langjähriger Arbeit des bekannten Journalisten, vor zwanzig Jahren erstmals erschien, stellte es in der riesigen Literatur über die Schweiz – jedenfalls für unser Jahrhundert – ein völliges Novum dar: Zum erstenmal versuchte hier ein Autor, die moderne Eidgenossenschaft nicht als eine staatliche Gesamtheit darzustellen, sondern als ein Mosaik ihrer Gliedstaaten in all ihrer geschichtlich begründeten und so überraschend vielfältigen Eigenart – eben als »Panorama einer Konföderation«. Wie die damals 25, inzwischen nach dem Hinzutreten des Jura 26 Kantone und Halbkantone entstanden sind, wie sich ihr unterschiedliches historisches Profil auch in der gesellschaftlichen und politischen Aktualität ausprägt, das verdeutlichte dieser Band auf eine so fesselnde und originelle Weise, daß er von Kritikern und Fachleuten sogleich als ein »Klassiker« seines Genres gewürdigt wurde, und der bedeutende Erfolg bei den Lesern bestätigt diese Einschätzung. Inzwischen hat Allemann seinen ursprünglichen Text gründlich überarbeitet, aktualisiert und nach vielen Richtungen hin durch neue Einsichten ergänzt; so ist ein noch umfassenderes und instruktiveres Bild des vielgliedrigen helvetischen Kosmos entstanden.

Fritz René Allemann, geboren 1910 in Basel, langjähriger Korrespondent und Redakteur der Zürcher »Tat«, Mitherausgeber des »Monat«. Lebt heute als freier Journalist bei Würzburg.

Fritz René Allemann

26mal die Schweiz

Panorama
einer Konföderation

Mit 17 Abbildungen von
Xenia v. Bahder

Piper
München Zürich

*Weitere »Panoramen der Welt«
in der Serie Piper:*

Harald Bilger, 111mal Südafrika (5102)
Raymond Cartier, 50mal Amerika (5101)
Gerhard Dambmann, 25mal Japan (5104)
Tony Gray, 5mal Irland (5105)

ISBN 3-492-05106-5
Neuausgabe 1985
4., überarbeitete Auflage, 37.–44. Tausend Januar 1985
(1. Auflage, 1.–8. Tausend dieser Ausgabe)
© R. Piper GmbH & Co. KG, München 1979, 1985
Umschlag: Federico Luci, unter Verwendung eines Fotos
von der Bildagentur Mauritius
Vorsatzkarten von Jutta Winter
Gesamtherstellung: Hieronymus Mühlberger, Augsburg
Printed in Germany

Inhalt

Aus dem Vorwort zur Erstausgabe 7
Vorwort zur Taschenbuchausgabe. 10

Die Urschweiz

Uri – Paßstaat im Mauerring. 15
Schwyz – Ländliche Vormacht 29
Unterwalden – Ein Stand, zwei Gemeinwesen 46
Zug – Kleiner Kanton mit vielen Gesichtern 63
Glarus – Arbeiterland mit Tradition 74

Die Vororte

Zürich – Der metropolitane Kanton 91
Bern – Großmacht im Kleinstaat 132
Luzern – Zwischen Barock und Aufklärung. 166

Die Nordwestschweiz

Basel – Stadtstaat an der Grenze 189
Basselland – Vom Bauernland zum Industriekanton 211
Solothurn – Katholisches und liberales Erbe 224
Aargau – Kanton ohne Tradition 243

Die Nordostschweiz

Sankt Gallen – Ein Haus aus vielen Häusern 265
Appenzell – Hochburg des Eigenwillens 288
Thurgau – Kanton ohne Mittelpunkt 320
Schaffhausen – Der Brückenkopf. 336

Die welsche Schweiz

Freiburg – Das katholische Bollwerk 359
Neuenburg – Das Weinland und das Uhrenland. 383
Die Waadt – Weltoffener Partikularismus 411
Genf – Kanton Kosmopolis. 443
Jura – Der verspätete Kanton. 480

Die Außenseiter

    Wallis – Bergland im Umbruch 505
    Graubünden – Eine Welt für sich 528
    Tessin – Pfeil nach dem Süden 567

Erläuterungen 601

Aus dem Vorwort zur Erstausgabe

Was ich hier schildere, ist nicht »die Schweiz«; es sind die Kantone, aus denen sie besteht. Nicht dem Staat, seinen Institutionen und ihrem Funktionieren möchte ich nachgehen, sondern den Teil-Staaten, aus denen er entstanden ist. Und nicht von den Schweizern soll auf den folgenden Seiten gesprochen werden, sondern von den Urnern und den Genfern, den Bernern und Tessinern: von jenen »Völkerschaften der zweiundzwanzig souveränen Kantone« also, die sich nach dem bis heute unverändert gebliebenen Artikel Eins der Bundesverfassung von 1848 im Bundesstaat der Schweizerischen Eidgenossenschaft vereinigt haben.

Daß dieses Unterfangen seine Tücken hat, ist mir durchaus bewußt. Dies nicht nur deshalb, weil die »Souveränität« der Kantone längst ausgehöhlt und zur juristischen Fiktion verblaßt ist, seit die militärischen, wirtschaftlichen und gesellschaftlichen Entwicklungen auch die Schweiz zu immer stärkerer Zentralisierung gezwungen haben. Problematischer noch mag der Versuch, den ich hier unternehme, aus einem anderen Grund anmuten. Wer im 18. und frühen 19. Jahrhundert die schweizerischen Kantone schilderte, der hatte eine Musterkarte der unterschiedlichsten, ja gegensätzlichsten Staatsverfassungen auszubreiten: extreme ländliche Demokratien standen neben städtischen Aristokratien patrizischen oder zünftlerischen Gepräges, und es fehlte im Kreise dieser Republiken nicht einmal eine richtige Monarchie, solange die Könige von Preußen noch als Fürsten von Neuchâtel walteten. Vor 1798 war das Bild sogar noch viel reicher: Da gab es neben den damals unzweifelhaft souveränen Kantonen noch »zugewandte Orte«, Schirmherrschaften, geistliche Fürstentümer, Untertanengebiete mit oder ohne Privilegien, freie, halbfreie und viertelsfreie Städte und Täler zu beschreiben. Es muß eine wahre Lust für einen wunderfitzigen Autor gewesen sein, den Verschiedenheiten des »Regiments« nicht nur zwischen den einzelnen »Orten« oder »Ständen«, sondern auch zwischen den Landschaften und Vogteien eines jeden Kantons nachzuspüren.

Heute dagegen mutet die staatliche Struktur der 22 Kantone (oder der 25, wenn man die Halbkantone mitrechnet) auffällig gleichförmig an. Sie sind nicht nur allesamt Republiken und Demokratien geworden – was ihnen die Bundesverfassung ja ausdrücklich vorschreibt –, sondern sie haben auch alle einen sehr ähnlichen Typus von Demokratie entwickelt: mit Beteiligung des Bürgers an der Gesetzgebung durch Referendum und Initiative und mit Volkswahl der Kantonsregierungen (die einzige nicht unmittelbar vom Volke gewählte Regierung ist die des Bundes). Nur die paar kleinen Landsgemeinde-Kantone bringen mit ihrer althergebrachten Regierungsform noch einige Farbe in das sonst anscheinend eintönige Gemälde.

Lohnt es sich da überhaupt noch, den subtilen Differenzierungen zwischen den Bundesgliedern nachzuspüren? Was an Kompliziertheit des Gefüges bleibt – rechtfertigt es noch anderes als vielleicht die flüchtige, elegant hingestrichelte Skizze? Kann man von einem Leser, der andere und zweifellos wichtigere Probleme im Kopf hat, ein Interesse nicht nur an großen und mit bloßem Auge erkennbaren, sondern auch an scheinbar geringfügigen Nuancen und Abschattierungen erwarten, wenn es um Gemeinwesen geht, von denen manche an Umfang und Bevölkerung hinter einem durchschnittlichen deutschen Landkreis zurückbleiben?

Vielleicht nicht. Aber ich kann nur sagen, daß mich die Persönlichkeiten, die gesellschaftlichen Physiognomien, die Individualitäten der 25 Miniaturstaaten, die zusammen die Eidgenossenschaft bilden, schon zu einer Zeit gefangengenommen haben, da ich noch gar nicht daran dachte, ein Buch darüber zu schreiben. In Gottfried Kellers »Fähnlein der sieben Aufrechten« gibt es eine Stelle, die mir immer als etwas vom Schweizerischsten vorkam, was je geschrieben worden ist. Da läßt der Dichter seinen Helden darüber sprechen, wie »kurzweilig« es doch sei, »daß es nicht einen eintönigen Schlag Schweizer gibt, sondern daß es Zürcher und Berner, Unterwaldner und Neuenburger, Graubündner und Basler gibt, und sogar zweierlei Basler! Daß es eine Appenzeller Geschichte gibt und eine Genfer Geschichte; diese Mannigfaltigkeit in der Einheit, welche Gott uns erhalten möge ...«. Als ich mich vor mehr als fünf Jahren auf das Abenteuer dieses Buches einließ, da tat ich es deshalb, weil es auch mir »kurzweilig« schien, meine Heimat einmal »von unten« zu betrachten. Ich war nämlich immer der Meinung, daß bloße *Toleranz* gegenüber dem Andersartigen und Eigenwilligen nicht genüge; wichtiger sei, daß man seinen *Spaß* daran habe.

Bei der Beschäftigung mit meinem Gegenstand ist mir dann allerdings schnell aufgegangen, wie wenig ich eigentlich über meine

Aus dem Vorwort zur Erstausgabe

Mit-Eidgenossen gewußt hatte, wieviel individuelle Ecken und Kanten, Falten und Narben im Gesicht jedes Kantons ich bis dahin übersehen hatte und wie lustig es daher sein müßte, alle diese Gesichter einmal nach der Manier eines altmodischen Kleinmeisters zu konterfeien, der sich ein Vergnügen daraus machte, seine Porträts recht minutiös hinzupinseln. Ob eine solche Galerie der helvetischen Typen und ihrer kleinen Gemeinschaften »wichtig« sei und ob sich genug Leute daran ebenso ergötzen würden wie ich – darüber habe ich mir keine Gedanken gemacht, solange meine Arbeit währte.

Einer gewissen Rechtfertigung bedarf vielleicht die gewählte Anordnung der Kantone. Eine strikt historische Abfolge der einzelnen Kapitel, etwa nach dem Zeitpunkt des Beitritts zur Eidgenossenschaft, schien mir ebensowenig sachgerecht, wie eine rein regionale Gruppierung. So bin ich einen Kompromiß eingegangen, indem ich zuerst die urschweizerischen Kernstaaten einschließlich der (geschichtlich und soziologisch dazugehörigen) Kantone Zug und Glarus behandle, dann die drei um einen städtischen Kern erwachsenen »Vororte« Zürich, Bern und Luzern zu einer eigenen Gruppe zusammenfasse und im übrigen geographischen Kriterien folge, wo sie einen sinnvollen Zusammenhang ergeben: in den Abschnitten über die Nordwestschweiz, die Nordostschweiz und die französisch-sprachige Westschweiz. Das mindestens teilweise durchaus zu diesem »Welschland« – zur *Romandie* – gehörige doppelsprachige Wallis dagegen habe ich mit dem Tessin und Graubünden in einer Sondergruppe der »Außenseiter« zusammengefaßt: Diese drei alpinen und südalpinen Republiken bilden in der Tat eine Welt für sich und heben sich deutlich von ihrer zentral-, ost- und westschweizerischen Nachbarschaft ab.

1965   F. R. A.

Vorwort zur Taschenbuchausgabe

Meine ernstgemeinten Zweifel daran, ob das Thema dieses Bandes viele Leser interessieren werde, haben sich als unberechtigt erwiesen. Die Anteilnahme der Öffentlichkeit an meinem scheinbar abseitigen Thema erwies sich nicht nur als überraschend groß, sondern auch als bemerkenswert nachhaltig. So drängte sich schon 1977, zwölf Jahre nach Erscheinen der ersten Auflage, eine Aktualisierung auf, die freilich aus verlegerisch-technischen Rücksichten und wegen anderweitiger Verpflichtungen des Autors auf wenige Korrekturen und Anpassungen beschränkt werden mußte. Erst jetzt ist jene gründliche Überarbeitung möglich geworden, die ich mir schon damals gewünscht hatte. So rechtfertigt es sich diesmal auch, den ursprünglichen Titel »25mal die Schweiz« zu ändern, nachdem mittlerweile der Jura – dem ich bereits vor seiner Loslösung aus dem bernischen Staatsverband mit gutem Grund ein eigenes Kapitel unter dem Titel »Der Kanton, den es nicht gibt« gewidmet hatte – zu einem selbständigen und normalen Glied der Eidgenossenschaft aufgestiegen ist.

Um Raum für die Darstellung der jüngsten Entwicklungen zu schaffen, ohne den Umfang der ohnedies recht breit geratenen Darstellung über Gebühr zu erweitern, mußte der ursprüngliche Text an manchen Stellen gestrafft werden; dem sind leider auch einige der vielen, nach Meinung einiger Leser viel zu vielen Zitate aus den reizvollen Berichten und Urteilen früherer Reisender und Analytiker zum Opfer gefallen. Wenn ich *diese* Kürzungen bedaure, so hoffe ich, daß andere eher der Lesbarkeit zugute kommen.

Ganz besondere Freude hat es mir bereitet, daß mein scheinbar so unzeitgemäßer Versuch, das Bild der Schweiz aus der kantonalen statt aus der Bundesperspektive zu zeichnen, auch einen viel jüngeren Autor des französischen Sprachgebiets zu einer ähnlichen Fragestellung ermuntern konnte. Den beiden Bänden von Alain Pichard (»*Vingt Suisses à découvrir*« und »*La Romandie n'existe pas*«), deren einbändige deutsche Ausgabe (»Land der Schweizer«) mir der Verfasser unbekannter- und liebenswürdigerweise gewidmet hat, verdanke ich meinerseits eine Fülle von Anregungen, die ich bei der vorliegenden Neufassung berücksichtigen konnte; dabei haben wir uns unserem gemeinsamen Gegenstand auf so verschiedene und individuelle Weise genähert, daß niemand daran denken dürfte, die Originalität der beiden Arbeiten in Frage zu stellen. Im Grunde greifen wir beide nur auf eine einst völlig gängige Form der Literatur über die Schweiz zurück, die seit mehr als hundert Jahren als »unmodern« preisgegeben wurde und die sich doch, wie ich meine, selbst unter den veränderten Bedingungen der Gegenwart vielleicht nicht als ganz so überholt erweist, wie man das anzunehmen geneigt war.

1985   F. R. A.

Die Urschweiz

Uri

Paßstaat im Mauerring

> Ein edel land, guot recht als der kern,
> das lit beschlossen zwüschen berg
> vyl fester danne mit muren.
> Da huob sich der pund zuom ersten an,
> sy hand den sachen wislich getan
> in einem land, heißt Ure.
> *Altes Tellenlied, 15. Jahrhundert*

Ce canton peut être regardé comme le séjour ancien & moderne de la valeur helvétique.
»Dictionnaire historique, politique et géographique de la Suisse«, 1788

Geographisch ebenso wie historisch erscheint Uri »guot recht als der kern« der Eidgenossenschaft: der Paßstaat, der die Wacht am Gotthard hält und über den zugleich das zentrale Stück der alpinen Querverbindung zwischen den oberen Tälern der Rhone und des Vorderrheins verläuft, bildet die eigentliche schweizerische Mitte zwischen Süd und Nord wie zwischen Ost und West. Schon das Mittelalter war sich dessen bewußt. Bis ins 18. Jahrhundert hinein behauptete sich die Vorstellung, daß der Gotthard der höchste Berg Europas sei; den »Herrgott des Gebürges« nannte ihn Aegidius Tschudi. Goethe wußte zwar, daß das ein Aberglaube war; nichtsdestoweniger behielt das Zentrum des Alpenmassivs auch in seinen Augen »den Rang eines königlichen Gebirges über alle andern, weil die größten Gebirgsketten bei ihm zusammenlaufen und sich an ihn lehnen«. Dem Staat, der hier am Gotthard, durch den Gotthard und frühzeitig über den Gotthard hinweg erwachsen war, teilte sich etwas von dieser Würde mit: Er wurde als der eigentliche Hort der eidgenössischen Freiheit weit über seine bescheidene Größe und Macht hinaus empfunden. Das gilt auf eine Weise noch heute: Die Festung am Gotthard bildet nach wie vor das Rückgrat des schweizerischen Befestigungssystems, und um sie gruppierte sich im Zweiten Weltkrieg jenes »réduit«, auf das sich die Verteidigung der Schweiz stützen sollte, als die Achsenmächte das Land auf allen Seiten umklammert hielten.

Als erstes der innerschweizerischen Länder hat Uri seine Freiheit gewonnen. Längst bevor ihm der Freiheitsbrief König Heinrichs Reichsunmittelbarkeit und Unveräußerlichkeit ausdrücklich zusicherte, trat seine Markgenossenschaft schon als selbständig handelndes Rechtssubjekt auf: Im Streit mit Glarus um die Alprechte auf dem Urnerboden jenseits der Klausenpaßhöhe, der im Jahre 1003 geschlichtet wurde, führte sie den Prozeß ohne Beistand einer höheren Autorität, während die Glarner durch den Reichsvogt des Zürichgaus vertreten wurden. Nicht mit Unrecht hat Max Oechslin aus solchen und anderen urkundlichen Fakten den Schluß gezogen, »daß die urnerische Markgenossenschaft die älteste staatliche Volksgemeinschaft im Gebiete der Alpen ist, die sich heute geschichtlich als solche Einheit nachweisen läßt«. Diese alte Tradition eines unabhängigen Handelns im eigenen Verband, der persönlich freie und unfreie Bauern zur Regelung zunächst einmal der wirtschaftlichen Aufgaben zusammenfaßte, hat dem Tal frühzeitig ein gemeinsames, die feudale Aufsplitterung überwindendes und aktionsfähiges Organ verschafft. Das erklärt die Fähigkeit wie den Willen der Urner, sich durch eine ungewöhnliche ökonomische Anstrengung einen privilegierten, sonst fast nur Reichsstädten zukommenden Status zu sichern: Als Kaiser Friedrich II. die Vogtei über Uri an seinen damaligen Parteigänger, den Grafen Rudolf den Alten von Habsburg, verpfändet hatte, legten sich die Urner eine schwere Steuer auf, um mit deren Ertrag die Pfandsumme aufzubringen und für alle Zukunft jede Entäußerung durch das Reich abzuwenden. Der Freiheitsbrief, den ihnen Friedrichs Sohn Heinrich 1231 zu Hagenau im Elsaß ausstellte, bot ihnen denn auch die unzweideutige Gewähr, daß sie niemals wieder, weder durch Verleihung noch durch Verpfändung, der unmittelbaren Zugehörigkeit zum Reich entfremdet werden sollten. Und dieses Dokument war so klar und zwingend abgefaßt, daß auch König Rudolf von Habsburg nicht darum herumkam, es nach seiner Thronbesteigung sogleich zu bestätigen.

Der frühe Aufstieg zur uneingeschränkten Selbständigkeit im Rahmen des Reiches scheint leicht verständlich: Die Staatlichkeit Uris ist von der Natur selbst vorgegeben. Kein anderer Kanton – außer dem so viel größeren Wallis – scheint geographisch so kompakt und geschlossen wie diese älteste unter den alpinen Republiken. Ihr Territorium fällt praktisch mit dem Einzugsgebiet eines einzigen Bergstroms zusammen: der Reuß. Die Höhenzüge der Alpen geben ihm im Osten, Westen und Süden seine festen Konturen. Der alpine Fjord des Urnersees, des südlichsten Armes am vielverzipfelten Vierwaldstätter See, setzt ihm nach Norden eine nicht minder klare Schranke. Daß die Urner Hirten da und dort, im sagenumwobenen Urnerboden, am Surenenpaß gegen Engelberg zu und an einigen Stellen sogar gegenüber Schwyz, auf der Suche nach neuen Weidegründen über die Wasserscheide hinausgegriffen haben, bezeugt nur ihre Stärke und Rührigkeit. Bezeichnend aber ist, daß es keine derartigen Übermarchungen auf die urnerische Seite herüber gibt: Alles Land zwischen Talboden und Alpenkamm liegt durchwegs und unzweideutig in urnerischer Hand.

Schon den Menschen des Mittelalters fiel das Ungewöhnliche dieser geographischen Absicherung nach allen Seiten hin ins Auge. Daß die urnerische Bergbauerngemeinde als Reichsland eine Eigenständigkeit genoß, wie sie sonst im Feudalzeitalter nur umwallten Städten hinter ihrem künstlichen Mauerring beschieden war, kam dem Zeitgenossen so außerordentlich vor, daß er dahinter das Walten jener höheren Macht sah, die Uri zu einer mächtigen, ja als uneinnehmbar geltenden natürlichen Festung ausgestaltet hatte:

> Das land ist wohl beschlossen yn,
> dann Gott ist selbst der murer gsin.

Diese Unzugänglichkeit und natürliche Isolierung ist in der Tat die eine Konstante der urnerischen Geschichte; sie hat dem Reußtal bis zum Franzoseneinfall von 1798 jede fremde Invasion erspart. Es fällt heute schwer, sich in Erinnerung zu rufen, daß die erste befahrbare Straße, die den Zugang zu Uri vom Mittelland her erschloß – die Axenstraße – erst 1865 eröffnet wurde. Bis dahin bildete der Vierwaldstätter See die einzige Verbindungslinie nach Norden; alle Waren, die über den Gotthard gingen oder kamen, mußten noch um die Mitte des vergangenen Jahrhunderts in Luzern und Küßnacht oder in Flüelen von den Wagen auf die Schiffe umgeladen werden (daß der Tell der Überlieferung Säumer *und* Schiffer war, muß gerade aus solcher Sicht als ein eminent realistischer Zug der Befreiungsgeschichte verstanden werden, denn beides gehörte gleichermaßen zum urnerischen Lebenskreis). Und bis ins hohe Mittelalter hinein entsprach der nördlichen Landsperre des Sees die südliche, die durch die unzugänglichen Felsmassen der Schöllenenschlucht gebildet und erst im 12. oder 13. Jahrhundert durch die Anlage des »stiebenden Stegs« überwunden wurde.

In dieser ursprünglichen Vereinzelung hat sich in Uri ein sehr eigentümlicher Volkstypus herausgebildet. Von allen Schweizern ist der Urner der am reinsten ausgeprägte Mensch des Gebirges. Das spiegelt sich faszinierend in seiner reichen und originellen Sagenwelt, die der Altdorfer Spitalpfarrer Josef Müller in den drei Bänden der »Sagen aus Uri« gesammelt hat. Auf Grund dieses erzählerischen Volksguts hat dann der geistvolle Eduard Renner in seinem Buch »Goldener Ring über Uri« das Weltbild des urnerischen Berghirten nachgezeichnet und als die fast reine Gestalt einer ursprünglich-magischen, noch nicht von animistischen Vorstellungen überlagerten Denkweise interpretieren können. Diese Vorstellungswelt seiner Landsleute, meint Renner, sei den Erlebnisformen des altsteinzeitlichen Menschen verwandt. In den Sagen wie im geschriebenen Recht, in Staatsform, Wehrwesen und Handel der Urner entdeckt er die gleiche magische Luzidität wie in den paläolithischen Felsbildern: Zeugnisse eines rational zwar nicht völlig erfaßbaren, aber doch kühlen und eminent praktischen Wesens.

In sonderbarem und bedeutungsvollem Widerspiel zur charakteristischen Abgeschlossenheit Uris steht seine Bedeutung als Paß- und Transitland. Als die Planken des »stiebenden Stegs« in die Felsen der Schöllenen gehängt wurden – wahrscheinlich von Ursern her, dessen Schmied die Überlieferung als den Schöpfer des folgenschweren Werkes nennt –, da rückte eine verkehrsgeographische, ökonomische und politische Revolution den bis dahin weltverlorenen, an den Rand der Geschichte verwiesenen Bergwinkel fast mit einem Schlag in den Mittelpunkt gewaltiger und weitreichender Zusammenhänge. Plötzlich weitete sich, was bis dahin eine Sackgasse gewesen war, zur geschichtsmächtigen Durchgangsstraße, die den kürzesten und einfachsten Weg von Norden nach Süden, vom rheinischen Herzen des damaligen Reiches zur Lombardei, vom »heiligen Köln« nach dem »heiligen Rom« auftat – und nun erst wurden See und Paß im natürlichen Mauerring, der Uri umschließt, zu den breiten, weit geöffneten, wenn auch allzeit kräftig bewehrten Toren, durch die der Strom des Handels flutete und die Urner aus ihrer bisherigen Bewahrtheit herausriß ins Ferne und Unbekannte. Zur Konstante der talschaftlichen Enge und Sicherheit trat damit die andere, dialektisch entgegengesetzte der Aufgeschlossenheit; beide haben in ihrer eigentümlichen Verstrickung bis heute Wesen und Schicksal des kleinen Gebirgsvolks und seiner Heimat bestimmt.

Von diesem Augenblick an ist die Geschichte Uris mit der Geschichte des Gotthards und der Gotthard-Politik zusammengefallen. Der Besitz dieses kostbaren Durchgangstores gab den Urnern und damit auch den Eidgenossen einen Trumpf in die Hand, den sie kaltblütig schon gegenüber dem habsburgischen Wirtschaftskrieg und der gefährlichen Blockade auszuspielen wußten, mit der das Haus Österreich die Bünde von 1291 und 1315 zu sprengen und die drei Orte niederzuzwingen suchte. Vor allem aber hat das Streben nach der Kontrolle über die Gesamtheit des Paßweges den Urnern (und damit den Schweizern insgesamt) fast zwangsläufig den Weg zur Expansion nach Süden gewiesen. Den Anfang machten sie mit dem Anschluß des ebenfalls reichsunmittelbaren, unter habsburgischer Reichsvogtei stehenden Urserentales. Dieses eigenartige Hochtal oberhalb der Schöllenen, quer zur nord-südlichen Linie des Reußlaufs in den Kreuzweg der Gotthardstraße, des Oberalppasses nach dem rätischen Vorderrheintal und des Furkaübergangs nach dem Oberwallis hineingestellt, hat vom 14. Jahrhundert an alle Schicksale Uris geteilt, ohne je zum bloßen Untertanengebiet abzusinken. Erst durch die Verbindung mit ihm konnten die Urner ihre Grenzlinie auf die Höhe des Gotthardpasses vorschieben und sich damit nicht nur kommerziell, sondern auch politisch zum Ausgriff über die Alpen ins tessinische Glacis rüsten. Schon 1403 schlossen sie dann das Bündnis mit den Bauern der Leventina, des »Livinentals« am Südhang des Gotthards, und zwei Jahrzehnte später drängten sie, ohne nennenswerte eidgenössische Hilfe, bis nach Bellinzona hinunter. Wie die Angliederung der burgundischen Westschweiz an die Eidgenossenschaft wesentlich das Werk des mächtigen bernischen Expansionswillens war, so entspringt der Erwerb der lombardischen Südschweiz, die das schweizerische Spektrum durch das italienische Element entscheidend bereichert, mindestens in den Anfängen fast rein urnerischer Initiative. Selbst die übrigen Waldstätte zögerten lange, sich hier zu engagieren. Für die Urner aber scheint es von Anfang an festgestanden zu haben, daß ihre politische Aufgabe sie über die Alpen hinüber bis an den Rand der norditalienischen Tiefebene weise; in dem Zeitraum zwischen dem Beginn des 15. und dem zweiten Jahrzehnt des 16. Jahrhunderts ist es ihnen zuerst aus eigener Kraft, dann mit Hilfe der gesamten Eidgenossenschaft schließlich gelungen, diese Aufgabe zu bewältigen.

Nicht anders als in der modernen Kolonialpolitik folgte auch hier die Flagge dem Handel; den kriegerischen Harsten, die ins Mailändische vorbrachen, ging der Zug der Viehzüchter voraus, die ihre Herden zum Verkauf auf die großen Märkte von Giubiasco und Varese führten. Die Urner sind sich der Bedeutung der Schicksalslinie durch ihr Land immerzu bewußt geblieben, auch in den Zeiten, als ihnen die südlichen Vogteien und selbst die einst freiheitlich verlandrechtete, später zum Untertanenland herabgedrückte Leventina entglitten waren. Wie sie im 18. Jahrhundert den Gotthardweg durch eine neue technische Großtat – die Sprengung des Urnerlochs durch die Schöllenenfelsen, was den mühsamen und gefährlichen Weg über den »stiebenden Steg« überflüssig machte – den wachsenden Anforderungen angepaßt hatten, so zauderten sie nach den Napoleonischen Kriegen nicht, den bisherigen Säumerpfad durch eine durchgehende Fahrstraße zu ersetzen, und zwar zu einem guten Teil mit eigenen Mitteln – obwohl der Kanton damals noch bitter an den Nachwirkungen der Franzosenkämpfe litt.

Vielleicht noch erstaunlicher aber erscheint im Rückblick die ungewöhnliche Weitsicht des Urnervolkes, das ein halbes Jahrhundert später dem Bau der Gotthardbahn zustimmte, obwohl dieses gewaltige Unternehmen das Ende seines alten Transportweges mit sich brachte und insbesondere dem Urserental seinen herkömmlichen Lebensunterhalt fast völlig entzog. Als der erste Zug durch den Gotthardtunnel fuhr, wurden in Uri zwar allenthalben schwarze Fahnen gehißt, und in der schweren Krise, die nun einsetzte, verlor beispielsweise das Dorf Hospental in Urseren die volle Hälfte seiner Einwohner. Aber selbst die Voraussicht solcher Folgen hatte das Volk nicht davon abgehalten, der Untertunnelung seines Schicksalsberges zuzustimmen und damit dafür Sorge zu tragen, daß die unvermeidliche neue Ära des Eisenbahnverkehrs ihr Land nicht links liegen und aufs neue in der Isolierung versacken ließ.

Bis ins Alltagsleben hinein ist die verwandelnde Kraft der Verbindung nach Süden zu verspüren. Um nur ein winziges und doch aufschlußreiches Beispiel zu nennen: Daß der Milchreis zu einer Stapelnahrung des Urner Sennen auf seiner Alp geworden ist, geht auf den Handelsverkehr mit Italien zurück. Nachdem dieser Verkehr einmal in Gang gekommen war, schien es nicht mehr sinnvoll und profitabel, den mühseligen und kostspieligen heimischen Akkerbau fortzusetzen; die landwirtschaftliche Tätigkeit konzentrierte sich nun auf die rationellere Viehzucht und Milchwirtschaft. Für die nach der Lombardei ausgeführten Käse konnte billigeres Korn eingeführt werden, und mit ihm kam auch der Reis ins Land, der die früher selbst angepflanzte Hirse verdrängte. Heute gibt es – außer etwa in Kriegszeiten – im ganzen Land Uri keinen Acker und keinen Pflug mehr; das Hirtentum *dominiert* nicht nur die Agrarwirtschaft, sondern es *monopolisiert* sie.

Auch sonst fällt die Nähe des Südens ins Auge. »Italienische

Züge, Gesichtsfarbe, Haare, Augen und selbst Bildungen« glaubte Meiners hier, sicher zu Recht, viel häufiger als in Unterwalden anzutreffen. Goethe bestätigt diesen Eindruck: »Ein italienisches Wesen blickt durch, auch in der Bauart«, notierte er in Altdorf, dessen städtischeres Gehabe gegenüber den anderen Hauptorten der Waldstätte ihm auffiel.

Altdorf, der »herrlich-vnnd Hauptfleck«, wie ihn Matthäus Merians Textautor in der »Topographia Helvetiae« nannte, stellt den einen Pol Uris dar. Den anderen aber finden wir zweifellos in Urseren, das nicht nur landschaftlich einen frappanten Kontrast zum mittleren und unteren Urner Reußtal bildet, sondern auch seinen besonderen, vom urnerischen scharf abgehobenen Menschenschlag aufweist und sein eigenwilliges Geschichtsbewußtsein bewahrt hat. Als »eines der seltsamsten Bergthäler der Welt« hat es August Wilhelm von Schlegel in einem klassischen Stück großer Landschaftsdarstellung geschildert; Hunderte von Reisenden bezeugen die Verblüffung, mit der sie aus der grauenvollen Enge der Schöllenenschlucht, in der Goethes Freund Knebel den »Zugang zu der Hölle selbst« zu sehen glaubte, durch den dunklen Stollen des Urnerlochs unversehens auf den weichen Rasen dieses fast baumlosen Wiesengrundes hinaustraten, der ihnen nach solcher Düsternis doppelt paradiesisch erschien. Auf halber Höhe zum Gotthard reichen sich hier Rätien und das Wallis gleichsam über die nord-südliche Achse Uris hinweg die Hand. Dem östlichen Klosterstaat von Disentis jenseits der Oberalp hat Urseren ursprünglich zugehört; aus dem oberen Rhonetal ist es später von Walsern erschlossen worden. Aber seit der Öffnung der Schöllenen und vor allem seit der politischen Assoziation mit Uri hat der Einfluß von Norden und dann auch von Süden her den östlich-rätischen und westlich-walserischen so intensiv verdrängt, daß selbst im Ursner Dialekt das ältere Walliser Sprachgut kaum mehr durch das jüngere urnerische hindurchscheint.

Wenn Urner und Ursner es auch allmählich gelernt haben, sich als Glieder einer einzigen Familie zu betrachten, so sind sie doch recht ungleiche Brüder. Dem herben, verschlossenen, einsilbigen Urner gegenüber trägt der Ursner ein ungleich heitereres, beweglicheres Temperament zur Schau, in dem man vielleicht auch Spuren einer stärkeren italienischen Beimischung erkennen mag. Alle großen Taten in Uri, meint Renner, seien stets von Urseren ausgegangen, aber es habe der Leute des unteren Kantonteils bedurft, um sie praktisch zu verwerten. Für seine größte Leistung – die Überwindung der Schöllenen-Barriere – mußte das kleine Völklein im hochgelegenen Quertal allerdings einen bitteren Preis bezahlen: die Unterwerfung unter den kräftigeren nördlichen Nachbarn, wenn auch unter Beibehaltung der inneren Autonomie, die erst 1888 endgültig preisgegeben werden mußte. Gern nahmen die Ursner dieses Schicksal nicht hin: Ihre traditionelle Opposition gegen die Altdorfer Regenten ging gelegentlich bis zur Aufnahme radikaler und einheitsstaatlicher Tendenzen – so als im Rathaus zu Andermatt herausfordernd das Bildnis des Generals Dufour aufgehängt wurde, weil er mit der militärischen Zerschlagung des katholischen Sonderbundes auch den politischen Führern Uris eins ausgewischt hatte.

Nirgends sonst in der Urschweiz tritt der genossenschaftliche Grundzug reiner hervor als in Urseren. Hier hat die Markgenossenschaft ihre alte vereinheitlichende Kraft bis heute bewahrt; noch immer gibt es nur ganz geringfügiges Privateigentum an Grund und Boden. Die von Schlegel beobachtete Eigentümlichkeit, daß man im ganzen Tal kaum einen Zaun trifft, macht nach außen sichtbar, daß hier die bäuerliche Gemeinwirtschaft so gut wie ausschließlich herrscht – offenbar aus den besonderen Bedingungen eines auf allen Seiten eingeschlossenen, ganz auf sich selber angewiesenen Alpentals, dessen Boden nur durch gemeinsame Bewirtschaftung sinnvoll ausgenutzt werden kann. Noch heute kann der Anwärter auf das Bürgerrecht dieser Gemeinden nicht auf Aufnahme rechnen, wenn er nicht bereit ist, zugleich seinen schweren Batzen zu erlegen, um sich in die Korporation einzukaufen, die, gleich der urnerischen, als öffentlich-rechtliche Körperschaft nach wie vor weiterbesteht und noch immer als die eigentliche Vertretung ursnerischer Zusammengehörigkeit empfunden wird.

Aber diese eigentümliche Symbiose von Wirtschaftsgenossenschaft und Staat ist ja überhaupt ein eifersüchtig bewahrtes innerschweizerisches Erbteil; sie hat für Uri eine so ungeheure Bedeutung erlangt, daß Oechslin geradezu vom »Wirtschaftsstaat Uri« sprechen konnte. Noch heute werden Erlasse und Beschlüsse der Korporationsräte im Urner Amtsblatt publiziert und ins »Landbuch« – die Gesetzessammlung des Kantons – aufgenommen, wenn es sich um weittragende und für die Dauer erlassene Bestimmungen handelt. Eine einzige Zahl mag die Bedeutung dieser Institutionen verständlich machen: volle 87 % des Kantonsgebiets stehen nach wie vor im Besitz der »Korporation Uri« und der »Korporation Urseren«; nur 11 % (in Urseren noch viel weniger) sind privates Eigentum, und ganze 2 % gehören dem Kanton und den Gemeinden. Und während sich fast überall sonst der Kreis der Korporationsberechtigten fast von Jahr zu Jahr verengert und zu einer immer kleineren privilegierten Schicht alteingesessener Familien zusammenschrumpft, sind auch heute noch in Uri runde zwei Drittel der Kantonsbürger zugleich Genossen dieser mächtigen Verbände, die immer noch alljährlich nach Art der Landsgemeinde im Ring zusammentreten.

Das hat seinen guten Grund. Viele Urner Bergbauern wären ökonomisch zum Untergang verurteilt ohne den Rückhalt an der Allmend, an den Viehrechten auf ihren Alpen und an der Nutzung der ausgedehnten Wälder. Selbst wer in die Industrie, ins Hotelgewerbe oder in die Verkehrswirtschaft abwandert, hütet noch seinen Anteil an diesen einträglichen Gerechtsamen. Deshalb sind die Genossenschaften mit ihrem ganz im Herkommen wurzelnden, zugleich komplizierten und kristallklaren Sonderrecht viel mehr als ein interessantes folkloristisches Relikt: eine lebendige, ins ganze Leben des einzelnen und seiner Familie hineinwirkende, individuelle und kollektive Lebensform schöpferisch miteinander verknüpfende Realität.

Politisch jedoch hatte die alte Landsgemeinde, die ja einst aus der Versammlung der Markgenossen herausgewachsen war, mit der Loslösung der Korporationen vom Staat ein gutes Stück ihres Lebensstoffes eingebüßt. So wurde sie 1928 abgeschafft; der Urner wählt nun seine Behörden und entscheidet über seine Gesetze wie der Bürger des Unterlandes an der Urne. Alle gelegentlichen Versuche, die altdemokratische Urform wieder zum Leben zu erwecken, sind bisher fruchtlos geblieben und werden es wohl auch weiter bleiben. Es geht mit der Landsgemeinde ein wenig wie in anderen Ländern mit der Monarchie, die ihren Sinn und ihre Weihe eben auch nur in der Ungebrochenheit der Tradition findet. Beide Institutionen lassen sich leicht abschaffen, aber nicht nach Belieben wieder einführen, weil die einmal zerstörte Magie des Herkommens sich der nachträglichen Restauration beharrlich entzieht.

Das Gefühl für die Würde des Politischen und des Staatlichen indessen hat die alte Institution überdauert. Es tritt allenthalben zutage. Der Urner Landrat – mit seinen nur 61 Mitgliedern eines der kleinsten Kantonsparlamente der Schweiz – genießt ein Ansehen, um das ihn manche größere und mächtigere Volksvertretung beneiden könnte. Bis in die altväterischen Kleidervorschriften hinein bezeugt es sich, wie ernst und feierlich man in Uri das Geschäft des Regierens nimmt: »Die Regierungs- und Landräte«, so heißt es im Reglement, »der Sekretär und der Landweibel, haben zu den Sitzungen in schwarzer oder dunkler, der Präsident in schwarzer Kleidung zu erscheinen.« Man rühmt die Freiheit und Lebendigkeit der Diskussion in diesem Gremium, wo selbstverständlich – nicht anders als in Schwyz und den beiden Unterwalden – der Dialekt die angemessene und sicher gemeisterte Verhandlungssprache bleibt. Es hängt wohl mit der alten Landsgemeindeschulung zusammen, daß die Urner sich den Sinn für das knappe, eindrucksvolle Votum, für die schlagkräftige Rede und Gegenrede, das heißt für die Substanz der parlamentarischen Auseinandersetzung bewahrt haben, der bei manchen Miteidgenossen vom papierenen Schweizerhochdeutsch und von bürokratischer Umständlichkeit erstickt worden ist.

Wieviel ein Staatsamt hier zählt, mag man aus den Grabsteinen auf den Friedhöfen ersehen: Nicht nur bei den Erkorenen des Volkes selber, sondern auch bei ihren verstorbenen Ehefrauen wird hier der einstige Titel sorgfältig in Erinnerung gerufen und säuberlich vermerkt, daß hier eine »Frau Landammann«, dort eine »Frau Landrat« oder »Frau Verhörrichter« ruhe. Da alle diese Ämter durch Wahl und folglich durch das Vertrauen des Volkes erworben worden sind, bewahren sie den Charakter einer Auszeichnung, die man übers Leben hinaus mit angemessenem Stolze vermerkt. Dabei sind es fast immer wieder die gleichen Namen, die einem begegnen: die Lusser, Muheim, Jauch, Müller, Danioth. In diesem konservativen Lande, wo manche Bauernfamilie ihren Ursprung weiter zurückverfolgen kann als viele Grafen- und Freiherrengeschlechter des Auslandes, bedeuten die alten Geschlechter auch heute noch viel.

Seine tragfähigste Stütze findet der Urner Konservatismus natürlich im angestammten katholischen Glauben. Und doch wäre es falsch, wenn man in diesem Zusammenhang von »Klerikalismus« sprechen wollte. Wie alle anderen Innerschweizer, so sind die Urner zwar treue Diener der Kirche; willig überlassen sie dem Klerus den beherrschenden Einfluß auf Kultur und Erziehung. So wird die gesamte höhere Bildung auch heute noch von den – übrigens vorzüglichen – geistlichen und zumal klösterlichen Kollegien vermittelt, selbst wenn die Bundesverfassung inzwischen die Freiheit des Kultus proklamiert und ihre Einhaltung erzwungen hat. Anderseits aber hält man Religion und Politik auseinander. Bezeichnenderweise wurden schon im Mittelalter die Klöster bei aller frommen Reverenz, die man ihnen erwies, unnachsichtig besteuert, und einschränkende Bestimmungen verhinderten die Vergabe von Grundbesitz an die »tote Hand« geistlicher Stiftungen. Bis heute erwählen sich auch die Kirchgemeinden ihre Pfarrer genau so frei wie ihre weltlichen Behörden. Im öffentlichen Leben gilt die Persönlichkeit, wenns darauf ankommt, mehr als das Bekenntnis. Der reformierte Göschener Bahnhofswirt Ernst Zahn konnte es bereits in jungen Jahren zum Landratspräsidenten bringen, schon ehe er sich als Volksschriftsteller eine literarisch vielleicht etwas fragwürdige, aber einträgliche Reputation in allen Ländern deutscher Zunge geschaffen hatte. Und in den siebenköpfigen Regierungsrat, dessen Mitglieder ihre Aufgabe immer noch ehrenamtlich versehen, kann sehr wohl auch ein Kantonsfremder gewählt werden, wenn er den Urnern »währschaft« genug vorkommt; ausgeschlossen von der Bekleidung solcher Ämter bleiben allerdings »Advokaten und Geschäftsagenten«, damit sich das private Interesse nicht ungut mit dem öffentlichen vermenge. Bemerkenswerterweise räumt die katholisch-konservative Mehrheit übrigens in dieser Exekutive drei der sieben Ressorts den politischen Minderheiten ein. Zwei kommen traditionell den Liberalen zu, und seit einer Kampfwahl von 1968 wird einer der gouvernementalen Sitze sogar für die kleine Sozialdemokratische Partei reserviert, die sich hauptsächlich auf die Erstfelder Eisenbahner stützt, aber nie ein Zehntel der Sitze im Landrat gewinnen konnte und deren Anhänger noch bis weit in die Jahre nach dem Zweiten Weltkrieg hinein im Geruch gefährlicher und vor allem gottloser Gesellen gestanden hatten. Natürlich war die insgesamt höchst bürgerlich maßvoll anmutende Partei ganz zu unrecht in diesen bösen Ruf geraten; selbst der kleinen Vereinigung »Kritisches Uri« und der mit ihr lose verbundenen Zweimonatsschrift »alternative«, die für urnerische Begriffe die äußerste Linke bilden, wird man schwerlich revolutionäres Ungestüm nachsagen können.

Daß die katholischen Konservativen der Christlichen Volkspartei CVP den Urner Landrat mit ihrer annähernden Zweidrittelmehrheit eindeutig beherrschen, entspricht ganz der innerschweizerischen Tradition. Eine Besonderheit dieses 61 köpfigen Kantonsparlaments ist es aber, daß seine Abgeordneten primär als Vertreter der Gemeinden gelten. So bleibt es den einzelnen Kommunen bis heute überlassen, ob sie ihre Beauftragten nach moderner Sitte in geheimer Urnenwahl oder »durch offenes Handmehr« im traditionellen

Landsgemeindestil an der Gemeindeversammlung küren wollen. Im einen wie im andern Fall gibt allerdings immer noch die Persönlichkeit mehr den Ausschlag als die organisatorische Zugehörigkeit, und so schlägt die Parteipolitik keine großen Wellen. Charakteristisch dafür ist auch die feste Regel, die sich seit Jahrzehnten für die Bestimmung der eidgenössischen Parlamentarier eingebürgert hat: Das einzige Nationalratsmandat des Kantons wird den Liberalen kampflos überlassen. Dafür sichern sich die Konservativen die beiden wertvolleren Sitze im kleineren »Oberhaus«, dem Ständerat, in den jeder Kanton, unabhängig von seiner Einwohnerzahl, nach dem Vorbild des amerikanischen Senats zwei Repräsentanten delegiert.

Auch eingefleischter Konservatismus schließt die Anpassung an neue Verhältnisse keineswegs aus. So haben sich die Männer des Kantons 1972 ohne allzuviel Widerstreben mit der Erteilung des Stimmrechts an die Frauen abgefunden; in den beiden großen Korporationen allerdings wollen sie auch weiterhin unter sich bleiben. Aber auch im wirtschaftlich-gesellschaftlichen Bereich hat der Kanton ein beträchtliches Maß an Modernisierung durchgemacht: so mit dem zwar nicht spektakulären, aber doch recht beachtlichen Aufschwung der Industrie in dem früher ganz auf Alpwirtschaft und Handel beruhenden Gemeinwesen. Als »ein Volk von Büezern (d. h. Lohnarbeitern) und Angestellten« hat ein Mitglied der Vereinigung »Kritisches Uri« seine Landsleute charakterisiert; bedenkt man, daß nach den letzten Erhebungen nur noch weniger als 10 % der Urner ihr Einkommen aus der Urproduktion beziehen und mehr als dreimal so viele Bewohner (30 %) ihren Lebensunterhalt mit der Beschäftigung in der Industrie verdienen, so mutet diese Definition nicht einmal übertrieben an. Immerhin haben sich in Altdorf zwei Großbetriebe niedergelassen: die Draht- und Kabelwerke Dätwyler AG, die Ende 1982 – also schon mitten in der Rezession – noch 1365 Personen beschäftigten, und die bundeseigene Eidgenössische Munitionsfabrik mit mehr als 1150 Arbeitnehmern; neben ihnen fallen die übrigen, durchwegs mittleren oder kleinen Betriebe mit insgesamt nur etwa 800 Arbeitern und Angestellten allerdings kaum ins Gewicht. Bezeichnend scheint immerhin, daß Uri selbst in den Jahren der Hochkonjunktur mit einem Minimum an ausländischen Arbeitskräften auskam, und von den wenigen Gastarbeitern waren zudem die meisten eher im Baugewerbe als in den Fabriken untergekommen. Dieser Wirtschaftszweig bekommt freilich die Rezession besonders hart zu spüren, nachdem die Großobjekte der letzten

Jahrzehnte – zumal Autobahn und Gotthardtunnel, aber auch der Ausbau der Wasserkräfte – praktisch abgeschlossen sind.

Über Jahrhunderte hinweg sind vor allem die Straßen Uris Stolz, Uris Lebenslinien und allerdings auch Uris Bürde gewesen. Dank der Intensität, mit der sich der Kanton vor allem nach der Niederlage des Sonderbundes auf die Nutzbarmachung der Pässe geworfen hat, ist aus dem ursprünglichen Gotthardstaat mehr und mehr ein Land der vielfältig nach allen Seiten ausstrahlenden Verbindungslinien geworden. Furka und Oberalp machen Urseren auch verkehrstechnisch zur Herzkammer der Schweiz; zum hier entstandenen Straßenkreuz der Zentralalpen gesellt sich die Bahnstrecke vom oberen Rhonetal ins Vorderrheintal, die nach der Anlage des ökonomisch zwar fragwürdigen und von Skandalen umwitterten Furka-Tunnels nun auch im Winter ihren Betrieb aufrechterhalten kann. Nördlich dieser Verbindung zwischen Wallis und Graubünden führt der Klausen nach Glarus und damit in die Ostschweiz hinüber, während der Susten, erst im Zweiten Weltkrieg aus vornehmlich strategischen Gründen ausgebaut, den direkten Weg ins Berner Oberland erschließt. Schließlich muß bei diesem Rundblick noch einmal an die oben schon erwähnte Axenstraße erinnert werden, die von 1865 an, als sie eröffnet wurde, den früher ganz auf den Wasserweg des Vierwaldstättersees verwiesenen Verkehr mit Schwyz und Luzern – indirekt auch mit Zürich und Basel – aufs feste Land umdirigiert hat.

Trotz dieser eindrucksvollen Auffächerung bleibt aber die Gotthardroute nach wie vor Uris Schicksals-Achse. Wie einst im 19. Jahrhundert Gotthardbahn und Gotthardtunnel den Untergang für das alte einheimische Transportgewerbe bedeuteten und doch zugleich den Anstoß zum Modernisierungsprozeß des Hirten- und Säumer-Gemeinwesens boten, so muß der Kanton auch in den letzten Jahren wieder mit einem neuen Schock von ähnlicher Intensität fertig werden: mit der verkehrspolitischen Revolution, die die Autobahn mit sich bringt. Wenn Uri erstmals durch den Seelisberg-Tunnel einen direkten motorisierten Zugang nach Unterwalden, Luzern und letztlich ganz Mitteleuropa gewinnt, wenn anderseits der neue Straßentunnel durch den Gotthard die erste ganzjährige Verbindung von der Zentral- zur Südschweiz und weiter nach Italien herstellt, so macht das zwar den letzten Resten der traditionellen Urner Isolation den Garaus. Zugleich aber stürzt es den Fremdenverkehr des Kantons und damit einen der wichtigsten bisherigen

Wirtschaftszweige in eine schwere Krise. Denn wer gestern vor oder nach dem anstrengenden, von Staus heimgesuchten Übergang über den Gotthard gern in Göschenen, Amsteg oder Altdorf übernachtete, fährt jetzt oft auf der modernen vierspurigen Schnellstraße ohne Halt seinem ferneren Ziel entgegen. Kein Wunder, wenn manche Urner heute wieder ähnlich pessimistisch urteilen wie jener Journalist, der 1880 den damals gerade eröffneten Eisenbahntunnel mit der düsteren Prophezeiung kommentierte, er bedeute »für den größeren Teil unserer Talbevölkerung das Grab ihres Wohlstandes«. Andere allerdings meinen, man könnte sich die Existenz dieses neuen Verkehrsstrangs durchaus auch zunutze machen; das sei nur eine Frage der Initiative und der guten Ideen. »Wir haben eine Chance«, meint auch der kantonale Verkehrsvereins-Präsident Hans Leu, »wenn wir die Sache in die Hand nehmen und jeder einzelne aktiv mitwirkt.« Manchen kommt dieses gute Zureden ein wenig wie eine Folge magischer Beschwörungsformeln vor, mit denen man sich über die unabweisbaren realen Verluste hinwegzuhelfen versucht. Sie verweisen nicht zuletzt darauf, daß der notorisch finanzschwache Kanton allein schon durch die Unterhaltspflicht für die Autobahn eine neue Belastung habe auf sich nehmen müssen – auch wenn für 90 % dieser Ausgaben der Bund durch Zuschüsse aufkommt.

Überhaupt macht sich die wachsende finanzielle Abhängigkeit von »Bern« bemerkbar: Wenn man so extrem wie Uri auf Bundessubventionen angewiesen ist, dann höhlt das den alten föderalistischen Eigenwillen wirksam aus. Natürlich gibt es bis weit in die Reihen der herrschenden Partei hinein viel Murren und Brummen über das ständig wachsende Übergewicht der zentralen Instanzen. Aber wer die Millionen der Eidgenossenschaft braucht, um überhaupt leben, atmen, bauen und das Gebaute in Schuß halten zu können, der bringt es auf die Dauer nicht fertig, mißmutig im Schmollwinkel zu stehen. Auch hier setzen sich am Ende urnerische Anpassungsfähigkeit und urnerischer Realismus durch – und vertragen sich letztlich, wenn es denn sein muß, mit dem eingefleischten Konservatismus genau so gut wie der Heimatwille mit der Weltläufigkeit, wie die Mauern der Berge mit den Toren des Handels.

Schwyz

Ländliche Vormacht

Die Männer von Schwyz haben, voraus vor den Städten und Ländern des nach ihnen genannten Volks, ein eigenthümliches Feuer für ihre uralte Freiheit und ihre Rechte; in allen Sachen, wo nicht ein Parteihaupt sie irre macht, einen geraden mannhaften Biedersinn.
Johannes von Müller, in »Geschichten Schweizerischer Eidgenossenschaft«, 1786

Aus dem Kosmos der innerschweizerischen Miniaturstaaten ragt Schwyz als ein Stand von beträchtlicher Ansehnlichkeit heraus. Mit einer zahlreicheren Bevölkerung, als sie Uri und die beiden Unterwalden zusammen aufzuweisen haben, läßt es auch das städtische Zug und das durchindustrialisierte Glarus weit hinter sich. Zugleich rückt uns aber noch einmal die Bescheidenheit der Größenordnungen vor Augen, um die es hier geht, wenn wir uns vergegenwärtigen, daß nicht ganz 100 000 Seelen diesen größten der Urkantone heute bevölkern.

Politische Potenz darf freilich nicht einfach an Umfang und Einwohnerziffern gemessen werden – am allerwenigsten im Falle von Schwyz. Daß es als Führungs- und Vormacht der inneren Kantone seit den Anfängen der Eidgenossenschaft zählt, hat weniger mit seiner Größe zu tun als mit seiner Leistung. In dem Augenblick, da dieses Staatswesen als handelndes Subjekt in der Geschichte auftritt, hat es ja auch erst weniger als die Hälfte seines bisherigen Territoriums inne: Es beschränkt sich im wesentlichen auf den Talboden zwischen Zuger und Vierwaldstätter See, ja es erreicht auch den Zuger See erst kurz vor der Schlacht am Morgarten durch den Anschluß von Arth. Viel eher könnte man sagen, daß seine gegenwärtige bedeutendere Ausbreitung, die alles in allem schon um die Mitte des 15. Jahrhunderts abgeschlossen war, die Funktion eines eminent politischen, auf Macht-Willen und Macht-Kunst gerichteten Temperaments sei. Hatten die Urner als erste der waldstättischen Gemeinschaften die Anerkennung ihrer Reichsunmittelbarkeit und Unveräußerlichkeit erwirkt, so ging mit dem Abschluß der Bünde die Führungsrolle bald an Schwyz über, das sie auch innerhalb des erweiterten Bundes als kraftvoller Sprecher der ländlichen, bäuerlichen und »demokratischen« Interessen gegen die urbanen, bürgerlichen und »aristokratischen« immer wieder wahrzunehmen wußte.

Eben deshalb haben die Schwyzer ihren Namen der Nation mitgeteilt, die aus der Eidgenossenschaft erwuchs. Wenn die Schweizer Schweizer heißen, wenn sie zuerst von ihren Gegnern in hämischer und schimpflicher Absicht als »Schwyzer« bezeichnet wurden (so wie umgekehrt der Stammesname »Schwabe« in der Schweiz zum Schimpfwort für den Deutschen schlechthin geworden ist), dann eben deshalb, weil man Schwyz – ganz zu Recht – als die treibende Kraft ihres Bundes empfand. Während die eidgenössischen Städte als Reichsstädte ja eine durchaus vertraute politische Figuration darstellten, sahen die Habsburger und ihre feudalen Verbündeten in den Hirtenrepubliken der Innerschweiz den Feind schlechthin, die unerträgliche, wider alle Ordnung konstituierte Anomalie. Und da unter diesen Republiken Schwyz die bei weitem aktivste und aggressivste schien, da es die sozialrevolutionäre Agitation unter den Bauern am frühesten und bewußtesten als politisches Kampfmittel benützte, wurde sein besonders widerwärtiger Name auch seinen Verbündeten in Stadt *und* Land gleichsam als Kainszeichen der Rebellion aufgebrannt. Die Schwyzer verkörperten, in den Augen ihrer Widersacher, das böse Prinzip der Auflehnung gegen jede rechtmäßige und gottgewollte Autorität; wer sich mit ihnen einließ, mußte es hinnehmen, daß er mit der »maledicta gens quae perdidit justum« in einen Topf geworfen wurde. Und dabei geschah, was so oft in ähnlichen Auseinandersetzungen geschehen ist: daß der ursprüngliche Schimpfname von den damit Bezeichneten am Ende als Ehrenname akzeptiert wurde. So haben die Eidgenossen schließlich, nachdem sie ein eigenes nationales Bewußtsein zu entwickeln begannen, sich als »Schweizervolk« zu fühlen gelernt.

Wir wissen nicht, wo der erste dokumentarisch erhalten gebliebene eidgenössische Bund von 1291 abgeschlossen worden ist. Der zweite aber, der ihn 1315 nach dem Sieg am Morgarten ablöste und verstärkte, wurde jedenfalls im schwyzerischen Brunnen beschworen und besiegelt, und sein Wortlaut weist eindeutig auf den dominierenden Einfluß von Schwyz hin. Das ist nicht verwunderlich: Mehr als den Urnern, deren juristische Position fast unangreifbar war, mußte den Schwyzern daran liegen, daß die drei Waldstätte ihre gleichgerichteten Interessen auch gemeinsam wahrnahmen. Eben dies machte sie zu den Anwälten des eidgenössischen Gedankens. Wenn man von Uri mit einigem Recht sagen kann, daß es selbst in der Empörung gegen habsburgische Übergriffe ausschließlich die Legitimität seines Rechtsanspruches vertreten habe, so war die Position der Schwyzer ganz zweifellos revolutionärer und eben deshalb aktivistischer. Wohl konnten sie sich auf den heute noch vorhandenen Freiheitsbrief Kaiser Friedrichs II. berufen, den ihnen der Monarch 1240 vor Faenza ausgestellt hatte, zu dessen Belagerung ihm ein schwyzerisches Kontingent zu Hilfe gezogen war. Aber dieses Dokument war nicht nur unklarer abgefaßt als das ältere und eindeutigere urnerische. Es trug für mittelalterliche Rechtsvorstellungen auch einen Makel an sich: Es war ausgefertigt worden, während Friedrich unter dem Kirchenbann stand, und der Reichstag hatte alle seine Akte aus dieser Zeit in aller Form annulliert. Wenn sich die Schwyzer auf den Freibrief des Staufenkaisers beriefen, so konnten sie daher mit guten Gründen der Rebellion und der Usurpation angeklagt werden. Eben deshalb waren sie darauf angewiesen, sich zur Durchsetzung ihres Anspruchs mehr auf ihre Kräfte als auf ihre bloßen Rechtstitel zu verlassen.

Dabei diente ihnen der Bund mit den anderen Waldstätten als Rückhalt, und sie legten deshalb auf diesen Bund das allergrößte Gewicht. So ist denn auch das Bundesbrief-Archiv mit guten Gründen in Schwyz errichtet worden: die einzige der eidgenössischen Weihestätten, die nicht auf Sage und Mythos oder doch auf die ungewisse mündliche Überlieferung verweist, sondern die Ursprünge des Bundes ins helle Licht verbriefter und verurkundeter Geschichte stellt. Und es paßt durchaus dazu, daß in Schwyz bereits die führenden Persönlichkeiten der Befreiungsbewegung auch für die kritische Historie mit klarerem politischem Umriß hervortreten als in den Nachbarländern. Die Gestalten der beiden Stauffacher vor allem, des älteren Rudolf und des jüngeren Landammanns Werner, stellen eine unmittelbare Verbindung zwischen Befreiungssage und Befreiungsgeschichte her, auch wenn in der Sage ihre beiden Persönlichkeiten möglicherweise miteinander zu einer einzigen verschmolzen sind. Weniger als in den Nachbargebieten erscheint die Staatsbildung in Schwyz von der Natur vorgezeichnet; deutlicher und faßbarer als dort tritt sie als Ergebnis rastlos planenden Willens zutage, eines Generation um Generation bewährten Freiheitswillens, aber auch eines rigorosen und robusten Machtwillens.

Herausgebildet hatte sich dieser Wille in den Wechselfällen des erfolgreich durchgefochtenen »Marchenstreits« mit dem benachbarten Kloster Einsiedeln. In diesem jahrhundertelangen Kampf um die Alprechte jenseits der Mythenstöcke, von deren Gewinn die Expansion der schwyzerischen Viehwirtschaft abhing, hatte das Volk die

Erfahrung machen müssen, daß solche Auseinandersetzungen als Macht- und nicht als Rechtsfragen durchzufechten seien. So war es weder durch Schiedsverfahren noch durch Gerichtsurteile, ja nicht einmal durch kirchliches Interdikt und Reichsacht davon abzubringen gewesen, seine Ansprüche mit allen Mitteln und wenn nötig auch mit denen des Faustrechts geltend zu machen. Als nun der Kampf mit Habsburg seinem Höhepunkt zutrieb, flammte zugleich auch der alte Streit mit Einsiedeln noch einmal auf, über dessen Kloster ja die Habsburger die Schirmvogtei ausübten. Die Schwyzer schreckten nicht davor zurück, einen Kopfpreis auf den Abt von Einsiedeln auszusetzen, und 1314 überfielen sie kurzerhand das Kloster, führten die Mönche gebunden mit sich fort, entweihten und besudelten barbarisch die Klosterkirche und machten mit diesem Handstreich die militärische Bewährungsprobe des Morgartenkrieges vollends unvermeidlich, weil er wohl König Albrechts Sohn Herzog Leopold von Österreich den unmittelbaren Anlaß oder doch mindestens den Vorwand zu seiner unglücklichen Expedition gegen die Friedensbrecher lieferte.

Aus zwei Gründen muß an diese Episode erinnert werden. Erstens verdanken wir ihr das erste große literarische Porträt der Schwyzer, das einer der gefangenen Klosterbrüder in den 1700 lateinischen Hexametern seines Gedichtes »Capella heremitorum« gezeichnet hat: ein bitterböses, polemisch entstelltes und dennoch – oder vielleicht eben deshalb – höchst aufschlußreiches Konterfei dieses »Volkes, das kein Volk ist«, dieser »Leute, die keine Leute sind«, dieser »Menschen, die nicht Menschen, sondern mit Fug nur wilde Tiere genannt werden können«:

»Verhärtet im Bösen ist dieses Volk bis zur Verdammnis, von Gott selber verlassen, widernatürlich, schlecht, schlechter, am schlechtesten ... Übel ist es, weil es an sich reißt, was ihm nicht gehört, immerfort schrecklichen Krieg führt und nur nach Blut lechzt ... Fruchtbar ist das Tal, mild seine Luft, üppig sein Pflanzenwuchs; lieblich durchströmt es ein Fluß, und es fließt über von Milch. Schwyz ist sein Name. Ummauert ist es von hohen Bergen und umgürtet von Seen, und keine Straße führt dorthin. Edel ist die Erde, aber gemein sind die Bewohner; treu ist der Boden, doch von Lug und Trug nähren sich die, die ihn bebauen. Dieses Volk kennt

Bundesbriefarchiv in Schwyz

weder König noch Gesetz, sondern es maßt sich nach Willkür und nach Art der Tyrannen an, was ihm behagt.«

Mit einer Fülle von Details, die eines modernen Reporters nicht unwürdig wäre, malt der Magister Rudolf von Radegg die Sakrilegien der schwyzerischen Unholde – der *bestiales homines sine domino* – im Einsiedler Gotteshaus aus. Und eben dieses (natürlich mit einiger Vorsicht aufzunehmende) Zeugnis deutet auf einen zweiten Gesichtspunkt hin, aus dem der Einsiedler Klostersturm so bedeutsam erscheint. Was trieb die erzkatholischen Schwyzer, die streitbarsten Söhne der römischen Kirche in helvetischen Landen, denn dazu, daß sie eine Kirche nicht nur verwüsteten und beschmutzten, sondern gar die geweihten Hostien mit Füßen traten? Waren womöglich die Anklagen der Ketzerei gegen das ungebärdige Hirtenvolk nicht so völlig aus der Luft gegriffen, wie es spätere und frömmere Generationen wahr haben wollten?

Die Hypothese könnte mancherlei erklären. Rudolf von Radegg spricht von der Renitenz gegen alle Autorität, die kirchliche wie die des Reiches, die den Schwyzern eigen war; kein Urteilsspruch und keine Acht, so sagt er, vermöge sie zu schrecken. Johannes von Müller zitiert Belege dafür, daß sie als Manichäer verketzert worden seien und daß tatsächlich »geheime Lehren« unter ihnen gewirkt hätten. Noch näher liegt die Vermutung, daß Arnold von Brescia, der Erz-Ketzer des hohen Mittelalters, der einst in Zürich Asyl gefunden hatte, von dort aus Einfluß auf die Innerschweiz und insbesondere auf Schwyz erlangt haben könnte. Und dieser Mann war ja nicht nur der »Patriarcha haereticorum politicorum«, sondern zugleich der bedeutendste geistige Repräsentant der kommunalen Bewegung Italiens – jener selben Bewegung, auf die sich die Ursprünge des urschweizerischen Freiheits- und Bundesgedankens augenscheinlich zurückführen lassen.

Wie es sich auch mit eventuellen Einflüssen ketzerischer Ideen und Vorstellungen verhalten mag – jedenfalls bildete sich in den Kämpfen um Einsiedeln seit Beginn des zweiten Jahrtausends der eminent politische Sinn der Schwyzer aus. Ihre meist unglücklich verlaufenden Prozesse um die Alprechte schärften ihren Blick für die Konstellationen der Macht und überzeugten sie frühzeitig vom Nutzen ellbogenkräftiger Rücksichtslosigkeit. Weil sie nach dieser Erkenntnis handelten, galten sie als »viehische« und »herrenlose« Rechtsbrecher, als »Verdrucker« des Adels und aller Ehrbarkeit:

mit einem Wort, wenn wir die mittelalterlichen Verfluchungen in moderne Sprache übertragen dürfen, als anarchistische Umstürzler.

Das hat ihren Charakter geformt. Hart und skrupellos im Zugreifen, standfest, bockig und hartköpfig angesichts von Rückschlägen, keck und beweglich im Ausnützen günstiger Umstände, hemmungslos auf den eigenen Vorteil bedacht – so stehen sie schon um die Mitte des 13. Jahrhunderts vor uns, »zäch wie buechi Chnebel«, in dem trefflichen Bilde ihres bedeutendsten neuzeitlichen Mundart-Dichters Meinrad Lienert: gewaltige Krieger, aber zugleich begabte Meister der hinhaltenden Diplomatie, die auch den weiten und manchmal zweideutigen Umweg nicht scheuen, um ihrem Ziel näher zu kommen.

Diese Schulung hat es den Schwyzern beizeiten beigebracht, den Angriff als beste Verteidigung zu erkennen. Viel spricht dafür, daß sie auch den Morgartenkrieg – den ersten, den sie im eigenen Namen und für ihre eigenen Ziele führten – bewußt und systematisch provoziert haben. Und weil ihr Land von mehreren Seiten her dem feindlichen Zugriff offener lag als das ihrer Nachbarn, fühlten sie sich als erste der eidgenössischen Völkerschaften geradezu dazu herausgefordert, erobernd über die eigenen Grenzen hinauszugreifen. Wie sie den Marchenstreit mit Einsiedeln expansiv und aggressiv führten und sich schließlich selber zur Obrigkeit über das Kloster aufwarfen, so verband sich bei ihnen auch in den Kämpfen mit Habsburg der Wille zur Behauptung der eigenen Freiheit von vornherein mit dem Willen zu herrschaftlicher Ausdehnung wie zu revolutionierendem Ausgriff. Beides ging schon von Anfang an Hand in Hand, wenn sie erfolglos versuchten, eine Art Protektorat über die zugerischen Mit-Eidgenossen zu errichten, wenn sie Verträge mit den eigenen Außenlandschaften (etwa der March) schlossen und sie später aus Bundesverträgen in Herrschaftsverhältnisse umdeuteten, wenn sie die Hand nach dem Erbe der Toggenburger Grafen ausstreckten oder den Appenzellern in ihrem Aufstand gegen den Fürstabt von St. Gallen sogleich Hilfe leisteten.

Alle Züge dieser Frühzeit – ausgenommen wohl die ketzerischen – finden sich auch in der späteren Politik des Standes wieder. Exemplarisch scheinen sie verkörpert in der dominierenden Gestalt jenes älteren Ital Reding, der als »Techniker der Macht« alle eidgenössischen Magistraten seiner Zeit weit überragte, dessen ebenso raffiniert angelegtes wie gewagtes Spiel allerdings auch die junge Eidgenossenschaft 1440 in die Zerreißprobe des Alten Zürichkrieges und damit in ihre erste, beinahe tödliche innere Krise jagte. Kaum ein anderer Staatsmann der Schweizergeschichte stellt Größe und Gefahr seines engeren Volkstums so vollkommen und dramatisch dar wie dieser bedeutendste Kopf aus dem angesehensten aller Schwyzer Geschlechter: die Größe souveränen politischen Handelns, aber auch die Gefahr verblendeten Machtwillens, der seiner Grenzen nicht mehr rechtzeitig innewerden kann. Und es paßt durchaus in dieses Bild hinein, wenn wir Schwyz in allen schweizerischen Bürgerkriegen, vom Alten Zürichkrieg über die konfessionellen Auseinandersetzungen der reformatorischen und gegenreformatorischen Periode bis zum Sonderbundskrieg von 1847, als eine der treibenden Kräfte und mehr als einmal als den eigentlichen Motor erkennen: Die unbestreitbare, imponierende Vitalität erträgt den Kompromiß nur schwer und neigt lieber dazu, den Bogen zu überspannen.

Trotzdem sollte man den schwyzerischen Volkscharakter nicht dramatisieren oder gar dämonisieren. Zweifellos wohnt ihm die Fähigkeit zum verbissenen Fanatismus inne, der gewissermaßen die Übersteigerung einer früh geübten Härte und Durchschlagskraft darstellt. Aber die reiche, deshalb auch widerspruchsvolle Veranlagung des Schwyzers läßt sich nicht in prägnant vereinseitigende Formeln pressen. Jener anonyme deutsche Schilderer der Schweiz, die ihn 1824 als zugleich »hochfahrend« und »frohsinnig« charakterisierte, hat sich allein schon damit als trefflicher Beobachter erwiesen. Dem robusten Machtwillen und der selbstbewußten Widerborstigkeit hält hier in der Tat eine entspannte Heiterkeit die Balance. Als »frohgestimmtes, helläugiges Volk« hat auch Meinrad Lienert seine Landsleute beschrieben, und nirgends findet diese Lichtseite schwyzerischen Wesens so vollkommenen Ausdruck wie in den alemannischen Mundartgedichten seines »Schwäbelpfyffli«.

Selbst ein Mann wie der zürcherische Aufklärer Leonhard Meister, der kaum viel Sympathien für die traditionellen rural-katholischen Gegenspieler seines Heimatstaates empfunden hat, stellt den »freyen, vollen Lebensgenuß« der Schwyzer dem »kleinfügigen Mäcklergeist des Zugers, dem schmutzigen, finsteren Wesen des Urners und der frommen Einfalt des Unterwaldners« rühmend gegenüber. Sicher fällt im schwyzerischen Wesen trotz aller gelegentlichen Verbocktheit ein großzügiger, spontaner, fast möchte man sagen aristokratischer Zug auf, auch jene »Offenheit«, die so verschiedene Autoren wie der Norddeutsche Meiners und der Zürcher Gerold Meyer von Knonau übereinstimmend hervorheben.

Meiners zählt die Schwyzer – die er konsequent »Schweizer« schreibt – zusammen mit den Appenzellern und Glarnern nicht nur unter die »wohlhabendsten« der demokratisch regierten Völkerschaften in der Alten Eidgenossenschaft, sondern auch zu den »aufgeklärtesten und geistreichsten, die am eifersüchtigsten über ihre Rechte, und am schärfsten über ihre Magistratspersonen wachen«. Er fügt aber sogleich bei, sie ließen sich trotzdem »ohne Widerspenstigkeit« von den »weisesten und besten Mitbürgern« leiten, »wie es von jeher in allen Demokratien geschah, und billig geschehen sollte«. Zustimmend vermerkt er die Ausbildung einer schwyzerischen Aristokratie, die dem aufklärerisch gesonnenen Göttinger Professor als angemessenes Gegengewicht gegen demokratische Ausartung erscheint. Daß einzelne hervorragende Familien »seit vielen Jahrhunderten die ersten Würden der Republik bekleiden«, empfindet er als sinnvolles Korrektiv für die unbeschränkte Macht der Landsgemeinde. Auch hier stimmt ihm Meyer von Knonau bei: »Dem auf seine Freiheit so eifersüchtigen Volke war es nicht anstößig, Jahrhunderte hindurch seine Vorsteher immer wieder in den nämlichen Familien aufzusuchen und in vielen derselben eine Art von vornehmerer Stellung anzuerkennen; aber wehe diesen letzteren, wenn sie sich dessen überheben und eine Unterwürfigkeit fordern wollen!«

Diese Aristokratie, deren Ursprünge sich noch hinter die Anfänge des eidgenössischen Bundes zurückverfolgen lassen und die hier wie anderswo durch den auswärtigen Solddienst später zu Reichtum und feudalem Stil gediehen ist, spielt in der Geschichte und in der gesellschaftlichen Struktur von Schwyz eine womöglich noch größere und sicher stabilere Rolle als in der aller anderen Länderkantone: Die relative Größe des Kantons, seine unangefochten führende Stellung im Kreis der katholischen »Länder«, die dadurch vermittelte ausgedehntere Erfahrung, hat zum äußeren Glanz wie zum weltmännischen Schliff der Oberschicht beigetragen. Rathenaus nachdenkliches Wort, daß er außer im junkerlichen Ostpreußen nur noch in einigen schweizerischen Alpentälern ein wahrhaft aristokratisches Regime angetroffen habe, könnte sehr wohl auf Schwyz gemünzt sein. Dabei ist die Elite der Reding, der ab Yberg, der Schorno, der Weber ihrem ländlichen Ursprung bei all ihrer urbanen Lebensart unverbrüchlich treu geblieben. Am deutlichsten verspürt man das im Kantonshauptort, der nichts vom städtischen Wesen Altdorfs verrät, obwohl er statistisch (mit über 10 000 Einwohnern) bereits in den Rang einer Stadt eingerückt ist; nicht ohne ein gewisses Maß an

Koketterie hält der »Flecken Schwyz« am Dörflich-Bäuerlichen fest – und dehnt gleichzeitig dieses Bäuerliche auf die selbstverständlichste Weise ins Herrschaftliche hinein. Der große Zuschnitt der zahlreichen alten Herrenhäuser verrät eine sehr charakteristische Bindung an Grundform und Stil des ländlichen Hauses; selbst wo sie ins Große und Breite auswachsen, werden sie nie ganz zu städtischen Villen oder gar Palästen. Bis in die betont lockere Bauweise hinein, die fast jedes Haus für sich in die Mitte seines Gartens stellt, wahrt Schwyz seinen Dorfcharakter, und keiner Gemeindebehörde käme es in den Sinn, in falschem Ehrgeiz daran rütteln zu wollen.

Was hier im Widerspiel und Widerspruch des patrizisch geprägten »Fleckens« sichtbar zutage tritt, das hat sich wohl selbst in der Zeit der extremsten barocken Geschlechterherrschaft auch im öffentlichen Leben bewahrt: das Gleichgewicht des Demokratischen und des Aristokratischen. Im allgemeinen fügte sich das Volk willig dem Vorrang der regierenden Familien, die Mittel und Muße hatten, sich hauptamtlich mit den Angelegenheiten des Staates zu beschäftigen. Trotzdem wußte es immer wieder – oft in recht willkürlicher Weise – die eigenen Regenten daran zu erinnern, daß ihre Gewalt ihnen von der Landsgemeinde verliehen war und nur durch deren Gnade ausgeübt wurde. Mehrmals ist es im 18. Jahrhundert zu heftigen Parteifehden und dann und wann auch zu volkstümlich-antiaristokratischen Ausschlägen gekommen. Wenn sie immer nur Episode blieben, dann nicht allein darum, weil der herrschende konservative Sinn sich mit Vorliebe ins Gewohnte der Geschlechterherrschaft beugte, da ja jede andere Regierungsform unweigerlich durch ein höheres Maß an Bürokratisierung hätte bezahlt werden müssen; es war offenbar auch so, daß die zeitweiligen Volksbewegungen ihr Hauptziel bereits erreicht hatten, wenn die »Herren« wieder einmal daran erinnert worden waren, daß die Versammlung der wehrhaften Männer des Tales der wahre und einzige »Landesfürst« bleibe.*

Des Tales – nicht des Kantons. Die Herrschaft lag beim Volk, aber nur bei dem der alten schwyzerischen Markgenossenschaft, bei den

---

* Der Ausdruck findet sich in einem Landsgemeindebeschluß, der als einundzwanzigster Punkt der sogenannten »Fundamentalgesetze« bis 1798 Verfassungsrang hatte. Darin hat der »Souverän« erkannt: »Daß die Maienlandsgemeinde der größte Gewalt und Landesfürst seyn solle und ohne Condition setzen und entsetzen möge, und welcher darwider rathete und darwider wäre, daß die Landsgemeinde nicht der größte Gewalt und der Landesfürst sey, und nicht setzen und entsetzen möge ohne Condition, der solle dem Vogel in der Luft erlaubt und hundert Dukaten auf sein Kopf geschlagen seyn ...«

Genossen der »Oberen Allmeind«, deren Bereich nur einen kleineren Teil des Kantonsgebiets umfaßte: den des heutigen Bezirks Schwyz. Die »außerschwyzerischen« Untertanengebiete – Küßnacht, Einsiedeln, die »Höfe« am Zürichsee und die in die Linthebene hineinreichende March – genossen zwar ein nicht unbeträchtliches Maß an Selbstverwaltung und innerer Autonomie. Aber ein Anteil am Regiment war ihnen nicht vergönnt. Sie konnten ihre eigenen Behörden wählen und unterstanden keinen schwyzerischen Vögten, blieben jedoch in allen Angelegenheiten des Gesamtstaates ohne Stimme. Erst die Napoleonische Mediationsverfassung dehnte die demokratische Gleichberechtigung auch auf sie aus, und in der Restauration wurde sie ihnen sogleich wieder streitig gemacht. Es ist den Schwyzern so schwer gefallen – schwerer als manchem uraristokratischen Stadt-Kanton –, diesen Außenbezirken gleiche Rechte zuzugestehen, daß ein Zerfall des Standes in zwei Halbkantone unvermeidlich schien. 1832 hatten sich vier Bezirke bereits als »Kanton Schwyz äußeres Land« konstituiert; nur eine bewaffnete eidgenössische Intervention, die den widerstrebenden Schwyzern das Zugeständnis der Gleichberechtigung für das gesamte Kantonsvolk abzwang, konnte die bereits vollzogene Sezession rückgängig machen.

Zeit und Gewöhnung haben inzwischen die Ressentiments aus jenen erbitterten Kämpfen gedämpft. Gelegentlich aber klingen sie wieder auf. So machte 1972 eine (anonyme) »Aktion Außerschwyz« im Bezirk March von sich reden, die wiederum die Schaffung eines eigenen Kantons propagierte. Das war freilich nicht mehr als ein Stürmchen im Wasserglas, ein eher grotesker Nachhauch jurassischer Erschütterungen. Aber es konnte doch daran erinnern, wie wenig Schwyz ein Kanton aus einem Guß ist. Wohl hat es seine territoriale Gestalt schon um die Mitte des 15. Jahrhunderts praktisch gewonnen (nur Gersau ist sehr viel später noch dazugekommen). Trotzdem bietet es nicht entfernt das einheitliche und imponierend geschlossene Bild, das uns (bei aller betonten Sonderart Urserens) in Uri oder vollends in Glarus entgegentritt. In bewundernswerter Weise trägt die eigentümliche schwyzerische Bezirksverfassung den Realitäten des regionalen Partikularismus Rechnung. Die sechs in ihrer Größe ganz ungleichen Bezirke, in die sich der Staat gliedert, tragen viel weniger den Charakter administrativer Mittelinstanzen als den autonomer und gewachsener Einheiten. Nicht die Gemeinden, die ein spätes und fast ein wenig als fremd empfundenes Gewächs darstellen, sondern die Bezirke bezeichnen den eigentlichen Raum lebendiger politischer Zusammengehörigkeit, und in ihnen haben sich historische Gliederungen von teilweise bedeutender Geschichtsmächtigkeit und Lebensfülle bis heute erhalten.

Das manifestiert sich schon dadurch, daß die Bezirksgemeinden nach wie vor nach Art der alten Landsgemeinde zusammentreten (die ihrerseits 1848 den Nachwirkungen des Sonderbundskriegs zum Opfer gefallen ist) und daß in ihnen wie einst in der Landsgemeinde die Bürger seit jeher schon vom 18. Lebensjahr an – nicht wie überall sonst erst vom 20. – ihr Stimmrecht ausüben konnten. So lebt auch das ursprüngliche Kernland, in dem sich früher die ganze politische Macht konzentriert hatte, im gegenwärtigen, von Arth bis zum Muotatal und über die Wasserscheide hinweg nach Unteriberg sich erstreckenden Bezirk Schwyz als geschlossene und von einem durchaus staatlichen Bewußtsein durchwaltete Einheit fort. Während dieser Bereich aber mit 15 Gemeinden die volle Hälfte aller kantonalen Kommunen umfaßt, fallen in anderen Teilen des Landes (Einsiedeln, Küßnacht, Gersau) die Grenzen eines Bezirks mit einem einzigen Gemeindebann zusammen, ohne Rücksicht auf Umfang und Menschenzahl, einfach nach dem immer noch als entscheidend angesehenen Gewicht geschichtlicher Besonderheit.

Nichts verdeutlicht das besser als das Beispiel von Gersau. Daß das Dorf am Vierwaldstätter See (knapp 2000 Einwohner) einen Bezirk für sich bildet, stellt eine Anerkennung seines historischen Ranges dar: Bis 1798 war es als unabhängige Republik der kleinste Freistaat Europas. Wenn ein berühmter Historiker des 18. Jahrhunderts – der Göttinger Professor Friedrich Christoph Schlosser – ernsthaft mit dem Plan umging, eine Geschichte dieses Miniaturstaates unter universalhistorischen Gesichtspunkten zu schreiben und an seinem Beispiel den ganzen Gang der europäischen Entwicklung vom Mittelalter bis zur Aufklärung zu schildern, so läßt sich schon daraus entnehmen, daß es sich dabei um mehr als eine bloße Kuriosität gehandelt haben muß. Tatsächlich hat Gersau sein selbständiges Fortleben durch fast ein halbes Jahrtausend nicht etwa einem glücklichen Zufall verdankt, sondern dem leidenschaftlichen Gemeingeist und Freiheitssinn seiner Bürger, die 1332 dem Bund der Urkantone mit Luzern als gleichberechtigter Partner beigetreten waren. 1390 hatten sie unter großen Opfern die feudalen Herrschaftsrechte der Familie von Moos aufgekauft, und mit der gleichen

Entschiedenheit ihres Eigenwillens entzogen sie sich in der Folge dem Zugriff der herrschsüchtigen Luzerner, dem die benachbarte zunächst gleichfalls autonome Seegemeinde Weggis frühzeitig erlag. Im 18. Jahrhundert brachte es die Duodezrepublik dank einer blühenden Textilindustrie sogar zu beträchtlichem Wohlstand, ehe ihr die Helvetik mit einem Federstrich den Garaus machte und Napoleon sie schließlich gegen den Protest ihrer Bewohner dem Kanton Schwyz inkorporierte. Noch lange blieben sich die Gersauer ihrer »Apartigkeit« bewußt; heute glauben sie mit der Bezirksautonomie das zeitgemäße Maß an Eigenständigkeit erreicht zu haben.

Erheblich mehr als Außenseiter fühlt sich immer noch der zweitgrößte der Bezirke: die March an der Grenze nach Glarus und St. Gallen. Durch ihre weit stärkere Industrialisierung und ihre traditionelle Ausrichtung nach Zürich hin hebt sie sich geographisch wie sozial von dem alten, noch immer überwiegend bäuerlichen und wirtschaftlich ganz auf die Viehzucht ausgerichteten Landeskern ab. Hier, in Gemeinden wie Lachen, Schübelbach und Galgenen, liegen denn auch die Hochburgen der politischen Opposition liberaler wie sozialdemokratischer Observanz. Die Sozialdemokratie insbesondere hat fast nur im Norden des Landes festen Fuß gefaßt und wird in Innerschwyz bis heute als halber oder ganzer Fremdkörper empfunden, während der Liberalismus hier wie anderswo in der Urschweiz traditionellerweise nicht etwa als Weltanschauungspartei auftritt, sondern einfach alle jene Elemente sammelt, die in Opposition zum unerschütterlichen konservativen Regiment stehen.

Wieder anders liegt der Fall in Einsiedeln. Um das Kloster herum ist dort inzwischen eine bedeutende Gemeinde mit einem halbstädtischen Kern erwachsen, die ökonomisch in erster Linie vom in- und ausländischen Pilgerstrom nach dem berühmten Wallfahrtsort lebt; die Einnahmen aus dem Pilgerverkehr, meinte ein sehr realistisch-geschäftstüchtiger Einsiedler, schlügen kaum weniger zu Buche als die Umsätze eines industriellen Großbetriebs. Aber auch die Mönche selber, als Nachfolger des heiligen Benedikt der ländlichen Kultur ebenso zugewandt wie der geistigen, dürfen heute ruhig als wirtschaftlicher Aktivposten in die schwyzerische Bilanz eingestellt werden. Am Aufschwung der noch immer bedeutenden Agrarproduktion kommt ihnen durch die Leitung der Landwirtschaftlichen Schule des Kantons sehr unmittelbares Verdienst zu. Selbst daß der Weinbau allein hier in der ganzen Urschweiz noch blüht, geht auf ihr Konto; wer je den süffigen Klosterwein von der Leutschen geschlürft hat, wird es ihnen zu danken wissen.

Weit bedeutender als die materielle Leistung aber wird die geistige zu veranschlagen sein, die den Kanton Schwyz neben Freiburg zum Mittelpunkt des schweizerischen Katholizismus erhebt. Durch Pflege der Kirchenmusik wie durch bedeutende geistliche Spiele hat Einsiedeln kulturelles Profil gewonnen; die hier beheimatete Verlagsanstalt Benziger schließlich gehört zu den führenden (und weltoffensten) katholischen Buchverlagen deutscher Sprache. Aber es wäre irrig zu glauben, daß im Schatten des Klosters nur ökonomische Regsamkeit und dogmatische Strenge gedeihen. Im Gegenteil: die Einsiedler gelten bei den Kantonsgenossen als einigermaßen »extravagant« und betont unorthodox. Die Wellen der Reformation waren nicht umsonst bis an das Kloster herangebrandet, wo immerhin Zwingli selber einst – vor seinem Erneuerungswerk an der Zürcher Kirche – als Leutpriester wirkte und wo nur der resolute Eingriff der Schwyzer dem drohenden Abfall zum reformierten Glauben zu steuern vermochte. Nicht untypisch ist es auch, daß die kleine Minderheit, die sich an der außerordentlichen Landsgemeinde von 1847 im Gegensatz selbst zur offiziellen liberalen Führung für einen rechtzeitigen Rückzug aus dem Sonderbund einsetzte, ihren stärksten Rückhalt in Einsiedeln und ihren Sprecher im Begründer des Benziger-Verlags fand.

Im übrigen ist es trotz der überragenden Bedeutung des Klosters nicht Einsiedeln allein, das den Anspruch von Schwyz begründet, Hort des schweizerischen Katholizismus zu sein. Neben der Einsiedler Klosterschule, die streng und ohne Kompromisse in vorbildlicher Weise die Tradition des humanistischen Gymnasiums pflegt, steht die höhere Mädchenschule der Schwestern von Ingenbohl, stehen auch die kirchlichen Missionsschulen, deren Zöglinge bei den Maturitätsprüfungen durch ihre Leistungen hervorragen sollen. Es ist bezeichnend für die geistige Struktur der Waldstätte überhaupt, daß hier jeder Kanton oder Halbkanton, so klein er auch sein möge, durch die geistlichen Kollegien über höhere Schulen von unbezweifelbarem geistigem Rang verfügt und in ihnen eine intellektuelle Elite für den gesamtschweizerischen Katholizismus heranbildet. Das mächtige, von den deutschschweizerischen Bistümern gemeinsam unterhaltene Kollegium im Schwyzer Kantonshauptort selbst ist allerdings mittlerweile in die Hände des Staates übergegangen, der daneben auch in Pfäffikon eine neue höhere Schule errichtet hat. Das hindert ihn freilich nicht, den kirchlichen Unterrichtsanstalten auch weiterhin finanziell unter die Arme zu greifen.

Daß der Katholizismus auch in der schwyzerischen Politik die erste Geige spielt verwundert kaum. Beachtenswerter erscheint es schon, daß man hier wie in Zug – wenn auch nicht ganz so konsequent – schon im 19. Jahrhundert den Minderheiten die Möglichkeit zur Mitarbeit im Staate bot, daß man sich bereits seit dem Jahre 1900 für die gesetzgebende Körperschaft zur Proporzwahl bequemt hat und auch im Regierungsrat nicht allein den Liberalen, sondern selbst den Sozialisten aus freien Stücken eine Vertretung einräumt.

Zu den bemerkenswertesten Zügen schwyzerischer Kantonspolitik gehörte bis vor kurzem der scharf ausgeprägte Gegensatz zwischen dem traditionellen katholischen Konservatismus und der jüngeren christlich-sozialen Bewegung. Lange traten hier die Christlichsozialen organisatorisch wie politisch völlig selbständig auf, und anders als etwa im Wallis schlugen sie zeitweise einen so scharfen Linkskurs ein, daß sich ihre Anhänger in gewissen bürgerlichen Kreisen gar den Spitznamen »Rosenkranz-Kommunisten« erwarben. Neuerdings freilich haben sich die lange verfeindeten Brüder wieder versöhnt und in der 1971 gegründeten Christlichdemokratischen Volkspartei zusammengefunden; nur noch ausnahmsweise – wie etwa beim Abstimmungskampf um die Mitbestimmung – kommt es noch zu ernsthaften Auseinandersetzungen um den sozialpolitischen Kurs. Trotzdem wirkt der christlich-soziale Flügel noch immer als Sauerteig in der konservativen Masse – wie seinerzeit, als er, noch selbständig, in scharfer Opposition gegen die Interessenpolitik der bisher maßgebenden Centralschweizerischen Kraftwerke das vielumstrittene öffentliche »Elektrizitätswerk des Bezirks Schwyz« durchsetzte.

Gefährlicher noch als die Absplitterung der linken und »fortschrittlichen« Elemente von der Mutterpartei schien für den schwyzerischen Konservatismus zeitweise die Tendenz der Bauern zu werden, sich ein eigenes politisches Instrument zu schaffen. Als die Bauernvereinigung, die sich durch den Radikalismus ihrer Rebellion gegen die unbequemen kriegswirtschaftlichen Vorschriften weit über Schwyz hinaus einen Namen geschaffen hatte, 1943 bei den Nationalratswahlen mit einer eigenen Liste in den Kampf zog, rückte sie sogleich mit über 30 % aller Stimmen an die Spitze der Parteien und warf die damals noch vereint marschierenden Konservativen und Christlichsozialen auf den zweiten Platz zurück. Schon vier Jahre später sank ihr Anteil jedoch auf wenig mehr als die Hälfte ab. Seither sind die meisten Vertreter landwirtschaftlicher Interessen in den alten parteipolitischen Pferch zurückgekehrt. In dem sogenannten »Bäuerlichen Klub« des Kantonsrates aber, in dem alle Vertreter der landwirtschaftlichen Interessen vor jeder Sitzung des schwyzerischen Parlaments ihre Stellungnahme zu den Traktanden absprechen, verfügen sie auch jetzt noch über ein wichtiges und weitgehend unabhängiges politisches Instrument und üben mit ihren oft recht massiven ständischen Forderungen auch innerhalb der »historischen« Parteien mächtigen Einfluß aus – so im Widerstand gegen eine Modernisierung der antiquierten Steuergesetzgebung. Bezeichnenderweise kannte Schwyz bis 1946 überhaupt keine Einkommensteuer, und auch die damalige Revision, die vom Volk nur ganz knapp akzeptiert wurde, sorgt dafür, daß der Fiskus die Landwirte nur mit Glacéhandschuhen anfaßt. Das heißt: Obwohl die Bauern ihrer Zahl nach längst nicht mehr die größte Erwerbsgruppe im Kanton stellen, sind ihre Vertrauensleute und Funktionäre nach wie vor die resolutesten wie die mächtigsten unter den hintergründigen Drahtziehern der Kantonspolitik. Auch die Repräsentanten des Gewerbes, die eine ähnliche Formation über die Parteigrenzen hinweg bilden wie die bäuerliche Grüne Front, haben bisher nicht das gleiche Gewicht erlangt.

Die »Verwirtschaftlichung der Politik«, von vielen Einsichtigen beklagt und doch offenbar durch keine wohlgemeinten Ratschläge und Reformideen abzubremsen, ist übrigens gerade für Schwyz keine völlig neue Erscheinung. Der scharfe Parteienstreit zwischen »Hörnern« und »Klauen« in den dreißiger Jahren des vorigen Jahrhunderts, der bis an den Rand des Bürgerkrieges führte und nur durch eidgenössische Intervention geschlichtet werden konnte, trug schon alle Züge einer rein wirtschaftlich begründeten Auseinandersetzung zwischen den Großviehbesitzern (»Hörnern«) und den nichtbäuerlichen oder überwiegend vom Kleinvieh lebenden ärmeren Volksschichten (»Klauen«), die schließlich unterlagen. Dieser Streit war das Musterbeispiel eines ländlichen Klassenkampfes, und klassenkämpferische Züge – wenn auch mit anderer Stoßrichtung – sind auch der heutigen schwyzerischen Bauernpolitik keineswegs fremd. Das ist vielleicht kein Wunder in einem kleinen Lande, das im Kampf um Viehrechte den geschichtlichen Ursprung seiner Eigenständigkeit und seines politischen Eigenwillens fand, das als Führer einer Bauernerhebung gegen die feudalen Kräfte schließlich seine Unabhängigkeit gewann und das sich im Kampf gegen die Allmacht der Bundesbürokratie wie in der Auseinandersetzung mit vorwaltend industriellen Interessen dieser Herkunft immer noch gern erinnert.

Unterwalden

Ein Stand, zwei Gemeinwesen

Das Land / ligt auff der lincken Seiten deß Lucerner See im Aergäw / gegen Nidergang der Sonnen / vnnd wird zu Latein Sylvania, von dem Kernwald darinn gelegen / genannt / vnnd in zwey Thalgeländt getheylet / deren das Eine / Vnderwalden nid dem Wald / das Ander ob dem Wald geheissen / vnnd beyde durch besagten Kernwald vnderscheiden / vnnd doch nur mit einem Namen Vnderwalden genannt: Es ist zwar alles nur ein Orth der Eydgnoßschafft / so auff den Tagleystungen gemeinlich auch nur ein Stimm: Gleichwol so haben sie 2. Gericht / 2. Obrigkeit / 2. Land-Paner / vnnd zweyerley Wappen: Schicken auch mehrmahls / auß jedem Geländt einen Botten auff die Tagleystungen. Es ist ein lieblich Geländt / mit hohem grausamem Gebürg vmbmauret / die sind aber mit grünen Wiesen / vnnd graßreichen Alpen geschmückt.
Martin Zeiller, in Matthäus Merians »Topographia Helvetiae, Rhaetiae, et Valesiae«, 1654

Uri ist ganz Gotthard-Staat, durch den Paß in seinem Werdegang bestimmt und in große Zusammenhänge hineingefügt. Auch Schwyz hat an dieser zentralen Verkehrsader der Alpen teil: Mit seinem Kernland mindestens gehört es dem Gotthard-System an, auch wenn die Linie seiner Interessen weniger nach Süden als nach Norden verläuft, über Walensee und Zürichsee hinweg ins nordostschweizerische Bergland. Der dritte der Urkantone jedoch lag bis in die letzten Jahre ein wenig im toten Winkel. Von Natur sanfter modelliert als Uri oder auch Glarus, nach außen eher weniger abgeschlossen als selbst Schwyz, rückte er durch seine geographische Position abseits der großen Schicksalsroute zwischen Nord und Süd tiefer in den Schatten als seine beiden Partner, schien er zur Rolle des Aschenbrödels in der urschweizerischen Familie verurteilt. Dem entspricht, daß Unterwalden später und mit unschärferen Umrissen aus dem Dunkel seiner Frühgeschichte auftaucht. Ging die erste eidgenössische Befreiungs-Initiative von Altdorf, der entscheidende Antrieb von Schwyz aus, so folgten Sarnen und Stans den aktiveren Nachbarn offenbar mit einigem Abstand.

Hinzu kommt, daß sich Unterwaldens rechtliche Position in der Auseinandersetzung mit Habsburg geraume Zeit noch fragwürdiger ausnahm als die von Schwyz. Das Land hatte keinen alten Freiheitsbrief vorzuweisen – nicht einmal einen umstrittenen wie den von Schwyz –, um seinen Anspruch auf Reichsunmittelbarkeit zu begründen. Zwar gilt es der modernen Forschung als wahrscheinlich, daß mindestens Obwalden – das sich in den Kämpfen der Stauferzeit ebenfalls auf die kaiserliche Seite geschlagen hatte – von Friedrich II. gleichzeitig mit Schwyz ein solches Dokument erhalten haben dürfte. Aber wenn das der Fall war, dann hatte es die kostbare Urkunde bald darauf wieder abliefern und sich der habsburgischen Herrschaft aufs neue beugen müssen. Unbekannt sind auch die Persönlichkeiten geblieben, die in den ersten eidgenössischen Bünden das Schicksal ihrer Talschaften mit dem von Uri und Schwyz verbanden, um hinter dem breiten Rücken der kräftigeren und politisch versierteren Verbündeten an den diplomatischen Erfolgen der Attinghausen und Stauffacher zu partizipieren. So war Unterwalden im Kreis der Waldstätte von Anfang an stets der nachgeordnete Juniorpartner: Es konnte niemals auf eine ähnlich maßgebende Stellung hoffen wie jene, um die Uri und Schwyz miteinander rivalisierten.

Das hing allerdings nicht nur mit seiner geographischen (und geopolitischen) Abseitigkeit zusammen. Es hatte wohl auch mit der relativen Schwäche seines inneren Gefüges zu tun. Hier gab es keine starke, das ganze Land umfassende, Ökonomie und Politik gleichermaßen durchwaltende Markgenossenschaft als Keimzelle der Eigenstaatlichkeit. Für Verwaltung und Ordnung von Weid- und Alpwesen waren nicht die Talschaften als Ganzes zuständig, sondern die einzelnen Kirchgemeinden. Wobei wir freilich nicht vergessen sollten, daß in dieser größeren Autonomie der untersten Gliederungen ein entwicklungsfähiger Keim künftiger Möglichkeiten lag. Wenn es eine urschweizerische Wurzel der bis heute für die Schweiz so charakteristischen Gemeindefreiheit gab, dann muß sie hier zwischen Vierwaldstätter See und Brünig gesucht werden und nicht in den von jeher straffer und großräumiger organisierten Tälern der Reuss und der Muota, wo sich die Gemeinden bis heute neben den übergreifenden Korporationen Uris oder den Bezirken von Schwyz auf eine Nebenrolle verwiesen sehen.

Aber nicht allein in dieser Aufsplitterung zu einzelnen dörflichen Wirtschaftseinheiten wurzelt die geschichtliche Sonderart Unterwaldens. Weit merkwürdiger noch und für die Zukunft bedeutsamer ist das eigentümlich schwebende, einer eindeutigen Definition jahrhundertelang sich entziehende Verhältnis seiner beiden Landesteile zueinander. Daß dieser Kanton fast von dem Augenblick an, da er in der Geschichte erstmals als Staat auftritt, in Hälften auseinanderfällt und doch zugleich als ein Ganzes betrachtet wird, daß er ein Doppelwesen von ungewisser und schwankender Zusammengehörigkeit bildet, macht das Verständnis seiner Entwicklung ganz gewiß nicht leichter. Den Sätzen, mit denen der Ulmer Text-Autor von Merians »Helvetischer Topographie« seine Darstellung Unterwaldens einleitet, spürt man deutlich das Unbehagen des Verfassers angesichts des verwirrenden und nicht leicht zu klassifizierenden Tatbestands an: Wie sollte er seinen Lesern erklären, daß sie es hier mit einem einzigen Ort der Eidgenossenschaft und zugleich mit zwei eigenständigen staatlichen Gebilden zu tun hätten, die zusammengehörten und doch getrennt waren, die einen Stand bildeten und doch als zwei unabhängige Gemeinwesen auftraten? Gewiß, es gab Ähnliches ja auch in Appenzell mit seinen inneren und äußeren Rhoden. Aber dort ließ sich der Ursprung dieses Zustandes und damit das tatsächliche Verhältnis der beiden Kantonshälften zueinander historisch genau fixieren. Es war die Reformation, die zum inneren Bruch der alten appenzellischen Einheit geführt hatte. Im Falle Unterwaldens jedoch geriet der schwäbische Topograph, von seinen Quellen offensichtlich im Stich gelassen, alsobald ins Schwimmen.

Warum ist Unterwalden *ein* Kanton, wenn es doch aus zwei Gemeinwesen besteht, die ihre eigenen Regierungen und ihre eigene Politik haben? Auch der kritischen Geschichtsschreibung späterer Zeiten ist es lange nicht gelungen, Licht in das Dunkel solcher Zweideutigkeit zu bringen. Erst in unserem Jahrhundert vermochte die Akribie Robert Durrers – des bedeutendsten Unterwaldner Historikers – Schicht um Schicht vom Geheimnis der geteilten Einheit oder der Zusammengehörigkeit in der Spaltung freizulegen. Aus seinen Forschungen wissen wir nun, daß es im frühen Mittelalter in den beiden Tälern Unterwaldens – dem der Sarner und dem der Engelberger Aa – ein gemeinsames Grafschaftsgericht gab, zu dem sich die freien Bauern zu versammeln pflegten. Unabhängig von diesem alten Gerichtsbezirk, mit dem ja Hörige, Leibeigene und Gotteshausleute nichts zu tun hatten, entwickelte sich jedoch im 13. Jahrhundert mindestens »nid dem Kernwald« ein besonderer, offenbar Freie *und* Eigenleute umfassender Zusammenschluß: die *Universitas hominum intramontanorum vallis inferioris* (oder, wie sie sich auf ihrem Siegel nennt, die *Universitas hominum de Stannes*). Es waren diese Nidwaldner, die »Leute von Stans«, die im August 1291 mit Uri und Schwyz den »ewigen Bund« besiegelten. Erst später kam Obwalden dazu, und in den Nidwaldner Siegelstempel wurden dann hinterher die Worte »*et vallis superioris*« hineingraviert. Kurioserweise waren es aber just diese Obwaldner Nachzügler, die nun im Laufe der Befreiungskämpfe die Führung an sich rissen und die beiden Täler wenigstens zeitweilig zu einem einheitlichen politischen Körper zusammenfaßten; als jedoch die gefährdete Freiheit gesichert schien, da zerfiel dieses Gebilde wieder in seine ursprünglichen Bestandteile, wurde aber trotzdem von den Eidgenossen immer als ein einziger Stand betrachtet.

Dieses Kuriosum, Produkt einer Zeit, die den harten und ausschließlichen Begriff der Souveränität noch nicht kannte, hat für die staatsrechtliche Entwicklung der späteren Schweiz bedeutende Folgen gezeitigt. Es lieferte einen Präzedenzfall für die Lösung sonst unlösbarer politischer Probleme: die sonderbare, für den Ausländer verwirrende Institution der schweizerischen Halbkantone. Nur weil es dieses Vorbild gab, konnte Appenzell im 16. Jahrhundert auf den Gedanken verfallen, die katholischen Inneren und die reformierten Äußeren Rhoden in ähnlicher Weise auszuscheiden, konnte schließlich noch im 19. Jahrhundert die blutige Auseinandersetzung zwischen Staat und Land Basel durch eine Kantonsteilung bereinigt werden, ohne daß jeweils das ausgewogene Gleichgewicht der Eidgenossenschaft umgestürzt zu werden brauchte: Man hatte eben in Unterwalden ein Beispiel an der Hand, daß ein einzelner Stand sich nach innen in zwei voneinander völlig unabhängige und »souveräne« Staaten aufgliedern konnte, die aber nach außen hin doch weiterhin als ein Ganzes galten. Eben dies war wahrscheinlich auch der Hintergedanke, warum die Eidgenossen an der fiktiven Einheit Unterwaldens festhielten, nachdem das Land längst endgültig in zwei Stücke auseinandergebrochen war: Man wollte die Zahl der Bundesglieder nicht durch Teilung vermehren, den Unterwaldnern also nicht die Privilegien zweier Kantone einräumen, sondern es ihnen überlassen, sich in die Rechte zu teilen, die ihnen als einem der acht Alten Orte zukamen.

Nun war freilich das Verhältnis dieser Stücke zueinander in der Alten Eidgenossenschaft noch um einiges komplizierter als heute. Ob- und Nidwalden bildeten keineswegs je einen »halben« Stand; erst die Napoleonische Mediationsverfassung hat sich diese Simplifikation geleistet. Vielmehr zählte der Landesteil ob dem Kernwald, der sich um den Sarner See gruppiert, damals zwei Drittel, während die Nidwaldner mit dem Zentrum Stans nur ein Drittel der gesamtunterwaldnerischen Rechte zu beanspruchen hatten. Nur jedes dritte Mal war es ihnen vergönnt, den Landvogt für die Gemeinen

Herrschaften zu stellen, und nur einmal alle drei Jahre wanderte das gemeinsame Siegel als Sinnbild der Landeshoheit aus Sarnen ins Rathaus von Stans. Ein putziger Rest dieser einstigen obwaldnerischen Vorrechte besteht noch heute fort: Am »Schnitzturm« im nidwaldnerischen Stansstad, dem letzten Rest der einst zum Schutz gegen habsburgische Landungsversuche gemeinsam errichteten Seebefestigung, die von beiden Halbkantonen unterhalten werden mußte, ist Obwalden noch immer zu zwei Dritteln beteiligt. Praktisch bedeutet das nichts anderes, als daß es aus seinem Staatssäckel zwei Drittel der Prämien für das ehrwürdige Gemäuer in die Kasse der obligatorischen nidwaldnerischen Brandversicherung abzuführen hat – was auch brav geschieht, obwohl doch alles, was am Schnitzturm etwa brennbar sein mochte, schon in den Franzosenstürmen des Jahres 1798 ein Raub der Flammen geworden war...

Die bescheidene Stellung, die ihnen durch diese Aufteilung der Gerechtsame im Bunde zugemessen wurde, muß die Nidwaldner manche Jahrhunderte hindurch arg gewurmt haben; immer und immer wieder begehrten sie dagegen auf, und die Meinungsverschiedenheiten, die aus ihren Vorstößen gegen solche Zurücksetzung erwuchsen, gaben der Tagsatzung alle paar Jahrzehnte zu tun. Ist es abwegig, das kräftige, gelegentlich einmal auch ins Abstruse überschlagende nidwaldnerische Geltungsbedürfnis darauf zurückzuführen, daß man allzu lange ungerechtfertigterweise in der Auseinandersetzung mit den Standesgenossen von oberhalb des Kernwaldes den kürzeren gezogen hatte? Mußte man zu Stans nicht das Bedürfnis nach einer Kompensation dafür empfinden, daß dem anderen Teil Unterwaldens – der ja in Wirklichkeit das habsburgische Joch später abgeschüttelt hatte und also gewissermaßen hinter Nidwalden einhergetrottet war – aus unerfindlichen Gründen das größere Prestige anhaftete?

Das Verhältnis der beiden Talschaften zueinander ist bis in die Gegenwart hinein ein einigermaßen delikates psychologisches Problem geblieben. Man weiß zwar, daß man zusammengehört; das findet seinen rechtlichen Ausdruck darin, daß die alten Geschlechter des einen Halbkantons jeweils auch im anderen ohne weiteres als Mitbürger anerkannt werden, wenn sie einmal ihren Wohnsitz über den Kernwald hinüber verlegen. Aber das ändert nichts daran, daß man einander im Grunde nicht sonderlich gut mag. Noch immer kann man in Nidwalden den Spuren des grimmigen Ressentiments begegnen, das in den Jahrzehnten nach 1798 gegen die Brüder im oberen Tal schwelte, weil sie als einzige Urschweizer die helvetische Einheitsverfassung – das »Höllenbüchlein«, wie man allenthalben in den inneren Kantonen dieses Werk des Basler Staatsschreibers Peter Ochs nannte – widerspruchslos angenommen hatten. Noch schwerer konnte man es in Stans verwinden, daß man von den Obwaldnern in dem ebenso heroischen wie aussichtslosen Verzweiflungskampf gegen die französische Fremdherrschaft alleingelassen worden war. Der Engländer Arnold Lunn erzählt in seinem Buch »The Cradle of Switzerland«, wie er sich mit einem Nidwaldner Bauern über die – *notabene* legendäre – Geschichte des Obwaldner »Verräters« unterhielt, der den französischen Truppen den (wahrhaft nicht schwer zu findenden) Weg ins Land gewiesen haben soll; die ehrliche Entrüstung des braven Landmanns sei so spontan gewesen, als habe sich der apokryphe Vorfall erst gestern ereignet.

Die Anekdote ist symptomatisch. Umgekehrt hat man in Sarnen lange die Extratour nicht vergessen, die sich die Nidwaldner zu Beginn der Restaurationszeit leisteten. Damals wehrten sie sich monatelang bockbeinig und stierengrindig dagegen, den lockeren, aber nach ihrer Meinung trotzdem noch viel zu »zentralistischen« Bundesvertrag von 1815 anzuerkennen, und als sie mit ihrer Forderung nach der Rückkehr zu den alten Bünden nicht durchdrangen, kehrten sie kurzerhand der angeblich von Grund auf mißratenen neuen Eidgenossenschaft den Rücken und proklamierten, unter einem fanatisiert-totalitären Regime, ihre völlige Unabhängigkeit. Nur durch eine militärische, wenn auch glücklicherweise unblutig verlaufene Intervention der Bundestruppen konnte die verhetzte, besinnungslos gegen alle Andersdenkenden wütende Bevölkerung schließlich zur Räson gebracht werden.

Schon in solchen geschichtlichen Episoden, die in der Erinnerung lebhaft fortwirken, zeichnen sich deutlich die grundverschiedenen Typen ab, die den beiden Unterwalden ihr Gepräge geben. Der Obwaldner empfindet den Landsmann von »nid dem Kernwald« mit seiner beweglichen und oft überschäumenden Phantasie und Phantastik als »unseriös«, und er vermißt in ihm jene solide Tüchtigkeit, deren er sich selber nicht ohne Grund rühmt. Umgekehrt kommen dem Nidwaldner die Leute aus der oberen Kantonshälfte als schwunglos, knochentrocken und verspießert vor. Natürlich enthalten alle derartigen Charakterisierungen nicht nur viel übertreibende Verallgemeinerung, sondern auch ein gutes Stück Böswilligkeit. Und doch treffen sie, wenn man näher hinsieht, auf ihre Weise schon etwas vom Eigentlichen und Eigentümlichen des jeweiligen Menschenschlags, der im gespaltenen Kanton neben dem anderen wohnt. Und es lohnt sich durchaus, näher hinzusehen. »Der Unterwaldner« existiert nämlich nicht: Er ist ein Mythos, eine umrißlose Abstraktion. Die Teilung des Landes ist mehr als ein bloß politischer Tatbestand. Sie spiegelt den Gegensatz zweier sehr deutlich und sehr widersprüchlich ausgeformter ethnischer Charaktere.

Auch Aloys Businger, Pfarrer und »Schulherr in Stans«, dem wir die erste, in den dreißiger Jahren des 19. Jahrhunderts geschriebene ausführliche Monographie über seinen Heimatkanton verdanken, kommt in seiner sanften Art nicht darum herum, diesen Gegensatz in dem sehr knapp gehaltenen »Charakterbild« herauszuarbeiten, das er von seinen Landsleuten beider Halbkantone entwirft. Auch ihm erscheint der Obwaldner »immer etwas bedachtlicher, vorsichtiger, zurückhaltender«, der Nidwaldner »etwas rascher, voreiliger, ungestümer«. Wobei man übrigens eines nicht außer acht lassen sollte: daß Unterwalden, sieht man genauer hin, eigentlich nicht in zwei, sondern in drei Teile zerfällt. Denn Engelberg, geographisch mit Nidwalden verbunden, politisch seit 1815 zu Obwalden gehörig, paßt weder in den einen noch in den anderen Landesteil ganz hinein. Es bildete bis zur großen Umwälzung von 1798 unter der milden Herrschaft seines Klosters und unter eidgenössischem Schirm ein eigenes kleines geistliches Staatswesen, das von Napoleon zu Nidwalden geschlagen wurde, sich aber nach dem Zusammenbruch der Napoleonischen Mediationsverfassung zu Obwalden wandte, weil die Nidwaldner sich damals in ihrem kollernden Sturm und Drang rundwegs weigerten, die Engelberger weiterhin als Landsleute gleichen Rechtes anzuerkennen. Noch heute erscheinen die Bewohner dieses Hochtals als ein eigener Typ (soweit der überbordende Fremdenverkehr das Typische noch nicht völlig überwuchert und wegnivelliert hat). Von der knorrig-hochgemuten Selbstsicherheit des obwaldnerischen und von der Ungebärdigkeit des nidwaldnerischen Schlages, die beide einer altfreien Überlieferung entwachsen, ist bei den einstigen Untertanen eines wohlhabenden äbtischen Patriarchalismus weniger zu verspüren als vom sänftigenden Einfluß der benediktinischen Väter.

Daß das nidwaldnerische Naturell die Fähigkeit zum Ausschlag ins berserkerhaft Fanatische, ins ungehemmt Wilde in sich schließt, die dem obwaldnerischen bei aller unverbrüchlichen Treue zum angestammten Glauben fremd bleibt, sei ohne weiteres zugestanden.

Auch daß der Stanser dem Sarner an wirtschaftlicher Tüchtigkeit nicht gleichkommt, daß er sich weniger geneigt findet, die Wirklichkeit, wie sie nun einmal ist, als festen Posten in seine Rechnung einzustellen, daß er vielleicht sogar eine gefährdetere, leichter zwischen Exaltation und Depression hin und her geworfene psychische Struktur aufweist, läßt sich wohl an mancherlei Beispielen dartun. Und das Unfrohe, Kalt-Prächtige, fast Katafalk-Artige, das dem barocken Inneren der großen Stanser Kirche mit seinem Übermaß an schwarzem Marmor eignet, könnte schließlich sehr wohl als Beleg für die »düstere Gemütsart« des Volkes herangezogen werden, das dieses Gotteshaus gebaut hat. Und trotzdem tun alle solchen Urteile dem Nidwaldner bitter unrecht: nicht weil sie absolut falsch wären, sondern weil sie einseitig sind.

Kein Zweifel, die Stanser Kirche hat etwas Düsteres, vielleicht sogar etwas Bedrückendes. Aber wir brauchen nur aus dem Innenraum herauszutreten und einen Blick auf den Dorfplatz zu werfen, den dieses Monument steingewordener Gegenreformation mit seinem älteren, herrlich gegliederten romanischen Turm flankiert, um einen ganz anderen, ja entgegengesetzten Eindruck zu gewinnen. Denn gibt es Heitereres als diese groß angelegte, hügelan steigende Platzanlage? Oder nehmen wir einmal die typischen alten hölzernen Nidwaldnerhäuser in Augenschein: Verrät sich da nicht in den auffällig vielen, durch aufgesetzte Klebdächer gegen die Unbilden der Witterung sorgsam geschützten, in einer fast »modernen« Baugesinnung nebeneinandergestellten Fenstern und in der sauberen Trennung von Wohn- und Stallgebäuden eine ungewöhnliche Kultur des Alltags, ein pfleglicher Sinn für Lichtes und Schönes?

So scheint uns denn auch die Verbindung von Heftigkeit und Leidenschaft mit einer eminent musischen Anlage beim Nidwaldner ganz begreiflich. Dieses kleine Bauernvolk, das oberflächlichen Beobachtern so oft als »unwissend« und »kulturlos« erschien, hat seit der Mitte des 18. Jahrhunderts Generation um Generation von beachtlichen Malern und Bildhauern hervorgebracht – nicht solche von überragender Bedeutung zwar, aber jedenfalls Künstler von solidem Können oder sogar noch etwas mehr. Im Drang zur Schaustellung, zum Sinnfällig-Schönen konnte sich die innere Unruhe bildnerisch ausdrücken und zugleich beruhigen.

Seinen eigentümlichsten Niederschlag jedoch hat das Nidwaldnerische vielleicht noch mehr als in der Kunst in einer skurrilen Körperschaft gefunden, die nun wahrhaftig das genaue Gegenteil von Düsternis und Kopfhängerei verkörpert: im »Unüberwindlichen Großen Rat«. In dieser exklusiven fasnächtlichen Vereinigung, die wohl in den tollen Zeiten des Spätmittelalters aus einer alten Knabenschaft herausgewachsen ist, haben sich durch viele Jahrhunderte Nidwaldner Bürger von Rang unter der phantastischen Fiktion zusammengefunden, sie hätten von der »berühmten, wohlgefreiten und loblichen Residenz Stans« aus ein unermeßliches Reich zu regieren und zu verwalten, und sie haben das mit soviel Witz und verspieltem Humor getan, daß karnevaleske Ausgelassenheit kaum irgendwo heiterer und zugleich »intellektueller« sublimiert worden ist.

Es lohnt sich, einen Augenblick bei dieser wunderlichen Ausgeburt nidwaldnerischer Phantastik zu verweilen. Nicht nur deshalb, weil sie eine eklatante Widerlegung der Sage von den »düsteren« Nidwaldnern darstellt, sondern weil sie uns einen Schlüssel in die Hand gibt, um etwas vom oft mißverstandenen Charakter dieses Volkes tiefer zu begreifen. Es ist bezeichnend, daß zu den mit krausen barocken Titeln geschmückten Mitgliedern und Würdenträgern des Unüberwindlichen Großen Rates auch die meisten Nidwaldner Landammänner und angesehenen Ratsherren gehört haben, die hier ihre eigenen, gravitätischen Amtsgepflogenheiten munter zu persiflieren pflegten. Und noch charakteristischer scheint es, daß das »tolle« Gremium zugleich als eine religiöse, dem heiligen Sebastian gewidmete Korporation auftritt, die ihr alljährliches festliches und mit saftigen Späßen gewürztes Gelage am »schmutzigen Donnerstag« mit dem gemeinsamen Kirchgang einleitet und für jeden ihrer verstorbenen Angehörigen eine Seelenmesse lesen läßt. Das hindert den Rat mitnichten, auf seinem Siegel einen nackten, über einem Weinfaß thronenden Bacchus zu führen: Frömmigkeit und derber Lebensgenuß, kirchliche Weihe und Zechfestigkeit sind hier eine wahrhaft barocke Verbindung miteinander eingegangen, die von der Breite wie von der inneren Widersprüchlichkeit nidwaldnerischen Naturells zeugt. Selbst die würdigen Benediktinerväter von Engelberg machen den Ulk ohne duckmäuserische Vorbehalte fröhlich mit und haben sich sogar für ihre alljährliche Korrespondenz mit dem Rat ihrerseits ein eigenes Siegel geschaffen, das einen heraldischen Löwen mit Schwert und Humpen und der Umschrift »*Ut utrumque paratus*« zeigt: »Zu beidem bereit«. Den Gipfel aber erklommen wohl jene paar Unzufriedenen, die vor Jahrzehnten einmal die Gesellschaft spalteten und dem Großen Rat einen ephemeren Kleinen Rat mit dem statutarisch beurkundeten Zweck gegenüberstellten, den Großen Rat an Zwecklosigkeit zu überbieten!

Den Obwaldnern liegen dergleichen Ausschweifungen der Imagination ziemlich fern. Sie stellen sich als die handfesten Realisten neben die stammesverwandten Romantiker. Der Nidwaldner zielt ins Extreme, im Guten wie im Bösen, im Schöpferischen wie im Zerstörerischen. Der Obwaldner aber hat die Füße fest auf dem Boden. Er neigt mehr zum Biederen (wenn man dieses Wort in seinem alten, noch nicht verflachten Sinn versteht) als zum Genialischen. Von künstlerischem Elan (jedenfalls als einer gesellschaftlich prägenden Macht) ist hier sowenig die Rede wie im Bereich des Glaubens von mystischer Exaltation: Auch die obwaldnerische Frömmigkeit hat etwas währschaft Gediegenes, dem Naheliegenden tätig Zugewandtes, mehr im Werk des Alltags als in der großen Entrückung sich Verwirklichendes.

Um so bemerkenswerter scheint es, daß Obwalden der Schweiz ihren einzigen wahrhaft nationalen Heiligen, ja sogar den (inoffiziellen) Schutzpatron der Eidgenossenschaft geschenkt hat: Bruder Nikolaus von Flüe, den Klausner in der Ranftschlucht des Melchtals, der nach einem tätigen Leben als Ratsherr und Richter in seinem fünfzigsten Lebensjahr Frau und Kinder verließ, um sich in frommer Askese allein den göttlichen Dingen zu widmen. Der war nun freilich auch ein Mystiker, vielleicht von seiner nidwaldnerischen Mutter her, und doch ein rechter Obwaldner. Daß er selbst in seiner einsiedlerischen Abgeschiedenheit nichts Weltfremdes an sich hatte, daß er vielmehr allein durch seinen Einfluß in einer schweren Krise des eidgenössischen Bundes, die nach den Burgunderkriegen durch den Gegensatz zwischen Städte- und Länderorten ausgebrochen war, den drohenden Bürgerkrieg abzuwenden und im »Stanser Verkommnis« von 1481 einen klugen und vernünftigen Kompromiß herbeizuführen vermochte – das beweist eine höchst realistische Einschätzung der Gegebenheiten, die durchaus ins obwaldnerische Charakterbild hineinpaßt. So ist mindestens in dieser freilich singulären Gestalt des größten und geistig bedeutsamsten Unterwaldners der Widerspruch zwischen den beiden Landeshälften, denen er gleichermaßen angehörte, auf wahrhaft bezwingende Weise aufgehoben worden.

Und diese Gestalt ist nicht einfach ein Stück Geschichte, geschweige denn bloßer katholischer Kirchengeschichte. Denn schließlich hat ja Bruder Klaus erstmals – mit einem weit über seine Zeit hinauszielenden Tatsachensinn – der Schweiz die Richtung vorgezeichnet, die ihre staatliche Entwicklung einschlagen sollte: die Richtung auf die Selbstbescheidung des freiheitlichen, nach innen ausgewogenen und nach außen neutralen Kleinstaats. Damit hat der Eremit in sich nicht nur die unterwaldnerische Synthese vollzogen, sondern auch die schweizerische vorweggenommen; mit gutem Grund nennt ihn Durrer den ersten eidgenössischen Patrioten.

Noch immer leben die Nachkommen des Bruders Klaus in Obwalden; es gibt nicht viele Geschlechter, die sich gleich ihnen auf die leibliche Abkunft von einem kanonisierten Vorfahren zu berufen vermögen. Ihren sozialen Aufstieg in ein Quasi-Patriziat, das vom 16. Jahrhundert bis in die Anfänge des 19. die Politik Obwaldens steuerte, haben sie freilich weniger dem Ansehen ihres gottgefälligen Ahnherrn als der Mißachtung seiner Ratschläge zuzuschreiben: Nur der Reichtum, den sie in fremden Kriegsdiensten erworben hatten, gestattete es ihnen, zusammen mit den anderen bäuerlichen Herrenfamilien der Imfeld, der Wirz und der Stockmann, über dem demokratischen Untergrund der Landsgemeinde-Verfassung eine sehr aristokratisch anmutende Geschlechterherrlichkeit zu entfalten – und eben vor den Verlockungen des fremden Kriegsdienstes hatte Bruder Klaus die Eidgenossen einmal ums andere gewarnt.

Auch Nidwalden hat übrigens seine patrizischen Zeiten gekannt. Aber die Jahrhunderte lange »Übung in der Insubordination«, die Konstantin Vokinger dem Nidwaldner Volk bescheinigt, hat der Ausbildung einer aristokratischen Oberschicht doch immer wieder ihre Grenzen gesetzt. Der bedächtige Göttinger Professor Meiners fand sogar, die Verfassung von Nidwalden nähere sich einer »Ochlokratie«, einer zügellosen Pöbelherrschaft also, entschieden mehr als die der anderen Kantonshälfte. Und darin ist soviel richtig, daß die nidwaldnerische Demokratie, mag sie auch noch so konservativen Schlages sein, von Zeit zu Zeit noch merkwürdigere rebellische Blasen treibt, als man das der innerschweizerischen im allgemeinen nachsagen kann. Die Obwaldner dagegen sind meist die Musterknaben: Nirgends gibt es weniger Neigung zu Sonderzüglein und individualistischen Übermarchungen des Gewohnten und Gehörigen, und auch in der Politik befolgt man nirgends gewissenhafter die konservativen Parteiparolen.

So ist denn auch die politische Entwicklung hier ruhiger und steter (wie umgekehrt in Nidwalden tumultuöser) verlaufen als in den anderen Alpentälern. Natürlich kann es auch der obwaldnerischen Landsgemeinde auf dem Landenberg ob Sarnen so gut wie der nidwaldnerischen im Ring zu Wil an der Aa einmal passieren, daß sie über die Stränge schlägt. Aber es geschieht doch sehr viel seltener, ja die Bürger haben sogar 1922 die Macht ihrer eigenen Versammlung wesentlich beschränkt und nehmen nun im Ring nur noch die Wahlen vor; die Sachgeschäfte dagegen – Gesetzesvorlagen und Verfassungsänderungen – werden von der Landsgemeinde zwar noch diskutiert, aber erst nach einer Überlegungsfrist von 14 Tagen an der Urne entschieden. Der etwas halbbatzige Kompromiß zwischen herkömmlichen und modernen demokratischen Formen hat zwar zu mehreren Vorstößen geführt, die auf die endgültige Abschaffung des »Zwittergebildes« Landsgemeinde und den völligen Übergang zur Urnenentscheidung abzielten. Aber auch der letzte dieser zahlreichen Versuche ist 1975 gescheitert. Obwohl sich damals der Kantonsrat zuvor mit fast Zweidrittelmehrheit dem Begehren nach einer solchen Revision der Verfassung angeschlossen hatte, lehnten es die Bürger schließlich mit einer Mehrheit von 1257 Stimmen ab.

Daß aber auch die gemeinhin so lammfrommen und ihrer »Obrigkeit« meist gefügigen Obwaldner gelegentlich rebellieren können, haben sie 1982 bewiesen, als sie einen ihrer prominentesten Magistraten, den Ständerat Jost Didier, kurzerhand abwählten – und dies ohne Rücksicht darauf, daß Didier zu jenem Zeitpunkt dem eidgenössischen »Oberhaus« sogar als Präsident vorsaß. Der hohe Würdenträger, im Zivilberuf Staatsanwalt und seit Jahrzehnten maßgebender Kopf der stets in Obwalden majoritären Christlichen Volkspartei, war zuerst durch seine Mitverantwortung für ein anonymes Flugblatt gegen einen politischen Widersacher ins Zwielicht geraten. Darüber hätten sich die Bürger vermutlich nicht sonderlich aufgeregt. Unmöglich aber machte sich der Kantonsgewaltige durch eine Reihe von Ehrverletzungsprozessen gegen die Kritiker seiner fragwürdigen politischen Methoden, bei denen er es sogar hinnehmen mußte, daß ein Basler Gericht einen angeklagten Anwalt freisprach, der den Parlamentarier kurz und schlicht »schmutziger Machenschaften« bezichtigt hatte. Als der gelernte Jurist trotz seiner schweren Niederlage ein neues Verfahren gegen eine Obwaldner Hausfrau wegen ihrer Kommentare zu diesem Urteil anstrengte (und im heimischen Sarnen sogar gewann), hatte er die Geduld seiner Landsleute und selbst vieler Parteifreunde überstrapaziert.

Indem sie ihm einfach die Bestätigung in seinem hohen Amt verweigerten, bereiteten sie der langen politischen Karriere eines bisher Übermächtigen ein sensationelles Ende.

Solche jähen Umschläge hat es auch früher schon in Obwalden gelegentlich gegeben. Aber sie ereignen sich nur ausnahmsweise. Charakteristischer ist das solid begründete Verhältnis zwischen dem Volk und seinen Beauftragten: Ausdruck einer fast sippenhaft engen Intimität, die den Staat wahrhaft zum »gemeinen Wesen« werden läßt. Die unverbrüchliche und unproblematische Bindung an die heimische Gemeinschaft bewährt sich selbst in weiter Ferne. Keine der schweizerischen Siedlungen in Übersee hat in sich (und mit den Herkunftsgemeinden) einen so dichten Zusammenhalt bewahrt wie die ganz von Obwaldnern geschaffene Kolonie Helvecia im brasilianischen Staate São Paulo, die über weit mehr als hundert Jahre und vier Generationen hinweg den Charakter ihrer Herkunft zu bewahren verstand.

Alles in allem kann man ruhig sagen, der Stolz aufs Getane und Ererbte liege dem Obwaldner genauso im Blut wie dem Nidwaldner die Neigung zum Aufbegehren. Daß dieser Stolz auch einmal skurrile Formen annehmen kann, dafür liefert der erfolgreichste aller Obwaldner Geschäftsleute ein Musterbeispiel: der Bauernsohn Franz Joseph Bucher, eine typische kapitalistische Pioniergestalt des letzten Jahrhunderts. Von ihm, der sein Leben lang unermüdlich Hotels, Bergbahnen und Kraftwerke von seiner Heimat bis nach Ägypten hin errichtete, habe ich ein Bild gesehen, das zu den wunderlichsten Dokumenten obwaldnerischen Selbstgefühls gehört. Als er seine erste Million verdient hatte, ließ er sich mit ihr fotografieren. Straff und herrisch sieht man ihn da auf seinem Stuhle sitzen, vor sich ein Tischchen, auf dem sein schwer erarbeitetes Vermögen in lauter sorgsam gebündelten Schweizer Banknoten liegt; bescheiden im Hintergrund aber, in respektvollem Abstand vom Familienoberhaupt und seinem erarbeiteten Vermögen, hat er der Wand entlang seine Frau und seine Kinder plaziert...

In jüngster Zeit freilich haben sich die Nidwaldner energisch bemüht, ihre Landsleute von jenseits des Kernwalds an ökonomischer Betriebsamkeit einzuholen, ja womöglich noch zu übertreffen – so, als wollten sie praktisch dartun, daß ihre Phantasie nicht allein ins Künstlerische auszugreifen braucht und nicht nur fasnächtliche Reiche imaginär durchwalten, sondern sich auch an stofflicheren Aufgaben entzünden kann. So sind sie etwa der erste Stand gewesen, der die gesetzlichen Grundlagen für die Autostraßenplanung geschaffen hat. Und sie haben es keineswegs, wie einst im Eisenbahnzeitalter, beim bloßen Projektemachen bewenden lassen. Die Autobahn Luzern-Stans, eines der ersten Teilstücke im schweizerischen Nationalstraßennetz überhaupt, wurde vom Halbkanton so energisch gefördert, daß die Arbeit daran begonnen werden konnte, bevor die eidgenössische Finanzierung überhaupt feststand. Inzwischen ist dieser Verkehrsstrang mit der Eröffnung des Seelisberg-Tunnels bis nach Altdorf verlängert und damit der direkte Anschluß an die Gotthard-Route hergestellt worden. Diese überhaupt erste Verbindung entlang dem linken Ufer des Vierwaldstätter Sees, die dem motorisierten Verkehr zur Verfügung steht, bedeutet nichts Geringeres als das Ende jener traditionellen Abseitslage, unter der Unterwalden im ganzen Verlauf seiner Geschichte zu leiden hatte. Das kommt einer Revolution nicht nur für das Transportwesen gleich: Es hat entscheidend dazu beigetragen, daß die Nidwaldner auch in der Industrialisierung – mit den Pilatus-Flugzeugwerken, einer Maschinenfabrik und einer beträchtlichen Zahl kleinerer Betriebe – die früher so viel regsameren Obwaldner weit überholt haben. Inzwischen stehen sie, am Volkseinkommen pro Einwohner gemessen, an der Spitze der Waldstätte und an zehnter Stelle unter allen Kantonen. In der Reihenfolge der Stände nach ihrer »Finanzkraft« nehmen sie gar den sechsten Rang in der Eidgenossenschaft ein – was bedeutet, daß sie viel weniger als alle anderen vorwiegend ländlichen Gemeinwesen auf Zuschüsse des Bundes angewiesen sind (Obwalden dagegen liegt in der gleichen Skala weit hinten auf dem viertletzten Platz). Dabei ist die Steuerbelastung nur noch in Zug geringer als in diesem Halbkanton, dem so lange der Ruf archaischer Fortschrittsfeindlichkeit vorausgegangen ist.

Der Zeitpunkt, in dem sich der Wandel von einer extrem ans Herkommen gebundenen zu einer für alles Neue aufgeschlossenen Gesellschaft vollzog, läßt sich genau bestimmen. Der Umschwung erwuchs aus einem der erregendsten und zugleich langwierigsten politischen Kämpfe, die in unserem Jahrhundert einen Schweizer Kanton aufgewühlt und von Grund auf umgestaltet haben: mit der Auseinandersetzung um den Bau des Bannalpwerks, den die Nidwaldner Landsgemeinde Mitte der dreißiger Jahre gegen den erbitterten Widerstand der neuen politischen und ökonomischen Machthaber durchsetzte.

Die Regierung hielt den Vorschlag, ein kantonseigenes Elektrizitätswerk zu errichten, von Anfang an für ein nicht zu verantwortendes Abenteuer. Die Landsgemeinde jedoch setzte sich über den Willen ihrer Magistraten hinweg, wählte eine völlig neue Exekutive aus lauter Anhängern des umstrittenen Projekts und beschloß die Durchführung des Vorhabens, das in einem Rattenschwanz von nicht weniger als 142 Prozessen und administrativen Verfahren gegen die widerstrebenden Interessen der bisherigen Stromlieferanten verteidigt werden mußte. Das ganze Land teilte sich angesichts des bitteren Streites von unten bis oben in zwei leidenschaftlich verfeindete Lager, die einander mit unerhörtem Grimm befehdeten. Das Ergebnis aber gab den Neuerern eindeutig recht. Der ursprünglich so verlachte, als schiere Geldverschwendung in Grund und Boden verdammte Plan erwies sich nicht nur als unerwartet erfolgreich. Er ist auch zu einem Wendepunkt nidwaldnerischer Sozialgeschichte geworden. Kaum hatte das angeblich unsinnige Bannalpwerk zu arbeiten begonnen, da konnte der Strompreis kräftig herabgesetzt, der Verbrauch elektrischer Energie entsprechend gesteigert werden. Längst sind die Kosten der einst als Ausgeburt wilder Phantastik verschrienen Anlagen völlig abgeschrieben, streicht der Staatssäckel Jahr für Jahr mindestens eine Million Franken aus dem Unternehmen ein – und just mit dem zuvor verteufelten Projekt begann der Aufstieg Nidwaldens aus der Reihe der »finanzschwachen« Kantone, denen es von alters her immer zugerechnet wurde, in die der blühenden, wirtschaftlich gesunden Gemeinwesen.

Die dramatischen Begleitumstände haben dem Streit ums Bannalpwerk weit über Nidwalden hinaus eine ungewöhnliche Aufmerksamkeit verschafft. Mit Recht: Dieser Kampf bietet ein Musterbeispiel dafür, wie sich ein kleines, allzu lange von der Stagnation bedrohtes Gemeinwesen durch eine gewaltige Kraftanstrengung aus seiner Passivität herausreißen kann, ohne seiner Überlieferung untreu zu werden und seinem eingefleischten Konservatismus abzusagen. Die Nidwaldner haben das Glück gehabt, in einer Zeit des Niedergangs und der ökonomischen Depression ein paar weitsichtige und hartschädelige Volksführer zu finden, die ihrem oft allzu ziellosen Aufbegehren ein sinnvolles, erreichbares und doch ihre Einbildungskraft entzündendes Ziel zu weisen vermochten: Männer wie den späteren Landammann Christen und vor allem den unermüdlichsten aller Bannalpvorkämpfer, der ebenfalls zur höchsten Würde des Kantons aufstieg und nicht rastete noch ruhte, bis er seinen Lieblingsgedanken gegen Kantonsregierung und Bundesrat,

Elektrizitätsmagnaten und tüftelfreudige Juristen zum Sieg geführt hatte: den drahtigen Feuerkopf Remigius Joller, einen bescheidenen Stanser Kleinhändler, der sich in dieser Auseinandersetzung unversehens als ein visionär begabter Staatsmann herausstellte.

Das Land hat den beiden Vorkämpfern seiner ökonomischen Erneuerung auf echt nidwaldnerische Weise gedankt. Im Stanser Rathaus zeigt man dem Besucher neben den Bannern und Waffen der Altvordern und der bis ins Mittelalter zurückreichenden Porträtgalerie der regierenden Landammänner auch die neue, blitzblanke silberne Kleinstatue eines Drachentöters. Es ist nicht, wie der Uneingeweihte denken möchte, der heilige Georg, der das Untier erlegt; Nidwalden hat in seinem Sagenschatz seinen eigenen bäuerlichen Helden, dem die gleiche Tat zugeschrieben wird wie dem ritterlichen Gottesmann: Struthahn Winkelried (aus der gleichen Familie wie der Held von Sempach, von dem die Überlieferung zu berichten weiß, er habe in der Schlacht die Speere der Ritter mit kräftigen Armen umfaßt und in seine eigene Brust gebohrt, um solchermaßen den Eidgenossen eine Gasse in die Phalanx ihrer Feinde zu öffnen). Den Sockel dieser allegorischen Darstellung aber schmücken zwei Medaillons, die Köpfe von Christen und Joller samt der Inschrift: »Den Schöpfern des Bannalpwerks«.

So schlägt sich, sonderbar genug, der Bogen von dem legendären Tapferen einer frühen Vorzeit, der das Tal von einem dräuenden Übel erlöste, zu den Männern unserer Zeit, die den Feldzug für den Anschluß Nidwaldens an die Errungenschaften moderner Technik organisiert und gewonnen haben. Sage und Gegenwart reichen sich über die Abgründe der Zeiten und der Mentalitäten hinweg die Hände; die mythische Großtat von ehedem fließt mit der rationalen von heute zusammen. Im phantastischen Nidwalden, wo so vieles möglich ist, wird auch der Einbruch eines neuen Geistes sogleich zur Legende, kann sich eine Sage von nicht geringerer Eindrücklichkeit als die Winkelriedsage auch an die Errichtung eines Elektrizitätswerks heften.

Nicht allein im wirtschaftlichen Bereich jedoch haben die Nidwaldner inzwischen ihre Fähigkeit zur Anpassung an neue Lebensbedingungen bewiesen. Auch politisch demonstrierten sie zuerst mit einer Totalrevision ihrer Kantonsverfassung, dann (als zweiter Landsgemeinde-Kanton nach Glarus) 1972 mit der Einführung des Frauenstimmrechts, wie sehr sie willens waren, mit der Zeit zu gehen – und dies, obwohl bei ihnen, anders als bei den Obwaldner

Nachbarn, nie ernsthaft am Fortbestand der Landsgemeinde-Demokratie gewohnten Schlages gerüttelt wurde. 1981 stimmten die Bürger gar, als erste unter denen der Waldstätte, einer Forderung nach Einführung der obligatorischen Verhältniswahl zu, die den politischen Minderheiten eine angemessene Vertretung sichern sollte – mit dem Ergebnis, daß 1982 nicht nur die von jeher beachtliche liberale Opposition kräftige Sitzgewinne verzeichnen und sogar vier der neun Regierungssitze erobern konnte, sondern daß auch die bisher ausgeschlossenen Sozialdemokraten und sogar die weiter linksstehenden, dem »Kritischen Uri« geistesverwandten jungen Stürmer und Dränger von der Liste »Demokratisches Nidwalden« erstmals mit je einem Abgeordneten in den Landrat (das Kantonsparlament) einzuziehen vermochten. Auch wenn ein solches Ergebnis beileibe nicht aufregend scheint und die absolute Mehrheit der Christdemokraten in keiner Weise gefährdet, deutet es doch darauf hin, daß dem ökonomisch-sozialen Strukturwandel jedenfalls mit der Zeit auch die Veränderung der eingefleischten politischen Haltungen folgen dürfte.

Zug

Kleiner Kanton mit vielen Gesichtern

Ce Canton . . . n'est gueres remarquable que par l'embarras d'une forme de Gouvernement très-compliquée. Tout y est divisé et subdivisé par la Constitution; ce n'est qu'un point, mais qui est partagé en tant de fractions, & en des fractions qui par leur petitesse sont si tendantes à l'intérêt particulier, qu'il n'est gueres possible que l'intérêt public puisse en étreinde le petit contour avec assez de force, & le resserrer aussi étroitement qu'il seroit nécessaire.
Histoire des Révolutions de la Haute Allemagne, 1756

Wenn Bern im eidgenössischen Bunde als eine »Großmacht im Kleinstaat« erscheint, so kann man den Kanton Zug umgekehrt getrost als den »Kleinstaat im Kleinstaat« abstempeln. An Fläche zumindest nimmt er, jedenfalls unter den ungeteilten Ständen, den bescheidensten Raum ein. Und doch hat Gonzague de Reynold nicht umsonst gerade bei der Betrachtung seines engbrüstigen, aus ganzen elf Gemeinden bestehenden Territoriums daran erinnert, daß in der Schweiz die scheinbar geringfügigsten staatlichen Gebilde beileibe nicht immer auch die allereinfachsten seien. Schon in der Mitte des 18. Jahrhunderts hatte der Elsässer und königlich-französische Beamte Philbert oder Philibert aus Hagenau in seiner anonymen »Histoire des Révolutions de la Haute Allemagne« kopfschüttelnd dieselbe Beobachtung angestellt. Das Erstaunen des gescheiten, philosophisch veranlagten Autors über die komplizierten staatsrechtlichen Verhältnisse und mannigfaltigen Unterteilungen des sonderbaren Miniaturstaatswesens, das doch »nur ein Punkt« sei und dabei in so viele winzige »Fraktionen« zerfalle, war durchaus begründet. In der Tat fehlt es hier nicht an überraschenden Komplikationen. Wer sich in diesem Land und seiner Geschichte auch nur ein wenig umtut, der könnte darin wohl manchen eindrucksvollen Beleg für den berühmten Satz finden, in dem der Schaffhauser Historiker Johannes von Müller die Quintessenz seiner Einsichten zusammenfaßte: »Überhaupt ist nicht groß oder klein, was auf der Landkarte so scheint; es kommt auf den Geist an.«

Schon die Natur des Kantons mutet, bei aller Enge und Gedrängtheit, keineswegs einförmig an. Nicht einmal die beiden Ufer des Zuger Sees, das stark verstädterte und von einem emsigen Fremdenverkehr intensiv erschlossene östliche und das sehr viel ländlichere, teilweise durch große herrschaftliche Besitzungen gegliederte »ennetseeische« gegenüber, wirken sonderlich verwandt. Wer vollends nach Aegeri mit seinem Gebirgssee und dem Schlachtfeld am Morgarten oder nach Menzingen hinaufsteigt, findet sich an jedem dieser Orte wieder in einer anderen Landschaft und in einer eigenen Welt.

Nicht in erster Linie an dieser auf so schmalem Raum versammelten geographischen Vielfalt liegt es jedoch, wenn Zug dem Betrachter so verwirrend viele Gesichter darbietet. Das ergibt sich vielmehr vor allem daraus, daß es ein Land des Übergangs ist: des Übergangs zwischen städtisch-bürgerlichem und ländlich-bäuerlichem Wesen wie zwischen der innerschweizerischen Verwurzelung in einer ungebrochenen Tradition und der nordostschweizerischen industriellen Geschäftigkeit und Weltweite. Das Land gehört der Welt der Urkantone an, mit denen es bis 1848 auch die alt-demokratische Regierungsform der Landsgemeinde teilte. Aber es unterscheidet sich von ihnen sowohl durch das ausgesprochen urbane Wesen seines Hauptortes als auch durch den ungleich moderneren Zuschnitt seiner ökonomischen Struktur und den weit überdurchschnittlichen Wohlstand von Gemeinwesen und Bevölkerung. Anderseits beeinträchtigt seine Zugehörigkeit zum weiteren Einzugsgebiet Zürichs nicht die Vielzahl der Verbindungen nach Schwyz hinüber. Von Walchwil oder von Oberägeri trägt man bezeichnenderweise seine Ersparnisse mit Vorliebe zur Schwyzer Kantonalbank. Vollends der sehr aktive, ordens- und klosterfreudige, unverkennbar pädagogisch interessierte Zuger Katholizismus bekundet kräftig die geistige Zugehörigkeit des Kantons zur benachbarten Urschweiz.

Dabei stellt das Kantonsgebiet überraschenderweise wiederum eine uralte geschichtliche Einheit dar, vorgeformt bereits im 5. Jahrhundert durch die »Mark« einer alemannischen Hundertschaft, die im wesentlichen auch unter wechselnden feudalen Herrschaften als ein Ganzes erhalten blieb. Die Stadt Zug, von den Kiburgern gegründet, erlangte unter den Habsburgern Bedeutung als wichtiger Umschlagplatz auf dem Weg von Zürich zum Gotthard. Eben deshalb geriet der Ort nach dem Beitritt Zürichs zur Eidgenossenschaft schnell in Schwierigkeiten. Um die Verbindung mit dem Verbünde-

Flüeli, Obwalden, Geburtshaus des Hl. Niklaus von Flüe; ältestes Holzhaus der Schweiz a. d. 14. Jh.
Alte Holzhäuser in Werdenberg, St. Galler Rheintal

ten an der Limmat zu sichern, mußten die Eidgenossen die zwischen ihnen gelegene habsburgische Bastion an sich bringen. Nachdem diese einer Belagerung mannhaft widerstanden und erst kapituliert hatte, als es keine Hoffnung mehr auf österreichische Hilfe gab, wurde Zug deshalb 1353 zu bemerkenswert günstigen Bedingungen – ähnlichen wie Zürich und weit besseren als das wenige Tage zuvor akzeptierte Glarus – als gleichberechtigter Partner in den Bund aufgenommen. Fünfzig Jahre später hätte es wohl das Schicksal einer Gemeinen Herrschaft erlitten. Um die Mitte des 14. Jahrhunderts jedoch waren die Bauern der Urschweiz und ihre städtischen Mitstreiter noch nicht auf den Gedanken gekommen, sich einfach an die Stelle der feudalen Herren zu setzen; zu dieser Zeit zogen sie es noch vor, auch den besiegten Gegner als Freund und Partner zu gewinnen.

Das mochte freilich auch damit zusammenhängen, daß die Zürcher diese verkehrsgeographisch so wichtige Station auf ihrem Handelsweg nach Süden auf keinen Fall in schwyzerische Hände geraten lassen, die Schwyzer einer Ausdehnung des zürcherischen Einflußbereichs an den Zuger See wehren wollten. So ist Zug eigentlich eine Art von Pufferstaat zwischen dem mächtigen ostschweizerischen Städteort und dem führenden innerschweizerischen Länderort geworden, und seine Geschichte wird seither ganz durch seine Mittellage zwischen den beiden Rivalen bestimmt, deren Anziehungskraft es abwechselnd erlag. Gegen die mehrmals – zuletzt 1404 – sehr massiv vorgetragenen Herrschaftsgelüste von Schwyz, das den Zugern nach der Ablösung der habsburgischen Hoheitsrechte zunächst ihren Ammann stellte, vermochte es sich mit zürcherischer, später auch luzernischer Hilfe zu behaupten. Anderseits war der Schwyzer Einfluß mächtig genug, den Bauern des Äußeren Amtes das Absinken in die Position städtischer Untertanen zu ersparen und damit das Entstehen eines neuen reinen Stadtstaates zu verhindern: Die eigentümliche Verfassung Zugs im *Ancien Régime*, von der gleich noch zu sprechen sein wird, spiegelt auf eine interessante und etwas absonderliche Weise dieses Ineinanderspiel der Einflüsse wider.

Eine neue Phase des Ringens begann mit der Reformation, die ursprünglich an der zugerischen Geistlichkeit eine beträchtliche Stütze fand. Nun war es der Rückhalt der Inneren Orte, der den Verbleib des Standes beim katholischen Glauben sicherte und eine wirksame Abwehr von Zwinglis ebenso politischen wie religiösen

Machtgelüsten erlaubte. Das Volk allerdings wollte von der neuen Lehre nie viel wissen, und die vornehmen Bürgergeschlechter, die ihr ursprünglich viel Sympathie entgegenbrachten, schreckten am Ende wohl auch vor dem Verlust der einträglichen päpstlichen Subsidien (»Pensionen«) zurück, an denen in Zug nicht weniger als 156 Empfänger partizipierten.

Immerhin haben sich die Zuger damals wie auch bei späteren Anlässen lange und inständig bemüht, den Ausbruch eines Glaubenskrieges zu verhindern. Ihre Mittellage prädestinierte sie zu einer Rolle der Vermittlung und machte sie zugleich von jeher dem Kompromiß geneigter – war doch ihr ganzes Staatswesen das Produkt eines Kompromisses. Dieser Tendenz zum Ausgleich sind sie auch später treu geblieben. Nur ein Aufruhr der Bevölkerung zwang 1712 den Rat wider seinen eigentlichen Willen zur Teilnahme am zweiten Villmergerkrieg, der für die Katholiken so verhängnisvoll enden sollte. Und noch am Sonderbundskrieg – dem letzten und in seinen Auswirkungen bedeutsamsten der schweizerischen Bürgerkriege – beteiligte sich der Kanton nur zögernd. Seine Bevölkerung war zwar gut katholisch und betont konservativ-föderalistisch eingestellt, aber zugleich der inneren Zwietracht abgeneigter als die schwyzerischen oder luzernischen Heißsporne, und seine Regierung tat daher, auch wenn sie dem Sonderbund treu blieb, doch ihr Bestes, um der militärischen Auseinandersetzung aus dem Weg zu gehen.

Dieser für Zug sehr bezeichnenden äußeren Zwischenposition entsprach nun eben auch die einzigartige Mittlerstellung, die es in seiner inneren Verfassung zwischen Städte- und Länderkantonen einnahm. Hatte die Stadt Zug es auch verstanden, sich nach dem Vorbild anderer Kommunen eine Reihe ländlicher Vogteien als Untertanengebiet zu erwerben (zum Beispiel Cham, Walchwil und Hünenberg), so hatten sich anderseits die drei freien Bauerngemeinden des »Äußeren Amtes« – Baar, Aegeri und Menzingen – die völlige Gleichberechtigung mit der Stadt im Rahmen einer überaus locker gefügten Konföderation praktisch souveräner Glieder zu sichern gewußt. Nur bei Stimmengleichheit unter den vier Teilhabern an diesem Miniaturstaatenbund fiel der Stadt der Stichentscheid zu; gegen den geschlossenen Willen der drei bäuerlichen Gemeinwesen vermochte sie nichts durchzusetzen. Gemeinsam bestellten die Bürger von Stadt und Land an der Landsgemeinde die kantonalen Behörden; die Sachgeschäfte aber berieten sie von Anfang an getrennt in ihren kommunalen Versammlungen, und die Zuständigkeit des Kantons beschränkte sich praktisch auf die Außenpolitik. Selbst der Ammann mußte, nachdem sich die Zuger 1409 dessen freie Wahl gesichert hatten, im Turnus von den vier Partnern gestellt werden, wobei die Stadt dieses Amt jeweils für drei, jede der anderen Gemeinden für zwei Jahre besetzen durfte. Auch die militärische Organisation war gemeindeweise aufgegliedert: Jedes der drei Dörfer wählte seinen eigenen Hauptmann für das Soldatenkontingent, das es unter den Oberbefehl des »Landeshauptmanns« stellte. Kurzum, das kleine Zug war seinerseits wieder eine Eidgenossenschaft im kleinen, in dieser Hinsicht den Bünden Rätiens oder des Oberwallis verwandter als den straffer organisierten Landgemeindekantonen der Urschweiz oder gar den herrschaftlich gestalteten städtischen Territorialstaaten. Und es scheint daher völlig verständlich, wenn ein aufmerksamer Betrachter wie der Autor der »Révolutions de la Haute Allemagne« den Eindruck gewinnen mußte, daß hier die sehr eidgenössische Neigung zur Autonomie der Teilautoritäten entschieden zu weit getrieben sei und daß es unter solchen Umständen dem öffentlichen Gesamtinteresse kaum mehr möglich sei, »den kleinen Umkreis mit genügender Kraft zu umfassen und ihn so eng zusammenzuhalten, wie es notwendig wäre«.

Auf der anderen Seite jedoch ergab sich aus dieser ungewöhnlichen Struktur des Staates im kleineren Verbande ein ähnliches Gleichgewicht zwischen Stadt und Land, wie es im großen der Eidgenossenschaft bestand: ein ausgewogenes, aber freilich auch spannungsreiches Gefüge, das im Zuger Charakter und im öffentlichen Wesen des Kantons bis heute nachwirkt. Eine Konsequenz daraus war, daß sich in der Stadt kein Patriziat nach dem Vorbild Luzerns oder Solothurns entwickeln konnte. Der Kreis der »regimentsfähigen« Familien wurde niemals systematisch eingeschränkt, blieb daher bis zum Einbruch modernerer liberaler und demokratischer Formen ungleich weiter und umfaßte neben den städtischen Geschlechtern auch die alteingesessenen Bürger im Äußeren Amt. Soweit man überhaupt von einer Zuger »Aristokratie« sprechen kann, hatte sie einen ähnlichen Charakter wie die schwyzerische oder unterwaldnerische, d. h. sie wurde von Familien gestellt, die – wie etwa die Zurlauben – durch Reichtum und militärische Tüchtigkeit hervorragten, deren Angehörige sich aber immer wieder der freien Wahl stellen mußten und durchaus von Mitgliedern minder vornehmer und weniger begüterter Sippen in den Hintergrund geschoben werden konnten. Ja, in Zug haben sich die altdemokratischen Formen und Zustände länger und um einige Grade reiner erhalten als selbst in den Urkantonen.

Allerdings brachte auch hier – und sogar vor allem hier – die demokratische Regierungsform ihre Probleme, Schwierigkeiten und Krisen mit sich. Die inneren Auseinandersetzungen konnten ungewöhnlich harte Formen annehmen. »Es ist kein Stand der Eidgenoßschaft«, so notiert J. C. Füßli melancholisch, »welcher mehr von innerlichen Unruhen geplaget worden sey.« Und ein etwas später erschienenes Nachschlagewerk schildert den Volkscharakter zwar als »friedlich und sanft«, fügt aber sogleich bei, das rühre wohl »unter andern auch daher, daß vormals das Volk aus wiederholten Erfahrungen den traurigen Einfluß des Parteigeistes kennengelernt hat«.

Die auseinanderstrebenden Interessen von Stadt und Land, die gelegentlich sogar fast bis zur Aufteilung des Kantons zu führen drohten, haben auch der territorialen Expansion enge Fesseln angelegt. Zug ist nicht deshalb so klein und bescheiden geblieben, weil es seiner Bürgerschaft an militärischer Kraft oder an politischem Ausdehnungswillen gefehlt hätte, sondern weil das städtische Zentrum und die ländlichen Außengemeinden einander stets mißtrauisch überwachten, um ja nicht durch ungehörige Machterweiterung des einen oder anderen Teils das innere Gleichgewicht erschüttern zu lassen. Noch 1803 trugen sich zwar manche Zuger Politiker mit dem Gedanken, das katholische Freiamt, das dem Anschluß an den reformierten Berner-Aargau und der Unterstellung unter das liberale, als »gottlos« geltende Aarau heftig widerstrebte, an sich zu ziehen und damit den Kanton reußabwärts energisch zu vergrößern. Aber diese Pläne scheiterten damals (und wiederum 1814) nicht zuletzt an der Abneigung vieler Zuger Stadtbürger, das ohnedies vorhandene rurale Übergewicht durch die Vereinigung mit weiteren bäuerlichen Gebieten noch zu verstärken.

Spuren dieser geschichtlichen Vorgänge und Entwicklungen bleiben auch heute noch faßbar – so etwa in der auffällig weitentwickelten Gemeindeautonomie. Kantonale Beamte glauben sogar immer noch einen merklichen Unterschied zwischen den einstigen Vogteigemeinden und den früheren Gleichberechtigten des Äußeren Amtes feststellen zu können: Während die ersteren sich gouvernementalen Anordnungen prompt und selbstverständlich zu fügen pflegten, neige man in Baar, Ägeri und Menzingen gerne zu einiger Widersetzlichkeit gegen Verfügungen »von oben« und »aus der Stadt«.

Solche Konstanz fällt um so mehr auf, als Zug zu den am stärksten überfremdeten Kantonen überhaupt gehört. Längst machen die Bürger auswärtiger oder ausländischer Herkunft die große Mehrheit der Einwohner aus; nicht einmal ein Viertel der Ansässigen kann noch einen Zuger Heimatschein vorweisen. Noch mehr als für den Kanton insgesamt gilt das für seine Hauptstadt, wo die Einheimischen eine ständig weiter schwindende Mehrheit ausmachen. Was im kosmopolitischen Grenzkanton Genf verständlich scheint, wirkt hier im Herzen der Schweiz und an der Schwelle der Urkantone gewiß überraschend.

Zum Teil geht diese merkwürdige Erscheinung natürlich auf das Konto der lebhaften Industrie, die hier wie überall die Bevölkerungen durcheinanderrührt. Immerhin beherbergt Zug mit der Zähler- und Elektronik-Firma Landis & Gyr sogar ein Unternehmen von internationalem Format, das Ende 1983 mehrere tausend Arbeitsplätze bereitstellte, und daneben noch eine ganze Reihe weiterer bedeutender Fabriken. Einige davon sind alteingesessen, andere durch die ungewöhnlich geringe fiskalische Belastung ins Zuger Steuerparadies gelockt worden. Dazu kommen noch Tausende auswärtiger oder ausländischer Aktiengesellschaften, die hier Niederlassungen – und sei es in Form bloßer »Briefkastenfirmen« – unterhalten. Obwohl (oder besser: gerade weil) die Forderungen des Fiskus an dergleichen Gäste denkbar bescheiden ausfallen, bestreiten die Steuern auf wirtschaftliche Unternehmen jeder Art am Ende doch nahezu die Hälfte aller kantonalen Einkünfte: Die Großzügigkeit gegenüber Kapitalinhabern zahlt sich so gut aus, daß der kleinste Kanton der Eidgenossenschaft mittlerweile zum finanzstärksten aufgestiegen ist und neuerdings selbst das traditionell und sprichwörtlich reiche Baselstadt überholt hat. Eine Vorstellung von dem hier herrschenden Wohlstand, der angesichts der Nachbarschaft zu der innerschweizerischen Bergbauern-Region besonders in die Augen sticht, vermittelt nicht zuletzt die Angabe, nach der auf jeden Zuger Haushalt durchschnittlich ein Jahreseinkommen von etwa 50 000 Franken entfällt – so problematisch solche Durchschnittszahlen auch anmuten mögen.

Aber der ungewöhnlich hohe Grad der Überfremdung Zugs hat weder allein mit der Industrie noch mit der Anziehungskraft des Steuerparadieses zu tun, sondern auch mit einer überaus zurückhaltenden, ja extrem kleinlichen Einbürgerungspraxis der Bürgergemeinden. Auch wer im Kanton geboren, aufgewachsen und in die Schule gegangen ist, ja selbst wer sein ganzes Leben hier (und sei es im kantonalen Staatsdienst) verbracht hat, darf nicht hoffen, ohne saftige Einkaufssumme jemals ins Bürgerrecht seiner Wohngemeinde aufgenommen zu werden. Und je weiter der Zustrom von außen anschwillt, desto mehr neigen die Behörden nach alter Sitte dazu, die Kandidaten sorgfältig zu sieben. Zum mindesten im Ortsbürgerverband möchte man gerne unter sich bleiben. Noch exklusiver als die Bürgergemeinden verhalten sich selbstverständlich die alten und reichen Korporationen mit ihrem stattlichen Land- und Waldbesitz, von denen sich allein fünf in die umfangreiche Baarer Allmend teilen; unter den Korporationsgenossen wird man kaum einem Namen begegnen, der nicht schon vor der Wende des 18. Jahrhunderts in den Kirchenbüchern verzeichnet stand.

Auch hier verrät sich wiederum jenes eigentümliche zugerische Doppelwesen, von dem schon eingangs die Rede war. Man ist selbstverständlich weltoffen und durchaus willens, fremdem Gewerbe und fremden Arbeitskräften alle Gelegenheiten zur Entfaltung zu bieten. In der Tat verdankt ein überwiegender Teil der zugerischen Industrie Anstoß und Auftrieb der auswärtigen Initiative und auswärtigen Kapitalien. Aber solche weitsichtige, wenngleich nicht uneigennützige Gastlichkeit und der weiträumig-kommerzielle Geist, dem man auf solche Weise Einlaß gewährte, hat dem konservativen, an die Enge des zugerischen Raumes gebundenen Heimatgeist sowenig anzuhaben vermocht wie die ungewöhnliche Bevölkerungsmischung. Wo immer es möglich und tunlich erscheint, fühlt man sich auch heute noch dem alten Herkommen und einer unverrückbaren Bodenständigkeit verpflichtet, und man pflegt die Werte der Überlieferung mit nicht minder bemühter Sorgfalt als in den Urkantonen. Der Zuger, das wird bei solcher Betrachtung sinnfällig, gehört eben zu den Leuten, die es verstehen, das scheinbar Unvereinbare munter zu vereinen und sich, nach dem gut schweizerischen Ausdruck, den Batzen und das Weggli zu sichern. Sowenig wie der Glarner sieht er einen Widerspruch darin, wenn er traditionsbewußt bis in die Knochen ist und sich nichtsdestoweniger in der modernen Geschäftigkeit so wacker behauptet wie nur irgendein Großstädter.

Eine Großstadt ist sein Hauptort allerdings nicht, und er wird nie eine werden. Dafür hat er viel von seiner schönen Ausgeglichenheit bewahrt, von jenem ganz besonderen *Cachet*, das schon um die

Wende des 17. Jahrhunderts den damaligen britischen Botschafter bei der Eidgenossenschaft, Abraham Stanyan, zu entzücken vermochte. »The Village or Town of Zug«, so schrieb der englische Besucher in seinem »Account of Switzerland«, »is reckon'd the neatest of any in the little Cantons« – und »neat«: nett, sauber, aufgeräumt und rundherum erfreulich, ist die Stadt bis heute geblieben.

Etwas von der Synthese zwischen weltläufiger Anpassungsfähigkeit und hartnäckig bewahrender Kraft teilt sich auch der zugerischen Politik mit. Sie steht fast immer im Zeichen konservativer Vorherrschaft; auch der starke Zuzug von außen hat die Stabilität der politischen Konstellation erstaunlich wenig berührt. In all den Jahrzehnten seit dem Ersten Weltkrieg ist das Kräfteverhältnis der Parteien mehr oder weniger dasselbe geblieben. Erst 1982 hat die Christliche Volkspartei ihre bisher zäh verteidigte absolute Mehrheit im Kantonsrat verloren – obwohl sie mit 40 von 80 Mandaten immer noch die genaue Hälfte der Sitze in der Legislative innehat –, und noch größer war der Schock darüber, daß sie auch in der Exekutive nur noch drei der sieben Regierungsräte stellt. An ihrem überragenden Einfluß freilich ändert auch dieser zeitweilige Rückschlag wenig.

Diesen Einfluß weiß der Zuger Konservatismus auch über den eigenen Kanton hinaus geltend zu machen. Sein bedeutendster Kopf, der kluge und gebildete Philipp Etter aus einer alten, schon früher mehrfach im Rat vertretenen Menzinger Bauernfamilie, ist während mehr als einem Vierteljahrhundert dem Eidgenössischen Departement des Inneren vorgestanden; die selbst für schweizerische Begriffe lange Dauer seiner Magistratur hat dem Mann mit den markanten Gesichtszügen unter dem charakteristischen Kahlkopf gegen Ende seiner Amtszeit den Spitznamen Philipp Eternel eingetragen. Um so bemerkenswerter scheint es, daß schon 15 Jahre nach seinem Ausscheiden wieder ein Zuger Christdemokrat, Hans Hürlimann, das gleiche hohe Amt bekleidete (1974–82). Der kleinste Vollkanton, so möchte man daraus schließen, verdankt seinem beachtlichen Reservoir an angesehenen politischen Köpfen ein Maß an Wirkung in den weiteren eidgenössischen Bereich hinein, um das ihn manche größeren Stände beneiden können.

Trotz der immer noch dominierenden Stellung des konservativen Katholizismus billigt Zug seinen Minderheitsparteien ein höchst generöses Mitspracherecht im Staate zu. Seit der Verfassungsrevision von 1894 bekennt es sich geradezu extrem zum Grundsatz des Proporzes: Nicht nur der Kantonsrat – wie das kantonale Parlament nun heißt –, sondern auch der Regierungsrat, ja selbst die richterlichen Behörden und die mannigfaltigen kantonalen und kommunalen Kommissionen werden durchwegs nach der Methode der Verhältniswahl erkoren. Das ist um so bemerkenswerter, als der Proporz hier nicht, wie fast überall sonst, der Mehrheitspartei in langwierigem und hartem Kampfe abgerungen werden mußte. Der Übergang zum neuen System, das den Minderheiten in allen Organen des öffentlichen Lebens eine angemessene Vertretung garantierte, ging ohne große, die Gemüter aufwühlende Auseinandersetzungen vonstatten. Gerade das hat der Politik eine Ausgeglichenheit gesichert, die wohl dem zugerischen Temperament entgegenkommt: Man schlägt sich um die Angelegenheiten des Staates nicht mit der verbissenen Passion herum, die in Luzern und manchmal auch in Schwyz den Parteikämpfen ihre dramatische Note verleiht – ohne daß man sich deswegen über einen sonderlichen Mangel an Interesse für die *res publica* zu beklagen brauchte.

Eine solche Konstanz und Versöhnlichkeit im politischen Leben – die seltsam genug von der Turbulenz früherer Jahrhunderte absticht, in denen es ein lebensgefährliches Unterfangen war, Zuger Politiker zu sein – könnte sich in den Wechselfällen unserer raschlebigen Zeit wohl kaum behaupten, wenn dem kleinen Kanton nicht eine bemerkenswerte Assimilationskraft innewohnte. Gerade als Land des Übergangs hat Zug sich die Gabe bewahrt, den fremden Zuzug auch ohne Zuflucht zu einer liberalen Bürgerrechtspraxis seinem eigenen, eben vieldeutigen und dadurch nach manchen Richtungen hin aufnahmefähigen Wesen einzuschmelzen. Dabei kommt ihm zweifellos eines zugute: daß die Mehrheit der Miteidgenossen, die sich hier angesiedelt haben, aus den benachbarten innerschweizerischen Regionen, aus Luzern und aus dem von alters her mit Zug eng verbundenen aargauischen Freiamt stammt, das heißt aus Gebieten katholischer Konfession und verwandter Tradition. So haben sie ihren Gaststaat vielfältig bereichern können, ohne seiner geschichtlich gewachsenen Art Gewalt anzutun und seine eigentümlichen Konturen zu verwischen.

Glarus

Arbeiterland mit Tradition

Wer die Thäler von Glarus bereist, wandert durch eine große Fabrik in lebendigster Betriebsamkeit. Diese armen, zwischen fürchterlichen Felsen verborgenen Hirten, von jeder Unterstützung und Anfeurung entblößt, haben sich bloß durch ihre Geistesregsamkeit und Ausdauer mehrerer Gewerbszweige zu bemeistern gewußt, und bieten das auffallende Schauspiel eines der industriösesten Völker dar.
Johann Gottfried Ebel, in »Schilderung der Gebirgsvölker der Schweiz«, 1802

Vor einem halben Jahrhundert hat der brasilianische Regisseur Cavalcanti, einer der Väter und Meister des modernen Dokumentarfilms, einen Streifen über die Schweiz gedreht, der mir noch immer als der beste und aufschlußreichste Film über dieses Land in Erinnerung geblieben ist, den ich je gesehen habe. Er war so vorzüglich, weil Cavalcanti nicht einfach Bilder aneinanderreihte, sondern eine Idee zu verdeutlichen suchte, die etwas vom wahrhaft Wesentlichen seines Gegenstandes traf. »We Live in Two Worlds«, so hieß der Titel wohl; jedenfalls war der Leitgedanke, der die verwirrende Vielfalt der optischen Eindrücke gliederte, die Feststellung, daß die Schweizer in »zwei Welten« lebten: in einer archaisch gebundenen und in einer blitzmodernen, im unverbrüchlichen Festhalten an eigenwilligen und eigenständigen Traditionen und zugleich in der ganz und gar internationalen Zivilisation des Industriezeitalters.

Ich entsinne mich nicht mehr, ob Cavalcanti auch im Kanton Glarus gefilmt hat; sicher aber hätte er nirgends sonst einen besseren Anschauungsunterricht für seine These finden können. Denn in keinem anderen der eidgenössischen Stände – es sei denn vielleicht in Appenzell-Außerrhoden – tritt diese Doppelnatur des Schweizers, die konservativ dem Überkommenen verhaftet bleibt und zugleich die Fülle zeitgenössischer und zeitgemäßer Lebensmöglichkeiten auszuschöpfen weiß, augenscheinlicher und überraschender zutage als hier. Dieses Glarnerland ist ein einziges faszinierendes Paradoxon. Aber zugleich liegen die »zwei Welten«, die Cavalcanti meint, hier nicht, wie so oft, mehr oder minder beziehungslos nebeneinander. Sie sind eine eigentümliche und fast einzigartige Verbindung miteinander eingegangen. Kein Wunder, daß ein Reisender des frühen 19. Jahrhunderts von dieser »petite république de paysans et de manufacturiers« den Eindruck empfing, sie sei womöglich »plus Suisse encore« als die Gegenden, die er vorher durchwandert hatte, »plus différent au moins du reste de l'Europe«.

Es war Louis Simond, ein Amerikaner französischer Sprache und Herkunft, der im zweiten Jahrzehnt des 19. Jahrhunderts solchermaßen in der glarnerischen Bauern- und Fabriklerrepublik sozusagen die Essenz des spezifisch Schweizerischen zu entdecken glaubte. Auch anderen Besuchern erschien dieses Land als ein ungewöhnliches Phänomen. Und obwohl der demokratische Volksstaat heute kein Kuriosum mehr ist und die Industrie auch in anderen Alpenregionen Fuß gefaßt hat, können wir das Erstaunen solcher Beobachter immer noch nachempfinden.

Nur auf den ersten Blick bietet sich Glarus als ein Alpental wie Dutzend andere dar. Die Natur hat es eher weniger begünstigt als andere. Jäher noch scheinen hier die mächtigen Gebirgsstöcke unmittelbar aus der Talsohle aufzuwachsen. Schon Ebel stellt fest, daß »das bewohnbare und zu benutzende Land äußerst eingeschränkt« sei; ihm, dem trefflichen Kenner und Schilderer Appenzells, blieb nicht verborgen, wieviel fruchtbarer und reicher ausgestattet das kleinere nördlichere Hochland war als die an Fläche ausgedehnteren, aber »wie enge Schluchten« zwischen wilden Felsen geklemmten Täler der Linth, der Sernft und der Löntsch.

»Ohnstreitig«, so faßt er die äußere Gestalt von Glarus zusammen, »gehört es zu den Theilen der Schweiz, wo die nacktesten und zerrissensten Gebirgsmassen zusammengedrängt sind.« Frühe Besucher empfanden die Unwirtlichkeit der rauhen und einsamen Gegend geradewegs als abschreckend; während der in mancher Hinsicht so modern anmutende Elsässer Philbert von der dräuenden Nähe des Gebirges immerhin »agréablement effrayé« war, fühlte sich der baltische Theologe, Schriftsteller und Maler Carl Gotthard Grass, dem es doch durchaus nicht an Sinn für die Größe alpiner Landschaft fehlte, auf seiner 1796 unternommenen Reise eher bedrückt als erhoben. Schon auf der Fahrt von Näfels zum Kantonshauptort kam es ihm vor, als werde das »sonst ansehnliche Thal« durch »ungeheure Massen mit steilen Felswänden« verengt, ja geradezu verdunkelt. »Demohngeachtet war es mir, als ich in Glarus unter dem hohen gewaltigen Kegel des Glärnisch stand, als hätte ich noch keine Berge gesehen... Ich fühlte etwas so beengtes unter den furchtbaren Felskolossen, die dieses Thal bilden, daß ich sagen mußte: Hier möcht ich nicht wohnen!«

Wie (in unvergleichlich größerem Maßstab) das Wallis, wie das benachbarte Uri scheint Glarus von Natur zur Absonderung und eben dadurch zur inneren Geschlossenheit bestimmt. Nur daß Uri durch einen Paßweg von internationaler Bedeutung eben doch in die Geschehnisse der großen Welt hineinverflochten war, während selbst der wichtigste der Glarner Pässe, der Klausen, nicht mehr als eine lokale Verbindung ins Reußtal hinüber darstellt und nie zu geschichtlicher Wirksamkeit erwachsen ist; von den sonstigen Übergängen ist einzig der Pragelpaß nach Schwyz in jüngster Zeit aus rein militärischen Gründen zur Fahrstraße ausgebaut worden. Nicht einmal der Autotourismus unserer Zeit hat also die naturgegebene Isolierung des Linthtals nennenswert aufgesprengt; es ist nicht mehr ganz, aber immer noch beinahe jene »Fischreuse«, mit der es der Chronist Johannes Stumpf bildkräftig verglichen hat. Nur an seinem Nordrand, gegen den Walensee und die Linthebene hin, stößt das Tal an eine alte Durchgangs- und Handelsstraße von Zürich nach Sargans und Graubünden. Hier aber breiteten sich lange Zeit böse Sümpfe, in denen die Malaria umging und die erst in den ersten Jahrzehnten des 19. Jahrhunderts durch das erste gesamteidgenössische Meliorationswerk großen Stils der Kultur wiedergewonnen wurden (dem Leiter und unermüdlichen Förderer dieser Linthkorrektion, dem Zürcher Konrad Escher, hat die Tagsatzung ihren Dank auf eine einmalige Weise abgestattet, indem sie ihm und seinen Nachkommen den Familiennamen Escher von der Linth verlieh; es gibt kein zweites Beispiel solcher Ehrung in der Schweizer Geschichte).

So schien das Land zur Weltabgeschiedenheit und Vereinsamung verdammt. Fast sah es so aus, als wollten seine Bewohner ihre Zurückgezogenheit von der Außenwelt noch unterstreichen. Schon in der Römerzeit zogen sie eine Mauer von Berg zu Berg, die das Tal auch nach Norden hin abschloß und auf deren Fundamenten das mittelalterliche Schutzwerk der »Letzi« errichtet wurde. In der Tat hat die auf diese Weise künstlich verstärkte und zusätzlich markierte Eingeschlossenheit den Glarnern offensichtlich die Verteidigung ihrer Freiheit wesentlich erleichtert; sie war wie geschaffen zu frühem kommunalen Zusammenschluß und zur Abwehr fremder Herrschaftsansprüche. Aber gleichzeitig schien sie der Bevölkerung die Kommunikation nach außen hin zu versagen. Es wäre nicht verwunderlich gewesen, hätte Glarus als altertümliche Hirtenrepublik traditionsstark und kontaktarm vor sich hingelebt wie ein zweites Unterwalden. In Wirklichkeit geschah aber etwas Unerwartetes:

Ausgerechnet diese vom Verkehr zunächst kaum berührte Talschaft wurde die am frühesten und vor allem am radikalsten durchkommerzialisierte und durchindustrialisierte Region der Alpen, ein ausgesprochenes Fabrikland und Arbeiterland, dessen Erzeugnisse schon im 18. Jahrhundert selbst außereuropäische Märkte eroberten.

Das ist sonderbar genug, und es hat unzähligen Beobachtern zu schaffen gemacht, wenn sie hier unversehens den Zeugnissen eines nüchtern zielstrebigen »Gewerbefleißes« begegneten, den sie in den alpinen Nachbarkantonen umsonst gesucht hatten. Mit gutem Recht hat ein Publizist unserer Zeit vom »glarnerischen Wirtschaftswunder« gesprochen. Und doch ist die fast vorzeitige und geradezu erstaunlich schnelle Entfaltung unbändiger industrieller Produktivität nur die eine Seite des Glarner »Wunders« – und vielleicht nicht einmal die auffälligste. Denn das wahrhaft Erstaunliche liegt weniger darin, daß die Glarner sich so früh und so hartnäckig erfolgreich in Handel und Manufaktur einen Ersatz für jene versikkernde Erwerbsquelle zu schaffen wußten, die ihnen zuvor – nicht anders als ihren Nachbarn – der fremde Kriegsdienst geboten hatte. Viel bemerkenswerter noch will uns heutzutage etwas anderes erscheinen: daß dieser überaus intensive Industrialisierungsprozeß, der die jüngste Entwicklung etwa des Wallis um fast zweihundert Jahre vorwegnahm und bereits um die Mitte des 19. Jahrhunderts seinen Höhepunkt erreichte, die in heimatlicher Enge und Vertrautheit erwachsenen Kräfte der Überlieferung auf eine nahezu unfaßbare Weise intakt gelassen hat.

Hier hat sich wirklich etwas fast Einmaliges vollzogen. Derselbe gesellschaftliche Vorgang, der so gut wie überall die traditionellen Bindungen unwiderstehlich aufzulösen und das soziale Gefüge zu sprengen droht, ist in Glarus über zwei Jahrhunderte hinweg fort- und weitergelaufen, ohne jene Folgen zu zeitigen, die man so gerne als zwangsläufig beschreibt: Er hat das Gewachsene in seinem Kern nicht angetastet und das Überkommene in seinem Wesen nicht umgestürzt. Einer der erbittertsten publizistischen Kritiker, die den Glarnern jemals die Leviten gelesen haben, darf hier als Zeuge angerufen werden: jener deutsche Anonymus, der 1796 im zweiten Bändchen seiner Reisebriefe »Über die Schweiz und die Schweizer« ein recht böswilliges, obwohl der Scharfsinnigkeit durchaus nicht entbehrendes Gemälde von Land und Volk des Kantons entworfen hat. Wohl vermerkt er den »Handelsgeist« neben dem Reichtum und dem Luxus als eines der Übel, die sehr stark an der Freiheit des Volkes nagten (womit er zweifellos Züge trifft, die in der Verfallszeit des *Ancien Régime* beunruhigend hervortraten). Aber gerade er, der die Glarner ein »spinnendes und webendes Volk« nennt, läßt gleichzeitig gerade an ihnen seinen Unmut darüber aus, »wie sehr die Schweizer von der Gewohnheit, von dem alten Herkommen tyrannisiert werden«. Der mißgelaunte Aufklärer hat also besser als manche schwärmerischen Romantiker die Besonderheit erkannt, daß Industrie und Herkommen hier seltsam ineinandergreifen. Und er ist damit der Eigentümlichkeit des Landes nähergekommen als mit seiner berühmt gewordenen geringschätzigen Formel, es zeichne sich vor anderen aus durch »Käse, Hexen und republikanischen Ahnenstolz« (denn wenn auf dem Schuldkonto der Glarner auch der letzte Hexenprozeß nicht nur der Schweiz, sondern ganz Mitteleuropas lastet, dem die junge, 1782 hingerichtete Dienstmagd Anna Goeldi aus Sennwald zum Opfer fiel, so scheint doch viel bemerkenswerter als diese Tatsache die andere, daß es sich bei dem wenig rühmlichen und zu internationaler Berühmtheit gelangten Goeldi-Prozeß um den einzigen zu Ende geführten Prozeß dieser Art in der ganzen glarnerischen Geschichte handelt).

Wer sich einigen Sinn für die Werte der Tradition bewahrt hat, der wird gerade in der harmonischen Auflösung des Widerspruchs von Altem und Neuem, von hergebrachter Sitte und höchster ökonomischer Rationalität die eigentliche und große Leistung dieses kleinen Landes erkennen. Denn hier lebt, vor allem in der Verfassung des Staates, das Bodenständige, von den »Altvordern« Ererbte nicht als bloßes Residuum oder gar als Kennzeichen purer Rückständigkeit fort: Es behauptet seine ungebrochene Kraft inmitten einer Gesellschaft, die sich die Mittel ihrer Existenz immerfort in steter Anpassung an die Wechselfälle eines weltweiten Marktes beschaffen muß. Hier die Landsgemeinde, dort die Weltwirtschaft – zwischen diesen Polen des Überschaubar-Nächsten, nach Vätersitte rituell Geordneten, und des Unüberschaubar-Fernsten, das die Anspannung jedes Augenblicks erfordert, bewegt sich der Glarner mit einer gelassenen und nüchternen Selbstverständlichkeit, als wäre es gar nichts Besonderes und kaum des Aufhebens wert, die äußerste Beweglichkeit der Ökonomie mit der äußersten Stete einer urtümlichen politischen Lebensform, »proletarisches« Schicksal mit einem wachen Geschichtsbewußtsein in Einklang zu bringen, also »fortschrittlich« und »konservativ« in einem zu sein.

Nie tritt die konservative Komponente dieser Synthese sinnfälliger und ergreifender zutage als an den beiden ernsten und feierlichen Anlässen, zu denen ein großer Teil des Glarnervolks im Frühjahr zusammenströmt: der »Näfelserfahrt« am ersten April-Donnerstag und der Landsgemeinde am ersten Sonntag des Monats Mai. Noch immer lebt das Volk dem Beschluß nach, den die Landsgemeinde 1389 – vor mehr als einem halben Jahrtausend also – faßte: das Andenken des Sieges bei Näfels mit einem alljährlichen »Kreuzgang« zu dem Schlachtfeld zu begehen, wo eine kleine, fast schon verzweifelte Schar glarnischer Hirten am 9. April 1388 ein glänzendes österreichisches Ritterheer geschlagen und größtenteils vernichtet hatte. Und noch immer treten die stimmberechtigten Bürger des Landes, wie seit bald 600 Jahren, Anfang Mai zusammen, um im »Ring« ihre Behörden zu bestellen und über die Sachgeschäfte zu entscheiden. Die Glarner waren aber auch die ersten, die auch den Frauen Zugang zur Landsgemeinde einräumten, während sich die in manchem so verwandten Appenzeller der Äußeren wie der Inneren Rhoden bis heute gegen diese in der Schweiz sonst überall vollzogene Reform sperren, die doch selbst im konservativen Unterwalden ohne Schwierigkeiten akzeptiert worden ist. Daß die Landsgemeinde in Glarus wie in Appenzell den Einbruch des Industriezeitalters und seiner sozialen Kämpfe nicht nur überdauert, sondern in eben diesem Zeitalter eine neue Würde und Bedeutung gewonnen hat, spricht mehr als alles andere für die eminente synthetische Kraft des Gemeinwesens.

In seiner schönen Monographie über die »Kultur des Alten Landes Glarus« erinnert Georg Thürer nun allerdings daran, daß Großgewerbe, Fernhandel und Textilindustrie so gut wie ausschließlich eine Schöpfung der *reformierten* Glarner waren. Die Altgläubigen dagegen sind nach Thürer dem fremden Kriegsdienst treu geblieben und darüber verarmt; wie ihre urnerischen und schwyzerischen Glaubensgenossen hatten sie nichts zu Markte zu tragen als ihre Haut. Wenn Glarus eine so andere Entwicklung genommen hat als seine Nachbarn, so ist das zweifellos in beträchtlichem Maße dem Umstand zuzuschreiben, daß es das einzige ländliche Gebiet der Innerschweiz gewesen ist, das der Reformation Einlaß gewährte, während ihr Uri, Schwyz und Unterwalden zusammen mit Luzern von Anfang an hartnäckig widerstanden und die dünne städtische Oberschicht in Zug, die von den neuen Ideen zeitweilig erfaßt wurde, sehr bald vor dem bäuerlichen Widerstand das Feld räumen mußte.

Es ist unverkennbar, daß dem Glarnervolk offenbar von alters her ein eminent realistischer Zug innewohnt. Der bedeutende glarnerische Naturforscher Oswald Heer hat in dem Band, den er gemeinsam mit dem Rechtshistoriker J. J. Blumer für die Sammlung »Gemälde der Schweiz« schrieb, zwar den klaren, hellen Verstand des Glarners gerühmt, aber kritisch hinzugefügt: »Bei der Mehrzahl geht die nach Innen gerichtete Gemüthlichkeit großentheils in der nach Aussehen strebenden Verstandesentwicklung auf... - Kopfhängerei, Grübeleien und mystische Schwärmereien sind glücklicherweise bei uns gänzlich unbekannt, von Pietismus, Separatismus und Wiedertäuferei findet man keinerlei Spuren, aber auch für Entwicklung eines tieferen religiösen Lebens ist der Boden nicht günstig...«

Angesichts solcher Zeugnisse mag die Annahme nicht abwegig sein, daß es nicht zuletzt auch der verstandesmäßige und (relativ) rationalistische Zug der Lehren Zwinglis war, der das glarnerische Volk angezogen haben mag. Aber dieselbe Disposition ist unzweifelhaft auch dem Aufkommen der Industrie denkbar günstig gewesen. Nichts bestätigt das eklatanter als die Charakteristik, die Johann Heinrich Tschudi schon 1712 von den Glarnern gab. Er meinte auf der einen Seite, man müsse an ihnen ganz besonders die »allzu große Gelt-Liebe tadeln«, die man »ins gemein den Schweitzeren vorrucket«, bescheinigte ihnen aber zugleich, daß manche unter ihnen »absonderlich zu mechanischen Künsten, auch nutzbaren Inventionen vielleicht sehr bequem« wären. Was aber konnte einem ausgeprägten Geldsinn und einem ebenso ausgeprägten Verständnis für »mechanische Künste« mehr liegen als industrielle Betätigung?

So hat Tschudi mit diesen Hinweisen im Grunde schon die Richtung bezeichnet, die zwei Jahre nach der Fertigstellung seiner Glarner Chronik eingeschlagen wurde, als der Diakon Heidegger, um der Armut zu steuern, seinen Bauern das Spinnen der Baumwolle beibrachte und damit dem Siegeszug der Industrie – vor allem der Textilindustrie in ihren verschiedenen Zweigen – aus rein philanthropischen Motiven den Weg bereitete. Schon um die Wende des Jahrhunderts empfing Ebel von den Glarner Tälern den Eindruck einer großen »Fabrik in lebendigster Betriebsamkeit«; im 19. Jahrhundert war Glarus dann das weitaus höchstindustrialisierte Gebiet der Schweiz überhaupt, das Zürich, St. Gallen und Basel, wenn nicht im absoluten Umfang seiner Produktion, so doch im Verhältnis zu seiner bescheidenen Bevölkerung weit hinter sich ließ. Vom Kerenzerberg abgesehen, der seine eigenen Wege ging, gab es kaum ein Dorf, das nicht seine Spinnerei, seine Weberei, seine Kattundruckerei aufwies. Bereits 1870 beschäftigte die Landwirtschaft nur noch ein Fünftel der Glarner Bevölkerung. Und nichts machte diese erstaunliche Frühentwicklung deutlicher als die Tatsache, daß der Kanton schon vor 100 Jahren mehr Arbeiter zählte als heute. Zu einer Zeit, da in den anderen ländlichen Industriegegenden der Schweiz – in der Ostschweiz, im Baselbiet, im Aargau – noch die Heimindustrie blühte, war das Hirtenland von einst bereits zum klassischen Fabrikland geworden.

Diese außerordentliche Entwicklung ging jedoch nicht ohne schwere Krisen ab, die das Land immer wieder in Mitleidenschaft zogen. Trotzdem ist es ihm stets wieder gelungen, sich auch nach solchen schweren Schlägen wieder hochzurappeln. Seine Industrie ist heute erheblich vielfältiger und daher auch erheblich krisenfester als vor fünfzig oder noch vor zwanzig Jahren. Neue Produktionen – etwa die Maschinen-, Baustoff- und Papierfabrikation – sind neben die Baumwollverarbeitung getreten, und da sie mehr für den inländischen Bedarf als für den Export arbeiten, sind sie den Fluktuationen des Weltmarkts nicht im selben Maße ausgesetzt. Daneben haben sich aber auch die gesündesten und anpassungsfähigsten der alten Betriebe erhalten; es gibt manche Unternehmen, die auf eine Existenz von mehr als hundert Jahren zurückblicken können, darunter freilich nur noch zwei jener Indienne-Fabriken, deren bedruckte Baumwollstoffe einst den afrikanischen und asiatischen Markt beherrschten. Anderseits hat die Industrie, so eng sie mit dem heimatlichen Boden verbunden bleibt, in der Zeit der Hochkonjunktur mehr und mehr auch Fremdarbeiter ins Land gezogen; in etlichen Glarner Dörfern hört man noch heutzutage fast soviel Italienisch wie in gewissen Quartieren von Zürich. In das alte, oft recht patriarchalische Verhältnis zwischen dem Unternehmer und seinen Leuten, das sich hier auffällig lange behauptete, ist damit doch auch ein neuer Zug gekommen, der nicht alle Beteiligten beglückt. Denn eine alpine Talschaft, die sich ihren ländlichen Charakter und ihre traditionelle Eigentümlichkeit auch unter der Herrschaft des Fabriksystems bis heute bewahrt hat, wird mit Tausenden von Gastarbeitern aus einer ganz anderen Umwelt noch weit schwerer fertig als eine moderne Großstadt.

Der patriarchalische Zuschnitt der Glarner Industrie hat schon 1797 den Zürcher Geschichtsprofessor Caspar Fäsi verblüfft. Er hat es nicht zuletzt der Landsgemeinde-Demokratie zugeschrieben, daß hier die Arbeiter, die mit dem Fabrikherrn ja doch gleiche politische Rechte besäßen, »die Fabricke gewissermassen als ihr Eigenthum ansehen« und ihrem Besitzer eine »auf das Gefühl von eigenem, innerem Werth, nicht auf das Gefühl von Schwäche und Abhänglichkeit gegründete Achtung« entgegenbringen könnten. Allerdings sind Fäsi auch schon einige Bedenken aufgestiegen, ob die sozialen Wandlungen, für die er ein offenes Auge hatte, nicht dieser demokratischen Gleichheit schließlich Abbruch tun möchten. Kann die Landsgemeinde noch eine Versammlung von Bürgern gleichen Rechtes bleiben, wenn neue gesellschaftliche Schichtungen neue Abhängigkeiten schaffen? »Oft schon«, notiert der Autor nachdenklich, »hat man auf den Landsgemeinden bemerkt, daß die Arbeiter einer Fabrick alle der Meinung ihres Herrn folgen, und sich ganz nach ihm richten: eine Folge, die unstreitig für den Staat gefährlich werden könnte, wenn es je möglich wäre, daß Leute, die, ungeachtet ihres Standes, dennoch mit ihren Rechten und Freyheiten sehr genau bekannt sind, sich zu ihrem eigenen Schaden missbrauchen liessen.«

Nun, daß dergleichen durchaus möglich ist, hat sich freilich gelegentlich gezeigt. Und doch hat der wackere Professor mit seiner Zuversicht am Ende recht behalten. Gerade der Landsgemeindekanton ist allen anderen Ständen als Pionier vorausgegangen, als es galt, die Arbeiter gegen eine übermäßige Ausbeutung ihrer Arbeitskraft in Schutz zu nehmen: Landsgemeinde-Beschlüsse führten in Glarus als allererstem europäischem Staat den gesetzlichen Zwölfstundentag ein, verboten die Nachtarbeit und hielten schulpflichtige Kinder von den Fabriken fern. Auch der Mißmut der Industriellen über dergleichen »Übergriffe« des Staates in den Bereich ihrer kapitalistischen Freiheit hat es nicht verhindern können, daß die stimmberechtigten Spinner, Weber und Drucker sich in einem Arbeiterverein sammelten, der an der denkwürdigen Landsgemeinde von 1864 – mit Unterstützung bürgerlicher und nicht zuletzt auch geistlicher Reformfreunde – die Widerstände von Arbeitgebern, Regierung und Landrat gegen solche damals als kühn, ja als revolutionär empfundenen Maßnahmen kurzerhand über den Haufen rannte. Nachdem es die industrielle Vorhut der Schweiz gewesen war, wurde Glarus nun auch zu ihrer sozialen; seine Erfahrungen waren es, die zum Erlaß des ersten eidgenössischen Fabrikgesetzes ermutigten, und nicht zufällig hatte ein Glarner als erster Fabrikinspektor des Bundes dieses Gesetz praktisch durchzuführen. Und ebenso ging Glarus 1918 den Stadtkantonen mit der Einführung einer kantonalen Alters-, Invaliden- und Hinterbliebenen-Versicherung voraus, die nach verschiedenen mißlungenen Anläufen erst in den späten vierziger Jahren auf eidgenössischem Boden durchgesetzt werden konnte.

Die Landsgemeinde hat also, auch wenn es gelegentlich einigermaßen tumultuös an ihr zuging, die Herausforderung des Industrialismus bemerkenswert gut bestanden. Ja, man kann sogar ruhig sagen, daß sie erst in der neueren Zeit, nachdem einmal die fortschreitende Volksbildung ihr Werk getan hatte, über manche ihrer Kinderkrankheiten hinweggekommen ist, während sie früher allzuoft zur Kommerzialisierung des Staates, zu »Trölerei« (Stimmenkauf) und Ämterschacher mißbraucht werden konnte. Heute ist von solchen Dingen auch nach dem Urteil gestrenger Beobachter keine Rede mehr; die altüberkommene Form der direkten Demokratie, die Unterordnung des Staatsganzen unter den »grossen Gwalt« des leibhaftig durch offenes Handmehr entscheidenden Souveräns, hat an Würde nur noch gewonnen, seit sie dem neuen Geist politischer Sachlichkeit Tribut zu zollen begann. Als bezeichnend für die demokratische Disziplin (und für das Vertrauen des Volkes zu seinen Magistraten) mag dabei ein überraschendes Detail aus der Geschäftsordnung der Landsgemeinde zitiert werden: Das Mehr wird vom Landammann – unter Umständen mit Beziehung der anderen Regierungsräte – nach seinem eigenen Ermessen ermittelt, und es gibt kein Rechtsmittel gegen seinen Spruch, wenn er einmal bei einer knappen Abstimmung sein Urteil darüber abgegeben hat, ob die Majorität bei den Ja- oder bei den Nein-Stimmen gelegen habe. Es findet auch nicht, wie in Obwalden oder früher in Uri, in Zweifelsfällen eine Auszählung der Stimmen nach der Methode des »Hammelsprungs« statt. Und trotzdem gibt es kein Beispiel dafür, daß der Entscheid des Landammanns jemals bezweifelt oder von der unterlegenen Minderheit gar als parteiisch angefochten worden wäre.

Im Lichte solcher Erfahrungen begreift man es leicht, daß hier kaum je Bestrebungen aufgekommen sind, die Landsgemeinde als antiquiert zum alten Eisen zu werfen wie in Uri oder ihre Befugnisse einzuschränken wie in Obwalden. Genauso stolz wie auf seine wirtschaftlichen Leistungen ist der Glarner auf sein Recht und seine

Fähigkeit, die Geschicke seines Staates auch unter den andersartigen Bedingungen von heute noch auf dieselbe Weise zu bestimmen wie einst seine Vorväter. Er empfindet die Landsgemeinde nicht als ein Stück pittoresker Folklore, sondern als die ihm gemäße Form politischer Willensbildung. Sowenig wie der Bauer läßt es sich der Arbeiter oder der Intellektuelle nehmen, am ersten Maisonntag auf dem Zaunplatz zu Glarus stundenlang in der vieltausendköpfigen Menge zu stehen und den oft recht komplizierten Geschäften mit gespannter Aufmerksamkeit zu folgen. Er bedarf dazu auch nicht eines altehrwürdigen Rahmens, wie ihn Appenzell, Trogen oder Sarnen abgeben. Seit dem verheerenden Brand von 1861, dem mehr als 500 Firste des Hauptfleckens zum Opfer fielen, ist vom alten Glarus ja nicht viel übriggeblieben, obwohl manche der Giebelhäuser am Zaunplatz gerade noch genug von altem, sauberem und wohlproportioniertem Stil mitbekommen haben, um nicht als allzu inkongruente Fassung für den »Ring« empfunden zu werden.

Auch im politischen Bereich haben die Glarner im übrigen ihre Anpassungsfähigkeit an neue Verhältnisse und Erfordernisse bewiesen. So findet sich bei ihnen, obwohl die Landsgemeinde im allgemeinen einen recht steinigen Boden für Parteien abgibt, ein reiches, eigentümliches und recht lebenskräftiges Parteiwesen ausgebildet. Zwar spielt, wie in den meisten Landsgemeinde-Kantonen, die Persönlichkeit eine größere Rolle in der Politik als die Gruppe, der sich der einzelne zurechnet; in den engen und übersichtlichen Verhältnissen, wo zudem auch der unorganisierte Bürger seiner Stimme zu Wahlvorschlägen und Gesetzesvorlagen im Ring noch unmittelbare Geltung verschaffen und eine Reputation aufbauen kann, hat selbst ein Parteiloser dann und wann noch eine Chance, in die kantonale oder sogar in die eidgenössische Volksvertretung abgeordnet zu werden, wie seinerzeit der originelle, als Redaktor der »Glarner Nachrichten« bekanntgewordene Hans Trümpy. Und nicht selten vermag ein einfacher Bürger mit ein paar träfen Worten an der Landsgemeinde das Schicksal einer Gesetzesvorlage entgegen allen Parteiparolen zu wenden. Anders jedoch als in den Appenzeller und Unterwaldner Halbkantonen empfinden viele Glarner doch in stärkerem Maße das Bedürfnis nach Kontakt mit politisch Gleichgesinnten auch außerhalb der Landsgemeinde; konfessionelle Spaltung und kräftige soziale Differenzierung mögen diese Tendenz gefördert haben.

Dabei hat das glarnerische Parteienspektrum einiges von seiner früher so eigenen Tönung eingebüßt, seit die traditionelle Demokratische und Arbeiterpartei mit ihrem Anschluß an die betonter bürgerliche Schweizerische Volkspartei (SVP) einen ähnlich spürbaren Rechtsruck vollzogen hat wie ihre bündnerischen Gesinnungsgenossen. Daß die sozialpolitisch engagierten Demokraten volkstümliche Fortschrittsparolen des 19. Jahrhunderts mit den Ideen einer betont »vaterländischen« Arbeiterbewegung im Sinne des einstigen Grütlivereins zu verbinden wußten, hatte ihnen eine bemerkenswerte Mittel- und Mittlerstellung zwischen Bürgertum und Sozialdemokratie verschafft. Heute aber wird auch in Glarus die Grenzlinie zwischen Rechts und Links deutlicher gezogen als früher – auch wenn es gewiß falsch wäre, deshalb von einer »Polarisierung« der politischen Kräfte zu sprechen.

Aber auch solche Wandlungen haben nichts an der ungewöhnlichen Regsamkeit dessen geändert, was die Engländer als *public spirit* bezeichnen: an der Intensität der Anteilnahme an den öffentlichen Geschäften. Zwar schickt der Staat heute nicht mehr, wie noch bis vor kurzem, jedem Bürger Jahr für Jahr die Sammlung aller neu erlassenen kantonalen Gesetze und Verordnungen gratis ins Haus. Aber das oft umfangreiche »Memorial« erlaubt jedem einzelnen nach wie vor die rechtzeitige und sorgfältige Vorbereitung auf die Entscheidungen, die im Ring getroffen werden müssen. Bezeichnend ist auch die (für viele kleine Kantone typische) Abneigung gegen alles, was auf eine Bürokratisierung der Administration hinauslaufen könnte. So wird von den Regierungsräten nach wie vor erwartet, daß sie ihre Amtsgeschäfte im Nebenberuf gegen sehr bescheidene Entschädigungen erledigen: Der Dienst am Staat soll nicht zu einem Broterwerb wie jeder andere Beruf werden. Das kann freilich auch seine negativen Seiten offenbaren. So haben sich seinerzeit glarnerische Versicherungsagenten lebhaft über ein Regierungsmitglied beklagt, das ihrem Berufsstand angehörte und dank seiner Amtsstellung, wie sie wohl nicht zu unrecht meinten, einen ungerechten Vorteil gegenüber seinen Konkurrenten genoß.

Ein armes Gemeinwesen ist Glarus übrigens auch heute nicht, obwohl es die Inhaber seiner staatlichen Ehrenstellen bis hinauf zum Landammann knapp hält und auch seine einstige Stellung als »finanzstarker« Kanton eingebüßt hat. Seine Industrie und die vielen Holdinggesellschaften, die es durch ungewöhnlich günstige Bedingungen ins Land gelockt hat, sichern ihm immer noch einen guten Mittelrang in der Reihe der eidgenössischen Stände. Allerdings ist unverkennbar, daß der Kanton – wie eine Reihe anderer früh industrialisierter Gemeinwesen der Schweiz – mit mehr Wachstumsschwierigkeiten zu kämpfen hat als seine früher weiter »zurückgebliebenen« Nachbarn. Zumal die Rezession von 1973/74, mehr noch als die derzeitige Wirtschaftskrise, hat ihm bös zugesetzt und schwere Verluste an Arbeitsplätzen verursacht.

Schon aus der Vergangenheit gibt es unzählige Schilderungen, die – nicht immer mit gleich viel Recht übrigens – den politischen Instinkt des einfachen Glarners rühmen und sein stets waches, für überzeugende Gründe offenes Interesse an den Problemen der eigenen Heimat wie übrigens auch an denen der weiten Welt mit unverhüllter Verwunderung und Bewunderung verzeichnen. Niemand hat das begeisterter getan als der »arme Mann im Tockenburg«, Ulrich Bräker; ich kann es mir nicht versagen, seine mit dem ganzen Ungestüm des Sturmes und Dranges aufs Papier geworfenen Beobachtungen hier hinzusetzen. Mögen sie vielleicht auch die Dinge ein wenig allzusehr ins Ideale hinaufsteigern, so hat doch noch manches von dem, was Bräker einst auf seinen Wanderungen durch das Land entzückte und was er in seinem atemlosen Stakkato niederschrieb, auch für die Gegenwart Gültigkeit.

»Machte dermahlen meine Bemerkungen – über den Nationkarakter der Glarner – aber den könt ich auch nicht malen – so gantz verliebt in sein Vaterland – und doch so heufig in der Frömde – gantz Staatsmann und Kaufmannsseele – jeder gemeine Mann weiß von Staatsangelegenheiten zu räsonieren – Bemerkt gantz richtig den Gang der Handlung und des Gewerbes – die Vorteile davon und die Hindernisse nah und fehrn – man solte denken ohne Lektur wär es unmöglich – und doch merkt man selten etwas von Belesenheit – ich bin wahrhaftig nur ein Narr, wenn ich in Gesellschaft von Glarnern komme – muß Augen und Ohren aufsperren – wenn ich die Gemeinsten Bauersleute von allen Welthandeln so vernünftig und richtig räsonieren höre; ich möchte dan unsere jungen Toggenburger zu Ihnen in die Schule schicken – die gantze Schweizer staatsverfassung – lage der Oerter und des Broterwerbs – wüssen Sie all in- und auswenig – Italien, Frankreich, Deutschland usw. das kehnen sie wie Ihren Nachbar – wüssen um und rum der Dinge Gang – s'ist angenehm und kurzweilig – zuzuhören einer Gesellschaft der Schönsten großen Baumstarken Glarnern – (den das sind die meisten – mit dem Wuchs und Schönheit Ihres schönen Geschlächts aber dörfen Sie nicht grossthun) wie sie da mit der geläufigsten

Beredsamkeit – freundlich-redsälig über alle Sachen dieser Erden discutieren – hie und da einander wiedersprechen – und Belehren – dann wiederum von Ihren eigenen Angelegenheiten, als wenn jeder geheimrath – geheimer Cabinetsminister wäre – und alles so treu und ehrlich –«.

Im Lichte solcher Ergüsse mutet es denn auch durchaus nicht verwunderlich an, daß kein anderer Kanton vergleichbarer Größe (und nicht mancher größere) eine solche Fülle von Literatur über sein Werden und Wesen hervorgebracht hat. Der Glarner nimmt seinen Staat ernst genug, sich ausgiebig mit ihm zu beschäftigen; er hängt an seiner Vergangenheit, und er versäumt nie, sich Gedanken über seine Gegenwart und Zukunft zu machen. Seine nüchterne Sachlichkeit hat keine großen, die Zeiten überdauernden künstlerischen Leistungen hervorgebracht, wenn man nicht die im einzelnen zwar fragwürdigen, als Leistung früher Geschichtsschreibung nichtsdestoweniger imposanten Werke des Historikers Aegidius Tschudi darunter rechnen will. Aber das Kunstwerk, in dem er sich darstellt, ist das Gemeinwesen, in dem er lebt.

Die Vororte

Zürich

Der metropolitane Kanton

Vornehmlich bemerket man in Zürich einen großen Reichthum, wovon die Fabriken und Manufakturen die Quellen sind; und man schreibt ihnen nicht nur viele natürliche Geschicklichkeit, sondern auch viel Arbeitsamkeit und Geduld zu . . . So wenig man es vielleicht glaubt, so ist es doch gewiß, daß durch Manufakturen, Fabriken und Handel das Genie einer Nation belebt wird, und einen gewissen Schwung erhält, wodurch es zu höhern Künsten näher gebracht wird.
C. C. L. Hirschfeld, in »Briefe, die Schweiz betreffend«, 1783

». . . Zürich ist der rührigste Heerd für schweizerische Entwicklung und Fortschritte, was besonders in unserer Zeit sich dargethan. Nicht minder entwickelt Zürich in kosmopolitischen und allgemeinen Beziehungen eine Regsamkeit und Geltung, die Erstaunen hervorbringt.«
Joseph Meyer (in »Meyers Universum«, 1844)

Nicht zufällig und nicht unverdient steht Zürich in der amtlichen Reihenfolge der Kantone im ersten Rang, seit die ehrwürdige Reichsstadt 1351 dem Bund der Eidgenossen beitrat; selbst der einst unvergleichlich größere, volkreichere und mächtigere Kanton Bern hat ihm diese Spitzenstellung niemals bestritten. Nicht so sehr seiner Macht galt in jenem Augenblick diese Ehre, schon gar nicht einem beherrschenden Übergewicht: Die Anerkennung wurde seiner geschichtlichen Würde, seiner politischen Betriebsamkeit, vielleicht auch einem schon damals erfühlten beweglicheren und weiter ausgreifenden Geiste gezollt. Jedenfalls glaubte Norrmann im 18. Jahrhundert versichern zu können, es fänden sich »Beweise, daß die Eidgenossen Schwyz, Ury und Unterwalden der Stadt Zürich bey der Aufnahme in den Bund ebensosehr aus Achtung für die Gelehrsamkeit als für ihre Reichsfreyheit den Vorrang zugestanden«. Zwar haben die Länder der Innerschweiz schon früh den zürcherischen Ehrgeiz gefürchtet und seine Entfaltung eifersüchtig zu beschränken versucht: Fast alle die großen und folgenschweren schweizerischen Bürgerkriege, die sich in jedem Jahrhundert außer dem ersten und dem letzten der Konföderation mindestens einmal entzündeten, sind dieser Furcht entsprungen. Aber zugleich wußten die Eidgenossen immer wieder sehr genau, in welchem Maße ihr Bund dieses Gliedes bedurfte. Wenn sie es einmal ums andere zur Eingliederung und damit zur Bescheidung zu zwingen hatten, so ordneten sie sich doch stets aufs neue seiner Führung unter, widerstrebend manchmal und doch in der klaren Erkenntnis, wieviel die Schweiz ihm verdankte.

Erst im Bundesstaat jedoch hat Zürich diese Führerrolle voll und ungehemmt zu spielen vermocht. Die Schweiz von heute ist zu einem guten Teile zürcherisches Werk. Kaum ein anderer Kanton, ganz gewiß keiner der dreizehn Alten Orte, hat sich seither so rückhaltlos mit dem Ganzen der Nation identifiziert. Wann immer es um die Stärkung des Bundes, um die Überwindung partikularistischen Sonderstrebens, um die Behauptung und Sicherung der Einheit gegenüber den zentrifugalen Kräften ging, stand Zürich in der ersten Reihe derer, die bereit waren, kantonale Rechte aufzuopfern. Jede Reformbewegung, die sich darauf richtete, das föderative Gefüge auf Kosten seiner konstituierenden Teile und ihrer oft allzu ängstlich gehüteten »Souveränität« zu verstraffen und aus der bloßen Bündelung der Einzelwillen zur Konstitution eines übergreifenden Gesamtwillens zu gelangen, hat entweder von hier aus ihren stärksten Anstoß erhalten oder sich zum mindesten des festen zürcherischen Rückhaltes erfreut.

Man wird sich nun allerdings hüten müssen, in solchen Neigungen schiere Uneigennützigkeit zu erblicken. Wenn Zürich immer eine starke Eidgenossenschaft wollte, dann darum, weil es sich zutraute, sie fester und wirksamer als jeder andere Stand zu dirigieren und zu ihrem Besten zu lenken. Während Bern sicher in sich selber und seinem weitgespannten Territorium ruhte und daher nur langsam und ganz allmählich aus dem nur-bernischen in den eidgenössischen Patriotismus hineinwuchs, drängte sich den Zürchern das Hinausdenken über ihren engeren Lebenskreis zwar entschiedener auf, aber es verband sich zugleich allzu gerne mit hegemonialen Gelüsten. Sie waren nicht zuletzt deshalb leichter bereit, ihre Sache mit der Sache der ganzen Nation gleichzusetzen, weil sie in dieser Nation zugleich ein mögliches Instrument ihres herrscherlichen Willens sahen. Und die Entwicklung der Eidgenossenschaft wie die Zürichs in der Eidgenossenschaft seit 1848 hat dargetan, wie richtig die Prämissen dieses kühnen und selbstbewußten Kalküls gewesen sind. Nachdem einmal der entscheidende Schritt vom ursprünglichen Staatenkonglomerat zum Bundesstaat unternommen worden ist, nimmt das nationale Gewicht des Kantons unentwegt zu, über alle Wechselfälle der wirtschaftlichen wie der politischen Entwicklung hinweg, durch Konjunktur und Krise, durch Friedens- und Kriegszeiten.

Am sichtbarsten und eklatantesten tritt dieser Prozeß in der Bevölkerungsentwicklung zutage. Seit der Mitte des 19. Jahrhunderts ist die Einwohnerzahl des Kantons auf mehr als das Vierfache gestiegen: 1955 hat sie erstmals die Berns überholt, 1963 die Millionengrenze überschritten. Als der Staatenbund sich zum Bundesstaat umformte, lebte etwa jeder zehnte Schweizer auf zürcherischem Boden; 1980 beherbergte Zürich mit 1,123 von insgesamt 6,366 Millionen erheblich mehr als jeden sechsten. Der Vorort von gestern ist damit schon nach der Zahl seiner Menschen zur Vormacht von heute geworden. Schon sehen manche die Zeit heraufziehen, da er zur Übermacht von morgen werden könnte.

Diese gewaltige Verschiebung des Kräfteverhältnisses hat gewiß mancherlei Gründe. Aber sie alle lassen sich auf ein einziges Grundmotiv zurückführen: daß Zürich der eigentliche Träger des ökonomischen Fortschritts im helvetischen Verbande ist. Nicht die Politik, sondern die Wirtschaft hat es groß gemacht. Niemand wird bestreiten können, daß dieser Kanton der kräftigste, leistungsfähigste Motor ist, der das industrielle wie das finanzielle Getriebe der modernen schweizerischen Wohlfahrtsgesellschaft in Gang gebracht und in Gang gehalten hat. Von ihm ist der Siegeszug der neuzeitlichen Industrie ausgegangen, und hier zuerst hat sich in großem Stil der Wandel vom Industrie- zum Finanzkapitalismus abgezeichnet, der eine so eminente Bedeutung für die neuzeitliche Wirtschaftsstruktur des neutralen Binnenlandes gewinnen sollte. In drei riesigen, für unsere Ära bezeichnenden und für ihre Ökonomie grundlegenden Komplexen vor allem hat Zürich eine unvergleichliche Bedeutung gewonnen: in der Maschinenindustrie, im Bankgeschäft und im Versicherungswesen. Zusammen mit seinem unmittelbaren aargauischen und schaffhausischen Vorgelände konzentriert der Kanton bei sich die großen schweizerischen Weltfirmen des Maschinenbaus; auf seine drei Großbanken – mit der Schweizerischen Kreditanstalt an der Spitze – entfällt ungefähr die gleiche Bilanzsumme wie auf die führenden Finanzinstitute der ganzen übrigen Eidgenossenschaft. Noch ausgeprägter ist der Vorrang der zürcherischen Versicherungsgesellschaften, deren dichtes Kapitalgeflecht, mit dem der Banken aufs engste verknüpft, sich weit über die Grenzen der Schweiz hinaus in europäische, ja in globale Bereiche erstreckt (das mächtige Unternehmen der Schweizerischen Rückversicherung ist auf seinem besonderen Felde das größte der Welt). Längst gehört die Zürcher Börse zu den maßgebenden Handelsplätzen für Wertpapiere auf dem Kontinent, zählt die Stadt zu den bedeutendsten internationalen Finanzplätzen überhaupt, und seine Bankiers, von einem englischen Lord einst mißgelaunt als die »Gnomen von Zürich« apostrophiert, haben ihre Finger in vielen weltweiten Kreditgeschäften. So wundert es wenig, daß hier der Reichtum der Schweiz ebenso zusammenfließt wie der größte Teil jener ausländischen Kapitalien, die in der Schweiz die Sicherheit des neutralen, politisch wie ökonomisch stabilen Kleinstaats und nicht zuletzt dessen eifersüchtig bewahrtes Bankgeheimnis zu schätzen wissen. Zum Aufkommen der eidgenössischen Wehrsteuer – der einzigen direkten Abgabe, die der Bund erhebt – trägt dieser eine Kanton rund ein Viertel bei (weit mehr als die beiden nächstreichen Stände Bern und Genf zusammen): Allein die fast 11 500 Zürcher Vermögens-Millionäre versteuerten für 1981 ein Reinvermögen von mehr als 36 Milliarden Franken; in Wirklichkeit dürfte der Wert ihres Besitzes eine noch erheblich höhere Summe ausmachen. Nicht umsonst nennt das Volk die stadtnahen Ufer des Zürichsees, wo die reiche Oberschicht mit Vorliebe ihre Villen baut, halb neidisch und halb bewundernd »die Goldküste«.

Diese immense Konzentration an Wohlstand trägt dazu bei, daß Zürich manchen Schweizern nicht nur als der ökonomische Motor, sondern zugleich als eine Art Oktopus erscheint, der die lebendigen Kräfte der Nation ansaugt, in sich hineinschlingt und sich an ihnen größer und größer mästet. Der schweizerische Sinn für Gleichgewicht und die Vorliebe für das Mittelmaß finden sich nur schwer mit der Existenz eines Staatsgebildes ab, das ihnen leicht als unbalancierte und maßlose Anhäufung von Menschen und Energien, von Einfluß und Ansprüchen vorkommt.

Jahrhundertelang haben die übrigen Schweizer die von ihnen als gefährlich empfundene zürcherische Expansion nach Norden und Osten niedergehalten und zurückgebunden und es den Zürchern damit einmal ums andere verwehrt, die ganze Nordostschweiz unter ihrer Herrschaft zu vereinigen. Nachdem sie aber auf diese Weise den Kräfte-Überschuß des Vorortes von außen nach innen abgedrängt haben, sehen sie sich heute unversehens von hier aus mit einem neuen und vielleicht schwieriger zu meisternden Problem konfrontiert: wie ihre ökonomisch auf Streuung, sozial auf Kleinbürgerlichkeit, politisch auf Föderalismus, kulturell auf Herkommen und »Bodenständigkeit« gegründete Nation mit der Ausbildung einer Metropole und ihres »metropolitanen Staates« fertig werden soll. Als »Metropolitan State« bezeichnen die Amerikaner den Staat New York; dieselbe Kennzeichnung kann auch auf den Kanton Zürich angewandt werden, dem innerhalb der kleinstaatlichen eidgenössischen Föderation noch mehr Gewicht zukommt als New York in der kontinentweiten Union der Vereinigten Staaten.

Tatsächlich kann man nicht von diesem Kanton sprechen, ohne zugleich die Stadt ins Auge zu fassen, die ihn geschaffen, ihm ihren Namen mitgeteilt und ihn mit ihrem Geist umspannt hat: die einzige Stadt der Schweiz, die – mit wieviel Vorbehalten man diese Qualifikation auch umgeben mag – etwas vom Wesen und vom Glanz nicht nur einer Großstadt, sondern einer Weltstadt in sich trägt. Gewiß, mit ausländischen Maßstäben gemessen, scheint weder ihre absolute Größe noch ihr relatives Gewicht bedrückend. Die städtische Kommune zählt heute, seit der 1962 einsetzenden Abwanderung in ihre Umgebung, noch knapp 370 000 Einwohner – gegenüber mehr als 440 000 auf dem Höhepunkt. Auch die zürcherische Agglomeration, die seit dem jähen Aufschießen der Vororte weiter und weiter über die Gemeindegrenzen hinausschwillt, seeaufwärts, limmatabwärts, ins Tal der Glatt hinüber, mutet bei all ihrer unbändigen Expansionskraft keineswegs sonderlich gigantisch an. Nach den (strengen) Maßstäben der amtlichen Statistik leben in den Ortschaften, die ihr zugerechnet werden (und zu denen übrigens auch fünf aargauische Kommunen zählen) nur noch wenig mehr als 700 000 Menschen. Selbst wenn man den Begriff »Agglomeration« weiter faßt und unter ihm auch die Seegemeinden bis Horgen und Meilen zusammenfaßt, ja ihre verschwimmende Peripherie bis halbwegs Winterthur ausdehnt, kommt man für dieses (rechtlich inexistente, sozial freilich durchaus einheitlich anmutende) »Groß-Zürich« kaum über eine Volkszahl von mehr als 800 000. Das sind zwar gut zwei Drittel der Kantonsbevölkerung und fast schon ein Sechstel der schweizerischen. Aber ist das nicht als durchaus »normal« zu betrachten, wenn man bedenkt, daß jeder fünfte Brite in London, mindestens jeder fünfte Grieche in Athen, jeder vierte Österreicher oder Däne in Wien bzw. Kopenhagen ansässig ist?

Gerade diese Vergleiche jedoch führen uns auf die eigentliche Fragwürdigkeit der zürcherischen Entwicklung hin. Denn wenn wir vom Sonderfall Wiens absehen, das sich schwer genug in den bescheidenen republikanischen Torso eines zerbrochenen übernationalen Imperiums einordnet, handelt es sich bei diesen Beispielen durchwegs um Hauptstädte relativ straff zentralisierter Staaten, in denen sich das gesamte wirtschaftliche *und* politische Leben einer Nation zusammendrängt. Das Wachstum Zürichs aber droht das schweizerische Gefüge zu sprengen. Obwohl 1848 – was sich im Lichte der Gegenwart zweifellos als ein eidgenössischer Glücksfall erweist – nicht Zürich, sondern Bern zum Bundessitz erkoren wurde, geht allein schon von der zürcherischen Wirtschaftshegemonie ein unwiderstehlicher Zentralisierungs-Sog aus, der die föderative Struktur des Bundes fast zwangsläufig so weit aushöhlt, daß sie in Gefahr gerät, als bloße Fassade zu überdauern. Zürich hat wohl die politischen Prärogativen des einstigen »Vororts« eingebüßt. Aber der Zürcher »Vorort« des Handels- und Industrievereins – dieses mächtigen Dachverbandes der kommerziellen und industriellen Berufsverbände, der oft mehr Einfluß auf die schweizerische Politik ausübt als die Parteien – versammelt eine ungleich größere Macht auf einem Punkt als das alte Stadtregiment mit seinen doch recht bescheidenen Befugnissen im Bunde.

Die Sorge vor Zürich aber kann nicht von der Leistung Zürichs getrennt werden. Nichts wäre abwegiger als das Gerede von einem zürcherischen »Wasserkopf«. In der Größe der Stadt, mag sie auch über das helvetische Maß hinausstreben, liegt – das sollte schon der flüchtige Blick auf ihre ökonomische Funktion klargestellt haben – beileibe nichts Krankhaftes. Sie erwächst allein aus dem rastlosen Tätigkeitsdrang der Zürcher, ihrer ausgreifenden Initiative, ihrem wachen Wirtschaftssinn, zu dem sich ein nicht minder entschiedener geistiger Elan gesellt, und nicht zuletzt aus ihrer erstaunlichen Begabung des Aufnehmens und Anverwandelns. Während der Berner in gediegenem und massivem Gleichmut seinem Eigenwesen fast bis zur Verstocktheit treu bleibt und der Basler dazu neigt (oder doch lange dazu neigte), seine Weltverbundenheit mit der fast schon neurotisch anmutenden Verkapselung und Verkauzung in der gewollten Enge seiner Polis überzukompensieren, ergreift der Zürcher das Fremde und den Fremden mit Leidenschaft. Es ist nur ein Beispiel dieser Offenheit, daß zum mindesten im 19. Jahrhundert und zu einem guten Teil bis heute kaum ein anderer Kanton bei der Verleihung seines Bürgerrechtes so großzügig verfahren ist. Nirgends – es sei denn vielleicht in Genf – fühlt sich denn auch der Schweizer aus anderen heimatlichen Bereichen und vollends der Ausländer so wohl wie hier. Aber anders als der (moderne) Genfer, dessen unbedenkli-

Luzern mit Reussbrücken und Wasserturm

cher Kosmopolitismus leicht als wurzellos erscheinen kann, hält der Zürcher seine eminente, wenn auch nicht gleichermaßen vorbehaltlose Aufnahmefreudigkeit für alles von außen Kommende in glücklichem Gleichgewicht mit seinem prallen Selbstbewußtsein. Desto eher darf er sich dem Neuen, ja selbst dem Andersartigen ohne viel Scheu hingeben: Er ist seiner selbst viel zu gewiß, als daß er daran verlorengehen könnte.

Das heißt: Die Offenheit nach außen geht bei ihm mit einer stämmigen Robustheit einher. Weniger dickfellig und daher soviel agiler als der Berner, weniger dünnhäutig zugleich und nicht entfernt so verletzlich wie der Basler, kann er sich ein größeres Maß von Extroversion leisten als der »typische« Deutschschweizer. Es fällt ihm leichter, Kontakt zu gewinnen; in seinem Wesen verändert wird er jedoch dadurch kaum. In den Formen seines Umgangs mutet er eher ruppig als liebenswürdig an, aber selbst dieses Ruppige entspringt bei ihm nicht einer verborgenen Schüchternheit, wie das bei Schweizern sonst gerne der Fall ist, sondern einer kecken Unbekümmertheit, die den Sprossen aristokratisch bestimmter Gemeinwesen gerne als ein Zug ins »Ordinäre« vorkommt – ein Eindruck, den ein grobschlächtiger, jeglicher Anmut entbehrender und eigentümlich aggressiv anmutender Dialekt noch unterstreicht und übersteigert.

All das hat den Zürcher zum Großstädter gleichsam prädestiniert. Selbst zu einer Zeit, da seine Stadt noch nicht viel mehr als 10 000 Einwohner zählte, eignete ihm bereits etwas ausgemacht Unprovinzielles. Sicher enthielt es ein Element der Übertreibung, wenn Ewald von Kleist im 18. Jahrhundert bewundernd ausrief, in Zürich treffe man zwanzig bis dreißig »Männer von Genie und Geschmack«, während Berlin deren nur drei oder vier aufweise. Und doch wird zum mindesten im Bereich der Literatur schon damals eine Weltweite erkennbar, deren soziologischen Bezug der literarische Patriarch Johann Jakob Bodmer vielleicht unbewußt verdeutlicht hat, als er, der Binnenländer, seine unermüdliche kulturelle Mittlertätigkeit mit dem Wirken eines meerbefahrenden Kaufmanns verglich. Und wie bezeichnend scheint es doch, wenn trotzdem hundert Jahre nach der Frühzeit von Bodmers Wirken bei der Gründung der Zürcher Universität (1833) sämtliche Ordinariate an Ausländer von Rang vergeben wurden und selbst die bedeutendsten heimischen Gelehrten sich mit Außerordentlichen Professuren begnügten – in einem frühen und hellen Bewußtsein der Tatsache, daß sich der Geist nicht länger in die Schranken einer stadtstaatlichen, kantonalen oder auch nationalen Autarkie zwängen lasse!

Es gehört zur Eigentümlichkeit zürcherischen Wesens, daß die Kleinheit der Verhältnisse, in denen es sich lange ausformen mußte, ja selbst die Kleinlichkeit mancher Institutionen, die es regulierten, ihm erstaunlich wenig anzuhaben vermochten. Sie haben nie die muntere Großzügigkeit, Beweglichkeit und Unvoreingenommenheit eines Volksschlages überdeckt, der mit stets erneuerter, oft den begrenzten Umständen weit vorauseilender Unternehmungslust, mit anpassungsfähiger Regsamkeit im materiellen, ausgreifender Neugier im intellektuellen Bereich und da wie dort auch mit einer gehörigen Dosis Rücksichtslosigkeit die allzu engen Horizonte auszuweiten, das Kleine ins Große umzuschaffen strebte und dabei doch durch ein Element alemannischer Bedächtigkeit stets gezügelt, kontrolliert, vor der Überspannung bewahrt wurde.

So findet sich denn in manchen der frühen Urteile über Zürich vieles von dem vorweggenommenen, was sich heute in seiner metropolitanen Form oder Unform ins Breite entfaltet hat. Schon im Mittelalter charakterisierte Otto von Freising die Stadt als das »Nobile Turegum multarum copia rerum«. Und Johann Jacob Steiner, der sein zürcherisches Vaterland verließ, um in Zug katholisch zu werden, zitiert im 17. Jahrhundert diesen Vers des bayerischen Weltchronisten beifällig, räumt Zürich als »das Haupt- und Vor-Orth deß gantzen Schweitzer-Lands« und preist in geradezu überschwenglichen Worten

». . . die Arbeit unnd Kunst-übliche Gewerbe / die in Handels-Sachen embsige Vortheilhafftigkeit / auch deren Nutz und Glück: Maßen dise Statt wegen allerhand Gewärben / sonderlichen aber wegen deß grossen Seiden- und Wollen-Gewärbs mit grossen Reichthumben beseeliget / unnd in- und aussert Lands hoch vernambt / auch wegen viler hochgelehrten / Sprache- Land- Leuth- und Kriegserfahrnen Männeren / unnd hoch-klug-verständigen Staats-weisen jederzeit verrühmt gewesen«.

Ziehen wir ruhig die barocke Übertreibung ab; bezeichnend für jene Kontinuität, die durch allen Wechsel und Wandel hindurch erkennbar wird, erscheint schon in diesem Zeugnis die enge Verbindung, die Steiner zwischen Gewerbsamkeit und Gelehrsamkeit herstellt. Die beiden Sphären der Aktivität werden nicht als Gegensätze empfunden. So kann um die Wende des 18. Jahrhunderts der Doyen

Bridel »goût des sciences« und »amour du travail« in einem Atemzug als die hervorragendsten Eigentümlichkeiten zürcherischen Charakters nennen – und wie exakt zeichnet der Welschschweizer die »physiognomie morale« dieser Stadt, wenn er den Zürchern eine »originalité piquante dans les idées plus profondes que brillantes, et dans l'expression moins douce qu'énergique« nachsagt oder ihre »promptitude dans les résolutions soutenues de la fermeté la plus vigoureuse« rühmt! Damit hat er genau jene Züge herausgearbeitet, die auf die großstädtische Gegenwart vorausdeuten. Industrie (im ursprünglichen Sinne des Wortes) und Intellekt, so möchte man sagen, gehören zu den wichtigsten Bauelementen einer Metropole; Zürich hat über beide in reichem Maße verfügt, schon als es noch eine Kleinstadt im Schatten Basels oder Genfs war. Und was es nicht aus Eigenem hervorbrachte, das verstand es an sich zu ziehen und sich anzueignen.

Zeugnisse dafür liegen in unerschöpflicher Fülle vor, aus dem 19. Jahrhundert nicht anders als aus dem 17. oder 18. Da ist der Norddeutsche Mügge, der den Zürchern unter allen Eidgenossen die »meiste geistige Regsamkeit« zubilligt. Sein Zeitgenosse Wilhelm Hamm stimmt ihm ohne Vorbehalt zu:

»Was... Bern in Hinsicht auf physische Macht, das ist Zürich in der auf geistige: Der Hauptcanton der Schweiz.«

Alfred Lichtwark meinte, wenn man aus Hamburg an die Limmat komme, dann habe man »das Gefühl, eine Großstadt im Sinne von Kulturstadt zu betreten«: Alles habe dort »mehr Zurückhaltung..., mehr Maß, mehr Schick und eine sympathische Form von Gediegenheit«, aber zugleich wohne ihm »ein Zug von Größe und Willen« inne, der sich für Lichtwarks Vorstellungen offenbar nicht mit dem Wesen bloßer Provinz vertrug. Dabei kann man gerade das frühe 20. Jahrhundert schwerlich unter die Zeiten rechnen, da sich Zürich von seiner sympathischsten Seite präsentierte. Es stand damals nach Norden offen genug, um seinen gerüttelten Anteil am wilhelminischen Ungeist oder Halbgeist mitzubekommen...

Freilich, mit dem Wachstum ins Große ging auch ein Verlust an Ebenmaß einher: »Zurückhaltung« ist nicht gerade das, was dem Fremden heute in Zürich zuallererst auffallen dürfte. Ungehemmter als anderswo in eidgenössischen Landen stellt sich hier der Wohlstand mit einiger Ostentation zur Schau. Nicht umsonst ist die Bahnhofstraße mit ihren luxuriösen Geschäften ein weltberühmtes

Einkaufszentrum für Leute mit dicken Brieftaschen von überallher geworden. Aber sie ist auch eine Flanierstraße eigener Art, echt zürcherisch in der Weise, wie sie vom Hauptbahnhof nicht etwa schnurgerade, sondern in leichtem, elegant geschwungenem Bogen ins Herz der City führt und dann den Schlendernden unvermutet plötzlich ins Freie des Seeufers mit seinen Grünanlagen und Promenaden geleitet, ihm mitten im Getriebe der Stadt den Blick auf die spiegelnde Wasserfläche, auf die langgezogenen Hügel zu ihren beiden Seiten und an klaren Tagen durch diesen Ausschnitt hindurch auf ein paar ferne Alpengipfel freigibt. Die Natur ist hier näher als in den meisten Großstädten, sie ertrinkt nie völlig im Häusermeer; noch zieht oben am Zürichberg wie am Ütliberg das Grün des Waldes, der sich in die Parks und Gärten der Villenviertel hinein fortzusetzen scheint, das Auge ausruhsam auf sich, und der Spaziergänger kann noch im Stadtgebiet romantische kleine Tobel und wunderlich verschwiegene Steilpfade entdecken. Die Anhöhen, die von allen Seiten gegen Flußlauf und Seekopf andrängen und den verzweifelten Verkehrsplanern ihre Aufgabe noch schwerer machen, bringen zugleich etwas Kurzweiliges, immer wieder Überraschendes ins Spiel. Mag die Stadt in ihrem ungestümen Ausdehnungsdrang auch über sie hinweg wachsen, so sorgen sie doch dafür, daß keine Monotonie aufkommt: Die Gestalt der Landschaft bleibt allezeit munter gegenwärtig. Und an schönen Frühlingstagen zumal liegt über den Straßen ein zärtlich flimmerndes Licht, das fast ein wenig an Paris denken läßt.

Da merkt man dann auf einmal, daß in diesem tüchtigen und betriebsamen, lauten und robusten Stadtwesen auch die Idylle und selbst die Poesie zu Hause ist; hinter all dem industriellen und kommerziellen Eifer erhascht man unversehens ein Zipfelchen vom Rokoko Gessners oder von Gottfried Kellers Seldwyla. Auch das gehört zur Widersprüchlichkeit Zürichs. Sein einmaliger Reiz wie seine versöhnliche Fragwürdigkeit liegen darin beschlossen, daß es auch als eines der großen europäischen Zentren, als internationale Finanzkapitale von durchaus mondänem Zuschnitt noch erstaunlich zäh an mancherlei kleinstädtischen Zügen und Gewohnheiten festhält: Das vergrößerte Seldwyla kommt dem kleineren New York dauernd in die Quere.

Es dauerte Jahrzehnte, bis sich die größte Schweizer Stadt – auch dann noch behutsam und mit vielen Vorbehalten – dazu durchringen konnte, an der eisernen Regel zu rütteln, daß alle Lokale ausnahmslos um Mitternacht zu schließen hätten. Der (auch ohne Frauenstimmrecht) mächtige Frauenverein wehrte sich erfolgreich für die »soliden« alten Gebräuche – derselbe Verein, der noch in den dreißiger Jahren in seinen verdienstvollen und billigen alkoholfreien Wirtschaften keine Saaltochter anstellte, wenn sie ihre langen Haare frivol der Bubikopf-Mode geopfert hatte. Alkoholfreie Straßencafés, am Limmatquai beispielsweise, haben übrigens bis heute ihre Anziehungskraft auf eine sonst wahrhaftig nicht mehr zum Puritanismus neigende Jugend und sogar auf Kreise der Bohème oder doch Möchtegern-Bohème bewahrt. Und der nahe Vergnügungsdistrikt führt immer noch den heimelig-rustikalen Namen »Niederdorf«.

Aber Zürich ist nicht halb so helvetisch-harmlos, wie man nach dergleichen halb zufällig notierten Beispielen meinen möchte. Gewagteren und obszöneren *Striptease* als in einigen der Lokale, die ihre Pforten brav nachts um zwölf Uhr schlossen, bekam man lange Zeit an der Hamburger Reeperbahn nicht zu sehen. Die Prostitution grassiert, und im gleichen Café Odeon, wo sich die arrivierte literarische Intelligenz mit Vorliebe traf, gingen die aufgedonnerten Damen der Straße lässig aus und ein. Nicht zu Unrecht genießt die Stadt außerdem den Ruf, ein Dorado der europäischen Homosexuellen zu sein. Kurzum: das Biedere und das Ordinäre, das Sublime und das Dekadente, das Altväterische und das Allzu-»Moderne« scheinen hier enger beisammenzuwohnen als anderswo. Wenn sich die Metropole in einiger Hinsicht bewußt und prononciert wie ein spießiges Krähwinkel aufführt, dann gewissermaßen mit einem listigen Augenzwinkern: Ich bin ja nicht so, ich tue nur so... Oder verhält es sich eher umgekehrt? Trägt Zürich das großstädtische Wesen letztlich doch eher wie ein Kostüm? Friedrich Torberg hat einmal mit einer originellen und paradoxen These seinen Beitrag zu einer Antwort geleistet: Zürich, meint er, sei zwar eine Weltstadt, aber keine Großstadt. Sein Landsmann Hans Weigel aber glaubt der Essenz Zürichs eher dadurch nahezukommen, daß er es eine mittelgroße Stadt nennt, »die einer Großstadt zum Verwechseln ähnlich sieht«.

Worauf es ankommt, das ist die Haltung einer zuallererst dem Aktuellen verschriebenen, dabei alles andere als geschichtslosen und nicht zuletzt ausgemacht großzügigen Bevölkerung, die wesentlich vom Fortschrittsglauben in einer seiner mannigfaltigen Spielarten beherrscht wird. Ganz ohne Zweifel hängt das soziologisch aufs engste mit dem eindeutigen Vorwalten der wirtschaftlichen Präokkupationen zusammen, aber ebenso mit jener geistesgeschichtlichen Linie, die von der Aufklärung mit ihrem Kultus des Vernünftigen über den Liberalismus in die Gegenwart führt und deren Richtung schon in der Reformation Zwinglis in mehr als einer Hinsicht vorgegeben und vorgezeichnet war.* Nicht zufällig liegt die große Geistesepoche Zürichs im 18. Jahrhundert, das sich im 19. ganz unmittelbar fortsetzt. Von Bodmer über Pestalozzi zu Gottfried Keller verläuft zwar ein weiter, aber gar nicht so gewundener Weg. Ihnen allen eignet selbst dort, wo sie ihr Pfad an den Abgründen des Tragischen entlangführt, ein Element des zugreifenden, tätigen Optimismus (nur der aristokratische Spätling Conrad Ferdinand Meyer fällt aus dieser Reihe heraus – und doch ist auch für ihn bezeichnender als seine bedrohte Labilität die Zucht, mit der er sie meistert). Von allen schweizerischen Städten hat Zürich, das man so gern als ein helvetisches Athen dem schweizerischen Sparta Bern entgegenstellt, am tiefsten und folgenreichsten den Stempel der Aufklärung wie den des Liberalismus empfangen – der ur-bürgerlichen Weltanschauungen also –, während die nicht minder intellektuelle Atmosphäre Basels viel stärker vom Humanismus gesättigt scheint, Bern im dreifachen Bannkreis des Aristokratischen, des Staatlich-Politischen und des Ruralen verharrt.

Aber man braucht kein historischer Materialist zu sein, um die enge Verflechtung dieses Aufklärerischen mit jener ökonomischen Entwicklung zu erkennen, die vom Textilimperium der vorrevolutionären Ära zum gewaltigen Aufschwung zuerst der Maschinenindustrie und dann des modernen Kreditwesens geführt hat. Der unverkennbar dynamische Charakter von Geist und Ökonomie weist nun einmal, wie man ihre Korrelation auch definieren mag, in dieselbe Richtung: Hier bleibt sowenig Raum für das skeptische Beiseitestehen wie für den konservativen Willen zur Beharrung um jeden Preis.

»Fortschrittlichkeit« gehört nun einmal zu den Grundsubstanzen dieses Gemeinwesens. Wenn die Zürcher Universität – um nur ein

---

* Natürlich wird man Zwingli nicht gerecht, wenn man in ihm *nur* den Aufklärer *avant la lettre* sieht. Aber es ist doch aufschlußreich, daß er etwa im Abendmahlsstreit die bei weitem rationalistischste Position aller großen Reformatoren einnahm. Sehr schön hat Wilhelm Schäfer (in »Wahlheimat«) den Unterschied zwischen Luther und Zwingli verdeutlicht und ihm zugleich seinen soziologischen Ort zugewiesen: Luther, so schreibt er bei seiner Betrachtung des Marburger Gesprächs, »beharrte im Mirakel, weil er priesterlich dachte; Zwingli wollte eine Gedächtnisfeier der Gemeinde, weil er bürgerlich dachte«.

Beispiel von vielen anzuführen – die erste Europas war, die Frauen zum Studium zuließ, so war auch dies nur ein Ausdruck jenes Gespürs für das Kommende und der daraus erwachsenden Bereitschaft zum Wagnis, das auch die Entfaltung der zürcherischen Wirtschaftskräfte erst wirklich ermöglicht hat.

Das gilt für die Stadt; es gilt aber auch nicht minder für den Kanton als Ganzes. Es fällt hier schwerer als anderswo, beide sorgsam auseinanderzuhalten oder einander gar gegenüberzustellen. Die beiden Großgebilde, das urbane und das territoriale, hängen hier ungleich enger ineinander als etwa in Bern oder vollends in den kleineren Städtekantonen. Das heißt nicht, daß es keine Spannungen zwischen ihnen gibt. Aber die Gegensätze, die dann und wann einmal sichtbar werden mögen, beruhen nicht auf einem dauerhaften und unüberwindlichen Antagonismus: Das Band des Gemeinsamen ist immerzu stärker als sie. Fragen wir nach dem Ort von Zürich in Zürich, der Metropolis im metropolitanen Staate, so ist eine erste Antwort bereits gegeben, wenn wir uns vor Augen halten, daß der Kanton ja ganz und gar Schöpfung der Stadt, ihrer Räte und ihrer Bürgerschaft gewesen ist, entstanden und zur Einheit gefügt als Mittel zur Begründung und zur Steigerung städtischer Macht. Im 19. Jahrhundert mochte es freilich zeitweise so aussehen, als wolle dieses Verhältnis sich in sein Gegenteil verkehren. Die demokratische Reform, die mit der Verfassung von 1869 die konstitutionellen Grundlagen für den Staat von heute legte, schien zeitweise geradezu die Vorherrschaft des Landes über die Stadt zu begründen; soweit die Gegner dieser legalen Revolution nicht einfach Machtpositionen verteidigten, war es vor allem die Furcht vor diesem Verlust gewachsener urbaner Substanz, die den Nachdenklicheren unter ihnen Grund zum Zögern bot.

Aber diese Befürchtungen haben sich als unbegründet erwiesen. Gerade indem die Stadt scheinbar entmachtet, der Einfluß ihrer zünftlerischen wie händlerisch-industriellen Führungsschicht gebrochen wurde, drängten ihre Energien noch mehr als zuvor ins Ökonomische. Mit dem rapider fortschreitenden wirtschaftlichen Aufschwung schwoll sie nun erst recht in die Breite und in die Weite, verwandelte die umliegenden Dörfer mehr und mehr in Vorstädte und schuf die Voraussetzung für die beiden großen Eingemeindungs-Aktionen von 1893 und 1934. Indem sie aber immer mehr Menschen anzog und zuerst ihre unmittelbare, bald auch ihre weitere Umwelt urbanisierte, gewann sie zwangsläufig auch politisch die zeitweise verlorene Präponderanz zurück.

Dabei ist Zürich anderseits beileibe noch kein »Stadtkanton« im Sinne Basels oder Genfs geworden. Wer das (nach schweizerischen Maßstäben) stattliche Territorium des Kantons nach allen Richtungen hin durchfährt, erkennt bald, wie wenig die Landgebiete als bloße Annexe des einzigen urbanen Kerns verstanden werden dürfen. Man kann das Auto stundenlang durch saftige Wiesengelände, golden schimmernde Getreidefelder, einsame Wälder, unverstellt bäuerliche Dörfer mit wohlgepflegten alten Riegelbauten lenken. Es gibt verschlafene Kleinstädtchen, die von Hast und Betriebsamkeit der Moderne so unberührt scheinen wie das aargauische Kaiserstuhl oder das sanktgallische Werdenberg. Da ist Greifensee, wo einst der weise und exzentrische Landvogt Salomon Landolt amtete: fast schon an die Peripherie der Metropole gerückt und dabei doch idyllisch ins Halbdörfliche zurückgesunken. Da bewacht der malerische Brückenkopf Eglisau den Übergang über den tief eingeschnittenen Rhein ins jenseitige Zürcher Glacis des Rafzerfeldes, und umgeben von reichen Winzerdörfern wie von wohlerhaltenen Schlössern und Burgen lehnt sich Andelfingen, Hauptort des »Weinlandes«, lässig an seinen Berghang oberhalb des Thurtals. Regensberg vollends, Juwel eines mittelalterlichen Burgstädtchens, steigt archaisch-wehrhaft am östlichen Felssporn der Lägern aus heiterem Rebgelände auf, das einen der köstlichsten unter den leichten, süffigen Zürcher Rotweinen hervorbringt.

Wohl hat dieses rurale Zürich nicht die breite Selbstverständlichkeit und ausladende Behäbigkeit des Bernbiets. An Wochenenden mag der Strom der Ausflügler penetrant an die Nähe der Großstadt erinnern. Und doch ist das Landgebiet mehr als ein bloßes Reservat und ein ängstlich bewahrtes Erholungsgelände. Sonst hätte sich dort kaum eine einflußreiche, keineswegs auf den Ton der Resignation gestimmte Bauernpartei entwickeln können. Und manche der zürcherischen Landschaften, selbst solche mit beträchtlicher Industrie, haben ihr eigenes Profil bewahrt. Das gilt ganz besonders von dem gebirgigen, stellenweise schon voralpin anmutenden Oberland mit seinen mächtigen Wäldern und stattlichen, gewerbereichen Dörfern in den Talmulden der Jona, der Töss und der oberen Glatt: Heimat eines Menschenschlages, der an Werksamkeit dem Unterländer und selbst dem Stadtzürcher nicht nachsteht, aber grüblerischer, mehr in sich gekehrt eine spürbarere Distanz zu den Dingen und Gütern dieser Welt hält. Die Oberländer haben dem zürcherischen Wiedertäufertum, das Zwingli und seinen Nachfolgern so schwer zu schaffen machte, am leidenschaftlichsten angehangen, und etwas von der Erregung dieses gewaltigen Aufbruchs pflanzt sich bis heute in die weitverzweigten Rinnsale eines stiller gewordenen, aber intensiv gepflegten Sektierertums fort. Keine andere zürcherische Region ist so scharf umrissen, so eigentümlich geprägt. Und doch wird man auch in den breiten Ackerflächen und gedrängten Rebhügeln des Weinlandes oder jenseits der Albiskette im Bezirk Affoltern (dem einstigen Knonauer oder »Säuliamt«) kleinen, wenn auch nach außen offeneren Welten für sich begegnen. Und wie lange selbst antiquierte bäuerliche Lebensformen und Sitten da und dort dem städtischen Einfluß widerstrebten, zeigt sich daran, daß man am Fuß der Lägern im Wehntale noch in den Jahren nach dem Ersten Weltkrieg manchen Bäuerinnen in ihrer alten, farbenreichen Tracht beim Kirchgang oder selbst beim Binden der Garben auf den üppigen Kornfeldern begegnen konnte.

Bedeutsamer freilich als die nicht geringen Reste agrarischer oder doch ländlicher Beharrung wirkt der einseitig stadtzürcherischen Domination die Vitalität, die Selbstbehauptungskraft und vor allem der Selbstbehauptungswille sekundärer Zentren entgegen. Es ist bemerkenswert, wie außerhalb – oft nur wenig außerhalb – des metropolitanen Bannkreises große Gemeinden sich als selbständige regionale Kerne entfaltet haben: ein kleinstädtischer Bezirkshauptort wie Bülach etwa, Fabrikdörfer wie Wetzikon und Rüti im Oberland, vollends ein reicher und aufstrebender Marktflecken wie Uster, aus dem längst ein durchaus urbaner Mittelpunkt, ein Klein-Zürich gewissermaßen, im Raum zwischen Greifen- und Pfäffikersee entstanden ist. Sogar entlang den beiden Ufern des Zürichsees, wo man so leicht den Eindruck eines einzigen ausgedehnten, wenn auch landschaftlich begünstigten Suburbia gewinnen könnte, finden sich immer noch Gemeinden von unverkennbarem Eigenwuchs und Eigenwillen; daß sich in Stäfa ein durchaus ansehnliches Regionalblatt wie die »Zürichsee-Zeitung« gegen die übermächtige stadtzürcherische Konkurrenz zäh zu behaupten vermag, belegt das auf eindrückliche Weise.

Das überzeugendste Beispiel jedoch dafür, wie Chancen einer individuellen Entwicklung auch im Kraftfeld der Metropole wahrgenommen werden können, liefert Winterthur. Nur 25 km vom Zürcher Stadtzentrum, nur eine Auto-Viertelstunde vom Rande der hauptstädtischen Agglomeration entfernt, hat sich diese Stadt so erfolgreich gegen die Überwältigung durch den größeren Nachbarn gewehrt, daß sie zugleich als dessen Widerpart wie als dessen glückliche Ergänzung fungiert. Zwar ist sie statistisch nie zu großstädtischem Rang aufgerückt, hat vielmehr in den siebziger Jahren von ihren zeitweise fast 93 000 Einwohnern deren 6000 eingebüßt. Nichtsdestoweniger beweist dieser größte aller schweizerischen Nicht-Kantonshauptorte eine Lebens- und Leistungskraft, die ihm manches ungleich volkreichere Gemeinwesen des Auslands neiden dürfte – und an Dichte übertrifft er anderseits manche kleineren und überschaubareren Kommunen bei weitem.

Es lohnt sich, einen Augenblick bei diesem eigentümlichen Phänomen zu verweilen. Der einstigen österreichischen Landstadt, die im 15. Jahrhundert für kurze Zeit zur Freien Reichsstadt aufgestiegen war, sich aber dann doch wieder freiwillig der habsburgischen und schließlich (seit 1467) unfreiwillig der zürcherischen Landeshoheit hatte unterordnen müssen, waren bei diesem Herrschaftswechsel genug ihrer alten Privilegien verblieben, daß sie selbst unter dem strikten und engherzigen stadtwirtschaftlichen Regime im Zürich des 17. und 18. Jahrhunderts noch Raum zu eigenständiger gewerblich-kommerzieller Entfaltung fand.* Auf diesen Grundlagen ist dann nach dem Untergang der alten Eidgenossenschaft und dem Scheitern der kurzsichtigen Restaurationsbemühungen eine erstaunliche wirtschaftliche Blüte erwachsen. Die Winterthurer Weltfirmen, vor allem der Metallindustrie und hier wiederum hauptsächlich des Schwermaschinenbaus, stehen den stadtzürcherischen nicht im geringsten nach; Versicherungsgesellschaften von internationaler Reputation, vor allem aber mächtige, über den ganzen Erdball hin geschäftende Handelshäuser, durch die seit mehr als hundert Jahren insbesondere ein beträchtlicher Teil des Güterverkehrs zwischen Süd- und Ostasien und der übrigen Welt abgewickelt wird, haben mit ebensoviel Glück und Können über den zürcherischen und selbst den schweizerischen Wirtschaftsraum gewaltig hinausgegriffen.

Aber nicht einmal in erster Linie in solcher ökonomischen Betriebsamkeit liegt das, was Winterthur vor anderen Städten gleichen

---

* Fäsi berichtet, die Bürgerschaft sei »allezeit von einem Geist der Arbeitsamkeit belebet« gewesen. Der »Dictionnaire de la Suisse« nennt sie eine »ville ... très-commerçante« und fügt hinzu: »Elle seroit plus florissante encore, si la jalousie de la capitale ne mettoit des entraves à l'industrie des habitants.«

Umfangs auszeichnet. Auch die politische Rolle, die Winterthur in der zürcherischen Geschichte – zumal als Haupttriebkraft der demokratischen Bewegung – gespielt hat, ist kaum singulär. Das bernische Burgdorf und Biel, das solothurnische Olten, ja selbst das kleine schaffhausische Hallau haben beim Sturz der hauptstädtischen Aristokratien oder Quasi-Aristokratien eine ähnliche Führungsaufgabe übernommen. Immerhin waren sie kaum zu einer so kontinuierlich fortwirkenden Aktivität imstande. Wir dürfen nicht vergessen, daß die demokratische Umwälzung von 1869 nicht nur die zürcherische Verfassung seit mehr als hundert Jahren mit typisch winterthurischem Geiste erfüllt hat.

Die unvergleichliche Größe Winterthurs jedoch bewährt sich in seinem beispiellosen kulturellen Elan. Diese Fabrikstadt hat nicht nur ein vorbildliches und erstaunlich vielfältig verzweigtes Schulwesen, sondern auch einen eminent musischen Geist ausgebildet, der sich auf ebenso überraschende wie glückliche Weise mit ihrem kommerziellen Ingenium verträgt und vermählt. Ihm kommen das großzügige Mäzenatentum einer bürgerlichen Oberschicht wie die geistige Aufgeschlossenheit eines breiten und zu hohem Anspruch erzogenen Mittelstandes traditioneller wie modernster Prägung gleichermaßen zugute. Mit gutem Grund hat ein dem Händlerisch-Gewerblichen sonst so wenig zugetaner Geist wie Rainer Maria Rilke der Generosität seinen Tribut abgestattet, mit der hier bedeutende, in der Arbeit von Generationen angesammelte Vermögen in den Dienst des Künstlerischen und damit des Humanen gestellt werden.

Diese lokale »Kulturpolitik« verdiente in der Tat eine eigene Studie. Charakteristisch für sie ist nicht zuletzt ihre Selektivität, die aus dem Willen zur Qualität erwächst. So verzichteten die Winterthurer lange Zeit auf ein eigenes Stadttheater, an dem selbst kleinere Städte festhalten (und das dann so oft mehr ein Status-Symbol als ein lebendiger geistiger Mittelpunkt ist). Um so sorgsamer wird die Musik gepflegt. Das Winterthurer Stadtorchester, lange Jahre von einem Dirigenten vom Range Hermann Scherchens geleitet, ist durch Schallplattenaufnahmen bis nach Amerika hin zu einem Begriff geworden, und dank der privaten Unterstützung, die es erfährt, kann es seine Sinfoniekonzerte unter Mitwirkung hervorragender internationaler Solisten tatsächlich für jedermann zugänglich machen (ursprünglich war der Eintritt zu ihnen überhaupt frei; noch heute begnügt man sich mit einer nominalen Gebühr). Und daß die

Stadt in der Pflege der bildenden Kunst sogar der ehrgeizigen Rivalin zum »beneidenswerten Vorbild« geworden sei, hat ihr Zürichs früherer Stadtpräsident Landolt bescheinigt. Der immer wieder mit Legaten und Stiftungen freigebig gespeiste öffentliche Kunstbesitz birgt Schätze, wie man sie an einem Ort solchen Zuschnitts kaum anzutreffen träumt; vollends die bedeutende, mit ungewöhnlichem Gespür und Qualitätssinn zusammengestellte und seit Jahren der Öffentlichkeit zugänglich gemachte Sammlung Oskar Reinhart stellt manches Museum von internationalem Ruf in den Schatten.

Wie wenig aber das Ästhetische bei alledem in der Fabrik- und Handelsstadt bloß als ein fremdes, von außen durch Sammeleifer und Gebefreudigkeit aufgepfropftes Gewächs angesehen werden darf, geht aus ein paar Namen hervor, die wenigstens andeutungsweise etwas vom geistigen Umkreis Winterthurs bezeichnen mögen: von hier stammt nicht nur der Bildnismaler Anton Graff, sondern auch ein Johann Georg Sulzer, der um die Mitte des 18. Jahrhunderts aus dem Geiste der Aufklärung seine »Allgemeine Theorie der Schönen Künste« entwarf, und nicht zuletzt auch der Bahnbrecher neuzeitlicher Kunstbetrachtung: Heinrich Wölfflin.

Die Rivalität mit Zürich hat die Winterthurer freilich zeitweise auch auf wunderliche und kostspielige Abwege geführt. So ließen sie sich aus antizürcherischem Ressentiment auf das tollkühne Unternehmen der Schweizerischen Nationalbahn ein, die eine Verbindung zwischen Bodensee und Genfer See unter Umgehung Zürichs anstrebte, längst vor der Verwirklichung des Projekts schmählich zusammenbrach und der Stadt, die sich mit ihrem ganzen Elan in das Abenteuer hineingestürzt hatte, für Jahrzehnte eine schwere Schuldenlast aufbürdete. Aber so abstrus und ökonomisch widersinnig dieses Experiment im Rückblick aussehen mag, so sehr muß man es aus den Zeitumständen verstehen: als Versuch (mit untauglichen Mitteln und am untauglichen Objekt), auf wirtschaftlichem Wege jener Präponderanz der stadtzürcherischen Oberschicht zu Leibe zu rücken, die sich in der gewaltigen Gestalt Alfred Eschers verkörperte. Escher, über fast drei Jahrzehnte hinweg der fast unumschränkte Beherrscher des Kantons, Erzliberaler durchaus großkapitalistischer Observanz, kann sehr wohl als der eigentliche Schöpfer der modernen Größe Zürichs gelten; dieser Politiker und Wirtschaftskapitän hatte ganz folgerichtig gehandelt, als er gegen den staatswirtschaftlicher denkenden Berner Stämpfli die Auslieferung des Eisenbahnbaus an die private Wirtschaft durchsetzte und die von ihm kontrollierte Finanzmacht ausnützte, um Zürich zum großen Knotenpunkt der neuen Verkehrswege zu machen. Das Winterthurer Nationalbahn-Projekt wollte ihn mit seinen eigenen Waffen schlagen; es stellte insofern nur die verfehlte ökonomische Parallele zu der erfolgreichen politischen Initiative dar, der Escher schließlich mit dem Übergang seines Kantons zur direkten Demokratie tatsächlich erliegen sollte. Der Sturz des konstitutionellen Quasi-Diktators war das erste und eigentliche Ziel, das die demokratische Bewegung der sechziger Jahre anvisierte – jene Bewegung, die dann über Escher hinweg zur »reinen« Volksherrschaft weiterschritt und als deren mächtigstes Instrument sich das Referendum erweisen sollte.

Nicht nur auf das kühne, gelegentlich selbst ins Abenteuerliche ausschweifende Selbstbewußtsein des Winterthurer Demokratentums wirft diese Episode jedoch ein Licht. Das Schicksal Alfred Eschers erscheint vielmehr als beispielhaft für einen Ablauf, der sich in der zürcherischen Geschichte mehr als einmal wiederholt hat: für die Tragödie der starken, zur Herrschaft berufenen und über die Hypertrophie dieser Herrschaft schließlich strauchelnden Ausnahmeerscheinung. Es ist vielleicht kein bloßer Zufall, daß die Zürcher – diese Individualisten *par excellence* – häufiger als andere Eidgenossen mit dem Problem eines »pouvoir personnel« konfrontiert wurden: mit Persönlichkeiten gleichsam cäsarischen Zuschnitts, die den Staat in ungebrochenem Machtwillen auf neue Bahnen zu steuern suchten. Es mag aber ebenso charakteristisch sein, daß diese überragenden einzelnen, die Zürich jeweils über ihre Zeit hinaus so stark und nachhaltig ihren Stempel aufgeprägt haben, fast alle früher oder später zu Fall gekommen sind. Ritter Rudolf Brun zwar, der um die Mitte des 14. Jahrhunderts die Zunftrevolution gegen das Vorwalten des alten Patriziats auslöste, sich zum Bürgermeister auf Lebenszeit wählen ließ und seine Stadt schließlich 1351 in das ewige Bündnis mit den Waldstätten und damit in die Eidgenossenschaft hineinführte, starb im Vollbesitz seiner Macht; schon seine Söhne jedoch traf das Los der Verbannung. Die zweite Hälfte des 15. Jahrhunderts wird von der glänzenden, aber schillernden Gestalt Hans Waldmanns beherrscht, dieses prachtliebenden, tatkräftigen, käuflichen und in der Wahl seiner Mittel völlig unbedenklichen Renaissance-Despoten, der die abhängigen Landgebiete mit rücksichtsloser Schroffheit ökonomisch wie politisch unter die Macht der Stadt zu zwingen suchte und 1489 schließlich öffentlich enthauptet wurde. Auch der menschlich so viel liebenswertere Reformator Huldrych Zwingli gehört in diese Reihe. Er war ja nicht nur ein Glaubenserneuerer, sondern auch ein patriotischer Feuerkopf, der von einer radikalen Umwandlung der Eidgenossenschaft träumte und diesen Traum auf dem Schlachtfeld von Kappel mit seinem Leben bezahlen mußte. Und Alfred Escher war in seiner Weise ein legitimer Nachfahr dieser gewaltigen Kraftnaturen. Man würde dem Begründer der Schweizerischen Kreditanstalt und dem Initiator des Gotthardbahn-Unternehmens ganz gewiß nicht gerecht, wenn man ihn nur als einen kapitalistischen Interessenpolitiker betrachten und darüber die keineswegs nur ich-bezogene Energie übersehen wollte, mit der er rastlos den Boden für die heutige Wirtschaftsblüte seiner Heimat bereitet hat. Aber auch er erlitt schließlich politischen Schiffbruch, weil er zwar *für* das Volk, aber niemals *durch* das Volk regieren wollte, und er mußte selbst die Demütigung erleiden, daß das stolzeste und geschichtsträchtigste seiner Werke – eben der Gotthardtunnel – eröffnet wurde, ohne daß man den Gestürzten auch nur zu den Feierlichkeiten einlud (dafür hat man ihm nach seinem Tode gleich vor dem Zürcher Hauptbahnhof ein Denkmal gesetzt, und an der Limmat erinnert heute auch ein Monument von Hermann Haller an Hans Waldmann, das freilich noch viereinhalb Jahrhunderte nach der Hinrichtung des »Staatsmanns und Feldherrn« Anlaß zu heftigen und keineswegs nur ästhetischen Kontroversen bot).

Es steckt etwas eminent Symptomatisches darin, daß Zürich sich als einziger Schweizer Kanton gleich viermal in vier Jahrhunderten vor die Gefahr einer Tyrannis gestellt sah, wie sie in den italienischen Stadtrepubliken zur Regel wurde. Gewiß haben auch andere Stände gelegentlich einmal solche Versuchungen durchgemacht. Aber dort sind sie im allgemeinen bloße Episoden geblieben: Die Tyrannis ist in der Schweiz ein durchaus atypisches Phänomen. Denn die Eidgenossenschaft und ihre Gliedstaaten sind eben nicht das Werk großer einzelner, sondern das Produkt sehr geschlossener und in den alten Räten körperschaftlich »integrierter« Eliten. In Zürich indessen tritt stärker als anderswo die Einzelpersönlichkeit hervor, die mehr von der Bereitschaft zum Wagnis als von der bloßen Einfügung in Sitte und Brauch einer dominierenden Schicht gekennzeichnet wird. Das gilt nicht nur für die politische, sondern auch für die Geistesgeschichte. Die ausgreifende Entdeckerfreude eines Renaissance-Naturforschers wie Conrad Gessner, die Sturm-

und-Drang-Prophetie eines Johann Caspar Lavater, die »genialisch«-phantastische Traum-Kunst eines Johann Heinrich Füssli, die erst vom Expressionismus und Surrealismus in ihrer Bedeutung wiedererkannt wurde, die pädagogische Reform-Leidenschaft eines Pestalozzi weisen in die gleiche Richtung: Individualität wird hier größer geschrieben und energischer bekundet als in jenen Gemeinwesen, die mehr von einem kollektiven Ethos getragen werden. Und eben dieses geistige Klima hat wohl auch besonders günstige Voraussetzungen erst der händlerischen, dann der industriellen und schließlich der finanzkapitalistischen Initiative geschaffen. Ein oft recht hartkantiger Individualismus mag diesen Kanton sehr wohl, ganz anders als etwa Bern, einerseits zum Liberalismus prädestinieren, andererseits aber auch in die Versuchung zum Cäsarismus führen.

Natürlich sind Männer wie Brun und Waldmann, Zwingli und Escher auch in Zürich Ausnahmeerscheinungen geblieben, wenn sie auch den geschichtlichen Prozeß kühner und folgenreicher vorangetrieben haben als die politischen Führer anderer Gemeinwesen. Über weit längere Zeit hinweg als diese Gewaltnaturen dominierte auch hier eine traditionalistische Oligarchie: die Oberschicht wohlhabender Kaufmannsfamilien, die den Staat als enggeknüpfte Gruppe lenkte, seine Politik beherrschte und dafür sorgte, daß der Kreis der Bevorrechteten immer exklusiver gezogen und ängstlicher als früher abgeschlossen wurde. Von der zweiten Hälfte des 16. Jahrhunderts bis in die Frühzeit des 19. hinein war denn auch von der zuvor und später wieder so bezeichnenden Offenheit nach außen wenig mehr zu spüren. Hans Waldmann und Zwingli waren Neubürger zugerischer oder toggenburgischer Herkunft gewesen. Während sich aber die Oberschichten Basels und Genfs nach der Reformation durch den Zustrom vertriebener Reformierter aus weiten Teilen Europas – von Flandern bis nach Italien – auffrischten, fanden in Zürich nur drei Refugianten-Familien Eingang in die herrschende Elite: die Locarneser Muralt und Orelli und die Pestalozzi aus Chiavenna.

Um so weiter wurden dann mit dem Einsetzen der modernen Wirtschafts-Dynamik die Tore geöffnet, wirtschaftlich, kulturell und selbst politisch. Alfred Escher war der letzte Repräsentant der alteingesessenen, auf Jahrhunderte des Dienstes am Gemeinwesen zurückblickenden stadtzürcherischen Familien, dem es noch gegeben war, die Geschicke des Kantons über einen weiten Zeitraum hinweg zu lenken. Nun fiel es zunächst den Leuten aus der Landschaft und insbesondere den Winterthurern, bald aber auch den Schweizern aus anderen Kantonen und selbst eingebürgerten Ausländern zu, dem werdenden »metropolitanen Staat« sein Profil zu geben. Der Patriarch der schweizerischen Arbeiterbewegung etwa, der Buchbinder Hermann Greulich, kam aus Breslau; der erfolgreichste zürcherische Industriekapitän unseres Jahrhunderts, Bührle, entstammte einer schwäbischen Familie. Das sind nur zwei Namen, aus Hunderten fast wahllos herausgegriffen. Die Altzürcher aber haben sich im allgemeinen – mochte auch einer der Ihren lange als populärer Stadtpräsident der Kantonshauptstadt amten – zur Pflege eines fast schon verschütteten Herkommens in die zu geselligen Vereinigungen abgesunkenen Zünfte, die ältesten Geschlechter unter ihnen in die exklusive Gesellschaft der Schildner zu Schneggen zurückgezogen. Das ist nichts anderes als ein Ausdruck dafür, wie tief die soziale Umschichtung der letzten hundert Jahre gegriffen, wie rapid und total sich der Wechsel der Eliten vollzogen hat.

Zwei eng verflochtene Wesenszüge zeichnen sich beim Rückblick auf die soziale und politische Geschichte Zürichs deutlich ab: das Vorwalten des Bürgerlichen und das der wirtschaftlichen Motivationen. Schon im hohen Mittelalter hatten die großen Handelsfamilien – etwa das bis heute fortlebende Geschlecht der Meis – den ritterbürtigen Stadt-Adel völlig in den Hintergrund gedrängt, und der Ritter Rudolf Brun konnte die Vorherrschaft dieses ersten Patriziats nur dadurch brechen (oder eher zeitweise überlagern), daß er sich als Volkstribun an die Spitze des nachdrängenden Handwerkerstandes stellte. Während sich in Bern die Spitzen des Bürgertums dem Adel assimilierten, während in Basel und Schaffhausen erst die Reformation zur Ausschaltung der alten Aristokratie führte, stehen sich in Zürich fast zwei Jahrhunderte früher im wesentlichen bereits kommerzielles Großbürgertum und gewerbliches Kleinbürgertum als Hauptgegner gegenüber.

Die gesellschaftliche Frühreife spiegelt die reiche Entfaltung der Zürcher Wirtschaft im Hochmittelalter, als ein florierender Fernhandel und ein damals schon ausgesprochen exportorientiertes Textilgewerbe in Wolle, Leinen und Seide Zürich neben Ulm zur wohlhabendsten und höchstentwickelten Stadt Süddeutschlands machten. Sein Aufstieg zur Reichsstadt bereits in der Hohenstaufenzeit belegt seine Bedeutung. Zu einer Zeit, da Basel und Genf noch fest in der Botmäßigkeit ihrer Bischöfe standen, hatte die Zürcher Kaufmannschaft die ursprüngliche Herrschaft des Fraumünsterstifts bereits abgeschüttelt und war selbst zur Schutzmacht über das Stift aufgestiegen.

Der Sieg der Zünfte im Gefolge der Brunschen Umwälzungen bereitete dieser ersten Wirtschaftsblüte freilich ein vorzeitiges Ende; kriegerische Verwicklungen beschleunigten den Niedergang. Das Spätmittelalter sah die Stadt, nun im Bündnis mit den Eidgenossen, zwar in kräftiger territorialer Expansion, aber zugleich in ökonomischer Rückbildung, und der Alte Zürichkrieg, in den sie sich zunächst mit Schwyz wegen des Streits um das toggenburgische Erbe und dann mit allen übrigen Eidgenossen verwickelte, bereitete auch ihrem politischen Aufstieg ein vorläufiges Ende. Durch ihre Niederlage in der Eröffnungsphase dieses ersten schweizerischen Bürgerkriegs (1438/40) wurde ihr der Weg nach Sargans und damit an den Hochrhein entlang der großen, über das Rheintal und die Bündnerpässe nach Italien führenden Handelsstraße verrammelt. Als sie sich dann den Österreichern in die Arme warf und mit ihrer Hilfe die Revanche suchte (1443/46), kostete dieses Abenteuer die Stadt nicht nur schwere materielle Einbußen, sondern führte sie zeitweise geradezu an den Rand des Zusammenbruchs (der Rückgang ihrer Einwohnerzahl, der sie für Jahrhunderte hinter die aufstrebenden Handelsstädte Basel und Genf, zunächst selbst hinter Bern und Freiburg zurückwarf, verdeutlicht die Schwere des Schlages, der sie getroffen hatte).

Um so aufschlußreicher ist es zu sehen, wie Zürichs Vitalität auch dieser selbstverschuldeten Prüfung Herr wurde. Im Osten zurückgeworfen, begann es sich nach Norden auszudehnen; die Kredite, die es den Habsburgern während des Krieges eingeräumt hatte und zu deren Rückzahlung diese nicht imstande waren, brachten ihm den Besitz der Grafschaft Kiburg ein, den es mit dem Erwerb Winterthurs abrundete. Hans Waldmann erwirkte von den Eidgenossen die endgültige Anerkennung von Zürichs Vorortstellung und zwang, auf die Zünfte und damit die Handwerkerschaft gestützt, die Landgebiete politisch wie ökonomisch härter als je zuvor unter die Fuchtel der regierenden Bürgerschaft; selbst die Reaktion nach seinem Sturz konnte die Entwicklung zu einem immer exklusiveren städtischen Macht- und Wirtschaftsmonopol nur verlangsamen, aber nicht rückgängig machen.

Auch dieser Trend gehört in die große Linie zürcherischer Bürgerlichkeit hinein. In ihm begegnen sich die händlerischen Interessen, die der Stadt das ausschließliche Recht zum »Commerz« mit dem Ausland sichern wollten, mit den handwerklichen, die bestrebt waren, den städtischen Produkten den ländlichen Markt allein vorzubehalten. Auch die Erweiterung und Verstraffung der Territorialherrschaft stand in Zürich also vornehmlich im Dienste ökonomischer Ziele.

Das wirkte sich vor allem aus, nachdem auch der weitere Vorstoß Zwinglis, der unter religiösen Parolen die im Alten Zürichkrieg erstmals gescheiterten hegemonialen Tendenzen wieder aufgegriffen hatte, mit der zürcherischen Niederlage im Kappelkrieg zusammengebrochen war. Denn Zwingli ging es ja nicht nur um die Ausbreitung der reformatorischen Lehren, sondern auch um eine Reform der eidgenössischen Bünde, die diese in Wirklichkeit unter eine faktische Doppelherrschaft Zürichs und Berns zu zwingen suchte. Damit griff er auf neue, zweifellos geschicktere, aber letztlich ebenso erfolglose Weise die Ziele wieder auf, die seine Stadt im Alten Zürichkrieg bereits verfolgt hatte. Geschichtlich bedeutsamer als sein kühner, aber am erbitterten Widerstand der Innerschweiz zerbrochener Plan, die Länderorte aus der Mitregierung in den Gemeinen Herrschaften auszuschalten und den Thurgau wie die Abtei Sankt Gallen in eine exklusive zürcherische Machtsphäre einzugliedern, ist allerdings seine schroffe Ablehnung des »Reislaufens« – der ausländischen Kriegsdienste – und der militärischen Kapitulationen mit fremden Herrschern geworden. Indem er die wachsende zürcherische Bevölkerung fester an ihre Heimat band und damit das traditionelle Ventil für die Bevölkerungsüberschüsse verstopfte, die von der Landwirtschaft allein auf die Dauer nicht leben konnten, schuf er eine der wichtigsten Voraussetzungen für eine neue ökonomische Revolution: für die Industrialisierung. Aus ihr, nicht aus der Machtpolitik des Reformators, sollte schließlich das hervorgehen, was ihm vor Augen geschwebt hatte: Zürichs Größe.

Die erste Phase dieses Prozesses begann mit der Wiedereinführung der früher schon in Zürich beheimateten, dann ausgestorbenen Seidenspinnerei und -weberei durch die locarnesischen Refugianten, neben der sehr bald die Baumwollverarbeitung und die Färberei hochkamen. Da die Stadt allein nicht über genügend Arbeitskräfte verfügte, wurde die Landbevölkerung zur Produktion mit herangezogen. Der Bauer verwandelte sich zum Heimarbeiter für die emporkommenden städtischen Verlagsfirmen, die allein das Recht hatten, den Rohstoff einzuführen und die fertigen Erzeugnisse zu exportieren (nur in Winterthur erhielt sich dank der besonderen Privilegien dieser Landstadt ein eigenständiges Textilgewerbe). Schon im 18. Jahrhundert ernährten Spinnerei und Weberei ein volles Viertel aller Einwohner des Kantons. Aus Großhändlern und Fabrikanten entstand gleichzeitig in der Stadt ein neues Quasi-Patriziat, das die führenden Positionen in den Zünften an sich riß und das ursprünglich demokratisch inspirierte Zunftregiment ins Oligarchische abbog.

Trotzdem hat auch diese neue Oligarchie ihren bürgerlichen Charakter nie völlig verleugnet; auch wenn ihre maßgebenden Familien begannen, einen Teil ihres Vermögens in Grundherrschaften anzulegen, blieb die Basis ihres Reichtums doch die unternehmerische Initiative. Auch trat nie eine so scharfe *formelle* Trennung »regimentsfähiger«, das heißt allein zu Ratsstellen berufener Geschlechter von der übrigen Bürgerschaft ein wie etwa in Bern oder Luzern. Und die Unnachsichtigkeit, mit der die neue Herrenklasse auf den wirtschaftlichen Monopolrechten der Stadt beharrte, deutet sogar auf ihre tiefe Verwurzelung im zünftlerischen Geiste hin.

Anders als die Handwerker verfügte sie jedoch nicht nur über die ungleich tragfähigere Grundlage einer frühkapitalistischen Struktur, über weitergespannte geschäftliche Verbindungen und entsprechend größere Mittel. Sie war auch geistig weltläufiger und vielseitiger interessiert. Nun erst konnte sich ein gesellschaftliches Leben entfalten, das seinerseits zum Nährboden einer hohen städtischen Kultur wurde. Die Bodmer und Gessner, die Muralt und Pestalozzi, die Landolt, Hirzel und Usteri, deren Namen mit dem goldenen Zeitalter zürcherischer Geistesgeschichte so untrennbar verbunden sind, haben allesamt durch Handel, Verlag und Manufaktur erst die Möglichkeit erworben, sich ohne Rücksicht auf bloßen Broterwerb auch intellektuellen Aufgaben zuzuwenden. Wie die Kultur Athens auf der Sklaverei, so war die Zürichs im 18. Jahrhundert, die der Stadt den Ruhmestitel eines »helvetischen Athen« eingetragen hat, auf der Heimarbeit der spinnenden und webenden Arbeiterbauern errichtet.*

Zugleich aber setzte dieser Prozeß der frühen industriellen

---

* Wohlgemerkt: das »erklärt« die zürcherische Geistesblüte dieser Ära keineswegs; es fixiert nur ihre soziologischen Voraussetzungen. Es gab in der Antike überall Sklaven, aber nur ein einziges Athen; *mutatis mutandis* wird man der kulturellen Schöpferkraft des Zürcher Bürgertums ganz sicher nicht dadurch gerecht, daß man sie mechanisch aus diesen Voraussetzungen herleitet. Aber eine Kultur wie die der

Durchdringung der Untertanengebiete eine Dynamik in Gang, die auch ohne die Stürme der Französischen Revolution früher oder später zur Emanzipation der Landschaft vom städtischen Monopol hätte führen müssen. Helvetik und Mediation haben diese Befreiung begonnen; erst die Regeneration nach 1830, ja vielleicht sogar erst der Übergang zur direkten Demokratie bezeichnet ihren entscheidenden Durchbruch – und beide Vorgänge hängen aufs engste zusammen mit einer neuen Phase der industriellen Revolution: mit dem Siegeszug der Maschine.

In dieser weiteren ökonomischen Umwälzung hat Zürich eine führende Rolle gespielt. Schon in den ersten Jahren des 19. Jahrhunderts erstand im Umkreis der Stadt die erste mechanische Großspinnerei des Kontinents, in den frühen dreißiger Jahren die erste mechanische Weberei in Uster, die freilich zunächst einmal von den aufgebrachten, um ihren Lebensunterhalt besorgten Heimarbeitern kurzerhand niedergebrannt wurde. Maschinenstürmerei jedoch konnte den Triumph der neuen Produktionsweise nicht aufhalten. Vor allem aber entwickelte sich aus dem Drang zur Mechanisierung ein neuer, die alten Industrien rasch überflügelnder Wirtschaftszweig: die Maschinenindustrie. Die ersten Textilmaschinen auf dem europäischen Festlande, die mit den britischen Erzeugnissen konkurrierten, entstanden im Anschluß an den Spinnereibetrieb der Zürcher »Neumühle«, aus dem die weltberühmte Maschinenfabrik Escher, Wyss & Co. – die Basis von Alfred Eschers Wirtschaftsimperium – hervorgehen sollte. Ähnlich verlief die Entwicklung in Winterthur und im Oberland bis hin zu der weitverbreiteten, von einer Vielzahl von Weltfirmen getragenen Zürcher Maschinenindustrie von heute, die einen größeren Umsatz erzielt und mehr Arbeitskräfte beschäftigt als jeder andere Industriezweig im Kanton.

Mit dem ökonomischen Fortschritt aber ging im 19. Jahrhundert der Siegeszug der Demokratie Hand in Hand: die Expansion der Bürgerlichkeit über ihren engen Ursprungsrahmen hinaus. Die aufeinanderfolgenden Demokratisierungsstöße der dreißiger und der sechziger Jahre verdrängten zwar die traditionellen städtischen Führungseliten, aber sie lieferten das öffentliche Wesen keineswegs einer bindungslosen und schwankenden »Masse« aus; die groben demagogischen Exzesse, die selbst einen alten Revolutionär wie

---

zürcherischen Aufklärung erwächst nicht im luftleeren Raum, sondern wurzelt in einem genau definierbaren gesellschaftlichen Erdreich.

Gottfried Keller von der demokratischen Bewegung abgeschreckt hatten, erwiesen sich als bloße Übergangserscheinung. Die Volkswahl der Regierung, die unmittelbare Beteiligung der gesamten Bürgerschaft an der Gesetzgebung und selbst an der Finanzgebarung des Staates durch das (obligatorische) Referendum und die Initiative – all diese kühnen und damals erst in kleinen ländlichen Kantonen ausprobierten Neuerungen trugen vielmehr dazu bei, auch die nachdrängenden Unterschichten mit bürgerlichem Geiste im vielfältigen Sinne dieses Wortes zu durchwirken und sie damit ins Gemeinwesen einzubeziehen, ohne die ökonomische Dynamik zu hemmen oder die politische Stabilität zu gefährden. Zürich ist geradezu der lebendige Beweis dafür geworden, daß die Impulse, die einst in den engen bäuerlichen Gemeinschaften der Landsgemeinde-Kantone entbunden worden waren, selbst unter metropolitanen Verhältnissen fruchtbar gemacht werden können.

Damit soll keineswegs bestritten werden, daß in einer Großstadt und in einem großstädtisch, ja weltstädtisch bestimmten Kanton zweifellos auch die Demokratie gewissen Fluktuationen und zeitweiligen Erschütterungen ausgesetzt sein kann. Insbesondere das Hineinwachsen der Arbeiterbewegung in den Staat vollzog sich nicht ohne Krisen. Der Landesstreik von 1918 beispielsweise hat Zürich stärker in Mitleidenschaft gezogen als alle anderen Stände und für eine lange Periode einen tiefen Graben zwischen bürgerlichen und proletarischen Gruppen aufgerissen. Trotzdem fällt es auf, wie relativ schwach der Kommunismus hier – anders als zunächst in Basel und Schaffhausen oder später in Genf – geblieben ist. Die Gründlichkeit der demokratischen Schulung wirkte ihm von Anfang an entgegen. Umgekehrt erwiesen sich in den dreißiger Jahren zwar Teile des zürcherischen Bürgertums als anfällig für den faschistischen Extremismus der »Fronten«. Aber auch das blieb Episode. Viel interessanter als solche kurzlebigen Ausschläge mutet eine spezifisch zürcherische, jedenfalls nur in Zürich zeitweise zu wahrhaft entscheidendem Einfluß gelangte Bewegung wie die des »Landesrings der Unabhängigen« an – dieses merkwürdige, schwer definierbare Sammelbecken vieldeutiger oppositioneller Gelüste, das dem unruhigen und belebenden, zugleich genialen und donquijotesken Geiste Gottlieb Duttweilers entsprungen ist.

Gottlieb Duttweiler war wahrscheinlich der interessanteste und sicher der meistumkämpfte Zürcher unseres Jahrhunderts, Wirtschaftskapitän und Volkstribun zugleich – eine Gestalt, die mit ihren genialischen wie mit ihren schrulligen Zügen wohl nirgends sonst zu Hause sein konnte als eben hier. Er verband das Ingenium des erfolgreichen Kaufmanns mit einem fast apostolischen Sendungsbewußtsein und dem Flair des raffinierten Propagandisten. Als er 1925 die ersten »fahrenden Läden« mit einem kleinen Lebensmittel-Sortiment bestückte, auf ein paar alte Lastwagen aufmontierte und nach einem festen Fahrplan in der Stadt Zürich herumfahren ließ, schien er bloß einer jener cleveren Geschäftsleute zu sein, die nach neuen, rationelleren Methoden der Warenverteilung suchten. Aber aus diesen bescheidenen Anfängen ist das ökonomische Imperium seiner »Migros« erwachsen, das heute einen Jahresumsatz von mehr als neun Milliarden Schweizer Franken erzielt. Knapp kalkulierte Handelsspannen erlaubten es ihm, den Erzeugern hohe Preise und seinem Personal gute Löhne zu zahlen und trotzdem seine Lebensmittel billiger als alle Konkurrenten zu verkaufen. Bald aber genügte das seinem rastlosen Tätigkeitsdrang nicht mehr. Er entwarf einen »Hotelplan« für die Sanierung der notleidenden Fremdenindustrie, mit dem er zu einem Pionier des modernen Massentourismus geworden ist; er zog gegen die Trusts und die Bürokratie der großen Wirtschaftsverbände mit ihrer zünftlerischen Mentalität vom Leder; er griff erfolgreich ins Taxigewerbe ein und baute ein eigenes Tankstellennetz auf, erlitt aber Schiffbruch mit der Errichtung einer eigenen Erdölraffinerie (der »Frisia« in Emden). Die Schikanen, denen er ausgesetzt war, trieben ihn in die Politik, und sein »Landesring der Unabhängigen« mit der Zeitung »Die Tat« als Organ stieg erstaunlich schnell zur zweitstärksten Gruppe des Kantons auf. Als Politiker produzierte er Pläne über Pläne für ein neues System des Außenhandels, für die Anlage von Notvorräten, aber auch für ein schweizerisches Befestigungssystem, die Reform des Parlaments, die Einführung der Verfassungsgerichtsbarkeit und hundert andere Dinge, für die er sich eine Zeitlang leidenschaftlich einsetzte und die er dann jäh wieder fallen ließ, wenn ihm ein neuer grundgescheiter oder abstruser Einfall durch den Kopf schoß. Und als seine Gegner ihm die Verquickung von Geschäft und Politik vorwarfen, verblüffte er sie, indem er seine Migros kurzerhand an seine Kunden verschenkte, in eine Genossenschaft umwandelte und zu einem Zehntel seines früheren Jahreseinkommens als Angestellter dieser Genossenschaft in dem Unternehmen weiterarbeitete, das er großgemacht hatte.

Manche sahen in Duttweiler einen heimlich-unheimlichen

Möchtegern-Diktator, einen undurchsichtigen Demagogen oder einfach einen auch als Politiker gerissenen Geschäftsmann. Aber sein gewiß diktatorisches Temperament hinderte ihn nicht daran, ein guter Demokrat zu sein; seine gelegentlich fatale Neigung, komplizierte Tatbestände emotional zu vereinfachen, täuscht nicht über seinen Fundus an helvetischer Biederkeit hinweg. Er betrieb nie Politik um des Geschäftes, sondern eher Geschäft um der Politik willen. Was immer er anfaßte, geriet in den Strudel der Kontroverse; überall wirbelte er Staub auf, trat er etablierten Mächten auf die Zehen, brach er als Störenfried in die Kreise des Herkömmlichen ein: ein Außenseiter, der oft unnötige, meist aber heilsame Unruhe in die eidgenössische Geruhsamkeit und Selbstzufriedenheit hereinbrachte, weil ihm Opposition ein elementares Bedürfnis war. Er kämpfte für viele Ideen, die sich nicht alle unter einen Hut bringen ließen, für die »freie Wirtschaft« auf der einen und das »Recht auf Arbeit« auf der anderen Seite; sein Weltbild nahm sich reichlich diffus (Böswillige meinten: konfus) aus. Trotzdem läßt sich darin eine ungefähre Richtung erkennen: die Richtung auf eine mehr pragmatische als geistig durchdachte Synthese von Liberalismus und Wohlfahrtsstaat, von kapitalistischer Initiativfreudigkeit und sozialer Verpflichtung. Nicht umsonst wählte Duttweiler die Brücke als Wahrzeichen der Migros und das Postulat des »sozialen Kapitals« als Lieblingsschlagwort. Es war ebenso bezeichnend für ihn, daß er sich konsequent weigerte, Alkohol zu verkaufen, wie daß er seine massige Gestalt mit Vorliebe in einen alten Topolino zwängte. Solche Anspruchslosigkeit war sehr viel mehr als ein bloßer Trick. Er brauche keinen Cadillac, meinte er selbstbewußt – er sei selber einer!

Am besten ließe sich die Einzigartigkeit Duttweilers und seines »Landesrings« wohl auf die paradoxe Formel einer »radikalen Mitte« bringen. Im Stil ihres Auftretens, in der Hemdsärmligkeit ihrer Kampagnen mochten die »Unabhängigen« zeitweise unverkennbar extremistische Züge tragen. Ideologie und politische Praxis aber wiesen ihnen immer den Platz einer kreuzbraven Zentrumspartei an. Genau diese Ambivalenz befähigte sie, durch Dynamik und Oppositionsgeist Anhänger von weit rechts und weit links zu gewinnen und durch ihren Pragmatismus doch auch für Wähler attraktiv zu sein, die sich von der Sterilität bloßen bürgerlichen Block-Denkens abgestoßen fühlten und nach neuen Ideen Ausschau hielten. Allerdings hatte eben diese Zwiespältigkeit von jeher für die meisten

Schweizer etwas Irritierendes. Bei wohlgesinnten Traditionalisten wie bei Radikalinskis jeder Schattierung weiß man schließlich wenigstens, woran man ist; bei Duttweilers Gefolgschaft wußte man es nie.

Daß diese Partei auch nach dem Tode ihres Gründers (1962) weiterhin – wenn auch mit wechselndem Erfolg – aktiv blieb und entgegen manchen Voraussagen nicht in alle Winde zerstob, hat sicher nicht nur mit ihrer fortdauernden Unterstützung durch die kapitalkräftige Migros zu tun. Außer in Zürich behauptet sie auch in einer ganzen Reihe anderer Kantone auf der politischen Szene ihren festen Platz. Und doch bleibt sie ein spezifisch zürcherisches Gewächs: Die wunderliche Verbindung unvereinbar erscheinender Elemente konnte nur in einer wirklichen Großstadt und ihrem Umkreis entstehen. Eben deshalb mußte von ihr an dieser Stelle so viel ausführlicher gesprochen werden, als es dem vergleichsweise doch bescheidenen politischen Gewicht der »Unabhängigen« mit einem Stimmenanteil zwischen 8 und 15 % sonst zukäme.

Ehe Duttweiler 1935 den Sprung in die Politik wagte, war sein Heimatkanton einem langen und kontinuierlichen Linkstrend unterlegen. Wie die Radikalen von 1848 die Liberalen der Regenerationszeit abgelöst hatten und dann 1869 ihrerseits von den entschiedeneren Demokraten zurückgedrängt worden waren, so setzten in den ersten Jahrzehnten des 20. Jahrhunderts die Sozialdemokraten zu einem scheinbar unaufhaltsamen Vormarsch an. 1919, kurz vor der Abspaltung ihres revolutionären Flügels, hatten sie bereits fast ein Drittel der Stimmen auf sich vereinigt; 1931 war ihr Anteil auf über 40 % gestiegen, und zusammen mit den wenig bedeutenden Kommunisten musterten sie sogar volle 44 %. Mit dem Auftreten des Landesrings aber, dessen Appell an das Konsumenten-Interesse bei vielen Arbeiterwählern mehr Gehör fand als der Appell an die proletarische Solidarität, setzte ein Rückschlag ein, der die Sozialdemokratie sogleich hinter ihre Ausgangsposition von 1919 zurückwarf. Nur ein einziges Mal ist es ihr seither gelungen, die Hürde von 30 % zu überschreiten. In den siebziger Jahren oszillierte sie zwischen 25 und 20 %, während die extremen Linken – die immer bedeutungsloser werdende kommunistische »Partei der Arbeit« und die neben ihr aufstrebenden, marxistisch-leninistische und »grüne« Thesen verknüpfenden »Progressiven Organisationen« (POCH) – zusammen nicht einmal 3 % erreichten. Für den ökonomisch höchstentwickelten, nach Baselstadt und Genf am weitesten urbanisierten aller eidgenössischen Gliedstaaten, für die klassische helvetische Region der Groß- und Schwerindustrie kommt das einer geradezu sensationellen Umkehr des ursprünglichen Trends gleich. Nicht nur der Landesring hat übrigens zu dieser auffälligen Schwäche der traditionellen Arbeiterparteien beigetragen: Auch die weit auf der äußersten Rechten angesiedelten Gruppierungen, die wie die »Nationale Aktion« den Kampf gegen die »Überfremdung« auf ihre Fahnen geschrieben haben, verdanken ihre (bescheideneren) Erfolge bemerkenswerterweise vor allem dem Zustrom abtrünniger sozialdemokratischer Wähler.

Immerhin sind die Sozialdemokraten – wenn auch zeitweise nur ganz knapp vor dem Freisinn – bis 1983 stärkste zürcherische Partei geblieben. Vorbei ist jedoch die Zeit, da sie der Politik des Kantons wie der Eidgenossenschaft eine beachtliche Zahl markanter Köpfe stellten. Politiker, deren Popularität weit über die Reihen der eigenen Genossen hinausstrahlte, sind heute selten geworden. Unter den wenigen allgemein anerkannten oder doch respektierten politischen Begabungen finden sich übrigens vorwiegend Frauen: die zeitweilige, nun in die Kantonsregierung übergewechselte Nationalratspräsidentin Hedi Lang beispielsweise, die Stadt- und spätere Ständerätin Emilie Lieberherr, nach deren Verzicht auf eine erneute Kandidatur die SP 1983 ihren Zürcher Sitz in der kleineren der eidgenössischen Kammern einbüßte, oder Lilian Uchtenhagen, die als erste Schweizerin von ihrer Partei als Bundesratskandidatin aufgestellt, wenngleich nicht gewählt wurde.

Ein Hauptgrund für den Niedergang der einst so mächtigen Partei in den frühen achtziger Jahren jedoch muß in ihrer notorischen inneren Uneinigkeit gesucht werden: im Dauerkonflikt zwischen einer mehrheitlich nach links orientierten Parteispitze (und Mitgliederbasis) einerseits und einem bedächtigeren Flügel anderseits, dem maßgebende Träger öffentlicher Ämter, aber auch gewerkschaftliche Kader angehörten. Zumal in der Stadt hat dieser Gegensatz zeitweise erschreckende Ausmaße angenommen, so 1981 vor den Kommunalwahlen in der Kantonshauptstadt. Damals verweigerten die Parteitagsdelegierten den bewährten sozialdemokratischen Vertretern in der städtischen Exekutive zunächst kurzerhand die Bestätigung und stellten neue Bewerber für ihre Ämter auf. Erst als das Gewerkschaftskartell seinerseits eine Liste mit den solchermaßen desavouierten Stadträten präsentierte, schwenkten die linken Streithähne um und akzeptierten einen Kompromiß, wonach sie die drei bisherigen und zwei der vorher nominierten Kampfkandidaten unterstützten. Die Folge des Tauziehens war, daß die bürgerlichen Parteien (ohne den meist als Zünglein an der Waage fungierenden Landesring) schließlich an der Urne die absolute Mehrheit im Stadtrat erobern konnten, die ihnen seit 1928 nur einmal (1962) zugefallen war. Und noch die schwere Niederlage bei den Kantonsratswahlen von 1983 muß ganz wesentlich als ein Produkt dieser oft unschön und verbissen geführten Flügelkämpfe angesehen werden. Zur befürchteten Spaltung kam es allerdings nicht; die »Sozialdemokratische Arbeitsgemeinschaft«, in der sich die Gegner des offiziellen Linkskurses sammelten, wagte einen Bruch mit der Partei, wie er sich in Basel ereignete, am Ende doch nicht zu riskieren und setzte – nicht ohne Grund – eher darauf, daß die dramatischen Stimmenverluste am Ende eine gewisse Kurskorrektur bewirken dürften.

Daß die innerparteilichen Spannungen 1980/81 ihren Höhepunkt erreichten, erwuchs vor allem aus den grundverschiedenen Reaktionen traditionalistisch-gemäßigter und radikal-militanter Sozialdemokraten auf die Jugendunruhen, die Zürich gerade zu jener Zeit erschütterten. Seit dem Krawall, mit dem am 30. Mai 1980 eine Protestdemonstration linksradikaler Gruppen gegen einen Vielmillionenkredit für die Renovierung des Opernhauses geendet hatte, riß die Folge der Gewalttaten weit mehr als ein Jahr lang nicht ab. Der wohlgemeinte Versuch der Stadtverwaltung, der Rebellion durch die Eröffnung eines »autonomen« (d. h. von den Benützern selbst verwalteten) Jugendzentrums auf dem Gelände einer stillgelegten Fabrik das vordergründige Motiv und damit auch den Nährboden zu entziehen, erwies sich auf die Dauer als unfruchtbar; was die jungen Protestler kurzerhand als »die Bewegung« bezeichneten, gab sich mit solchen Konzessionen nicht zufrieden und fand immer neue Gründe zum randalierenden Aufbegehren. Augenscheinlich handelte es sich bei ihren oft wiederholten und fast immer von Ausbrüchen wilder Zerstörungswut begleiteten Manifestationen nicht einfach darum, gewissen konkreten Forderungen Nachdruck zu verschaffen, sondern um die elementare Eruption eines Unmuts, der sich gegen den zürcherischen und letztlich den schweizerischen Lebensstil jener selbstzufriedenen Bürgerlichkeit schlechthin wandte, den die intellektuellen Wortführer des quasi-anarchistischen Aufrufs mit der bildhaften Formel vom unbeweglichen, über der ganzen Gesellschaft lagernden »Packeis« zu charakterisieren liebten.

Das und nichts anderes meinten sie, wenn sie Pflastersteine oder Molotow-Cocktails nicht nur gegen (manchmal recht rüde auftretende) Polizisten schmissen, sondern auch die Schaufenster von Luxusgeschäften zertrümmerten (und in einigen Fällen auch plünderten) oder die noble Bahnhofstraße mit Unrat verschmierten.

Exzesse dieser Art hatte es zwar auch schon früher – etwa 1968 – gegeben (auch damals nicht unbedingt in der Hauptsache aus den nach außen hin dafür angeführten Gründen), und in den anderen größeren Schweizer Städten mit Ausnahme Genfs spielten sich dann und wann einmal ähnliche Szenen ab. Nur in Zürich jedoch kam es zu einer so systematischen und kontinuierlichen Revolte, und nur hier erfaßte die »Bewegung« einen so beachtlichen Teil der heranwachsenden Generation. Auch darin bekundet sich eben, auf negative Weise, etwas vom metropolitanen Stil einer Stadt, die sich mit vergleichbaren Herausforderungen konfrontiert sieht wie etwa Amsterdam oder Berlin.

Vielen Sozialdemokraten alter Schule und insbesondere den Inhabern städtischer Ämter kamen solche Vorkommnisse als schlechterdings unerträgliche Ausschreitungen vor. Die meist aus intellektuellen Kreisen stammenden Parteifunktionäre und ihre Gefolgschaft aber empfanden auch dann Sympathie für die aufmüpfigen Jugendlichen, wenn sie die Methoden des Protestes nicht billigen konnten. Selbst wenn ihnen die Rebellion nicht völlig angemessen schien, so bemühten sie sich doch um Verständnis für die Motive, die den vielfach unartikulierten Ausbrüchen zugrunde lagen, oder sie wollten wenigstens versuchen, die jäh an die Oberfläche drängenden Kräfte politisch zu »kanalisieren«. Da mochte auch die taktische Überlegung eine Rolle spielen, daß man dieses Feld nicht einfach den Extremisten aus PdA und POCH überlassen dürfe, die sich beflissen an die »Bewegung« anzuhängen versuchten. Allerdings hat die radikale Linke nicht allzuviel Gewinn aus solchem Bemühen gezogen. Auch in ihren Organisationen sahen manche der anarchisierenden Revoluzzer kaum etwas anderes als einen gleichfalls von Grund auf »verbürgerlichten« Teil des Establishments.

Im tatsächlich bürgerlichen Lager war von Meinungsverschiedenheiten, wie sie die Sozialdemokraten plagten, oder auch nur von Zweifeln angesichts der erschreckenden Gewaltszenen nichts zu entdecken. Hier herrschte ganz einfach die Angst vor dem aufbrodelnden Chaos vor, mit dem man sich völlig unerwartet konfrontiert sah, und je länger die Unruhen andauerten, desto mehr schlug diese

Angst in den Ruf nach der starken und harten Hand um. Daß auch ein beträchtlicher Teil der Arbeiterschaft ähnlich empfand, hat offensichtlich den Rückgang der Linksparteien im allgemeinen und der SP im besonderen kräftig beschleunigt.

Aber auch schon früher wurde »Bürgertum« – im (fragwürdigen) politischen Sinn des Begriffs – in Zürich gern groß geschrieben. Die Parteien, die sich ihm zurechneten, gaben auch in einer Zeit den Ton an, in der sie nicht wie heute die klare Mehrheit der Wähler auf ihrer Seite wußten. Zuerst in der Abwehr gegen den scheinbar unaufhaltsamen Vormarsch der Sozialdemokratie, dann im Zweifrontenkampf gegen »Sozis« und Landesring war es von jeher üblich, daß die Parteien auf der rechten Seite des Spektrums vor fast allen Wahlen Bündnisse zum mindesten in Gestalt einer Listenverbindung eingingen. Ausgeschlossen von ihrem Block blieben (mit einer unvergessenen Ausnahme im Jahre 1933) im allgemeinen nur die als »Frontisten« bezeichneten offen faschistischen Bewerber und deren späte ideologische Erben im Stil der »Nationalen Aktion gegen die Überfremdung von Volk und Heimat«, deren Programm sich praktisch auf eine rein emotionale Ausländerfeindlichkeit reduzierte. Das hat die Nationale Aktion und ihre Geistesverwandten von der »Republikanischen Bewegung« freilich nicht daran gehindert, auf ihrem Höhepunkt (1971) zusammen mehr als 16% der Stimmen zu erzielen, und wenn sie nach diesem Erfolg einen langen Krebsgang bis in die Region von unter 4% antraten, so konnten sie im Zeichen der Krise bei Nationalratswahlen 1983 immerhin wieder auf fast 6% aufholen.

Als wesentlich solider hat sich die frühere Bauern-, Gewerbe- und Bürgerpartei erwiesen, die jetzt »Schweizerische Volkspartei« (SVP) heißt. Obwohl sie immer noch vorwiegend die Interessen der Landwirte wahrnimmt und schon deshalb in Zürich nicht die ausschlaggebende Rolle spielen kann wie im rustikaleren Kanton Bern, genießt sie doch einen beträchtlichen Rückhalt auch bei der nichtbäuerlichen Landbevölkerung. Wenn ihr bei den letzten Kantonsratswahlen 17% der Stimmen zugefallen sind, obwohl nur noch jeder fünfundzwanzigste Zürcher in der Landwirtschaft beschäftigt ist, dann verdankt sie das neben der ungewöhnlichen Popularität ihres Regierungsrats und Finanzdirektors Jakob Stucki auch dem Einfluß mancher »Gemeindefürsten« aus ihren Reihen.

Im deutlichen Abstand hinter der SVP rangiert die (betont katholische) Christliche Volkspartei (CVP), deren Wählerschaft sich seit

1971 konstant in der Größenordnung von 11 % hält. Zwar vermag sie heute, nachdem die ursprüngliche rechtliche Benachteiligung der Katholiken dahingefallen ist, nur eine Minderheit der Konfessionsangehörigen zu mobilisieren, die inzwischen auf weit mehr als ein Drittel der einst fast rein evangelischen Kantonsbevölkerung angewachsen sind. Aber zum mindesten auf der kantonalen Ebene – wenn auch nicht bei den Nationalratswahlen, bei denen sie mehrfach von den Unabhängigen überrundet wurde – behauptet sie einmal ums andere den vierten Rang unter den Konkurrenten hinter ihren Listenverbindungs-Partnern von der SVP und, vor allem, den nach langer Zeit wieder in die Spitzenstellung vorgerückten Freisinnigen.

Die ehemalige Partei Alfred Eschers hat zwar bis 1983 warten müssen, ehe sie die sozialdemokratische Konkurrenz erstmals wieder überflügeln und mit fast einem Viertel aller Wähler die größte Zahl der Stimmen auf sich vereinigen konnte. Aber ihr Wiederaufstieg hatte sich doch schon seit Jahrzehnten abgezeichnet; nachdem sie zu Beginn der siebziger Jahre ihre einst so mächtige, dann aber von Wahl zu Wahl weiter dahinserbelnde linksliberale Konkurrenz – die Demokraten – Schritt um Schritt zurückzudrängen und schließlich endgültig wieder aufzusaugen vermochte, war die nunmehrige Freisinnig-Demokratische Partei (FDP) auch dem zeitweise stimmenstärkeren oder doch annähernd gleich starken bäuerlichen Verbündeten vorausgeeilt. Die tatsächliche Vormachtstellung im bürgerlichen Lager war ihr auch vorher nie streitig gemacht worden. Selbst wenn sie nicht mehr die stärksten Bataillone kommandierte, so verliehen ihr dafür die dicken Brieftaschen der hinter ihr stehenden Unternehmerkreise und der Hochfinanz ein um so größeres Gewicht. Nirgends sonst in der Schweiz ist der Freisinn so ganz und gar großbürgerlich-kapitalistisch eingefärbt wie in Zürich, und nirgends wird seine Politik so eindeutig von den Interessen der wirtschaftlichen Oberschicht bestimmt.

Das ändert freilich nichts daran, daß er sich auf eine beträchtliche Wähler-Gefolgschaft stützt, ja diese Basis stetig verbreitert hat. Die betont wirtschaftlich orientierte Denkweise auch des zürcherischen Kleinbürgertums, die sich in den langen Jahren der Nachkriegs-Prosperität immer deutlicher herauskristallisiert hat, ist ihm dabei ebenso zugute gekommen wie sein permanentes Bemühen um die möglichst weitgehende Einigung aller antisozialistischen Gruppierungen unter seiner Führung: Aus dem traditionellen Liberalismus und entradikalisierten »Radikalismus« ist damit im 20. Jahrhundert das starke Scharnier der konservativen, auf Wahrung und Festigung des *Status quo* gerichteten Kräfte geworden.

Zu den hervorragenden Trägern dieser Politik gehört zweifellos die »Neue Zürcher Zeitung«: die angesehenste Zeitung der Schweiz und gewiß auch eines der maßgebenden publizistischen Organe Europas überhaupt. Es dürfte schwerfallen, ihresgleichen in der internationalen Presselandschaft zu finden. Neben ihrer umfassend vielseitigen Information mutet selbst die berühmte Londoner »Times« fast schon leicht provinziell an; anderseits gestaltet die NZZ ihre Aufmachung so bewußt altväterisch, daß das englische Pendant im Vergleich geradezu avantgardistisch wirkt. Noch vor einem Jahrzehnt kam das Blatt dreimal täglich mit einer jeweils brandneuen Ausgabe heraus, jetzt nur noch einmal. Die Fülle der Information freilich ist deshalb nicht geringer geworden. Schaut man allerdings genauer hin, dann entdeckt man schnell, daß es sich hier weniger um eine geschlossene Zeitung von einheitlichem Gepräge als um ein ganzes Bündel quasi-selbständiger, lose miteinander verknüpfter Publikationen handelt. Der Auslandsteil hat viel von einem Archiv der Weltpolitik: Mit imponierender Akribie wird da von einem Stab erstklassiger Korrespondenten jeder wichtige Vorgang selbst in entlegenen Erdteilen in einer Sorgfältigkeit, Ausführlichkeit und Detailliertheit behandelt, für die es kaum eine Parallele gibt. Der Handelsteil ersetzt eine ganze Wirtschaftszeitung. Das Feuilleton, gepflegt und oft auch recht manieriert geschrieben, beackert sachkundig auch abseitige Felder der Wissenschaft und Kunst. Fast wäre man versucht, es als eine täglich erscheinende literarisch-gelehrte Monatsschrift zu definieren; so anspruchsvoll bis zur Hochgestochenheit tritt es meist auf (jedenfalls überall dort, wo es nicht um schweizerische Belange geht; hier gewinnt die Tendenz zur liebevollen Pflege auch des bescheidenen Talents patriotische Oberhand). Gemeinsam ist den Redaktionen dieser Sparten bei all ihrer sonstigen Verschiedenheit und Autonomie freilich eines: daß sie allesamt zu den Institutionen gehören, denen Zürich seine weltstädtische Aura verdankt. In dieser Hinsicht stehen sie qualitätsbedacht in einer Linie mit der Bahnhofstraße oder dem großartigen Schauspielhaus im »Pfauen«, mit den beiden Hochschulen der Stadt oder mit ihrer Börse.

Um so betroffener fühlte sich der Leser früher oft, wenn er sich dem Inlandsteil zuwandte. Da herrschte vielfach eine billig-giftige

Polemik, hinter deren Schulmeisterei wieder das Kleinstadtgesicht Zürichs hervorlugte – jenes selbe Gesicht, das seine Züge in den unpolitischen Lokalspalten in feinsinnig-liebenswürdige Falten zu legen pflegte. In dieser Hinsicht ist manches – wenn auch nicht alles – besser geworden, nachdem der gewiß konservative, aber auch welterfahrene und intellektuell bedeutende Fred Luchsinger die Chefredaktion des Blattes übernommen hat. Auch manche anderen Neuerungen haben der NZZ in den letzten Jahren bei aller sorgsamen Pflege der Tradition ein weniger strenges und ganz gewiß weniger säuerliches Antlitz verliehen: Unterhaltsamkeit gilt heute nicht mehr von vornherein als Beweis der Unseriosität. In dem weitläufigen Haus gleich hinter dem Stadttheater geht es nichtsdestoweniger noch immer so gedämpft und gelassen zu, als befände man sich in einem exklusiven Klub – oder, vielleicht noch präziser gesagt, in einem wissenschaftlichen Forschungsinstitut für Fortgeschrittene.

Überdies hat das bemerkenswert gut, teilweise sogar bei aller Weitschweifigkeit brillant geschriebene Blatt sich gerade in den letzten Jahrzehnten als eine großartige Schule für einen höchst begabten journalistischen Nachwuchs erwiesen, der gleichsam von selbst und ohne äußeren Zwang in den NZZ-Stil hineinwächst, sich allerdings überraschend selten in der Umgebung eines anderen Teams bewährt. Dabei weiß der Verlag, durch ein blühendes Inseratengeschäft aller finanziellen Sorgen enthoben, daß das Prestige seines Blattes die jungen Leute sowieso bei der Stange hält: Da es als ein Privileg gilt, zu der auserlesenen Gemeinschaft zu gehören, enthebt ihn das der Notwendigkeit, seine Mitarbeiter etwa durch besonders hohe Gehälter und Honorare an sich fesseln zu müssen.

Daß die früher so vielseitige Zürcher Zeitungslandschaft mehr und mehr verarmt, läßt sich freilich weniger der exklusiven Institution NZZ anlasten als den populäreren Presse-Erzeugnissen. Gegen die Massenleserschaft der Boulevardzeitung »Blick« sind nicht nur die herkömmlichen Parteiblätter – das sozialistische »Volksrecht« wie die katholischen »Neuen Zürcher Nachrichten« – nicht aufgekommen. Auch Duttweilers streitbar-muntere »Tat« hat die Flagge streichen müssen, weil die Migros am Ende ihre wachsenden Defizite nicht länger decken wollte; ihr Versuch, dem »Blick« durch entschlossene Senkung der Ansprüche und eine entsprechend knallige

Bern, Altstadt

Aufmachung das Wasser abzugraben, scheiterte trotz der dafür investierten 15 Millionen bereits nach einem Jahr auf eher klägliche Weise. Dafür hat sich der politisch ungebundene, aber deutlich nach links steuernde »Tagesanzeiger« mit einer Auflage, von der die NZZ nur träumen kann, aus einem helvetisch-soliden und entsprechend etwas langweiligen Lokalblatt zu einem höchst lebendigen und informativen Organ entwickelt, das Popularität mit beachtlichem Niveau zu vereinen versteht. Darüber hinaus beherbergt Zürich mit der »Weltwoche« auch das namhafteste, ja im Grunde das einzig bedeutende politische Wochenblatt der Schweiz, das seinen zeitweise fast allzu internationalen Anstrich neuerdings etwas mehr helvetisch eingefärbt hat. Und doch kann sich keine dieser Zeitungen auch nur annähernd des gleichen Einflusses wie die NZZ rühmen. Diese ist nun einmal eines der eidgenössischen Machtzentren, und sie läßt das auch gerne diskret fühlen.

Macht aber heißt in Zürich (und in der Schweiz insgesamt) heute eben Wirtschaftsmacht, weil vier Fünftel aller Politik, die in der Eidgenossenschaft getrieben wird, letztlich direkt oder indirekt aus Wirtschaftspolitik besteht – und diese wird zwar (manchmal) in Bern formuliert, aber in Zürich diktiert. Und das führt uns zwangsläufig wieder auf den Ausgangspunkt unserer Betrachtung zurück: auf das ökonomische Übergewicht Zürichs in der Schweiz, auf das Übergewicht der Ökonomie im Bilde dieses Kantons. Nicht umsonst haben sich die meisten der Interessenverbände, an denen die Schweiz so reich ist, die Metropole als Sitz erkoren – und man kann den Mechanismus des Schweizer Staatswesens nicht verstehen, wenn man sich nicht die gewaltige Rolle vor Augen hält, die diese Verbände in ihm spielen und die noch um einige Grade bedeutsamer ist als die der entsprechenden Organisationen in der benachbarten Bundesrepublik. Sie bilden den weitläufigen, vielfach verschachtelten und undurchsichtigen Unterbau des eidgenössischen öffentlichen Lebens, aber auch das heimliche und allerdings desto massivere Gegengewicht gegen die föderative Aufgliederung im staatlichen Bereich. Ein welscher Föderalist, Gonzague de Reynold, läßt nicht umsonst seine (durchaus verständnisvolle) Betrachtung Zürichs in dem Satze gipfeln, eine Wirtschaftshauptstadt habe zwangsläufig einen zentralisierenden Geist. Und sogar ein Bewunderer Zürichs wie der Neuenburger Charly Clerc zeigt sich von der Mentalität jener »reichen Leute« bekümmert, die »es ungern sehen, wenn die anderen von ihren Nöten sprechen«. In solchen Äußerungen bekommt man noch einmal zu spüren, wieviel Besorgnis sich in die Hingerissenheit mischt, mit der die Eidgenossen auf ihre Metropole und deren Kanton blicken. Sie wissen, wie sehr sie Zürich brauchen, und sie fürchten es doch auch, weil sie seiner vielleicht allzu sehr bedürfen und die Angst nicht loswerden, es könnte sich allzu dynamisch über die minder Begünstigten hinwegsetzen. Die Angst mag einem Minderwertigkeitskomplex entspringen, von dem sich die Zürcher so wohltuend frei wissen. Aber gegenstandslos ist sie nicht.

Bern

Großmacht im Kleinstaat

Bern ist der einzige Kanton noch heute in der Eidgenossenschaft, der etwas wirklich ausgeprägt Staathaftes an sich trägt, der noch ein selbständiges Dasein zur Noth führen könnte und in dem größere Staatsideen wirklich ausgeführt und auf ihren Gehalt geprüft werden können.
Carl Hilty, in »Berner Staatsgedanken«, 1877

Historische Vergleiche gehen nie ganz auf; die Parallelen der Geschichte schneiden sich schon im Endlichen. Trotzdem sind sie mehr als müßige Spiele: Je singulärer ein Phänomen anmutet, desto eher möchte man es mit Vertrautem zusammenhalten, um es daran zu verstehen. Gerade weil das alte Bern den Zeitgenossen als etwas Unvergleichliches erschien, haben sie in Geschichte und Gegenwart nach Beispielen ähnlicher Gemeinwesen gesucht. Kein geringerer als Montesquieu erwies den Bernern die Ehre, sie mit den Römern zu vergleichen; was im Munde panegyrischer Humanisten nichts als Lobrednerei gewesen war, führte den Geschichts- und Staatsdenker auf der Suche nach dem »Geist der Gesetze« auf die tieferen Übereinstimmungen zweier patrizischer Republiken hin. Andere antikisierende Interpreten glaubten in Bern Züge eines verchristlichten Spartas (wie in Zürich die eines helvetischen Athens) zu entdecken. Wer aber in der zeitgenössischen barocken Staatenwelt nach einem verwandten Staatsgebilde Umschau hielt, fühlte sich unweigerlich an Venedig erinnert und sah die eine herrscherliche Aristokratie im Bilde der anderen gespiegelt.

Die Höhe solcher Maßstäbe verrät, wieviel Ehrfurcht der staatliche Bau der länderreichen Stadtrepublik dem Betrachter abzwang. Näher liegt uns heute nichtsdestoweniger eine andere, der Mißdeutung freilich ebenso leicht ausgesetzte Gegenüberstellung: Bern als das Preußen der Schweiz zu begreifen. Freilich haben sich im Alpenvorland und in der norddeutschen Tiefebene andere, in mancher Hinsicht sogar gegensätzliche Formen der Gesellschaft und ihres Gestus ausgebildet. Und doch waltete in den beiden Staaten dieselbe zähe Zielstrebigkeit des räumlichen Ausgriffs, ein ähnlich harter Machtsinn und eine gleiche karge Zucht, die der äußeren Entfaltung die innere unterordnete. Im Positiven wie im Negativen, im unerhörten und gelegentlich überspannten Willen zum Staate wie in der gemeinsamen Geistfremdheit findet sich im Werk der bernischen

Räte unendlich viel von dem wieder, was sich in der Schöpfung der Markgrafen von Brandenburg und ihrer königlichen Nachfolger niedergeschlagen hat. Die Aristokratie der Berner Patrizier war, wie die Monarchie der Hohenzollern, eine äußerste Möglichkeit traditionell zwar gebundener, aber innerhalb dieser Bindung doch ganz und gar auf Macht und Herrschaft gerichteter, das Individuum strikt disziplinierender, auch die staatliche Führung dem Staatsgedanken rücksichtslos unterordnender Politik, von einem ebenso engen wie anspruchsvollen Ethos zugleich getrieben und gebändigt, mehr konsequent als liebenswert und eher dazu angetan, Bewunderung als Sympathie zu erwecken.

Es wäre reizvoll, diese bernisch-preußische Parallele weiterzuführen, und ebenso erhellend, den Verschiedenheiten der beiden so verwandten Gebilde nachzuspüren. Nur auf zwei Punkte sei hier noch hingewiesen, weil sie Übereinstimmung und Gegensatz gleichermaßen verdeutlichen. Bern wie Preußen hat man immerzu, und mit gutem Grunde, ihren »esprit militaire« bescheinigt – aber wie anders bezeugte sich doch dieser Geist in der zutiefst volkstümlichen und volksverbundenen Berner Milizverfassung als im Militärwesen jenes preußischen Staates, von dem ein ahnungsvoller französischer Beobachter des 18. Jahrhunderts meinte, er besitze nicht eine Armee, sondern er werde von seiner Armee besessen! Eine ähnliche Ambivalenz manifestiert sich im Verhältnis der beiden Gemeinwesen zum Ganzen der beiden Nationen, denen sie sich zugehörig fühlten. Wie das Übergewicht Preußens für Deutschland im 19. Jahrhundert, so stellte das Vorwalten Berns für die Eidgenossenschaft fast von Anfang an zugleich eine Bedingung ihrer Existenz und ein fast unlösbares Problem dar. Im Bunde der Eidgenossen war Bern, an helvetischen Maßstäben gemessen, die Großmacht schlechthin. Ohne diese Macht wäre es dem lockeren schweizerischen Staatenbunde kaum gelungen, die geographische Abrundung zu erlangen, von der seine Lebensfähigkeit abhing. Anderseits aber hat die überragende Stellung Berns im Vergleich zu seinen Bundesgenossen die unerläßliche Verfestigung der Konföderation nicht eben erleichtert; um sie zu neutralisieren, mußten die Bande zwischen den Dreizehn Orten so locker wie möglich gehalten werden. Erst nachdem die Machtfülle des allzu großen Kantons durch die Lostrennung der Waadt und des Aargaus auf das gerade noch Erträgliche zurückgeführt war, ließ sich daher der Übergang vom Staatenbund zum Bundesstaat ohne Gefahr für das innereidgenössische Gleichgewicht bewerkstelligen.

Noch heute schwingen Ressentiments gegen den übermächtigen Partner oder gar den anspruchsvollen Herrn von ehedem in dem Mißmut mit, der sich zumal in der welschen, gelegentlich aber auch in manchen Teilen der deutschen Schweiz gegen die eidgenössischen »Messieurs de Berne« erhebt. Noch hinterher erscheint die alte Größe, die physische wie die politische, dem schweizerischen Sinn fürs Mittelmaß als verfänglich. Bern war immer zu stark, zu selbstbewußt, zu herrscherlich, um nicht Mißtrauen und sogar Abneigung zu erwecken. Und doch steckte in diesem Mißtrauen ein gutes Stück Mißverständnis. Denn im Unterschied zu Preußen kann man den Bernern eben eines durchaus nicht nachsagen: ein stetes und konsequentes hegemonisches Gelüst – auch wenn sich der antibernische Affekt etwa des Innerschweizers ganz ähnlich wie einst der antipreußische des Süddeutschen aus dem Verdacht solchen Gelüstes nährt.

So länder- und machthungrig nämlich die Stadtrepublik war, es ist eine Tatsache, daß sie der Eidgenossenschaft nur ausnahmsweise ihren Willen aufzuzwingen oder sie zum bloßen Instrument imperialen Ehrgeizes umzugestalten suchte. Viel häufiger als Bern hat sich Zürich wider den Geist des Bundes vergangen. Wohl war Bern ein Machtstaat; wohl hat es seine engeren städtischen und ländlichen Bundesgenossen und Verburgrechteten systematisch in Untertänigkeit hinabgedrückt – nicht nur freie Bauernkommunen wie das Hasletal und das Saanenland, sondern auch verbündete Städte wie Lausanne. Kleinere Zugewandte wie Biel und Neuveville, größere wie Genf und das Fürstentum Neuenburg haben sich nur mit Mühe einem ähnlichen Schicksal entzogen, und selbst eidgenössische Orte wie Solothurn und Freiburg wurden lange von der nicht ganz unberechtigten Furcht gepeinigt, Bern sei bestrebt, Bundesbeziehungen in Abhängigkeitsverhältnisse umzudeuten und umzuschaffen. Und doch gibt es nur ganz wenige Beispiele für ein ähnliches Bestreben gegenüber dem Ganzen der Eidgenossenschaft. Nicht einmal die formale Präponderanz des eidgenössischen Vorortes Zürich ist von Bern – zum Erstaunen mancher alten Beobachter – jemals bestritten worden, und Zwinglis hochfliegende Pläne für eine Bundesreform, die im Grunde die ganze Schweiz einem zürcherisch-bernischen Kondominium unterwerfen sollte, haben die Patrizier der Aarestadt durch ihre Maßlosigkeit mehr erschreckt als mitgerissen.

Der Widerspruch löst sich auf, wenn wir die Stellung Berns zum alten Bunde genauer ins Auge fassen. Zunächst: Berns Machtwille äußerte sich weniger in hegemonialem Anspruch als in einer lange spürbaren Reserve gegenüber der Konföderation überhaupt, in der stolzen Neigung, den eigenen Weg zu gehen, ohne sich viel um die Bundesgenossen zu kümmern. Dann, mit der Eroberung der Waadt und der Ausdehnung an den Genfer See, ja zeitweise darüber hinaus ins hochsavoyische Chablais, fühlte sich Bern im wesentlichen saturiert. Es glaubte zu besitzen und zu beherrschen, was ihm zukam, was es mit seinen Kräften zusammenhalten und mit seinem Geiste durchwirken konnte. In dieser Selbstgenügsamkeit zeigte sich der eminent realistische Sinn seiner Führungsschicht. Selbst in der zweiten Hälfte des 19. Jahrhunderts hat ein bedeutender Ostschweizer – Carl Hilty – den um Waadt und Aargau beschnittenen Kanton als den einzigen empfunden, der »noch ein selbständiges Dasein zur Noth führen könnte«, weil er eben »etwas wirklich ausgeprägt Staathaftes« in sich trage. *A fortiori* galt das in der vorangegangenen Periode, als dieser Staat ein Drittel des gesamten eidgenössischen Gebiets umspannte und über diesen unmittelbaren Machtbereich hinaus dominierenden Einfluß auch auf die westlichen »Vormauern« ausübte, von den reformierten Landschaften des Bistums Basel über Neuenburg bis nach Genf.

Und hier stoßen wir gleich auf den tiefsten Grund für die sonderbar detachierte, ja zeitweise fast desinteressierte Haltung Berns zur übrigen Schweiz: Seine Machtlinien gingen in eine andere Richtung. Zögernd nur und widerwillig hat es sich stets an der Italienpolitik der innerschweizerischen Orte beteiligt. Seine Aufgabe sah es im Westen: in einem Bereich also, der durchaus außerhalb des ur- und ostschweizerischen Gesichtskreises lag. Einzig Freiburg und in gewissem Maße auch das getreue, aber von den Bernern gern als *quantité négligeable* behandelte Solothurn teilten diese Westorientierung, und beide kamen eher als Helfer denn als Konkurrenten in Frage. Seit sie durch Vermittlung Berns in den Kreis der Eidgenossen getreten waren, standen diese beiden Orte gewissermaßen als Satelliten im Bannkreis des mächtigen Berner Gestirns. Den übrigen Partnern aber wandte die Aarerepublik gewissermaßen den Rücken. In der großen Ära des Aufstiegs bedurfte sie ihrer höchstens als einer Hilfe in Notzeiten und eben als Rückendeckung. Die Richtung aber, in der sie ihre Kraft entfaltete, ging von den Eidgenossen weg und nicht auf sie zu.

Diese Richtung läßt sich mit einem Worte bezeichnen: Burgund. Auch wenn die Berner ethnisch zum alemannischen Volkstum gehören, liegt ihr Machtkern geographisch-politisch im burgundischen Raum. Als »Burgunden kron« feierte das Guglerlied aus dem 14. Jahrhundert die Stadt an der Aare, an jenem Flusse also, der in seinem Oberlauf bis unterhalb Solothurns die Bistümer Lausanne und Konstanz als die geistlichen Erben des hochburgundischen und des alemannischen Bereichs voneinander schied. Längst bevor sich Bern 1353 mit den Waldstätten auf einen Ewigen Bund einließ, war es im Mittelpunkt seines eigenen Allianzsystems gestanden, das als »burgundische Eidgenossenschaft« freie und halbfreie Städte des Mittellandes und der Juraränder gruppierte. Der Anschluß an den urschweizerischen Bund, der Bern bereits im Laupenkrieg von 1339/41 gegen die feindliche, von Habsburg geführte Adelskoalition unterstützt hatte, war eine nüchterne Vernunftehe: Weder Sympathie für den Freiheitskampf der demokratischen Länderorte noch gemeinsame Feindschaft gegen Habsburg (dem sich Bern gerade wieder genähert hatte) spielten dabei eine wesentliche Rolle. Im Gegenteil, die Allianz sollte vor allem die Ausdehnung demokratisch-revolutionären Geistes von den Waldstätten auf das Berner Oberland aufhalten und besonders die von Unterwalden über den Brünig hinweg genährte politische Agitation neutralisieren, also ein Übergreifen der innerschweizerischen Bauernbewegung auf die Hirtenländer am Thuner und Brienzer See verhindern. Der Bund mit ihnen war der Preis für die Sicherung des bernischen Machtkreises und die Voraussetzung dafür, daß die patrizische Stadtrepublik ihren Rücken frei wußte, wenn sie nach Westen hin operierte.

Darum war Bern auch daran interessiert, die neue, aus realistischem Kalkül eingegangene Bindung locker genug zu gestalten, damit es dadurch nicht gehemmt wurde, seine eigenen Ziele zu verfolgen. Mit Recht hebt der Historiker Richard Feller hervor, wie langsam sich das bernische Gemeinwesen in die Eidgenossenschaft hineingelebt habe, mit der es geraume Zeit bloß »gemessene und rechnende Freundschaft« pflegte. Solche Zurückhaltung beruhte weniger auf dem Unterschied der inneren Ordnung. So kritisch die Berner Aristokratie die Verfassung der Waldstätte beäugte, deren demokratisches Wesen ihr als schiere Zügellosigkeit vorkam, so wenig teilte sie die Geringschätzung der bäuerlichen Gemeinwesen, die zeitweise im Zürcher Zunftregiment grassierte. Viel entscheidender war eben das andere: daß die Lebenslinien Berns von Grund auf anders und, von den eidgenössischen Kernlanden her gesehen, zentrifugal verliefen. Erst 1415, mit der Eroberung des Aargaus, trat es in engere räumliche Berührung mit den Bundesgenossen; erst die lebensgefährliche Kraftprobe der Burgunderkriege, die einzig durch die gesammelte Kraft des Bundes bestanden werden konnte, ließ ein Gefühl wirklicher Zugehörigkeit aufkeimen. Das schweizerische Nationalbewußtsein vollends ist in Bern eher spät (und bis ins 19. Jahrhundert hinein auffällig schmächtig) in Erscheinung getreten.

Und doch hängt Berns wahrhaft entscheidende Leistung für die Nation gerade mit jener eigenen und eigentümlichen Richtung seiner Interessen aufs engste zusammen, die auch seiner Reserve gegenüber der Eidgenossenschaft zugrunde lag: mit dem Drang nach Westen. Der Basler Ratsherr Andreas Heusler hat 1846 daran erinnert, daß »die ganze westliche Schweiz durch die Stadt Bern entweder unmittelbar oder doch mittelbar mit der Eidgenossenschaft in Verbindung gebracht, für dieselbe gewonnen worden« sei: Freiburg und Solothurn als älteste Bundesverwandte, Genf und Neuenburg als Schutzgenossen, der Aargau und die Waadt als Eroberungen; selbst Basel (dessen Kaufleute das Geld für viele der bernischen Gebietserwerbungen vorzuschießen pflegten) rechnet Heusler zu jenen Ständen, die ohne Bern kaum den Weg in den Schweizerbund gefunden hätten. Was das heißt, macht ein Blick auf die Karte sichtbar. Als einziger deutschschweizerischer Kanton grenzt Bern an alle welschen Bundesglieder außer Genf, und bis zur Bildung des Kantons Jura war es sogar das einzige alemannisch bestimmte Staatsgebilde, das die *Romandie* überhaupt – und gar auf breiter Front – berührte. Ohne die Macht der bernischen Adelsrepublik gäbe es keine welsche Schweiz. Wenn der Freiburger Aristokrat und Erzföderalist Gonzague de Reynold Bern als den wahren Mittelpunkt der Eidgenossenschaft feiert, dann meint er nicht das administrative Zentrum des wenig geliebten Bundesstaates, sondern das patrizische Bern von gestern und sein Nachwirken ins Heute hinein, dessen Führungsschicht die alemannisch-burgundische Synthese vollzogen hatte und dessen Aristokraten, wenn sie sich schon einmal in den Künsten der Feder versuchten – wie Beat Ludwig von Muralt und Karl Viktor von Bonstetten – das gerne in französischer Sprache taten.

Die Abgeordneten der *Romands* in National- und Ständerat haben wohl nicht zuletzt dieser Tradition ihren Tribut abgestattet, als sie 1848 fast einhellig für Bern statt für Zürich als den Sitz der neuen Bundesbehörden stimmten. Bei allen anti-bernischen Ressentiments vor allem der Waadtländer lag ihnen die Aarestadt nicht nur geographisch, sondern auch geistig doch näher als die Limmatmetropole. Mit der ständig wachsenden Machtfülle des Bundes ist diese Sympathie freilich einem immer fühlbareren Malaise über die *Messieurs de Berne* gewichen. Auch wenn das Mißbehagen mehr den eidgenössischen Behörden als der Bundesstadt selber gilt, würde es heute den Welschschweizern kaum mehr in den Sinn kommen, Bern als möglichen Verbündeten gegen das kommerziell-industrielle Übergewicht Zürichs zu betrachten, wie das der jurassische Historiker P.-O. Bessire noch 1953 tat. Im Schatten des langwierigen und bitter ausgefochtenen Jura-Konflikts ist die einstige Mittel- und Mittlerstellung der patrizischen Stadt zwischen den Landesteilen dem Bewußtsein weit entrückt. Um so mehr wird man der Tatsache inne, wie sehr der Kanton, trotz des welschen Einschlags vom Jura und vom Bieler See her, ganz von alemannischer Art bestimmt ist und wie er viel eher dazu neigt, sich gegen den romanischen Einfluß abzukapseln als sich dem nahen Fremden zu öffnen. Nicht Kosmopoliten wie Muralt und Bonstetten sind die typischen Repräsentanten *dieses* Bernertums, sondern der kernalemannische, von französischer *civilisation* kaum berührte Jeremias Gotthelf.

Hier öffnet sich der Durchblick auf einen heimlichen Widerspruch im scheinbar so geschlossenen Berner Wesen. Geographie, Geschichte, Politik bringen es in engste Berührung mit der Welschschweiz, an der Bern ja bis 1798 mit der Waadt, seit 1815 mit dem Jura seinen Anteil hatte und von dem es heute noch mit dem Südjura ein Stück sein eigen nennt. Der bernische Charakter aber, trotz aller sozialen Durchgliederung nach wie vor eminent bäuerlich geprägt, ruht fester und fremdem Geist unzugänglicher in seiner Stammeseigentümlichkeit als der Charakter der meisten übrigen Deutschschweizer. Das machte es den Bernern besonders schwer, mit ihren (vielfach unfreiwilligen) jurassischen Mitbürgern ins reine zu kommen, ja auch nur Verständnis für deren Besonderheit aufzubringen. Aus solcher Unverträglichkeit der Mentalitäten mehr als aus jeweiligen akuten Beschwerden nährte sich der jurassische Separatismus, der dazu führte, daß zum mindesten die nördlichen Bezirke französischer Sprache dem Kanton am Ende den Rücken kehrten. Über Ursprung und Verlauf dieses Konflikts, in dem sich beide gegenseitig in früher unvorstellbare Gehässigkeit hineinsteigerten, wird im Kapitel über den Kanton Jura zu sprechen sein.

Aus der Welt geschafft ist das Problem mit der Loslösung des Nordjuras aus dem bernischen Staatsverband allerdings nicht. So gewiß sich die Aufteilung des ehemals fürstbischöflichen und später bernischen Territoriums auf solide historische Gründe zurückführen läßt, so unbestreitbar bleibt es trotzdem, daß auch viele Jurassier aus den berntreuen Bezirken von der Wiedervereinigung mit ihren sprachgleichen Brüdern jenseits der neuen Kantonsgrenze träumen – und daß die Berner wenig dazu getan haben, diesen welschen Mitbürgern den Verbleib im bisherigen Staatsverband schmackhaft zu machen. Daß man dem bernischen Rest-Jura die verbürgten Minoritäten-Rechte kurzerhand wieder annulliert hat, mit denen man zuvor (vergeblich) eine Befriedung des unruhigen Landesteils herbeizuführen suchte, spricht auch dann nicht für besonderen ethnischen Takt, wenn man diesen Entschluß damit rechtfertigt, die Kantonsbevölkerung französischer Zunge mache nur noch 8 % (statt früher 14 %) aller Einwohner aus; eidgenössischer Tradition würde es eher entsprechen, dem kleineren Volksteil unbekümmert um seine zahlenmäßige Stärke oder Schwäche großzügig entgegenzukommen. Wie dem auch sei, jedenfalls dauern die leidenschaftlichen Auseinandersetzungen zwischen Separatisten und Anti-Separatisten nicht nur in grenznahen Gebieten – wie in Moutier, wo die beiden Lager einander bei jeder Wahl ein denkbar knappes Kopf-an-Kopf-Rennen liefern – unvermindert heftig an, sondern auch in anderen Teilen des Münstertals, im Val St.-Imier und im Bezirk Neuveville, auch wenn sich dort die Mehrheit (mancherorts sogar die große Mehrheit) der Stimmberechtigten zu Bern bekannt hat.

Zu diesem Ergebnis hat gewiß, wie die Separatisten immer wieder betonen, die starke Einwanderung von Deutschbernern in den Südjura beigetragen, der schon wegen des hier vorherrschenden, einst von Bern eingeführten reformierten Bekenntnisses für die Neuankömmlinge aus dem alten Kantonsgebiet attraktiver war als die katholischen Norddistrikte. Trotzdem scheint der Vorwurf einer gezielten »Germanisierungs«-Politik durchaus unbegründet: Die große Majorität der Zugewanderten hat sich schon deshalb sprachlich und kulturell weithin an die neue Umgebung assimiliert, weil das in der Schweiz maßgebende sprachliche »Territorialprinzip« auch die Immigranten anderer Zunge zwingt, ihre Kinder in die einheimischen – hier also französisch unterrichtenden – Schulen zu schicken. Die einzigen Lehranstalten deutscher Sprache, die es im Jura gab, waren die Wiedertäufer-Schulen – und sie waren nicht etwa von den kantonalen Behörden eingerichtet, sondern von den Fürstbischöfen von Basel den von Bern vertriebenen Sektierern zugestanden worden, weil die katholischen Kirchenfürsten die landwirtschaftliche Pionierleistung der Ketzer in den menschenleeren südlichen Freibergen zu schätzen wußten.

Von diesen kleinen alemannischen Sprachinseln abgesehen, die sich mancherorts bis tief ins 20. Jahrhundert erhalten haben, ist die Grenze zwischen deutsch und welsch am Jurafuß seit dem Frühmittelalter erstaunlich konstant geblieben. Die einzige Ausnahme von der Regel, die in der Tat unter der Herrschaft Berns zustande kam, bildete das Vordringen des Französischen nach Biel. Diese früher rein deutsche Stadt hat in der Zeit der Industrialisierung, als massenhaft jurassische Arbeitskräfte in ihre Uhrenfabriken drängten, den Übergang zur offiziellen und bis heute strikt durchgehaltenen Zweisprachigkeit vollzogen, in einem beispiellosen und just im Bernbiet ganz besonders überraschenden Akt linguistischer Liberalität. Vielleicht ist den Bielern das Entgegenkommen gegenüber der neuen, dazu überwiegend proletarischen Bevölkerungsschicht nicht nur durch ihre traditionellen Beziehungen zu den jurassischen Nachbarn erleichtert worden (die französisch-sprachigen Truppenkontingente aus dem Erguel – dem Val St.-Imier – rückten traditionell unter dem Bieler Banner ins Feld), sondern auch dadurch, daß sie sich selber wie die Jurassier als Muß-Berner betrachteten: Vergebens hatten sich die Bürger Biels nach den napoleonischen Kriegen gegen den Beschluß des Wiener Kongresses gewehrt, ihr altes Gemeinwesen seiner früheren bernischen Schutzmacht einzugliedern. Noch weniger kam für Biel mit seiner (immer noch oder wieder) Zweidrittelmehrheit deutschsprachiger Einwohner freilich der Gedanke eines Anschlusses an den neuen Kanton Jura in Frage; sie haben, wie Alain Pichard mit einigem Erstaunen feststellt, entgegen ihrer überkommenen Rolle als Bindeglied zwischen dem alten Kanton und dem Jura »nichts zur Lösung des Juraproblems beigetragen«. Dies vielleicht deshalb, weil sie sich nach wie vor oder gar heute erst recht immer noch eher einem nie zustande gekommenen »Kanton Biel« als dem einen oder anderen der Antagonisten zugehörig fühlen.

Daß Bern im übrigen auch die Bevölkerungen entlegener, historisch wie geographisch eher nach anderen Richtungen hin orientierter Landschaften an sich zu binden vermag, wenn ihm das leidige Sprachproblem dabei nicht in die Quere kommt, hat der Entscheid im Laufental zu seinen Gunsten bewiesen. Diese deutschsprachige, aber mehrheitlich katholische Region am unteren Birslauf war durch die Verselbständigung des Nordjuras weit vom übrigen Kanton abgetrennt worden, und ihm war daher die Möglichkeit eingeräumt worden, sich aus dem bisherigen bernischen Staatsverband herauszulösen und Anschluß an einen der benachbarten Stände zu suchen. Nachdem zunächst Baselland bei den Laufentalern gegenüber Baselstadt oder Solothurn, die sich ebenfalls um das bernische Erbe bemühten, den Vorsprung errungen hatte, setzten sich schließlich bei der endgültigen Volksabstimmung nach einer überaus intensiv geführten Kampagne doch die Berntreuen mit mehr als 50 % der Stimmen gegen die Baselbieter Konkurrenz durch.

Überhaupt mutet, von Sonderfällen wie dem Jura und Biel abgesehen, das Verhältnis von Stadt und Kanton Bern bemerkenswert ausgeglichen und unproblematisch an – schon deshalb, weil keine andere Schweizer Stadt ihrer ländlichen Umwelt so innig zugetan ist wie Bern. Und dies, obwohl es sich auf seinem Felssporn von dem umgebenden Land stolz und herrisch abzuschließen scheint. Der erste Eindruck, den es erweckt, ist der Eindruck der Geschlossenheit (die ja immer zugleich auch Abgeschlossenheit nach außen bedeutet). »Endlich ein Gesicht«, so rief Rilke im Angesicht Berns aus, »ein Stadtgesicht und, trotz aller Eingriffe, von welcher Abstammung und Beharrlichkeit.« Nirgends in der Schweiz spürt man mehr von alter und eingesessener Urbanität. Goethe rühmt die Stadt 1779 als »die schönste, die wir gesehen haben«, und zeigt sich entzückt über die »bürgerliche Gleichheit« ihrer Anlage; schon vierhundert Jahre zuvor begeisterte sich Albrecht von Bonstetten über diese »statt, groß an richtuom, mit hüpschen büwen gezieret, ... nüw, lustig, mit witen gassen, zo beder sitte gewelbe habende, unter denen mit drockenen füßen man wanderen mag«. Die Arkadengänge der »Lauben«, die bereits Bonstetten so entzückten, deuten merkwürdigerweise auf italienische Vorbilder hin, während die systematisch durchgehaltene Einheitlichkeit des Stadtkerns mit seinen grauen, ins Grünliche schimmernden Sandsteinfassaden französisches Vorbild verrät. Aber diese disparaten fremden Bauelemente werden gleichsam in einen Stil helvetisch kraftvoller Gedrungenheit übersetzt, und mindestens die weit vorspringenden Dächer scheinen einen einheimisch-bäuerlichen Baugedanken monumentalisiert aufzugreifen.

Auch nach einem Jahrhundert der Entwicklung ins Breite haben die Straßen und Plätze der Berner Altstadt noch ungleich mehr von Maß und Proportion des 18. Jahrhundert bewahrt als die jeder anderen schweizerischen Großstadt; noch die stillose Massivität des pseudo-byzantinischen Bundeshauses fügt sich halbwegs dem »caractère de force et de repos, de modération et de stabilité« ein, den J. H. Meister 1820 am bernischen Stadtbild pries.

Und doch ist diese traditionsschwere Urbanität nur die eine Seite des Berner Wesens. Der anderen wird man inne, wenn man sich am Vormittag seinen Weg durch die Marktstände bahnt, die sich, mit Blumen, Früchten und Gemüsen beladen, bis vors Bundeshaus drängen. Mit seiner fröhlichen, heiter-farbigen Unbekümmertheit bringt dieser Markt etwas Rustikales mitten ins Herz der Stadt hinein. Wenn Basel und Genf sich von ihrer ländlichen Umwelt abschließen, Zürich in die seine metropolitan hinausgreift, ist Bern mit seiner soviel weiteren Landschaft in selbstverständlichem Einklang geblieben; seine Volksfeste sind bezeichnenderweise nicht sosehr bürgerliche Vergnügungen wie die Basler Fasnacht, das Zürcher Sechseläuten, die Genfer *Escalade*, als Gelegenheiten zu bürgerlich-bäuerlicher Begegnung – am allermeisten der *Zibelemärit* (Zwiebelmarkt) am letzten Montag im November, an dem man sich einst für den Winter mit Zwiebeln, Sellerieknollen und Lauch einzudecken pflegte und der heute wie damals die Bauern aus einem weiten Umkreis in die Stadt zieht, obwohl der Anlaß längst seine ursprüngliche Bedeutung eingebüßt hat. Niemand hat bäuerlichen Einschlag ins städtische Gewebe so schön und so kühn gesehen wie Maria Waser. Die Stadt verkörpere »in ihrer gesammelten Form ... recht eigentlich die Landschaft, deren Herz sie ist, dieses großartig hingelegte, weitgebaute bernische Land, das in allen seinen Teilen ... bis hinunter zu den stolz gefügten Misthaufen seiner Bauernhöfe von Ordnung redet, von Maß und gesetzlicher Kraft«.

Mit dieser einzigartigen Intimität von Stadt und Land, von Patriziat und Bauerntum stoßen wir auf eine der Grundtatsachen des bernischen Gemeinwesens. Das Agrarische ist die andere Seite des Aristokratischen. Bern, nach Herkunft und geschichtlicher Gestalt der am reinsten aristokratische unter den eidgenössischen Ständen, hat seine Macht unter der Führung eines ländlichen, aus freien Grundeigentümern und Gerichtsherren rekrutierten Adels errungen (Louis Simond meint, in den anderen schweizerischen Aristokratien sehe man Bürger, die sich zu Adligen gemacht hätten, in Bern dagegen Adlige, die Bürger geworden seien). Gewiß war diese nach Bern zugezogene, in seinen Dienst gestellte, für seinen Staatsgedanken gewonnene Oberschicht in der großen Zeit des staatlichen Wachstums keineswegs exklusiv; Handwerker, Kleinhändler, selbst durch Stadtluft frei gewordene Sprossen vormals höriger Geschlechter konnten während dieser Jahrhunderte verhältnismäßig leicht in ihre Reihen aufsteigen. Aber auch der Patrizier niederer Herkunft wuchs in die adeligen Lebensformen hinein; sehr bald betrachtete er es gewissermaßen als einen Ausweis seiner »Regimentsfähigkeit«, daß er sich ebenfalls außerhalb der Stadt Grundbesitz erwarb und die Zeiten, die er nicht im Dienst der Republik verbrachte, der Verwaltung seiner Güter widmete. Daß neben dem Staatsdienst und der militärischen Karriere im Ausland einzig die Landwirtschaft dem Berner von Stand anstehe, galt schon im 17. Jahrhundert als feste Regel; höchstens Weinhandel und Bankgeschäft galten daneben noch als zulässige Beschäftigung.

Wenn Hans Bloesch die Gnädigen Herren von Bern als »Großbauern mit zeitweiligem Wohnsitz in der Stadt« charakterisiert, so hat diese überspitzte Definition ihren wahren Kern. Bis 1831, als das aristokratische Regiment endgültig stürzte, gab es kaum ein Ratsmitglied, das nicht sein eigenes Landgut besaß und meist auch bewirtschaftete. So blieb das Patriziat dem Bäuerlichen immer näher als dem Kommerziellen oder gar dem Zünftlerisch-Handwerklichen. Daß die Landwirtschaft den wahren Reichtum der Republik begründe, gehörte von jeher zu den bernischen Staatsmaximen. Sie zu fördern, war den Regenten der Republik nicht nur patriotisches Gebot; es entsprach auch ihrem unmittelbaren Standesinteresse. Da sie selber weder Gewerbe noch Industrie betrieben, blieb ihnen das bürgerliche Monopolstreben fremd. Kein Berner Patrizier hätte jemals einen Satz geschrieben wie jener schaffhauserische Honoratior, der meinte, es sei nicht gut, daß das Land zu reich würde; man sollte den Reichtum, der »Achtung und Abhängigkeit« zeuge, darum besser den Städten vorbehalten.

Mit nie erlahmender Hingerissenheit äußern sich die Reiseberichte vom 17. bis ins frühe 19. Jahrhundert über das Ergebnis solcher Großzügigkeit. Fast überschwenglich klingt dieser Preis schon in den Reisebriefen des Engländers Gilbert Burnet von 1618 an, die wir hier nach einer weitverbreiteten zeitgenössischen Übersetzung zitieren:

»Die Bauren / welche man allda wol bewehrt siehet / sind reich / absonderlich die auff der Seiten gegen Teutschland wohnen. Und wie solten sie es nicht seyn / nachdeme sie dem Staat nichts zahlen und sonst das Feld, welches sie bauen unvergleichlich fruchtbar ist / und mehr träget als man sagen kan?«

Die Einrichtung der Republik, so notiert C. C. L. Hirschfeld später, erfordere es nun einmal, »daß man besonders den Landmann unterstützt und schätzt, da er die Grundsäule der Sicherheit und Erhaltung des Staates ist«. Meiners setzt es als »bekannt« voraus, »daß es in ganz Europa, Holland und England ausgenommen, keine so glücklichen Bauern als in der Schweiz und vorzüglich im deutschen Gebiet des Kantons Bern gibt«. Goethe fand »auf dem Lande ... alles gar glücklich abgeteilt und geputzt ..., fröhlich nahrhaft und reichlich«. Daß es »in ganz Europa keinen glücklicheren Stand als den der Berner Bauern« gebe, glaubte selbst ein Botschafter der französischen Revolutionsregierung – François Barthélemy – versichern zu können. »On ne saurait voir nulle part une population aussi indépendante et aussi fière que celle des paysans bernois, mieux ligée, mieux nourrie et mieux vétue« – so lautet im frühen 19. Jahrhundert das Urteil des Amerikaners Louis Simond. Wenn 1847 ein revolutionärer Demokrat wie Wilhelm Hamm darüber jammert, wie »furchtbar« doch das Landvolk unter der patrizischen Herrschaft »unterdrückt« und »ausgesogen« worden sei, dementiert er sich selbst mit dem hinreißenden Bild von dem reichen und wohlbebauten Kanton, das er entwirft und dessen »reine, glückliche Behäbigkeit« zumal im Aare- und Emmental er nicht einmal selber dem liberalen Regime der paar Jahre seit 1831 zuzuschreiben wagt. Man kann den Berner Aristokraten manches nachsagen, aber eines ganz gewiß nicht: mangelndes Verständnis für das materielle Wohl der Bauernschaft.

Wohl aber hat man ihnen mit einigem Recht den Mangel an Handelsgeist und »Gewerbefleiß« aufs Konto geschrieben – ein Thema, das in der alten Reiseliteratur genauso regelmäßig angeschlagen wird wie das vom Glück der Berner Bauern. Recht drastisch geschieht das wiederum bei Burnet:

»Was die Gewerb unnd Handlungen betreffen thut / so möchte dise Statt derselben halben wohl *Civitas ferialis*, eine Feyr-Tag- unnd Ruh-Statt gennenet werden / weilen der mehrere Theil der Burgerschafft weder Gewerb noch Handwercker treibet / unnd die vornemmere auf die Aembter / Landvogteyen /Schaffnereyen unnd Schreibereyen / die gemeine Burger aber auf andere geringere Dienst sich verlassen.«

Da eben die Klasse, aus der sich die Obrigkeit allein rekrutierte, im Gegensatz zu Zürich, St. Gallen oder Basel vom »Commerz« selber nichts wissen wollte, blieb ihren gelegentlichen Initiativen zur Einführung von Industrien der Erfolg versagt. Daß die Berner den Kaufmannstand nicht nur keines Schutzes, sondern auch keiner Achtung würdigten, fiel auch Hirschfeld auf; der Winterthurer Maler J. H. Bidermann machte sich auf Grund seiner Berner Erfahrungen kritische Gedanken über »die so tief gewurzelte Verachtung der ersten Klasse der Berner gegen alles, was sich von seiner Arbeit nährt«. Einen vornehmen Zürcher wie Moritz Füssli führte das sogar dazu, den Einwohnern der Stadt Bern »angeborene Trägheit und Unfleiß« zuzuschreiben; der Sprößling einer zünftlerisch-händlerischen Gesellschaft verrät damit nur sein tiefes Unverständnis für Lebensstil und Wirtschaftsgesinnung im aristokratisch-agrarischen Schwesterkanton.

Klarer als der Miteidgenosse erkennen die ausländischen Beobachter die tieferen Gründe dieser bernischen Schwäche. »Die Republik«, so urteilt Karl Gottlob Küttner in seinen anonym erschienenen »Briefen eines Sachsen aus der Schweiz an seinen Freund in Leipzig«, »ist mehr eine militärische als eine handelnde; ihre Macht ist nicht auf Reichthum gegründet.« Hirschfeld sieht das nicht anders: »Die Regierung scheint den Staat als einen militärischen, und die Verbindungen als schädlich anzusehen, worinn die Bürger mit andern Ländern durch den Handel versetzt werden.« Nichts bestätigt diese These besser als die geradezu klassische Formulierung, die uns im Schlußbericht der abtretenden aristokratischen Regierung von 1830 begegnet: Handelsgesetze seien »früherhin in unserem für Landbau und Viehzucht vorzüglich geeigneten Kanton weder nötig noch vermißt« gewesen; man habe vielmehr immer zur Ansicht geneigt, daß das Wohl des Landes »besser gefördert werde, wenn die obrigkeitliche Fürsorge sich eher auf die Benützung dieser natürlichen Hilfsquellen, als auf Begünstigung desjenigen Kunstfleißes richte, welcher für Stoff oder Absatz immer vom Auslande abhängig macht«. Hier wird in einem eindeutigen Selbstzeugnis das tiefere *staatliche* Motiv des Mißtrauens gegen Handel und Gewerbe sichtbar. Der Staat gab sowohl den politischen (und den religiösen) als auch den wirtschaftlichen Maßstab ab; ökonomische Verflechtung, die ihn von fremden Hilfsquellen oder Märkten abhängig machen konnte, war daher aus seiner Sicht von Übel.

So treten uns Handel und Industrie im Bernbiet als junger und zögernder Wuchs entgegen. Erst im späten 19. und dann im 20. Jahrhundert haben sie sich in die Breite entwickelt, und dann vorzüglich auf ländlichem und landstädtischem Boden: in Burgdorf, in Langenthal, vor allem in Biel; erst später sind sie auch in Bern selber und in seiner engeren Umgebung heimisch geworden. Noch immer stellt die »Zukunftsstadt« Biel mit ihrer in bernischen Augen fast amerikanischen Geschäftigkeit, ihrer (freilich derzeit von der Krise arg gebeutelten) Uhrenindustrie, Präzisionsmechanik und Automontage, ihrer doppelsprachigen und eher flottierenden als bodenständigen Bevölkerung und ihrem kecken Unternehmungsgeist den Gegenpol zur Kantonshauptstadt dar. Und daß der einfache »Flecken« Langenthal im 18. Jahrhundert für sein blühendes Leinengewerbe sogar das sonst überall auf die Städte beschränkte Verlagssystem einführen, ja größere Handelsumsätze verbuchen konnte als die Hauptstadt selber, war ein fast unerhörter Vorgang, der nur das Desinteresse des Regierungssitzes an solchen für damals modernen Wirtschaftsformen verdeutlicht.

Sicher ist der Industrialisierungsvorsprung der Landschaft nicht allein aristokratischer Großzügigkeit zu verdanken. Er hängt auch damit zusammen, daß Bern von jeher abseits der großen Verkehrsrouten lag. Die breite natürliche Doppelstraße des Aare- und Gürbetals ins Oberland war eine Sackgasse, der Weg über die Alpen nach Italien durch einen zweifachen Gebirgswall erschwert, den erst die Eröffnung der Lötschberg-Simplon-Bahn zu durchbrechen vermochte. Der Güterstrom zwischen Rhein und Rhone, zwischen Bodensee und Genf–Lyon berührte das bernische Staatsgebiet nur am Rande. Während alle anderen Stadtkantone ihre Hauptzollstätte in der Kapitale errichteten, befand sich die bernische bezeichnenderweise in dem kleinen, relativ abgelegenen Brückenstädtchen Aarberg am Jurafuß.

Um so mehr war die Stadt durch eben diese Lage zum weiten politischen Ausgriff bestimmt. Inmitten des Aarebeckens von der weiträumigsten Landschaft des ganzen schweizerischen Plateaus umfangen, erwuchs ihr die Aufgabe und die Chance, diesen breiten und offenen, politisch jedoch in ein Puzzle adeliger Kleinherrschaften zerspaltenen Raum zwischen Alpen und Jura zusammenzufassen und staatlich zu ordnen. Schon ihr Gründer, der Zähringer Berthold V., hatte ihr die Funktion der Kontrolle über die kleinen und unbotmäßigen burgundischen Feudalherren zugedacht. Nach dem Aussterben des zähringischen Herzogsgeschlechts verfolgte die Bürgerschaft aus eigenem Entschluß, wenn auch theoretisch »im Namen des Reiches« diesen Gedanken weiter. In einer prachtvollen Passage seiner (anonym erschienenen) »Histoire des Révolutions de la Haute Allemagne« hat der Elsässer Philbert – kein großer Historiker, aber ein brillanter politischer Psychologe – den Vorgang nachgezeichnet:

»Cette Ville bornée, pour ainsi dire, dès sa naissance à l'enceinte de ses murs, sans avoir presque ni banlieue, ni deshors, trouva précisément dans sa médiocrité le premier acheminement à sa grandeur. Elle se persuada de bonne heure que son patrimoine s'étendoit aussi loin que son épée pouvoit atteindre et sa première politique fut l'esprit de conquête. Environnée d'une Noblesse guerrière, l'on ne vit jamais deux Gentilshommes se brouiller, qu'elle ne se mêlat de leur querelle, & son génie tout à la fois belliqueux & économe, lui fournissait de telles ressources, que ses affaires prosperoient toujours dans le désordre de celle d'autrui.«

Als Bern im 18. Jahrhundert den Reichsadler, der bis dahin sein Wappen gekrönt hatte, durch eine Herzogskrone ersetzte, bekundete die Republik, der italienische Autoren schon lange einen Mailand ebenbürtigen Rang zugestanden hatten, mit dieser Geste mehr als schieres Selbstbewußtsein. Sie machte deutlich, daß sie das zähringische Erbe vollstreckt und den Gebieten Hochburgunds diesseits des Juras jene feste und geschlossene staatliche Form verliehen hatte, die im Herzogtum als Idee vorgebildet war.

Keine andere Macht zwischen Alpen und Jurafuß durfte sich eine solche Aufgabe zutrauen. Bei all seiner Größe und Weite und agrarischen Wohlhabenheit ist das Bernbiet noch heute der städteärmste Abschnitt im sonst so durchurbanisierten schweizerischen Mittelland. Bern stand und steht in diesem Raume fast allein, flankiert nur von Burgdorf und Thun, die als kiburgische Adelsherrschaften zu keiner selbständigen Politik fähig waren und unmittelbar aus kiburgischem Besitz in bernischen überwechselten. Während überall sonst die Expansionsbedürfnisse der verschiedenen Städte und Länderorte einander allenthalben in die Quere kamen und die Ausdehnung der einen Macht stetsfort durch die andere abgedämmt wurde, stieß Bern bei der Schaffung seines Territoriums nur auf den niedergehenden Adel als Gegner, den es entweder depossedierte oder in sein Patriziat einschmolz; ein habsburgisches oder savoyisches Landesfürstentum, das von außen hätte eingreifen können, war zur Zeit des bernischen Aufstiegs teils ungefestigt, teils durch andere Gegner in Schach gehalten.

Auch so war die riesenhafte Aufgabe nicht anders zu meistern als durch die Konzentration aller Kräfte auf den Staat, die Unterordnung aller Einzelwillen unter den Staatswillen, die opferreiche Anspannung der ökonomischen wie der militärischen Kräfte im Dienste von Macht und Größe der Stadt. Ein volles Jahrzehnt lang steuerte Bern am Ende des 14. Jahrhunderts seinen Bürgern Jahr für Jahr ein Vierzigstel ihres Vermögens weg, um die Schulden zu bezahlen, die es für den Kauf wichtiger Herrschaftsrechte eingegangen war. Noch ein halbes Jahrtausend später sollte die »Willigkeit und Selbstverständlichkeit«, mit der die Einwohner dieser Stadt »die ungeheuersten Steuern und Lasten für das Gemeinwesen« geschultert hätten, die Bewunderung Carl Hiltys erwecken. Auch der Adel war niemals von den bürgerlichen Abgaben befreit. Er mußte es sogar hinnehmen, daß die Republik sich früh um die Abschaffung der Leibeigenschaft bemühte und ihm damit einen Teil seiner Einkünfte entzog. Da der Leibeigene nicht zum Kriegsdienst herangezogen werden konnte, der Staat aber die allgemeine Wehrpflicht als die wichtigste Garantie seines inneren Zusammenhaltes erkannte, mußte das Einzelinteresse des Aristokraten vor dem Gesamtinteresse des aristokratischen Stadtstaates zurücktreten.

Ein Ostschweizer Demokrat des 19. Jahrhunderts und ein Freiburger Aristokrat des 20. haben Geist und Wesen der bernischen *res publica* in ihren heroischen Jahrhunderten in auffallend übereinstimmender Weise umschrieben. »Die Republik Bern« – so Carl Hilty – »war nach außen eine Festung und ein beständiges Kriegslager, nach innen ein geschlossener, militärisch geordneter Staat, auf Autorität der Tüchtigsten und Gehorsam aller gegründet.« Gonzague de Reynold sekundiert: »Berns Geschichte ist die eines disziplinierten Volkes, das seinen Traditionen treu bleibt, das die nötige Unterordnung unter die Behörden hat, das sich von einer Auswahl von Räten, Verwaltern und Generälen willig führen läßt.«

Ein Staat, der seine *raison d'être* in der Politik und vor allem in der Außenpolitik, im Erwerb von Ländern und in der Schaffung eines Gürtels von Schutzbefohlenen sah, mußte die Zügel fester als gewerblich und kommerziell orientierte, auf individuelle Ungebundenheit und Initiative angewiesene Gemeinwesen anziehen. Das hat schon im sogenannten Twingherrenstreit des 15. Jahrhunderts – in der Auseinandersetzung mit der zünftlerisch gesonnenen städtischen Mittelschicht – der Säckelmeister Hans Fränkli betont: Da die Berner sich häufig mit fremden Fürsten verfeindeten, bedürften sie der Herren; Handwerker eigneten sich nicht dazu, Krieg zu führen und Leute zu regieren. So muß die Berner Aristokratie als ein großartiger – freilich auch einseitiger – Versuch zur Ausbildung einer Elite verstanden werden, die ihre Existenz durch die strenge Hingabe an den Staat, zur kollektiven Führung unter Verzicht auf das Nur-Private legitimierte. Darauf zielte, wie kürzlich Urs Martin Zahrndt in einer grundlegenden Studie über »Die Bildungsverhältnisse in den bernischen Ratsgeschlechtern im ausgehenden Mittelalter« nachgewiesen hat, auch »die konsequente Ausrichtung aller mit der Bildung zusammenhängenden Fragen auf die politische Entwicklung und Stellung der Stadt« ab.

Das Werk dieser Führungsschicht ist maßlos gepriesen und später ebenso maßlos verdammt worden. Friedrich der Große bescheinigte der bernischen Aristokratie »Würde in allem, was sie tut«. Der britische Konservative Edmund Burke nannte die Republik Bern »one of the happiest, the most prosperous and the best governed countries upon earth.« Für Johann Georg Heinzmann war der bernische Stadtstaat 1794, vier Jahre vor seinem Untergang, noch »vielleicht die vollkommenste Aristokratie, die sich je in der wirklichen Welt gefunden hat«. Selbst nach dem Zusammenbruch stellten die 1810 anonym publizierten »Tableaux historiques et politiques« einen der vielfach üblichen Vergleiche zwischen Bern und Venedig an, der ganz und gar zum Vorteil des bernischen Patriziates ausfiel: »Le gouvernement de Berne régnoit avec douceur, par des lois sages et justes, et la félicité du peuple en fut le bienfaisant résultat. L'aristocratie de Venise portoit ses soins principaux sur le maintien de son pouvoir et des prérogatives des patriciens...«

Immerhin hat es auch früher Beobachter gegeben, denen die innere Schwäche eines allzu exklusiven Regiments nicht verborgen blieb. Der britische Gesandte Abraham Stanyan verglich es mit einer auf die Spitze gestellten Pyramide und riet nachdrücklich, die Basis der Herrschaft nicht nur um die Masse der städtischen Mittelschicht zu verbreitern, sondern auch das Land in irgendeiner Weise an der Lenkung des Staates zu beteiligen; zu Beginn des 18. Jahrhunderts nahm er damit die Krise geistig vorweg, die am Ende des Säkulums den stolzen Staatsbau zerschmettern sollte. Er ahnte wohl kaum, wie sehr sich diese Empfehlung im Einklang mit alten, zu seiner Zeit freilich schon lange verschütteten bernischen Traditionen befand. Denn gerade in der Epoche seiner größten Macht hatte Bern ja seiner aristokratischen Struktur wesentliche demokratische Elemente eingefügt: vom Ende des 15. bis zum Beginn des 17. Jahrhunderts war es den Räten vor der Erhebung neuer Steuern wie vor dem Abschluß ausländischer Verträge durchaus als sinnvoll erschienen, durch eine allgemeine Volksanfrage – ein Referendum der Gemeinden – die Ansicht der Untertanen über das anstehende Geschäft einzuholen. Auch sonst walteten die Gnädigen Herren keineswegs als unumschränkte Despoten. Die unnachsichtig gegen Unregelmäßigkeiten und Rechtswidrigkeiten der Landvögte einschreitende Justiz vor allem unterwarf den einzelnen Angehörigen der privilegierten Schicht in aller Strenge den Regeln, die den Fortbestand ihrer Gerechtsame gewährleisten sollten. Und die traditionellen »Freiheiten« der einzelnen Landschaften, die in begünstigten Distrikten wie im Hasletal, im Simmental und im Saanenland nahe an demokratische Selbstverwaltung heranreichten, setzten dem zentralisierenden und regelnden Eifer von oben strikte Grenzen; das hielten sich wohl auch jene Zeitgenossen vor Augen, die soviel häufiger die »milde« und »weise« als die straffe und autoritäre Regierungsweise hervorhoben.

All das ist, zugegebenermaßen, ferne Vergangenheit. Von den Eidgenossen alleingelassen, durch den Abfall der Waadt und des Aargaus geschwächt, erlag das alte Bern 1798 nach tapferer, aber isolierter Gegenwehr dem Ansturm der französischen Revolutionsheere; nichts beweist schlagender als die Abtrünnigkeit der Untertanen in den süd- und nordwestlichen Außenposten, wie sehr sein Regime sich schon damals überlebt hatte. Und der kurzlebige Restaurationsversuch von 1814 offenbart im Rückblick die Schwäche eines Regimes, dessen Sterilität selbst Metternich einen Stoßseufzer über die »aristocrates enragés« abzwang. Kampflos, und diesmal für immer, kapitulierte das Patriziat 1831 vor dem ersten ernsthaften liberalen Ansturm der zurückgesetzten landstädtischen Bürgerschaften (zumal von Burgdorf und Biel) und der Muß-Berner aus jenem Jura, der 1813 ohne Befragung in den Kanton eingegliedert worden war; grollend und brüsk zog es sich von dem Staate zurück, dessen Gestalt es nicht länger allein zu bestimmen vermochte. Bis heute hält es sich den kantonalen Geschäften fast völlig fern, und äußerstenfalls in Diplomatie und Militär der Eidgenossenschaft führt es seine Tradition des öffentlichen Dienstes noch weiter. Sprechen die Tiefe und Folgerichtigkeit dieses Bruches nicht augenscheinlich dafür, wie wenig die Gegenwart vom Geist der aristokratischen Epoche mitbekommen hat?

Aber der Augenschein täuscht. Das Relief, das der patrizische Prägestempel dem Staate mitteilte, hat sich noch längst nicht abgeschliffen. Wohl regiert in Bern nun eine ganz neue Schicht; die vereinzelten Patrizier, die sich etwa noch als demokratische Magistraten ausgezeichnet haben, fallen als seltene individuelle Ausnahmen überhaupt nicht ins Gewicht. Heute zählen in Bern wie überall in der Schweiz – oder um einige Grade ausschließlicher – nur noch die Parteien und die hinter ihnen stehenden, zur Übermacht erwachsenen Wirtschaftsverbände. Die moderne Demokratie helvetischen Typs, mit Referendum und Initiative und der Volkswahl der Regierung, hat sich zwar in Bern nur wenig später durchgesetzt als in anderen Kantonen, und nachdem nun auch die Ständeräte – die beiden Vertreter des Kantons im eidgenössischen Oberhaus – nicht mehr durch das kantonale Parlament, sondern durch das Volk erkoren werden, scheint das politische Gefüge mit dem des aristokratischen Regiments ganz und gar nichts mehr gemein zu haben.

Und doch fließt auch durch die modernen Schläuche der direkten Demokratie noch immer der alte Wein patriarchalischer Mentalität: Was Carl Hilty 1877 hellsichtig bemerkte, trifft auch heute noch zu:

»Etwas von diesem ungewöhnlich accentuirten Staatsgedanken, Autoritätsbewußtsein, Unterordnung des Individuums unter den allgemeinen Staatszweck, Bedürfniss und Verständniss des Regierens, blieb wie das Mark in dem allmälig sehr groß gewordenen Baum und bildet noch heute dessen innerstes Wesen. Die Demokratie, wie *wir* sie in der Ostschweiz mitunter verstehen, die das Staatsideal eher fast in die Abwesenheit alles Regierens und Regiertwerdens, beinahe möchte ich sagen in das Problem einer ›möglichen Anarchie‹ verlegt, will hier nicht recht gedeihen. Selbst manche unzweifelhafte Wahrheiten der modernen Demokratie erscheinen noch immer ein wenig wie Zweige, die auf einen andersartigen Baum gepfropft sind, und haben nicht den freien sozialen Schnitt und Wuchs, sondern ein gewisses, schwer auftretendes, staatlich approbirtes Wesen an sich. Man kann dem Staat hier überhaupt nicht recht aus dem Wege gehen. Der Bär begegnet Jedem auf Schritt und Tritt...«

Genau so ist es. Nach wie vor kommen die Anstöße, die das Gemeinwesen bewegen, mehr von oben als von unten. Nach wie vor begegnet die Polizei dem Bürger mit wenig Toleranz, geschweige denn Lässigkeit, stehen weder kantonale noch städtische Exekutive im Ruf, für Anregung oder gar Kritik von außen – oder selbst von den eigenen parlamentarischen Organen – sehr empfänglich zu sein: Wer hier Verantwortung trägt, läßt sich in seinen Geschäften ungern behelligen, überzeugt, daß alles, was er tut, dem allgemeinen Besten diene. Diese Haltung erinnert auffällig an die Zeit, da Schultheiß und Räte dem Untertan zumaßen, was ihm nach ihrem weisen Ratschluß zukam, jederzeit bereit, die üblicherweise leicht geführten Zügel zu straffen, wenn das Wohl des Staates (oder was die Gnädigen Herren dafür hielten) das erfordern sollte. Wenn die Behörden mancher städtischen und ländlichen Amtsbezirke in feudalen Burgen oder patrizischen Schlössern untergebracht sind, so symbolisiert die Kontinuität der Residenzen die Kontinuität herrscherlichen Anspruchs. Weil Bern anderseits seiner selbst und – nach der Ablösung des aufmüpfigen Nordjuras – seiner ganz auf das Zentrum ausgerichteten Provinzen so sicher ist, kann es die massive Schwere dieses Anspruchs durch die Bereitschaft zur Dezentralisation auflockern – im Gegensatz zu den Autoritäten jener welschen Kantone, die den Zentralismus im Bunde verabscheuen und bei sich zu Hause mit jakobinischer Strenge praktizieren.

Die große Masse des Berner Volkes wünsche »nicht zu regieren, sondern vielmehr mit den mindest möglichen Beschwerden regiert zu werden«, meinte in den Ausgangsjahren des patrizischen Zeitalters einmal der Staatsschreiber Gottlieb Thormann. Vielleicht honoriert es deshalb auch als mündiger »Souverän« das autoritäre Gebaren seiner staatlichen Spitzen; mindestens *eine* Wurzel der auffälligen politischen Passivität scheint hier zu liegen. Wieviel reger und volkstümlicher zugleich ist das öffentliche Leben im nahen Solothurn oder in Luzern (zwei anderen ehemaligen Aristokratien); welche Mühe bereitet es anderseits, die Berner zu kantonalen oder eidgenössischen Urnengängen auf die Beine zu bringen! Und steckt nicht dasselbe Motiv am Ende auch hinter der Widerstandslosigkeit, mit der man es zuläßt, daß die Politik vom Geflecht der wirtschaftlichen Interessen und der für sie einstehenden Verbände überwuchert wird, im Widerspruch zu der gut bernischen Überlieferung, daß der Staat die Ökonomie und nicht die Ökonomie den Staat bestimmen solle?

Hier macht sich freilich auch der überragende Einfluß des Landes geltend, das sich in den Bauernverbänden sein ständisches, in der früheren Bauernpartei (heute Schweizerische Volkspartei – SVP) sein politisches Organ geschaffen hat. Obwohl Bern längst kein vorwiegend bäuerlicher Kanton mehr ist und die Landwirtschaft noch ganze 9% der Erwerbstätigen beschäftigt, bleibt das Bauerntum entgegen den Aussagen der Statistik immer noch eine eminent einflußreiche Schicht, und seine Interessen werden mit einer massiven Bedächtigkeit wahrgenommen, die den Milchpreis zum Maßstab der Politik erhebt. Nur in Bern konnte ein Bauer – kein Verbandsfunktionär und kein Gentleman-Gutsbesitzer, sondern einer, der noch selber den Pflug führte – zum Mitglied der Bundesregierung und zum mehrmaligen Bundespräsidenten aufsteigen: jener Rudolf Minger, der von 1929 bis 1940 das eidgenössische Militärdepartement leitete und sich dann wieder auf seine Scholle zurückzog, um den Acker zu bestellen und die Kühe zu melken. Wenig schweizerische Magistraten haben eine so breite nationale Popularität erlangt; auch die zahllosen Minger-Witze, die sich über seine nie verleugnete ländliche Einfachheit und seinen Mangel an Schulbildung lustig machten, waren durchwegs mehr freundlich als bösartig gemeint.

Die SVP ist die bernischste aller bernischen Parteien; auch wenn die Zeit längst vorbei ist, da sie im Kanton nahe an die absolute Mehrheit herankam, so mustert sie doch ständig etwa ein Drittel der Stimmen, und seit der Abtrennung des Nordjuras, wo sie nie recht Wurzel schlagen konnte, ist ihr Wähleranteil sogar über diese bemerkenswert konstante Marke gestiegen. Sogar nach dem (unerwarteten) Erfolg einer freisinnigen Initiative, die 1980 gegen heftigen bäuerlichen Widerstand eine Neueinteilung der Wahlkreise erzwang und damit die bisher übliche Übervertretung der Landdistrikte abbaute, haben Großratswahlen von 1982 der SVP 78 von 186 kantonalen Parlamentsmandaten, die Nationalratswahlen 1983 9 von 29 Berner Sitzen in der eidgenössischen Volkskammer eingebracht. Die Revolte der radikaleren, vorwiegend von kleinbäuerlichen Schichten getragenen, zwischen halbsozialistischer und faschistischer Programmatik oszillierenden »Jungbauern« aus den dreißiger und vierziger Jahren ist nur noch eine ferne Erinnerung, und sie hat der damaligen »Bauern-, Gewerbe- und Bürgerpartei« auch nie ernsthaft zu schaffen gemacht: Der Berner Landwirt folgte auch in jenen bewegten Jahren seinen ständischen Führern so unentwegt wie seinerzeit den patrizischen Räten.

Als besonders befriedigend für die SVP erscheint die Tatsache, daß sie sich wieder auf den ersten Platz vorzuschieben verstand, nachdem sie diesen Platz an die Sozialdemokraten verloren hatte, die in Bern mehr als drei Jahrzehnte hindurch eine ihrer sichersten, durch politische Wechselfälle am wenigsten gefährdeten Hochburgen gefunden hatten. Bedenkt man die relativ wenig bedeutende Industrialisierung Berns und die Verhaftung der bernischen Mentalität im Überlieferten, also ihren zutiefst konservativen Grundzug, dann mutet dieser sozialdemokratische Aufstieg wahrhaft verblüffend an. Und doch löst sich das Rätsel unschwer auf: Die individualistische Abneigung gegen die Regelung und Zügelung der Ökonomie von oben her, der Widerwille dagegen, die Macht des Staates in immer neue Bereiche ausgreifen zu lassen, spielt in Bern eine weit geringere Rolle als in anderen Teilen der Schweiz. Das alte und ungebrochene Vertrauensverhältnis zwischen Bürger und Staat kommt dem Fortschritt sozialistischer Ideen zugute. Daß die öffentliche Gewalt auch ökonomische Lenkungsinstanz sein solle, daß ihr auch der Ausgleich der sozialen Gegensätze zustehe, daß sie überhaupt berufen sei, über die Wohlfahrt der Bürger zu wachen – das sind Auffassungen, die sich mit bernischer Tradition ausgezeichnet vertragen. Vom patriarchalischen Charakter des patrizischen alten Bern zum modernen Wohlfahrtsstaat verläuft eine gerade Linie. Es liegt etwas Symbolisches darin, daß ein Berner »Burger« – ein Stadtbürger aus alteingesessen-patrizischer Familie – dem Sozialismus hier Eingang verschafft hat: Friedrich Albert Steck, dessen betont »eidgenössisch«-nationale, mehr auf Ausgleich als auf Umsturz gerichtete Gedankenwelt nach einer vorübergehenden Periode der Radikalisierung in der Zeit des Zweiten Weltkriegs und noch weit darüber hinaus neue Aktualität gewann. Inzwischen haben freilich Gruppen und Grüppchen einer entschiedeneren Linken wie »Demokratische Alternative« und POCH ebenso zur Erosion des lange unerschütterlichen sozialdemokratischen Machtblocks beigetragen wie auf der Rechten die fremdenfeindliche Demagogie der »Nationalen Aktion« – und wenn der Niedergang der SP in Bern nicht ganz so dramatische Züge angenommen hat wie in Zürich, so war er doch nachhaltig genug, in der zuvor so selbstsicheren Partei Symptome einer ideologischen Identitätskrise auszulösen.

Aber auch der bernische Liberalismus des 19. Jahrhunderts hat die wirtschaftliche Funktion des Staates mit ganz anderen und viel freundlicheren Augen betrachtet als etwa der zürcherische. Im Lager des siegreichen Radikalismus von 1848 war der spätere Berner Bundesrat Jakob Stämpfli bezeichnenderweise der bedeutendste Gegenspieler des Zürcher Manchesterliberalen Alfred Escher. Vor allem in der Eisenbahnpolitik trat Stämpfli als Befürworter eines staatlichen Bahnbaus dem rein privatwirtschaftlich orientierten Escher entgegen; obwohl er in dieser Auseinandersetzung unterlag, hat sich seine Idee schließlich mit dem Rückkauf der wichtigsten Bahnlinien und der Gründung der Schweizerischen Bundesbahnen doch noch durchgesetzt. Als erster Kanton übernahm Bern Bahnlinien in eigene Regie; kantonale Initiative und Finanzkraft brachte knapp vor dem Ersten Weltkrieg die direkte Verbindung nach Italien über die Lötschberg-Simplon-Linie und damit einen zweiten Alpendurchstich neben dem Gotthard zustande; im Bankwesen wie in der Elektrizitätsversorgung wurde der Staat hier – unter freisinniger Führung – aktiv, als man dergleichen Aufgaben anderswo noch ganz als Sache privaten Unternehmergeistes betrachtete. Mit der Inanspruchnahme der öffentlichen Hand für die Entwicklung solcher Projekte standen die Berner Freisinnigen genauso unter dem Eindruck des patrizischen Gedankens, daß auch die Wirtschaft der staatlichen Führung bedürfe, wie später ihre sozialdemokratischen und selbst ihre bäuerlichen Erben, die die einstige Mehrheitspartei seit 1918 auf den dritten Platz zurückgeworfen haben (seit den siebziger Jahren hat der Freisinn allerdings beträchtliche Fortschritte zu verzeichnen und rückt Schritt für Schritt näher an den kontinuierlich absteigenden Rivalen zur Linken heran).

Mit dem Verlust der sozialdemokratischen Führungsposition ist auch eine andere frühere Konstante der bernischen Politik dahingeschwunden: die auffällige Eintracht, die lange zwischen dem sozialdemokratischen und dem bäuerlichen Block bestand. An die Stelle des trefflich manipulierten, von Bauernverbänden und Gewerkschaften lange lautlos gesteuerten Zusammenspiels zwischen Rot und Grün ist neuerdings wieder mehr die Solidarität des bürgerlichen Lagers getreten. Bezeichnend dafür ist etwa der Mißerfolg der Linken bei der Wahl der beiden Kantonsvertreter im Ständerat: Auch nachdem die Sozialdemokraten durch ein Volksbegehren deren Volkswahl (statt der früher üblichen Delegation durch das kantonale Parlament) durchgesetzt hatten, blieb ihnen angesichts der ausdrücklichen oder stillschweigenden freisinnig-bäuerlichen Allianz ein Berner Sitz im eidgenössischen Oberhaus verwehrt.

»Nume nid gsprängt«, heißt die Devise des Berners. Wenn der beweglichere, aber allerdings auch unzuverlässigere Zürcher oder Ostschweizer gerne jede neue Idee aufgreift und durchspielt und dabei auch einmal über die Stränge schlägt, bleibt der Berner gegen alles Ungewohnte, aus dem Rahmen Fallende tief mißtrauisch; Aufschwünge des Enthusiasmus und Exzesse der Phantasie (oder was er als solche empfindet) sind ihm verhaßtes *Gstürm*, und von einem *Stürmi* läßt er sich schon gar nicht mitreißen; er ist stolz darauf, immer auf dem Boden zu bleiben, und Stetigkeit gilt ihm mehr als das flüchtige Spiel der Einfälle. Was P.-O. Bessire über den Charakter des alemannischen Volksschlages insgemein schreibt, liest sich wie ein Idealporträt des Berners: Er sei »un peu lourd d'aspect« und »assez lent d'allure, sérieux, réfléchi et tenace«, er verschließe sich gerne allen Einflüssen von außen und akzeptiere nur einen Zwang, den der militärischen Disziplin. »Il ne recevait de mot d'ordre que de sa communauté, car chez cet individualiste, l'esprit d'association était fort développé.«

Es hat oft etwas Fragwürdiges, von einem »Volkscharakter« zu sprechen und die Fülle der Individualitäten solchermaßen in ein vorgeformtes Modell zu pressen. Aber gerade in Bern drängt sich dieser Begriff auf. Es spricht für die Konstanz und Geschlossenheit des Typus, daß frühe und heutige Urteile, Eindrücke fremder Beobachter und Selbstzeugnisse zu überraschender Einhelligkeit gelangen. Zur Bedächtigkeit und Gelassenheit, die auch dem Berner Dialekt in all seinen vielen Spielarten etwas gleichermaßen Getragenes verleihen, gesellen sich Stetigkeit, Zähigkeit, Steifnackigkeit (von »steifen Nacken« der Berner ist schon in ihrer ersten überlieferten Charakteristik – einem Breve Papst Innozenz IV. an den Bischof von Lausanne – die Rede) und kühle Systematik. Manche Autoren glauben im bernischen Wesen eine gewisse »Kälte« verspüren zu können; bei J.-H. Meister findet sich das Wort von einer »réflexion lente et froide que ne troublent pas, du moins communément, les illusions d'une sensibilité trop vive, d'une imagination trop mobile«. Aber das ist gewissermaßen nur die Kehrseite einer ganz aufs Reale, Handfeste, Greifbare gerichteten Natur. Der größte Schriftsteller, den Bern hervorgebracht hat – Jeremias Gotthelf –, ist nicht zufällig auch der größte Realist der deutschen Literatur, ja ein ausgepichter Naturalist ein halbes Jahrhundert vor dem Aufkommen einer naturalistischen Schule gewesen.

Auch der Patrizier Rudolf von Tavel, der seine Landsleute kannte wie wenige sonst (und dessen großangelegte, sprachgewaltige, wenn auch stofflich etwas enge historische Mundartromane wohl zum Bedeutendsten schweizerischer Dialektdichtung zählen), vermerkt in seiner Studie »Von Berner Art«, daß »im Charakter der Berner die Leidenschaft keine große Rolle spielt« und daß ihnen eine betonte »Nüchternheit in Gefühlssachen« eigne. Das gehört ins Bild breitbeiniger und schwer zu erschütternder bernischer Solidität hinein, kann aber leicht in einen massiven Materialismus umschlagen; schon Gotthelf – dem nun freilich die Gabe der Leidenschaft ganz gewiß nicht abging – hat diese Gefahr gesehen und gegeißelt. Und liegt hier nicht am Ende die tiefere Wurzel für jene »Verwirtschaftlichung der Politik«, die erstaunlicherweise im extrem staatsbewußten Bern besonders bedenkenlos betrieben wird?

Von der »Nüchternheit in Gefühlssachen« gibt Tavel selber zu, sie gehe selbst in Dingen der Religion »oft allzu weit«, auch wenn er daneben doch »viel echte Frömmigkeit« zu erkennen glaubt. Feller meint gar, der Berner stehe zur Religion von jeher »in einem kühlen Gewohnheitsverhältnis«. Trotz dem intensiv ausgebildeten Sektenwesen steckt darin etwas sehr Wahres. So hat auch der Kirchenhistoriker Emil Bloesch den »Mangel an tiefen religiösen Motiven« und den »politisch berechnenden Zug« der Berner Reformation hervorgehoben:

»In Bern ist es der Staat, welcher reformiert hat . . . in dem spezifischen Sinne, daß hier staatliche Zwecke, staatliche Bedürfnisse und staatliche Rücksichten von Anbeginn an entscheidend im Vordergrund standen und den Anschluß an die Reformation herbeigeführt haben . . . Nicht die theoretische Wahrheit oder logische Richtigkeit der Lehre war hier entscheidend, sondern ihre Nützlichkeit und Brauchbarkeit.«

Die Kirche als Dienerin des Staates, als Hort obrigkeitlichen Denkens – das war für Bern charakteristisch und ist es mancherorts bis heute geblieben. Auch Henri Vuilleumier, Geschichtsschreiber der waadtländischen Reformierten Kirche, nannte die bernische »*une église d'état, régie par le gouvernement*«, Bessire den Landpastor »*l'agent le plus vif et le plus influent de l'Etat*«. Dabei hat das

Patriziat – anders als die führenden Zürcher und Basler Geschlechter – dem geistlichen Dienst nur auffallend wenige seiner Söhne gewidmet; manche seiner Familien führen in ihren Geschlechtsregistern während des 17. und 18. Jahrhunderts keinen einzigen Pfarrer. Der geistliche Stand wurde offenbar von den Exzellenzen der Stadt eben doch als dienender empfunden – wie denn die bernische Aristokratie zur Zeit Abraham Stanyans nach der Beobachtung dieses hellsichtigsten aller Analytiker Berns den Klerus »in a greater Dependence upon them« gehalten haben soll »than any of the other Protestant Cantons«; niemals erlaube sie der Geistlichkeit, sich zu »matters of politics« in der Weise zu äußern, wie das in Zürich, Genf oder Neuenburg gang und gäbe sei.

Wenn die Kirche so selbstverständlich als Instrument der Obrigkeit angesehen und manipuliert wurde, so ließ das ursprünglich religiösen Bedürfnissen nur wenig Raum und trug wesentlich zur Austrocknung des kirchlichen Lebens bei. Ein kritisch wacher Reisender wie Karl Spazier fand in den Gottesdiensten, denen er beiwohnte, so viel »Steifes und Ängstliches«, daß in seinen Augen alles »beynahe nach militärischer Aufsicht« aussah. Die Unterdrückung des Pietismus »mit einer Schärfe, die sonst kaum wo anzutreffen ist« (so Guggisberg in seiner Berner Kirchengeschichte) paßt damit so gut zusammen wie die Gehässigkeit und Brutalität der freisinnigen Regierungen während des »Kulturkampfs« in den katholischen Jura-Gebieten, der zeitweise bis zur Ausweisung aller kirchentreuen Priester getrieben wurde: Auch dabei ging es letztlich immer wieder darum, die Kirche bedingungslos dem Staate unterzuordnen.

Gerade die Überspannung dieses Anspruchs hat nun aber mancherorts zu einer entschlossenen und radikalen Abwendung vom Staat und von der Landeskirche zugleich geführt. Wo das Streben nach religiöser Verinnerlichung durch die Kruste der Konvention durchbrach, da ging es Hand in Hand mit einer manchmal fast ans Anarchistische streifenden Reaktion gegen den geistigen und geistlichen Herrschaftsanspruch der weltlichen Autoritäten. Aus ihr hat die Täuferbewegung in manchen abgelegenen Gebieten der bernischen Landschaft seit der Reformation viel von der zähen Kraft bezogen, mit der sie sich den Nachstellungen durch den Staat und die offizielle Geistlichkeit zu entziehen wußte. Noch die liberale Verfassung von 1831 wagte die Kultusfreiheit nicht einzuführen – laut Strahm »aus Furcht, dem Sektenwesen damit Vorschub zu leisten«. Man wird den Geist mancher bernischen Regionen überhaupt nicht verstehen können, wenn man sich nicht den Einfluß eines überaus buntscheckigen, in fast allen seinen Äußerungen apolitischen, ja antipolitischen Sektierertums vergegenwärtigt. Noch kann man in alten Bauernhäusern des oberen Emmentals die »Täuferkammern« sehen, geheime Gelasse, in denen sich die verfolgten Anabaptisten vor dem Zugriff der Häscher verbargen. Noch blühen im Schwarzenburgerland die abenteuerlichsten religiösen Gemeinschaften – in eben jener Gegend, wo schon im 13. Jahrhundert eine weitverzweigte ketzerische Bewegung mit Feuer und Schwert ausgetilgt, im 18. ein Sektenführer wegen »Gotteslästerung« hingerichtet wurde. Noch sehen die »Neutäufer« des Oberlandes in der offiziellen Reformation das »zweite Tier aus dem Abgrund«, und Goldiwil ob Thun gilt gar als das »Mekka der Sekten«. Der Evangelischen Gesellschaft, die als pietistisches »Kirchlein in der Kirche« zu wirken sucht, tritt die Evangelische Gemeinschaft als weitverbreitete Erweckungsbewegung außerhalb des landeskirchlichen Rahmens zur Seite. Solche Vielfalt an Freikirchen ist zwar wahrhaftig kein bernisches Reservat. Aber in Bern kommt ihr eine ganz eigene Relevanz zu.

Denn hier stoßen wir neben der »konformistischen«, aus stiller Zufriedenheit erwachsenden Passivität auch auf jene andere, in der sich der Widerstand gegen die Dinge dieser Welt überhaupt kristallisiert. Der 1566 hingerichtete Röthenbacher Täuferführer Gerber hat mit seiner Lehre, daß alle Staatsordnung überhaupt widerchristlich und vom Übel sei, viel vom Geiste vorweggenommen, der bewußt oder unbewußt, als ausgesprochene Doktrin oder als kaum artikuliertes Empfinden in den ungemein dicht gefügten Zirkeln und Gemeinden der »Stillen im Lande« waltet. Das Bild Berns wäre unvollständig, wollte man nicht auch dieser Gegen-Welt gedenken, die auf ihre heimliche und ganz nach innen gewandte Weise eine unübersehbare Falte der Widerspenstigkeit in die scheinbar so einheitlich von Größe, Macht und Staatlichkeit geprägte Physiognomie des bernischen Gemeinwesens hineingezeichnet hat.

Nicht allein im Bereich der Religion freilich hat die einseitige Ausrichtung aufs Staatliche die Entfaltung der geistigen Kräfte behindert. Richard Feller, der Liebende und gerade deshalb Kritische, spricht geradezu von einer »Ungeistigkeit« der Berner; von Albrecht von Haller, dem bedeutendsten Kopf, den die bernische Aristokratie im 18. Jahrhundert hervorgebracht hat, gibt es sogar einen Essay über die »Nachtheiligkeit des Geistes«. Gerade Haller bietet ein Musterbeispiel dafür, daß Bildung – und umfassende Bildung zumal – im alten Bern lange Zeit geradezu verdächtig machte. Auch der europäische Erfolg seines »Alpen«-Epos hat dem bahnbrechenden Dichter und vielseitigen Gelehrten nicht zu der erstrebten Stelle im Dienste seines Staates verholfen; Karl Viktor von Bonstetten berichtet von ihm übrigens den bezeichnenden Zug, er habe viel weniger den Ehrgeiz gehabt, als der größte Gelehrte seiner Zeit anerkannt zu werden, als »à entrer dans le petit conseil de Berne«. Kein Wunder deshalb, wenn der gebildete Berner Patrizier sein Wissen und seine geistigen Interessen vielfach in ähnlicher Weise eher zu verstecken als zur Schau zu stellen neigte wie der reiche Basler seinen Wohlstand. Aber hatte er überhaupt etwas Derartiges zu verbergen? Der Autor des anonym veröffentlichten satirischen Reiseberichts »Heutelia« glaubte Mitte des 17. Jahrhunderts einen studierten Patrizier noch als einen »weißen Raben« bezeichnen zu können. Nichtsdestoweniger bekundete der aus Brugg gebürtige Arzt und Schriftsteller Johann Georg Zimmermann gut hundert Jahre später einmal, er habe »nirgends eine solche Menge fähiger Köpfe« getroffen wie in Bern, die Schriftsteller erster Größe hätten werden können, aber »aus Behaglichkeit oder aus Furcht« niemals eine Zeile hätten drucken lassen. Und Zimmermann, dessen »genialischem« und manchmal reichlich galligem Temperament die bernische Mentalität ganz gewiß nicht sehr entsprach, ist mit solchem Lob zweifellos ein durchaus unverdächtiger Zeuge.

Aus Behaglichkeit oder aus Furcht: der Grund, den Zimmermann für das Schweigen so vieler geistvoller Berner angibt, macht nachdenklich. Die Furcht galt wohl weniger der gestrengen Berner Zensur, von der selbst ein enthusiastischer Bewunderer des aristokratischen Regiments wie Meiners betroffen feststellte, man könne unter ihrer Fuchtel »über Staatssachen und inländische Geschichte« weniger freimütig reden als im absolutistischen Paris; schließlich ließ sich die Zensur umgehen, und sie ist oft genug tatsächlich umgangen worden. Viel schwerer wog in der geschlossenen Gesellschaft des Berner Patriziats die Mißbilligung der Standesgenossen. In ihren Kreisen galt Phantasie, laut Feller, geradezu als »verfehmt«. Als Bern in der zweiten Hälfte des 18. Jahrhunderts für die Söhne der Privilegierten seine erste höhere »realistische« Lehranstalt schuf, trug diese den bezeichnenden Namen eines »Politischen Instituts«.

Basel, Fasnacht

Nur die Ausbildung der zukünftigen Regenten konnte in den Augen der Gnädigen Herren eine solche Anstalt rechtfertigen. Die Berner »Akademie« ihrerseits, die Vorläuferin der Universität, die vor allem dem geistlichen Nachwuchs diente, stand ziemlich im Schatten der gleichnamigen und ehrwürdigen Genfer Institution, und selbst die Provinzakademie in Lausanne genoß größeres Ansehen. Die 1834 gegründete Universität selbst aber litt darunter, daß sie, ein Werk des Regenerationsregimes, von ihren Förderern wie von ihren Gegnern wesentlich als ein zuerst liberales und später radikales Parteiunternehmen angesehen wurde; die Oberschicht zog es denn auch lange vor, ihre Sprößlinge, wenn sie schon studieren wollten oder mußten, auf fremde Hochschulen zu schicken.

So fügte sich das geistige Leben Berns von jeher in einen engeren, politischeren und – obwohl man dieses Wort in der Schweiz ungern hört – sogar »provinzielleren« Rahmen als das Zürichs oder Basels, von der welschen Schweiz zu schweigen. Europäische Ausstrahlung ist ihm nur ausnahmsweise (etwa durch die Dichtung Hallers oder die Malerei Hodlers) vergönnt gewesen. Aber was ihm an Weite abgeht, ersetzt es durch Dichte und Volkstümlichkeit: Wenn Bern für »Avantgardismus« jeder Art ein steiniges Pflaster ist, so pflegt es insbesondere seit dem Beginn unseres Jahrhunderts um so liebevoller und vielseitiger seine breit gegründete Volkskultur. Überspitzt und doch im Kerne richtig meint Hans Zopfi, daß »im Kanton Bern das kulturelle Leben des Bauerntums bernisches Kulturleben überhaupt bedeutet«. Dazu gehört nicht zuletzt die Sorgfalt, mit der man hier das sprachliche Erbe verwaltet.

Der Dialekt war für die Berner immer, auch lange vor der gegenwärtigen Mundart-Welle, der legitime Bruder der Hochsprache und nie ein verstoßenes Stiefkind. Nirgends sonst wäre ein so ernsthafter, wissenschaftlich untadeliger Historiker wie der seinerzeitige Staatsarchivar Rudolf von Fischer wohl auf den Gedanken gekommen, sich des heimatlichen Idioms in einer vorwiegend gelehrt-antiquarischen Interessen dienenden Zeitschrift zu bedienen. Kein anderer Kanton hat überhaupt eine so reiche und zugleich so gewichtige Dialektliteratur hervorgebracht – bis hin zu den Gedichten eines so modernen und nonkonformistischen Geistes wie Kurt Marti.

Nach wie vor führt auch der Große Rat seine Verhandlungen mit schöner Selbstverständlichkeit auf *Bärndütsch* (und trägt dabei den französischsprachigen Jurassiern durch Simultanübersetzung Rechnung). Und was ein Otto von Greyerz pädagogisch-didaktisch dafür geleistet hat, vorzügliches Hochdeutsch und sauberen Dialekt gleichzeitig, miteinander und aneinander zu lehren, davon haben auch andere Eidgenossen weidlich profitiert. Welch herrlich biegsame, kräftige und nuancenreiche Sprache ist aber auch dieses Berndeutsch: das kernigste und zugleich musikhaltigste aller Schweizer Idiome, dessen Wucht und Zartheit geradezu danach riefen, durch einen sprachmächtigen Meister wie Gotthelf auf die Höhe der Weltliteratur emporgehoben zu werden!

Wirksamer als andere schweizerische Mundarten hat das *Bärndütsch* der Verflachung und Verwischung widerstanden, ja der Raum seiner Geltung hat sich sogar noch merklich erweitert. Das hängt freilich auch mit einem Phänomen zusammen, das nun aber gar nichts mit dem Staate und alles mit der Lebenskraft eines ungebrochenen bäuerlichen Volkstums zu tun hat: mit jener mächtigen Wanderungsbewegung, die insbesondere aus dem noch lange nicht erschöpften Emmental, aber auch aus dem Mittelland ihre Wellen über die Kantonsgrenze nach Freiburg und Solothurn, in die Waadt und selbst in die ferne Ostschweiz hinaus getragen hat. Mit der ganzen Zähigkeit und Zielstrebigkeit ihres Schlages haben bernische Bauernsöhne – insbesondere aus jenen Regionen, die keine Realteilung des Erbes kennen und wo der väterliche Hof ungeteilt auf den jüngsten Sohn übergeht – in weitem Umkreis Bauerngut um Bauerngut gepachtet, erworben und in Besitz genommen, wo immer ihnen außerhalb ihrer Heimat die Landflucht oder die erlahmende Vitalität der Eingesessenen dazu Gelegenheit bot.

So wird von der bernischen Mitte her die mancherorts gefährdete schweizerische Landwirtschaft immer wieder aus dem rustikalen Selbstbewußtsein und Selbstbehauptungswillen eines Landvolks gespeist und erneuert, das an seinen Lebensformen mit einer bis zum Eigensinn gehenden Hartnäckigkeit festhält. Auch mit dieser Leistung verkörpert Bern noch einmal, inmitten rapider gesellschaftlicher Wandlungen, über seinen eigenen Raum hinaus jenes Element der »Stetigkeit«, das mehr als einmal, nach Richard Fellers schönem Ausspruch, im eidgenössischen Bund »den Trost und die Zuversicht der anderen« bildete.

Beharrungskraft und Expansionskraft – noch einmal stoßen wir, am Ende einer allzu gedrängten Umschau, auf diese zu allen Zeiten seiner Geschichte bewährte Doppelnatur des Bernertums, der die Schweiz so viel erhaltende wie ausgreifende Energie verdankt. Im

Rückblick freilich fühlt der Verfasser tief das Ungenügen dieser Skizze. Hat er nicht, angezogen und bedrängt zugleich von der Größe und der Zucht, der Geschlossenheit und der Dichte eines öffentlichen Wesens, das in der Schweiz nicht seinesgleichen findet, dem Reichtum dieses Wesens Gewalt angetan? Durfte er von Bern sprechen, als ob es in der gegenseitigen Durchdringung des urban aristokratischen und des rustikal volkstümlichen Elements zu einem soliden und uniformen Ganzen zusammengewachsen wäre, und darüber die Fülle seiner regionalen Besonderheiten rigoros in den Hintergrund drängen?

Wer Bern wahrhaft verstehen wollte, müßte eigentlich zu dem Grundmotiv der Einheit, das auf den vorstehenden Seiten allzu beherrschend hervortritt, den Kontrapunkt der landschaftlichen Vielheit setzen – nicht nur den dissonant verschärften Kontrapunkt des Juras, sondern auch den harmonischeren, den die Talschaften des alten Kantonsteils beitragen. Vom Seeland am Bieler See mit seinen flachen Hügelzügen und seinen weiten, dem Sumpf und Morast abgewonnenen fruchtbaren Ebenen, seinen dichter als im übrigen bernischen Mittelland sich drängenden alten Städtchen wie Aarberg, Nidau, Neuveville müßte da die Rede sein, von der Symbiose altagrarischen und modern industriellen Wohlstands im Oberaargau, von der keineswegs nur im Sektenwesen zutage tretenden eigentümlichen Versponnenheit des melancholisch-elegischen Schwarzenburger Amtes, dem das schönste und traurigste aller Schweizer Volkslieder – die Ballade vom »Vreneli ab em Guggisberg« – entstammt. Erst recht würde es sich verlohnen, den Leser in die kurzweilig gebuckelte Gegend des Emmentals spazierenzuführen, in dieses eigenwilligste und behäbigste aller Schweizer Bauernländer, »wo die mächtigen Einzelhöfe noch heute kleinen Königreichen, unabhängigen Staaten im Staate gleichen« (Hermann Hiltbrunner). Und welchen Verzweigungen und Verschiedenheiten hätte man gar im Oberland nachzuspüren, das Walsh kurzerhand als einen »abrégé de la Suisse«, als eine verkürzte und gedrängte Fassung all dessen bezeichnet, was die zweiundzwanzig Kantone an »beautés de différens genres« aufzuweisen hätten! Da wäre der noch immer farbkräftige altdemokratische Einschlag ins aristokratisch-obrigkeitliche Gewebe des Staatswesens aufzuzeigen, der sich noch heute mancherorts in größerer politischer Beweglichkeit und intensiverer Anteilnahme an den Staatsgeschäften äußert; da tritt uns im Hasletal, zwischen Brienzer See, Brünig und Grimsel ein uraltes freies Reichsland entgegen, dessen Bewohnern selbst das herrschaftliche Bern ihre ererbte Freiheit nur unerheblich zu verkürzen wagte und dessen hochgewachsener blonder Menschenschlag steif an seine Herkunft von schwedischen oder friesischen Einwanderern glaubt; da findet sich eine Fülle subtiler Differenzen selbst zwischen Nachbarn wie der Bevölkerung des Saanenlandes, der Bonstetten in seinen berühmten »Briefen aus einem schweizerischen Hirtenland« ein Denkmal gesetzt hat, und der des oberen Simmentals, die sich noch heute wie im 18. Jahrhundert durch intellektuelle Neugier und frappante Belesenheit aus dem Kreise der übrigen alpinen und voralpinen Hirtenvölker zu fast jurassisch anmutender Freizügigkeit heraushebt. Und durchs Frutigtal wiederum weht selbst in unseren Tagen gelegentlich noch ein Wind der Rebellion, der gar nicht ohne weiteres ins hier gezeichnete Bild passiver Gefügigkeit hineinpassen will.

Wir müssen es uns versagen, diesen reizvollen Nebenpfaden zu folgen; die Größe Berns selber zwingt zur Konzentration auf seine zusammenfassende, ordnende, disziplinierende Funktion. Ja, es ist im Grunde gerade die flüchtige Erinnerung an die Vielgestaltigkeit seiner Regionen und ihres Volkstums, die uns wiederum zur Essenz seines geschichtlichen Werkes zurückführt. Der emsige Kompilator Norrmann hat wohl ein Stück weit – aber eben nur ein Stück weit – recht, wenn er meint, »die Bergbewohner des Oberlandes, die Emmenthaler, die Landleute in den Gegenden um die Hauptstadt« müßten eigentlich »als ebenso viele Nationen angesehen werden«. Daß Bern diesen Verschiedenheiten eine gemeinsame Form aufgeprägt, sie zur Einheit »integriert« hat, und daß es das vollbringen konnte, ohne ihrer Eigenart Gewalt anzutun, läßt erst das ganze imponierende Ausmaß seiner staatlichen Leistung ermessen.

Luzern

Zwischen Barock und Aufklärung

... in Luzern scheint eine Lässigkeit, ein freies Gehenlassen im Spiele zu sein, das man sich aus dem Charakter des Luzerner erklären möchte. Der See, der sich ihrem Blick entzieht und mit immer neuen Ausbuchtungen lockt, die Berge, die sich hintereinander schichten wie die Herolde größerer Wunder, haben es ihnen angetan. Sie sind keine angewurzelten Menschen, die sich Tag für Tag über den Amboß oder das Butterfaß bücken, sie stehen immer ein wenig auf den Zehenspitzen und horchen auf den Ruf der Ferne.
Ricarda Huch, in »Luzern«

Drei sehr verschiedene Landschaften prägen das Bild Luzerns. Den breitesten Raum nimmt die des Mittellandes ein: eine Folge von sanften Tälern, die sich zwischen bewaldeten Hügelzügen nach Norden ohne spürbaren Übergang in den Aargau hinein fortsetzen, da und dort mit idyllischen Gewässern wie dem Sempacher oder dem Baldegger See geziert. Alles ist hier lieblich, auf eine stille, unauffällige Weise anziehend, aber ein wenig spannungslos: ein fruchtbares, wohlhabend-gelassenes Bauernland bis zum heutigen Tag. Nur wenige kleine mittelalterliche Städte und Flecken unterbrechen die ländliche Weite – lange Zeit verschlafene und verträumte darunter mit einer großen Vergangenheit. Da ist z. B. Sempach, in dessen Nähe 1386 eine der Entscheidungsschlachten der Schweizergeschichte geschlagen und Herzog Leopold von Österreich mit der Blüte des vorderösterreichischen Adels von bäuerlichen Morgensternen und Hellebarden hingestreckt wurde, oder die schmucke Klostersiedlung Beromünster mit ihrer großartigen humanistischen und wissenschaftlichen Tradition, wo einst die erste Druckerpresse der Schweiz stand und von wo bedeutende, streitbare Geister wie der Historiker Joseph Eutych Kopp – der Zertrümmerer der Tellensage – und der liberale Philosoph Paul Vital Troxler ausgegangen sind. Selbst jene paar Orte, die nicht nur in solchen Erinnerungen leben, sondern sich aktiver der Gegenwart zuwenden, tun das auf eine behutsame, fast betuliche Weise: Willisau etwa im melancholisch überschatteten »Hinterland« oder das agile und aufstrebende Sursee, das als einziges dieser kleinen regionalen Zentren über 5000 Einwohner hinausgelangt ist. Außerhalb der Gebirgszonen der Alpen und des Juras wird man in der Schweiz kaum auf ein so ausgebreitetes Gebiet ohne größere urbane oder industrielle Ballungen stoßen wie in diesem Luzerner »Gäu«, und selbst im Kanton Bern mit seinem soliden agrarischen Fundus wohl auch auf keines, das sich in den letzten hundert Jahren verhältnismäßig so geringfügig verändert hat.

Noch stärker prägt sich dieser rurale Zug im voralpinen Entlebuch aus. Aber Landschaft wie Volkstum verraten hier einen energischeren, dramatischeren Stil als im »Gäu«. Sie künden schon die Urschweiz an, als deren Fortsetzung ins Luzernische hinein das Tal erscheint. Es ist eine eigenwillig gebuckelte Gegend, die in mancher Hinsicht an das bernische Emmental drüben jenseits der Kantonsgrenze erinnert, aber mit einem deutlichen Zug ins Größere, Härtere, Verschlossenere außerdem. Und von dem fast fürstlich ausladenden Reichtum und Lebensstil des Emmentaler Großbauern ist hier nichts zu erkennen. Wir sind im Entlebuch schon in der Übergangszone zur bergbäuerlichen Alpwirtschaft, die wachsende Mühe hat, sich wirtschaftlich zu behaupten und ihre Leute bei der Stange zu halten; die ökonomische Bedrängnis ist unverkennbar größer als im luzernischen Mittelland mit seiner »hablichen« Bauernsame. Der unbedeutende Fremdenverkehr vermag nicht wie im höheren alpinen Bereich den Mangel an einer tragfähigen wirtschaftlichen Grundlage zu überdecken. So wundert es uns trotz der Stattlichkeit mancher Dörfer im Tal und am Talrand (wie Entlebuch selber, Escholzmatt oder Schüpfheim) kaum, auf Anzeichen der Stagnation zu stoßen: Das Entlebuch ist das einzige der Luzerner Ämter, das heute weniger Einwohner zählt als Anno 1850. Aber materielle Schwierigkeiten haben den Entlebucher nie zu entmutigen vermocht. Es ist ein kraftvoller, trotziger und bemerkenswert lebenstüchtiger Volksschlag, der hier lebt, den Unterwaldnern verwandter als den übrigen Luzernern, stockkonservativ und doch allzeit zur Rebellion geneigt, durch vifen Witz und unbändige Spottlust von ferne an den appenzellischen erinnernd, vor allem aber mit einem stiernackigen Freiheitssinn begabt. Keine ihrer Untertanen haben den Luzerner Herren mehr zu schaffen gemacht als die Leute aus dem Tal der Kleinen Emme, die allzeit von einem eigenen demokratischen Landsgemeindekanton urschweizerischen Stils träumten und denen trotz ungezählten Aufständen die Erfüllung dieses Traums stets verwehrt blieb. Noch immer ist Christian Schibi ihr Heros: der bärenstarke Mann, der 1653 an der Spitze der bäuerlichen Rebellen ausgezogen war, Luzern zu belagern und den Aristokraten die Freiheit der Landbevölkerung abzutrotzen. Im besten

Gasthaus des Tales tafeln die Städter heute unter Wandbildern, die an Schibis Taten und an die Hinrichtung des Aufrührers erinnern.

Die Hauptstadt selber berückt zu allererst durch das Pathos ihres Panoramas: mit dem vielgliedrigen alpinen Binnenfjord des Vierwaldstätter Sees, mit seinen unvermuteten, von jedem Blickpunkt aus neuen Perspektiven, den gewaltig aufschießenden Felszacken des dicht an den Rand der Ebene herantretenden Pilatus und der majestätischen Rundung der Rigi. Ein Naturtheater von solcher Harmonie und Heftigkeit zugleich findet sich sonst fast nur unter südlicheren Himmeln. Schon die erste ausführliche Schilderung Luzerns, die der gelehrte Humanist Albrecht von Bonstetten im 15. Jahrhundert gab, rückt die Stadt ganz in ihre Landschaft hinein. Sie sei, heißt es dort, »lustig der gesicht, uf einer siten einen berg habent fast in die stat hangend, uf siner höhe mit starker mure verwallen und mit hohen thürnen, die ihren gibel gen dem wolche erhebent«. Von Luzern aus schiebt sich der Kanton mit seinem weitaus kleinsten, aber prächtigsten Gebietsteil beinahe mitten in die Urschweiz hinein, nicht nur den beiden Seeufern entlang zur Unterwaldner und Schwyzer Grenze, sondern noch über die beiden Seitenarme des Wasserkreuzes hinweg, die nach Küssnacht und Alpnach ausgreifen. Schon im 14. Jahrhundert, als sie erstmals zur Expansion über ihre Mauern hinaus ansetzten, haben sich die Luzerner am unteren Südhang des Rigimassivs festgesetzt – dort, wo sich dann später die bedeutenden Kurorte Weggis und Vitznau aus kleinen dörflichen Anfängen entwickeln sollten.

Am Ausfluß der Reuss aus dem Vierwaldstätter See erwachsen, liegt die Stadt ziemlich genau am Schnittpunkt der drei Luzerner Landschaften: des Gäus, des Entlebuchs und der Seegemeinden. Obwohl *geographisch* am südöstlichen Kantonsrand situiert, bildet sie daher *geopolitisch* die eigentliche Mitte des ganzen ansehnlichen Staatsgebiets, das an Fläche den neunten, an Bevölkerungszahl den siebten Rang unter den eidgenössischen Ständen einnimmt. Noch weit über sein einstiges Herrschaftsgebiet hinaus findet sich in seinem weiten Umkreis denn auch kein zweites Zentrum, von dem eigene oder gar gegensätzliche Anziehungskräfte hätten ausgehen können.

Tatsächlich bildet Luzern das natürliche Zentrum für die ganze Innerschweiz: die einzige Stadt von Rang in diesem Bereich und daher zum urbanen Vorort der zentralalpinen Talgemeinschaften gleichsam vorbestimmt. So wuchs es in eine doppelte Funktion hinein. Indem es sich bis zur Mitte des 15. Jahrhunderts einen schönen Happen vom fruchtbaren Mittelland erwarb, gewann es die machtpolitische Grundlage für eine Führerrolle im eidgenössischen Bunde an der Seite Berns und Zürichs; anderseits sah es sich hineinverflochten in eine enge Lebens- und Interessengemeinschaft mit den Hirtenrepubliken der Zentralalpen, seinen unmittelbaren Nachbarn am Vierwaldstätter See. Es bot den Waldstätten nicht nur ihren wichtigsten Markt, sondern zugleich einen möglichen geistigen Mittelpunkt dar.

Darüber hinaus aber tritt uns in Luzern die zentralste und auf ihre Art die »schweizerischste« aller eidgenössischen Städte entgegen. Schon für Albrecht von Bonstetten war Luzern »der recht nabel und das ware mittel der Eidgenosschaft«. Und 1588 spricht ein mailändischer Ritter von der Stadt »als einem Ort, der in der Mitten liegt, und von dannen sehr gute Gelegenheit alle andere Oerter zu besuchen«. Und der geographischen entsprach die geistige Mittellage: Gonzague de Reynold hat die Rolle Luzerns in der Eidgenossenschaft ein wenig einseitig, aber doch in mancher Hinsicht richtig als die einer »conciliatrice« und »régulatrice« beschrieben, der es zugefallen sei, zwischen dem urbanen und dem bergbäuerlichen, ja selbst zwischen dem germanischen und dem lateinischen Element zu vermitteln.

Daß die Stadt, einst nicht mehr als eine Fischereisiedlung im Besitz der fernen elsässischen Abtei Murbach, dann in habsburgische Hände geraten, als erstes neues Glied zu dem Bund der drei Waldstätte stieß, hatte seine guten Gründe. Noch einmal müssen wir uns an dieser Stelle erinnern, daß die frühe Eidgenossenschaft um die beiden Kristallisationskerne der Gotthardroute und des Vierwaldstätter Sees erwachsen ist. An beiden hat Luzern selbstverständlichen Anteil. Sein Aufstieg zu größerer Bedeutung und städtischen Privilegien folgte der Öffnung des Weges über den Gotthard; es war gewissermaßen der Schlüssel zu dem neuen Tor nach Süden, wichtigste Zollstation und wichtigster Kontrollposten an der eben erst gangbar gemachten direkten Handelsstraße vom Rhein nach der Lombardei. Aber es konnte die Gunst dieser Schlüsselposition nicht nutzen, solange es den Habsburgern als befestigter Stützpunkt und Instrument ihres Wirtschaftskrieges gegen die bäuerlichen Rebellen seines eigenen Hinterlandes dienen mußte. Die Blockade, die Österreich über die widerspenstigen Urkantone verhängte, um sie in die Knie zu zwingen, schädigte Luzern genauso oder womöglich noch um einige Grade mehr als die Eidgenossen selber. Der lebhafte Luzerner Markt verödete, der eben erst in Gang gekommene transalpine Transitverkehr wanderte wieder auf andere Routen ab, der vielversprechende Aufschwung der jungen Stadt geriet ins Stocken. So lag ihr Beitritt zur Eidgenossenschaft, zu dem sie sich schließlich 1332 (siebzehn Jahre nach der Schlacht am Morgarten) mit einigem Zögern entschloß, in ihrem eigenen Interesse wie in dem der Bundesgründer, die erst damit ihre Verbindungslinien über den Vierwaldstätter See gegen Störungen gesichert wußten. Denn die ökonomische Isolierung des einen und die militärische Bedrohung des anderen Partners wurde mit einem Schlage durch diesen Entschluß beseitigt, auch wenn es noch ein halbes Jahrhundert dauern sollte, bis Luzern durch den Sieg bei Sempach seine völlige Unabhängigkeit von habsburgischer Herrschaft gewann.

Aber die Bedeutung des luzernischen Anschlusses an den schweizerischen Bund ging weit über diesen Augenblicksvorteil hinaus. Daß sich die Stadt mit den Urkantonen zusammentat, ist vor allem aus zwei Gründen zu einem der entscheidenden Ereignisse der eidgenössischen Geschichte geworden. Einmal hat erst die ewige Allianz mit Luzern die wehrtüchtigen Hirtenrepubliken aus der alpinen Enge in die Weite des verhältnismäßig offenen Mittellandes zwischen Genfer See und Bodensee hinausgeführt, das später zur Achse des ganzen Bundes werden sollte. Mit dem Beitritt Luzerns verknüpften sich erstmals die sonst getrennten Kräfte bäuerlichen und bürgerlichen kommunalen Selbstbestimmungswillens miteinander.

Erst dieser Zusammenschluß von Bauern- und Bürgertum, von ländlichen und städtischen Gemeinwesen hat die Sonderstellung der Eidgenossenschaft in der europäischen Geschichte begründet. Indem die Waldstätte nach ihrem Abwehrsieg am Morgarten aus der ursprünglichen Isolierung heraustraten und die Verbindung mit den Stadtrepubliken des nördlichen Alpenvorlandes eingingen, taten sie den entscheidenden Schritt, der ihrer Föderation Dauer sicherte – im Widerspruch zum gesamten geschichtlichen Trend fortschreitender territorialer Konzentration und Zentralisierung. Insofern stellten die ewigen Bünde der Urkantone zuerst mit Luzern, dann mit Zürich und Bern einen ebenso revolutionären Vorgang dar wie ihr Freiheitskampf selber. Mehr noch: Man kann diese Erweiterung des ursprünglichen Verbandes sogar als den zweiten und entscheidenden Gründungsakt der Eidgenossenschaft nach dem Präludium der Bundesbriefe von 1291 und 1315 betrachten. Luzerns Beitritt hat diese Symbiose alpin-genossenschaftlichen und mittelländisch-urbanen Autonomiestrebens eingeleitet, aus der die Schweiz als Nation *sui generis* dereinst erwachsen sollte.

Die andere Seite von Luzerns Mittlerstellung ist freilich jener Widerspruch, der sich durch die ganze luzernische Geschichte zieht. Bald fühlte sich die Stadt durch ihre patrizische Ordnung zu den anderen Stadtstaaten und ganz besonders zum junkerlichen Bern hingezogen; dann wieder legte sie Wert auf einen ungleich intimeren Kontakt mit dem ursprünglichen ländlichen Bundeskern, als ihn Zürich und Bern jemals auch nur suchten. Für die größeren und reicheren Stadtrepubliken, die eigene weitgreifende politische Absichten verfolgten, war die Zugehörigkeit zur Eidgenossenschaft noch auf lange Zeit hinaus nur ein einzelnes Element in ihrem Koordinatensystem. Luzern aber blieb sich immer seiner unlösbaren Zusammengehörigkeit mit den Urschweizer Bauernkommunen bewußt, und diese ihrerseits haben seinen Führungsanspruch immer dann anerkannt, wenn die Stadt gegen zürcherische oder bernische Ambitionen gemeinsam mit den »Ländern« das Gewicht der Mitte gegen die übermächtigen Außenseiter stärkte.

Erst die Reformation zwang zur Entscheidung zwischen diesen divergierenden Linien. Als Bern und Zürich ins reformierte Lager abschwenkten, Luzern aber fest beim alten Glauben beharrte, rückte es näher als je zuvor an die gleichfalls unerschütterlich romtreuen inneren Orte heran. So stieg es zum unbestrittenen Vorort der katholischen Schweiz auf, Sitz des Nuntius und Zentrum für die großangelegte theologische wie pädagogische Tätigkeit der Jesuiten und Machtbasis jenes »Schweizerkönigs« Ludwig Pfyffer, der auf allen Fronten bis hin ins hugenottische Frankreich den Abwehrkampf gegen die neue Lehre organisierte.

Natürlich hatte Luzern handgreifliche Gründe für seine beharrliche Ablehnung der Reformation. Auch das Interesse der Aristokratie an den fremden Kriegsdiensten sprach in ihren Augen gegen Zwingli, der ja seine theologische Verkündigung mit einem radikalen Angriff auf das Pensionen- und Söldnerwesen verbunden hatte. Und doch spielte wohl noch ein weiteres Motiv mit: die enge Bindung an Italien – das Italien der Päpste vor allem, deren Schweizergarde noch heute wie immer seit dem 16. Jahrhundert von einem Luzerner geführt wird, aber auch das Land der Mittelmeerstädte, der Renaissanceherren und des lombardischen Händlertums, mit dem man über den Gotthard in ständiger Berührung stand und dem man in mancher Hinsicht nachzueifern suchte. Daß der Geist der »Herren von Luzern« viel vom italienischen Geist an sich habe, ja daß sogar die meisten von ihnen ihre Studien in Italien machten, bemerkte schon der Marquis von Puyzieulx, der die Stadt als Gesandter Ludwigs XIV. gründlich kennengelernt hatte – und selbst der müßige Spaziergänger von heute wird in Luzern deutlicher als in irgendeinem anderen deutschschweizerischen Orte der Nähe Italiens gewahr.

Denn kaum ein anderes Stadtbild nördlich der Alpen beschwört soviel mediterrane Assoziationen herauf, und keineswegs nur für den, der von Norden kommt und ungeduldig nach südlichen Vorahnungen auspäht. Ein moderner italienischer Autor – Piero Mandelli – bestätigt diesen Eindruck: »Girovando per la città in una giornata di smagliante sole provai l'impressione di intravedere, sia pure con abbondante fantasia, luoghi che mi riportavano con strani raffronti ad alcune località italiane: le piazzette lucernesi ai campirelli di Venezia, il Weinmarkt a Verona, e i ponti, vagamente in qualche cosa, mi ricordavano Firenze.« Man könnte die Vergleiche weiterspinnen: Der Palast des Schultheißen Ritter, später ins Jesuitenkollegium einbezogen und heute die kantonale Regierung samt dem Großen Rat beherbergend, und das wuchtige Rathaus muten mit der strengen Renaissancegliederung ihrer Fassaden fast wie Repliken florentinischer Palazzi an; vollends die Arkadenreihen mit den tiefen Hallen dahinter, die das rechte Ufer der Reuß säumen, könnten ebensogut irgendwo am Ufer des Mittelmeeres stehen. Das erinnert uns daran, wie Gonzague de Reynold Luzern als eine Trias von »matière tudesque, forme italienne, âme catholique« interpretiert.

Dem äußeren Eindruck entspricht eine geistige Realität. Die eigentümliche Nonchalance der Luzerner Altstadt deutet eher auf transalpines als auf nordisches Gepräge hin. Tatsächlich haben lombardische Handelsherren schon im Mittelalter hier Fuß gefaßt und sind aus dem »Kommerz« dann entweder ins städtische Bürgertum oder gar in die Aristokratie umgestiegen; das Geschlecht der Balthasar, das in der luzernischen Geistesgeschichte eine so bedeutende Rolle spielte und noch immer spielt, leitet sich von einem solchen Zuzügler aus »Lamparten« ab. Aber auch der eingeborene Luzerner hat kaum mehr als einen Hauch vom bürgerlichen Puritanismus altzürcherischen Wesens oder auch von der nüchternen Strenge bernisch-seigneuraler Überlieferung an sich. Hier herrscht das Barock: ein gläubiges, aber sinnen- und festfreudiges, seines Untergrundes an metaphysischen Düsternissen so ziemlich entkleidetes Barock, das gerne ein wenig ins Unbekümmert-Genießerische, gelegentlich sogar ins Heiter-Leichtlebige hinüber moduliert. In den Versuchen, das Wesen des Luzerners zu schildern, den alten wie den neuen, taucht immer wieder das Schlüsselwort von der »Lässigkeit« auf. Und wie sehr ein solches Lebensgefühl auf alte und festeingesessene Dispositionen zurückgeht, mag man noch einmal aus Bonstetten entnehmen, der die Luzerner Bürger zwar als » stritbar und küne« schildert, ihnen jedoch zugleich nachsagt, sie seien »fast frölich der minne und dem wibe geneigt«. Wie gut paßt es dazu, daß Luzern nächst Basel über die munterste Fasnachtstradition der Schweiz verfügt! Und auch seiner ruhmreichen barocken Theaterkultur darf in diesem Zusammenhang gedacht werden. Sie wirkt noch heute nach. Keine Stadt gleicher Größe wendet ihrem Stadttheater mehr Sorgfalt zu und hat sich auf dem Felde der Bühne eine ähnliche Reputation geschaffen.

Es paßt zu alledem, daß Luzern lange ein harter Boden für das calvinistisch geprägte, als typisch schweizerisch empfundene Arbeitsethos war. Viele Besucher haben sich über seinen mangelnden »Gewerbefleiß« aufgehalten. Mit gerunzelter Stirn bemerkt Afsprung, man wisse hier in Stadt und Land »nichts von Fabriken und vom Commerz«, da »die Vornehmen zu Luzern ... ihre Rechnung besser beym Dienste des Staats, bei fetten geistlichen Pfründen, und in Kriegsdiensten« fänden. Bereits im 16. Jahrhundert klagte der Stadtschreiber Cysat, dessen Anregung die Stadt die viel gerühmten und viel gelästerten, von holprigen Versen begleiteten dreieckigen Bilderreihen in den Giebeln ihrer gedeckten Holzbrücken verdankt, Luzern sei »vor Zyten eine furtreffliche Gewerbsstadt gewesen« und habe »Handel getrieben in Tutschland, Frankreich und Italien« – woraus man schließen darf, wie weit es sich bereits zur Zeit der Gegenreformation seinen kommerziellen Ursprüngen entfremdet hatte. »What a contrast to Zuric!« ruft der Engländer Coxe aus, der hier nicht nur »no manufactures of any consequence, and little commerce« findet, sondern auch den Mangel intellektueller Regsamkeit rügt. Angesichts solchen herben Tadels fühlte sich selbst der reformierte Schaffhauser Pfarrherr Johann Georg Müller zur Verteidigung seiner luzernischen Miteidgenossen gedrängt. Aber seine liebenswürdige Apologie bestätigt nur das Bild, das wir schon gewonnen haben:

»Mir deuchte, ich sahe in Luzern diejenige Industrie nicht, vermöge welcher man sich täglich aneinander reibet, daß die Haare davon fliegen: es kam mir vor, als wenn die Einwohner nicht bloß produzieren, sondern auch sich hinsetzen und das produzierte genießen – Freylich eine große Sünde bey den neuesten Statistikern!«

Die Freude am Genießen – in jeder Form – ist den Luzernern geblieben. Sonst aber hat sich bei ihnen gerade auf wirtschaftlichem Felde manches geändert, bis hin zum Einzug modernen industriellen Unternehmertums, von dem gleich noch die Rede sein wird. Vorher schon hatte sich der kommerzielle Geist im 19. Jahrhundert mit dem gewaltigen Aufschwung des Fremdenverkehrs in einer Form Bahn gebrochen, die sich mit dem *genius loci* augenscheinlich besonders trefflich zu verstehen schien. Noch heute gibt der Tourismus der Stadt ihren ökonomischen Rückhalt, auch wenn er in der Zwischenzeit manche Krisen durchzumachen hatte. Die fremden Dienste, so möchte man sagen, sind dem Dienst am Fremden gewichen. In den Direktoren der zahllosen Hotelpaläste, die sich in ununterbrochener Kette dem Seegestade entlangziehen oder die Hügel mit der schönsten Aussicht krönen, erscheint uns gewissermaßen das moderne Pendant zu jenen Offizieren, die in französischem, spanischem, savoyischem oder neapolitanischem Solde nicht nur wohlklingende Titel und Adelsdiplome, sondern auch ein gutes Teil Weltläufigkeit erworben hatten und von dort in ihre engere Heimat zurückbrachten.

Sicher haben sich die Luzerner Patrizier zunächst nicht sonderlich beeilt, ihren im Kriegshandwerk erworbenen Wohlstand in der Hotellerie anzulegen. Die ersten, die diese Chance erkannten, waren vielmehr Auswärtige gewesen; erst nach einiger Zeit erwachten die Einheimischen aus ihrer ursprünglichen Indolenz. Doch haben die Aristokraten, ohne es zu wollen, dem Siegeszug des Fremdengewerbes den Weg bereitet. Das »Gemisch von kleinstädtischer und vornehmer Lebensart«, an dem sich im späten 18. Jahrhundert Leonhard Meister in Luzern vergnügte, gab gerade den rechten Rahmen auch für die anspruchsvollen ausländischen Gäste ab: Die luzernische Hinneigung zur »*élégance*«, der manche bewundernde oder auch ironische Passage in frühen Reiseberichten gewidmet ist, verträgt sich vortrefflich mit der international-kosmopolitischen Lasur, die der Tourismus über das alte einheimische Wesen gelegt hat. Zu den Vorzügen, die die Stadt nun mit Charme und Gewinn zu kommerzialisieren lernte, gehört eben neben der herrlichen Natur auch die traditionelle Aufgeschlossenheit für alles Fremde, die einst die Oberschicht von den europäischen Höfen mit nach Hause brachte: »une urbanité et un amour du plaisir qu'on ne s'attendrait guères à trouver dans cette contrée alpestre« (Walsh).

Solche Gaben erleichterten es den Luzernern, die Fremden, die einmal gekommen waren, als regelmäßige Gäste zu gewinnen. Und ihr Sinn für das Repräsentative, ihre Freude an schwungvollen Festen, aber auch ihre Zuneigung zu den Künsten kommt ihnen dabei nicht minder zustatten. Wer denkt noch daran, daß die sommerlichen Luzerner Musikfestwochen ursprünglich, zur Nazizeit, als »Ersatz« für Salzburg eingerichtet wurden? Sie haben längst ihre eigene Tradition bilden können, weil die Musik eben auch dem Geiste des Ortes nicht fremd ist. Sie sei »assez cultivée à Lucerne«, lesen wir schon bei Depping, und einer der ersten Schweizer Komponisten, der sich mehr als eine lokale Reputation errungen hat, war der Luzerner Patrizier Xaver Schnyder von Wartensee, der sein subtiles Handwerk bei keinem Geringeren als Beethoven gelernt hatte.

Aber die Stadt ist nicht der Kanton. Nichts macht das deutlicher als die ganz ungewöhnliche Art und Weise, in der Luzern seinen zunehmend bedeutenderen Beitrag zur Industrialisierung und Urbanisierung der Schweiz geleistet hat. Auffallend spät, erst nach dem Zweiten Weltkrieg, hat er jene Breite erlangt, die dem Kanton auch in diesem Bereich der Wirtschaft nationale Bedeutung sichert. Auch jetzt noch kommt der Luzerner Landwirtschaft überdurchschnittliches Gewicht zu. Vor allem aber konzentrieren sich die industriellen Unternehmen überwiegend auf einen schmalen Gürtel im engeren Umkreis der Hauptstadt: auf Vorstadtgemeinden wie Kriens, Horw, Littau, Emmen und Ebikon, neuerdings auch Malters, die im Laufe weniger Jahrzehnte nicht nur weit über ihre dörflichen Ursprünge hinausgewachsen sind, sondern insgesamt auch die benachbarte Stadt beträchtlich überflügelt haben.

Nun läßt sich ja ein ähnlicher Zug in die Vororte und damit ein Trend zur Herausbildung städtischer »Agglomerationen« bei allen größeren und mittleren Schweizer Städten beobachten, ja solche Ballungen charakterisieren überhaupt das jüngste Stadium neuzeitlicher Siedlungsgeschichte. Aber kaum irgendwo tritt diese Tendenz so kraß zutage wie in Luzern. Während die Stadt selber von ihren 73 000 Einwohnern Ende der sechziger Jahre inzwischen auf 62 000 zurückgefallen ist, leben in ihrer Agglomeration Anfang 1983 bereits 157 000 Menschen. Das heißt, die mit ihr eng verbundenen, aber politisch selbständig gebliebenen Vorort-Kommunen beherbergen inzwischen eine Bevölkerung von 95 000 – ein Drittel mehr als Luzern selbst, fast ein Drittel der gesamten Kantonseinwohnerschaft. In keiner anderen Agglomeration der Schweiz – wenn man vom Sonderfall des wesentlich kleineren aargauischen Baden absieht – findet sich ein so extremes Verhältnis zwischen urbanem Kern und Außengemeinden.

Einmalig ist aber auch (oder war doch bis vor ganz kurzer Zeit) der abrupte Übergang von diesem suburbanen Gürtel in die breiten, noch ganz agrarisch bestimmten Gefilde des »Gäus«. Fährt man von Luzern nordwärts gegen Basel zu, so beginnt gleich hinter Emmen fast ohne erkennbare Zwischenzone jenes Bauernland, das sich so gut wie ununterbrochen bis an die aargauische Grenze hinzieht. Erst seit der Eröffnung der Autobahn zu Beginn der achtziger Jahre haben sich einige Teile dieses Gebiets stärker den städtischen Impulsen geöffnet, bildet sich etwa das lange so wenig von ihnen berührte Sempach zunehmend zu einer »Schlafstadt« für Luzern-Pendler um, ist der Augenblick abzusehen, da der noch weiteren Streuung suburbanen Lebensstils auch Vorstöße gewerblicher Aktivitäten in neue Zonen folgen werden – jedenfalls dann, wenn die gesamtwirtschaftliche Konjunktur solchen Initiativen wieder günstiger sein wird als in den Jahren der Rezession.

Vorläufig allerdings ändert diese Entwicklung wenig an der sozialen und politischen Differenzierung zwischen der Stadt Luzern samt ihrer Vorort-Zone einerseits, den weiten Landgebieten anderseits. Hinter der Tatsache, daß die Stadt seit Jahrzehnten liberal verwaltet wird, der Kanton aber dank dem Konservatismus seiner ländlichen Bevölkerung stets eine wenngleich oft knappe Mehrheit der Christlichen Volkspartei aufweist, steckt mehr als nur ein parteipolitisches Spannungsmoment. Ein guter Teil der Gesellschafts- und Geistesgeschichte Luzerns aktualisiert sich in diesem Gegensatz. Um ihm auf den Grund zu kommen, müssen wir noch einmal aus der Gegenwart in die Vergangenheit zurückgreifen. Luzern hat nie eine Periode städtisch-bürgerlicher Zunftdemokratie durchgemacht. Seine Verfassung war von Anfang an die einer ausgeprägten Oligarchie. Anderseits hat sich die Führungsschicht hier nicht um einen Kern feudaler, altadeliger Geschlechter herumgruppiert. Im Unterschied zu Bern (und in gewissem Maße auch zu Freiburg) trug Luzern nicht den Charakter einer urbanisierten Adelsrepublik. Reichtum eher als vornehme Geburt begründete ursprünglich den Anspruch, in die Gruppe der »Herren« aufzusteigen. Es war eine aus dem Handwerk und dem Handel emporgekommene, noch geraume Zeit mit solchen bürgerlichen Tätigkeiten verbundene Klasse von Wohlhabenden, die die Ratsstellen für sich monopolisierte. Aber schon das erste erhaltene Stadtrecht legt ausdrücklich die Erblichkeit der Ämter, also der Ratsherrenwürden, fest. Wer einmal an die Spitze aufgestiegen und vor allem in den »Kleinen Rat« der Sechsunddreißig gelangt war, der konnte dieses Privileg auch seinem Sohn vermachen. Zwar spielten die Luzerner Zünfte eine ungleich größere Rolle in der Geschichte der Stadt als die bernischen, die nie über kümmerliche Ansätze hinaus gediehen; das entsprach dem bürgerlicheren Charakter der Reuß-Republik gegenüber ihrer Schwester an der Aare. Aber anders als in Basel oder Zürich sind die Zünfte niemals Wahlkörperschaften geworden, die in der Lage gewesen wären, einen Einfluß auf die Zusammensetzung der Räte auszuüben. Nur durch Kooptierung, nicht aber durch Wahl konnte man aus der Bürgerschaft ins »Regiment« aufsteigen.

Je mächtiger Luzern wurde, desto mehr bildete sich die bürgerliche Oligarchie in eine patrizische Aristokratie um. Nun galt es bald für den Ratsherren nicht mehr als standesgemäß, ein Gewerbe zu betreiben oder auch nur einen Handwerksbetrieb zu besitzen: Staatsdienst, Kriegsdienst in fremden Heeren als Söldnerführer, dazu für die jüngeren Söhne die geistliche Laufbahn – das bezeichnete von jetzt an den Raum, in dem sich der »Junker« zu bewegen hatte. Allenfalls kam noch die Verwaltung der ländlichen Familiengüter hinzu. Aber es fällt auf, daß der typische Luzerner Patrizier sich mit seinem Grundbesitz viel weniger abgab als sein Berner Standesgenosse. Er blieb sogar dann in der Stadt wohnen, wenn er an die Spitze einer Landvogtei berufen wurde, und ließ die alltäglichen Geschäfte durch Stellvertreter niederer Herkunft besorgen.

Gerade das mag zur Entfremdung des Landes von der Stadt beigetragen haben. Es ist typisch, daß der Große Bauernkrieg von 1653 in der bernischen Geschichte als ein isolierter Vorfall erscheint, während sich die »Gnädigen Herren« von Luzern fast in jeder Generation mit ihrem aufbegehrenden Landvolk herumzuschlagen hatten. Darum finden sich auch weniger überschwengliche Lobeshymnen auf das luzernische Patriziat als auf das bernische.

Wie fraglich in Wahrheit das aristokratische Regiment war, geht nämlich aus mancherlei Hinweisen hervor. Zu den frappantesten davon gehören die sogenannten »Konstitutionen« des 18. Jahrhunderts – Verordnungen, laut denen selbst Veruntreuungen aus der Staatskasse mit dem Mantel der aristokratischen Klassensolidarität zugedeckt werden sollten, und zwar »ohne den mindesten Abbruch der Ehre des Beamten«! Fürwahr ein extremes Exempel luzernischer »Lässigkeit«, das nicht besser durch die Begründung wurde, es wäre dem »Regiment« unzuträglich, menschliche Schwächen der Regierenden durch Prozesse an den Tag zu bringen... Gerade an einem solchen Beispiel tritt der Unterschied zu Bern, dessen herrschende Kaste sich strengsten Rechtsmaßstäben unterwarf, ganz besonders kraß zutage.

Nicht minder deutlich offenbarte er sich in der luzernischen Wirtschaftspolitik gegenüber der Landbevölkerung. Gewiß erging es dem Luzerner Bauern materiell nicht schlecht; er hatte nur unerhebliche Steuern zu entrichten, da der Staat dank den »Pensionen«, mit denen sich das Ausland das Recht zur Söldnerwerbung erkaufte, seine bescheidenen Finanzbedürfnisse auch ohne fiskalischen Druck auf seine Untertanen bestreiten konnte. Zudem verfügte das Luzerner Land mit Ausnahme des Entlebuchs über reichlich fruchtbaren Ackerboden.

Aber die meisten einträglichen Handwerke waren der Stadt (in gewissem Umfang auch den Landstädten) vorbehalten, und selbst auf seinem eigenen Felde sah der tüchtige Landwirt seine Aufstiegsmöglichkeiten durch das Verbot eingeschränkt, mehr als einen Knecht zu halten. Gerade an solchen Bestimmungen erweist es sich, wie sehr die Luzerner Patrizier in ihrem Verhältnis zum Land noch immer, auch nachdem sie längst in einen seigneuralen Lebensstil hineingewachsen waren, den zunftbürgerlichen Stempel trugen; von einer Identifikation mit dem Wohlergehen ihrer bäuerlichen »Subjecte«, wie sie für die bernische Mentalität bezeichnend war, ist hier kaum etwas zu spüren.

Zu diesem sozialen Gegensatz gesellte sich aber mit der Zeit noch ein geistiger, je mehr sich die Oberschicht unter dem Einfluß der Aufklärung von den gegenreformatorisch-barocken Wurzeln löste, die sie mit ihren Untertanen verbanden. Intellektuell interessierter und beweglicher als die bernische, neuen Strömungen daher aufgeschlossener, verschrieb sie sich auch bedenkenloser französischen Mode-Philosophien. Schließlich verzichtete das Patriziat 1798 von sich aus auf seine Vorrechte, und zwar schon vor dem Angriff des französischen Revolutionsheeres auf die Eidgenossenschaft, während sich die Berner Aristokraten immerhin an der Spitze ihrer Bauernmilizen den eindringenden Streitkräften entgegenwarfen. Die Helvetische Republik, dieses kurzlebige Experiment eines schweizerischen Einheitsstaates, fand in Luzern just unter den Privilegierten des *ancien régime* eine auffällige Bereitschaft zur Mitarbeit. Und in der Mediationszeit, ja selbst unter dem Regime der Restauration gab es in der regierenden Elite viel ausgeprägter »liberalisierende« Tendenzen als in den meisten anderen Kantonen – weswegen denn auch 1830/31 der Anstoß zur liberalen »Regeneration« in Luzern, anders als in Bern, Solothurn, Zürich oder Basel, keineswegs von den Landstädten, sondern aus der »fortschrittlichen« Fraktion der untereinander bitter verfeindeten Aristokraten kam.

Schaut man näher hin, dann entdeckt man freilich, daß dieser liberal-patrizische Geist in der Hauptsache auf die Bändigung der Kirche bedacht war, im übrigen jedoch durchaus dem Monopol von Besitz und Bildung verschworen blieb. Der autoritäre, »josefinische« Gedanke des Staatskirchentums hat nun allerdings seine gut luzernische Tradition. Schon aus dem 16. Jahrhundert sind Klagen von Geistlichen über die angebliche Domination der »Leyen« überliefert. Im 18. Jahrhundert vollends verfocht das Patriziat den gleichen Standpunkt der reinen Staatsraison wie die monarchischen Vertreter des »aufgeklärten Despotismus« und beanspruchte für sich genau jene Prärogativen zum Eingriff in Organisation und Gerichtsbarkeit der Kirche, die dem französischen König zustanden: Schließlich stelle es im luzernischen Staat das dar, was der König in seinem Reiche sei (»*quod est rex in regno*«).

Das Landvolk aber fühlte sich der Kirche viel näher als dem weltlichen Regiment und bezeugte wenig Verständnis für eine solche Geisteshaltung. Wohl ließ es sich den Liberalismus gefallen, solange ihm dieser gewisse ökonomische Erleichterungen verhieß. Selbst strenggläubige Katholiken um den ungebildeten, aber redegewaltigen, von mystischen Vorstellungen erfüllten Landwirt und Viehhändler Joseph Leu von Ebersol beteiligten sich denn auch zunächst an der Bewegung von 1830. Als sich aber die Liberalen an die Kirche heranwagten, ein freisinniges Schulgesetz erließen und gar für die Verlesung bischöflicher Hirtenbriefe ohne vorheriges *Placet* der Regierung Gefängnisstrafen androhten, kam es schnell zum irreparablen Bruch zwischen den unvereinbaren Verbündeten. Indem sich die konservative Bauernbewegung unter Joseph Leu gegen solche »gotteslästerlichen« Reformen erhob, wurde sie zum eigentlichen Träger der demokratischen Umwälzung. Sie war es, die 1841 an die Stelle der ausgeklügelten liberalen Repräsentativ-Verfassung eine neue Konstitution mit allgemeinem, gleichem und direktem Wahlrecht durchsetzte, ja bereits die modernen, in der übrigen Schweiz erst später durchgedrungenen Ideen der »Direkten Demokratie« mit Verfassungsinitiative und einer Frühform des heutigen Gesetzesreferendums verwirklichte. Tatsächlich ging die sogenannte »Konstitution der Volksrechte«, von Leu inspiriert, von dem abtrünnigen Liberalen Siegwart-Müller ausgearbeitet, weit über alles hinaus, was den radikalen Reformern in anderen Kantonen vorschwebte. Gleichzeitig aber war sie vom Geist konfessioneller Intoleranz und von einem kompromißlosen »Ultramontanismus« geprägt. Sie räumte nicht nur der Geistlichkeit aufs neue den überwältigenden Einfluß auf die Schule ein; das neue Grundgesetz mit seiner eigentümlichen Mixtur revolutionären und erzreaktionären Gedankenguts wurde sogar dem Papst unterbreitet, um den Segen seiner Heiligkeit für dieses kuriose Dokument zu erflehen – womit die Kirche gewissermaßen ihrerseits als die übergeordnete Schutzmacht des Staates anerkannt war.

Der legale, durch einen überwältigenden konservativen Wahlsieg hervorgerufene Umsturz von 1841 leitete nun allerdings Ereignisse ein, die weit über den kantonalen Rahmen hinausgingen. Die liberale Niederlage, die Heranziehung der Jesuiten, schließlich der Abschluß des katholischen »Sonderbundes« mit den Waldstätten, Zug, dem Wallis und Freiburg, verschärften die inneren Spannungen in der Eidgenossenschaft so sehr, daß es zum bewaffneten Zusammenstoß kommen mußte. Nachdem zwei »Freischarenzüge« zum Sturz des konservativen Luzerner Regimes schmählich gescheitert waren, die Liberalen und Radikalen anderseits eine Mehrheit der Standesstimmen an der Tagsatzung hinter sich gebracht hatten, entschloß sich die Majorität der liberalen Kantone, die Auflösung des Sonderbundes und die Vertreibung der Jesuiten mit Waffengewalt zu erzwingen. Der kurze, dank General Dufours brillanter Führung verhältnismäßig unblutig verlaufene Sonderbundskrieg war der letzte der schweizerischen Bürgerkriege und zugleich der eigentliche Geburtsakt des modernen Bundesstaates. Luzern, Haupt und Inspirator des Sonderbundes, hatte sein leichtfertiges Vertrauen in die Intervention der ausländischen Mächte bitter zu büßen: Auf seinem

Boden, in den Gefechten von Gisikon und Meierskappel, entschied sich die militärische Niederlage der konservativen Separat-Allianz. Nur knappe drei Wochen dauerten die Feindseligkeiten; sieben Monate nach ihrem Ende war der Entwurf einer neuen Bundesverfassung perfekt, der Übergang vom Staatenbund zum Bundesstaat vollzogen.

Noch einmal gelang es den Liberalen im Gefolge des konservativen Zusammenbruchs und unter dem Schutze eidgenössischer Bajonette, die Macht zurückzugewinnen, die klerikale Gesetzgebung und mit ihr auch manche der demokratischen Errungenschaften von 1841 zurückzurevidieren und ihr Regime mit mancherlei Mitteln – nicht zuletzt dank einer subtilen Wahlkreis-Geometrie – bis 1871 im Sattel zu halten. Auf die Dauer jedoch mußte sich zwangsläufig das Übergewicht des Landes und seiner mehrheitlich konservativen Bevölkerung durchsetzen. Als die Regierung nach dem Vatikanischen Konzil offen auf die Seite jener »altkatholischen« kirchlichen Rebellen trat, die gegen das neue Dogma von der Unfehlbarkeit des Papstes Sturm liefen, war ihr Schicksal besiegelt. Und wiederum verband sich der Umschwung zugunsten der Konservativen mit einer entschiedeneren Hinwendung zur Demokratie, die ihren Ausdruck zum Beispiel darin fand, daß das Referendum systematisch erleichtert wurde. Die Liberalen hatten dem Instrument der Volksabstimmung mit gutem Grund mißtraut, weil sie sich ihrer fundamentalen Schwäche bewußt waren.

Auch der Mann, der nun an die Spitze der Regierung trat, war zwar wiederum ein Junker: Philipp Anton von Segesser, Sproß eines der wenigen altadeligen Patriziergeschlechter, einer der bedeutendsten Köpfe in der ganzen eidgenössischen Politik des 19. Jahrhunderts, dazu Rechtsgelehrter, Historiker und Essayist hohen Ranges. Aber Segesser konnte nur deshalb zum geistigen Vater des modernen luzernischen, ja schweizerischen Konservatismus werden, weil er sich trotz seiner Herkunft völlig mit der Sache der Demokratie identifizierte, sie aber zugleich durch einen leidenschaftlichen, aufs äußerste gespannten Föderalismus temperierte (von ihm stammt das charakteristische Wort, die Eidgenossenschaft sei ihm »so gleichgültig wie die große oder kleine Tatarei«, wenn darin kein Platz mehr für einen freien, souveränen Kanton Luzern sei!). Dieser Grundgedanke, die Souveränität des Volkes vorbehaltlos anzuerkennen, aber zugleich auf der Souveränität der Kantone hartnäckig und unerbittlich zu bestehen und allen zentralisierenden Tendenzen entgegenzutreten, prägt noch heute die geistige Haltung nicht allein des luzernischen, sondern des gesamtschweizerischen Konservatismus – auch wenn der Kampf gegen das wachsende Übergewicht des Bundes sich letztlich angesichts der gesellschaftlichen Kräfte, die zur größeren Einheit drängten, in der Praxis auf eine Folge bloßer Rückzugsgefechte reduziert hat.

Die Gegensätze, die im 19. Jahrhundert so hart und teilweise gewaltsam aufeinanderprallten, wirken bis heute in der luzernischen Politik nach: der Gegensatz zwischen Stadt und Land, zwischen aufklärerisch-rationalistischer und kirchenfromm-volkstümlicher Haltung. Nach wie vor konzentriert sich die Auseinandersetzung hier wesentlich auf das konservativ-liberale Duell – wobei die Christliche Volkspartei mit Stimmenzahlen von wenig unter 50 % regelmäßig eine knappe Mehrheit der Sitze im Großen Rat behauptet. Die Sozialdemokraten spielen fast nur in der Stadt und in ihrem industriellen Umfeld eine bescheidene Rolle. Daneben finden »Protestparteien« ihren Platz. Zeitweise verzeichnete der Landesring gewisse Erfolge. Während aber seine Anhängerschaft neuerdings deutlich zurückgeht, haben die POCH (die »Progressiven Organisationen der Schweiz«) seit ihrem ersten Auftreten Ende der siebziger Jahre einen vielbeachteten Aufstieg zu verzeichnen, der diese ursprüngliche Außenseitergruppe unzufriedener Intellektueller bei den Großratswahlen 1983 sogar zu einem geradezu sensationellen Erfolg führte: Daß eine als »linksradikal« abgestempelte Bewegung ausgerechnet in einem Kanton mit bisher kaum erschüttertem traditionellem Zweiparteiensystem den Sprung von fünf Mandaten auf elf (von 170) schaffen, rund 7500 Stimmen mobilisieren und den Sozialdemokraten ganz nah auf die Fersen rücken könnte, war noch vor kurzem als völlig undenkbar erschienen.

Verständlicherweise hat das Ergebnis landesweites Aufsehen erregt. Zwar muten die 6,5 % der POCH-Stimmen im Kanton gewiß nicht dramatisch an. Aber die 14,5 %, die den kecken Herausforderern in der Stadt zufielen, kamen schon einem kleinen politischen Erdbeben gleich: In keiner Groß- oder Industriestadt der Eidgenossenschaft kann die äußerste Linke derzeit einen solchen Stimmenanteil mustern. Noch auffälliger ist, daß dieser Gewinn im wesentlichen nicht etwa auf sozialdemokratische Kosten erzielt wurde, sondern daß den POCH-Leuten neben der Mobilisierung bisheriger Nichtwähler auch Einbrüche in die Anhängerschaft der bürgerlichen Mitte gelangen. Für eine Gruppe, die letztlich aus der Studentenbewegung von 1968 erwachsen war und sich programmatisch eigentlich dem »Marxismus-Leninismus« verschrieben hatte, muß das allein schon als eine höchst erstaunliche Leistung gelten – und vollends in Luzern.

Zu dieser überraschenden Wende hat manches beigetragen. Geschickt und mit großem propagandistischem Spürsinn geführte Kampagnen etwa gegen eine (mit gutem Grund) als bürgerfeindlich empfundene Baupolitik fanden weit herum vor allem bei der jungen Generation enthusiastische Zustimmung – und dies um so mehr, je entschiedener die oppositionelle Bewegung ihre wenig anziehende »rote« Ideologie zugunsten »grüner« Parolen in den Hintergrund stellte. Die Verbindung von Idealismus mit beträchtlicher Sachkunde machte auch und gerade bisher unpolitischen Luzernern sichtlichen Eindruck; die kleinliche und gereizte Taktik der etablierten Parteien, die den wenigen POCH-Abgeordneten im Großen Rat mit allen Mitteln das Leben schwermachten und selbst überzeugende Vorschläge rundweg abschmetterten, brachte den Opfern solcher unfeinen Verfahren in weiten Kreisen nur Sympathien ein. Hinzu kam die wachsende persönliche Popularität, die sich einige ihrer Wortführer – vor allem der »gute Doktor« Peter Mattmann – durch ungewöhnliche persönliche und berufliche Hilfsbereitschaft zu erwerben verstanden. Und schließlich hatten die bitter befehdeten, ja weithin verfemten Rebellen gegen alles Hergebrachte das Glück, wenigstens bei einer Zeitung am Ort Interesse für einige ihrer Vorstöße und freundliche (oder doch jedenfalls nicht unfreundliche) Aufmerksamkeit für ihr Treiben zu finden – und zwar gleich bei der meistgelesenen, den »Luzerner Neuesten Nachrichten« (LNN).

Dieses Blatt hat sich traditionell außerhalb des so lange beherrschenden Gegensatzes von Konservativen und Liberalen zu halten verstanden; auch nach der Übernahme des ursprünglichen Familienbetriebs durch den großen Pressekonzern Ringier ist es der Linie treu geblieben, parteipolitische Neutralität mit munteren und oft kritischen Stellungnahmen in Sachfragen und mit wohldosiert fortschrittlichen Sympathien zu vereinen. Das hat zweifellos dazu beigetragen, ihm die führende, wenn auch keineswegs bequem zu behauptende Position auf einem bitter umkämpften Markt zu sichern. Denn Luzern ist die einzige Stadt seiner Größe – ja die einzige in der Schweiz überhaupt –, wo drei Tageszeitungen vergleichbaren und mehr als nur lokalen Niveaus miteinander um Leser ringen: neben den LNN das konservative »Vaterland« und das liberale »Luzerner Tagblatt«.

Die heute selten gewordene Vielgestaltigkeit der Presselandschaft erklärt sich zum Teil natürlich gerade daraus, daß Luzern weit über seine Kantonsgrenzen hinaus als der geistige Mittelpunkt der ganzen Innerschweiz fungiert. Wichtig ist aber auch die immer noch große Bedeutung der parteipolitischen Auseinandersetzungen: Man kann es nicht als Zufall betrachten, daß zwei von den drei Zeitungen als ausgesprochene Parteiblätter entstanden sind und sich auch heute, nachdem sich ihre politischen Bindungen ein wenig aufgelockert haben, unverkennbar von der Zugehörigkeit zum einen oder anderen der »historischen« Lager geprägt zeigen. Gewiß schließt das eine beträchtliche intellektuelle Spannweite nicht aus. Weder die Liberalen noch die Konservativen bilden einen geschlossenen Block; wenn der größere Teil der Industrie dem Freisinn, das bäuerliche Element überwiegend der Christlichen Volkspartei zuneigt, so läßt sich doch weder die eine noch die andere Formation auf die simple Formel einer wirtschaftlichen Interessenvertretung reduzieren. So treten auf der katholischen Seite – vor allem seit der Heimkehr der meisten Christlich-Sozialen in die Mutterpartei – Spannungen zwischen rechtem und linkem Flügel immer wieder zutage, und anderseits hebt sich der städtische Freisinn durch seine größere Befangenheit in antiklerikalen Vorstellungen vom ländlichen ab, der eher dazu neigt, mit der Kirche in Frieden zu leben und nur den »Übermarchungen« geistlichen Eifers entgegenzutreten. Trotzdem spielt das Ringen zwischen den beiden überkommenen Blöcken – auch wegen der spitzen Mehrheitsverhältnisse – in Luzern eine größere Rolle bis ins Alltagsleben hinein als anderswo, und schon deshalb empfänden es liberale wie konservative Bürger weithin noch immer als undenkbar, wenn man ihnen zumuten wollte, auf eine Zeitung ihrer eigenen Richtung zu verzichten.

Der überlieferte Gegensatz prägt auch das gesamte Vereinswesen bis hin zum letzten lokalen Turn- und Gesangsverein: Man singt klerikal und turnt freisinnig (oder umgekehrt). Ein konservativer Bauer wird alles tun, damit sein Hof, wenn er stirbt, nicht in die Hände eines liberalen Erben fällt, und ein liberaler Bürger von altem Schrot und Korn würde keinen Fuß in eine als »konservativ« abgestempelte Wirtschaft setzen. So weiß auch jedenfalls unter den Alteingesessenen jeder von jedem, in welchen Pferch er gehört, und richtet seine Beziehungen danach aus.

Trotzdem haben sich in den letzten Jahrzehnten die früher hochgehenden Wogen des politischen Disputs spürbar geglättet. Die immer noch da und dort kursierenden Geschichten von den sogenannten »Wahlknechten«, die auf dem Lande von Honoratioren dieser oder jener Partei vor einem Urnengang angeworben würden, um die eigene Gefolgschaft in einem »unsicheren« Wahlkreis zu vermehren, sind nicht mehr als ein Stück Folklore, seit sich 1909 der Proporz durchgesetzt hat. Früher waren sie einmal politische Realitäten – etwa in dem wohlbelegten Fall, als sich die Liberalen im Kreis Rothenburg ihren Sieg dadurch sicherten, daß sie zwei Tage vor der Wahl 150 Knechte heuerten und sie prompt wieder entließen, nachdem sie ihrer Aufgabe als Stimmvieh nachgekommen waren. Ähnlich wie Solothurn zeichnete sich auch Luzern lange – jedenfalls bei kantonalen Urnengängen – durch Rekorde der Stimmbeteiligung von 90% und mehr aus. Das ist inzwischen vorbei: 1975 wurden erstmals weniger als 70% registriert, und bei Gemeindewahlen in der Stadt kam es sogar vor, daß sich nur wenig mehr als 30% zur Urne bemühten – ein Phänomen, das hier noch vor einer Generation als schlechterdings unvorstellbar gegolten hätte. In diesem Erlahmen des politischen Interesses, das einst das private wie das öffentliche Leben so intensiv durchdrungen hat, spiegelt sich der gesellschaftliche Wandel vielleicht noch deutlicher und nachhaltiger wider als im Aufkommen und in den Erfolgen der Protestbewegungen vom Schlage der POCH.

Das ist um so bemerkenswerter, als sich die liberale Stadt nach wie vor vom konservativ regierten Kanton vernachlässigt fühlt; die Klage, der Kanton versuche ihre Bürger für ihre liberalen Neigungen zu bestrafen, indem er der Stadt bei der Erfüllung ihrer Aufgaben höchstens das Minimum der nötigen Hilfe leiste, ist bisher nicht verstummt.

Auch hinter solchen Unzuträglichkeiten steckt allerdings mehr als nur eine Parteisache. Wenn die Beziehungen zwischen Stadt und Landschaft sich nicht immer sehr harmonisch gestalten, dann hängt das eben auch damit zusammen, daß hier das Gefälle zwischen den beiden recht anders verläuft als in Bern oder in Zürich. Der Zürcher durchdringt seine Landgebiete und verwandelt sie sich an; der Berner fühlt sich ganz in seine ländliche Umwelt eingebettet und von ihr gleichsam getragen; der Luzerner dagegen, weder zum einen fähig noch zum anderen bereit, steht in einem Verhältnis ständiger Spannung zu dem selbstbewußten und lebensstarken Bauerntum, das er einst in patrizischen Zeiten beherrschte. So wie das luzernische Landvolk das städtische Regiment widerwilliger, mit mehr Murren und unter häufigeren Rebellionen ertrug als die Untertanen anderer Stadtrepubliken, so ist es heute umgekehrt der Städter, der die noch immer vorhandene, obwohl an Gewicht ständig abnehmende ländliche Übermacht im Staate einigermaßen als Last empfindet. Vielleicht gibt es dafür neben den soziologischen und geistesgeschichtlichen Hintergründen, die wir hier anzuleuchten suchten, auch noch ein vertrackteres psychologisches Motiv. Ein kluger Journalist hat einmal von Luzern mit einigem Recht gesagt, es sei während der Fremdensaison eine »kleine Großstadt«, aber in seinem Alltag eine »große Kleinstadt«. Sollte sich nicht der Widerspruch, den der Stadtluzerner in sich selbst zwischen seinem kleinstädtischen und seinem kosmopolitischen Wesen verspürt, gelegentlich auch nach außen projizieren? Führt er nicht am Ende zur hochmütigen Abkapselung einer urbanen Schicht, die ihrer eigenen Urbanität trotz allem nicht gar zu sicher ist und sie auf diese Weise kompensiert? In den Beziehungen zu einer ganz und gar bodenständigen, traditionsverwurzelten und oft auch engherzigen Umwelt, die es noch immer in einigem Maße »an jeder Neuerung ekelt«*, während der neugierige, aufgeschlossene, veränderungslustige Städter sich als der Träger des »Fortschritts« fühlt – in diesen Beziehungen schafft ein solcher Mechanismus der Projektion und der Kompensation zusätzliche Probleme zu denen hinzu, die sich aus einer langen Geschichte ergeben und die ganz gewiß nicht im Handumdrehen gelöst werden können. Und doch liegt gerade in der Spannung zwischen den Dispositionen seiner Teile ein gutes Stück der Lebendigkeit begründet, die das luzernische Gemeinwesen durchwaltet.

---

* Ein Autor des 18. Jahrhunderts, Franz Joseph Stalder, hat diese Bemerkung über die Entlebucher gemacht.

Die Nordwestschweiz

Basel

Stadtstaat an der Grenze

... weder groß noch klein und nach heutigen Maßstäben eher mittel ..., aber in
Lage und Geist, in Repräsentation und Ausmaß mehr als groß, das heißt vornehm
und bedeutsam ...
Kasimir Edschmid, 1961

Keine Stadt, die ich kenne, ist so sehr von ihrer Grenzlage bestimmt wie Basel. Hier treffen Deutschland, Frankreich und die Schweiz zusammen. Aber es sind nicht nur drei Staaten, die einander hier begegnen, sondern auch drei Landschaften: der Jura, die Vorhügel des Schwarzwalds, die Oberrheinische Tiefebene. Die Basler Straßenbahnen verkehrten noch bis nach dem Zweiten Weltkrieg in drei Ländern. Der Basler Flugplatz liegt jenseits der Grenze auf französischem Boden. Die meisten der Marktfrauen auf ihren Ständen vor dem Rathaus kommen aus dem »Ausland«: Schon an ihrem Dialekt erkennt man mühelos die Elsässerinnen. Die städtische »Agglomeration«, die um Basel erwachsen ist, setzt sich nicht nur nach der Schweiz hin ins Baselbiet fort, mit Dörfern, die längst nichts anderes mehr sind als Vorstädte, sondern auch ins Elsaß hinein, nach St. Louis und Hüningen (das einst hundert Jahre in Basler Besitz war und wo Vauban dann jene Festung errichtete, die Basel mehr als zwei Jahrhunderte lang dräuend in Schach hielt, ehe sie 1815 geschleift wurde) und ins Badische, nach Weil am Rhein, ja schon fast bis ins markgräflerische Lörrach hinüber. Im Badischen Bahnhof gibt es deutsche, im Ostflügel des Bundesbahnhofs französische Zollkontrollen. Und die Wegweiser auf manchen Durchgangsstraßen weisen kurzerhand nach »Deutschland« und nach »Frankreich«.

Grenze aber bedeutet zweierlei: Absonderung und Verbindung. Das ist die Polarität, in der Basel steht. Seine Sonderart erwächst aus dem Wechselspiel von Abgeschlossenheit und Offenheit.

Am Schnittpunkt zweitausendjähriger Verkehrswege gelegen, vielfältiger Nachbarschaft traulich zugetan, scheint es zu Internationalität und kosmopolitischer Weite geradezu prädestiniert. Im Herzen Mitteleuropas, wo der Rhein von seinem ost-westlichen Lauf unversehens nach Norden ausbiegt, weiß es sich durch diese große Verkehrsader von alters her dem Meere und damit der Ferne verbunden. Als Brückenstadt lud es früh zum Durchgang ein: Seine alte Rheinbrücke, im ersten Viertel des 13. Jahrhunderts erbaut, war damals die einzige zwischen Bodensee und Rheinmündung, und sie bestimmte Basel zum mittelalterlichen Kornmarkt, wo die Leute aus dem kargen Schwarzwald sich mit den Getreideüberschüssen des Sundgaus eindeckten. Nicht umsonst nennt Traugott Geering den Bischof Heinrich von Thun, der dieses Werk errichtete, »den weitblickendsten Wirtschaftspolitiker, der die Basler Mitra getragen hat«.

Die Geographie also, so sollte man meinen, hat diesen Ort zu einem europäischen Zentrum bestimmt, und die (unwahrscheinliche) ethymologische Deutung des Stadtnamens als »Basilea« – die Königliche – scheint diesen Gedanken noch zu bestätigen. Daß die Stelle schon zur Bronzezeit besiedelt war, daß sie den Kelten als Handelsplatz zwischen Gallien und dem Rheingebiet diente, daß sich »auf Burg« – auf dem Hügel, wo heute das rotleuchtende Sandstein-Münster steht und an dessen Fuß die alte Rheinbrücke den Strom überquert – ein römisches Kastell (»Robur«) befand, verrät frühe Erkenntnis der bevorzugten Lage. Die »Zweitausendjahrfeier«, die die Stadt 1957 beging, beruht allerdings auf demselben freundlichen Mißverständnis wie die Statue des Munatius Plancus im Basler Rathaus: Die Gründung, die Cäsars Statthalter in Gallien anno 43 v. Chr. anlegte, war nicht Basel, sondern Raurica, das heutige Augst, zwei Stunden rheinaufwärts, dessen Bischöfe erst um das Jahr 400 in die *Civitas Basiliensis* übersiedelten. Aber daß Natur und frühe Geschichte – ganz besonders unter dem Kaisertum der Heinriche – Basel Großes zugedacht hatten, scheint festzustehen.

Doch auf eine sonderbare und vertrackte Weise hat es sich diesem Ruf entzogen. Nur ökonomisch, zeitweise wohl auch an geistigem Rang ist die Stadt dem großen Entwurf gerecht geworden, der in ihr angelegt schien. Politisch verlief ihr Weg umgekehrt, je länger desto deutlicher, in die Enge eines in sich selbst verkapselten (die Basler würden sagen: »apartigen«) Gemeinwesens ohne staatliche Ausstrahlung, ohne zugehöriges Territorium. Von Grenzen allseits umstellt, sah es sich auf das Dasein eines Stadtstaats *par excellence* reduziert.

Dieser eklatante Widerspruch zur Gunst der natürlichen Voraussetzungen hat sich erst allmählich im Laufe der geschichtlichen Entwicklung herausgebildet. Vom helvetischen Hinterland jenseits der Jurahöhen schärfer abgesondert als von der elsässischen Nachbarschaft, schien die Stadt geographisch zur Metropole des Sundgaus prädestiniert. Mit den badischen Nachbarn im Markgräflerland anderseits verbindet sie die Sprache, die den charakteristischen schweizerischen Rachenlaut nicht kennt und schon deshalb den meisten Eidgenossen als fremd, ja »unschweizerisch« vorkommt. Der Gang der Geschichte jedoch hat ihr die Orientierung nach Süden und Osten statt nach Norden und Westen diktiert. Mit dem Beitritt zur Eidgenossenschaft begannen sich die Basler selber von ihrem elsässischen wie von ihrem markgräflerischen Vorgelände abzuschranken.

Nicht als ob es den Bürgern am Willen und am Gelüst zur Expansion gefehlt hätte. Nachdem sie im 15. Jahrhundert die Herrschaft der Bischöfe abgeschüttelt hatten, schienen sie mehr als einmal auf gutem Wege zum Erwerb eines beträchtlichen Herrschaftsgebiets. Den naheliegenden Weg ins offene Elsaß jedoch versperrte die Macht Habsburgs. Als im 16. Jahrhundert die aufständischen Sundgauer Bauern flehentlich darum baten, die Basler und die Eidgenossen möchten »das Land an sich nehmen« und sie damit vor der feudalen Restauration beschützen, da wurde auch diese einzigartige Chance vertan: Die Zerwürfnisse der Reformation hatten die Kraft des Bundes zum gemeinsamen Handeln nach außen bereits gebrochen. Auch rheinaufwärts beschnitt Habsburg die Möglichkeiten der Ausweitung. Erst spät, in der Ära Napoleons, rückte für einen Augenblick der zuvor so eifrig gesuchte Erwerb des Fricktals in Reichweite, weil der Korse die Schweiz mit diesem Rest der alten linksrheinischen Besitzungen Österreichs für den Verlust des Wallis entschädigen wollte. Jetzt indessen hintertrieb der Basler Rat selber die Anschlußwünsche, die aus dem Fricktal und vor allem aus dessen kleiner Hauptstadt Rheinfelden an ihn herangetragen wurden, weil er weder einen bäuerlichen noch gar einen katholischen Bevölkerungszuwachs begehrte. So wurde das Land von Augst bis zum Bözberg eben dem neuen Kanton Aargau zugeschlagen.

Bei weitem die bedeutsamste Gelegenheit aber bot sich in der Zeit der Reformation für ein Ausgreifen nach Südwesten, dem Lauf der Birs entlang in den Jura hinein, der sich der neuen Lehre willig öffnete und Rückhalt bei der reichen und mächtigen Basler Bürgerschaft suchte. Schon traten sichtbar, nach den Worten des Stadthistorikers Paul Burckhardt, »die Umrisse eines großen reformierten Jurakantons Basel an Stelle des zerfallenden Bistums hervor«. Doch die Gegenreformation, der Widerstand Solothurns, das Bündnis der sieben katholischen Orte mit dem energischen Bischof Blarer machten einen Strich durch die Rechnung, und so mußte sich Basel auf der Höhe seiner inneren Kraft mit dem Rückzug auf jenes verhältnismäßig bescheidene Territorium abfinden, das es im Sisgau – dem heutigen Kanton Baselland – aus dem Besitz verarmter Adelsgeschlechter nach und nach zusammengekauft hatte. Erst 1815 fielen ihm aus der bischöflichen Erbmasse wenigstens die neun stadtnächsten Gemeinden des Birsecks zu; auch sie gingen nach weniger als zwei Jahrzehnten zusammen mit dem ganzen Baselbiet wieder verloren, als der Kanton in die beiden heutigen Halbkantone auseinanderbrach.

Schon diese gescheiterten Ausbruchsversuche aus der Isolierung mögen dazu beigetragen haben, in Basel einen Geist der politischen Selbstgenügsamkeit und »Apartigkeit« zu wecken. Die Loslösung der Landgemeinden von der Stadt in den Jahren 1832/33 hat diese Tendenz zweifellos noch verstärkt. Aber auch diese Sezession ist ja bezeichnenderweise nicht eigentlich von der Landschaft ausgegangen, die nichts als Gleichberechtigung wollte. Es war die Stadt selber, die den Gedanken an die Kantonstrennung aufwarf und sich in ängstlicher Sorge vor demokratischer Überfremdung in ihre urbane Isolierung einkapselte. Zu einem Teile mindestens entsprang dieser Rückzug auf den engsten Kreis also der freien Entscheidung: Das konservative Basel zog die Perfektion in der Absonderung dem ungemäßen Kompromiß vor. Es war ein schicksalhafter und tief im baslerischen Charakter angelegter Entschluß, mit dem die Stadt es auf sich nahm, allein zu bleiben, um nun ganz und gar »Polis« zu werden. Von allem, was sie in Jahrhunderten trotz allem äußeren Mißgeschick an sich gezogen hatte, verblieben ihr schließlich nichts als die drei rechtsrheinischen Dörfer Klein-Hüningen (dessen Dorfbann heute, eingemeindet und ganz und gar verstädtert, größtenteils von den modernen Anlagen des Rheinhafens eingenommen wird), Riehen und Bettingen – und nicht einmal diese letzte und kleinste Ansiedlung hat heute in dem durch und durch urbanisierten Gemeinwesen noch ländlichen Charakter bewahrt.

Aber diese Geschichte verfehlter und letztlich völlig zunichte gemachter territorialer Bemühungen ist nur *ein* Aspekt baslerischer Apartigkeit. Es gibt einen anderen, zeitweise noch schmerzlicher empfundenen, nämlich den, daß Basels Verhältnis zur Eidgenossenschaft von jeher der Intimität entbehrte. Schon sein Beitritt zum

Zunfthaus Zur Meise, Zürich
Habsburg

Bund, 1501 nach dem Ende einer prekären Neutralität im Schwabenkrieg gegen mancherlei innere Widerstände beschlossen, trug eher die Züge einer Vernunftehe, als daß er einem elementaren Zugehörigkeitsgefühl entsprungen wäre. Und die Eidgenossen ihrerseits nahmen zwar die Stadt gerne in ihre Gemeinschaft auf, weil sie ihre Bedeutung als »Pforte« Helvetiens zu würdigen wußten; auch bei ihnen jedoch blieb das Gefühl wach, daß das neue Glied halb und halb ein Fremdkörper sei, kaum viel vertrauter als etwa der territorial isolierte Zugewandte Ort Mülhausen drunten im Elsaß. Es fehlt nicht an Zeugnissen schweizerischen Widerwillens gegen baslerischen »Hochmut« und eines daraus erwachsenden Mangels an Sympathie für die besonderen Interessen des neuen Standes. Wenn die Reformation zeitweise die Freundschaftsbande mit Zürich und Bern, freilich auch mit dem fernen Straßburg enger knüpfte, so leistete sie doch zugleich der Abneigung der katholischen Stände um so kräftigeren Vorschub (an der ja auch der endgültige Einschluß Mülhausens in den Bund schließlich scheiterte).

Niemals zuvor und niemals nachher stand Basel jedoch weiter abseits als ausgerechnet zu der Zeit, da die Schweiz endgültig den Weg vom lockeren Staatenbund zur modernen föderativen Republik einschlug. Es ist bezeichnend, wie sehr sich die großen Gelehrten dieser Epoche, ihrem Gemeinwesen innig verbunden, als baslerische, aber deswegen keineswegs als helvetische Patrioten empfanden. Jacob Burckhardt, der das Lob des Kleinstaats sang und aus dem Modell des baslerischen Stadtstaats seine tiefsten Einsichten in das Wesen der althellenischen Polis gewann, stand der neuen, aus dem Sonderbundskrieg und aus der Bundesverfassung von 1848 hervorgegangenen Eidgenossenschaft mit derselben kühlen Skepsis gegenüber wie der Savigny-Schüler, romantische Mythologe und geniale Entdecker des Mutterrechts, der zurückgezogene Privatgelehrte und Appellationsrichter Johann Jakob Bachofen, oder wie Andreas Heusler der Ältere, der eminente Jurist, konservative Ratsherr und Urfeind des Radikalismus.

Und doch bezeichnet auch diese Tendenz – dem Bunde den Rükken zu kehren und die Erfüllung allein in der Polis zu suchen – nur eine Seite der baslerischen Reaktion auf die Herausforderung des Bundesstaates. Zur selben Zeit haben Basler Fabrikherren und Bankiers, die La Roche, Bischoff und Speiser, in nüchternem Realismus entscheidende Beiträge zur ökonomischen Lebensfähigkeit und zur finanziellen Modernisierung eben dieser mit so viel Reserve betrachteten Föderation geleistet: Während sich ihre gelehrten Standesgenossen in den Schmollwinkel zurückzogen, wandten die Wirtschaftsführer ihre Energie auf die Schaffung der eidgenössischen Münz-, Zoll- und Postunion.

Auch an diesen Beispielen tritt das eigentümliche Doppelwesen des Baslers hervor, der sich liebend gern in die stadtstaatliche Enge einkrustet und doch ökonomisch-kommerziell in erstaunlich weiten Horizonten lebt, denkt und handelt. Er ist, sonderbar genug, insular und welttüchtig zugleich: der Engländer der Schweiz. Die Ähnlichkeit mit dem britischen Ebenbild frappiert schon physiognomisch: Der Basler Handelsherr alten Schlages, hager, mit scharf ausgeprägten Zügen, puritanisch soigniert, in seiner Gestik gemessen bis zum Phlegmatischen, würde in der Londoner City keinen Augenblick als Fremder empfunden werden. Und nicht minder charakteristisch sind die Parallelen im Sprachlichen. Im prononcierten »Baseldytsch« der guten Familien klingen Akzente der gleichen Manieriertheit mit, die dem Oxford-Englischen innewohnt. Nirgends sonst in der Schweiz differenziert der Tonfall, in dem der heimische Dialekt gesprochen wird, die Stände schärfer voneinander als hier, und es scheint ein Einfall von genialer Selbstverständlichkeit, daß man in Basel Shaws »Pygmalion« ins eigene Idiom statt in ein Hochdeutsch übersetzt hat, in dem sich diese Komödie des Sprach-Snobismus stets ein wenig absurd ausnimmt.

In den letzten 80 Jahren hat sich nun freilich die ursprüngliche Fremdheit im Bund so ziemlich verloren. Von Neigungen gar, ins Reich zurückzustreben oder womöglich Anschluß an Frankreich zu suchen, ist hier am Dreiländereck nie die Rede gewesen. Im Gegenteil: Eben um die Zeit, da die Stadt der Schweiz mehr denn je den Rücken kehrte, fiel einem aufmerksamen norddeutschen Beobachter – dem Potsdamer »Jungdeutschen« Theodor Mundt – auf, Basel stelle »schon in jeder Hinsicht eine selbständigere Abgränzung gegen Teutschland dar als Schaffhausen«, und es halte »die schweizerische Eigenthümlichkeit mit einer Starrheit fest, als käme es in diesem Punkte recht darauf an, den Gegensaz gegen den teutschen Charakter zu behaupten«. Kurz vor dem Zweiten Weltkrieg hat denn auch ein fanatischer Nationalsozialist niederdeutscher Herkunft, Christoph Steding, Basel in seinem dickleibigen Wälzer »Das Reich und die Krankheit der europäischen Kultur« als dem Inbegriff allen reichsfeindlichen Geistes (und aller »neutralen« Anti-Politik dazu) hellsichtig-böse den Prozeß gemacht.

Aber nicht nur für die Verabsolutierung des Politischen hat Basel nie viel Sinn bezeugt. Der einzige große politische Kopf in der Geschichte der Stadt war, bezeichnenderweise, der Sohn eines Einwanderers aus der zürcherischen Landschaft: Bürgermeister Hans Rudolf Wettstein, der der Eidgenossenschaft im Westfälischen Frieden die endgültige Anerkennung ihrer seit dem Schwabenkrieg faktisch gewonnenen Unabhängigkeit erlangte. Auch heute bleibt der politische Einfluß des Halbkantons in der Eidgenossenschaft denkbar bescheiden. Noch immer gilt, was der Zuger Zurlauben 1780 von der »peu d'influence qu'a ce Canton dans les affaires générales du Corps Helvétique« gesagt hat. Der Sozialdemokrat und Universitätsprofessor Hans Peter Tschudi, der bis 1973 in Bern das Eidgenössische Departement des Inneren leitete, war seit 1848 erst der zweite Basler, der als Bundesrat die oberste Sprosse der nationalen Hierarchie erklommen hat. Basler Politik richtet sich aufs eigene Gemeinwesen, greift aber selten darüber hinaus. Dafür stellt die Zahl der Wirtschaftspioniere und der Gelehrten, die die kleine Republik hervorgebracht hat, ihrem händlerisch-unternehmerischen wie ihrem intellektuellen Genius ein um so trefflicheres Zeugnis aus. Nicht an den Staat, sondern an den Geist und an die Ökonomie wird man deshalb denken, wenn man Basels schweizerische oder gar europäische Leistung ermessen will.

Als »geistige Hauptstadt Alemanniens« hat es der Badenser Hermann Burte gefeiert; in minder prätentiösen Worten sang Burtes älterer und größerer Landsmann Johann Peter Hebel das Lob der Stadt, die für ihn »die Stadt« schlechthin war, und nicht allein weil dort sein Geburtshaus stand. Aber man tut dem Basler Geist Unrecht, wenn man ihn regional eingrenzt. Mit der Universität zum mindesten strahlt er weit über alle Stammesgrenzen hinaus. Dem Basler Konzil, das von 1431 bis 1448 umsonst um die Kirchenreform rang, ist mit dieser Anstalt eine späte Frucht entsprossen, dank dem Wohlwollen des Aeneas Silvius, der 1460 als Papst Pius II. diese Hohe Schule stiftete. Der gelehrte Prälat und Humanist war zwar vom Eifer der Bürger für die öffentlichen Angelegenheiten entzückt (»Selbst die schwierigeren Bürgertugenden werden bei ihnen in hohem Grade gefunden«, rühmt er den Baslern nach), aber er hatte aus seiner Konzilsarbeit den Eindruck mitgenommen, daß sie sich um die Wissenschaft wenig bekümmerten. Wenn er diesem Mangel mit seinem Universitätsprivileg abhelfen wollte, so ist ihm das über alle Maßen gelungen. Schon um die Wende des 15. Jahrhunderts war

Basel *der* Mittelpunkt humanistischen Geistes und klassischer Bildung nördlich der Alpen geworden, die Stätte, wo Erasmus von Rotterdam höchstselbst seine Schüler um sich sammelte und wo die großen Buchdrucker Jahr für Jahr neue, mit philologischer Akribie veranstaltete Ausgaben lateinischer und griechischer Autoren herausbrachten. Und der humanistischen Bildung ist die Stadt bis zum heutigen Tage treu geblieben, noch über die Zeit hinaus, da über die Universität das Doppelgestirn Burckhardt-Nietzsche leuchtete; auch der Theologie übrigens, die in diesem Jahrhundert von hier aus durch Karl Barths gewaltiges dialektisches Lehrgebäude erneuert wurde.

Wohl hat es immer wieder Zeiten gegeben, in denen die Leuchtkraft dieses geistigen Zentrums zu verdämmern drohte. Und doch ist sie in all dem Auf und Ab der wechselvollen Universitätsgeschichte zwischen universaler Helle und provinziell-funzeliger Kümmerlichkeit nie ganz erloschen. Selbst in jener Epoche, da die Erstarrung der kirchlichen Orthodoxie den Spielraum der freien Forschung auf ein Minimum beschränkte und zünftlerischer Kleinbürgersinn die Lehrstühle nicht allein den geborenen Baslern vorbehielt, sondern sie zeitweise gar nach dem Los statt nach dem Verdienst zuteilte*, hat hier die Mathematiker-Dynastie der Bernoulli zusammen mit dem geistesverwandten Leonhard Euler Grundlagen der modernen exakten Wissenschaften gelegt. So oft der Fortbestand dieser einzigen mittelalterlichen Hochschule der Schweiz auch bedroht schien – der Basler Bürgersinn hat sie immer wieder gerettet.

Der größten Gefahr sah sie sich übrigens nach dem Aderlaß der Kantonstrennung ausgesetzt, als das Universitätsgut wie alles andere Staatsvermögen mit der Landschaft geteilt werden mußte. Aber gerade in dieser Prüfung bewies sich der Opferwille; von nun an galt es als Ehrensache für vermögende und gebildete Basler, sich auch ohne Gehalt als Dozenten zur Verfügung zu stellen und durch die Freiwillige Akademische Gesellschaft aus privaten Mitteln das Geld

---

* Über die im alten Basel übliche Methode, öffentliche Stellen jeder Art auszulosen, urteilt der »Dictionaire historique, politique et géographique de la Suisse« (Ausgabe 1788): »Il peut paroître singulier que le choix des pasteurs se fasse aussi dans cette forme de scrutins & du sort, dictée par la jalousie républicaine sur une distribution égale des bénéfices; il l'est bien plus que l'élection d'un professeur à l'université y soit assujettie, & que le sort décide de la personne qui enseignera une science, & de la science que tel homme enseignera.«

zur Erhaltung bisheriger und zur Stiftung neuer Professuren aufzubringen. Vielleicht hat Nietzsche nicht zuletzt an solche Beispiele gedacht, als er urteilte, Basel suche in einem unverhältnismäßig großartigen Sinn und einem für größere Staaten geradezu beschämenden Maßstab die Bildung und Erziehung seiner Bürger zu fördern. Das erzkonservative, so oft als »kleinlich« und »batzenklemmerisch« verschriene Ratsherrenregime brachte in dieser Lage sogar die Größe auf, die ganze besitzende Klasse zu diesem Werk heranzuziehen, indem es das erste moderne, progressive Einkommensteuersystem des Kontinents schuf. Um ihre Universität zu retten, waren die »Bändelherren« und Bankiers in ihrer Mehrzahl bereit, Belastungen auf sich zu nehmen, die der engherzigeren Minderheit als beinahe »räuberisch« erschienen, selbst wenn sie sich aus heutiger Sicht bescheiden genug ausnehmen. Ein so reicher Aristokrat wie der Schöpfer dieser Finanzreform, die später weitherum vorbildlich werden sollte, hatte keine Hemmungen, noch weiter zu gehen. Der Großkaufmann und Ratsherr Bernhard Socin schreckte nicht einmal vor dem Gedanken an eine scharf progressive Erbschaftssteuer zurück, der dann freilich seinen Zeitgenossen doch als allzu kühn erschien und deshalb erst viel später durchzudringen vermochte.

Noch unter den andersgearteten und unvergleichlich größeren Verhältnissen der Gegenwart ist etwas von diesem innigen Zusammenhang zwischen Universität und Bürgerschaft erhalten geblieben; als die ehrwürdige *Alma mater* 1960 ihren fünfhundertsten Geburtstag beging, wurde dieses Jubiläum zum Anlaß für ein Volksfest, das die Straßen der Innenstadt mit fast schon fasnächtlicher Festlichkeit und Ausgelassenheit erfüllte. In der Zwischenzeit war allerdings auch der seinerzeit nicht ganz grundlos erhobene Vorwurf dahingefallen, die Stadt habe immer Gelder für ihre höheren Schulen, aber keine für die pädagogischen Bedürfnisse des kleinen Mannes, und sie sei »nach oben liberal, nach unten knauserig«. Seit den neunziger Jahren des vorigen Jahrhunderts rühmt sich Basel vielmehr stolz der Tatsache, daß kein Staat der Welt, an seiner Volkszahl gemessen, für sein Schulwesen größere Mittel aufwende als der Kanton Baselstadt. Vorbei ist allerdings auch die Zeit, in der dieser Kanton mit weniger als einem Zwanzigstel der schweizerischen Bevölkerung fast ein Zehntel der Studierenden stellte: Basselland stellt heute mehr Hochschulabsolventen als die Stadt und das einst weit zurückliegende Genf sogar doppelt so viele. Die Pionierrolle aber, die Basel im akademischen Bereich spielte, mindert diese Feststellung gewiß nicht.

Den anderen Pol baslerischer Aktivität bezeichnet die unternehmerische Tatkraft. Schon zu Beginn des 18. Jahrhunderts ist dem klugen britischen Beobachter Abraham Stanyan die wirtschaftliche Blüte Basels (wie auch Schaffhausens) als Ergebnis des Verzichts auf politische Größe erschienen. Beide Kantone hätten »so narrow a District of Territory, that they can make but a small Figure in the World by their Arms, and therefore have applied themselves wholly to Trade, by which they grow rich.« Auf dem kommerziellen Felde zum mindesten wußte die Stadt die Gunst ihrer Lage voll auszuschöpfen – erst recht in der Ära moderner Wirtschaftsverflechtung. In ihr laufen die großen Schienenstränge aus Deutschland und Frankreich zusammen, bündeln sich ihre wichtigsten Verbindungen nach dem schweizerischen Hinterland und durch die Zentralalpen nach Italien. Kurz vor dem Ersten Weltkrieg ist überdies durch die Korrektur des Oberrheins auch der direkte Wasserweg zum Meer aufs neue erschlossen worden, dank dem Stapelgüter aus aller Welt im Kleinhüninger Rheinhafen umgeschlagen werden. An keiner der zahlreichen Grenzstationen der Eidgenossenschaft fallen auch nur annähernd vergleichbare Zolleinnahmen an wie hier, und die Basler Bahnhöfe bewältigen ein Vielfaches des Güterverkehrs, den die so viel größere Metropole Zürich aufweist. Das gibt einen Begriff von Basels Funktion als Scharnier zwischen der schweizerischen und der Weltwirtschaft als »wichtigste Wegkreuzung im internationalen Verkehr der Schweiz und zugleich eine der wichtigsten in Mitteleuropa überhaupt« (Traugott Geering). Daß die Stadt zum Sitz der Schweizerischen Mustermesse und damit zur Stätte der alljährlichen Leistungsschau helvetischer Wirtschaftskraft erkoren wurde, kommt einer Anerkennung dieser Rolle gleich.

Die privilegierte Schlüsselposition des »goldenen Tors der Schweiz« hat jedoch nur den Anstoß zur eigenen produktiven Leistung geboten. Aus der händlerischen Beweglichkeit, die Basel schon im Mittelalter auszeichnete, ist eine gleichfalls von Anfang an weit über den heimischen Markt hinauszielende industrielle Initiative erwachsen. Auf sie geht schließlich auch der heute weitaus bedeutendste Basler Wirtschaftszweig zurück: die chemische Industrie mit ihrer fast einzigartigen Konzentration von Weltfirmen einer einzigen Branche auf engstem Raum – Ciba-Geigy, Sandoz, Hoffmann-Laroche.

Die Basler Großchemie ist im 19. Jahrhundert als typisches Produkt der Grenzlage emporgekommen. Weil die Patentgesetzgebung des Zweiten Kaiserreichs der damals jungen Farbstoffchemie in ihrem Ursprungsland Frankreich mancherlei Schwierigkeiten bereitete, suchten die Unternehmer dieses Wirtschaftszweigs außerhalb der französischen Grenzen, aber doch innerhalb ihrer Reichweite die Chance freierer Entfaltung. Dazu bot sich Basel an, wo auch Kapitalgeber für ein aussichtsreiches Geschäft zu finden waren. Seither hat die Chemie hier einen stürmischen Aufstieg erlebt, während von der klassischen Basler Industrie von früher, der Bandweberei, schon nach dem Ersten Weltkrieg kaum mehr als ein Schatten übrigblieb – und heute nicht einmal mehr dies.

Das Absinken der früher vorherrschenden Textilproduktion und der Siegeszug der Chemie hat nicht nur eine gewaltige wirtschaftliche Umschichtung bewirkt, sondern auch bedeutende soziale, ja politische Folgen nach sich gezogen. In den chemischen Werken wuchs ein Proletariat anderen Typs heran als in den patriarchalisch geführten, überwiegend auf Frauenarbeit beruhenden Bandfabriken. Wohl konnten die »Chemischen« ihre Arbeiterschaft wesentlich besser entlohnen, und ihre freiwilligen sozialen Leistungen und Einrichtungen erscheinen in mancher Hinsicht als vorbildlich. Trotzdem ist es ihnen lange sehr schwer gefallen, ein vernünftiges Verhältnis wenn nicht zum einzelnen Arbeiter, so doch wenigstens zur Arbeiterschaft als organisierter Macht zu gewinnen. Bis in die vierziger Jahre unseres Jahrhunderts haben sie sich stur (und erfolgreich) gegen die Anerkennung der Gewerkschaften gesträubt und kompromißlos den Standpunkt des »Herrn im Hause« behauptet. Diese soziale Blindheit eines verspäteten Patriarchalismus, der sich inmitten der technischen Modernität und Rationalität der Großchemie fast schrullig unzeitgemäß ausnahm, hat ihrerseits wiederum Wesentliches dazu beigetragen, die Chemiearbeiter radikalen Einflüssen zugänglich zu machen.

So ist es kein Zufall, daß gerade Basel geraume Zeit zur schweizerischen Hochburg des Kommunismus wurde, daß das Kleinbasler Bläsiquartier rund um die Anlagen der Ciba das »röteste« Viertel irgendeiner Schweizer Stadt war und daß die Belegschaften der »Chemischen« zusammen mit ihren Kollegen aus dem nahen Rheinhafen das proletarische Rückgrat der Kommunistischen Partei abgaben. Kommunisten gelang denn auch mit dem von ihnen geleiteten Schweizerischen Textil- und Fabrikarbeiterverband während des Zweiten Weltkriegs der Einbruch in die hartnäckig verteidigten Unternehmer-Positionen. Politisch konnte die Partei der Arbeit – wie sich die Kommunisten seit den späten Kriegsjahren nennen – eine Zeitlang sogar einen Vertreter in die kantonale Regierung entsenden. Inzwischen freilich hat sie auch in Basel, wie überall in der Schweiz, den Höhepunkt ihres Einflusses längst überschritten und ist fast zur Splitterpartei abgesunken, hat auch die Herrschaft über die Chemiearbeiter wieder eingebüßt. Wenn die äußerste Linke trotzdem im Stadtkanton auch weiterhin eine durchaus beachtliche Kraft darstellt, dann geht das aufs Konto der später erwachsenen, aus der radikalisierten Studentenschaft hervorgegangenen Progressiven Organisationen Basel (POB): Kein anderer regionaler Zweig der POCH kann sich eines so hohen Stimmenanteils (fast 12 % bei den Nationalratswahlen von 1983) rühmen.

Aber auch an der Spitze der sozialen Pyramide ist der Effekt des industriellen Strukturwandels ebenso zu erkennen wie an ihrer Basis. Die Bandweberei war eine Domäne jener vornehmen Basler Geschlechter gewesen, die sich selber, in echt baslerischer Zweideutigkeit von Selbstbewußtsein und Selbstironie, als den »Daig« (Teig) bezeichnen und die von den Außenstehenden mit einem schon einigermaßen antiquierten Begriff mit »dr Dalbe« identifiziert werden (»Dalbe« nennen die Basler ihr St. Alban-Quartier, wo sich die Wohlhabenden ihre Landhäuser im Stil eines reservierten, jeder Ostentation abholden Klassizismus gebaut hatten; heute ist von dieser Herrlichkeit inmitten gepflegter Parks so gut wie nichts mehr übriggeblieben).

Diese Oberschicht hat nicht nur die Allüren, sondern auch Haltung und Gesinnung eines echten Patriziats entwickelt. Dabei ist sie nach ihrer Herkunft durchaus keine Geburts-, sondern eine reine Handels- und Geldaristokratie gewesen, vergleichbar in der Schweiz nur der Genfer *Hautevolée* und außerhalb der Grenzen vielleicht den »königlichen Kaufleuten« der Hansestädte: bürgerstolz und dabei von Adelsprätentionen völlig frei, auf Exklusivität bedacht und trotzdem nicht kastenhaft abgeschlossen, zum eigenen und unverwechselbaren Typus ausgeformt und bei aller spürbaren Dekadenz doch fähig geblieben, den Wechsel der Zeitläufte mit Würde und Stil zu überstehen.

Eines vor allem verbindet den Basler »Daig« mit den Genfer »gens du haut«: der Kosmopolitismus der Herkunft. Nur wenige Altbasler Familien, die schon vor der Reformation hier ansässig waren, sind in diese Oberschicht aufgerückt (als prominenteste wohl die Iselin und die Heusler), auffallend wenige wie die Alioth und Merian aus dem engeren helvetischen Umkreis, viel mehr aus dem Elsaß und dem Schwarzwald zugezogen (so etwa die Burckhardt und die ursprünglich aus der Augsburger Gegend stammenden Vischer) und durch protestantische Refugianten aus Holland (Vondermühll), Flandern (Bernoulli), Frankreich (Sarasin, Christ) nochmals überlagert. Bis ins 19. Jahrhundert konnten Neuankömmlinge in den exklusiven Kreis aufgenommen werden und mit ihm verschmelzen, so die Gelehrtendynastie der aus Thüringen stammenden Wackernagel, die Basel mit Rudolf Wackernagel auch den unübertroffenen Geschichtsschreiber seiner Frühzeit bis zur Reformation geliefert hat. Gerade dieses Beispiel ist aber auch typisch dafür, daß in dieser Oligarchie die intellektuelle Leistung der ökonomischen gleichgeachtet wurde: Wissenschaft gewährte ebensogut wie kommerziell erworbener Reichtum Zugang zu ihr, und die meisten der hier genannten Geschlechter haben sich bezeichnenderweise in beiden Bereichen hervorgetan.

Es ist diese buntscheckige, aus den Sprossen vieler europäischer Länder rekrutierte Schicht, die im 17. und 18. Jahrhundert dem Durchbruch der klassischen Basler Exportindustrien die Bresche schlug. Diese Industrien haben dann ihrerseits in einer kontinuierlichen Entfaltung neben dem älteren Handel und dem ebenfalls ins Mittelalter zurückreichenden Bankwesen die Kapitalien angehäuft, die dem Aufbau der chemischen und der Maschinenindustrie zugute kamen. So zehrt Basel ökonomisch noch in der Gegenwart von der Leistung einer Immigrantenaristokratie, die über die alte, in den Stürmen der Reformation scheinbar endgültig befestigte Zunftdemokratie den neuen Überbau plutokratischer Geschlechterherrschaft errichtete, aber zugleich dem geistigen, insbesondere dem akademischen Leben neue Impulse verlieh.

Allerdings darf Basel nicht einfach mit seiner spät formierten Elite identifiziert werden. Sie hat das alteingesessene Zunftbürgertum wohl überlagert, aber keineswegs verdrängt. Auch diese Mittelschicht hat das Profil des Stadtstaats noch auf lange hinaus mitgeprägt – schon deshalb, weil sich die reichen Handels- und Manufakturherren ja den Zünften anschließen mußten, wenn sie von ihnen für politische Aufgaben delegiert werden wollten. Außerdem waren es ja die kleinbürgerlichen Handwerker gewesen, die der Reformation zum Durchbruch verholfen hatten, und nichts erleichterte die

Eingliederung der Zuwanderer so sehr wie der Fundus gemeinsamen Glaubens. Das »fromme Basel« ist die Kehrseite des »reichen Basels«. Daß man an wenigen protestantischen Orten so viel – wenigstens äußerliche, aber oft genug auch tief und selbst leidenschaftlich erlebte und bezeugte – Religiosität finde, ist manchem Reisenden der Vergangenheit aufgefallen. Freilich herrschte in der baslerischen Christlichkeit ein ernstes, sogar ein düsteres Wesen vor; erst später hat der kräftige, in der Basler Mission dann zu weltweiter Wirkung gediehene pietistische Einschlag diesem Bilde weniger harsche und menschlich liebenswürdigere Züge beigesellt. Den »Ernst« der Basler heben denn auch die meisten Beobachter hervor, die uns ihre Eindrücke von der Stadt hinterlassen haben. Der Engländer Moore bescheinigt ihnen (1779) »etwas ungemein Ernsthaftes und Steifes in ihrem Betragen«; noch fünf Jahrzehnte später empfindet Theodor Mundt den Charakter der Einwohner als »stolz und ernst, wie das Basler Münster«.

Eines fällt bei diesen Zeugnissen ins Auge: Sie enthalten kein Wort von dem, was heute als der hervorstechende Zug baslerischer Eigenart empfunden wird, von der spitzzüngigen, ebensosehr auf eigene wie auf fremde Kosten betätigten Ironie, die sich nicht nur im besonderen Stil der Basler Fasnacht – des Volksfestes schlechthin – verrät, sondern bei jeder passenden und mancher unpassenden Gelegenheit zutage tritt. Sollte das »böse Maul« der Basler am Ende eine relative Neuerwerbung sein? Wäre es gar als Zeichen der Dekadenz zu deuten – oder vielleicht, wahrscheinlicher sogar, als spät geschliffene Waffe einer Gesellschaft, die auf die Bedrohung ihrer gewohnten Lebensform mit stichelnder *médisance* reagiert und doch zu skeptisch (oder zu weise) geworden ist, als daß sie sich nicht selber in Frage stellte?

Eines steht fest: daß alle derartigen Charakteristiken wohl vor allem auf den »Daig« zielen, weil sich in ihm das Wesen des Baslerischen am reinsten (und extremsten) manifestiert – nicht zuletzt die bis zum Fimmel getriebene Sparsamkeit, die vor allem den eigenen Aufwand und Lebensgenuß rigoros beschneidet, während sie für »gute Werke« (zumal für heimliche) eine offene Hand hat. Daß es in »besseren« Basler Familien als unanständig gilt, auch nur die Zinsen des ererbten und erarbeiteten Vermögens leichtsinnig aufzubrauchen, geschweige denn das Kapital anzurühren, hat bis in unsere Tage hinein einmal ums andere das Kopfschütteln von Außenstehenden erregt, die aus einer minder strikten und den Freuden des

Lebens williger zugetanen Umwelt auf die seltsam bescheidenen, oft geradezu dürftig erscheinenden Lebensgewohnheiten der sagenhaften Basler Millionäre schauten.

Gerade diese penible Sorgsamkeit, mit der das Erworbene ängstlich zusammengehalten und gemehrt wurde, hat Basels wirtschaftliche Größe mitbegründet. Deshalb gibt es hier noch viel alten, oft über ein Dutzend Generationen gehäuften und vererbten Reichtum, der alle Krisen überdauert hat – Reichtum, wie man ihm in solcher Konzentration und Kontinuität anderswo nur selten begegnet. Aber das hat nicht verhindert, daß die Prägekraft des Basler Beinahe-Patriziats in den letzten Jahrzehnten spürbar nachgelassen hat. Die Krise des alten stadtstaatlichen Gefüges hat natürlich mit dem ständigen Anwachsen der Stadtbevölkerung zu tun, das erst seit den späten sechziger Jahren durch einen kräftigen Rückgang abgelöst wurde (und zu dessen Antrieben neben der bis dahin lang anhaltenden Hochkonjunktur auch die Ausbildung Basels zum modernen, in seinen sozialen Einrichtungen unübertroffenen Wohlfahrtsstaat gehörte). Aber die Krise hängt auch mit jenen tiefgreifenden Veränderungen zusammen, die das Heranwachsen der chemischen Industrie bewirkt hat.

Die Entwicklung dieser Riesenunternehmen aus Familienbetrieben der städtischen Kaufmannschaft zu weltweit operierenden Konzernen hat unendlich viel Kapital verschlungen, das nicht mehr von den Erben der Gründer aufgebracht werden konnte. Damit ist auch ihre Leitung – spätestens seit der Fusion Ciba-Geigy – dem alten baslerischen Unternehmertyp endgültig entglitten. Sie liegt heute fast ausschließlich in der Hand von Managern auswärtiger Herkunft, die sich dem *genius loci* höchstens locker verbunden fühlen und denn auch ihr Domizil aus Steuergründen bezeichnenderweise jenseits der Kantonsgrenze aufgeschlagen haben, etwa auf dem Binninger »Millionärshügel«, auch wenn ihnen zeitweise die Baselbieter »Reichtumssteuer« den Aufenthalt dort vergällt hat. So bringt die Chemie zwar eine wirtschaftliche, aber keine staatliche oder geistige Elite hervor: Um die *res publica* kümmern sich die neuen Bosse gemeinhin nur, soweit ihre Interessen unmittelbar tangiert werden.

Wohl leisten die »Chemischen« manche willkommenen (und keineswegs nur wirtschaftlichen) Beiträge zum Leben der Stadt, zumal zur naturwissenschaftlichen Forschung an der Universität. Politisches Engagement jedoch liegt ihren Spitzenfunktionären meist fern. Nicht einmal für die traditionell großbürgerlich orientierte Partei der »Liberalen« – das heißt Liberalkonservativen –, die in der ganzen deutschen Schweiz einzig und allein in Basel ihre Selbständigkeit zu behaupten vermochten, fällt aus den reich gefüllten Kassen der Weltfirmen mehr als ein gelegentlicher Zuschuß ab. Nur diesem frappierenden Mangel an staatsbürgerlichem Interesse ist wohl auch die Gleichgültigkeit zuzuschreiben, mit der die Wirtschaftsführer dem Niedergang ihres alten publizistischen Organs zugesehen haben: Die »Basler Nachrichten«, denen ihr brillanter Chefredaktor Albert Oeri, Großneffe und Geistesverwandter Jacob Burckhardts, zeitlebens die spitzeste und eleganteste Feder des schweizerischen Journalismus geliehen hatte und die gewiß zu den führenden Blättern der Eidgenossenschaft gehörten, wurden von ihren Geldgebern aus Industrie und Banken angesichts ihrer wirtschaftlichen Nöte ganz einfach fallengelassen und zur Fusion mit dem linksliberalen Konkurrenzblatt »National-Zeitung« gezwungen. Obwohl die »Nachrichten« vor ihrem Ende sogar eine kräftige Auflagesteigerung verzeichnen konnten, wollten Großfinanz und Großchemie nicht länger für ein Defizit aufkommen, das aus wachsenden Kosten einerseits, aus rückläufigen Anzeigen-Einnahmen anderseits resultierte. So müssen die Bürger, denen so lange die Wahl zwischen zwei Presseerzeugnissen vergleichbar hohen Ranges freistand, seit Neujahr 1977 mit der einzigen »Basler Zeitung« vorlieb nehmen, und wenn dieses Fusionsprodukt auch ganz gewiß ein beachtliches Niveau hält, so bleibt es an eigenwilliger Physiognomie doch deutlich hinter den beiden Blättern zurück, die in ihm aufgegangen sind.

Mehr und mehr verwaschen hat sich auch der besondere Stil, der lange Zeit dem Basler Parteiwesen zumal auf der bürgerlichen Seite eigen war. Die Liberalen, die nur hier in der deutschen Schweiz die Tradition eines nicht-katholischen Konservatismus ähnlich ihren welschen Freunden in Genf, der Waadt und Neuenburg aufrechterhielten und sich mit einigem Grund als die »Partei der Köpfe« bezeichneten, haben schon seit dem Zusammenschluß mit der kleinbürgerlichen, aus Krämern, Handwerkern und Hausbesitzern rekrutierten Bürger- und Gewerbepartei ihr früheres Image als vornehmer »Dalbanesenklub« einigermaßen eingebüßt. Mit dem selbstverschuldeten Eingehen ihres angesehenen Parteiorgans ist auch viel von ihrer früheren Anziehungskraft geschwunden. Nie sind sie bei einer Wahl so weit abgesunken wie bei der letzten zum Nationalrat

(1983) und zum Großrat (Januar 1984), als sie sich mit einem Stimmenanteil von etwas über 8 % zufriedengeben mußten. Anderseits haben sich die vormaligen »Radikalen«, die jetzt wie in anderen Kantonen als »Freisinnig-Demokratische Partei« firmieren, nicht nur dem Namen nach jenen ausgepicht reaktionären Zürcher Freisinnigen angeglichen, denen sie früher wegen ihrer spürbaren Neigung zur wohlfahrtsstaatlichen Sozialpolitik schon als halbe »Sozis« vorkamen. Davon, daß sie einmal so keck und selbstbewußt den linken Flügel des gesamtschweizerischen Freisinns repräsentierten, ist nichts mehr zu erkennen, seit sie sich ganz und gar ins bürgerlich-helvetische Normalmaß fügen. Schlecht bekommen ist ihnen diese Wandlung nicht: Der Zuwachs an Wählern von rechts, vor allem aus dem liberalen Lager, scheint den Verlust bisheriger Anhänger zumal aus der Angestellten- und Beamtenschaft mehr als ausgeglichen zu haben.

Noch einschneidender allerdings sind die Wandlungen, die sich auf der Linken vollzogen haben. Baselstadt hat neben Genf als einziger Kanton eine sozialistische, zeitweise eine sozialistisch-kommunistische Regierungsmehrheit aufgewiesen, und dies sogar im Unterschied zu Genf gleich mehrmals: 1917, 1935 und 1947, und wenngleich das Bürgertum in dem Ringen meist die Oberhand gewann, so waren seine Kräfte mit denen der »roten Gegenspieler« doch annähernd ausbalanciert. Erst die späten siebziger und frühen achtziger Jahre haben diese traditionelle Gewichtsverteilung von Grund auf gestört: durch die langanhaltenden, schließlich mit der offenen Parteispaltung endenden Auseinandersetzungen zwischen Sozialdemokraten herkömmlich-gemäßigten Stils und einem Funktionärskörper wie einer Basis, die sich zunehmend unter den Einfluß marxistischer Intellektueller einigermaßen radikalisiert hatten. Das andauernde innerparteiliche Gerangel endete schließlich damit, daß alle drei SP-Vertreter in der siebenköpfigen kantonalen Exekutive sowie 15 von 37 Großräten ihrer Partei den Rücken kehrten und daß damit die stärkste politische Gruppe von 1981 bis 1984 überhaupt nicht mehr in der baselstädtischen Regierung vertreten war.

Erst die Regierungsratswahlen von 1984 erlaubten es, wenigstens im zweiten Wahlgang diese Anomalie zu korrigieren, indem die offizielle Sozialdemokratie zwei ihrer neuen Regierungsratskandidaten durchbrachte; die von den Dissidenten gegründete *Demokratisch-Soziale Partei* DSP aber hatte die Genugtuung, daß der einzige der drei Ex-Sozialdemokraten, der sich erneut um sein Amt bewarb, sogar die meisten Stimmen von allen Anwärtern auf sich vereinigte. Und wenn die DSP nicht mehr als einen enttäuschenden Wähleranteil von 6 % auf sich vereinigte, so mußte dafür die sozialdemokratische Mutterpartei mit weniger als 21 % ihr schlechtestes Resultat seit vielen Jahrzehnten verzeichnen. Charakteristisch scheint aber auch die insgesamt starke Position der kleinen Zentrumsparteien: Rechnet man die Stimmen für die DSP mit denen für die aufstrebende Vereinigung Evangelischer Wähler (7 %) und den bemerkenswert stabilen Landesring (6 %) zusammen, so haben 1984 immerhin 19 % der Wähler – nahezu ein Fünftel und beinahe gleichviel wie die der SP – für eine Politik der Mitte und gegen die Tendenz zur politischen Polarisierung zwischen links und rechts votiert.

Mit Vorbehalt mag man diesen Puffern zwischen einem reaktionärer gewordenen Freisinn und einer klassenkämpferisch gestimmten Sozialdemokratie auch die Katholiken von der Christlichen Volkspartei (mit 12 % die drittstärkste der Basler Großratsparteien) hinzurechnen, die entsprechend der jeweiligen Situation bald als Partner des Bürgerblocks, bald als ausgleichendes Element auftreten. Zusammen mit den diversen Extremisten auf beiden Flügeln – den Kommunisten der schrumpfenden PdA mit weniger als 3 % und ihren ungleich vitaleren Verbündeten von den stark »grün« angehauchten POB mit 9 % zur Linken, den Ausländerhassern von der »Nationalen Aktion« (6 %) zur Rechten – dann ergibt sich daraus ein überaus buntes Gesamtbild. Nicht weniger als zehn Gruppierungen haben ihre Vertreter in den 130köpfigen Großen Rat entsenden können; daß es unter ihnen heute weniger als je zuvor eine alle überragende politische Kraft gibt, unterstreicht den Eindruck der Vielfältigkeit und einer ausgeprägt individualistischen Tendenz zur fast schon über-subtilen Differenzierung.

Bis zum stürmischen Aufstieg Zürichs, das den Baslern (wenigstens im Scherz und ein klein wenig auch im Ernst) als der halb beneidete und halb verachtete Widerpart erscheint, also bis weit ins 19. Jahrhundert hinein ist Basel stets die größte, wenn auch deshalb noch lange nicht die wichtigste Stadt der Eidgenossenschaft gewesen. Eine Großstadt im modernen Sinne des Wortes war es freilich zu jener Zeit nie; erst die stürmische Bevölkerungszunahme im Zeichen der Industrialisierung, die Verdoppelung der Einwohnerzahl zwischen 1900 und 1970 hat ihm die Chance einer solchen Entwicklung eröffnet – eine Chance, die der »Bebbi«, wie sich der Basler alten Schlages gerne nennt, eher melancholisch als Entfremdung und Überfremdung eigensten Wesens zu bedauern neigt.

Tatsächlich wird man dem Wandel je nach Einstellung und je nachdem, auf welche seiner Konsequenzen man das Augenmerk richtet, sowohl positive als auch negative Aspekte abgewinnen können. Was dem einen als das Abstreifen spießbürgerlicher Eierschalen und ein Hereinwachsen des Gemeinwesens ins zeitgemäß Moderne, eben ins Großstädtische erscheint, das mag der andere als Preisgabe liebgewordener »Apartigkeit« empfinden. Der Traditionalist schüttelt den Kopf bei der Feststellung, daß sich zeitweise unter den sieben Mitgliedern der Kantonsregierung nicht ein einziger Altbasler fand; selbst in der frühen Zeit extremer Überfremdung vor dem Ersten Weltkrieg, als Ausländer (meist Reichsdeutsche) volle 38% der Einwohner stellten, wäre etwas Derartiges noch unvorstellbar gewesen. Schließlich hat sich Basel länger als jede andere Stadt gegen die volle politische Gleichberechtigung von Nichtbürgern – selbst von Schweizern anderer Herkunft – gewehrt. Heutzutage dagegen legt sie gegenüber den Zugezogenen (und nicht zuletzt den Ausländern unter ihnen) mehr Verständnis und Entgegenkommen an den Tag, als sie sonst in der Eidgenossenschaft finden – wie man hier denn überhaupt ein hohes Maß an Liberalität gegenüber Minderheiten jeder Art rühmend hervorheben darf (bezeichnenderweise hat Baselstadt denn auch 1966 als erster Kanton der deutschen Schweiz das Frauenstimmrecht eingeführt).

Gewiß weniger zum Vorteil verändert hat sich dafür das äußere Bild der Stadt. Von den aristokratischen »Höfen«, die zu den Zierden der Innenstadt gehörten, sind ebenso viele verschwunden wie von den bescheideneren, aber stilvollen kleinbürgerlichen Straßenzeilen; an ihrer Stelle erheben sich jetzt Geschäfts- und Verwaltungsgebäude im Allerweltsstil. Nur noch in ein paar Gassen und Plätzen außerhalb des großen Verkehrs kann man etwas vom alten Charme verspüren, reduziert auf innerstädtisches Inseldasein. Selbst wo die meist sehr schlichten, nur ganz ausnahmsweise zu barocker Prachtentfaltung gesteigerten Fassaden der Palais und der Bürgerhäuser erhalten geblieben sind, ist vielfach das Leben aus ihnen gewichen. Noch immer bleibt zwar der Münsterplatz, der nicht nur Wilhelm Hausenstein über alle Maßen entzückte, ein städtebauliches Schmuckstück, dem in der Schweiz wenig zur Seite gestellt werden kann. Aber tagsüber verstellen ihn die parkenden Autos, und nachts brennt in keinem Fenster mehr Licht: Hier in

Basels ureigentlichem Kern wird nicht mehr gelebt, nur noch gearbeitet.

Das Anwachsen der Einwohnerzahl hat freilich auch dazu geführt, daß Basel heute aus seinen Nähten zu platzen droht. Zwar hat es seit langem ein ungewöhnliches Ingenium dafür entwickelt, über Grenzen hinauszuspringen – mit jenen Zweigunternehmen etwa, die Basler Fabrikherren frühzeitig in der badischen wie in der elsässischen Nachbarschaft aufbauten. Nichtsdestoweniger wird es je länger desto mehr eine »Stadt ohne Raum«. Darin liegt eine gewisse Ironie, wenn man bedenkt, daß es einmal seine Besucher durch die verblüffende Weite seiner Anlage in Staunen setzte. Basel, so notiert etwa 1787 ein englischer Reisender kopfschüttelnd in seinem anonymen »Sketch of a Tour through Switzerland«, würde Platz genug bieten, 100 000 Einwohner zu fassen, zähle aber in Wahrheit nur deren 11 000; heute sind gerade diese damals viel zu weiten Kleider enger geworden als die irgendeiner anderen Schweizerstadt, und in das schmale Territorium drängen sich nun mehr als 200 000 Menschen.

So ist es begreiflich, daß sich bereits das ganze untere Baselbiet bis hinauf nach Pratteln und Aesch in ein Netz von Vororten oder gar in eine Suburbia ohne Individualität verwandelt hat, ja daß die Basler Agglomeration sogar schon solothurnische und aargauische Gemeinden einschließt. Nicht nur die Wohnstätten, sondern auch die Industriebetriebe verlagern sich – keineswegs bloß wegen des »Sozialgefälles« – zusehends aus der zu eng gewordenen Dreiländerecke auf Landschäftler, ja über Augst hinaus auf Aargauer Gebiet, und selbst dem Rheinhafen ersteht flußaufwärts in der Birsfelder Au eine mächtig aufstrebende Konkurrenz. Das läßt verstehen, warum einer der Basler Regierungsräte seinerzeit die Wiedervereinigung der beiden Basler Halbkantone ohne Zögern als das politische Problem des baslerischen Gemeinwesens schlechthin allen anderen Sorgen und Nöten voranstellte. Inzwischen ist aber auch diese Aussicht wieder entschwunden. Ohne Zweifel unterwirft überdies der Menschenzustrom aus allen Teilen der Schweiz (und immer mehr auch aus dem Ausland) die bewährte Assimilationsfähigkeit Basels heute der schwersten Probe, die sie bisher zu bestehen hatte. Eine Stadt wie Basel kann nun einmal nicht Großstadt werden, ohne einiges von dem Wesen preiszugeben, das sich in der Isolierung und in der Abwehr des Ungemäßen ausgebildet hat.

Und doch kann man nicht sagen, daß das alte Vermögen der

Einschmelzung bereits verlorengegangen sei. Zu den wichtigsten Instrumenten der »Verbaslerung« zählen noch immer die Fasnachtscliquen. Selbstverständlich hat, mit dem Verlust der stadtstaatlichen Intimität, auch das erzbaslerische Volksfest der Fasnacht viel von dem einstigen Reiz seiner unvergleichlichen Spontaneität eingebüßt; als jeder noch jeden kannte, war das Spiel des »Intrigierens« in der Maskenfreiheit hinter der grotesken Larve noch ungleich reizvoller und ergiebiger als im Menschengewühl des heutigen »Morgenstreichs«, der am Fasnachtsmontag um vier Uhr früh die drei tollen Tage mit markerschütterndem Trommelwirbel (dem »Ruessen«), dem schrillen Klang der Piccolos und dem regellosen Umzug der riesigen, hellerleuchteten, mit satirischen Darstellungen rundherum bemalten »Laternen« einleitet. Aber die Cliquen, die Fasnachtsgesellschaften, in denen Vornehme und Arbeiter, Bürger und Künstler auf einzigartige Weise durcheinanderquirlen, sind nach wie vor die Hohe Schule des Baslertums geblieben: Hier verschmelzen die Zuwanderer mit den Alteingesessenen zu einer neuen, nicht minder lebendigen Einheit. Die Polis von einst dürfte der Vergangenheit angehören, und manches vom einmalig »Apartigen« der Stadt mit ihr. Ein Ende ist das trotzdem nicht – eher ein Übergang. Auch in verwandelter und größerer Gestalt wahrt Johann Peter Hebels »schöni, tolli Stadt« noch mehr von ihrem alten Wesen, als es auf den ersten Blick den Anschein haben möchte. Von jenem Sonderwesen, das sie mit erstaunlicher Konstanz und zähem Eigenwillen über den Wandel der Epochen hinübergerettet hat und in dem sich die Scheu vor der Öffentlichkeit mit der Hingabe an die *res publica*, die Introversion mit der Ironie, der Geist mit dem Geschäft, die Frömmigkeit mit der Welttüchtigkeit so wunderlich, in manchmal fast grotesker und dann wiederum sprudelnd-schöpferischer Weise zu einem eigenen und nur hier möglichen Ton verbunden haben, ohne den die schweizerische Harmonie eben doch dünner und ärmer klänge.

Baselland

Vom Bauernland zum Industriekanton

Baselstadt und Baselland
Sind zwei Finger an einer Hand –
jetzt! Es gab eine Zeit, wo sie nur ein Finger waren. Da kam ein Spreissen drein, der Finger ward bös, und endlich gab es zwei daraus. Beide sahen einander lange ganz erschrecklich an, wie man es tut, wenn man sich doppelt sieht auf einmal. Sie fürchteten sich sehr voreinander; rührte sich der eine, machte der andere schon die Faust, was sehr rührend war. Nun ist's wieder anders... Sie sind so gleichsam die am Rücken zusammengewachsenen Brüder. Was dem einen wehtut, macht dem andern nicht wohl, und niest der eine, sagt der andere »Prosit!« dazu. Wo Lieb und Leid geteilt werden, da steht's mit der Einigkeit nicht schlecht; vermag ein Finger eine Last nicht zu heben, hilft der andere, und beide zwingen's.
Jeremias Gotthelf, in »Hans Jakob und Heiri oder die beiden Seidenweber«, 1851

Als 1965 die erste Auflage dieses Buches erschien, sah es noch ganz danach aus, als ob Baselland – damals der Benjamin in der eidgenössischen Staatenfamilie – seinen 150. Geburtstag im Jahre 1983 überhaupt nicht mehr als ein Gemeinwesen eigenen Zuschnitts werde begehen können. Seit 1938 eine erste Abstimmung eine (damals noch knappe) Mehrheit zugunsten der Wiedervereinigung mit Baselstadt ergeben hatte, war die Existenz des Halbkantons in Frage gestellt. Noch wurde die Durchführung des eingeleiteten Prozesses zwar durch juristische Querelen aufgehalten. Aber 20 Jahre später bestätigte eine zweite Abstimmung mit erheblich größerer Majorität den ursprünglichen Beschluß. Damit schien das jüngste Glied des Bundes zum Status eines »Kantons auf Abruf« verurteilt; so lautete denn auch der Titel des ihm gewidmeten Kapitels in der ersten Auflage dieses Buches.

Das war voreilig. Ein Umschwung in der Volksstimmung hat dazu geführt, daß das Wiedervereinigungs-Begehren wohl endgültig *ad acta* gelegt wurde. Endgültig deshalb, weil die *Fähigkeit* Basellands, auf eigenen Füßen zu stehen, niemals zweifelhaft war. Die Frage lautete nur, ob der *Wille* dazu bestehe oder ob sich jene Kräfte durchsetzen würden, die von einem Zusammenschluß mit der Stadt wirtschaftliche Vorteile und das größere Gewicht eines einheitlichen Vollkantons in der eidgenössischen Politik erhofften.

Wer Wesen und Eigenart der Stadt Basel ganz von ihrer Randlage her zu verstehen sucht, aus ihrer natürlichen und noch mehr ihrer geschichtlich gewordenen Distanz gegenüber ihrer Umwelt, der möchte leicht versucht sein, im Baselbieter so etwas wie den Übergang vom Basler zum »eigentlichen« Schweizer zu sehen. Doch würden wir mit einer solchen Deutung etwas sehr Wesentliches übersehen: daß der Landschäftler – der alteingesessene zum mindesten, von dem in diesem Zusammenhang allein die Rede sein kann – im Unterschied zu seinem städtischen Nachbarn helvetisch bis in die Knochen ist. Schon seine Sprache verrät das. Selbst ein so stadtnahes Dorf wie Muttenz liegt eindeutig diesseits der mundartlichen Scheidelinie. Niemand wird den einheimischen Muttenzer, wenn er den Mund auftut, mit dem »Bebbi« verwechseln; kaum je dürfte ihm das passieren, was dem Stadtbasler zu seinem Leidwesen immerfort begegnet: daß er etwa von einem Innerschweizer oder Berner Bauern auf eine im Dialekt gestellte Frage eine Antwort in mühsamem Hochdeutsch erhält. Der Gebirgler selbst im hinstersten Alpental, dem das spitze »Baseldytsch« unschweizerisch und daher fremdartig vorkommt, wird den Gast aus Basellland mit seinem rustikaleren, breiteren und härteren Idiom sogleich als zugehörig, als ganz und gar »schweizerisch« empfinden.

Die Geschichte erhärtet diesen Eindruck. Trotz seiner jahrhundertelangen politischen Bindung an die Stadt hat das Land nie die typisch baslerische Abseitigkeit geteilt. Seit dem Mittelalter blieb seine Bevölkerung durch den Verkehr über die beiden Hauenstein-Pässe – den Oberen nach Balsthal, den Unteren nach Olten – eng mit den Nachbarn im Mittelland verbunden. Das illustriert schon die aktive Beteiligung der Baselbieter Bauern, aber auch der Liestaler Bürger am großen schweizerischen Bauernkrieg von 1653. Die meisten ländlichen Gemeinden traten damals dem Aufstand bei und besiegelten diesen Entschluß mit dem Stadtsiegel des kleinen Ergolzstädtchens auf der Bundesurkunde des Sumiswalder Bauernbundes. Auch schon früher hatten die Untertaten, mehr als einmal mit Erfolg, Rückhalt gegen die städtische Herrschaft im helvetischen Hinterland gesucht. Anders als die Stadtbürger empfanden sie sich primär als Schweizer und erst in zweiter Linie – wenn überhaupt – als Basler. Insofern hat die Kantonstrennung von 1833 nur den End- und Höhepunkt einer langen geschichtlichen Entwicklungslinie bezeichnet.

Der Herd des Widerstandes gegen die städtische Herrschaft aber lag immer in Liestal. Das schmucke Städtchen (»petite et bien bâtie« nennt es ein *Dictionnaire* des 18. Jahrhunderts) nahe der Stelle, wo die beiden alten Verkehrswege über den Oberen und den Unteren

Hauenstein auseinanderstreben, war in der Tat »die rechte Wurzel der Rebellion«, als die es in einem gestrengen Strafmandat des Basler Rates von 1653 angeprangert wird. Mit keiner anderen ihrer Besitzungen haben die Basler auch nur annähernd soviel Schereien gehabt wie mit dem einzigen nennenswerten städtischen Gemeinwesen auf ihrem Territorium (das andere, das Miniaturstädtchen Waldenburg an der Pforte zum Oberen Hauenstein, war genau besehen nie etwas anderes als ein ummauertes Dorf). Schon als Basel Anno 1400 das aufblühende, mit Geschick und Erfolg um seine Emanzipation von der bischöflichen Herrschaft bemühte Liestal von dem geistlichen Landesherrn erwarb, wehrten sich die Liestaler verzweifelt gegen die drohende Untertänigkeit, und ihr Schultheiß mußte seinen bürgerlichen Freiheitswillen schließlich am Galgen büßen. Als dann die Reformation ausbrach, stellte sich Liestal wieder an die Spitze einer bäuerlichen Volksbewegung, die der Stadt mit einem Zug von 1600 Bewaffneten Zugeständnisse und Freiheitsbriefe abtrotzte (sieben Jahre später wurden diese Dokumente dann kurzerhand wieder eingezogen). Von der lebhaften Beteiligung des Städtchens am gesamtschweizerischen Bauernkrieg von 1653 haben wir bereits gesprochen. Und 1798 stand der erste Freiheitsbaum, der in der deutschen Schweiz errichtet wurde, prompt wiederum in Liestal – ein bemerkenswertes Zeichen revolutionärer Konstanz, die schließlich 35 Jahre später mit dem vorerst endgültigen Auseinanderbrechen der Kantonseinheit zum späten Erfolg führte.

In keiner dieser zahlreichen Erhebungen – außer vielleicht in der allerersten – ging es freilich um die Loslösung von der Stadt. Was das Land wollte, war nicht Separation, sondern (ursprünglich) Freiheit von allzu drückenden Belastungen und (später) Gleichberechtigung. Als sich nach der französischen Julirevolution von 1830 die bäuerlichen und landstädtischen Protestler wieder zu regen begannen, hatten sie im Grunde kein separatistisches Programm: Sie verlangten nur eine neue Verfassung des Gesamtkantons, und sie bestanden darauf, daß die zukünftige Volksvertretung nach der Kopfzahl gewählt werden sollte, daß also fortan das bisherige Übergewicht der Hauptstadt zugunsten des damals viel volkreicheren Landes zu beseitigen sei. Eben dies aber wollte Basel nicht bewilligen. Es berief sich darauf, daß schließlich die Stadtbürger bei weitem den größten Anteil an der kantonalen Steuerlast zu tragen hätten und daß man ihnen daher auch entsprechend mehr Einfluß auf die Verwaltung des Staatswesens zubilligen müsse.

An sich war das ein ganz normaler Konflikt, wie er sich auch in den meisten der anderen Stadtkantone zu jener Zeit entwickelte. Aber während sonst die Städter meist mehr oder minder gutwillig unter dem Druck ihrer ländlichen Untertanen klein beigaben, versteiften sich die Basler hartnäckig darauf, daß man ihnen ein solches Zugeständnis einfach nicht zumuten könne. Ein großer Teil der Stadtbürger machte sogar nie einen Hehl daraus, daß er eher willens sei, die Landschaft (oder doch deren rebellische Teile) aus der städtischen Herrschaft ganz und gar zu entlassen, als ihr gleiches Recht einzuräumen.

Nicht vom Lande, sondern von der Stadt ging also der Anstoß zur Trennung aus. Die demokratischen und radikalen Landschäftler bedurften der Loslösung nicht; die Gleichberechtigung bot ihnen die Chance, die wahren Herren des Kantons zu werden, genau wie das in Bern, in Zürich, in Luzern und anderswo geschah. Es war die Stadt, die aus dem (richtigen) Gefühl heraus, daß sie ihre Sache auf die Dauer gegen die wachsende demokratische Strömung doch nicht durchsetzen könne, den Bruch zuerst ins Auge faßte – auch deshalb, weil ihr ihre periphere Lage wie ihre wirtschaftliche Kraft einen Rückzug auf sich selber ermöglichte, den kaum eine andere Schweizer Stadt in ähnlicher Situation auch nur erwägen durfte. Bern konnte niemals ohne das Bernbiet, Zürich nie ohne die Zürcher Landschaft existieren; nur Basel konnte seinen Untertanen kurzerhand die Türe weisen und sich hinter seinen Mauern einigeln. Deshalb dachte es nicht daran, Forderungen nachzugeben, vor denen das Zürcher Zunftregiment und die Berner Aristokraten ohne standhafte Gegenwehr kapituliert hatten.

In den dreijährigen Wirren, die dieser Konflikt auslöste, haben allerdings auch die Führer des Landvolks Erkleckliches an unverständiger Steckköpfigkeit geleistet. In Flugschriften forderten sie bald nicht allein die wohlbegründete Gleichberechtigung. Sie bestanden auch darauf, die kantonale Verwaltung aus der Stadt nach Liestal zu verlegen, und sie muteten Basel zu, als Garantie für künftiges Wohlverhalten die Stadtmauern zu schleifen, hinter denen es sich einmal ums andere dem Zugriff seiner aufgebrachten Untertanen entzogen hatte. Das war nichts als das Verlangen nach einer bedingungslosen Kapitulation. Der städtische Rat seinerseits aber reagierte auf dergleichen Herausforderungen (und auf eine Reihe von Aufstandsversuchen, die er zunächst mit Waffengewalt, aber ohne dauernden Erfolg niedergeschlagen hatte) am Ende mit einer Maßnahme, die Paul Burckhardt den »törichtesten Beschluß« der ganzen Basler Geschichte nennt. Nachdem er in einer umstrittenen und wenig schlüssigen Volksabstimmung die Meinung des Landvolks erforscht hatte, entschied er sich in einer Aufwallung des Unmuts, all den Gemeinden, die sich nicht mit der Mehrheit ihrer Stimmberechtigten für das Verbleiben bei der Stadt ausgesprochen hatten, die öffentliche Verwaltung zu »entziehen«, d. h. die Unbotmäßigen gewissermaßen aus eigener Machtvollkommenheit zu verstoßen, wie ein gestrenger Vater sich von seinen nichtsnutzigen Sprößlingen lossagen mag.

Dieser Beschluß vom 22. Februar 1832 ist die eigentliche Geburtsurkunde des Kantons Baselland, der auf solche Weise halb und halb wider Willen in die Selbständigkeit hineingedrängt wurde. Zunächst freilich sah der neue Staat wunderlich genug aus: ein zufälliges Konglomerat unzusammenhängender Landfetzen, deren Verbindung untereinander allenthalben durch städtisch gesinnte Gemeinden unterbrochen war – nur daß diese ihrerseits genauso unverbunden und voneinander isoliert waren. So bot Baselland in seiner ursprünglichen Gestalt ein geradezu groteskes Bild: Fast alle Ortschaften nahe der Stadt hatten sich zu den Abtrünnigen geschlagen, während die Bandweber-Dörfer im Oberen Baselbiet und im Reigoldswilertal von einem Bruch nichts wissen wollten. Damit hatte die neue Regierung in Liestal keine Chance der Konsolidierung; Basel anderseits sah sich außerstande, seinen Getreuen Hilfe zu bringen. Wie weit die Verwirrung angesichts gegenseitiger Überfälle und unschöner Strafexpeditionen ging, zeigte etwa der Entschluß des kleinen Dorfes Diepflingen, das kurzerhand seine Unabhängigkeit erklärte, um sich aus dem Schlamassel herauszuhalten, und seine Miniatur-Republik ein paar Wochen lang unter den Schutz der Eidgenossenschaft stellte. Am Ende führte ein mißglückter Ausfall der Basler im August 1833 zum völligen Verlust ihrer letzten Außenposten. Die Tagsatzung, die dem Kampf zunächst einmal mit einer militärischen Intervention Einhalt geboten hatte, verfügte noch im gleichen Monat die Trennung des gesamten linksrheinischen Landgebiets von der Stadt – wenn auch unter dem Vorbehalt späterer »freiwilliger Wiedervereinigung«.

Hätten die »Basler Wirren« der dreißiger Jahre nicht an die hundert Menschenleben gekostet, so müßte man sie wohl als eine ausgemachte Komödie der Krähwinkelei bezeichnen. Die ängstliche Kleinlichkeit der städtischen Protagonisten, die polternde Dreschflegel-Demagogie ihrer ländlichen Widersacher, verraten die gleiche engstirnige Unfähigkeit zu jenem schöpferischen Kompromiß, der doch sonst in der Geschichte der Schweiz – von den Stürmen der Reformation abgesehen – in kritischen Augenblicken immer noch gefunden wurde. Schon 1827 hatte ein Waldenburger Pfarrer von der »unseligen Scheidewand des Neides und des Mißtrauens« zwischen Landleuten und Stadtbürgern gesprochen; nun sah es so aus, als ob sich beide Teile weidlich Mühe geben wollten, diese Scheidewand noch höher zu türmen. Erst mit dem Vollzug der Kantonstrennung begannen die absurdesten Manifestationen des gegenseitigen Ressentiments. Die Stadt leistete sich gegen ihr abgefallenes Gebiet einen wirtschaftlichen Kleinkrieg, der dazu ausgedacht schien, den Güteraustausch über die neue Grenze hinweg zum Erliegen zu bringen; die Landschäftler ihrerseits lebten ihren einstigen Herren zu Leide, wo sie nur konnten. Die Extremisten zwar, die den neuen Halbkanton mit echt jakobinischer Traditionsverachtung »Kanton Ergolz und Birs« nennen wollten (weil die Beibehaltung des Basler Namens »in der Brust jedes Patrioten einen bleibenden Widerwillen hervorbringen müßte«), drangen nicht durch. Aber die spruchreifen Eisenbahnprojekte wurden um mehrere Jahre hinausgezögert, weil die basellandschaftliche Regierung eine Konzession für den Bau zunächst nur unter der Bedingung erteilen wollte, daß die Schienenstränge Baselstadt nicht berührten, sondern an der Birsmündung (wo dann später das Dorf Birsfelden erwuchs) halt machten; erwogen wurden sogar ernstgemeinte Pläne, daselbst eine neue Stadt anzulegen und »Baseltrutz« zu taufen, von der aus – jedenfalls nach Jeremias Gotthelfs freilich nicht gerade unparteiischer Darstellung – die Stürmer und Dränger »den alten Basler Geist umspinnen, ertöten, Basel mit Leib und Seele erobern« wollten. Nun, all diese Schildbürgerstreiche blieben am Ende unausgeführt. Aber es brauchte Jahrzehnte, bis die beiden entfremdeten Brüder es allmählich wieder lernten, friedlich, wenn schon nicht ohne Groll, nebeneinander und miteinander zu leben.

Auch nach innen hin machte Baselland allerhand Kinderkrankheiten durch. Die revolutionäre Unruhe, aus der es erwachsen war, wirkte noch geraume Zeit fort; der Kanton wurde in der ersten Periode seines Bestehens zu einem beliebten Tummelplatz für politische Abenteurer aller Art, die in tumultuösen »Volksbewegungen«

oder lokalen »Putschen« der ungewissen Stabilität des neuen Regimes zusetzten. Liberale und radikale, mehr autoritär und mehr demokratisch gerichtete Tendenzen lagen in oft recht stürmischer Fehde miteinander; nicht umsonst spricht der Geschichtsschreiber des Baselbiets, Karl Weber, von der »politischen Überbetriebsamkeit« als einem Krebsschaden des jungen Staatswesens. Recht nachdrücklich wurde auch ausländischen Revolutionären – ganz besonders den deutschen Achtundvierzigern – Sympathie bekundet; so fand der jungdeutsche Dichter Georg Herwegh in Liestal nicht nur Asyl bis zu seinem Tod, sondern er wurde auch mit einem Denkmal geehrt. Nach einem Sammelband über die Schweiz aus dem Jahre 1857 nahm das jüngste Glied der Eidgenossenschaft »unter den radikalen Kantonen einen der ersten Plätze ein«. Er stand auch, von dem pittoresken »Revolutionsgeneral« Rolle inspiriert, an der Spitze der demokratischen Bewegung, die in den sechziger Jahren der modernen Referendumsdemokratie die Bahn brach.

Heute gehört die Hektik dieser Kämpfe längst der Vergangenheit an. Die Beratungen über eine neue, zur Zeit der Niederschrift noch nicht verabschiedete Kantonsverfassung haben sich in einer ungleich ruhigeren Atmosphäre vollzogen. Bemerkenswert für die Fortdauer der radikal-demokratischen Tradition scheint es immerhin, daß die Stimmbürger bei der Grundsatz-Abstimmung über einige Kernfragen des neuen konstitutionellen Dokuments mit bedeutender Mehrheit auf der Beibehaltung jenes »obligatorischen Referendums« bestanden, das den Bürger zwingt, selbst über faktisch unbestrittene Gesetze an der Urne zu befinden. Den Geist kritischer Wachsamkeit gegenüber dem Staat dokumentierte gleichzeitig auch der Entscheid, nicht nur das neue Amt des Ombudsmanns als eines Hüters bürgerlicher Rechte zu schaffen, sondern dieses Amt auch gleich in der Verfassung zu verankern.

Charakteristisch für den Baselbieter Individualismus ist die breite Palette der Parteien. Die auffallend vielen kleinen Gruppen, die hier wie in Baselstadt den alteingesessenen Formationen Konkurrenz machen, sind übrigens keine neue Erscheinung: Wie heute der (im Rückgang befindliche) Landesring, die POCH, die diversen »grünen« Listen, aber auch die neu aufgetauchten Liberalen konservativer Basler Spielart und die fremdenfeindliche Nationale Aktion zur Vielfalt des politischen Bildes beitragen, so haben früher Gruppen von »rosaroten« Grütlianern über eigenwillige »Demokraten« unterschiedlicher Nuancen bis hin zu den Freigeldlern im Halbkanton ihre abseitige Rolle gespielt. Vollends in den Gemeinden sprossen gelegentlich kuriose Gewächse; so hat bei den Kommunalwahlen vom März 1984 in Münchenstein eine Liste mit dem pittoresken Namen »WIG Knoblauch« (wobei WIG für »Würze im Gemeinderat« stand) einen unerwarteten Erfolg verzeichnet, und in Liestal konnte sich sogar eine Fasnachtsgesellschaft um einen Sitz im Gemeinderat bewerben und ihn auch gewinnen. Hinter den oft kuriosen Formen, die solches Außenseitertum annehmen kann, steckt wohl nicht zuletzt die Abneigung gegenüber den Apparaten der Mächtigen, denen man gerne einmal ein bißchen »zwiderwärcht«: den Freisinnigen und den Sozialdemokraten zumal, die miteinander um die Führungsrolle rivalisieren, der bäuerlich-gewerblich orientierten Schweizerischen Volkspartei und der (katholischen) Christlichen Volkspartei. Eine bedeutende Rolle spielt beim Emporkommen nonkonformistischer Sonderzüglein neuerdings aber auch die Sorge um den Schutz der Umwelt, um den sich die Traditionsparteien allzu lange allzu wenig gekümmert haben. Zumal der bittere Kampf gegen den Bau des Kernkraftwerks im aargauischen Kaiseraugst unmittelbar an der Kantonsgrenze hat hier, wie in der Stadt, ökologischen Parolen zu einem nachhaltigen Echo verholfen, das schließlich auch Bürgerliche und Sozialisten herkömmlichen Stils nicht gleichgültig lassen konnte.

In diesen Auseinandersetzungen spiegelt sich nicht zuletzt jene wirtschaftliche Entwicklung wider, die dem Baselbiet in unserem Jahrhundert ein neues, von seinen Begründern kaum geahntes Gesicht gegeben, den Bauernkanton von einst zum ausgesprochenen Industriekanton umgestaltet hat. Die wenig berührten Landschaften des Oberbaselbiets mit ihren idyllischen Hügelketten, engen Tälern zwischen einsamen Plateaus und romantischen Felsenformationen täuschen ebenso wie die stattlichen Höfe, denen man beim Wandern begegnet. Längst kommt der Landwirtschaft nur noch eine marginale Rolle zu; knapp 4% der Erwerbstätigen leben noch von ihr. Wenn der Halbkanton nicht mehr wie noch vor einigen Jahrzehnten einen Spitzenrang unter jenen schweizerischen Gemeinwesen einnimmt, bei denen weit mehr als die Hälfte der aktiven Bevölkerung in Industrie und Baugewerbe beschäftigt waren, dann nur darum, weil inzwischen der rapid wachsende Sektor der Dienstleistungen diesen Wirtschaftszweigen mehr und mehr Arbeitskräfte entzogen und damit bereits eine »nachindustrielle« ökonomische Struktur begründet hat.

Ein reines Bauernland ist das Baselbiet allerdings schon seit Jahrhunderten nicht mehr gewesen. Heimindustrie – vor allem die Bandweberei im Auftrag der Basler Unternehmer – hatte der Landbevölkerung frühzeitig zusätzliche Einnahmen verschafft. Noch vor der Kantonstrennung waren die ersten Fabriken als Zweigbetriebe städtischer Firmen hinzugekommen. In den 50er Jahren des 19. Jahrhunderts hielt dann die Uhrenindustrie im Waldenburgertal ihren Einzug. Als die Eisenbahnlinie von Basel über Liestal und Läufelfingen nach Olten dem alten Paßverkehr über den Oberen Hauenstein den Garaus machte, bewilligte 1854 die Gemeindeversammlung von Waldenburg einen Kredit, der neue Arbeits- und Verdienstgelegenheiten schaffen sollte. Meister und Vorarbeiter aus dem Neuenburgischen wurden in eine erst noch zu schaffende kommunale, später dann privatisierte Uhrenfabrik verpflichtet; dem damit initiierten Unternehmen folgten zahlreiche weitere Betriebe dieses typisch jurassischen Industriezweigs. Neuerdings sind, zumal in den Jahren der Hochkonjunktur nach dem Zweiten Weltkrieg, kleinere industrielle Werke verschiedener Branchen sogar bis in entlegene Dörfer auf den Jurahöhen vorgedrungen. Vollends dort, wo Täler und Verkehrslinien zusammenstoßen wie in Liestal und Sissach, haben sich vielgestaltige und höchst aktive kleine Industriezentren herausgebildet.

Weit überschattet wird dieser gleichsam autochthone Industrialisierungsprozeß jedoch durch den Strukturwandel im engeren Vorgelände Basels, im Bezirk Arlesheim vor allem und in Pratteln: Hier findet die Basler Großindustrie jenen Raum, den ihr die allzu eng gewordene Stadt nicht mehr bietet. Chemie, Metallverarbeitung, Apparatebau und viele andere Branchen nebst dem ins Große aufwachsenden Baugewerbe haben den ganzen Talboden des unteren Baselbiets, soweit er nicht als Wohnbereich für den Bevölkerungsüberlauf der Großstadt dient, mit einem immer dichteren Netz industrieller Anlagen überzogen, das hier noch engmaschiger geknüpft scheint als selbst im strukturverwandten Zürcher Limmattal.

Die sozialen und politischen Folgen dieses Vorgangs liegen auf der Hand. Auf der einen Seite erhält der Halbkanton dadurch die Mittel für seine neuen und großen Aufgaben. Rund drei Viertel des Steuereinkommens fließen der Regierung in Liestal aus dem landschäftlichen Teil der Basler Agglomeration zu. Anderseits hat sich die kantonale Bevölkerung zwischen 1950 und 1980 – ein einzigartiger Fall – mehr als verdoppelt: Mit rund 220 000 Einwohnern lag

Baselland 1982 bereits weit vor dem verwandten Stadtkanton mit ganzen 203 000 – und der weitaus größte Teil des Wanderungsgewinns kam dem industriellen Vorgelände Baselstadts zugute.

Der imposante Aufschwung hat anderseits immer krassere Disproportionen im inneren Gefüge des Gemeinwesens nach sich gezogen. Bereits 60 % der Kantonseinwohner leben im Bezirk Arlesheim, anderthalbmal soviel wie in den drei anderen Bezirken zusammen; rechnet man Pratteln und die übrigen Agglomerationsgemeinden dazu, dann kommt man für die quasi-städtischen Vororte schon nahezu auf 70 %. Die neuen Zuzügler in die Basler »Schlafsäle« wie Allschwil, Binningen, Birsfelden, Muttenz und Pratteln aber haben im Grunde zu ihrem Wohnkanton überhaupt keine persönliche Beziehung, soweit sie nicht steuerlich von der Verlagerung ihres Domizils profitieren (und dieser Profit ist geschmolzen, auch wenn das kurze Experiment mit der »Reichtumssteuer« wieder aufgegeben worden ist; statt dessen gibt es jetzt eine kräftigere Progression bei der Einkommensteuer als früher). Diese Basler Vorstädte, von denen jede heute mehr Menschen beherbergt als der Kantonshauptort Liestal, sind im Grunde nichts als gesichtslose Ableger der Großstadt, nur durch die politische Trennung von ihrem natürlichen Mittelpunkt abgeschnitten.

Von diesem an Menschenzahl und Finanzkraft weit überlegenen unteren Kantonsteil ging denn auch die Bewegung zugunsten der Wiedervereinigung von Stadt und Land aus, und ohne die zeitweilige Weigerung der eidgenössischen Räte, dem Fusionsbegehren von 1938 ihr Placet zu erteilen, wäre es wohl bereits damals gegen den geschlossenen Widerstand der Oberbaselbieter zum Zusammenschluß der beiden Kantonshälften gekommen. Zwei Jahrzehnte später, als es dann doch zum Volksentscheid kam, stimmten im Bezirk Arlesheim mehr als vier Fünftel derer, die zur Urne gingen, für die Initiative, in Pratteln immerhin drei Viertel, während alle übrigen Gemeinden geschlossen die Preisgabe des staatlichen Eigenlebens ablehnten, aus Furcht vor eben jener »Majorisierung«, der sich die Stadt ihrerseits durch den Bruch der Kantonseinheit hatte entziehen wollen. Damals zählte Basel nur halb so viele Einwohner wie seine Landgebiete. Nun aber hatte sich das Verhältnis, wenn man die Stadt mit ihren Vororten zusammenrechnete, ganz und gar zuungunsten des ländlichen Bereichs umgekehrt: Baselland selber war wenn nicht zu einem Kanton der Städte so doch jedenfalls der Städter geworden.

Unter diesen Umständen hätte die Wiedervereinigung wohl den Bruch von 1833 rückgängig machen können, aber in den neuen Staatskörper eine andere, auf die Dauer womöglich unheilvollere Spaltung hineingetragen. Ein Kanton, der von einem beachtlichen Teil seiner Bürger als fremdes, aufgezwungenes Gebilde empfunden würde, schien mit der Grundidee der Eidgenossenschaft schwer verträglich; hier tat sich schon jener Widerspruch auf, der später im Jura-Konflikt noch gefährlichere Konsequenzen zeitigen sollte.

Daß es nicht so weit kam, hatte nichts mehr mit äußeren Widerständen zu tun. Nach der zweiten Abstimmung von 1958 hatte das Bundesparlament das Veto gegen die Ergebnisse der ersten zurückgezogen. Viel anderes blieb ihm auch nicht übrig; die Bundesakte, die 1833 die rechtliche Trennung zwischen den verfeindeten Kantonshälften vollzog, hatte ja ausdrücklich die Möglichkeit einer freiwilligen Wiedervereinigung vorbehalten. So schien das Schicksal Basellands besiegelt: Ein eigens gewählter, neben den kantonalen Volksvertretungen tagender, aus Stadt und Land paritätisch zusammengesetzter Verfassungsrat erhielt den Auftrag, ein Grundgesetz für den künftigen einheitlichen Stand Basel auszuarbeiten.

Als aber das Ergebnis dieser Arbeit 1969 dem Volk zur Annahme vorgelegt wurde, wiesen die Baselbieter Stimmberechtigten den Verfassungsentwurf mit überraschend eindeutiger Mehrheit zurück. Nur 33 000 von ihnen bekannten sich zu dem gemeinsamen Werk; 48 000 lehnten es ab. Wenn auch der stadtnahe Bezirk Arlesheim erwartungsgemäß sein Ja sagte, so war doch selbst dort der ursprüngliche Elan gebrochen, sobald es nicht mehr um das Prinzip der Einheit, sondern um ihre praktischen Modalitäten ging. Aus der überwältigenden Vierfünftelmehrheit von 1958 zugunsten der Verschmelzung war elf Jahre danach eine knappe Zweidrittelmajorität geworden, die das fast geschlossene Nein des oberen Kantonsteils nicht mehr kompensieren, geschweige denn zunichte machen konnte.

Mindestens so bemerkenswert und überraschend wie der Entscheid selber war die Reaktion der Geschlagenen. Sie verzichteten sofort auch auf den bloßen Versuch eines neuen Anlaufs und die rechtliche Möglichkeit zur Wahl eines zweiten Verfassungsrats. Selbst die eifrigsten Wiedervereinigungs-Befürworter machten sich keine Illusionen darüber, daß ihre Sache mit dieser Niederlage erledigt war. So vielschichtig, vielleicht auch in sich widerspruchsvoll die Gründe der Ablehnung sein mochten – niemand erwartete mehr, ein besserer, populärerer konstitutioneller Text könnte das Verdikt wieder umstürzen. Zugleich legte man sich hüben wie drüben Rechenschaft über die Unmöglichkeit ab, die Periode der Ungewißheit und die Situation des »Kantons auf Abruf« mit minimalen Aussichten auf Erfolg auf weitere unabsehbare Zeit zu verlängern. Auch die baselstädtische Regierung mußte schließlich erkennen, wie sinnlos ein Beharren auf der ursprünglich eingeschlagenen Bahn gewesen wäre.

Auch wer sich von einer Fusion der Halbkantone wenig versprochen, ja diesem Plan gar mit Händen und Füßen widerstrebt hatte, konnte sich jedoch der Einsicht nicht verschließen, daß die Absage an den Einheitstraum eine Fülle praktischer Probleme übrig ließ, die nach einer Lösung drängten. Die Existenz des territorial winzigen, übervölkerten, allseits an seine Grenzen stoßenden Stadtkantons inmitten einer mit ihm aufs engste verflochtenen, aber politisch von ihm getrennten suburbanen Agglomeration blieb eine Anomalie und ein Ärgernis, wenn es nicht gelang, Formen einer nützlichen Zusammenarbeit zwischen Stadt und Land zu finden. Und es war bezeichnend, daß gerade die Baselbieter Wiedervereinigungsgegner ihrerseits nun die Initiative zugunsten einer solchen »Partnerschaft« ergriffen. Ein dahinzielender Verfassungsartikel, der nun an die Stelle des faktisch erledigten Wiedervereinigungsgebots treten sollte, wurde 1974 nicht nur in der Stadt, sondern auch in Baselland mit starken Mehrheiten gutgeheißen.

Wichtige konkrete Schritte in dieser Richtung waren schon vorher eingeleitet worden – so etwa durch die finanzielle und administrative Beteiligung des Landkantons an der Basler Universität, deren Last selbst für die reiche Stadt nachgerade zu schwer wurde und von deren Studenten mittlerweile annähernd gleichviel aus den Baselbieter Gemeinden wie aus Basel selber kommen. Es bedurfte freilich langwieriger Auseinandersetzungen, bis die Vereinbarung über die Zusammenarbeit im Hochschulwesen 1976 endgültig verabschiedet werden konnte, und inzwischen gibt es neues Gerangel um zusätzliche Leistungen. Immerhin wird am Grundgedanken der Partnerschaft heute nicht mehr gerüttelt, auch wenn er sich noch nicht auf allen Gebieten gleich erfolgreich durchgesetzt hat; Reibungen über die rechte Verteilung der Lasten für die baselstädtischen Krankenhäuser dauern an, nachdem der zeitweilige Versuch der Stadt, auswärtigen Patienten »kostendeckende« Gebühren aufzuerlegen, angesichts schwerer Spannungen preisgegeben werden mußte.

Insgesamt aber hat das stürmische Wachstum der letzten Jahrzehnte Baselland zum Aufbau einer eigenen und tragfähigen Infrastruktur ermuntert, die indirekt zur Entlastung der städtischen Finanzen beiträgt. Noch bis in die sechziger Jahre hinein war es selbstverständlich gewesen, daß begabte Baselbieter ihre höhere Schulbildung in der Stadt genossen; die erste Landschäftler Schule, die ihre Zöglinge bis zur Reifeprüfung führt – das Liestaler Gymnasium –, wurde erst 1963 eröffnet. Inzwischen sind neue Anstalten auch im unteren Kantonsteil hinzugekommen. Mangelnde Bildungsbeflissenheit konnte man den Landbaslern freilich auch früher nicht vorwerfen. Liestal hatte eines der vorbildlichen Stipendiengesetze der Schweiz geschaffen, und kein Kanton ohne eigene Universität weist einen höheren Anteil von Studierenden an der Gesamtbevölkerung auf.

Ein anderes Problem freilich, das mit der Wiedervereinigung eigentlich angepackt werden sollte, hat sich seit deren Mißlingen nur weiter verschärft: das Mißverhältnis zwischen dem demographischen und ökonomischen Gewicht der beiden Basel und ihrem höchst bescheidenen Einfluß auf die Bundesangelegenheiten. Ein einiger Kanton würde heute auf etwa gleicher Stufe mit dem Aargau gleich hinter Zürich, Bern und der Waadt rangieren. Für sich allein mustern Baselstadt und Baselland jeweils mindestens fünfmal soviel Einwohner wie der größte der übrigen Halbkantone (Appenzell-Außerrhoden) und etwa zwanzigmal soviel wie der kleinste (Innerrhoden). Selbst zwölf Vollkantone weisen nicht so viele Bürger auf wie Baselstadt oder Baselland. Kein Wunder daher, wenn 1975 – durch einen Vorstoß der Landschäftler Sozialdemokraten – die Frage in aller Form gestellt worden ist, ob es nicht an der Zeit wäre, jedem der beiden Basel den Status eines vollwertigen Standes (und damit zwei Ständeräte wie zwei volle Stimmen bei der Ermittlung des »Ständemehrs« in eidgenössischen Abstimmungen) zuzugestehen.

Viel Aussicht auf Erfolg besaß diese Anregung nie. Allzu groß war die Zahl der Interessenten, die sich einer solchen Verschiebung des überkommenen helvetischen Gleichgewichts widersetzten. So ist die wohlgemeinte und wohlbegründete Initiative ergebnislos versackt, weil die Eidgenossenschaft nur im äußersten Notfall bereit scheint, ans Bestehende zu rühren. Daß von einem derartigen Notfall in den beiden Basel (anders als im Jura) nicht die Rede sein konnte, das wurde auch von den unmittelbar Betroffenen nicht bestritten.

Solothurn

Katholisches und liberales Erbe

Solothurn ist im Welschland der Vermittler deutsch-schweizerischer Art; es ist in deutschschweizerischem Lande der Prediger welscher Auffassung.
Gottfried Klaus, in der Vorrede zu »Solothurn – kleine Stadt mit großer Tradition« von Hans Sigrist, 1958

Am altehrwürdigen »Roten Turm«, Solothurns Zeitglockenturm, hält eine ruhmredige Inschrift bis heute den Anspruch der Stadt auf ein unermeßliches Alter fest. Der bedeutende Glarner Humanist Heinrich Loriti, besser bekannt unter seinem Gelehrtennamen Glareanus, hat neben vielen anderen Versen zum Preise Solothurns auch das lateinische Distichon verfaßt, das auf solche Weise verewigt worden ist:

> *In Celtis nihil est Solodoro antiquius, unis*
> *Exceptis Treveris quarum ergo dicta soror.*

Und irgendein poetischer Zeitgenosse des Glarean (oder war er es gar selber?) hat zu Nutz und Frommen humanistisch ungebildeter Bürger auch gleich in holperigen deutschen Versen die Übersetzung darunter gesetzt:

> Kein elter Platz in Gallien yst
> Dan Solothurn zuo dieser Frist,
> Usgnommen die Stadt Trycr allein,
> Darumb nembt man sy Schwestern gmein.

Lokalpatriotischem Ehrgeiz war auch dies noch zu wenig des Ruhms. Der lobefreudige Johannes Stumpf datierte den Ursprung des Ortes bis auf Abrahams Zeit zurück; »Salodurum sub Abrahamo conditum« steht auch auf einer Goldmünze von 1555. Ja, der Stadtschreiber und Chronist Franz Haffner glaubte Anno 1666 den Zeitpunkt der Gründung ganz genau kalkulieren und auf das Jahr 3127 vor Christi Geburt festlegen zu können, und er unterließ nicht hinzuzufügen, daß Solothurn damit bereits 1376 Jahre bestanden habe, »vor und ehe die mächtige Stadt Rom fundirt ware«.

Der Maler Franz Michael Schwaller indessen überbot noch alle diese pseudogelehrten Konstruktionen und führte sie zugleich ironisch *ad absurdum*: Als er um die Mitte des 18. Jahrhunderts die

Erschaffung Adams und Evas malte, ließ er die Bürger Solothurns von ihren Wällen und Zinnen herunter dem lieben Gott bei diesem Werke neugierig zuschauen.

Immerhin wohnt solchen putzig-rührenden Übertreibungen patrizischen Ahnenstolzes, die das eigene Gemeinwesen durch die Rückverlegung seiner Herkunft in biblisch-patriarchalische Vorzeiten zu adeln suchten, ein wahrer Kern inne. Schon der unzweifelhaft keltische Name der Aarestadt beglaubigt ihren vorrömischen, also doch wohl helvetischen Ursprung. Und daß unter der römischen Herrschaft hier nicht allein ein Kastell den Flußübergang sicherte, sondern daß sich in den Mauern der Befestigungsanlage auch urbanes Leben entfaltete, scheint erwiesen; noch heute stehen manche Häuser der Solothurner Altstadt – und vollends die Mauern ihres ältesten Bauwerks, eben des »Roten Turms« – ganz zweifellos auf Fundamenten, die der Zeit dieses *Castrums* entstammen. Selbst ein vorsichtiger und kritischer Historiker wie Bruno Amiet glaubt annehmen zu dürfen, daß hier »städtisches Wesen seit der Römerzeit nie ganz erlosch«. Auf jeden Fall war das uralte Stift – nach dem Stadtheiligen St. Ursus genannt, der hier zusammen mit seinem Kameraden St. Viktor als Soldat der thebäischen Legion den Märtyrertod gestorben sein soll – schon im 9. Jahrhundert bedeutend genug, daß Ludwig der Deutsche sich im Vertrag von Mersen ausdrücklich die Oberhoheit über das *monasterium sancti Ursi* ausbedang und daß die Könige Hochburgunds mit Vorliebe ihre Reichstage in Solothurn abhielten. Das mag der Stadt und dem Staat auch ohne Rückgriff auf Abraham Grund genug zum Stolz auf ihre Herkunft liefern.

Solche Kontinuität verpflichtet. Der Solothurner nimmt seine Tradition sehr ernst. Die Kapitale seines Kantons verrät in ihrem Stil die bewußte und sorgsame Pflege überkommenen Erbes. Zwar hat sich auch hier ein allzu fortschrittsfreudiges Regiment im 19. Jahrhundert an der vorgefundenen baulichen Hinterlassenschaft recht bedenkenlos vergriffen. Damals wurden die meisten der Bastionen geschleift, hinter denen sich die Gnädigen Herren vor dem vielfach befürchteten Zugriff des mächtigen Berner Nachbarn und vor dem Unmut ungehorsamer Untertanen zu schützen hofften. Auch einige der schönen alten Stadttore wurden abgebrochen. Aber bald regte sich der Protest gegen die Barbarei eines falsch verstandenen Strebens nach Modernität. Nicht zufällig war Solothurn einer der Orte, von denen der Gedanke des Heimatschutzes ausging. Die

Empörung seiner Bürger über den Verlust so vieler Zeugnisse aus ihrer Vergangenheit hat am Ende doch noch erstaunlich viel von der alten Herrlichkeit in unsere Tage hinübergerettet.

Mittelalterliche oder gar antike Erinnerungen allerdings fallen wenig ins Auge; das Barock des 17. und 18. Jahrhunderts herrscht vor. Aber mehr als das einzelne entzückt das Gesamtbild: der Eindruck eines gewachsenen und fast noch intakten Stadtkerns, dessen Enge und Dichte es erlaubt hat, den Strom des Verkehrs um den einstigen Mauerring herumzuleiten, ohne dem überkommenen Bestand viel Gewalt anzutun. Dabei ist die Altstadt zwischen Baseltor und Bieltor mit ihren aristokratischen Palais und schlichten Bürgerhäusern, ihren Türmen und farbenfrohen Brunnen nicht zum quasimusealen Inseldasein verödet, sondern aktives und springlebendiges Zentrum geblieben. Insbesondere an Markttagen entfaltet sich hier auf schmalem Raum ein munteres und dabei wohltuend selbstverständliches Treiben. Nicht etwa zur höheren Ehre des Fremdenverkehrs, sondern zur eigenen Lust und Freude fügt sich der Bürger heiter in die Unbequemlichkeiten, die das mit sich bringen mag, und demonstriert damit sein unverkrampftes Verhältnis zur allenthalben greifbaren und doch die Gegenwart nicht erdrückenden Vergangenheit.

Noch etwas spürt man sogleich: die Nähe des Welschlandes. Solothurn spricht deutsch, aber es fühlt unverkennbar romanisch. Sein alemannischer Dialekt überlagert eine burgundische Tradition, deren langes und kräftiges Fortleben schon die Tatsache bezeugt, daß die Stadt und mit ihr der obere Kantonsteil bis ins frühe 19. Jahrhundert kirchlich zur Diözese Lausanne gehörten (heute ist sie selber Sitz und Mittelpunkt des weitaus größten schweizerischen Bistums Basel und Lugano). Es liegt zweifellos an der Mischung des Alemannischen und des Burgundischen, am Ineinander der Stammeseigentümlichkeiten eines betont germanischen und eines früh romanisierten, lateinischem Erbe ganz besonders aufgeschlossenen Volkstums, wenn Solothurn in der Schweiz durchaus als Brücke zwischen Deutsch und Welsch empfunden wird. Seine spätere kulturelle Entwicklung hat diese Züge noch verstärkt.

Schon im Stadtbild treten sie deutlich zutage. Ohne Zwang meistert die St.-Ursen-Kathedrale die monumentale Geste des italienischen Barocks; schließlich hat der Tessiner Pisoni diesen weißen,

Zeitglockenturm, Solothurn, 12. Jh.

groß angelegten, wenn auch etwas kühlen Prachtbau mit seiner herrscherlichen Freitreppe und den südlich sprudelnden Fontänen entworfen, der von fast allen Reisenden des 18. Jahrhunderts als das unvergleichlich schönste Gotteshaus der Schweiz gepriesen wurde. Anspruchsvolle Patrizierhäuser wie das Palais Besenval und die stilvollen Landhäuser des 18. Jahrhunderts, die die Umgebung der Stadt schmücken, verraten den intensiven französischen Einfluß. Die französischen Botschafter bei der Eidgenossenschaft haben hier mehrere hundert Jahre lang residiert und der »Ambassadorenstadt« ihren unverwechselbaren Stempel aufgedrückt. Auch das solothurnische Patriziat rekrutiert sich zu einem nicht geringen Teil aus Familien französischen und welschschweizerischen Ursprungs, und die einheimischen Geschlechter verdankten Vermögen und aristokratische Politur fast durchwegs dem französischen Solddienst: Solothurn hat dem Allerchristlichsten König, an den es sich politisch sehr eng anlehnte und mit dessen Subsidien (»Pensionen«) es seine Staatskasse füllte, durch die Jahrhunderte mehr Offiziere im Generalsrang gestellt als irgendein anderer Kanton mit der einzigen Ausnahme Freiburgs. So hat der Pfarrer Peter Strohmeier, Autor der gründlichsten Darstellung seines Heimatkantons aus der ersten Hälfte des 19. Jahrhunderts, trotz seinem übellaunigen Wettern gegen die »ganz schlechte, unnationale französisierende« Erziehung am Ende nicht einmal so unrecht, wenn er vom Solothurner sagt, er habe aufgehört, »ein Deutscher zu seyn, und wurde doch kein Franzose, sondern so ein französisch-deutscher Schweizer-Centaure« – nur daß wir heute nicht unbedingt geneigt sind, diese Feststellung mit dem gleichen negativen Vorzeichen zu versehen wie der streitbare liberale Patriot im Priestergewande.

Wenig deutet dagegen darauf hin, daß die französische Sprache hier einmal Heimatrecht besessen haben könnte; nur in Welschenrohr am oberen Ende des Dünnerntals dürfte sie ursprünglich ein Stück weit über die Wasserscheide herübergereicht haben, und selbst dort ist sie längst ausgestorben. Einzig die Namen des Ortes und der aus Welschenrohr stammenden Familie Allemann erinnern noch an die Überlagerung einer »welschen« Bevölkerung durch alemannische Siedler. Trotzdem finden die französischsprachigen Jurassier, die vor allem durch die Grenchener Uhrenindustrie ins westlichste Kantonsgebiet gezogen und in die dortige solothurnisch-bernische Bevölkerungsmixtur hineingemengt worden sind, ihre neue Umwelt offenbar recht kongenial; eine neuerliche Verschiebung der Sprachgrenze aber ist von diesem Zustrom nicht zu erwarten, weil das hier wie überall gültige »Territorialprinzip« ja an der deutschen Schulsprache nicht rütteln läßt.

Die staatsbildende Kraft des Solothurner Stadtstaates hat seiner geschichtlichen Ehrwürdigkeit und seiner kulturellen Brückenstellung nicht ganz entsprochen. Im Bund mit dem verburgrechteten jüngeren Bern, mit dem schon 1295 die erste, später immer wieder erneuerte Allianz abgeschlossen wurde, blieb die ältere Stadt eben doch fast von Anbeginn an der Juniorpartner. Die Berner, so sagte Bundesrat Obrecht einmal, hätten von den gemeinsamen Eroberungen im allgemeinen das Land für sich behalten und den Solothurnern dafür die erbeuteten Fahnen überlassen, die zusammen mit den eigenen Trophäen noch heute das wuchtige Zeughaus schmücken (wenn ich übrigens schon von diesem Zeughaus spreche, kann ich mir einen kleinen anekdotischen Seitenblick auf das kostbarste Beutestück von Grandson nicht versagen, das man dort umsonst suchen wird: das Prunkzelt Karls des Kühnen, das die Solothurner nach dem Sieg triumphierend nach Hause schleppten, kam den praktisch denkenden Bürgern so köstlich vor, daß sie es zerschnitten und *ad maiorem Dei gloriam* zu Meßgewändern für die Chorherren von Sankt Ursen verarbeiten ließen).

In dieser *societas leonina* konnte der weniger mächtige Bundesgenosse nie ganz sicher sein, ob er dem Schicksal eines Absinkens zu einer bloßen bernischen Landstadt – oder bestenfalls einer Art bernischen Protektorats wie der kleine Nachbar Biel – entgehen werde, es sei denn, daß er sich selber ein eigenes Territorium schuf. Eben beim Versuch aber, ein breiteres Herrschaftsgebiet zu gewinnen, stießen die Solothurner allenthalben auf die im Landerwerb schnelleren und gewiegteren Berner. Mühsam mußten sie sich in die wenigen und bescheidenen Lücken drängen, die der mächtige Ausgriff des präpotenten Freundes etwa offenließ. Ihre militärische Kraft, in vielen Feldzügen bewährt, brachte ihnen zwar den Ruf ein, zu den besten Soldaten der Eidgenossenschaft zu zählen. Der territoriale Ertrag solothurnischer Tapferkeit indessen blieb denkbar bescheiden, und nur durch allerhand kleine Pfand- und Kaufgeschäfte gelangte allmählich ein sonderbar zerstücktes, jeder geographischen Logik spottendes und außerdem vielfach noch durch fremde Mit- und Nebenrechte belastetes Staatsgebiet zusammen.

Der Ausdehnung über die Aare hinweg in den alten Bargengau kamen die Berner sehr bald in die Quere; die Expansion flußabwärts brachte zwar mit dem Erwerb des zeitweise an Basel verpfändeten Städtchens Olten eine Schlüsselstellung an der Gotthardroute in solothurnischen Besitz, geriet aber nach der bernischen Eroberung des Aargaus ebenfalls wieder ins Stocken. So blieb Solothurn schließlich nichts anderes übrig, als über die Weißensteinkette und den Paßwang hinweg in den Jura hineinzuwachsen; in zähem, schrittweisem und oft unterbrochenem Vorstoß versuchte es, den Bischöfen von Basel das untere Birstal streitig zu machen, und sogar auf oberelsässisches Gebiet warf es sein Auge. Damit jedoch geriet es in Konflikt mit der Basler Bürgerschaft, deren Ambitionen in dieselbe Richtung zielten, und im Hin und Her der Rivalitäten konnten die Bischöfe ihren doppelt bedrohten Besitz am Ende doch noch behaupten. Infolgedessen bietet das solothurnische Staatsgebiet gerade in seinen jurassischen Teilen vollends den Anblick eines unvollendeten Gebäudes. Die Exklaven an der elsässischen Grenze, bei Kleinlützel, Metzerlen und dem Wallfahrtskloster Mariastein, wirken wie stehengebliebene Pfeiler einer angefangenen Brücke, denen das verbindende Mittelstück fehlt.

Diese Entstehungsgeschichte erklärt die wunderlich vertrackte Gestalt des Kantons. Im Vergleich zu seiner bescheidenen Größe hat er längere und kompliziertere Grenzen als jeder andere. Hugo Dietschi macht darauf aufmerksam, daß man von jedem solothurnischen Dorf aus in einer Stunde zu Fuß aus dem Kantonsgebiet herauskommen könne. Und Bundesrat Munzinger brachte das mit seiner Liebe für treffende Sprüche auf die bildhafte Formel, Solothurn habe

> wenig Speck und viele Schwarten,
> viel Haag und wenig Garten

aufzuweisen. Das tönt reichlich resigniert. Nicht nur in den solothurnischen Kantonsgeschichten, sondern auch im politischen Gespräch stößt man oft auf diese Resignation: auf das Gefühl, der Stand Solothurn sei eigentlich unverdient schlecht weggekommen.

Immerhin ist er mit dieser Ungunst der äußeren Verhältnisse bemerkenswert gut fertig geworden. Schaut man auf die Karte, so möchte man zwar meinen, er entbehre jeder natürlichen Einheit. Seine Glieder streben weit auseinander, baselwärts und bielwärts, hier ins Bernische und dort ins Aargauische hinein. Selbst das eigentliche solothurnische Kernland im Aaretal hat der Berner Bär östlich der Kantonshauptstadt erbarmungslos zerfetzt, indem er sich die ursprünglich gemeinsam mit Solothurn verwaltete Herrschaft

Bipp mit dem kleinen Landstädtchen Wiedlisbach einverleibte, seine Pranke bis auf die Höhe der ersten Jurakette hinaufschob und damit die untere Kantonshälfte von der oberen auf ihrer wichtigsten Verbindungslinie – der Straße Olten-Solothurn – kurzerhand entzweischnitt. Das sind wahrhaftig Nachteile genug. Wie weit abseits sich vollends die halb schon im Sundgau gelegenen Exklaven fühlen, kann man daraus ersehen, daß noch vor hundert Jahren die Leute von Kleinlützel, wenn sie einmal etwas in Solothurn zu besorgen hatten, davon zu sprechen pflegten, sie gingen »in die Schweiz hinauf«.

Aber die Zentripetalkraft der Geschichte ist doch stärker gewesen als die geographischen Zentrifugalkräfte. Nicht einmal in den Bezirken Dorneck und Thierstein – dem traditionell ungebärdig-oppositionslustigen »Schwarzbubenland« – hat es je einen nennenswerten Separatismus gegeben, und der Kanton muß sich weniger mit regionalem Malaise herumschlagen als der äußerlich so viel geschlossener wirkende aargauische Nachbar. Wohl fühlten sich die transjuranischen Distrikte lange Zeit – mit Recht – ökonomisch benachteiligt; wohl löckte ihr »schwärzerer«, militanterer Katholizismus gerne wider den liberalen Solothurner Stachel. Aber gerade die konfessionellen Interessen haben letzten Endes die staatliche Bindung dieser Außenposten ans solothurnische Kernland verfestigt. Bei ihm fühlte man sich doch noch besser aufgehoben, als beim erzprotestantischen Basel, beim wesensverwandten, aber als allzu radikal empfundenen Baselland oder gar bei Bern, das in seinen katholischen Juragebieten ohnedies schon mit permanenten Rebellionsneigungen zu kämpfen hatte.

Daß sich die Kantonstreue jedoch nicht nur auf konfessionelle Solidarität zurückführen läßt, zeigt das Beispiel des Bucheggbergs. Dieses reformierte Bauernland, das tief ins Bernbiet hineinreicht und sogar bis zum Ende der Alten Eidgenossenschaft eine Art bernisch-solothurnisches Kondominium gewesen ist, hat sich trotz der Glaubensverschiedenheit im solothurnischen Staatsverband nie fremd gefühlt. Dabei schlägt der »Buchibärger« mit seinem behäbigeren Wesen, seinem breiteren, schon ein wenig singenden Dialekt eher ins Bernische. Außerdem übte Bern hier die landgräflichen Rechte der Hohen Gerichtsbarkeit aus und bediente sich dieses Privilegs, um der Reformation gegen den Widerstand der solothurnischen Obrigkeit zum Durchbruch zu verhelfen. Noch heute gehört der Bezirk zur bernischen Landeskirche, und als Pfarrer amten vorzugsweise Stadtberner. Wenn irgendwo, dann müßte es hier den katholischen Aristokraten der Kantonshauptstadt schwergefallen sein, ihre Autorität durchzusetzen. Aber selbst in der Zeit der Gegenreformation waren sie klug und wendig genug, den Bucheggbergern das Leben nicht zu verbittern. Sie haben vorsichtigerweise auf den Versuch verzichtet, die aus der Art geschlagenen Bauern zur römischen Kirche zurückzuführen oder doch wenigstens wegen ihres anderen Glaubens zu schikanieren, und sie haben sie mit solcher Toleranz um so fester an sich gekettet. Und trotz ihres Abfalls von der Staatsreligion behielt die ketzerische Vogtei unentwegt den ersten Platz in der Rangordnung der solothurnischen Untertanengebiete, der ihr von alters her zukam. Das zeugt nicht nur von beachtlicher Toleranz, sondern auch von einer gehörigen Dosis politischer Vernunft.

Wenn schon die Beinahe-Baselbieter im Schwarzbubenland und die Beinahe-Berner im Bucheggberg in ihrer Loyalität zum Kanton kaum je wankend geworden sind, dann stehen die Dinge im Kernland von Solothurn noch sehr viel einfacher. Solothurns eigentliche Mitte liegt im Aaretal, in dem schmalen, aber üppigen, von Mittelstädten, Kleinstädten und zunehmend verstädterten Dörfern prall angefüllten Gelände am Fuße der ersten Jurakette, deren steil ansteigende, dunkel bewaldete Hänge und kahle Flühe den ganzen Weg von Grenchen bis Schönenwerd säumen. Dieser Talboden stellt die eigentliche Zentralachse des Kantons dar, deren Einheit auch durch den schon erwähnten Einschub des bernischen Bipperamtes nicht wirklich gebrochen wird. Hier, entlang der großen Durchgangsstraße vom Rhein zum Bieler See, die dem alten Römerweg zwischen Vindonissa und Aventicum folgt, liegen die aktiven Kraftzentren des Staatswesens, ballt sich die Bevölkerung am dichtesten, hat die Industrie das Land in den letzten hundert Jahren am gründlichsten umgeformt. Und von hier gehen daher nach wie vor die entscheidenden wirtschaftlichen wie politischen Impulse aus.

Sieht man näher hin, so erkennt man, wie glücklich dieses in sich gespaltene Kerngebiet ausbalanciert ist. Die beiden städtischen Mittelpunkte Solothurn und Olten bilden gewissermaßen die beiden Pole dieses Kraftfeldes: beide an uralten Aareübergängen erwachsen, beide in traditionell bedeutsame Verkehrsstränge eingespannt, beide ökonomisch und kulturell lebhaft und zugleich beide von alters her in schöpferischer Rivalität miteinander wetteifernd. Aber wenn Olten und Solothurn die unbestreitbaren Mittelpunkte des unteren und des oberen Kantonsteils geblieben sind, so werden sie anderseits beide an den äußersten Enden dieser Zentralachse von jüngeren, ihrerseits kräftig aufstrebenden industriellen Zentren flankiert. Jenseits Oltens, an der Grenze zum Aargau hin, liegt Schönenwerd, das durch die weltberühmten Bally-Fabriken zur Kapitale der schweizerischen Schuhindustrie aufgestiegen ist (zwei andere führende Unternehmen derselben Branche arbeiten ebenfalls im östlichsten Bezirk Gösgen). Am anderen Ende des Kantons, auf dem Weg von Solothurn nach Biel, dehnt und reckt sich das einstige Bauerndorf Grenchen im östlichen Grenzbezirk Lebern in städtische Dimensionen hinein, seit hier die Uhrmacherei Einzug gehalten hat. Beide haben die Hauptstadt bereits an Einwohnerzahl überholt, teilen mit ihr allerdings auch den Rückgang der Bevölkerungszahlen seit den siebziger Jahren, den Grenchen wegen der Krise der Uhrenindustrie mit einem Einwohnerverlust von 16,2 % zwischen 1970 und 1980 besonders stark zu spüren bekam. In der Mitte zwischen den beiden Flügeln Solothurn-Grenchen und Olten-Schönenwerth aber behauptet das so viel kleinere Balsthal seinen eigenen Rang: zwar vom Aaretal durch den Felsriegel der Klus mit ihren alten Schlössern und ihrem neueren Eisenwerk getrennt, aber durch seine Lage am Ausgang dreier Täler und am Schnittpunkt der Straßen zum Oberen Hauenstein und zum Paßwang mit beträchtlicher Ausstrahlungskraft begabt.

Die Vielzahl kleinerer regionaler Zentren verrät nichts mehr von der einstigen Zugehörigkeit zu einem einseitig von Solothurn-Stadt bestimmten Staatsgebilde. Der Volkstag zu Balsthal (1830), der die Erhebung der Landbezirke gegen die Hauptstadt zum Siege führte, hat letztlich auch die Bahn für einen dezentralisierten industriellen Aufstieg freigemacht und das geographische Gleichgewicht damit ökonomisch stabilisiert. Aber auch das städtische Patriziat hatte im Grunde trotz seinem hartnäckig verteidigten *politischen* Herrschaftswillen ähnlich dem bernischen den Untertanen viel mehr *wirtschaftlichen* Bewegungsraum zugestanden als etwa Basel oder die ostschweizerischen Zunftstädte. Obwohl die Zünfte in Solothurn, anders als in Bern, eine gewisse politische Rolle spielten, brachten sie es bezeichnenderweise nie zu einem gewerblichen Monopol auf Kosten der Landschaft.

Um so auffälliger ist die späte Entwicklung der Solothurner Industrie. Noch in der ersten Hälfte des 19. Jahrhunderts war das Land ein fast reines Agrargebiet, das in guten Jahren sogar Kornüberschüsse an andere Kantone abzugeben vermochte. Erst die 1823 begründeten, noch heute wirtschaftlich bedeutsamen von Rollschen Eisenwerke in der Balsthaler Klus leiteten den Übergang zur industriellen Produktionsweise ein, und selbst sie blieben geraume Zeit fast allein auf dem Felde. Um so rascher erfolgte dann nach dem Durchbruch in den fünfziger Jahren die fast stürmische Expansion. Schon um die letzte Jahrhundertwende stand Solothurn in der vordersten Reihe der Industriekantone. So gut wie alle Produktionszweige leisten heute ihren Beitrag zu seinem besonders reichen und vielfältig durchgebildeten Wirtschaftsgefüge; überaus glücklich mischen sich hier die imposanten Großunternehmen mit breit gestreuten, spezialisierten Klein- und Mittelbetrieben. So gehört Solothurn bis heute, trotz stockendem Wachstum und sogar spürbaren Einbußen an industrieller Beschäftigung in den letzten anderthalb Jahrzehnten, neben Schaffhausen und dem Aargau immer noch zu den relativ höchstindustrialisierten Landesteilen der Schweiz.

Anders als in Baselland, das ihm zeitweise diesen Rang streitig machte, ist die Industrialisierung hier nicht von einem nahen großstädtischen Zentrum ausgegangen. So war der Kanton imstande, seine dezentralisierte Wirtschaftsstruktur frei und zunehmend mannigfaltiger auszubilden. Seine eigene Hauptstadt mit nicht einmal mehr 16 000 Einwohnern, ja selbst die solothurnische Agglomeration mit insgesamt 57 000 ist im Kreis der kantonalen Gemeinden nicht mehr als ein *primus inter pares*. Auch sie hat sich zwar kräftig am industriellen Wettlauf beteiligt – ihre Schraubenindustrie z. B. genießt Weltruf –; an produktiver Kraft jedoch dürfte sie von Olten wie von Grenchen übertroffen werden. Dafür übt sie ihre traditionelle Funktion als Geschäfts- und Verwaltungszentrum des oberen Kantonsteils so unbestritten aus, daß Solothurn sämtliche unteren und mittleren Verwaltungsstellen der umliegenden Bezirke und Amteien beherbergt. Weder der Bucheggberg noch die Bezirke Lebern und Kriegstetten haben gegen dieses einmalige Arrangement protestiert. Tatsächlich entspringt es weder einem forcierten »Zentralismus« noch einem archaischen Fortleben alter Untertanenverhältnisse, sondern einzig der praktischen Überlegung, daß die Kantonshauptstadt für alle diese Gebiete sowieso das übliche Einkaufszentrum bildet. Jedermann ist daher ganz zufrieden, wenn er seine amtlichen Geschäfte zusammen mit seinen privaten dort erledigen kann.

Das Gegengewicht zur Kantonshauptstadt stellt ihr alter Gegenspieler Olten dar, der die industrielle Entfaltung wie die Rolle der »Konferenzstadt« vor allem seiner Lage im Knotenpunkt des ganzen mittelländischen Schienennetzes verdankt. Hier kreuzen sich die Bahnstränge von Basel nach dem Gotthard wie nach dem Simplon, von der Ostschweiz und Zürich nach Genf über Bern wie über Biel. Aber auch hier entdeckt man hinter der wirtschaftlichen Blüte des modernen Verkehrszentrums noch einen Zug alter, traditionsgesättigter landstädtischer Urbanität, den man in einem neu aufgeschossenen Stadtgebilde wie Grenchen umsonst suchen würde. Die kulturelle Emsigkeit Oltens ist mehr als ein bloßes Transitprodukt. Schon vor Beginn des Eisenbahnzeitalters rühmte Robert Schumanns »Allgemeine Musikzeitung« die Oltener Musikpflege als vorbildlich, und eigentümlich verknüpfte sich in dem Städtchen freisinnige Fortschrittsfreude mit ungewöhnlichem Theaterinteresse. Von hier ging die Rebellion gegen die Vorherrschaft der städtischen Aristokratie aus; länger als ein Vierteljahrhundert wurde der Liberalismus mit dem »Oltener Regiment« identifiziert.

Hier stoßen wir auf das eigentümlichste Phänomen der neueren Solothurner Geschichte: auf die ungewöhnliche Bedeutung, die der Liberalismus in diesem ursprünglich ganz überwiegend katholischen Kanton erlangt hat. Seit 1830 bewegt sich die Solothurner Politik im liberalen Fahrwasser, prägt und durchdringt der »Freisinn« das ganze politische Leben. Wie sonderbar das ist, wird erst beim Blick auf die übrige katholische Schweiz klar. In Freiburg, in Luzern, im Wallis – von den Urkantonen ganz zu schweigen – dominiert absolut der Konservatismus katholischer Couleur, und wo sich die Liberalen ausnahmsweise einmal durchsetzten, erlagen sie schnell wieder dem Gegendruck einer kirchlich orientierten Politik. In Solothurn aber, und nur hier, sind die Konservativen nach dem Zusammenbruch des patrizischen Regiments in einer permanenten Minderheit geblieben. Selbst die Betroffenen werden der Anomalie, die das darstellt, kaum mehr gewahr. Bei der Sammlung des Materials für dieses Kapitel habe ich Dutzende von solothurnischen Historikern, Politikern, Journalisten, Lehrern und Pfarrern auf diese frappante Erscheinung hin angesprochen; keiner von ihnen wußte mir auf Anhieb zu erklären, warum sein Heimatkanton einen so anderen politischen Weg gegangen ist als die übrige katholische Schweiz.

Geht man den Gründen dieser Sonderentwicklung nach, so stößt man denn auch auf ein recht komplexes Geflecht objektiver und subjektiver Faktoren. Sicher gibt es im solothurnischen Charakter einen gewissen liberalen Grundzug, der sich früh feststellen läßt; man braucht nur etwa daran zu denken, wieviel glimpflicher hier die Gnädigen Herren nach dem großen schweizerischen Bauernkrieg mit ihren aufmüpfigen Untertanen verfahren sind als etwa die Berner oder die Luzerner. Das Beispiel des Bucheggbergs hat uns schon gezeigt, daß das Patriziat auch in religiösen Dingen nicht gerade engherzig operierte. Gern spricht man in diesem Zusammenhang vom »Wengi-Geist«, der sich in der berühmtesten Episode der solothurnischen Reformationsgeschichte dokumentierte: Der angesehene altgläubige Schultheiß Niklaus Wengi verhinderte 1533 den Ausbruch eines Bürgerkrieges zwischen Katholiken und Reformierten, indem er sich vor die Geschütze stellte, die seine Glaubensgenossen bereits auf die verschanzten Anhänger der neuen Lehre gerichtet hatten, und die Streithähne mit dem Ruf »Wenn Bürgerblut fließen soll, so fließe das meinige zuerst« zur Räson brachte. So erbaulich sich diese Geschichte anhört, so wenig darf man vergessen, daß die Solothurner Katholiken immerhin auch ganz realpolitische Gründe hatten, ihrem konfessionellen Eifer einige Zügel anzulegen. Rings von protestantischem Territorium umklammert, politisch auf das Wohlwollen Berns angewiesen, mußte sich der Staat auf einen Kurs des Lavierens verlegen, und er sorgte sehr bestimmt dafür, daß ihn die Kirche dabei nicht übermäßig störte. Im Ersten Kappelkrieg, dem frühesten der schweizerischen Konfessionskriege, konnte er sich sogar nicht einmal der Verpflichtung entziehen, seinem reformierten Berner Verbündeten bewaffneten Zuzug gegen die Innerschweizer Katholiken zu leisten.

Aber eben dieser Zwang zur Behutsamkeit verbot nicht nur die Härte bis zum Exzeß, mit der die Urschweiz und Luzern sich des drohenden Einbruchs ketzerischer Ideen erwehrten; er dürfte seinerseits wiederum den solothurnischen Charakter mit geformt haben. Genug Aussagen bestätigen die Versicherung des Norddeutschen C. C. L. Hirschfeld, man sei »in Religionssachen nirgends gelinder und vernünftiger« (»höflicher« hieß es in der ersten Fassung seiner Reisebriefe) als hier – und zwar »ohne Gleichgültigkeit gegen die Religion, zu der man sich bekennt«.

Diese weltläufige Milde, deren sich Aristokratie und Kirche in Glaubensdingen befleißigten, zeitigte im 19. Jahrhundert ihre Früchte. Die liberale Idee brauchte in Solothurn nicht im Gewande eines doktrinären Antiklerikalismus einherzustolzieren, in das sie sich etwa in Luzern ebenso prinzipienfest wie unklug drapierte. Wo eine freiheitliche Praxis waltete, bedurfte es der ideologischen Spitzen nicht. Im Gegenteil, wer den Ursprüngen der solothurnischen Regenerationsbewegung nachgeht, steht staunend vor der Schar von Abbés, Pfarrern und Kaplänen, die ihr den Boden bereiteten. Der schon zitierte Strohmeier, dessen 1836 erschienenes Bändchen über den Kanton mit Recht berühmt geworden ist, sprach die Sprache des freisinnigen Volkstribunen, obwohl er die Soutane des Priesters trug. Und Josef Munzinger selber, der überragende Kopf der ersten liberalen Generation, fühlte sich durchaus als kirchentreuer Katholik. Statt nach aargauischem Vorbild die Klöster aufzuheben, konzentrierte er sich ganz darauf, die Gewalt einer schlaff und fahrig gewordenen patrizischen Kaste zu brechen, die Zehntgesetzgebung zu reformieren, Wälder wie Allmenden in den Besitz der Dorfgemeinden zu überführen und damit das konservativ gestimmte Landvolk zu gewinnen. Da er die Entfremdung zwischen Liberalismus und Kirche verhinderte, konnte es in Solothurn nicht wie in Luzern geschehen, daß die streitbare Demokratie sich mit einem noch streitbareren Klerikalismus verband und dem liberalen Experiment durch diese sprengkräftige Koalition ein vorzeitiges Ende bereitete.

Vierzig Jahre später kam es dann zwar doch zum »Kulturkampf«, dem Munzinger so geschickt aus dem Wege gegangen war. Die Beschlüsse des Vatikanischen Konzils führten auch in Solothurn schließlich den Zusammenstoß zwischen politischem Freisinn und Kirche herauf. Aber da hatte der Liberalismus seine Wurzeln schon so tief getrieben, daß sie nicht mehr einfach auszurotten und unterzupflügen waren. Selbst die Auseinandersetzung mit dem »Oltener Regiment« der liberalen Beamten und »Radikalaristokraten« und die demokratische Revolte von 1858 hatten sich bezeichnenderweise durch eine Spaltung der Freisinnigen in die demokratischere »rote« und die autoritärere »graue« Fraktion vollzogen, weil es dreißig entscheidende Jahre lang – von 1841 bis 1871 – eine konservative Partei kaum mehr gab. Wohl rief sie der Kulturkampf wieder ins Leben und verhalf ihr zu einer kräftigen Renaissance. Aber nun rührte sich der politische Katholizismus zu spät; der liberale Vorsprung war schon zu groß.

Auch das ist Geschichte, und sie zieht die Konturen der Gegenwart. Wie das Mittelalter, so scheint einem auch und vor allem das 19. Jahrhundert in Solothurn noch viel näher und der Blick darauf weniger verstellt und getrübt als an manchem anderen Orte, wo man gelegentlich den Eindruck nicht los wird, das historische Bewußtsein klammere sich fast ausschließlich an die ältere Vergangenheit und breche etwa im Jahre 1798 oder allerspätestens 1848 plötzlich ab. Die Namen der Männer, die damals dem solothurnischen Staat seine neue Gestalt gaben – der Josef Munzinger und Reinert in der ersten liberalen Generation, der Wilhelm Vigier und Kaiser in der zweiten, der Walter Munzinger und Brosi in der dritten –, sind auch dem Heutigen (und keineswegs nur dem historischen Spezialisten) lebendiger Begriff und Besitz; man merkt es daran, wie ungezwungen sie im Gespräch immer wieder aufklingen.

Noch etwas anderes fällt auf. Es herrscht zwar heute in Solothurn ganz gewiß keine »kulturkämpferische« Atmosphäre mehr, und die Auseinandersetzung zwischen Staat und Kirche ist hier selbst auf ihrem Höhepunkt nicht mit der bösen Verbissenheit geführt worden wie etwa in Bern oder Genf. Aber mindestens an *einem* Erbe der siebziger Jahre hält der Kanton zäh fest: am unbedingten Staatsmonopol der Schulerziehung. Privatschulen erhalten nicht nur keinerlei öffentliche Unterstützung, sondern sie bleiben für Kinder im Volksschulalter glatterdings verboten. Konsequenter als irgendwo sonst im demokratischen Westen ist hier der Gedanke entwickelt und verwirklicht worden, daß der allgemeinen Schul*pflicht* des heranwachsenden Bürgers ein Schul*recht* des Staates entspreche – ein Recht nicht nur auf Aufsicht über alle Erziehungsanstalten, sondern auch auf Erteilung des Unterrichts. Dieses mehr autoritäre als liberale Prinzip erinnert uns daran, daß man das Schlagwort von der Toleranz und von der ausgleichenden Wesensart des Solothurners auch nicht verabsolutieren sollte: derselbe Menschenschlag, der sich so gerne »leben und leben lassen« zum Motto erkürt, kann auch einmal eine Idee rigoros auf die Spitze treiben, »Wengi-Geist« hin oder her!

Zu den Hinterlassenschaften des Kulturkampfes gehört schließlich auch die Rolle, die der solothurnische Altkatholizismus im öffentlichen Leben spielt. Im Lichte der liberalen Entwicklung erstaunt es kaum, daß Solothurn ein Zentrum des katholischen Widerstands gegen das Dogma von der päpstlichen Unfehlbarkeit bildete und daß sich wiederum das ewig rebellische Olten an die Spitze der kirchlichen Opposition stellte. Wohl rechnet sich heute nur noch eine kleine und ständig weiter schwindende Minderheit des Kantonsvolks – wenig mehr als 3000 Seelen – dem christkatholischen Bekenntnis zu. Aber diese Minderheit stellt bezeichnenderweise der Freisinnigen Partei noch immer einen guten Teil ihrer Führungskader, und so gut wie alle großen Namen aus dem »roten« wie aus dem »grauen« Lager des solothurnischen Liberalismus (die sich übrigens unter dem Schock des Kulturkampfes sogleich wieder in der sogenannten »Langenthaler Bleiche« zusammenfanden, um der neu belebten katholischen Opposition geschlossen den Weg zu verrammeln) findet man auf der Liste der altkatholischen Kirchengründer wieder.

Von der fortdauernden Wirkungsmacht und Wirkungsbreite des solothurnischen Liberalismus zeugt es, daß die Freisinnigen hier ihre Stellung als weitaus stärkste Partei behauptet haben. Die Sezession der Bauern, die im benachbarten Bern nach dem Ersten Weltkrieg der kantonalen Politik eine neue Wendung gab und auch im Aargau den Zusammenbruch der freisinnigen Vorherrschaft mindestens beschleunigte, ist hier ausgeblieben. Überhaupt zeigen die Solothurner eine schwer zu überwindende Abneigung gegen neue Gruppierungen: Wenn Landesring und POCH da und dort einmal von mancherlei Unzufriedenheit ein wenig profitieren, so sind ihnen größere Einbrüche doch nie vergönnt gewesen. Neben dem Dualismus von Konservativismus und Liberalismus hat sich nur noch die Sozialdemokratie einen festen Platz im Parteiensystem gesichert. Aber selbst den Sozialdemokraten ist es nicht leicht gefallen, in dem Industriekanton Fuß zu fassen. Noch heute zählen die Freisinnigen, die bürgerliche Partei *par excellence*, hier mehr Arbeiter in ihren Reihen als irgendwo sonst. Auch das gibt eine Vorstellung von der Ungebrochenheit liberaler Tradition; daß dabei oft auch ein recht spürbarer ökonomischer Druck der Unternehmer seine Rolle spielt, darf freilich nicht verschwiegen werden.

Anderseits zeichnen sich aber auch die solothurnischen Sozialdemokraten durch ein besonders gemäßigtes, selbst in den Augen ihrer Widersacher »respektables« Auftreten aus. Niemand hat ihren Geist besser verkörpert als Willi Ritschard. Der gelernte Heizungsmonteur genoß im eigenen Kanton schon als Regierungsrat eine ungewöhnliche Popularität und hat später als Bundesrat weit über den Kreis seiner Genossen hinaus durch die einzigartige Mischung von volkstümlich-träfem Humor und staatsmännischer Besonnenheit, die ihn auszeichneten, mehr landesweite Sympathien erworben als irgendein anderes Mitglied der Bundesregierung in den letzten Jahrzehnten. Daß der bewunderte und beliebte Finanzminister allerdings mit radikaleren oder doch militanteren nicht-solothurnischen Genossen manchmal seine liebe Not hatte, wurde nach seinem allgemein bedauerten Rücktritt und dem kurz darauf erfolgten Tod gerne vergessen. Dabei war er in der Bundesversammlung gegen den Willen der sozialdemokraten Fraktion in sein hohes Amt gewählt worden – genau wie auch sein Nachfolger Otto Stich, der von der bürgerlichen Mehrheit der Volksvertreter der offiziellen SP-Kandidatin Lilian Uchtenhagen vorgezogen wurde. Daß auch mit Stich wieder ein als »harmlos« eingestufter »Sozi« aus Solothurn trotz Widerstand der eigenen Partei den Aufstieg ins höchste eidgenössische Gremium schaffte, ist wohl charakteristisch für die Einschätzung, die der Linken dieses Kantons von rechts her zuteil wird: Auch die »Roten« werden dort eben als Bürger unter Bürgern angesehen. Kaum verwunderlich scheint es aber auch, daß die Wahl dieses (freilich farbloseren) Geistesverwandten von Ritschard in der schweizerischen Sozialdemokratie eine Welle des Protestes aufrührte und um ein Haar dazu geführt hätte, daß seine Partei ihre spät und mühsam errungene Regierungsbeteiligung im Bunde aufkündigte.

Für Extremismus, selbst für gut demokratischen, bleibt Solothurn eben ein steiniger Boden. Dazu gehört es auch, daß dort jede der historischen Parteien je nach der augenblicklichen Situation mit jeder anderen zusammenspannen kann. So haben 1953 Katholisch-Konservative und Sozialdemokraten gemeinsam die freisinnige Regierungsmehrheit gebrochen; als die sonst höchst konziliant auftretenden Katholiken von der nunmehrigen Christlichen Volkspartei 1983 jedoch Anspruch auf eines der beiden kantonalen Ständeratsmandate erhoben, da zogen umgekehrt Freisinn und SP Arm in Arm gegen diesen »schwarzen« Anschlag ins Feld – ohne daß dergleichen Auseinandersetzungen die vorherrschende Atmosphäre des Einvernehmens auf die Dauer trüben konnten.

Dabei spielt die Parteipolitik hier eine größere und sichtbarere Rolle im politischen Leben als fast überall sonst. Die solothurnischen Parteien haben sich auch eine Volksnähe bewahrt, die sie vor der Anonymität reinen Apparatedenkens und vor der bloßen routinierten Manipulation zu bewahren weiß. Sinnfällig manifestiert sich die Hochschätzung des Parteilichen und Politischen, wenn an Dorffesten die Repräsentanten der drei lokalen Parteisektionen jeweils selbstverständlich und einträchtig an der Spitze des Festzugs marschieren. Das vereins- und festfreudige Volk erkennt ihnen das Privileg ohne weiteres zu. Das hat freilich nicht verhindert, daß die früher in Solothurn übliche Rekordbeteiligung an Wahlen und Abstimmungen deutlich abgesunken ist. An die 94 % der Wähler, die sich 1953 zur Urne bemühten, ist heute nicht entfernt mehr zu denken, schon weil die jetzt ebenfalls stimmberechtigten Solothurnerinnen von dem staatsbürgerlichen Elan ihrer Väter und Männer nicht gerade viel mitbekommen haben, aber auch weil deren Pflichteifer selber mehr und mehr zu wünschen übrig läßt. Deutlich überdurchschnittlich ist die Teilnahme an Wahlen immerhin auch jetzt noch, selbst wenn sie sich in der Region um 60 % bewegt.

Eine der weniger lichten, sogar einigermaßen beklemmenden Seiten solothurnischer Parteifreudigkeit darf freilich nicht unvermerkt bleiben: die Unverhohlenheit, mit der hier alle politischen Gruppen bei der Besetzung von Staatsposten – und sogar, wie man hört, bis in die Privatindustrie hinein – ihre Patronage ausüben. Wer das jeweils richtige Parteibuch nicht als Ausweis vorzuzeigen hat, bewirbt sich umsonst um einen Platz an der Staatskrippe.

Überhaupt sollte man die viel (und durchaus zu Recht) gepriesene solothurnische »Gemütlichkeit« nicht unbedingt überstrapazieren. Zweifellos hat der Kanton einen Volksschlag hervorgebracht, der sich – mit helvetischen Maßstäben gemessen – durch eine gewisse Leichtlebigkeit und Konzilianz auszeichnet, der weniger schwerblütig erscheint als der alemannische Durchschnittstyp und der eben deshalb dem Deutschschweizer schon als halb und halb »welsch« vorkommt. Aber Solothurn ist deswegen keine Idylle. Bruno Amiet hat sich gegen das Geschichtsklischee von der hierzulande allezeit obwaltenden »Gutmütigkeit« energisch aufgelehnt und im Gegenteil in seiner Studie über die Territorialpolitik seines Heimatkantons den »ruhelosen Machtwillen« herausgearbeitet, der bei seinen Landsleuten in der Vergangenheit geherrscht und sich später, als er zu Hause keine Betätigung mehr fand, im Dienste fremder Mächte ausgelebt habe. Und der Staatsarchivar Hans Sigrist findet bezeichnenderweise die Grundkonstanten solothurnischen Geistes gerade in der ständigen Spannung und im belebenden Widerspiel zwischen »unruhig strebendem, abenteuerlustigem Tatendrang und duldsamer, etwas phlegmatischer Mäßigung und Besonnenheit«.

Das ist wohl die Formel, die der Eigenart dieses Geistes am nächsten kommt; erst von hier aus wird wohl auch verständlich, warum sich im Wirtschaftlichen der bürgerlichen Solidität so gerne ein Drang ins abenteuerlich Spekulative zugesellt. Nicht zufällig gehört ein weithallender Bankkrach, der in den achtziger Jahren des vergangenen Jahrhunderts das ganze Staatsgebäude erschütterte, zu den epochemachenden Ereignissen der neueren Solothurner Geschichte. Und doch verdankt schließlich die Wirtschaft des Kantons ihre außergewöhnliche Entfaltung auch und gerade dieser ausgreifenden und wagefreudigen Unruhe. Im solothurnischen Charakter hat nicht nur die Friedfertigkeit des Schultheißen Wengi ihre Spuren hinterlassen. Es gibt einen Zeitgenossen Wengis, der auch ein Solothurner Kind war und dessen Werk in fast gewaltsamer und doch herrlich unmittelbarer Gestik diese andere, ungestüme Seite seines heimatlichen Wesens vollendet sichtbar macht: den Maler und Kupferstecher Urs Graf, der in der übersteigerten Gebärde seiner prallen und zügellosen Landknechtsgestalten diese Wesenszüge ins Extrem hinaufgetrieben hat. Die weite Spanne zwischen Wengi-Geist und Urs-Graf-Geist umschreibt die Grenzpunkte solothurnischer Existenz, wie die Verflochtenheit katholischer und liberaler Tradition ihre glückliche Mitte bezeichnet.

Aargau

Kanton ohne Tradition

Die Aargauer sind, wie man schon gesagt hat, die Schweizer der Schweiz, während die Basler eben die Basler der Schweiz, die Berner die Berner der Schweiz sind. Für den Aargau ist der Kanton eine Folge der Tatsache, daß es eine Schweiz gibt, wogegen der Berner eher dächte, daß die Schweiz eine Folge der Tatsache sei, daß es Kantone wie Bern gibt.
Charles Tschopp, in »Der Aargau. Eine Landeskunde«, 1961

Der Aargau gehört zu den ältesten geschichtlichen Zentren in schweizerischen Landen und zu den jüngsten Kantonen der Eidgenossenschaft. Das Land scheint von Historie gesättigt; das Staatswesen jedoch, das sich auf seinem Boden erhebt, hat in den 180 Jahren seines Bestehens noch keine verbindliche Tradition zu schaffen vermocht. So gegenwärtig und augenfällig hier allenthalben die Reste einer großen Vergangenheit sind, so wenig hat die Gegenwart im allgemeinen mit ihnen zu tun. Wie durch eine Isolierschicht scheint das unfertige Neue vom allzu fertigen Alten getrennt; es wächst nicht – wie in fast allen Kantonen, die wir bisher durchwandert haben – aus ihm hervor. Das aber bedeutet nichts anderes, als daß das Heute der geschichtlichen Tiefendimension entbehrt, die in einem so geschichtsbewußten Land wie der Schweiz immer zugleich das Bewußtsein der Legitimität vermittelt.

Der Aargau, wie er uns heute entgegentritt, ist also nicht das Produkt der Historie, sondern das Ergebnis eines Bruchs mit der Historie. Die Revolution hat ihn zugleich gezeugt und entwurzelt: Der Staat ist im Widerspruch zu dem erwachsen, was vor ihm war. Solche Wurzellosigkeit enthält ihre eigenen Gefahren (und freilich auch ihre besonderen Chancen). Wenn uns in der Urschweiz da und dort das Gefühl ankommen mag, diese kleinen bäuerlichen Gemeinwesen würden von der Last ihrer Überlieferung beinahe erdrückt, so empfinden wir im Aargau umgekehrt manchmal ein eigentümliches Manko an Schwergewicht und politischer Dichte, einen bis heute allenthalben spürbaren Mangel an unmittelbarer Beziehung zum Gewesenen – und damit freilich auch eine Fähigkeit, sich voraussetzungslos im Hier und Heute einzurichten.

Man darf sich nicht dadurch irreführen lassen, daß der Name des Kantons frühmittelalterliche, ja karolingische Assoziationen weckt. Der Aargau von heute hat mit dem der fränkischen Reichsverfassung wenig mehr als den Namen gemeinsam. Und ebenso mißverständlich ist der Eindruck, den ein Blick auf die Karte vermittelt. Neben den fast qualvollen Torsionen des auseinandergerissenen solothurnischen Staatskörpers nimmt sich das Bild des Aargaus imponierend einheitlich, kompakt und gedrungen aus; nur im Fricktal, im Freiamt und in der Gegend von Zofingen schauen ein paar vorwitzige Zipfel aus seiner geschlossenen Masse heraus. Aber auch dieser Eindruck der Solidität trügt. Die Geschichte dementiert die Geographie, und die räumliche Festigkeit verbirgt die zeitlichen Brüche. Was die scheinbar massive Einheit des Territoriums beglaubigt, ist nicht der innere Zusammenhalt, sondern nur seine verpaßte Möglichkeit.

Dem daß große Möglichkeiten in der Geographie dieses Gebietes angelegt sind, daß es eigentlich zu politischer Aktivität und Ausstrahlungskraft bestimmt scheint, das läßt sich nicht übersehen. »Das Herzstück des schweizerischen Mittellandes« und seine »verkehrsgeographische Drehscheibe«, so nennt es Adolf Gasser. Vor allem aber bildet es »das große Wassertor« der Schweiz. Hier vereinigen sich die großen schweizerischen Ströme, ergießen sich Reuß und Limmat kurz nacheinander unterhalb von Brugg in die Aare, fließt die Aare ihrerseits bald darauf mit dem Rhein zusammen, schürzt sich das Geflecht der Wasserwege und der verkehrsfreundlichen Täler zum Knoten, sammeln sich Gewässer aus allen nordalpinen Kantonen wie in einem gigantischen Trichter. Wie das Gotthardmassiv die orographische, so stellte der Aargau die hydrographische Schlüsselposition des ganzen helvetischen Raumes dar – und welche gewaltigen geschichtlichen Potenzen in diesem »Wassertor« beschlossen liegen, das wird uns am deutlichsten, wenn wir nicht mit der Bahn oder mit dem Auto, sondern langsam zu Fuß die Jurahöhe des Bözbergs überqueren, ins Aaretal hinuntersteigen und in die jäh sich öffnende Landschaft hinausschauen.

Denn hier sehen wir nicht nur die Ströme aufeinander zueilen, mit einer freilich heute durch Staubecken und Elektrizitätswerke gehemmten Turbulenz. Der gleiche Blick, der sich von diesem Schauspiel fesseln läßt, umfaßt auch auf engstem Raume eben hier, im Vereinigungsgebiet der Wasseradern aus den Berner Alpen und dem Gotthard, dem Jura und dem glarnerisch-zürcherischen Bereich, Denkmäler großen historischen Ranges und imperialer Macht: die Habsburg auf der Anhöhe jenseits des Tals, gerade über dem alten Brückenkopf des Städtchens Brugg, wo sich die zuvor breit einherrollende Aare durch ein auf wenige Meter verengtes Felsentor zwängt und zur Anlage eines künstlichen Übergangs geradezu einlädt; jenseits Bruggs, im Dreieck zwischen Reuß und Aare das Trümmerfeld des römischen Vindonissa; an seinem Rande das Kloster Königsfelden, das Grabmal König Albrechts.

Es gibt wohl kaum eine Stelle in der ganzen Schweiz, an der natürliche und weltgeschichtliche Spannkräfte sich gleichermaßen augenfällig ansammeln. Von Vindonissa her dominierten die Legionen Roms das unterworfene Helvetien und darüber hinaus einen guten Teil des südlichen Germaniens; die mächtigen Ruinen ihres befestigten Heerlagers bekunden noch heute den großen strategischen Blick, der die Statthalter der antiken Weltmacht bestimmte, an dieser Stelle einen ihrer bedeutendsten militärischen Stützpunkte nördlich der Alpen anzulegen. Von der Habsburg aus, der »Habichtsburg« (wie man ihren Namen deutet), ist das weitaus geschichtsmächtigste Geschlecht, das die Schweiz hervorgebracht hat, in die Geschichte hinausgeschritten, in der es zeitweise über ein Reich gebieten sollte, in dem »die Sonne nicht unterging«. Hier im Herzen des Aargaus, im helvetischen Wassertor, lag das habsburgische Allod, der Eigenbesitz jener Familie, die später länger als jede andere die Kaiserkrone tragen, Weltpolitik bestimmen und doch gerade in ihrem Ursprungsland scheitern sollte. Schaut man von der Habsburg über die Täler hinweg, die hier ineinandergreifen, so möchte man glauben, die Weite dieser Sicht und die geopolitische Ausstrahlungskraft ihres innersten Herrschaftskerns habe die Gedanken der Grafen früh zu ehrgeizig ausgreifenden Unternehmungen verlockt, auch über die herrschaftliche Machtbildung im weiten offenen Raume zwischen Jura und Alpen hinaus.

Die Burg selber, deren Namen sich die Habsburger beilegten, läßt freilich wenig von der Aura eines bedeutenden Schicksals verspüren. Neben den anderen, so viel prunkvolleren Überresten der feudalen Epoche, die der Aargau birgt, wirkt diese Feste geradezu armselig. Wildegg, Lenzburg, Hallwil – alle diese Herrensitze und unendlich viele andere dazu, die im burgenreichen Aargau die Zeitläufte überdauert haben, unterstanden einst der Macht Habsburgs; die Stammburg aber, der diese Macht entsproß, bietet neben ihnen einen Anblick undistinguiertester Schäbigkeit. Es wirkt wie eine böse Ironie, daß die einzige Periode, die auf der Habsburg ihre (gerade hier keineswegs imposanten) Erinnerungen hinterlassen hat, die der bernischen Herrschaft ist. Viel eher wird man in Brugg oder auf dem Stein zu Baden, von dem aus die habsburgischen Besitzungen im Aargau bis zur eidgenössischen Eroberung regiert wurden, zu Rheinfelden im äußersten Westen oder zu Bremgarten im Südosten des Kantons der Größe inne, die sich einst mit dem habsburgischen Namen verband. Aus den Städten und Städtchen, die die Grafen zur Sicherung und festeren Verknüpfung ihrer weitgespannten territorialen Interessen als Brückenköpfe entweder errichtet oder doch ausgebaut haben, spricht der Geist ihres herrischen und zähen Hausmachtswillens unmittelbarer als aus dem Bauwerk, von dem dieser Wille ausging.

Sein schönstes und ergreifendstes Zeugnis auf aargauischem, ja auf schweizerischem Boden freilich bleibt das Kloster Königsfelden, das gleich am Fuße des Ursprungssitzes unmittelbar neben den Ruinen Vindonissas liegt und bezeichnenderweise zu einem guten Teil aus den Quadern der verlassenen und verfallenen römischen Konstruktionen zusammengefügt ist. Hinter niedrigen Mauern und den mehrhundertjährigen Bäumen seines Parks entzieht es sich dem Blick des vorüberhastenden Autoreisenden. Und doch tut man gut, hier einen Augenblick zu verweilen. Die Nachwelt ist zwar auch mit diesem großartigsten aller habsburgischen Monumente auf helvetischem Boden nicht gerade pietätvoll verfahren. In der Reformation säkularisiert, wurde die franziskanisch strenge gotische Klosterkirche in der Neuzeit zum Salzmagazin und Güterschuppen entwürdigt, und nach der Übernahme durch den Kanton Aargau zog die kantonale Irrenanstalt in die weitläufigen Gebäude ein, die einst den adeligen Nonnen zum Aufenthalt dienten. Aber noch immer streuen die leuchtenden Glasfenster, die zu den schönsten des 14. Jahrhunderts gehören, ihre farbige Glut über die Stätte, wo König Albrecht unter der Hand seiner Mörder fiel. Noch trägt der Schlußstein über dem verschwundenen Hochaltar die Inschrift: »Rex Albertus«, obwohl die Gebeine des Monarchen und seiner rachedürstenden Gemahlin Elisabeth schon im 18. Jahrhundert nach St. Blasien umgebettet worden sind. Wieviel Symbolik liegt doch darin, daß das einzige Baudenkmal im althabsburgischen Eigenland, das eine Ahnung imperialen Glanzes vermittelt, die Grabstätte zerbrochener Hoffnungen ist! Daß der tatkräftig-rücksichtslose Sohn des ersten Habsburger Grafen, der die deutsche Königskrone trug, hier dem Anschlag seines unruhigen Neffen Johann erlag, hat wohl die junge Eidgenossenschaft gerettet und damit den Kräften die Bahn bereitet, die das königliche Geschlecht schließlich aus seinen

Stammlanden verdrängen sollten; mit dem Tode Albrechts begann der Niedergang der habsburgischen Macht in der Schweiz – und der Aargau von heute, der geschichtslose Kanton über den Trümmern großer geschichtlicher Entwürfe, erscheint uns an dieser Stelle gleichsam als die späte Bekundung eines tragischen Scheiterns.

Auf eine andere Weise hat der größte Geschichtsschreiber und Geschichtsdenker des 18. Jahrhunderts sich die historische Bedeutung dieses aargauischen Herzlandes vergegenwärtigt. Im sechsten Band seiner weitausholenden Geschichte vom Niedergang und Fall des Römischen Reiches erinnert sich Edward Gibbon des Augenblicks, da er als junger »philosophischer Reisender« hier weilte, und sein aufklärerischer Geist beschwört noch einmal das Nacheinander der Zeiten im Nebeneinander ihrer Erbstücke herauf:

»Within the ancient walls of Vindonissa, the castle of Habsburgh, the abbey of Koenigsfield, and the town of Bruck, have successively arisen. The philosophic traveller may compare the monuments of Roman conquest, of feudal or Austrian tyranny, of monkish superstition and of industrious freedom.«

Natürlich fiele es leicht, Gibbon wegen dieser beiden Sätze am Zeuge zu flicken; ihre historische Exaktheit ist, gelinde gesagt, nicht über jeden Zweifel erhaben. Denn ganz abgesehen davon, daß das Schloß Habsburg keineswegs innerhalb der »alten Mauern von Vindonissa« liegt, läßt sich die österreichische Herrschaft gerade im Aargau ganz gewiß nicht als bloße »feudale Tyrannei« abtun, hat sich im mittelalterlichen Klosterwesen wohl einiges mehr als »mönchischer Aberglaube« entfaltet und scheint es zum mindesten gewagt, das Städtchen Brugg – die habsburgische Gründung unter bernischer Domination – ausgerechnet als Zeugnis für die »Segnungen gewerb-fleißiger Freiheit« in Anspruch zu nehmen. Viel Fragwürdigkeiten fürwahr für eine so kurze Passage! Und doch hat das Auge des Historikers in dem Panorama, das er als jugendlicher Wanderer im aargauischen Flußdreieck erschaute, die wesentlichen Elemente erfaßt, die hier – oder von hier aus – geschichtlich fruchtbar geworden sind.

Aber halten wir uns nicht länger mit den Erinnerungen daran auf, was dieser Raum einmal bedeutet hat. Die für die Zukunft entscheidende geschichtliche Tatsache, die diese Vergangenheit durchstrich und die Versprechungen der Geographie zunichte machte, war die Besetzung des Aargaus durch die Eidgenossen im Jahre

1415. Genau hundert Jahre nach der Schlacht am Morgarten waren die Sieger stark genug geworden, daß sie erobernd in die Stammlande ihres alten Gegners einbrechen und sie für immer an sich reißen konnten; nun wurde das Gebiet, das so lange Kristallisationskern herrschaftlicher Politik gewesen war, von außen her in den ganz anders gefügten, aus genossenschaftlichem Geiste erwachsenen eidgenössischen Verband eingespannt und umgegliedert – nicht etwa als eigenständiges Glied indessen, sondern als bloßes Objekt.

Noch um die Mitte des 14. Jahrhunderts hatten die Eidgenossen der eroberten habsburgischen Stadt Zug ohne Zögern Aufnahme in ihren Bund gewährt. Nun kamen sie als Herren, die gar nicht mehr daran dachten, dem Aargau den Status eines eidgenössischen Ortes oder doch eines autonomen »Zugewandten« zu verleihen, sondern ohne Bedenken ihre Vögte anstelle der habsburgischen Ministerialen in Adelsschlösser und Städte setzten. Man hat oft – und nicht ohne einiges Recht – in diesem Entschluß, die aargauischen Herrschaften als Untertanenlande zu behandeln, eine Art schweizerischen Sündenfalls gesehen; die liberale Geschichtsschreibung des 19. Jahrhunderts insbesondere hat keinen Hehl daraus gemacht, welchen Schönheitsfehler es in ihren Augen bedeutete, daß die Empörer gegen die Vögte nun selber einen reichen Landstrich bevogteten.

Die alten Eidgenossen jedoch, zumal die des 15. Jahrhunderts, dachten nicht ideologisch, sondern machtpolitisch. Ihnen kam es darauf an, den Aargau fest in die Hand zu bekommen und für alle Zeiten unter ihrer Kontrolle zu wissen – eben weil sie offensichtlich mit klarem Instinkt erkannten, daß der Zusammenhang ihres Bundes ohne die Verfügungsgewalt über dieses Vor- und Schlüsselland niemals gewährleistet sein würde. Außerdem müssen wir uns vergegenwärtigen, daß das solchermaßen in schweizerischen Besitz gekommene Gebiet zwar fast durchwegs unter österreichischer Hoheit stand, aber in eine Vielzahl adeliger Lehensherrschaften und kleiner halb-autonomer Stadtbezirke zersplittert war, daß es also gar keine autochthone Gewalt gab, die als Partner in Frage gekommen wäre. Zwar traten die aargauischen Städte, sobald König Sigmund auf dem Konzil zu Konstanz die Reichsacht über den Habsburger Friedrich IV. (»mit der leeren Tasche«) verhängt hatte, auf einem hastig einberufenen Ständetag für den freiwilligen Anschluß an die Eidgenossen ein, um deren befürchtetem Zugriff zuvorzukommen. Aber der mächtige Adel verhinderte damals einen Beschluß, der dem Lande vielleicht, bei glücklicher Fügung der Dinge, seine Selbständigkeit erhalten oder doch zum mindesten die Fundamente zukünftiger Einheit bereitgestellt hätte.

Die Folgen dieses Versäumnisses bleiben bis heute spürbar. Denn einmal von den Schweizern bezwungen, sahen sich die habsburgischen Lande südlich des Rheins in eine Vielzahl von Teilen auseinandergerissen, die weder durch die Napoleonische Mediation noch später im 19. Jahrhundert fugenlos wieder zusammenzufügen waren. So verleibte sich das mächtige Bern den größten Teil der Beute ein; Luzern schnappte seinerseits ein tüchtiges Stück Land weg, um sein damals noch bescheidenes Territorium ansehnlich abzurunden; Zürich tat sich – nicht ganz freiwillig – an einem bescheidenen Happen gütlich. Stadt und Grafschaft Baden aber, vom Limmattal bis hinauf zur breiten Rheinfront gegenüber dem Schwarzwald, wurden von den Acht Orten gemeinsam mit Beschlag belegt; in den freien Ämtern installierten sich sechs von ihnen (ohne Bern und Uri) als Kollektivbesitzer; das Fricktal schließlich mit den Städten Laufenburg und Rheinfelden blieb bis zum Beginn des 19. Jahrhunderts Teil der vorderösterreichischen Lande, letztes Trümmerstück versunkener habsburgischer Macht zwischen Rhein und Alpen.

Zum Verhängnis für den späteren Kanton wurde diese Zerteilung freilich erst im Gefolge der Reformation, die nun aus dem administrativen Nebeneinander das konfessionelle Gegeneinander organisierte. Während Bern der neuen Lehre in seinen aargauischen Vogteien zum Durchbruch verhalf, rettete der Sieg der Inneren Orte im Zweiten Kappelkrieg die Gemeinen Herrschaften für den Katholizismus, der auch im Fricktal unter österreichischer Ägide die Oberhand behielt. Was das mit sich brachte, das hat die erste Proklamation der gesamtaargauischen Regierung von 1803 mit bemerkenswertem Realismus ausgesprochen:

»Unser Kanton besteht nicht wie so viel andere aus einem Volke, das seit Jahrhunderten zusammenlebte und durch das alte Band der Gewohnheit an das gleiche Schicksal gebunden war. Er ist aus Bewohnern von Gegenden zusammengesetzt, die, wenngleich unweit voneinander gelegen, in Religion und Sitten, in Gesetzen und Gebräuchen, in Grundsätzen und Meinungen voneinander verschieden waren, und die sich nun auf einmal durch eine höhere Leitung miteinander vereinigt sehen.«

Man spürt an diesen Sätzen, wie wenig Illusionen sich die Väter des

Kantons über den synthetischen Charakter des willkürlich zurechtpräparierten Staatswesens machten, das sie Napoleon abgerungen hatten. Mit gutem Grunde hat man davon gesprochen, daß der Aargau neben St. Gallen der einzige Stand der Schweiz sei, der nicht gewachsen, sondern gemacht worden sei, wie manche der napoleonischen Rheinbund-Staaten ohne viel Rücksicht auf geschichtliche Zusammenhänge zurechtkonstruiert. Die Bevölkerung hat an der Schaffung des Kantons nur wenig Anteil gehabt; sie stand ihm zunächst zum größten Teil in ganz offener Abneigung und Feindschaft gegenüber. Die Bauern im vormals bernischen Gebiet, ja sogar Städter wie vor allem die Zofinger, wären am liebsten zu Bern zurückgekehrt (daß das patrizische, demokratischen Ideen höchst abgeneigte Bern 1813 sogar einen Volksentscheid in seinen früheren aargauischen Besitzungen anregte, läßt immerhin erkennen, wie sicher es sich der Zuneigung der Bevölkerungsmehrheit auch noch ein Jahrzehnt nach der Kantonsgründung fühlte!). Baden tendierte damals schon trotz der konfessionellen Verschiedenheit viel eher zu Zürich; Rheinfelden wußte sich Basel soviel näher verbunden, daß sogar eine Aarauer Denkschrift für seine staatliche Verbindung mit der größeren Rheinstadt eintrat; das Freiamt schließlich schaute ganz in die Innerschweiz hinüber und fühlte sich von den demokratischen Traditionen der Urkantone so stark berührt und angezogen, daß die Forderung nach seinem Anschluß an den Aargau von der Aarauer »Patriotenpartei« mit der bezeichnenden Begründung geltend gemacht wurde, es gelte zu verhindern, daß das »unglückliche System der Landsgemeinden« sich noch weiter ausdehne ...

Tatsächlich ist der Kanton das Werk einer kleinen gebildet-städtischen Schicht, die eigentlich nur im »Patriotenstädtchen« Aarau und daneben noch in Lenzburg und Brugg über einige Gefolgschaft verfügte. E. Jörin, dem wir eine ausgezeichnete Monographie über die Entstehung des Aargaus verdanken, kommt zum Schluß, der neue Staat sei »der Volksmehrheit aufgezwungen worden«, ein »Canton malgré lui«, der seine Existenz in allererster Linie der Bürgerschaft von Aarau verdanke. Die kleine, einst von den Kiburgern gegründete Stadt am Jurarand, die auch unter bernischer Herrschaft ein großes Maß an innerer Selbständigkeit besaß und durch Handwerk, Handel und Fabriken reich geworden, durch ein ausgezeichnetes Schulwesen gebildet worden war, hatte früh als Hochburg helvetischer Revolutionsideen gegolten. Eben deshalb war sie von den Franzosen zunächst zur Hauptstadt der Helvetischen Republik erkoren worden und besaß während der kurzen einheitsstaatlichen Episode einen so unverhältnismäßigen Einfluß auf die freilich schwache und schwankende Zentralregierung, daß sie darin zeitweise drei Minister stellte. Kurzum: Nicht ein spontaner Einheits- und noch weniger ein elementarer Freiheitswille, sondern die kluge Diplomatie Renggers und Stapfers hat der Schweiz in der Mediationszeit ihren aargauischen Stand beschert.

»Wir empfinden«, so heißt es denn auch in der bereits zitierten, durch ihre Aufrichtigkeit so sympathischen Proklamation der ersten Kantonsregierung, »wieviel Klugheit erfordert werde, um durch eine genaue Verbindung der Interessen alle diese Ungleichheiten auszuebnen; wieviel Mäßigung, um durch Unparteilichkeit und Schonung Mißtrauen, Rückerinnerungen und Vorurteile auszutilgen; welch eine sanft anziehende Kraft, um durch einen schnell zu belebenden Gemeinsinn alle die Teile zu einem gemeinsamen Zwecke zu verbinden.«

Das waren gute Absichten. Aber mit ihrer Umsetzung in die Praxis haperte es. Ein Kanton, den der konservative Historiker Eduard Vischer »so traditionslos wie ein Territorium der neuen Welt« nannte, mußte zwangsläufig seine künstliche Einheit auch mit künstlichen Mitteln behaupten – mit einem Verwaltungszentralismus beispielsweise, wie ihn die Gemeinden sonst wenigstens in der deutschen Schweiz kaum je zu spüren bekamen oder mit einem Staatskirchentum, das im »aufklärerischen« Kampf gegen katholisch-klerikale wie evangelisch-sektiererische Einflüsse keinerlei Rücksicht auf die inneren Bedürfnisse der Religionsgemeinschaften kannte. Aus lauter Sorge um die »beglückende Staatseinheit« entfremdete sich das liberale Regime, das 1830 durch einen Aufstand der Freiämter Bauern installiert wurde, die Herzen seiner ursprünglichen katholischen Anhänger so weit, daß es selbst den Vorschlag einer konfessionellen Selbstverwaltung, wie sie St. Gallen kannte, als »hochverräterisch« qualifizierte. Ein liberaler Katholik wie Augustin Keller gelangte schließlich dazu, die Klöster in offenem Widerspruch zum Bundesvertrag kurzerhand als »staatsfeindliche Korporationen« aufzuheben; aus den Auseinandersetzungen über diesen Gewaltakt ist schließlich der Sonderbundskrieg entstanden. Nicht die »Schonung« und die »sanft anziehende Kraft« hat das erste halbe Jahrhundert aargauischer Kantonsgeschichte gekennzeichnet, sondern das krampfhafte Bemühen, eine von unten nicht erwachsende Einheit mit allen Mitteln von oben her durchzusetzen.

Das galt nach außen wie nach innen. Es ist charakteristisch, daß der einheitsstaatliche Gedanke des Radikalismus sich nirgends so tief einwurzelte wie im Aargau, dessen Vertreter an der Tagsatzung 1848 nur mit Mühe zu bewegen waren, dem Zweikammmersystem und damit einer Mitwirkung der Kantone im Bund überhaupt zuzustimmen. Niemand hat diese Tendenz klarer formuliert als der radikale aargauische Politiker Karl Rudolf Tanner, der 1842 in seiner berühmt gewordenen Churer Schützenfest-Rede in dieser Förderung des helvetischen Einheitsgedankens geradezu die nationale Berufung des Aargaus sah:

»Da wir keine besondere Geschichte haben, unsere Geschichte vielmehr in der allgemeinen Schweizergeschichte aufgeht, so ist uns durch die Vorsehung die Aufgabe erteilt, Schweizer und nichts als Schweizer zu sein.«

Traditionslosigkeit ist allerdings nicht *nur* Mangelerscheinung. Es tut gut, bisweilen daran erinnert zu werden, daß sie auch ihre Chance in sich enthält. Auch der kostbare Besitz einer ungebrochenen Überlieferung kann zur Last werden. Der Aargauer weiß sich von beidem frei, vom Besitz wie von der Last. Charles Tschopp, dem wir eine verdienstvolle Landeskunde seines Heimatkantons verdanken, greift gleichsam von der Volkspsychologie her den Gedanken Tanners wieder auf, wenn er von seinen Landsleuten trocken feststellt, sie seien »ohne besonders hervorstechende Eigenschaften« und »selten außerordentlich, sondern bestenfalls ›ordentlich‹«, und wenn er sich beim Versuch, ihr Bildnis zu entwerfen, an jene Fotos erinnert fühlt, »die man durch Aufeinanderkopieren von Aufnahmen verschiedener Menschen anfertigt«. Vielleicht, so meint er tröstlich, könnten sie eben deshalb »in der Schweiz den Kitt darstellen, der eine Gesellschaft zusammenhält«.

Noch immer sind anderseits die zentrifugalen Tendenzen im Aargau selber allenthalben spürbar – in vermindertem Maße freilich, seit ein langes Zusammenleben die Verschiedenheiten der Herkunft und eine moderne, mühsam genug errungene Toleranz (oder auch Gleichgültigkeit) die konfessionellen Gegensätze minder fühlbar gemacht hat. Denn in einem Land, in dem das Herkommen eine solche fortdauernde Gewalt über die Gemüter der Menschen ausübt wie in der Schweiz, lassen sich nun einmal Grenzen, die nahezu vier Jahrhunderte hindurch bestanden und durch die Reformation erst noch eine gewissermaßen religiöse Weihe erhielten, auch in 180 Jahren nicht zur völligen Unkenntlichkeit verwischen. So leben denn alte Zugehörigkeiten oder Neigungen nach wie vor in gegenwärtigen Gewohnheiten weiter. Ein frappantes Beispiel dafür bietet die Wahl der höheren Schulen: Die alte ausgezeichnete Kantonsschule in Aarau – die erste Anstalt dieser Art, die in der Schweiz begründet wurde – ist im wesentlichen die Ausbildungsstätte für die begabten jungen Leute des ehemals bernischen Kantonsteils geblieben, während sich die Badener in Zürich, viele Fricktaler in Basel, die hellen Köpfe aus dem Freiamt in den Kollegien der Innerschweiz und in Luzern ihr Wissen erwerben.

Aber die mancherlei Mühsale und Mißhelligkeiten, denen die »Integration« dieses Staatswesens begegnet ist und da und dort noch immer begegnet, hängen nicht allein mit der verschiedenen geschichtlichen Entwicklung der einzelnen Kantonsteile zusammen. Etwas anderes kommt erschwerend hinzu: daß dem Aargau ein eindeutig dominierendes städtisches Zentrum fehlt, wie es etwa St. Gallen – ein im Ursprung noch viel heterogeneres Gebilde – in seiner Hauptstadt besitzt. Der Aargau ist *die* Region der Kleinstädte in der Schweiz (zwar gibt es deren in der Waadt noch mehr, aber dort wächst anderseits Lausanne so über alle anderen urbanen Siedlungen hinaus, es ist so sehr Mittelpunkt geworden, daß die Landstädte daneben kaum noch zählen). Gerade weil sie so dicht gesät sind, vermochte keine von ihnen das unbestrittene Primat zu erlangen. Auch wenn man von Kümmerstädten wie Mellingen, Kaiserstuhl oder Laufenburg absieht, bleiben noch genug der kleineren und mittleren, lokal oder regional bedeutsamen Zentren übrig. Fast jede von ihnen hat ihren mehr oder minder sorgsam erhaltenen mittelalterlichen Kern bewahrt, der zum mindesten in der Anlage der Straßen, wenn nicht mehr im architektonischen Bestande, auf die Zeit der Gründung durch den einen oder andern der einstmals hier begüterten Feudalherren zurückweist: die Kiburger (Aarau, Lenzburg), die Habsburger (Brugg, Baden, Bremgarten), die Froburger (Zofingen, Aarburg).

Anders jedoch als in der Waadt hat sich um diesen Kern so gut wie überall auch eine aktive industrielle Peripherie gelegt, die den urbanen Kommunen immer wieder neue ökonomische Lebenskraft zuführt und das Bewußtsein ihrer Bedeutung im Kanton wachhält. So ist man weder in Lenzburg noch in Zofingen, weder in Brugg noch in Rheinfelden noch in Bremgarten ohne weiteres geneigt, in der Kantonshauptstadt Aarau – die ja zudem noch recht peripher unmittelbar an der solothurnischen Grenze liegt – etwas anderes zu sehen als (bestenfalls) einen *primus inter pares*. Und das mächtig empordrängende Baden gar, das auf so reizvolle und ungewöhnliche Weise die Heiterkeit der alten Bäder- und Tagsatzungsstadt mit dem Impetus und der Weltoffenheit eines Sitzes moderner Großindustrie verbindet (die hier ansässige Weltfirma Brown, Boveri & Cie. ist das weitaus bedeutendste wirtschaftliche Unternehmen des Kantons überhaupt) – dieses Baden schaut gerne von oben mit ein wenig Verachtung und wohl auch mit einem Stückchen uneingestandenen Neides auf das mit öffentlichen Einrichtungen begünstigtere Aarau hinüber, das aus der Badener Perspektive, nach dem Ausdruck eines Kommunalpolitikers im persönlichen Gespräch, bloß als ein anspruchsvolles »Beamtennest mit dem Geiste des 19. Jahrhunderts« erscheint.

Der Badener ist überaus stolz darauf, unvoreingenommener, großzügiger, »moderner« zu sein als seine übrigen Landsleute und vorab die Aarauer. Man kann sein Verhältnis zur Rivalin Aarau vielleicht am besten mit dem Oltens zu Solothurn vergleichen. Er hat gar nichts dagegen, sich als das *»enfant terrible«* des Kantons bezeichnen zu lassen, und er macht nicht den geringsten Hehl daraus, daß er sich dem nahen Zürich und seinem Geiste mehr verpflichtet fühlt als dem Kantonshauptort, dem er nicht ohne eine Geste herausfordernden Hochmuts den Rücken kehrt. In der Tat ist Baden durch die stürmische Entwicklung des Limmattals fast schon zu einer Art zürcherischer Satellitenstadt geworden. Nicht nur äußerlich, sondern auch innerlich verbindet es der überaus rege Zugverkehr, der hier fast schon die Intensität eines weltstädtischen Vorortverkehrs annimmt, mit dem nahen Zentrum schweizerischer Geschäftigkeit und metropolitanen Kulturbetriebs. Und dem Kanton gegenüber drängt Baden höchst resolut darauf, seine weit überdurchschnittliche ökonomische und steuerliche Leistung, durch die es sich gewissermaßen zum Motor des Aargaus bestimmt fühlt, auch entsprechend honoriert zu erhalten. »Wir sind im Aargau die wirtschaftliche Lokomotive«, meinte ein journalistischer Kollege, »und die andern sind die leeren Güterwagen«; er sagte es lachend und entschuldigte sich gleich darauf für die »Übertreibung«, die ich ja wohl verstanden hätte – aber ich bin nicht ganz sicher, ob er seinen despektierlichen Vergleich nicht doch am Ende ein gutes Stückchen ernster meinte, als er es schließlich einzugestehen wagte.

Wenn Baden seit der Kantonsgründung als die lebhafteste und

ungebärdigste Konkurrentin Aaraus auftrat, so ist ihm selber in allernächster Nähe und in allerjüngster Zeit eine Konkurrenz entstanden: Wettingen, das seine Bevölkerung seit 1945 verdoppelt hat, ist in den Konjunkturjahren nach dem Zweiten Weltkrieg unversehens zur größten Gemeinde des ganzen Kantons aufgeschossen und hat fast mit einem Schlage seinen Nachbarort samt all den historisch gewachsenen aargauischen Städten und Städtchen an Einwohnerzahl überholt. Allerdings fungiert es vorderhand, trotz einiger eigener industrieller Ansätze, in der Hauptsache noch als Badens »Schlafstube«. Aber es mutet sehr typisch an, daß dieser jüngste Sproß aus dem so städtefruchtbaren aargauischen Boden nicht im entferntesten daran denkt, seine Eigenständigkeit aufzugeben, um etwa in Baden aufzugehen. Das sehr moderne und mit vorbildlichem Geschmack ausgestattete Wettinger Rathaus, in dessen Nachbarschaft ein neues, von mächtigen Hochhäusern akzentuiertes Stadtzentrum mit Ladengeschäften von der Schaufensterlänge der ganzen Zürcher Bahnhofstraße emporgewachsen ist, spricht deutlich davon, wie wenig die räumliche Nähe zu dem älteren und ehrwürdigeren Gemeinwesen seinem entschiedenen kommunalen Eigenwillen anhaben kann. Wettingen, so möchte man meinen, wenn man sich in der brandneuen und ehrgeizigen Gemeinde vom Eindruck eines fast amerikanisch anmutenden Pioniergeistes überwältigen läßt, ist gewissermaßen der Aargau in Potenz: Losgelöst von der Bindung ans Gewesene (auch wenn seine Gemarkung, merkwürdig genug, eines der ehrwürdigsten schweizerischen Klöster umschließt), ganz der Gegenwart und der Zukunft zugewandt. Daran ändert auch die Rezession wenig, die ihm ebenso wie Baden zwischen 1970 und 1980 erstmals einen Verlust an Einwohnern beschert hat; immerhin nimmt die Agglomeration, deren Kern die Doppelstadt bildet, nach wie vor – wenn auch langsam – an Bevölkerung zu und hat Anfang 1983 die Schwelle der 70 000 überschritten. Gleich östlich von ihr ist aus dem früher ländlichen Spreitenbach so etwas wie ein Miniatur-Manhattan mit ragenden Hochhäusern und einem der größten Einkaufszentren der Schweiz geworden; hier ist von einem Erlahmen des Wachstums noch keine Rede. Sieht man genauer hin, dann erscheint bereits das ganze Limmattal zwischen Spreitenbach und Turgi als ein einziges quasi-städtisches Areal, in dem für die eingesessene Landwirtschaft nur wenig Raum bleibt und die paar übriggebliebenen Bauernhäuser nur noch wie Erinnerungen an eine ferne Vergangenheit wirken.

Auch wenn man eine solche Entwicklung heute im Zeichen neu erwachten Umweltbewußtseins wahrhaftig nicht mehr ohne weiteres als »Fortschritt« feiern mag, zeugt sie doch davon, wie man im Aargau die Schwäche der Traditionslosigkeit zur Stärke umzumünzen sucht, indem man die Impulse der industriellen und nachindustriellen Ära bedenkenlos aufgreift. Aus solcher Sicht wird man auch mehr als einen bloßen Zufall darin erkennen, daß der Kanton zum Zentrum der Bemühungen um den Ausbau der schweizerischen Atomenergie geworden ist: Von den fünf bereits produzierenden oder doch heute (1984) unmittelbar vor der Aufnahme des Betriebs entstehenden Kernkraftwerken der Eidgenossenschaft stehen drei – Beznau I und II sowie Leibstadt, das nach seiner Fertigstellung allein 15 % des gesamten nationalen Elektrizitätsverbrauchs liefern wird, auf aargauischem Boden. Ein weiteres, mit internationaler Beteiligung geplantes Werk in Kaiseraugst, an der Grenze zu Baselland und ganze zehn Kilometer von Basel entfernt, ist zu einem der meistumkämpften Projekte überhaupt geworden. Angesichts ständig wachsenden Widerstands in der betroffenen Region und der allgemein größer werdenden Skepsis gegen die angeblichen Segnungen nuklearer Technik ist die Verwirklichung dieses ehrgeizigen Vorhabens (vorgesehene Leistung: 925 Megawatt) allerdings immer fraglicher geworden, nachdem der Nationalrat – entgegen der positiven bundes- und ständerätlichen Entscheidung – den Beschluß über die endgültige Baubewilligung zunächst einmal aufgeschoben hat und neue Volksinitiativen laufen, die dergleichen Anlagen überhaupt verbieten wollen.

Kühne ökonomische und technische Unternehmensfreude hat den Kanton von Anfang an ausgezeichnet. So diktierte etwa eine sehr bewußte Verkehrspolitik schon wenige Jahre nach seiner Gründung den Bau der Straße über die Staffelegg, die das neu für die Schweiz gewonnene Fricktal mit der Hauptstadt Aarau verbinden sollte. Der lang gehegte Gedanke allerdings, das Vereinigungsgebiet der großen helvetischen Ströme durch die Schiffbarmachung des Rheins mindestens bis zur Aaremündung, vielleicht gar der Aare selbst zur wirtschaftlichen Herzkammer der Schweiz auszugestalten, gehört inzwischen der Vergangenheit an: Noch früher als im Fall der Kernenergie haben in diesem Punkte ökologische Erwägungen gegenüber ökonomischen Interessen die Oberhand gewonnen.

Nichtsdestoweniger ist der Aargau, wenn er an politischer und geistiger Geschlossenheit hinter dem strukturverwandten St. Gallen zurückbleibt, dafür seit dem 19. Jahrhundert ein Grundpfeiler schweizerischer wirtschaftlicher Prosperität geblieben. Seine landschaftliche wie gesellschaftliche Vielfältigkeit spiegelt sich in der Ausgewogenheit seiner eminent dezentralisierten Industrie, die das ganze Land (ähnlich wie im benachbarten Solothurn) fast gleichmäßig mit einem Netz größerer und kleinerer Unternehmen überzieht. Nicht zuletzt angesichts dieses wohlbalancierten Gefüges fühlt man sich hier gegen Depressionen besser gewappnet als in Kantonen von einseitigerer ökonomischer Konfiguration; selbst die große Notzeit der dreißiger Jahre verursachte keine allzu schweren Einbußen. Zur Krisenfestigkeit trägt nicht zuletzt der Umstand bei, daß im Aargau noch heute – wie drüben im Württembergischen – viele Arbeiter neben dem eigenen Häuschen ihr Stück Ackerboden besitzen, Gemüse bauen, Geflügel züchten oder auch ein Schwein aufziehen. Oskar Howalds Feststellung, »daß die Vermengung von landwirtschaftlicher und industrieller Bevölkerung in den aargauischen Dörfern viel inniger ist als in anderen Gebieten der Schweiz«, gilt heute noch immer und ebenso die 1847 angestellte Beobachtung Theodor Mügges, das eigene Stück Land sei für den aargauischen Fabrikarbeiter nicht nur »Ehrensache«, sondern es gewähre ihm eben auch »eine weit größere Unabhängigkeit, als Menschen haben, die ganz und gar vom Fabrikanten abhängen«.

Abraham Stanyan wußte wohl, warum er den bernischen Aargau seiner Zeit zusammen mit dem waadtländischen Gebiet zwischen Murten und Moudon unter die »most beautiful Parts of the Canton of Berne« rechnete; er bemaß die Schönheit einer Gegend kühlrationell nach dem Stand ihrer Erträge. Und der Dekan Bridel, der um die Wende des 18. Jahrhunderts auf unzähligen Fußreisen alle helvetischen Gaue durchstreift und mit nie ermüdendem Enthusiasmus beschrieben hat, fand im aargauischen Labyrinth von Feldern und Wäldern, von Hügeln und dicht bevölkerten Ebenen »une des plus riantes et des plus fertiles provinces de la Suisse«. Im Lichte solcher Zeugnisse will es uns denn auch ganz sinnvoll erscheinen, wenn das mächtige schweizerische Bauernsekretariat, der einflußreiche und manchmal auch gefürchtete Sachwalter bäuerlicher Standesinteressen, seinen Sitz in Brugg aufgeschlagen hat – in jenem »Prophetenstädtchen«, über das sein berühmtester Sohn, der Arzt und Schriftsteller Johann Georg Zimmermann, so gern die Schale seines Spottes ausgoß, ohne daß er doch von dem »einsamen, reizlosen und die Flamme des Geistes auslöschenden Orte »jemals innerlich losgekommen wäre. Auch der »Bauernprofessor« Ernst Laur, der aus Brugg die Hauptstadt der schweizerischen Landwirtschaft gemacht hat, war auf eine sehr moderne und kombattante Weise ebensosehr Prophet wie handfester Interessenvertreter; es war mehr als bloße Pose, wenn der bärtige Patriarch temperamentvoll die ewigen Werte des Bauerntums beschwor, um den Milchpreis weiter in die Höhe zu schrauben.

So wird das Übermaß der Spannungen, die im staatlichen Gefüge des Aargaus wirken, durch eine bemerkenswerte soziale Ausgeglichenheit glücklich kompensiert. Nicht ungern nennt der Aargauer seine Heimat etwa den »Kanton des kleinen Mannes«; bezeichnenderweise behalten hier selbst die erfolgreichsten Unternehmer – und das Land zählt deren viele – im allgemeinen in ihrer Lebensform gerne einen betont kleinbürgerlichen Zuschnitt, selbst wenn sie in ihren geschäftlichen Dispositionen noch so sehr ins Große und Weltweite wirtschaften. Noch weniger als andere Schweizer aus der wirtschaftlichen Oberschicht neigen sie dazu, sich von ihrer Umgebung kastenmäßig abzuschließen; das wäre »undemokratisch«, meinte einer von ihnen, der sich durch seine unermüdliche Tätigkeit für seine Kommune in ganz besonderem Maße das Vertrauen seiner Mitbürger erworben hat. Der Aargau gehört zu jenen Kantonen, wo man auf alle »patrizischen« Allüren ganz besonders allergisch reagiert und in der Demokratie nicht nur einen politischen, sondern mit Vorliebe eben auch einen gesellschaftlichen, allem »Standesdünkel« entgegengesetzten Begriff zu erkennen glaubt – auch wenn man nicht übersehen darf, wie leicht damit einer gewissen Kultur des braven Durchschnitts, ja vielleicht der prononcierten Mittelmäßigkeit (die überhaupt da und dort als eine sehr schweizerische Gefahr erscheint) das Wort geredet werden könnte.

Auch im politischen Leben wirkt sich diese Ausgeglichenheit aus: Die Gegensätze der Parteien prallen hier ungleich weniger schroff aufeinander als im benachbarten Solothurn oder gar in Luzern. Das Klima bleibt temperiert, sogar »lau«, um ein Wort anzuwenden, das dem Aargauer Tschopp bei der Charakterisierung seiner Landsleute in die Feder geflossen ist. Auch der Stimmzwang – Fernbleiben von der Urne oder der Gemeindeversammlung kostet zwei Franken – half dem mangelnden staatsbürgerlichen Eifer nicht auf. Die kleinen Außenseitergruppen, die sich als das Salz in der aargauischen Suppe

Landsgemeinde Appenzell-Außerrhoden in Trogen

empfanden, brachten es nicht über Anfangserfolge hinaus – so die einst vielversprechenden jungen Leute vom linksliberalen »Team 67«. Auch die xenophoben Gruppen (Nationale Aktion und Republikaner) sind nach zeitweise beträchtlichen Gewinnen wieder aus dem Großen Rat verschwunden und haben auch bei den Nationalratswahlen von 1983, im Gegensatz zu anderen Kantonen, keine nennenswerten Fortschritte verzeichnet. Andererseits sind die Verschiebungen zwischen den drei fast gleichgewichtigen großen Parteien, die einander mit wechselndem Glück den Spitzenplatz streitig machen, meist wenig bedeutend. Daß der Stimmenanteil der Freisinnigen wie der Christdemokraten 1981 bei den Großratswahlen wenigstens um Bruchteile eines Prozents vor dem der bis dahin führenden Sozialdemokraten lag, die sich anderseits 1983 bei der Bestellung des Nationalrats einen weit deutlicheren Vorsprung vor ihren bürgerlichen Konkurrenten sicherten, hat weniger mit Ausschlägen der Volksstimmung als mit den Unterschieden in der Wahlbeteiligung zu tun. Die Schweizerische Volkspartei anderseits, die das Erbe der früheren Bauernpartei angetreten hat, nimmt regelmäßig den vierten Platz mit Stimmenanteilen um die 15 % ein, stellt also ganz ähnlich wie in der gesamten Eidgenossenschaft eher die kleinste der großen Formationen dar als die größte der kleinen. Überhaupt gilt Pichards Feststellung, kein anderes kantonales Parlament gleiche in seiner Zusammensetzung dem Nationalrat so ausgesprochen wie der Große Rat des Aargaus, nach den Veränderungen der letzten zehn Jahre *grosso modo* noch immer; auch darin mag man ein Symptom dafür erkennen, wie sehr sich die mehr als 450 000 Einwohner des (an Bevölkerung) viertgrößten Kantons gleichsam als Abbild des gesamten Schweizervolks – oder, wenn man will, als Repräsentant des helvetischen Durchschnitts – fühlen dürfen.

Als typisch schweizerisch mag auch die kuriose Tatsache gelten, daß die Aargauer einerseits eifersüchtig auf der Wahrung der »Volksrechte« bestehen, anderseits aber keineswegs den gleichen Eifer an den Tag legen, diese Rechte auch praktisch wahrzunehmen. So scheiterte der erste Entwurf einer neuen Verfassung 1978 in erster Linie daran, daß eine Mehrheit der Bürger, die darüber zu befinden hatten, vom vorgesehenen Abbau des obligatorischen Gesetzesreferendums nichts wissen wollte, also (wie später auch die Baselbieter) Wert darauf legte, daß jedes neue Gesetz, ob bestritten oder nicht, dem Volk auch weiterhin zur Abstimmung vorgelegt werden müsse. Dabei lieferte die ganze Verfassungsdiskussion ein Musterbeispiel staatspolitischer Gleichgültigkeit, und als die Entscheidung fallen mußte, bemühte sich nicht einmal ein Drittel der Stimmberechtigten zur Urne; als im Jahre darauf mit einem Mehr von wenigen hundert Stimmen die Weiterführung der Arbeit an der konstitutionellen Totalrevision gutgeheißen wurde, war die Stimmbeteiligung gar auf wenig mehr als ein Fünftel gefallen. Als 1980 ein revidierter Entwurf schließlich doch angenommen wurde, da war als Resultat siebenjähriger Arbeit an einem neuen zeitgemäßeren Grundgesetz am Ende ein Text übriggeblieben, der im Grunde alles Wesentliche beim alten ließ.

Das Mißverhältnis zwischen dem übersteigerten Anspruch »direkter« Demokratie und der Apathie des Bürgers hat lange auch auf einem anderen Felde zu Unzuträglichkeiten geführt. Die aargauischen Kommunen haben bis in die sechziger Jahre keinerlei Legislativbehörden (»Stadträte« oder »große Gemeinderäte«) gekannt. Die Beschlußkompetenz lag vielmehr überall bei der Gemeindeversammlung: Alle Bürger sollten gemeinsam beraten und entschließen. In dörflichen und kleinstädtischen Verhältnissen mochte das praktikabel sein. An Orten wie Baden, Aarau oder Wettingen aber, wo etwa das städtische Budget von zwei- bis dreitausend Bürgern verabschiedet werden müßte, gab diese Bestimmung Anlaß zu wachsenden Schwierigkeiten – dies um so mehr, als die Gemeindeversammlungen nicht beschlußfähig waren, wenn nicht mindestens die Hälfte der Stimmberechtigten an ihnen teilnahm. Erst eine Volksabstimmung von 1963 hat diesen alten Zopf abgeschnitten, die Schaffung kommunaler Parlamente ermöglicht und das Quorum bei den Gemeindeversammlungen abgeschafft.

Dabei gibt es manche Kommunen im Aargau – und darunter befinden sich einige der größten –, deren intensives Gemeindeleben vorbildlich bleibt; die starke Dezentralisation eines Kantons, der sich nicht um einen einzigen und dominierenden städtischen Mittelpunkt gruppiert, sondern eine Vielzahl kleiner, gegeneinander ausgewogener und miteinander rivalisierender Zentren kennt, zeigt eben auch ihre Vorteile und am allermeisten dort, wo es um die Angelegenheiten der Kultur geht. Denn das Wort vom »Kulturkanton«, dessen spöttischen Unterton man kaum überhören kann, darf ruhig ganz ohne ironischen Beiklang zitiert werden, wenn man daran denkt, was Orte wie Aarau, Zofingen oder Lenzburg – oft mit erstaunlich geringen öffentlichen Mitteln und vielfach mit Hilfe privater Initiative – an kulturellen Ressourcen für ihre Bürger bereitzustellen wissen.

Eine Seite kulturellen Tätigkeitsdrangs, die mehr verrät als bloße Beflissenheit, ist die pädagogische. Daß Pestalozzi im Aargau seine letzte Wirkungsstätte fand, daß der Magdeburger Heinrich Zschokke – mehr Pädagoge als Schriftsteller oder vielmehr Pädagoge auch im Gewande des Literaten – wie der Luzerner Paul Vital Troxler hier Chancen erhielten, in die Breite zu wirken, scheint symptomatisch: Erziehung und Bildung sind von den Gemeinden wie vom Kanton immer sehr ernst genommen worden. Als erster Stand hat der Aargau sich sogleich nach seinem Entstehen als Staat darangemacht, durch eine Kantonsschule, ein Netz von Bezirksschulen und vor allem durch ein selbständiges staatliches Lehrerseminar seinem Schulwesen ein festes und in seinen Grundzügen dauerhaftes Gefüge zu verleihen. Und die Intensität, mit der sich die »Gesellschaft für vaterländische Cultur« schon früh der Erwachsenenbildung annahm, hat ihr zwar manchen Spott und auch wohl einige Enttäuschungen eingetragen, läßt aber zugleich erkennen, wie bewußt und systematisch man von Anfang an pädagogisches und demokratisches Ethos miteinander verknüpfte. Das ehrgeizige Projekt einer aargauischen Kantonsuniversität freilich, das nach dem Zweiten Weltkrieg immer wieder diskutiert wurde, mußte schließlich doch begraben werden; auch von den bescheideneren Vorhaben, die wenigstens etwas von dem Gedanken zu retten suchten – etwa dem Plan eines Hochschulinstituts für Bildungswissenschaften oder einer quasiuniversitären medizinischen Ausbildungsstätte – ist keines zur Ausführung gereift. So bleibt dem rührigen »Kulturkanton« bisher die Bewährung an einer großen gesamtkantonalen Aufgabe versagt, die ihm ein intellektuelles Profil entsprechend seiner ökonomischen Bedeutung verleihen könnte.

Die Nordostschweiz

Sankt Gallen

Ein Haus aus vielen Häusern

Verdanken wir nicht der Vermittlungsakte den großen, bevölkerten, schönen Kanton St. Gallen? Eine Verschmelzung von Landschaften, die das gleiche Interesse verbindet und welche im Kreis der helvetischen Stände ihr gebührendes Gewicht behaupten wird, sobald ein einheitlicher Sinn für Freiheit diesen Verband gefestigt haben wird...
Karl Müller-Friedberg, in seiner Ansprache an den Großen Rat, 1803

Von allen eidgenössischen Ständen erscheint keiner bereits auf den ersten Blick als ein so unorganisches und willkürliches Gebilde wie St. Gallen. Schon die absonderliche Gestalt des »Ringkantons«, der sich rund um die beiden Appenzell legt, verrät etwas von der Künstlichkeit dieser Schöpfung, die weder geographisch noch geschichtlich ein Ganzes bildet. Tatsächlich stellt nicht einmal der Aargau, der wie St. Gallen sein Entstehen einem Machtspruch Napoleons verdankt, einen ähnlich buntscheckigen Flickteppich dar: Dort wurde der neue Staat aus wenigen einzelnen Bestandteilen zusammengeschneidert, und die meisten der Stücke, die der selbstherrliche Korse dem neuen Staatswesen zudiktierte, hatten immerhin vier Jahrhunderte früher, vor der eidgenössischen Eroberung, gemeinsam den habsburgischen Landen zugehört. St. Gallen jedoch ist durch und durch Kunstprodukt: am grünen Tisch zu Paris ausgeklügelt und aus dem Geist der Aufklärung mehr oder minder (eher minder) rational zurechtkonstruiert. Nur weil niemand sonst mit dem Mosaik teilweise winziger Territorien, das durch den Zerfall einstiger Herrschaftsverhältnisse im doppelten Sinne frei geworden war, etwas Vernünftiges anzufangen wußte, konnte der mäßige Literat und große Administrator Karl Müller-Friedberg mit Hilfe Bonapartes seinen Gedanken verwirklichen, diesen Landschaften durch eine »Zusammenschmelzung« ihr gebührendes Gewicht »im Kreise der helvetischen Staaten« zu verschaffen.

Zwar haben im ausgehenden Mittelalter die Grafen von Toggenburg und später die Fürstäbte des Klosters St. Gallen namhafte Teile des heutigen Kantonsgebiets unter ihrer Obhut vereinigt. Aber die Toggenburger Dynasten hatten nicht Zeit genug, ihren Ländereien eine feste Form aufzuprägen; erst Friedrich VII., der letzte des Geschlechtes, brachte es fertig, die weit verstreuten Besitzungen seines Geschlechtes zu einem mehr oder minder zusammenhängenden

Herrschaftsbereich zusammenzufassen – und als der schlaue Diplomat und unermüdliche Ländersammler 1436 ohne Leibeserben starb, da fiel dieser Landkomplex aufs Neue nach allen Richtungen hin auseinander. Nun konnten freilich die Äbte sein Kernstück – die Grafschaft Toggenburg – an sich ziehen und zu ihrem »fürstenländischen« Altbesitz zwischen Wil und Rorschach hinzuschlagen. In dem Augenblick jedoch, da der Klosterstaat auf solche Weise mindestens zwei der Kerngebiete in seiner Hand vereinigte, die später im Kanton St. Gallen aufgehen sollten, war ihm anderseits bereits der eigentliche urbane Mittelpunkt verlorengegangen, weil die Stadt St. Gallen inzwischen die geistliche Herrschaft abgeschüttelt hatte. Und ein Jahrhundert später besiegelten ihre abtrünnigen Bürger durch die Annahme des reformierten Glaubens den endgültigen Bruch mit dem Kloster, in dessen Bannkreis ihr Gemeinwesen ursprünglich groß geworden war.

Ein einziges Band gab es, das in der Zeit vom Ausgang des Mittelalters bis zum Ende des 18. Jahrhunderts die vielgestaltigen Gebiete des künftigen Kantons umschlang: die gemeinsame Zugehörigkeit zur Eidgenossenschaft. Auch sie schuf indessen keine Einheit, weil sie sich in einem Geflecht allerkompliziertester Rechtsverhältnisse verwirklichte. Zur Vollmitgliedschaft im eidgenössischen Bund stieg keines der Territorien auf. Die meisten standen unter der Herrschaft eines einzelnen Ortes oder einer von Fall zu Fall wechselnden Kombination von Orten; die privilegierteren mußten sich mit dem Status von »Zugewandten« begnügen, sahen sich also vom Mitanteil an den Gemeinen Herrschaften selbst in ihrem unmittelbaren Einzugsgebiet ausgeschlossen und durch »Schirmverträge« in ihrer Bewegungsfreiheit beschränkt. So blieb der ganze Ring von Landschaften rund um Appenzell durch eine Vielzahl unübersichtlich durcheinanderlaufender Fäden in den eidgenössischen Interessenbereich hineinverstrickt, in deren Wirrsal sich kaum ein Gefühl der Zusammengehörigkeit herausbilden konnte.

Nichts kann dafür typischer sein als die Art, wie kurz nacheinander die Abtei St. Gallen (durch ein 1451 abgeschlossenes ewiges Burgrecht mit Zürich, Luzern, Schwyz und Glarus) und die gleichnamige Stadt (durch einen drei Jahre später zustande gekommenen ewigen Bund mit den gleichen Ständen sowie mit Bern und Zug) in dauernde und enge Beziehungen zur Eidgenossenschaft traten. Indem die geistliche Monarchie und die bürgerlich-zünftlerische Stadtrepublik sich mit den Schweizern einließen, suchten sie bei ihnen nicht sowohl Schutz gegen äußere Gefahren als gegeneinander; indem die Eidgenossen ihrerseits die beiden traditionell verfeindeten Gemeinwesen – den Klosterstaat und den aus ihm herausgewachsenen Stadtstaat – annähernd gleichzeitig unter ihre Protektion nahmen, etablierten sie sich als Schiedsrichter über deren zahlreiche Differenzen. Zwar galten beide als die vornehmsten unter den Zugewandten Orten, und vom 16. Jahrhundert an wurde ihnen sogar ein fester Sitz an der Tagsatzung eingeräumt. Aber sie blieben doch mehr Objekte als Subjekte einer eidgenössischen Politik, die oft recht eigenwillig, gelegentlich sogar gewaltsam in ihre Angelegenheiten eingriff. Daß das Kloster – laut Fäsi »in der ganzen römischen Christenheit weit das mächtigste« – dabei zugleich als Teil des Reiches galt und der Abt bis 1798 reichsfürstlichen Rang besaß, wurde ebensowenig als Anomalie empfunden wie etwa die Tatsache, daß das äbtische Toggenburg seinerseits durch ein eigenes, vom Bündnis seines Oberherrn unterschiedenes Landrecht mit Schwyz und Glarus verbunden war: Die Eindeutigkeit des modernen Souveränitätsbegriffes war dieser Frühzeit fremd.

Nicht minder bezeichnend für die schwankenden staatsrechtlichen Verhältnisse war der Fall von Rapperswil. Das kleine, aber durch seine Lage an der engsten, frühzeitig überbrückten Stelle des Zürichsees bedeutsame Städtchen war 1464 – nach langwierigen Parteikämpfen zwischen den Anhängern Österreichs und der Eidgenossen – durch einen Schirmvertrag mit den drei Urkantonen und Glarus Zugewandter Ort geworden, sah sich aber bald darauf in den Wirren der Reformation in ein freilich privilegiertes Untertanenverhältnis zu seinen Schutzmächten herabgedrückt und mußte dann erst noch einen Wechsel seiner Herren über sich ergehen lassen, als die drei Waldstätte ihre Rechte nach dem Zweiten Villmergenkrieg an Zürich und Bern abtreten mußten (1712). So schien Zürich, das von jeher nach Abrundung seines Besitzes rund um den Zürichsee strebte, nach Jahrhunderten endlich einen guten Ausgangspunkt für die Erfüllung dieses Wunsches gewonnen zu haben. Aber auch diese Hoffnung wurde schließlich durch die Einbeziehung Rapperswils in den Kanton St. Gallen zunichte gemacht.

Wie denn überhaupt die sanktgallischen Südgebiete, von Rapperswil über Uznach und Gaster bis Sargans und an die bündnerische Grenze, Monumente verhinderten zürcherischen Großmachtwillens sind. Vor allem um den Besitz dieser Landschaften entbrannte ja nach dem Tode Friedrichs VII. der Alte Zürichkrieg, in dem die Eidgenossenschaft unter diplomatischer Führung von Schwyz dem Ausgriff Zürichs nach Osten einen Riegel vorschob. Im Gefolge dieses ersten schweizerischen Bürgerkriegs gelangten Uznach und Gaster – die Landschaften nördlich des oberen Zürichsees, der Linth und des Walensees also – in glarnerisch-schwyzerischen Gemeinbesitz, dem später auch die Herrschaft Gams anheimfiel, und damit schob sich der ländliche Keil quer in die große Talsenke hinein, die die Stadt als ihre natürliche Expansionsrichtung empfand. Sargans seinerseits wurde kurze Zeit darauf zu einer Gemeinen Herrschaft der sieben Alten Orte (ohne Bern, das erst 1712 in den Mitbesitz einrückte); in Werdenberg installierten sich die Glarner allein; die nördlichen Vogteien im Rheintal, zeitweise von den Appenzellern abhängig, mußten von diesen schließlich an ihre eidgenössischen Verbündeten abgetreten werden, die den Vorbesitzer allerdings bald gnädig wieder zur Mitregierung heranzogen. Sehr spät erst, im 17. Jahrhundert, vermochte sich auch Zürich durch den Erwerb der unbedeutenden Herrschaft Sax auf eigene Faust im Rheintal festzusetzen.

So war zwar zu Beginn der Neuzeit der ganze Raum zwischen Zürichsee, Rhein und Bodensee in die Machtsphäre der Eidgenossen einbezogen, aber durch die unsägliche Verschränkung von Rechts- und Herrschaftsbefugnissen in einem kleingekammerten Parochialismus durchaus feudalen Stils festgehalten. Charakteristisch dafür erscheint noch heute das geradezu verspielt anmutende Miniaturstädtchen Werdenberg mit dem mächtigen Schloß darüber.

> Werdenberg ist eine Stadt,
> die weder Kirch noch Brunnen hat,

so heißt es in einem alten Spottvers. Inzwischen hat der Ort, museal-sorgfältig konserviert und restauriert, zwar einen (eher kitschigen) Brunnen erhalten, aber im 19. Jahrhundert sogar den Status einer selbständigen Gemeinde verloren; nichtsdestoweniger ist hier die Lebensform mittelalterlichen Ackerbürgertums ungewöhnlich rein erhalten. Eine breitere urbane Entfaltung war eben im engen Rahmen solcher Kümmer-Territorien schlechthin undenkbar.

Wohl aber regte sich mancherorts unter innerschweizerischem wie appenzellischem Vorbild bäuerlicher Freiheitsgeist. Im 15. und 16., dann wieder im 18. Jahrhundert wird die Ausstrahlungskraft des Landsgemeindegedankens und damit der Idee demokratischer Selbstbestimmung bald hier, bald da faßbar. Aber die freistaatlichen

Sankt Gallen

Ansätze wurden immer wieder vom Herrschaftswillen gerade der beispielgebenden Länderorte überlagert. Im Gaster etwa, dessen Landleute die aus eigener Kraft erworbene »Herrlichkeit über die Landschaft« samt der Hohen Gerichtsbarkeit wieder an Schwyz und Glarus verloren, aber immerhin noch im 18. Jahrhundert wegen ihrer »schönen Privilegien« beneidet wurden, erhielt sich sogar eine eigene, wenn auch in ihrer Kompetenz eingeschränkte Landsgemeinde bis zum Ende der Alten Eidgenossenschaft. Die Unabhängigkeit des Gams, 1468 von den adeligen Herren erkauft, fiel den gleichen Kantonen ebenfalls zum Opfer. Die Unruhen und Aufstände in Werdenberg endeten einmal ums andere mit Niederlagen und einer Verhärtung des glarnerischen Regiments (einen Nachhall davon vermag man vielleicht in der traditionellen Oppositionslust des Werdenberger Bezirks zu verspüren). Nicht anders erging es den verschiedenen Versuchen zur Schaffung einer sarganserländischen Republik: Die Sarganser, die der alte Fäsi als ein »beherztes, maßhaftes und gesundes Volk« rühmt, scheinen sich der Herrschaft der Landvögte nur widerwillig unterzogen zu haben. Weniger Autonomiewillen manifestierte sich im nördlichen Rheintal, das zuerst sieben, dann acht, schließlich gar neun Kantonen unterstand und wo zudem noch mancherlei Feudalrechte des Klosters St. Gallen und österreichischer Adelshäuser bis zum Ende der überkommenen Ordnungen fortdauerten; bezeichnenderweise beobachtete Ebel »vielleicht in der ganzen Schweiz nirgends eine solche Abwesenheit alles Gemeingeistes wie hier«, wo er das Volk »unter Schweizerregierung in derselben Feudallage« fand »wie unter seinen ehemaligen Baronen und Fürsten«.

Am leidenschaftlichsten und hartnäckigsten aber äußerte sich bäuerliches Freiheitsstreben nicht in den eidgenössischen Vogteien, sondern im äbtischen Toggenburg, das ebenso unaufhörlich wie glücklos die Oberherrschaft des Stiftes abzuschütteln und zur Landsgemeinde-Republik aufzusteigen suchte. Von diesem »comté deux fois fatal à la tranquilité de la Suisse« (Philbert) nahmen zwei folgenschwere gesamtschweizerische Bürgerkriege ihren Ausgang: der Alte Zürichkrieg (1441/44) und der Zweite Villmergenkrieg (1712). Und zweimal schien das Tal am Ziel seiner Wünsche: Während der Reformation unter zürcherischem, 1710/18 unter zürcherisch-bernischem Schutz regierte seine Landsgemeinde praktisch unbeschränkt. Aber jedesmal mußte es, von seinen Protektoren preisgegeben, wieder in den Verband des Klosterstaates zurückkehren, und wenn ihm sein selbständiges Landrecht mit Schwyz und Glarus (laut Fäsi »gleichsam die Grundsäule der Toggenburgischen Freyheit«) und die Landsgemeinde erhalten blieben, dann mehr als Dekorationsstücke denn als kraftvolle Realitäten.

Gerade hier sehen wir aber, wie die Tendenz zur direkten Demokratie mit der Tendenz zum kommunalen Partikularismus zusammenfiel. Nicht Mitregierung oder gar Alleinregierung des Volkes im relativ weiten Bereich des Klosterstaates war das Ziel, sondern Herauslösung des engeren Gebietes aus dem klösterlichen Fürstentum, die Isolierung und möglichst vollständige Abschrankung von dem einzigen einigermaßen umfangreichen und weitgreifenden Staatsgebiet, das im Umkreis St. Gallens überhaupt erwachsen war.

Noch einmal trat diese intensive volkstümliche Unterströmung allenthalben zutage, als 1798 der antiquierte Bau mühsam bewahrter Herrschaftsverhältnisse unter den Stößen der französischen Revolutionsheere fast widerstandslos in sich zusammensackte, alle bisherigen Untertanengebiete eines nach dem andern ihre Selbständigkeit erklärten, überall Landsgemeinden zusammentraten und, in sonderbarer Verquickung alteidgenössischer und modern-revolutionärer Vorstellungen, neue Kleinst-Republiken aus der Taufe gehoben wurden, nur um alsbald in die abstrakt-einheitsstaatliche Konstruktion der Helvetischen Republik und ihrer beiden neuen Verwaltungsbezirke Linth und Säntis eingeschmolzen zu werden. Und kaum war dieses künstlich aufgerichtete Gefüge der Helvetik wieder auseinandergebrochen, da regten sich aufs neue diese demokratisch-partikularistischen Bestrebungen. Aber sie hatten auch jetzt keine Chance. Eben weil sich im St. Galler Oberland und am Hochrhein die feudale Zersplitterung allzu lange erhalten hatte, blieb im Grunde nichts anderes übrig als eine radikale Flurbereinigung, wie sie dem aufklärerischen Geiste Müller-Friedbergs vorschwebte und wie sie der geborene Glarner, spätere Reichsritter, Hofkavalier des Fürstabtes und gewiegte Diplomat schließlich dank der Unterstützung Napoleons gegen allerhand Widerstände durchzuführen verstand. Durch fast drei Jahrzehnte hindurch hielt dieser eine Mann als erster Landammann St. Gallens seine Staatsschöpfung zusammen – auch wenn es ihm 1814 nur mit Hilfe eidgenössischer Truppen gelang, der zentrifugalen Kräfte im Oberland und im Rheintal Herr zu werden – und wurde damit zum eigentlichen Vater des Kantons. Nicht umsonst hat man in diesen Jahren das »Unding von Staat« so sehr mit ihm identifiziert, daß man oft halb spöttisch, halb bewundernd von einem »Kanton Müller-Friedberg« sprach: Kein anderer der sechs 1803 neu geschaffenen Stände ist so ganz und gar Werk einer einzelnen überragenden Persönlichkeit von quasi-monarchischen Zügen.

Um so überraschender mutet es an, in welchem erstaunlichen Maße dieses Werk gelungen ist. In anderthalb Jahrhunderten sind die disparaten Teile des Kantons, der zunächst als eine pure Verlegenheitslösung erschien, zu einer eindrucksvollen und eigengesichtigen Ganzheit zusammengewachsen. Natürlich begegnet man überall noch Spuren der ursprünglichen Heterogenität. Es ist bezeichnend, daß man 1853 nicht einmal daran dachte, das fünfzigjährige Jubiläum der Kantonsgründung zu feiern, und daß noch 1903 die politischen Gegensätze jedenfalls keine gemeinsame Hundertjahrfeier zustande kommen ließen. Aber als nicht minder typisch verdient vermerkt zu werden, daß es schon zu Beginn des 20. Jahrhunderts längst nicht mehr so sehr um Widersprüche zwischen auseinanderstrebenden landschaftlichen Interessen als um solche zwischen Parteien und Konfessionen ging, die St. Gallen als Ganzes umspannten. Vor allem die konfessionellen Gegensätze haben dem Kanton ähnlich wie dem Aargau zu schaffen gemacht. Die Verfassungen von 1814 und 1831 suchten den Ausgleich dadurch zu erzielen, daß sie für alle Kantonsbehörden die konfessionelle Parität vorschrieben und im übrigen die katholischen und reformierten Teile des Großen Rates gesondert als oberste Organe für die Angelegenheiten der einzelnen Konfessionen (einschließlich des Erziehungswesens) ausbildeten. Da aber politische und konfessionelle Differenzen einander vielfach überkreuzten – es gab einen starken liberalen, ja zeitweise radikalen Flügel auch im katholischen Volksteil –, kam es nichtsdestoweniger zu fortdauernden Reibungen. Die staatskirchlichen Ansprüche des josefinisch geprägten Liberalismus, die auf wachsenden Widerstand insbesondere bei den Katholiken stießen, führten Kontroversen von einer Heftigkeit herauf, die an die Schärfe der gleichzeitigen aargauischen Auseinandersetzungen erinnerten. Erst die Verfassung von 1890, erkämpft von einer Allianz linksbürgerlicher, aber mehr sozialpolitisch als kulturkämpferisch orientierter Demokraten und katholischer Konservativer, machte diesen Auseinandersetzungen ein Ende und gab den Konfessionen endlich ein unangetastetes Recht der Selbstverwaltung. Das auch von den Freisinnigen schließlich (mit einigem Widerstreben) akzeptierte, vom Verfassungsrat einstimmig verabschiedete Kompromißwerk hat bis in die Gegenwart hinein seine versöhnende Kraft bewahrt.

Vor allem auf die Schulpolitik wirkten diese konfessionell-politischen Spannungen und Ausgleichsbemühungen zurück. Der Kulturkampf des 19. Jahrhunderts zeitigte dabei in St. Gallen genau das umgekehrte Ergebnis wie im liberal-katholischen Solothurn. Dort setzte der Staat die öffentliche Einheitsschule bis zur äußersten Konsequenz durch; hier suchte man dem konfessionellen Frieden durch die Ausscheidung mindestens des Volksschulwesens nach den Bekenntnissen zu dienen, während in allen anderen Kantonen die Simultanschule als Regel gilt. Die pädagogischen Konsequenzen waren freilich fragwürdig: Nicht ohne Grund galt das St. Galler Schulwesen noch vor einem halben Jahrhundert als unterentwickelt, weil die kleinen konfessionellen Schulgemeinden nicht entfernt die Steuerkraft der politischen Kommunen aufbrachten. Erst ein vorzüglicher Finanzausgleich wirkte den schlimmsten Nachteilen allzu großer Zersplitterung entgegen. Und seit 1970 ein neues Schulgesetz die neutrale öffentliche Schule als Ziel postulierte, ist die Zahl der konfessionellen Anstalten schnell zurückgegangen. Auch die Katholiken scheinen sich mit dieser Entwicklung abgefunden zu haben. Sie neigen weniger als früher dazu, Attentate auf die Rechte ihrer Gemeinschaft auch hinter Entscheidungen aus durchaus sachlichen und nicht aggressiv-kulturkämpferischen Motiven zu wittern.

Hinter der langen Dauer dieser Haltung steckte zweifellos so etwas wie ein Minderheitskomplex – und dies unbeschadet der Tatsache, daß die Katholiken schließlich im Kanton von jeher die Mehrheit der Bürger ausmachten. Seit die Christliche Volkspartei jedoch bei den Großratswahlen von 1972 erstmals die absolute Mehrheit im kantonalen Parlament gewinnen konnte, scheint dieser Komplex überwunden; daß diese Majorität 1984 wieder verloren ging, ist bei einem Wähleranteil von immerhin rund 46% eher als ein episodischer und auf weite Sicht wenig bedeutsamer Rückschlag einzustufen.

Der Freisinn anderseits, der hier (wie im benachbarten Thurgau) mehr als anderswo in bäuerlich-demokratischem Boden wurzelt, hat seine einstige Vormachtstellung längst eingebüßt. Die Zeit ist unwiderruflich vorbei, in der St. Gallen 1847 als »Schicksalskanton« der Eidgenossenschaft, dank einem knappen liberalen Wahlsieg im katholischen Bezirk Gaster, mit einer Mehrheit von wenigen Stimmen des Großen Rates das entscheidende Votum für die Bundesexekution gegen den Sonderbund in die Waagschale warf, damit den Weg zur bundesstaatlichen Vereinheitlichung der Schweiz freimachte und dann anfangs der fünfziger Jahre mit fliegenden Fahnen ganz ins radikale Lager hinüberschwenkte.

Befürchtungen freilich, der politische Katholizismus könnte seine neugewonnene Übermacht zur Durchsetzung »klerikaler« Vorstellungen mißbrauchen, haben sich in keiner Weise bestätigt. Seine knappe Mehrheit zwingt ihn vielmehr, sich aller Rücksichtslosigkeiten zu enthalten, wenn er nicht eine Einheitsfront aller übrigen Kräfte gegen sich provozieren will. Typisch war das Scheitern seines Versuchs von 1972, die Mehrheit auch in der Kantonsregierung zu erringen; die Christliche Volkspartei hat den damals zurückgewiesenen Anspruch denn auch nicht mehr geltend gemacht.

Anderseits sind auch die St. Galler Sozialdemokraten, die in mancher Hinsicht das Erbe der einstigen linksdemokratischen Fronde gegen den Freisinn angetreten haben, meist auf dem betont gemäßigten Flügel ihrer Partei gestanden. So ist seit Jahrzehnten das politische Klima doch mehr von den Kräften des Ausgleichs als von den Erinnerungen an vergangene Hosenlupfe bestimmt. Der bewegliche lebhafte Geist der Ostschweizer sorgt immerhin dafür, daß bei aller betonten Bereitschaft zur Verständigung auch das Temperament nicht zu kurz kommt. Was Werner Näf in seiner innerlich wie äußerlich groß angelegten Vadian-Biographie von den Stadtbürgern St. Gallens zur Zeit der Reformation sagt, gilt heute wohl für den Kanton überhaupt, der in der Stadt Vadians seinen Mittelpunkt gefunden hat: »Leicht erregbares politisches Gefühl, entzündliche politische Leidenschaft – wenn nicht von großem Stil, so doch von hoher Temperatur – lagen dem geschichtlichen Charakter dieser Bürgerschaft zugrunde.« Nicht umsonst gilt der St. Galler Kantonsrat als eines der besten kantonalen Parlamente der Schweiz, dessen Debatten sich bei aller Sachlichkeit und allem bemühten Niveau auch durch einige Brillanz auszeichnen. Gerade das verdeutlicht, wie sehr die Spannungen, die den Kanton durchziehen, schöpferisch nutzbar gemacht werden können, wenn sie sich wie in der Gegenwart mit dem Willen zu gegenseitigem Verständnis paaren.

Man kann allerdings diesen kurzen Blick auf die sanktgallische Politik nicht abschließen, ohne an eine Erscheinung zu erinnern, die in der Geschichte des Kantons immer wieder aufgetreten ist, auch wenn sie im Augenblick keine nennenswerte Rolle spielt: Das Werden und Vergehen rebellischer Minderheitsgruppen, die mehr als einmal die Kreise der »historischen« Parteien gestört oder zeitweise gar gesprengt haben. Die Demokraten des 19. Jahrhunderts, die zusammen mit den Konservativen die freisinnige Mehrheitsstellung brachen und der direkten Demokratie den Weg bahnten, haben noch bis in die dreißiger und vierziger Jahre unseres Säkulums hinein allerhand Nachzügler gehabt. Dabei scheint typisch für St. Gallen, daß die untergründige Oppositionsströmung, die hier von Zeit zu Zeit mit fast eruptiver Gewalt an die Oberfläche tritt, kaum je in extremistische Richtungen einbiegt. Heute kommt diese Rolle wesentlich dem Landesring der Unabhängigen zu, dessen St. Galler Zweig in dieser Oppositionspartei *par excellence* einerseits am weitesten nach links neigt und anderseits am entschiedensten »grüne« Postulate verficht und damit in jüngster Zeit kräftigen Auftrieb erfahren hat.

Aber auch dergleichen sporadische Ausbrüche vermögen das Gesamtbild der Konsolidierung nicht zu beeinträchtigen. Es kann gar kein Zweifel daran bestehen, daß die »Integration« St. Gallens seit der letzten Jahrhundertwende geradezu verblüffende Fortschritte gemacht hat. Eine geschickte, von politischen ebenso wie von ökonomischen Erwägungen gesteuerte Verkehrspolitik hat dazu wesentlich beigetragen. Während die großen Durchgangslinien von Zürich zum Bodensee, von demselben Ausgangspunkt durch die Linthebene und das »Sarganser Loch« nach Chur und schließlich vom Bodensee nach Graubünden die geografische Struktur eines Staatswesens, das gewissermaßen ganz und gar Peripherie ist, eher noch betonen, hat die sanktgallische »Staatsbahn« vom Bodensee über die Kantonshauptstadt und das Toggenburg nach Rapperswil entscheidend dazu beigetragen, abseitige, geografisch auseinanderstrebende Gebiete zusammenzubinden und damit vereinheitlichende Kräfte freizumachen. Mehr als früher sind heute das ganze Toggenburg, das einstige Fürstenland, das Rheintal und selbst der ferne, ganz nach Zürich orientierte Seebezirk um Rapperswil an das Leben des Gesamtkantons angeschlossen. Müller-Friedberg hat letztlich doch recht behalten: Das St. Galler Haus, mag es auch aus vielen größeren und kleineren Häusern zusammengestückt worden sein und des zwingenden einheitlichen Grundrisses entbehren, hat sich doch im Laufe der 180 Jahre, die es nun besteht, in seine neuen Funktionen bemerkenswert glatt hineingepaßt.

Ein Schlüssel zum Verständnis dieses Erfolges liegt wohl nicht zuletzt in der Existenz der Stadt, die dem Kanton ihren Namen und seine Mitte verliehen hat. Sie ist nämlich – anders als etwa Aarau – groß und lebendig genug, dem artifiziellen Staatswesen das zu bieten, was es mehr als alles andere brauchte: ein Zentrum. Es gibt hier keine rivalisierenden Zentren wie im typisch klein- und mittelständischen aargauischen Bereich oder selbst in Solothurn. Und sogar die periphere Lage der Stadt zu dem Kanton, der von ihr aus regiert wird, sieht sich durch ihre bedeutende Ausstrahlungskraft mühelos kompensiert: Wenn sie mit ihren rund 85 000 Einwohnern in der Statistik auch nicht einmal als »Großstadt« rangiert, so ist und bleibt sie eben doch der fast unbestrittene geistige und vor allem kommerzielle Mittelpunkt – vielleicht nicht so sehr des sanktgallischen als (was schwerer wiegt) des nordostschweizerischen Raumes überhaupt.

Man darf eines nicht vergessen: Die St. Galler Städter haben eine alte Erfahrung darin, mit geographischen Handicaps fertigzuwerden. Kaum eine andere Stadt von vergleichbarem Rang hat sich mit einer solchen Ungunst ihrer Lage abfinden müssen wie der Ort, der im versteckten Hochtal der Steinach, durch die tiefen verkehrsfeindlichen Quertobel der Sitter und der Goldach von der Außenwelt noch weiter abgetrennt, in Anlehnung an das Kloster des heiligen Gallus entstanden war. Aus geopolitischer Sicht mußte er von Anfang an als eine Anomalie, ein wunderlich-regelwidriges Produkt eigentümlicher Umstände empfunden werden. Daß unter so ungünstigen Voraussetzungen überhaupt urbane Kultur gedeihen und vollends eine kontinent-, ja weltweite wirtschaftliche Aktivität in Gang kommen konnte, läuft jeder Erfahrung über das Werden bedeutender Siedlungs- und Wirtschaftsmittelpunkte zuwider. Tatsächlich schiene von Natur viel eher Rorschach – am See gelegen, in vielfältige Verkehrswege selbstverständlich eingespannt – zu solcher Entwicklung prädestiniert.

Schon den alten Reisenden ist das aufgefallen; Norrmann nennt »die Lage der Stadt ... für die Handlung eben nicht vorteilhaft«; wenigstens seien »viele andere Städte darinn weit mehr begünstigt«. Meiners hebt hervor, St. Gallen sei »bis vor wenigen Jahren nicht einmahl durch gemachte Wege zugänglich« gewesen; daß es trotzdem zum »Hauptmarkt« aller »umliegenden Gegenden« (Meiners) geworden sei und unstreitig »zu den vornehmsten und wohlhabendsten Handlungsstätten der Schweiz« gehörte (Norrmann), gab diesen Autoren Grund zu kopfschüttelnder Bewunderung. Und es erkärt sich in der Tat nur, wenn wir uns vor Augen halten, daß die Stadt nicht aus sich selbst, sondern eben gleichsam als Sproß und Ableger des Klosters zu ihrer ursprünglichen Bedeutung erwachsen ist – jenes selben Klosters, mit dem sie sich dann jahrhundertelang in bitterem Konflikt auseinanderleben sollte. Das ökonomische Zentrum war eine sekundäre Bildung, im Schoße des vorher vorhandenen geistig-religiösen herangewachsen.

Denn gerade die Abgeschiedenheit und Unzulänglichkeit des Ortes hatte ja den irischen Mönch und Missionar Gallus in diese Einöde gelockt. Daß über der solchermaßen geweihten Stätte sich dann jenes Kloster erhob, das sein eigentlicher Gründer, Abt Ottmar, der Regel des heiligen Benedikt unterstellte, war ein normaler Vorgang, wie er sich in ganz ähnlicher Weise später in Einsiedeln ereignen sollte. Bald überstrahlte der Ruf dieser Stiftung als Kulturstätte – im doppelten Sinne des Wortes, der Kultur des Landes wie der des Geistes zugewandt – den vergleichbarer mönchischer Siedlungen; Kaiser und Hochadel schickten ihre Kinder zur Erziehung in die Obhut der gelehrten Mönche; Wissenschaft und Kunst, Dichtung und Musik blühten hier reicher und großartiger auf als in gesegneteren Gefilden; aus dem fernen und rauhen Hochland strahlte ein Licht in die Finsternis des frühen Mittelalters hinaus, das ganz Europa erhellte. Die reiche Ausstattung mit weltlichen Gütern schließlich, dank kaiserlicher Gunst wie privaten Schenkungen, erforderte eine allmähliche Ausgestaltung der äbtischen Administration. Handwerker siedelten sich im Umkreis der Mönche an, Händler übernahmen die Vermittlung notwendiger Güter und den Aufkauf von Produkten, und so wurde das Kloster nicht allein zur Keimzelle gehobener Geistigkeit, sondern auch zum Motor wirtschaftlicher Aktivität, bis diese sich dann in der Zeit mönchischen Niedergangs in der werdenden Stadt verselbständigte. In der Auseinandersetzung aber mit der Ungunst der Lage zunächst und dann in der allmählichen, bald friedlichen, bald kämpferischen Ablösung von der Herrschaft der Äbte bildete sich in dieser Stadt jenes eigenwillige, selbstbewußte, hellwache Bürgertum heraus, das die ursprünglich fördernde Bindung an die geistliche Gewalt frühzeitig als hemmende Fessel empfand und unmutig abzustreifen begann, sobald es in ihrem Schutze zu einiger Bedeutung aufgestiegen war.

Dabei mußte das Gemeinwesen in seiner bewegten politischen Geschichte mit vielen Rückschlägen und Niederlagen fertig werden. Immer wieder setzten die Bürger umsonst dazu an, nach dem Vorbild anderer städtischer Kommunen in ihre Umgebung hinauszugreifen, die Untertanen des Gotteshauses zu sich herüberzuziehen, territoriale Herrschaft zu erringen. Und einmal ums andere – zur Zeit der Appenzeller Kriege, in der zweiten Hälfte des 15. Jahrhunderts und schließlich noch einmal in der Zeit der Reformation – sahen sie sich zurückgeworfen auf ihr winziges Stadtgebiet (aus dem erst noch sein ursprünglicher Kern, das Klosterareal, ausgeklammert und einer meist feindlichen Autorität unterstellt blieb), rund umschlossen von stiftischen Landen und nicht einmal innerhalb ihrer Mauern uneingeschränkt mächtig.

Den sonderbaren Effekt dieser Doppelheit der beiden ursprünglich so eng verbundenen St. Gallen, des geistlichen und des bürgerlichen, hat der wackere Meiners gegen das Ende des 18. Jahrhunderts mit der ihm eigenen Bildhaftigkeit beschrieben:

»Ungeachtet die fürstliche Abtey in dem Umfange der Stadt eingeschlossen und von der Stadt nur durch eine Mauer abgesondert ist, so ist doch die Verbindung zwischen den Mitgliedern des Stifts und den Bewohnern der Stadt so geringe, daß man in der Stadt über die Unterthanen des Fürstbischofs, über sein Verhältnis gegen die Conventualen und über seine Einkünfte fast eben so wenig unterrichtet ist, als wenn die Abtey mitten in Schwaben läge.«

Es war das besondere Mißgeschick der Bürgerschaft, daß just in dem Augenblick, da sie ihre innere Freiheit im großen und ganzen errungen und befestigt hatte und sich zur Expansion anschickte, das schon in vollem Verfall befindliche Stift in seinem gewaltigen Fürstabt Ulrich Roesch einen Herrn fand, der die auseinanderstrebenden, durch das Lehenssystem hundertfach zerstückelten Klosterbesitzungen mit ungewöhnlicher Energie zu einem geschlossenen Staatskörper umformte. Der Versuch der Stadtbürger, zusammen mit den aufbegehrenden Gotteshausleuten und den verbündeten Appenzellern diesen Prozeß aufzuhalten und sich mit Gewalt an die Stelle der Abtei zu setzen, den Klosterstaat also zum Stadtstaat umzuformen, endete 1490 mit einem Zusammenbruch: Die bewaffnete Intervention der Eidgenossen kostete St. Gallen alles, was es sich an territorialen Rechten außerhalb seiner Mauern bereits erworben hatte. Es mußte schließlich froh sein, wenigstens seine eigene Unabhängigkeit aus dem Debakel zu retten.

Von nun an blieb es hinter seinem Mauerring gebannt, vereinzelt, für Jahrhunderte von der politischen Einwirkung auf seine Umgebung ausgeschlossen, frei von Beherrschung, aber an der Entfaltung eigener Herrscherkraft gehindert: die einzige bedeutende Schweizer Stadt, die eher den deutsch-reichsstädtischen als den helvetisch-stadtstaatlichen Typus verkörperte. Auch die Hoffnung, die Entscheidung von 1490 dreißig Jahre später unter reformatorischen Vorzeichen rückgängig zu machen oder doch allermindestens das Klosterareal selbst in die städtische Hoheit einzubeziehen, zerbrach mit der militärischen Niederlage der Reformierten im Zweiten Kappelkrieg (1532). Noch einmal konnte sich der äbtische Doppelstaat konsolidieren und damit der Stadt jede Chance abschneiden, mit politischen Mitteln aus ihrer Enge auszubrechen.

Mit um so größerem Eifer warfen sich die Bürger nun auf die eine Möglichkeit weitgreifender Aktivität, die ihnen nach all diesen Katastrophen blieb: auf die kommerzielle. Schon im Mittelalter hatten sie die Stadt zum Zentrum des Leinwandhandels nach Nord- und Osteuropa, nach Frankreich, ja nach Spanien gemacht und durch ausgeklügelte städtische Maßnahmen dafür gesorgt, daß Gewebe, die auf der St. Galler Leinwandschau mit ihrem begehrten Zeichen ausgezeichnet wurden, den strengsten Ansprüchen genügen sollten – ganz augenscheinlich im Bestreben, die Mißlichkeiten einer wenig günstigen, dem Handel eher nachteiligen Verkehrslage durch eine um so außerordentlichere Qualität der Produkte auszugleichen. Und in ganz ähnlicher Weise sehen wir nun die Stadt ihre *politische* Benachteiligung ökonomisch kompensieren: Je mehr sie staatlich ins Kleine beschränkt bleibt, desto mehr wächst sie geschäftlich ins Große. Kaum anderswo, höchstens noch in Basel, begegnen wir schon im 15. Jahrhundert Unternehmungen von jener Großzügigkeit und Weite des Tätigkeitsfeldes, die die sanktgallischen Handelsgesellschaften auszeichnete: die der Welser-Vögelin, aus der das berühmte Augsburger Haus der Welser hervorging; der Zollikofer, die noch heute, nach einem halben Jahrtausend, unentwegt im Handel mit St. Galler Textilien wirken; der von Watt schließlich. Diese Familie, die sich bis nach Krakau hin verzweigte, sollte St. Gallen seinen bedeutendsten Staatsmann und Gelehrten schenken: den Reformator, Bürgermeister, Humanisten und Polyhistor Joachim von Watt (Vadian), in jungen Jahren Rektor der Universität Wien und *poeta laureatus* des Kaisers Maximilian I., dem es nach seiner Heimkehr beschieden war, seine Heimatstadt für die Reformation zu gewinnen und dreißig Jahre lang durch die Fährnisse der Glaubenskämpfe zu leiten.

Die Hinwendung zum reformierten Bekenntnis hat die Isolierung der Stadt vollendet und die Nabelschnur, die sie ohnedies nur noch sehr locker mit dem Stift verband, endgültig durchschnitten. Aber der puritanische Geist, der damit seinen Einzug hielt, bewährte auch hier nicht anders als in Basel und Genf, in Zürich und Glarus seine Fähigkeit, Gottesfurcht in wirtschaftliche Regsamkeit und damit letztlich in Besitz zu verwandeln. Frühzeitig hatte man es in St. Gallen gelernt, sich den Wandlungen des Marktes anzupassen. Als der Niedergang des Leinwandgewerbes sich abzeichnete, schaltete man auf die durch hugenottische Flüchtlinge zugebrachte Baumwollweberei um, und Johann Michael Afsprung konnte 1784 von der Stadt rühmend vermelden, »daß ihre Gewerbsamkeit durch die Fabrikation des Mousselins und baumwollener Tücher eher noch ausgebreiteter wird, als sie beym Leinwandgewerbe gewesen ist«. Ebenfalls im 18. Jahrhundert kam aus Lyon die Stickerei, der hier eine stürmische Entwicklung bestimmt war und die im industriellen Zeitalter den alten kommerziellen Wohlstand zu unerhörtem Reichtum fortentwickelte.

So wurde das politisch beschränkteste der städtischen Gemeinwesen ökonomisch zu einem der weitestwirkenden, nach innen zünftlerisch gebunden, nach außen aber großhändlerisch und später industriell mit wachsender Freiheit schaltend und zugleich mit den Mitteln des Gewerbes die staatlich entfremdete nähere und weitere Umgebung doch noch an sich heranziehend. Um noch einmal Afsprung zu zitieren: »Die Gewerbsamkeit dieser Stadt erstreckt ihren wohlthätigen Einfluß weit und breit umher; indem die fürstliche Landschaft, das Appenzellerland, Toggenburg, das Rheintal, ein Theil von Thurgau und Schwaben dadurch in Bewegung gesetzt wird.«

In diesem wirtschaftlichen Ausstrahlungsvermögen über eine ganze weite Region lag schon etwas von jener Entwicklung vorgebildet, die St. Gallen aus seiner Eingeschlossenheit ins Nur-Bürgerliche, Ausschließlich-Städtische herausreißen und es dazu bestimmen sollte, integrierende Kraft im ungleich weiteren Bereiche des Kantons zu entfalten, zu dessen Hauptstadt es 1803 aufrückte. Eine vielleicht etwas übertriebene, aber zum mindesten in der Größenordnung kaum fehlgreifende Schätzung, die Meiners wiedergibt, vermittelt einen imponierenden Eindruck von den Wirkungen, die von der Stadt als Handelszentrum und als Mittelpunkt eines weitverzweigten Manufaktur- und Verlagssystems ausgegangen sein müssen: Der kundige Autor veranschlagt die Zahl der Spinner und Spinnerinnen, der Weber und Stickerinnen, die von ihren Firmen das ganze Jahr hindurch ihre Arbeit erhielten, auf volle 80 000 bis 100 000, darunter allein 30 000 bis 40 000 Stickerinnen. Das sind gewaltige Zahlen selbst für unsere heutigen Vorstellungen; für die Epoche vor der Französischen Revolution umschreiben sie ein Wirtschaftsimperium, das wohl im ganzen kontinentalen Europa kaum seinesgleichen fand. Bedenkt man, daß die Stadt damals bloß ein paar tausend Einwohner zählte, so wird vollends deutlich, in welche unverhältnismäßigen kommerziellen und industriellen Zusammenhänge mit ihrem Hinterland sie sich gewerblich-händlerisch hineingelebt hatte.

Im dialektischen Widerspiel von politischer Zurückgezogenheit auf sich selbst und ökonomischer Expansionsmächtigkeit mochte das alte St. Gallen einigermaßen an Basel erinnern. Indem es aber in den großen Kanton hineinwuchs, sah es sich (im Gegensatz zu dem im 19. Jahrhundert noch aus seinen letzten territorialen Bindungen herausgelösten Basel) unversehens vor neue und diesmal wahrhaft staatliche Aufgaben gestellt, als ein zunächst vergleichsweise kleines Glied eines größeren Ganzen, in dem es nun *nolens volens* seine Erfüllung suchen mußte.

Mehr *nolens* als *volens* übrigens: Noch 1814 bemühte sich die Mehrheit der Bürgerschaft eifrig, aber ohne Ergebnis, im Zeichen der Restauration auch ihre alte städtische Unabhängigkeit wiederzugewinnen. Es brauchte eine ganze Weile, ehe sich das Verständnis dafür regte, wie nützlich es doch für St. Gallen war, daß sich das Ökonomische wieder stärker ins Politische verflocht und daß sich Land und Stadt nach Jahrhunderten der Trennung nun auch staatlich aufeinander verwiesen sahen.

Die Stadt war eines solchen Gegengewichtes gegen das Vorwalten des Nur-Ökonomischen dringend bedürftig. Basel fand immerhin seine Balance im Bereich des Geistes, in Universität und humanistischer Tradition; in St. Gallen aber hatten sich die Symptome eines intellektuellen Vertrocknungsprozesses frühzeitig abgezeichnet. Sehr genau hat das der manchmal ein wenig malziöse Theobald Walsh in seiner »Voyage en Suisse« gesehen. Umsonst suchte er noch einen Nachglanz von der Leuchtkraft zu entdecken, die von der Klosterkultur des frühen Mittelalters an dieser Stelle ausgegangen und später noch einmal im helvetischen Humanismus Vadians für einen historischen Augenblick aufgeblitzt war. So notiert er mit einer charakteristischen Mischung von Ironie und Melancholie, der Handelsgeist sei offenbar allzu exklusiv, um Raum fürs Geistige zu lassen: »... cette petite ville, avec tout ce qu'il faut pour être un des foyers de civilisation intellectuelle de la Suisse, s'en tiendra à la renommée de ses mousselines, selon toute apparence.«

Bis ins Stadtbild hinein läßt sich etwas von den Schattenseiten bürgerlicher Emanzipation verspüren. Der barocke Reichtum der Kathedrale und der hinreißenden Klosterbibliothek, die die archaischen Manuskriptschätze der Karolingerzeit in den ganzen Prunk eines raffinierten Rokoko bettet, hat auf eine Umgebung nicht abgefärbt, die dem gegenreformatorischen Überschwang ihre karge und arbeitsame Nüchternheit in einer etwas verklemmten Geste der Herausforderung entgegenstellte. Begreiflich, wenn unter solchen Umständen in älteren wie in neueren Reiseberichten die Äußerungen ästhetischen Entzückens den Zeugnissen einstiger Stiftsherrlichkeit vorbehalten bleiben und sich die Stadt mit der Bewunderung für ihre Tüchtigkeit, ihren Wohlstand und ihre gewerblichen Leistungen zufriedengeben mußte. Selbst noch aus den Komplimenten des wohlgesonnenen Ebel, der St. Gallens moralische Qualitäten ebenso preist wie seine kommerziellen, weht uns ein reichlich kühler, trockener Hauch entgegen: »Ungeachtet des großen Reichtums, welchen unermüdete Gewerbsamkeit seit Jahrhunderten angehäuft hat, begegnet man hier nicht dessen gewöhnliche unzertrennliche Kinder, Aufwand und Schwelgerei«; vielmehr seien »Genügsamkeit, Sparsamkeit und festes Halten an den Sitten der Vorväter« nach wie vor »Hauptzüge des Charakters der St. Galler«. Das vermittelt ein Bild ehrenwerter Biederkeit, das durch manche anderen Hinweise noch deutlicher herausgearbeitet wird, etwa wenn Philbert die besondere Strenge der sanktgallischen Sittenpolizei hervorhebt (»Il n'est qu'une seule espèce de tribut, que l'Etat exige avec rigueur de ses citoyens, celui des vertus & des moeurs«.) Nach Charme wird man in diesen Zügen bemühter altväterischer Respektabilität doch umsonst suchen.

Oder vermögen wir vielleicht doch eine Spur, einen Ansatz solchen Reizes in der sanktgallischen Altstadt zu entdecken? Kaum einer der Straßenzüge hat zwar das Bild einer bedeutenden Vergangenheit ungemindert bewahrt; nichtsdestoweniger biegt noch manches Gebäude die Nüchternheit seiner puritanischen Linien mit dem munteren Luxus vorwitziger Erker ins Heiter-Spielerische ab. Und doch hinterläßt St. Gallen, das erst 1916 mit der Eingemeindung einiger ehemals äbtischen Vororte seine überlieferte Enge endgültig gesprengt hat, keinen sonderlich anheimelnden Eindruck. Stärker als die Reste alter Bürgerkultur, nachhaltiger als die dünne Decke einer fast hektischen Modernität, die sich in den letzten Jahrzehnten darübergelegt hat, spricht hier die Erinnerung an ein unfrohes und stilloses 19. Jahrhundert, die sich in keiner anderen Schweizerstadt so ernüchternd aufdrängt. Selbst auf dem Höhepunkt sanktgallischer Wirtschaftsmacht wurde das offenbar ähnlich empfunden. Jedenfalls nennt der bedeutende Romanist Albert Dauzat St. Gallen 1910 das schweizerische St. Etienne, die einzige fast ausschließlich industrielle Schweizerstadt und die einzige dazu, »qui donne une impression de tristesse, où manque la note gaie et coquette de la fantaisie«.

Noch viel eher mußte einen dieser Eindruck des Traurigen, nun vermischt mit dem des sonderbar Verstaubten, in den Jahren zwischen den beiden Weltkriegen befallen. Da hatte man vollends das Gefühl, um ein halbes Jahrhundert zurückversetzt zu werden, aber nicht in eine gute alte Zeit, sondern in ihre schäbig gewordenen Überbleibsel. Denn mittlerweile war über das blühende Gemeinwesen eine Katastrophe von fast unübersehbarem Ausmaß hereingebrochen, ein ökonomischer Zyklon, den zwar die ganze Schweiz verspürte, der aber nirgends so verheerend hauste wie hier. Mit dem Zusammenbruch der Stickerei, der St. Gallens ganzer Stolz gegolten hatte, war der Stadt wie ihrer ganzen Region die wichtigste Lebensgrundlage entzogen worden, und die Weltwirtschaftskrise vollendete schließlich in den dreißiger Jahren das Zerstörungswerk. Die ganze Entwicklung der Stadt wie des Kantons steht seither unter diesem Trauma. Rund 100 000 Menschen im sanktgallisch-appenzellischen Wirtschaftsgebiet hatten von der Stickerei direkt oder indirekt gelebt; die Jahresausfuhr an Stickereien aber, die seit dem Ende des Ersten Weltkrieges unaufhaltsam zurückging, war um 1935 auf ein knappes Sechzehntel ihres Vorkriegsumfanges zusammengeschmolzen. Das war nicht mehr eine Krise: Es war ein Kollaps. Und jahrzehntelang sah es so aus, als ob sich St. Gallen niemals mehr von diesem Schlag erholen würde. Fast der sechste Teil der Bevölkerung verließ zwischen 1920 und 1940 die ruinierte Stadt; tot und wie verschüttet lag sie zwischen ihren grünen Hügeln, zwischen den Wunderwerken ihrer hochbogigen Brücken und kühnen Viadukte: nicht viel mehr als eine trübselige Ruine weltumspannenden Unternehmungsgeistes.

Täuscht mich meine Erinnerung, wenn ich glaube, auf den Straßen St. Gallens sei damals da oder dort bereits das Gras zwischen den übriggebliebenen Pflastersteinen hervorgesprossen? Wahrscheinlich; Bürger und Stadtverwaltung waren wohl viel zu ordentlich, dergleichen zu dulden. Jedenfalls konnte man aber mit bloßem Auge die Zeichen des Verfalls wahrnehmen: auf dem Bahnhofsplatz etwa, wo der Bau des weitsichtig und monumental geplanten Stationsgebäudes mittendrin unterbrochen wurde und der Platz selber, einst als großzügige Visitenkarte einer aufstrebenden Beinahe-Großstadt und einer unvergleichlichen ökonomischen Prosperität geplant, bis 1950 ungeteert blieb, von unansehnlichen Bretterzäunen umsäumt. Jahrzehntelang begegnete man in dieser Stadt, die kurz zuvor zu den reichsten der Schweiz gehört hatte, kaum mehr einem Baugerüst: Wer sollte in dieser Krise daran denken, neue Wohn- und Geschäftsgebäude aufzubauen, da so viele der alten leerstanden? Bis in die ersten Jahre nach dem Zweiten Weltkrieg hinein lag die entnervende und deprimierende Atmosphäre von Stillstand und Niedergang wie ein Alpdruck über den Straßen. Die Stadt schien zum Armenasyl geworden, der Kanton zum Schicksal eines Slums verurteilt, seit der zentrale Pfeiler geborsten war, auf den das Haus aus vielen Häusern sich stützte: seine immer wieder erstaunliche Wirtschaftskraft.

Ein kleiner, fast zufälliger Vergleich mag verdeutlichen, was damals geschehen ist. Lange Zeit hindurch war, wenn auch auf grundverschiedenen Voraussetzungen beruhend, die Bevölkerungsentwicklung St. Gallens und die der waadtländischen Kapitale Lausanne bemerkenswert parallel verlaufen; zwischen 1860 und 1920 dehnten sie sich etwa in gleichem Rhythmus aus, und am Ende des Ersten Weltkrieges zählten sie annähernd gleich viele Einwohner. Dann aber liefen ihre Linien jäh auseinander. Mitte der sechziger Jahre, nach zwei Jahrzehnten der Hochkonjunktur, hatte St. Gallen mit 75 000 Einwohnern erst wieder den Stand von 1910 erreicht, während Lausanne mit damals 125 000 Menschen inzwischen aus mittelstädtischem Format in großstädtisches hineingewachsen war.

Schon das zeigt, wie schwer es offenbar gefallen ist, den Schock der großen Krise zu überwinden. Erst seit der Jahrhundertmitte, nach dreißigjähriger Depression, beginnt sich die Stadt wieder zu dehnen und zu recken, spürt der Kanton wieder neue, belebende Anstöße, die von ihr ausgehen. Zumal an der Peripherie der städtischen Agglomeration hat der Bau-Boom auch in der Krise der frühen achtziger Jahre noch angehalten, sind neue Wohnhausblöcke, moderne Fabriken, auch öffentliche Gebäude in die Höhe geschossen. Und doch werden viele St. Galler den Eindruck auch heute noch nicht ganz los, daß diese moderne Lasur über den verblichenen Resten des 19. Jahrhunderts womöglich trügerisch sein könnte – und dies, obwohl St. Gallen bisher entgegen manchen düsteren Prophezeiungen weit besser als erwartet durch die Zeit des wirtschaftlichen Rückschlags gekommen ist.

Immerhin zahlt es sich jetzt aus, daß die Einseitigkeit der früheren Wirtschaftsstruktur durch die Ansiedlung neuer Industrien nach mehr als einer Seite hin abgemildert worden ist. Sogar die Stickerei selbst, auch wenn sie nur noch ein knappes Zehntel ihrer früheren Arbeitskräfte beschäftigt, hat nicht nur einen Teil ihrer verlorengegangenen Märkte wiedergewonnen, sondern auch nach dem Abklingen der Prosperität eine bedeutende Widerstandskraft an den Tag gelegt: Anders als in der großen Depression der dreißiger Jahre finden solche kostbaren Luxusgüter exquisiter Qualität derzeit immer noch ihren zahlungswilligen und zahlungskräftigen Kundenkreis. Nichtsdestoweniger begründet der immer noch beträchtliche Anteil der Textilindustrie insgesamt an der sanktgallischen Wirtschaft eine fühlbare potentielle Schwäche. Außerdem ist in den langen Jahrzehnten des Niedergangs ein namhafter Teil des einst so bedeutenden Handels in den Zürcher Wirtschaftsraum abgewandert – ein Vorgang, der den ökonomischen Abstand zwischen dem regionalen Zentrum und der helvetischen Metropole seinerseits weiter vergrößerte.

Lange sah es so aus, als ob der Zweite Weltkrieg trotz dem ungeheuren konjunkturellen Aufschwung, der ihm folgte, dem Kanton noch zusätzliche *strukturelle* Probleme aufgebürdet habe. Aus geographischen wie aus historischen Gründen hatte sich sein Wirtschaftsgebiet in der Vergangenheit mehr als jede andere Region der Schweiz nach Osteuropa hin orientiert, waren die seit dem späten Mittelalter bestehenden Verbindungen dorthin bis ins 20. Jahrhundert hinein intensiv und stetig ausgebaut worden. Um so schmerzhafter verspürte man hier das Niederrasseln des Eisernen Vorhangs gleich hinter der bayrischen und österreichischen Ostgrenze, den Bruch in der alten ostwestlichen Wirtschaftsachse Europas, die zwar nicht durch die Stadt, aber doch jedenfalls durch den Kanton St. Gallen verlaufen war. Mit besonderer Dringlichkeit empfand man daher das Bedürfnis, neue Lebenslinien zu erschließen, besseren Anschluß nicht allein nach Westen, sondern auch und vor allem nach Norden und Süden zu gewinnen.

Sankt Gallen

Bei den Recherchen für die erste Ausgabe dieses Buches, in den frühen sechziger Jahren also, tauchte dieses Kernproblem fast in allen Gesprächen mit St. Galler Wirtschaftsleuten, Politikern und Kollegen von der Presse auf. Es lag dem für die Schweiz sonst ungewöhnlichen Interesse an der Europäischen Wirtschaftsgemeinschaft zugrunde, das ich hier verspürte, der Kritik an eidgenössischer und zumal zürcherischer Bedächtigkeit im Wahrnehmen der neuen europäischen Perspektiven, aber auch in dem ungeduldigen Nachdruck, der auf Projekte wie die Hochrheinschiffahrt bis zum Bodensee gelegt wurde.

Dieser eine vieldiskutierte Plan ist inzwischen nicht nur der Verwirklichung ferner gerückt, sondern so gut wie völlig aus der aktuellen Erörterung verschwunden, nachdem die anderen Uferkantone des Sees im Zeichen wachsenden Umwelt-Bewußtseins ins Lager einer aktiven, teilweise sogar erbitterten Opposition gegen die Technisierung der Seelandschaft übergeschwenkt sind. Auch von den Hoffnungen, die sich ursprünglich an die Öl-Pipeline von Genua nach Ingolstadt durch das Rheintal und an die Raffinerie in Sennwald knüpften, ist nach der Fertigstellung dieser Anlage nicht gerade viel übriggeblieben. Positiver beurteilt man den langfristigen Effekt der Autobahn, die von Zürich wie von St. Gallen aus durch den Straßentunnel vom San Bernardino für geraume Zeit – bis zum neuen Gotthard-Durchstich – die einzige wintersichere Verbindung zwischen dem südwestdeutschen und dem italienischen Autobahnnetz schuf und insofern einen gewissen Ersatz für das nie realisierte und auch jetzt wieder auf das nächste Jahrtausend verschobene Projekt der Splügenbahn darstellt, auf deren Bau die Ostschweizer Kantone ein Jahrhundert lang ohne Erfolg gedrängt haben.

Heute geben selbst frühere Skeptiker meist zu, daß St. Gallen den Anpassungsprozeß an die neuen Bedingungen auch ohne Erfüllung seiner alten Lieblingspostulate erstaunlich gut geschafft hat. Den wichtigsten Beitrag für die Bewältigung dieser Aufgabe hat zweifellos die rapid fortschreitende Diversifizierung der St. Galler Industrie geleistet. Noch 1960 war fast die Hälfte der industriellen Produktion auf Betriebe der Textil- und Bekleidungsbranche entfallen; heute macht deren Anteil, auch wenn er immer noch kräftig zu Buche schlägt, kaum mehr 25 % aus. Nicht zuletzt dank dieser Entwicklung konnte der Kanton schon die Rückschläge Mitte der siebziger Jahre unerwartet gut überstehen und auch dem Kriseneinbruch von 1981/82 die Stirn bieten – entgegen den Annahmen jenes Bankiers, der mir 1960 versichert hatte, im Falle eines neuen ökonomischen Einbruchs werde das schwer angeschlagene Gemeinwesen »endgültig versumpfen«.

Augenscheinlich hat die seinerzeitige krisenhafte Erschütterung des sanktgallischen Wirtschaftsfundaments in der Zwischenkriegszeit auch ihr Heilsames gehabt. Daß etwas Ungesundes, Hypertrophisches in der vorangegangenen Blüte lag, in dieser übermäßigen und unbalancierten Konzentration einer ganzen breiten Landschaft auf einen einzigen, dazu mehr dem Luxus als dem dringenden Bedürfnis verpflichteten Industriezweig, wird nicht nur im Rückblick deutlich; auch manche Zeitgenossen haben diese industrielle Monokultur und ihre geistigen (oder ungeistigen) Auswirkungen nicht ohne Beklommenheit sehen können. So ist etwa die unwirsche Bemerkung des erzkonservativen katholischen Welschschweizers Gonzague de Reynold, die St. Galler muteten ihn manchmal wie falsche Amerikaner an (»Saint Gall ... où les gens ont parfois un faux aspect d'Américains«), mehr als nur ein Ausfluß aristokratisch-antikommerzieller Vorurteile gewesen. Die Krise hat nicht nur zu längst nötigen, im Taumel der Prosperität allzu lange versäumten wirtschaftlichen Umstellungen gezwungen, sondern auch zur Besinnung gemahnt.

Daß diese Mahnung nicht ungehört verhallte, läßt sich allenthalben erkennen. Eine ihrer Auswirkungen war eine vermehrte Hinwendung zu den Nöten und Bedürfnissen der Landwirtschaft: Wenn ausgerechnet St. Gallen – die einstmals ihrem ländlichen Hinterland extrem entfremdete Nur-Stadt – in den vierziger Jahren als Sitz der alljährlichen Ostschweizerischen land- und milchwirtschaftlichen Ausstellung (OLMA) in eine lebendigere Beziehung auch zu seiner agrarischen und nicht nur zu seiner gewerblichen Umwelt trat, so hat das den Wert eines Symptoms. Und der Abschluß des großen Werkes, das mit der Melioration der Rheinebene durch Entwässerung der Sümpfe und mit energischer Strukturverbesserung der in Zwergparzellen aufgesplitterten Landwirtschaft dieses Gebietes an die Hand genommen wurde, gehört durchaus ins selbe Kapitel – auch wenn der Kanton nicht mehr als ein Viertel der Kosten dieses bedeutenden Unternehmens zu tragen hatte. Und auf einem ganz anderen Felde – dem des Geistes – hat der Ausbau der ursprünglich mehr utilitaristisch orientierten Handelshochschule in eine breiter fundierte Hochschule für Wirtschafts- und Sozialwissenschaften diese Hinwendung zu weiteren Horizonten manifestiert; der ebenso moderne wie großzügige Bau, den dieses Institut 1964 beziehen durfte, erscheint als Denkmal eines Geistes, der das Ökonomische mit dem Intellektuellen sinnvoll zu verknüpfen sucht.

Und schließlich darf man eines nicht aus dem Auge lassen: daß gerade die Krise, die keinen andern Kanton mit derselben Härte und Ausschließlichkeit traf, aber in St. Gallen Stadt und Land, katholische und reformierte Gebiete in gleicher Weise heimsuchte, das Gefühl der sanktgallischen Schicksalsgemeinschaft in einer Weise vertieft hat wie kein anderes Ereignis der Kantonsgeschichte zuvor. Mehr als alles, was vorher und nachher geschehen ist, hat die gemeinsame Not Solidarität geschaffen und vertieft – jene Solidarität, die Müller-Friedberg vorschwebte, als er seinem neuen Staate das antike Liktorenbündel zum Wappen gab: die für sich ohne weiteres zerbrechlichen, im Verband aber widerstandsfähigen Stäbe, in denen er die acht ursprünglichen Bezirke des Kantons versinnbildlichte.

Appenzell

Hochburg des Eigenwillens

The natives of this Canton, in common with the inhabitants of democracies, possess a natural frankness, and a peculiar tone of equality, which arise from a consciousness of their own independence. They also display a fund of original humor, and are remarkable for great quickness of repartee, and rude sallies of wit, which render their conversation extremely agreable and interesting.
William Coxe, in »Travels in Switzerland«, 1789

Jeder Kanton hat sein eigenes Gesicht; jeder ist, auf seine Weise, mehr als eine bloße Verwaltungseinheit, mehr selbst als ein Staat: eine Persönlichkeit. Und doch geht es einem mit den Kantonen nicht anders als mit den Einzelmenschen: Auch unter ihnen findet man Dutzend-Physiognomien, die zunächst gar nichts Einprägsames an sich haben und ihre individuellen Züge erst bei näherer Bekanntschaft enthüllen, und Charakterköpfe, die schon bei der flüchtigen Zufallsbegegnung faszinieren, weil sie den Stempel des Außerordentlichen und unverwechselbar Einmaligen tragen. Daß es in der Familie der schweizerischen Gemeinwesen eine stattliche Zahl solcher Charakterköpfe gibt, ist nicht nur ein Glücksfall für die Schweiz, sondern macht auch die besondere Freude des Porträtisten aus, der etwas vom Reiz dieser Individualitäten nachzuzeichnen und festzuhalten sucht.

Wohl das originellste, kühnste, eigenwilligste Profil von allen aber begegnet uns, wenn wir unsern Blick nun Appenzell zuwenden. Das heißt – um genau zu sein – es sind eigentlich zwei Profile, von unverkennbarer Verwandtschaft des Zuschnitts freilich, die uns hier gleich Zwillingsbrüdern entgegentreten. Wie Unterwalden und Basel – zwei andere sehr markante Repräsentanten im eidgenössischen Kreise – teilt sich auch Appenzell in zwei Halbkantone, in die (katholischen) Inneren und die (reformierten) Äußeren Rhoden. Daß die staatliche Grenze zwischen den beiden Hälften hier zugleich eine konfessionelle Scheidelinie bezeichnet, trägt dazu bei, daß die Landesteile schon auf den ersten Blick noch um einiges deutlicher auseinanderzutreten scheinen als drunten in Basel mit seiner neuerdings doch stark verwischten Dualität von Stadt und Land oder drüben in Unterwalden, wo die Einheit von sozialer Struktur, katholischem Bekenntnis und konservativer Politik die Verschiedenheiten der Mentalität und des psychischen Habitus überbrückt.

Aber wenn sie auch seit viereinhalb Jahrhunderten durch ihr Bekenntnis, seit nahezu 375 Jahren durch ihre staatliche Ordnung und in der Zwischenzeit zudem noch durch die Divergenz der gesellschaftlichen Entwicklung voneinander geschieden sind, bilden die Appenzeller doch noch immer *ein* Volk: ein Zwillingsvolk, das sich aus dem vielfältigen Gewimmel der schweizerischen Völkerschaften und nicht zuletzt auch aus seiner ostschweizerischen Umwelt mit überraschender Deutlichkeit heraushebt. Kein anderer Kanton hat einen so »apartigen« Menschenschlag aufzuweisen. Auch aus einer noch so bunt gemischten Volksmenge wird man den typischen Appenzeller schon auf Anhieb herauspicken können, bevor er noch den Mund aufgetan und sich durch seinen Dialekt zu erkennen gegeben hat: an dem auffällig kleinen, hageren und dabei muskulösen Körper (seine niedrige Statur macht ihn zur Zielscheibe zahlloser Witze), auf dem ein ebenso ungewöhnlich großer Kopf sitzt; an den breiten Jochbogen und verschmitzt gefältelten Zügen, aus denen eine betont schmale, häufig keck gewellte Nase unter vielfach grünlichen oder doch ins Grüne schillernden, listigen Augen hervorlugt. Sieht man die Kantonsbürger in Scharen aufrücken – an der Landsgemeinde etwa, zumal an der Innerrhodens, das seine ethnische Eigenart am reinsten bewahrt hat –, so springt das Vorwalten dieses Typus in die Augen. Mehr als die übrigen Schweizer scheinen die Appenzeller gleichsam schon von Natur zu etwas Eigenem, Unverwechselbarem ausgesondert und durchgebildet zu sein. Ja, man fragt sich sogar, ob nicht am Ende der eigentümliche Verlauf ihrer historischen Entwicklung mindestens zum Teil von diesem ethnischen (fast möchte man sagen: rassischen) Sonderwesen mitbestimmt sein könnte.

Die Eigenart dieses Typus erklärt wohl auch, warum sich im Laufe der Zeit mancherlei krause Legenden an den Ursprung der Appenzeller geheftet haben. So kann man etwa da und dort noch heute auf den Glauben stoßen, mindestens die Innerrhoder stammten von einer versprengten Hunnenschar ab oder hätten doch von einer solchen Rotte eine gehörige Beimischung innerasiatischen Blutes mitbekommen. Das dürfte zwar ausgemachter Unsinn sein: Außer den breiten Backenknochen hat ihr Typus so gar nichts Mongolisches. Aber dergleichen apokryphe Überlieferungen verraten immerhin, welch kühne Spekulationen die augenscheinlich als »exotisch« empfundene Andersartigkeit des kleinen Bergvolkes in der Phantasie seiner Nachbarn gezeitigt hat. In Wirklichkeit möchte man viel eher an ein zähes Fortleben jener verschollenen steinzeitlichen Urbevölkerung glauben, von deren Aussehen wir zwar keine Vorstellung haben, deren Lebenszeugnisse aber bezeichnenderweise im Alpengebiet zuallererst auf innerrhodischem Boden, in der Höhle des Wildkirchli am Nordhang des Säntismassivs, zusammen mit den Knochen von Höhlenbären, Höhlenpanthern und anderem Getier der paläolithischen Epoche aufgefunden worden sind. Auch das ist freilich, geben wir es gleich zu, eine wissenschaftlich unbewiesene, vielleicht sogar äußerst unwahrscheinliche Hypothese. Tatsache ist jedoch, daß weder von den Helvetiern noch den Rätiern, die hier um die Wende unserer Zeitrechnung gehaust haben, außer einigen keltischen und romanischen Orts- und Bergnamen viele Spuren übriggeblieben sind. Und die alemannischen Einwanderer, die – wohl verhältnismäßig spät, kaum vor dem 7. Jahrhundert – das hochgelegene Land in Besitz nahmen, haben ihm wohl ihre Sprache mitgeteilt, sind aber offenkundig wenig zahlreich und daher nicht in der Lage gewesen, den alteingesessenen Urtypus nennenswert zu verändern, sondern ihrerseits aufgesogen und der einheimischen Bevölkerung allmählich bis zur Unkenntlichkeit angeglichen worden.

Kaum minder ungewohnt als die Erscheinung der Menschen, denen er hier begegnet, berührt den Besucher das Bild ihrer heimatlichen Landschaft. Schon allein die Art, wie der mächtige, im Säntis gipfelnde Gebirgsstock des Alpsteins sich abrupt über die tiefen Rinnen der Sarganser Mulde, des Rheintals und des Bodensees auftürmt, verleiht dieser isolierten, aus dem Zusammenhang der alpinen Ketten gleichsam herausgesprengten Bergwelt etwas Eigenwillig-Trotziges, fast Herausforderndes, das ganz vergessen läßt, daß dieses Gebirge mit seiner Höhe von knapp über 2500 Metern neben den Gipfelriesen der Innerschweiz, Graubündens oder des Berner Oberlandes eine sehr viel bescheidenere Figur macht, als man ihm anzusehen vermeint. Vielleicht noch charakteristischer aber, bei aller Weichheit und sanften Gefälligkeit seiner vielfältig gerundeten, aller Ecken und Kanten entbehrenden Formen, tritt uns das voralpine Hügelland entgegen, das sich dem ungebärdig schroffen Felsmassiv im Norden gleichsam als grüner Sockel vorlagert. »Auf verzwickte Weise anmutig«, so hat Wilhelm Schäfer, der die Schweiz als »Wahlheimat« liebte, das Appenzellerland genannt; beides, die Anmut und die Verzwicktheit, wird man kaum anderswo in gleicher

Kathedrale St. Nicolas, Freiburg

Weise wiederfinden. Am trefflichsten hat wohl J. K. Zellweger in einer 1867 erschienenen Monographie über seinen Heimatkanton das herausgearbeitet, was ihm ein so individuelles Gepräge verleiht:

»Er hat eine von den übrigen Gebirgskantonen ziemlich verschiedene Bodengestalt; denn während z. B. die Urkantone, auch Glarus, Graubünden, Wallis und Tessin, zwischen hohen Gebirgsketten mehr oder weniger ausgedehnte Thalschaften haben, in denen die Ortschaften malerisch an Flüssen liegen, ragt dagegen unser Land wie eine Gebirgsinsel empor. Von der Rheinebene, vom Thurtal und der alten Landschaft St. Gallen wird dasselbe gleichsam getragen.«

»Wie eine Gebirgsinsel« – das Wort trifft den Nagel auf den Kopf. Wenn man von Uri, von Glarus, von Unterwalden und vom Wallis immer wieder mit einem fast schon zum Stereotyp gewordenen Ausdruck gesagt hat, daß sie von ihren Bergen »wie von Mauern umschlossen« seien, so bietet Appenzell umgekehrt, um im Bilde zu bleiben, den Anblick eines Kranzes abgestufter Zinnen, die allenthalben, im buckligen Hügelvorland nicht anders als im felsigeren und rauheren Alpsteingebiet, über ihre Umgebung weit hinaufsteigen und hinausschauen. Man kann das ganze Land gewissermaßen als eine Folge niedrigerer und höherer Warten betrachten, die das umliegende Gelände ihrer tiefer gelegenen sanktgallischen Anrainer ebenso dominieren, wie sie ihrerseits vom massiven Turm des Säntis mit seinem einzigartigen Rundblick über die ganze Ostschweiz beherrscht werden. Dieser charakteristische Zug des Herausgehobenseins wird noch durch die Kulturlandschaft weiter akzentuiert. Weniger in den Tälern, die von stürmischen Wildbächen größtenteils als schluchtartige, fast unzugängliche Tobel ins weiche Nagelfluhgestein eingeschnitten werden, als in freier, luftiger Höhe, an den Flanken oder selbst auf dem Kamm seiner Hügel hat der Appenzeller mit Vorliebe seine Wohnstätten hingebaut; von den größeren Ortschaften liegen nur der Hauptort Innerrhodens, der dem ganzen Land seinen Namen verliehen hat, Urnäsch und Gais auf dem Talboden, an den wenigen Stellen, wo sich dieser weit genug verbreitert, um zur dörflichen Siedlung einzuladen.

Aber es sind ja überhaupt nicht die geschlossenen Ortschaften, die das Bild der Landschaft bestimmen. Wohl bieten einige der Dörfer einen durchaus ansehnlichen Anblick: Appenzell selber etwa, Trogen mit seinem herrlichen Landsgemeindeplatz, dem die steinernen Giebelhäuser der Zellweger aus dem 18. Jahrhundert eine fast aristokratische Distinktion verleihen, Heiden oder das zur Biedermeierzeit als Molkenkurort weitberühmte Gais, das sein Gepräge vor allem von seinen groß angelegten alten Gasthöfen erhält. Und das außerrhodische Herisau gar, mit seinen derzeit rund 14 000 Einwohnern volkreicher als der ganze Halbkanton Innerrhoden, gehört nicht nur nach der statistischen Größenordnung bereits in die Reihe der Städte, sondern es hat auch schon seit Jahrhunderten etwas von städtischem Wesen angenommen – weniger als Regierungssitz übrigens als wegen seiner außergewöhnlichen industriellen und kommerziellen Betriebsamkeit. Daß es »das Ansehen eines Städtchens« habe, »durch seine Größe, durch die Bauart seiner Häuser, und seine gepflasterten Straßen«, hat schon Ebel 1798 in seiner »Schilderung der Gebirgsvölker der Schweitz« vermerkt, der auch berichtet, daß man »nächst der Stadt St. Gallen ... in der östlichen Schweitz hier die meisten Handelshäuser, und die größten Magazine von Leinewand, Mousseline, und anderer Baumwollfabrikate« antreffe. Aber obwohl Herisau vor zweihundert Jahren größer und gewerblich tätiger war als manche städtische Kantonskapitale der damaligen Zeit, verleugnet es doch selbst heute noch seinen ländlichen Ursprung nicht völlig; trotz den modernen Wohnblöcken, die da und dort an seiner Peripherie aufgeschossen sind, fügen sich die Häuser nur in wenigen Straßenzügen innerorts zu geschlossenen Zeilen zusammen. Daß die meisten einzeln innerhalb ihrer Gärten stehen, verrät die Neigung des Appenzellers zu privater Absonderung.

Augenfällig wird diese Tendenz, sobald man aufs Land hinauskommt. Wohin man sich auch wenden und welchem der schmalen, einladenden Pfade man auch folgen mag, überall ziehen die wettergebräunten, so gut wie durchwegs aus Holz gebauten Höfe den Blick auf sich, die allenthalben, ganz für sich allein, aus dem saftigen Grün der Wiesen breit und doch hochstirnig hervorblicken. Denn Appenzell ist das Land der Einzelsiedlung *par excellence*. Dem unabhängigen Sinn eines Volkes, das seinen Freiheitsdrang und seinen unbezähmbaren Eigenwillen noch ausgeprägter als die Bürger anderer altdemokratischer Gemeinwesen auch im persönlichen Leben zu bekunden, ja zur Schau zu stellen liebt, scheint es ein unabweisbares Bedürfnis, auf freiem Grund und Boden inmitten der eigenen Matten und Weiden so unbeengt wie nur möglich zu wohnen. Und diesem zutiefst bäuerlich-individualistischen Zug zu den »habitations éparses dans les possessions particulières«, wie sich im 18. Jahrhundert der »Dictionnaire de la Suisse« ausdrückte, ist nicht nur der Bauer selber durch den Wandel der Zeiten hindurch treu geblieben. Selbst der Industriearbeiter stattet ihm seinen Tribut ab: Auch er liebt es, draußen auf dem Lande auf seinem eigenen »Heimet« zu leben, sogar wenn er dafür einen weiteren Weg zur Fabrik in Kauf nehmen muß. So bietet Appenzell, alles in allem, auch in unserer Zeit noch denselben Eindruck dar, wie ihn Ebel in so prachtvoller Weise anläßlich seiner ersten Begegnung mit dem Lande geschildert hat:

». . . sanfte Hügel reihen sich an Hügel, welche in kleine Gründe und Thäler hinabschweifen, und sich wieder unter vielen schönen Bogenlinien in Berge erheben; das Ganze überzieht ein gleichförmig lebendiges Wiesengrün, hin und wieder schattiert durch Bäume und Laubholz, das der Tannengruppen schwarze Tinten erhöht. Einzelne Wohnhäuser, ganz aus Holz, aber mit vieler Sorgfalt gebaut, stehen auf den Hügeln zerstreut, zwar nicht beschattet von Bäumen, aber umwehet von frischen Lüften, und umwallt von dem schönsten Grase, durch das sich reinliche nette Fußsteige zu den Wohnungen hinaufschlängeln.«

Nur eines fehlt in dieser sorgsam gestrichelten Skizze: der Eindruck der Dichte, der sich im Appenzellischen auf so sonderbare Weise mit dem der weiten Streuung vereint, die außerordentliche und in dieser Weise kaum anderswo anzutreffende Gleichmäßigkeit, mit der sich die zahllosen Höfe und Heimwesen über das ganze Land außerhalb der eigentlichen Bergregionen verteilen. Anderen Beobachtern des 18. Jahrhunderts ist just dies als Merkmal der ganzen Gegend aufgefallen: Friedrich Nicolai etwa, dem der Kanton geradezu »wie eine verstreute Stadt« vorkam, »voller Häuser in Bergen und Thälern, und so nahe beisammen, daß meistens jeder Bauer aus seinem Hause den andern in seinem Hause rufen kann...« Und mit ganz ähnlichen Worten wie der deutsche Aufklärer registrierte der englische Geistliche William Coxe annähernd zur selben Zeit in seinen Reisebriefen, es sei »indeed the whole country, except among the barren rocks, ... almost a continued village, being thickly covered with excellent cottages«.

In der Tat haben sich schon im 17., vor allem aber gerade im 18. Jahrhundert immer wieder neue Anwesen in die ursprünglich viel weiteren Lücken gedrängt, weil die Zunahme der Menschenzahl, die anderswo erst hundert Jahre später einsetzte, zu einem allmählichen engeren Zusammenrücken zwang. Nicht mit Unrecht hat man von dem Doppelkanton insgesamt, vor allem aber von seinem größeren außerrhodischen Teil als einem »bevölkerungspolitischen Phänomen« gesprochen. Schon Generationen vor jener Ära, in der das stürmische Emporschießen der modernen Industrie verbunden mit den Fortschritten der Medizin im größten Teil Europas die erste der modernen »Bevölkerungsexplosionen« auslöste, hatte Appenzell diese Entwicklung vorweggenommen und die weitaus größte Siedlungsdichte nicht nur der Eidgenossenschaft, sondern des ganzen europäischen Kontinents erreicht; 1837 konnte der weitgereiste und welterfahrene appenzellische Arzt Titus Tobler seine Heimat noch ohne Vorbehalt als »das bevölkertste stadtlose Land von Europa« bezeichnen; Nicolais Bemerkung, er wisse »kein so volkreiches Land als dieses ist«, galt also noch rund 50 Jahre später. Was das bedeutet, macht uns jene Bevölkerungsschätzung des Jahres 1795 deutlich, die nach dem Urteil späterer Statistiker als die wohl genaueste von allen bis dahin angestellten Kalkulationen angesehen werden darf. Das kleine zweigliedrige Staatswesen, das an Bodenfläche erst an elfter Stelle der Dreizehn Orte rangierte (einzig Zug und Schaffhausen mußten sich mit noch bescheidenerem Raum zufriedengeben), stand nach seiner absoluten Einwohnerzahl damals an fünfter Stelle, außer von den drei Vororten Zürich, Bern und Luzern mit ihrem weiten Landbesitz bloß noch von Freiburg übertroffen! Und selbst heute, nach dem Aderlaß einer intensiven Auswanderung in andere Landesteile, der gleich nach dem Ersten Weltkrieg einsetzte und den Doppelkanton 1941 hinter seinen 1860 bereits erreichten Bevölkerungsstand zurückwarf, zählt er noch mehr Menschen auf den Quadratkilometer als alle anderen Länderkantone und steht damit immer noch erheblich über dem Durchschnitt der ganzen Schweiz – obwohl er neben dem Thurgau der einzige Stand sein dürfte, der mehr Bürger außerhalb seiner Grenzen als Einwohner mustert.

Dieses appenzellische »Bevölkerungswunder« erklärt sich nicht nur und nicht einmal in erster Linie durch die ungeheure Vitalität eines Menschenschlages, der in der Vergangenheit aus ganz Appenzell ein Land der kinderreichen Familien gemacht hat (während in Außerrhoden die einstige Geburtenfreudigkeit so weit zurückgegangen ist, daß das Gemeinwesen zeitweise sogar einen Sterbeüberschuß verzeichnete, sind in Innerrhoden auch heute noch Familien mit vier, fünf oder gar sechs Kindern üblicher als selbst in der Innerschweiz oder im Wallis). Auch andere Gegenden haben früher schließlich ähnlich große Bevölkerungsüberschüsse hervorgebracht;

konnten sie die wachsende Zahl ihrer Menschen nicht ernähren, so blieb diesen nichts anderes übrig, als ihre Heimat zu verlassen. Das wirkliche »Wunder« Appenzells liegt darin, daß dieses eher rauhe, für den Ackerbau wenig geeignete Bergland, das zudem erst im späten 18. und im 19. Jahrhundert durch Fahrstraßen erschlossen wurde, schon vor Hunderten von Jahren einer so einzigartigen Volksmenge die ökonomische Grundlage zu bieten vermochte, auf der sie sich nicht nur erhalten, sondern sogar zu einigem Wohlstand emporarbeiten konnte.

Der Schlüssel zu diesem Rätsel liegt in einer außerordentlich frühen und ebenso außerordentlich dichten Industrialisierung, die sich bis ins 16., ja vereinzelt ins 15. Jahrhundert zurückverfolgen läßt. Auch diese Entwicklung ist freilich wiederum merkwürdig genug, wenn man die Ungunst der appenzellischen Lage bedenkt. Schon im Falle von Glarus sind wir einer abgeschlossenen, von keinem nennenswerten Durchgangsverkehr berührten Landschaft begegnet, die dem offeneren Mittelland in der industriellen Revolution weit vorauseilte. Das appenzellische Beispiel mutet noch um einige Grad kurioser an. Wenn Glarus immerhin durch das Linthtal über eine unmittelbare Verbindung mit einer alten und großen Verkehrsstraße verfügt, so scheinen die geographischen Voraussetzungen für eine gewerbliche Aktivität großen Stils in dem hochgelegenen Freistaat am Säntis so ausgesprochen ungünstig, daß niemand auf den Gedanken kommen würde, hier auch nur einen möglichen, geschweige denn einen zu bedeutender Entwicklung bestimmten industriellen Standort zu suchen. Um so mehr muß die Tatsache verblüffen, daß sich Appenzell ausgerechnet auf diesem Felde sogar lange vor Glarus ausgezeichnet hat.

Wie immer bei langwierigen, im einzelnen schwer zu durchschauenden gesellschaftlichen Umwandlungsprozessen fällt es nicht leicht, eine einzelne Ursache dieses Vorgangs aufzufinden. Aber *ein* Anstoß zum mindesten, der ihn ausgelöst hat, liegt auf der Hand: die Nähe St. Gallens. Für diese isolierte, durch das Scheitern ihrer politischen Unternehmungen auf die kommerzielle und industrielle Expansion verwiesene Stadt, deren ökonomischer Aufschwung ja an sich schon eine faszinierende *tour de force* darstellte, bot sich Appenzell gleichsam als ein natürliches Hinterland dar, und der Versuch seiner wirtschaftlichen Durchdringung ergab sich gleichsam logisch aus den alten und innigen Beziehungen, die ihre Bürger mit den appenzellischen Gemeinden aus der Zeit der gemeinsamen

Kämpfe gegen die weltliche Herrschaft des Klosters verbanden. Um diesen Zusammenhang zu verstehen, müssen wir für einen Moment unser Augenmerk von der wirtschaftlichen auf die politische Geschichte zurückwenden: auf die Freiheitskriege, in denen das Hirtenvolk der appenzellischen Berge zu Beginn des 15. Jahrhunderts seine Unabhängigkeit erstritt und damit zugleich der befreundeten Stadt ermöglichte, die Fesseln der klösterlichen Herrschaft auch ihrerseits mindestens um ein weiteres und wahrscheinlich entscheidendes Stück abzustreifen.

Von den vielen bäuerlichen Emanzipationsbewegungen, die wir gegen das Ende des Mittelalters allenthalben im schweizerischen Alpen- und Voralpengebiet verfolgen können (und die zweifellos durch das Beispiel der Eidgenossen wenn nicht in jedem Falle ausgelöst, so doch mächtig vorangetrieben wurden), bieten die Appenzellerkriege das erregendste und dramatischste Schauspiel – nicht allein durch die jähen Peripetien ihres äußeren Verlaufs, sondern mehr noch durch die gewaltigen sozialrevolutionären Energien, die sie mindestens zeitweise zu entfesseln vermochten. Von den Urkantonen hat man ja mit einigem Grund sagen können, daß ihr Widerstand gegen die territorialstaatlichen Ambitionen Habsburgs im weiteren Gotthardgebiet viel eher der konservativen Verteidigung alter und wohlerworbener Rechte gegen eine frühe Vorform absolutistischen Staatswillens als aufrührerischem Bestreben entsprungen sei; eine bewußt und systematisch revolutionäre oder gar eine Klassenpolitik im eigentlichen Sinne des Wortes haben die Urner, Schwyzer und Unterwaldner nie (oder doch nie mit einiger Konsequenz) betrieben. Die Appenzeller dagegen sind in ihrer Auseinandersetzung mit den Äbten ungleich radikaler, fast möchte man sagen »ideologischer« zu Werke gegangen. Mochte ihr Aufstand ursprünglich auch durch einige »Übergriffe« der geistlichen Herren ausgelöst worden sein, so war es doch von Anfang an klar, daß es ihnen nicht um die Erhaltung eines bedrohten Rechtszustandes zu tun war, sondern um die Abschüttelung *aller* feudalen Gewalten. Nicht alte Privilegien gegen einen direkten Angriff auf ein vielleicht gefährdetes positives Recht zu *behaupten*, vielmehr neue, durch keine Urkunden verbriefte, mit nichts als dem elementaren Freiheitswillen zu begründende Rechte zu *erkämpfen* und kämpfend auszubreiten war ihr Ziel.

Es würde zu weit führen, hier die Wechselfälle des fast dreißigjährigen Ringens nachzuzeichnen, das mit einer Folge großartiger appenzellischer Siege über die äbtischen Heere, ihre adeligen Helfer und ihre österreichischen Verbündeten begann, aber schließlich doch nur mit einem freilich für Appenzell selber entscheidenden Teilerfolg endete: mit der Anerkennung des Rechtes zum Loskauf der wichtigsten und drückendsten klösterlichen Gerechtsame. Daß die Empörer in ihrem ersten Siegeszug – dem »seltsam wunderlich louff«, wie sich die Klingenberger Chronik ausdrückt – nicht nur im Rheintal, sondern im größten Teil Vorarlbergs die Macht des Adels im Sturm wegfegten und mit ihrem ganz auf bürgerlicher und bäuerlicher Selbständigkeit beruhenden »Bund ob dem See« bis ins Tirol und nach Oberschwaben hineingriffen, ist für die Zukunft weniger bedeutsam geworden (der Bund zerfiel sogleich nach der ersten Niederlage bei Bregenz) als die weitschauende, Thesen des Bauernkrieges, ja der Französischen Revolution vorausnehmende sozialrevolutionäre Programmatik, in der uns erstmals der ganze ungebärdige Trotz und leidenschaftliche Eigenwille dieses kleinen Volkstums entgegentritt. In ihrer Parole, die Menschen seien zur Ordnung, nicht zur Dienstbarkeit gemacht, und vollends in der These, zur Freiheit habe jeder das Recht, wenn er es fühle und behaupten könne, kündigt sich bereits, fast vier Jahrhunderte vor der Französischen Revolution, die Idee der Menschenrechte an, formuliert mit einer Prägnanz und Entschiedenheit, die man in keinem anderen politisch relevanten Zeugnis aus jener Ära der schweizerischen Geschichte (und wohl auch kaum an anderer Stelle nördlich der Alpen) wiederfindet.

Wie wenig solche weitzielenden, an den Grundpfosten des Bestehenden rüttelnden Vorstellungen die Eidgenossen zu begeistern oder gar mitzureißen vermochten, zeigt ihr merkwürdig ambivalentes Verhältnis zu den Appenzellern. Wohl hatte Schwyz sich schon vor Beginn der Kämpfe zum Abschluß eines Landrechtes mit ihnen bereit gefunden, und auch die anderen Orte – mit Ausnahme Berns – sahen sich schon durch die gemeinsame Gegnerschaft zu Österreich mehr oder weniger an ihre Seite gedrängt. Aber es stellte sich bald heraus, daß die Schweizer ihren neuen und soviel radikaleren Verbündeten zwar behilflich sein wollten, ihre neugewonnene Unabhängigkeit zu behaupten, jedoch zugleich eifrig bemüht waren, ihnen die Flügel zu stutzen. Weit entfernt, den unverhofften und zweifellos willkommenen Zuzug mit einer vorbehaltlosen Unterstützung der weitgespannten appenzellischen Ziele zu honorieren, erzwangen die Schwyzer zeitweise die Einsetzung eines schwyzerischen, also landesfremden »Landeshauptmanns«, und ein eidgenössischer Schiedsspruch des Jahres 1421 anerkannte zwar Appenzells Anspruch auf Selbstverwaltung, bot indessen zu einer mindestens teilweisen Restauration der klösterlichen Rechte die Hand – wenn auch unter Vorbehalt des Loskaufs, durch den sich die Appenzeller tatsächlich im 15. Jahrhundert des lästigen Servituts am Ende entledigten. Auch alle später erneuerten Bündnisse setzten der außenpolitischen Bewegungsfreiheit der jungen Republik ebenso enge Schranken wie die, mit denen sich die Stadt St. Gallen den Schutz der mächtigen Konföderation erkaufen mußte. So sollten fast hundert Jahre vergehen, ehe die um einiges zahmer gewordenen Kämpfer von ehemals als letzter der Dreizehn Orte auch formell und auf annähernd gleichem Fuß Zutritt zur Eidgenossenschaft erhielten – und noch zu Beginn des 18. Jahrhunderts spricht Abraham Stanyan von ihnen als »the last Canton as well in Rank as in Goodness«!

Daß der Glaubenskonflikt des 16. Jahrhunderts keineswegs sofort, sondern erst nach fünfundsiebzigjährigen inneren Auseinandersetzungen zum Bruch der staatlichen Einheit führte, läßt eine bemerkenswerte Dichte des inneren Zusammenhalts erkennen. Weder die Reformation selber noch die ersten Ansätze der Gegenreformation nach der Niederlage der Protestanten im zweiten Kappelerkrieg waren für sich allein imstande, das eng gefügte Gemeinwesen auseinander zu sprengen – schon deshalb nicht, weil seine Führer beider Konfessionen sich in den Glaubenskriegen strikt an den Wortlaut ihres Bundesvertrages hielten, der ihnen – wie auch den Baslern und Schaffhausern – im Falle innerer Zwistigkeiten unter den Eidgenossen das »Stillestehen«, das heißt die Neutralität und die Vermittlung unter den streitenden Parteien zur Pflicht machte. Vielleicht noch bemerkenswerter aber ist etwas anderes: daß die verfeindeten Religionsparteien sich bereits an der Landsgemeinde von 1524 auf einen Kompromiß geeinigt hatten, der auf seine Weise ebenso »modern« anmutet und seiner Zeit ebensoweit vorauseilte wie ein Jahrhundert zuvor die Vorwegnahme des »Menschenrechts«-Gedankens in den Manifesten der Freiheitskriege. Die Lösung, die damals für ein scheinbar unlösbares Problem gefunden wurde, schien von einem so überlegenen Geist der Toleranz diktiert, daß es sich verlohnen mag, den damals jubelnd aufgegriffenen und zum Beschluß erhobenen Antrag wörtlich hierherzusetzen:

»Man soll in jegklicher kirchhöri meeren*, wellichen glouben sy welti annemen, und was denn die merer hand erhalte, dem solle die minder volgen, *doch das der glouben frey sige, und daß keine partey die ander zu glouben zwinge*, sonder wohin ein jeglichem sin gewüssen wyse, dem sölle er nachvolgen, dergestalt, daß wenn es einem in der kilch nit gfalle, daß er in ein ander on alle entgeltnuss dörfte gon; man solle aber in einer kilchen nit mer dann ein gottesdienst üben.«

Zum erstenmal in der Geschichte dürfte in diesem Entscheid der Appenzeller Bauern die Idee der individuellen Gewissensfreiheit als Grundlage für das Zusammenleben der Konfessionen postuliert und zum Staatsgrundsatz erhoben worden sein, und zwar gleichermaßen von protestantischer wie von katholischer Seite. Und es entspricht durchaus diesem Prinzip der Vermeidung jeden Glaubenszwangs, daß auch in Innerrhoden trotz dem von Anfang an starken Druck des Klerus – der freilich kaum stärker war als in Außerrhoden die Gegenpression der reformierten Prädikanten – eine keineswegs geringfügige, wenn auch von Anfang an »übermehrte« Minderheit sich zu der neuen Lehre bekannte. Es wirft ein helles Licht auf die sozialen Hintergründe der Reformation, wenn man noch heute festzustellen vermag, welche große Rolle in den Reihen dieser Minorität die wohlhabende Kaufmannschaft und die Träger des einheimischen Gewerbes spielten. Zugleich erinnert uns die Tatsache jedoch daran, daß das später soviel länger und zäher in bäuerlichen Wirtschaftsformen beharrende Innerrhoden offenbar bis zum Zeitpunkt des »Landteilungsvertrages« von 1597 auch seinerseits, gleich den äußeren Bezirken, kräftige Ansätze zur Entwicklung von Manufaktur und Handel aufwies; hatte doch im Flecken Appenzell, der immerdar die Hochburg der katholischen Partei darstellte, schon 1411 die erste Leinwandschau nach sanktgallischem Muster stattgefunden. Erst der endgültige staatsrechtliche Bruch, der die konfessionellen Minderheiten auf beiden Seiten zur Auswanderung in den anderen Halbkanton zwang, hat auch die gesellschaftliche und wirtschaftliche Polarisierung zwischen dem protestantisch-industriellen Außerrhoden und dem von nun an rein katholischen und überwiegend agrarischen Innerrhoden herbeigeführt. Verschiedene jener Geschlechter, die nach diesem Zeitpunkt in Außerrhoden zu führenden wirtschaftlichen und politischen Positionen aufstiegen – in er-

---

* Das heißt: in jeder Kirchgemeinde abstimmen.

ster Linie die Zellweger, denen die außerrhodische Wirtschaft einen guten Teil ihres späteren Aufschwungs verdankt und die sich im staatlichen Dienst wie im geistigen Leben gleichermaßen ausgezeichnet haben –, sind alten innerrhodischen Ursprungs und erst durch den verspäteten Sieg der Unduldsamkeit ihrem späteren Wirkungskreis zugeführt worden.

Schon dem vorzüglich orientierten Ebel war es bekannt, daß im 16. Jahrhundert mehr Industrie unter den katholischen Appenzellern geblüht habe als zu seiner eigenen Zeit, daß aber »mit der Sonderung der reformierten Einwohner alle Industrie nach Außerrhoden wanderte«; in Innerrhoden dagegen sei der »Kunstfleiß« so herabgesunken, »daß keine Spur mehr davon . . . übrig blieb«. Augenscheinlich, so sinnierte er, mangle dem katholischen Hirten »durchaus die Geld- und Gewinnbegier, welche der stets stechende und treibende Sporn industriöser Thätigkeit ist«. Oder sollten die Innerrhoder am Ende doch mehr »praktische Lebensweisheit« haben als ihre geschäftigeren, aber auch gehetzteren und ungesicherteren, den Wechselfällen ökonomischer Krisen ausgesetzten Nachbarn und Verwandten? Es fiel dem unermüdlichen und unvoreingenommenen Schilderer des appenzellischen »Gebirgsvolks« nicht leicht, zu entscheiden, ob die Hirten Innerrhodens durch »intellektuelle und physische Trägheit«, durch »eingewurzelte Gewohnheit, dem alten Herkommen zu folgen«, oder am Ende gar durch größere Vernunft im engen Kreise ihrer einfachen Lebensart festgehalten würden. Der Protestant, Aufklärer und Fortschrittler in ihm machte keinen Hehl aus der Bewunderung, die er für die Regsamkeit, das technische Ingenium und das händlerische Geschick des Außerrhoders empfand, dem der Webstuhl »Garten, Ackerfeld und Weinberg ist, ihm alles verschafft, was die fruchtbarsten Länder Süßes und Schönes hervorbringen«; der Romantiker und Jünger Rousseaus dagegen sympathisierte mit dem »kleinen Hirtenvölkchen« des inneren Landes, das »mit Milch und Käse, Erdäpfel und Habergrütze sorgenlos, ruhig und glücklich seine Existenz verlebt« und sich in seiner konservativen Genügsamkeit nicht dazu »reitzen und locken« läßt, der »Begierde nach größern Geldgewinn Platz zu geben«. Es steckt manches in diesen Reflexionen, was Licht selbst auf die Gegenwart wirft. Und dasselbe gilt von Norrmanns Bemerkung, auf dem Weg von Außer- nach Innerrhoden glaube man »aus dem Schoß des Kunstfleißes in den der ungebildeten Natur, aus dem Sitz größerer Verfeinerung in das Kindesalter des Hirtenlebens versetzt zu werden«: Wohl haftet diesen Worten etwas vom Duft des 18. Jahrhunderts an, aber wer heute auf Norrmanns und Ebels Spuren die beiden Appenzell durchstreift, wird überrascht feststellen, daß sie viel aktueller sind, als sie sich anhören mögen.

Ganz hat auch Innerrhoden freilich nicht im »Kindesalter des Hirtenlebens« verharren können. Und doch ist es der ausgesprochenste Agrarkanton der ganzen Schweiz geblieben: Noch die Volkszählung von 1970 ergibt, daß mehr als 30 % der Erwerbstätigen in der Landwirtschaft beschäftigt sind – mehr als in irgendeinem anderen Kanton –, während nur 33 % ihren Beruf in Industrie und Handwerk ausüben. Das entspricht etwa den Ziffern von 1910. Schon damals gab das Gewerbe mehr Menschen Arbeit als die Landwirtschaft. Im letzten halben Jahrhundert aber hatte sich eine ausgesprochene Re-Agrarisierung vollzogen. Von den Gründen dieser merkwürdigen, dem allgemeinen Trend der gesellschaftlichen Entwicklung genau zuwiderlaufenden Rückbildung wird noch zu sprechen sein. Aber die völlig eigentümliche Sozialstruktur, die das kleine Ländchen im 19. Jahrhundert ausgebildet hatte, wird uns erst gegenwärtig, wenn wir die Zahlen von 1910 genauer unter die Lupe nehmen. Da werden wir nämlich der ganz erstaunlichen Tatsache inne, daß damals, auf dem Höhepunkt der industriellen Entwicklung, von hundert berufstätigen Männern 53 – mehr als die Hälfte also – auf dem Lande arbeiteten, aber nicht einmal halb so viele in der Industrie, daß jedoch vier Fünftel aller Frauen, die überhaupt einen Beruf ausübten, dem Erwerb in Industrie und Handwerk nachgingen: Volle drei Viertel aller Arbeitenden in diesen Wirtschaftszweigen waren Frauen!

Hinter diesen Ziffern werden zwei eng miteinander verbundene Vorgänge sichtbar, die der innerrhodischen Wirtschaft bis zum Ersten Weltkrieg, ja bis in die Jahre danach ihr Gepräge gaben. Der eine war der Triumphzug der Handstickerei, die sich von Außerrhoden und St. Gallen her auch das innerrhodische »Hirtenland« schließlich erobert hatte, während die »moderne« Maschinenstickerei, die im reformierten Landesteil zeitweise ganz obenaus schwang, nur zögernd nach dem inneren Lande weiterwanderte und dort nie einen rechten Boden fand. Der andere aber war die völlig einzig dastehende Arbeitsteilung der Geschlechter: Die Welt des Hirtentums blieb (und bleibt) eine reine Männerwelt; dem weiblichen Geschlecht blieb die in Heimarbeit ausgeübte Handfertigkeit vorbehalten. So fütterte und molk der Innerrhoder weiterhin wie in alter

Zeit seine Kühe und widmete sich auch der Schweinezucht, die seit dem 19. Jahrhundert zur Milchwirtschaft hinzugekommen war. Frau und Töchter aber saßen am Stickrahmen und bewiesen dort beachtliche künstlerische Phantasie. Sie widmeten sich dieser Tätigkeit mit einem Eifer, mit dem sie selbst die Außerrhoderinnen in den Schatten stellten: Rund 40 % der ganzen weiblichen Bevölkerung, rund 70 % aller erwachsenen Frauen Innerrhodens waren industriell (und das hieß praktisch: mit der Stickerei und verwandten Berufen) beschäftigt, in Außerrhoden »nur« ein knappes Drittel der weiblichen Einwohner und nicht ganz die Hälfte der weiblichen Erwachsenen! Damals entstand das nicht gerade galant klingende und doch eminent realistische Sprichwort: »D Fraue ond d Saue mönd s Land erhalte«. Von der Schweinezucht auf der einen, von der Heimarbeit der Frauen auf der anderen Seite kam der bitter benötigte Zustupf an Bargeld, der es dem Sennen erlaubte, im übrigen bei seiner alten Lebensweise zu bleiben und sein Gütlein über Wasser zu halten.

Bleiben wir noch einen Augenblick im Jahre 1910 stehen: Es ist das letzte Volkszählungsjahr vor dem großen Umbruch und jenes, das uns das »klassische« wirtschaftliche und gesellschaftliche Gefüge Appenzells auf seinem Höhepunkt vor Augen führt. Wenn wir uns nun von Innerrhoden nach Außerrhoden wenden, springt uns der Unterschied in die Augen. Schon die globalen Ziffern lassen den Gegensatz der Struktur deutlich erkennen: 61 % der Außerrhoder lebten von Industrie und Handwerk, nur 16,5 % von der Landwirtschaft. Aber auch die Industrie selber bot ein völlig anderes Bild: Es gab immer mehr Männer als Frauen, die darin arbeiteten, obwohl sie auch hier 77 % der weiblichen Berufstätigen an sich gezogen hatte. Und während die industriellen Berufe in Innerrhoden noch 1960 ein leichtes weibliches Übergewicht aufwiesen, arbeiteten in der außerrhodischen Industrie gleichzeitig 6500 Männer, aber nur 3800 Frauen.

Zwischen 1910 und 1960 aber liegt ein Ereignis, das Appenzell wirtschaftlich um fast ein Jahrhundert zurückgeworfen hat: der Zusammenbruch der Stickereiproduktion. Zeitweise hatte in dieser Krise weit mehr als die Hälfte der Erwerbstätigen ihre Arbeit und ihren Beruf verloren; noch 1970, nach fünfzehn Jahren ununterbrochener Konjunktur, bot die Industrie beider Kantonsteile noch nicht einmal der gleichen Zahl von Arbeitskräften Beschäftigung wie 1910. Bei allem Bemühen um die Einführung neuer Wirtschaftszweige blieb vielen der Betroffenen kein anderer Ausweg mehr als die Abwanderung. Inner- und Außerrhoden sind die beiden einzigen Stände, die 1980 im Vergleich zu 1910, weniger Einwohner zählten: Innerrhoden verzeichnet nach dem Abklingen des vorübergehenden Aufschwungs nach dem Zweiten Weltkrieg einen Verlust von einem Achtel, Außerrhoden gar von einem Sechstel gegenüber der Zeit vor dem Ersten Weltkrieg, und beiderorts steht zudem ein überdurchschnittlicher Teil der Bevölkerung im Rentenalter, so daß mehrere Gesprächspartner von ihrem Kanton als einem »Altersasyl« sprachen.

Das Land, das einst durch seinen Volkreichtum das Erstaunen der Welt erregte, ist heute ein sterbendes Land – auch wenn es äußerlich keineswegs diesen Eindruck macht und noch immer ein Bild frohgemütiger Vitalität bietet. Noch immer, nach all den Schicksalsschlägen, gilt die Feststellung Ebels, der Appenzeller sei »lebhafter, munterer, scherzhafter, witziger und geistreicher als alle seine Nachbarn«. Und seine ungewöhnliche Schlagfertigkeit hat ihn weiterum berühmt, aber auch gefürchtet gemacht.

Er ist ein Individualist reinsten Wassers; seine Freiheitsliebe und sein elementarer Unabhängigkeitsdrang äußern sich keineswegs nur im politischen Bereich, sondern bestimmen auch seinen persönlichen Lebensstil viel ausgeprägter als den des übrigen Schweizers. Wir sind diesem Charakterzug schon bei der ersten Begegnung mit der appenzellischen Landschaft auf die Spur gekommen. Das Vorherrschen der Einzelsiedlung selbst dort, wo die ökonomischen Bedingungen einer stärkeren Konzentration auf die geschlossenen Ortschaften günstiger wären, ist vielleicht der klassische Ausdruck dieses Willens zur Selbständigkeit, zum Für-sich-Sein, zur Ungebundenheit. Dieser Individualismus mag oft bis ins Kauzige ausschlagen. Nirgends wachsen die Sonderlinge so dicht wie in diesem Land der Originale. Und es paßt ganz ins Bild hinein, daß Appenzell neben den Jurahöhen Neuenburgs mehr berühmte Autodidakten hervorgebracht hat als jeder andere Teil der Schweiz: Das Pröbeln und Basteln, das Sinnieren und Studieren auch außerhalb der geregelten akademischen Ochsentour, das Erfinden und Spekulieren auf eigenen und abseitigen Wegen liegt tief im Charakter eines Volkes begründet, dessen Angehörigen Fäsi einen »aufgelegten Geist« und eine »starke Vernunft« bescheinigt, das aber auf der anderen Seite auch einer gewissen Versponnenheit bis hinein ins Spinnige, dann und wann einmal auch ins Abstruse zuneigt. Der Appenzeller ist eben ein »Eigener« im doppelten Sinne des Wortes: niemandem als sich selbst gehörig, selbständig bis in die Knochen und jedem Zwang zutiefst abhold, aber auch bis zum Wunderlichen verschroben. Nur daß bei ihm auch die Verschrobenheit gerne noch einen Stich ins Intelligente annimmt und selbst die Schrulle mit vifem und quickem Temperament gepfeffert scheint.

Nichts kann die Mentalität dieser Bevölkerung typischer bezeichnen als die Tatsache, daß Außerrhoden als einziger Schweizer Kanton den Naturheilärzten lange Zeit bedingungslose Praktizierfreiheit einräumte. Und auch nachdem die Landsgemeinde von 1965 zur Freude aller approbierten Mediziner diese Freigabe der Heilkunst einschränkte, ist Appenzell immer noch das Paradies der Kurpfuscher und Quacksalber, der Wundermänner und Kräuterweiblein geblieben. Dabei bringen die Einheimischen diesen Heilkünstlern keineswegs sonderliches Vertrauen entgegen und halten sich lieber an die studierten Doktoren, während die auswärtige Kundschaft in hellen Scharen aus der Schweiz und dem Ausland herbeiströmt, um sich nach Herzenslust diagnostizieren und trätieren zu lassen. Hinter der freien Bahn aber, die man dem medizinischen Naturtalent und in Gottes Namen auch dem gerissenen Scharlatan gewährt, steckt sicher nicht allein der pfiffige Eigennutz, der in der blühenden Praxis dieser Leute ein interessantes Steuerobjekt wittert, sondern eben auch das eingefleischte Freiheitsbewußtsein, das es keinem Menschen verwehren möchte, sich auf seine eigene und unorthodoxe Weise um die eigene Gesundheit oder auch die der Mitmenschen zu kümmern, sei es durch Handauflegen, mesmerische Praktiken, kräftige Abführmittel oder bitteren Kräutertee.

Darin äußert sich der gleiche Geist des bis zum Eigensinn getriebenen Eigenwillens, dem das Land seine Unabhängigkeit und seine frühe wirtschaftliche Entfaltung verdankt. Mit Recht hat einer der frühen Bewunderer Appenzells, J. M. Afsprung, in seiner 1784 herausgekommenen »Reise durch einige Kantone der Eidgenossenschaft« das größte Gewicht auf den innigen Zusammenhang von »politischer und bürgerlicher Freiheit« gelegt, den er dort wahrzunehmen glaubte: »Hier ist der Bürger, was er in jeder Republik seyn sollte, und fast in keiner ist, ›vollkommen frey in allem, was den andern nicht schadet‹.« Aus der Existenz und Lebensweise dieses Volkes gewann Afsprung nicht nur die Überzeugung vom Sinn und der erzieherischen Bedeutung der Demokratie (der »politischen Freyheit«), sondern auch »den stärksten Beweis von der Nützlichkeit der Gewerbe-Freyheit und völligen Befreiung vom Zunftzwange«. Zahlreichen Beobachtern des 18. Jahrhunderts hat Appenzell solchen Anschauungsunterricht geliefert. Hier trafen sie einmal in der Wirklichkeit, was ihnen sonst zu ihrer Zeit fast nur in den Konstruktionen der Theoretiker begegnete: eine Gesellschaft, in der nach den Worten des »Dictionnaire de la Suisse« das »génie actif« eines Volkes nicht durch hemmende Verordnungen und Privilegien gefesselt wurde (»point enchaîné par des réglemens embarassans & par des privilèges injustes & partiaux«). Wieder ist es der unvergleichliche Ebel, der diesen Gedanken nicht nur aufgreift, sondern den Erscheinungsformen des Phänomens bis in die Einzelheiten hinein nachspürt:

»Zünfte und ähnliche Korporationen sind in Außerrhoden ganz unbekannt: jeder Landmann kann so viele Handthierungen und Gewerbe treiben wie er will; kann zu seinen Arbeiten fremde Handwerker kommen lassen, wenn er sie geschickter und wohlfeiler glaubt; kann die Produkte seiner Arbeit und seines Kunstfleißes ausführen, und andere wieder einführen, ohne daß jemand sich um ihn bekümmert, oder Aus- und Einfuhrzölle, Ein- und Verkaufsaccise abfordert.«

Wenn man weiß, welche Hindernisse in den Städten das Zunftwesen der industriellen Entfaltung bereitete und wie insbesondere in der Schweiz die städtischen Vorrechte bis tief ins 19. Jahrhundert hinein dazu ausgenützt wurden, das Land in einer dienenden wirtschaftlichen Rolle festzuhalten, dann wird man die Bedeutung dieses Moments nicht unterschätzen. Hier liegt vielleicht der wichtigste Schlüssel für die Erkenntnis des Problems, warum ausgerechnet so abgelegene, von keinem großen Durchgangsverkehr berührte Gebirgsgegenden wie Appenzell und Glarus einen so erstaunlichen Vorsprung vor den geographisch so viel besser begünstigten Gebieten des Mittellandes gewinnen konnten. Die ungewöhnliche Bewegungsfreiheit, die der einzelne hier genoß, hat Appenzell nicht nur die Möglichkeit geboten, die von St. Gallen ausgehenden ökonomischen Impulse aufzunehmen, ohne dadurch in einseitige Abhängigkeit zu geraten. Sie hat auch die individuelle Initiative in einer Weise gefördert, die wahrscheinlich in der Epoche vor der Französischen Revolution beispiellos war. So hat das Land hier nicht nur früher und radikaler als jede andere Gegend die feudalen Reste beseitigt, sondern auch eine »liberale« Ökonomie hervorgebracht, ehe es diesen Begriff noch gab: politische und ökonomische Emanzipation, Landsgemeindedemokratie, persönliche Freiheit und wirtschaftliche Ungebundenheit gingen hier Hand in Hand.

Es gibt denn auch keinen Kanton, der dem obrigkeitsstaatlichen Denken des 17. und 18. Jahrhunderts so beharrlich widerstanden hat wie Appenzell. Zwar fehlte es auch hier nicht an aristokratischen Tendenzen und an Elementen einer Familienherrschaft. Von den beiden höchsten Ämtern im Staate, dem des »regierenden« und des »stillstehenden« Landammanns – des Regierungs- und Staatsoberhauptes und seines Stellvertreters also – befand sich in Außerrhoden während der zweihundert Jahre vom Landteilungsvertrag bis zum Untergang der alten Eidgenossenschaft das eine oder das andere 74mal in den Händen eines Zellweger, 67mal in denen eines Tanner, und 48mal wurde es von einem Wetter verwaltet. Dazu kam die rigorose Einschränkung des alten Rechtes, Anträge an die Landsgemeinde zu stellen. Lange Zeit wurden solche Anträge aus dem Kreise der Bürger überhaupt nur noch dann zur Abstimmung gestellt, wenn sie das *Placet* des Großen Rates – mit anderen Worten: der politischen Notabeln – erlangt hatten. Walter Schläpfer, der dem widerspruchsvollen Ineinanderspiel und Gegeneinanderspiel von Demokratie und Aristokratie in der Appenzeller Geschichte dieses Zeitraumes eine instruktive Studie gewidmet hat, stellt daher für die Epoche des Absolutismus »eine immer größer werdende Machtkonzentration beim Großen Rat und eine fortschreitende Schwächung der Landsgemeinde« fest. Aber er weist zugleich darauf hin, daß dem aufgebrachten Landvolk selbst dann immer noch die Möglichkeit blieb, mißliebige Regenten an der Landsgemeinde zu stürzen, und daß es davon in reichlichem Maße Gebrauch machte. Wenn daher gerade in jenem Zeitraum die Turbulenz der appenzellischen Landsgemeinden viel gescholten wurde, wenn etwa der Pfarrer und Chronist Gabriel Walser in seiner Appenzeller-Chronik von 1740 es geradezu als bemerkens- und verzeichnenswert empfand, daß einmal eine dieser jährlichen Versammlungen aller Bürger »wider alles Vermuthen fried und wohl« ablief, so sieht der Historiker unserer Zeit in diesen immer wieder sich erneuernden stürmischen Szenen »nicht Ausdruck einer schlimmen ›Pöbelherrschaft‹, sondern Zeugnisse dafür, daß man trotz allem den Sinn für das Wesentliche in der Demokratie nicht verloren hatte«. Und Fäsis Wort über die Appenzeller: »Obrigkeit und Gesetze« seien ihnen »bisweilen unerträglich«, trifft nur dann den Nagel auf den Kopf, wenn man sich daran erinnert, daß der untergründige und bei jeder Gelegenheit wieder emporstrudelnde Strom der Rebellion nicht so sehr die Obrigkeit schlechthin als die dem Volk entfremdeten Autoritäten des Obrigkeitsstaates wegzuschwemmen drohte.

Nichts bestätigt diese Auffassung besser als die Tatsache, daß die erste Hälfte des 19. Jahrhunderts, die in der übrigen Schweiz so stürmisch verlief, in Appenzell einen auffällig ruhigen Verlauf genommen hat. Die inneren Umgestaltungen dieser Zeit konnten hier an die Hand genommen werden, ohne Wesentliches im Gefüge des Staates zu verändern, weil eben die demokratische Tradition noch lebendig genug war, um keiner revolutionären Anstöße von innen oder von außen zu bedürfen. Das meiste von dem, was die Regeneration, der Radikalismus und später noch einmal die demokratische Bewegung der zweiten Jahrhunderthälfte andernorts in einer Folge heftiger Konvulsionen durchzusetzen suchten, war ja von den Vorvätern längst vor der Französischen Revolution vorausgenommen worden und mußte nur im evolutionären Ausbau der überkommenen Institutionen schrittweise an die Bedürfnisse der Gegenwart angepaßt werden. Immerhin verfügte wenigstens Außerrhoden bereits in der Ära der Restauration beispielsweise über eine fast unbeschränkte Pressefreiheit, dank deren die 1828 gegründete »Appenzeller Zeitung« jahrzehntelang zum einflußreichsten liberalen und radikalen Organ der Eidgenossenschaft werden und sich »kampflustiger und rücksichtsloser als alle anderen schweizerischen Blätter« (Oscar Alder) ins Getümmel der Polemik stürzen konnte – auch dies ein Symptom dafür, welch tiefe Wurzeln hier die freiheitlichen Ideen geschlagen hatten und wie unbekümmert sie sich auf appenzellischem Boden schon zu einer Zeit entfalten durften, da sie sonst überall noch kleinlich ins Gehege enger Vorschriften eingezäunt wurden.

Noch heute dominiert der damals von der »Appenzeller Zeitung« propagierte »Freisinn« die Politik Außerrhodens. Trotzdem hatte der Kanton als einer der ersten bereits vor dem Ersten Weltkrieg einen Sozialdemokraten in den Nationalrat und in den Regierungsrat gewählt, der den Appenzellern als ein Mann eigenen Wuchses imponierte. Die andernorts so mächtigen Parteien und ihre Apparate spielen nämlich in Außerrhoden eine noch viel geringere Rolle als in den anderen Landsgemeindekantonen: wenn man genauer hinsieht, überhaupt fast keine. In der direkten Demokratie alten Typs, wo sich die Bürger noch alljährlich im »Ring« versammeln, um in

offener Abstimmung durch Handmehr Landammann und Regierungsräte zu bestimmen, zählt die Person ja noch immer weit mehr als die Partei. Hier hat auch der Unabhängige und der parteilose Einzelgänger noch seine Chance.
Das hat sich zuletzt wieder bei den Nationalratswahlen 1983 bewahrheitet, als der »grüne« Außenseiter Herbert Maeder ganz ohne Rückhalt an irgendeiner starken politischen Organisation einen der beiden Sitze des Halbkantons im Berner Unterhaus an sich riß, den seit 1931 ständig ein Sozialdemokrat innehatte.
In Appenzell aber kommt noch hinzu, daß jegliche Reglementation und vollends jeder Machtanspruch organisierter Gruppen dem extrem individualistischen Temperament des Volkes zutiefst widerstrebt. So ist das außerrhodische Parlament – der Kantonsrat – das einzige der Schweiz, das zwar mancherlei politische Schattierungen, aber keine festgefügten Fraktionen kennt, wo also Beschlüsse und Gesetzentwürfe noch immer wie in der Frühzeit des modernen Parlamentarismus in freier, von keinen Rücksichten auf Parteiparolen eingeengter Diskussion erarbeitet werden. Das ist natürlich nur möglich, weil die Appenzeller vom Proporz nie etwas wissen wollten: Sie wählen zwar ihre Legislative – die im Hinblick auf das souveräne Entscheidungsrecht der Landsgemeinde ohnedies mehr vorbereitende als beschließende Funktionen ausübt – an der Urne, aber sie beharren auf einem Wahlrecht, das ganz auf die Persönlichkeit und nicht auf die »Liste« zugeschnitten ist. Und ob ein Kandidat dieser oder jener Partei oder am Ende gar keiner angehört, ist für das Votum des Wählers völlig unerheblich, weil dieser nur auf den Mann und nicht auf das Etikett sieht.
Vollends aber käme es niemandem in den Sinn, bei der Behandlung dieses oder jenes Sachgeschäfts auf die Empfehlungen der Parteien abzustellen. Viel größere Bedeutung für die politische Willensbildung hat eine andere und typisch appenzellische Institution gewonnen: die der sogenannten »Lesegesellschaften«, deren es wohl in jeder Gemeinde mindestens eine, in den größeren Ortschaften sogar gleich mehrere gibt. Hier werden in eifrigem Für und Wider nicht nur die Traktanden jeder Landsgemeinde vorher erörtert, sondern auch die Gesetzentwürfe des Kantonsrates schon *in statu nascendi* zur Debatte gestellt. Nicht zuletzt im Hinblick darauf hat sich die feste Gewohnheit eingebürgert, daß der Rat nach der ersten Lesung eines Gesetzes eine Pause von ein bis zwei Monaten einschaltet und dem Volk Gelegenheit gibt, sich an der Beratung zu

beteiligen. Parteien und einzelne Bürger, vor allem aber eben die Lesegesellschaften können während dieser Frist ihre Abänderungsvorschläge einreichen, die allesamt nicht nur der Legislative als Material für ihre weitere Arbeit überwiesen, sondern im Amtsblatt publiziert werden – und wehe dem Parlament, das einen in dieser »Volksdiskussion« etwa zutage getretenen Trend mißachtet oder über die von unten kommenden Anregungen leichtsinnig hinwegschreiten sollte! Mit Recht hat Arnold Künzli diese »Demokratie der Lesegesellschaften« als das »absolute Gegenprinzip zum Obrigkeitsstaat« gefeiert: Sie gewährt dem einzelnen Staatsbürger eine Chance zur Mitwirkung an der Gestzgebung *von Anfang an*. Das ist um so wichtiger, seit die Landsgemeinde zu groß geworden ist, als daß dort noch eine freie Aussprache alten Stils möglich wäre. Mit der Berufung darauf haben die Appenzeller denn auch die Zulassung der Frauen zum Ring, das heißt die Übertragung des im gesamtschweizerischen Bereich mittlerweile akzeptierten Frauenstimmrechts auf ihre Landsgemeinde-Demokratie, bis heute immer wieder zurückgewiesen. Das könnte zwar höchstens für Außerrhoden angeführt werden, und auch dort muß es wohl eher als Vorwand denn als eigentliches Motiv angesehen werden. Im Grunde paßt es den Männern beider Appenzell einfach nicht in den Kram, sich dem allgemeinen Zeittrend zu fügen. Und zumal die Innerrhoder bedürfen für diese Haltung auch gar keiner Vorwände.

Überhaupt treten wir in den Inneren Rhoden aus der Welt jener zwar traditionsgebundenen, aber doch eminent rationalen, ganz vom Individuum geprägten, von Grund auf »liberalen« gesellschaftlichen und staatlichen Strukturen, in der wir uns im äußeren Halbkanton bisher bewegt haben, in das bei weitem konservativste Staatswesen der Schweiz hinüber – konservativ nicht einfach im Parteisinne, sondern in dem viel tieferen, daß hier die Erhaltung des Überlieferten und die Bindung an Werk und Sitte der Väter den Grundzug des ganzen öffentlichen Lebens abgibt. Schon die Zeugnisse des 18. Jahrhunderts wenden insbesondere auf die Innerrhoder – damals allerdings auch auf die Appenzeller insgemein – mit Vorliebe die Formel an, sie seien »für alles Alte steif«. So kritisiert 1740 Pfarrer Walser seine Landsleute, weil »Neuerungen ins gemein bey ihnen verhaßt« seien – »eine vielmahls unbegründete Regul«, so fügt der aufgeklärte geistliche Chronist sogleich hinzu, wegen deren »öffters viele gute und dem Land nützliche Einrichtungen, in Kirchen- und Civil-Sachen, müßten unterwegen bleiben«. Ebel notierte mit besonderer Beziehung auf Innerrhoden, daß das »alte Herkommen« den Appenzeller Hirten »als ein unüberschreitbares Gesetz« regiere. Und ein halbes Jahrhundert nach ihm faßte Theodor Mügge seinen Eindruck dahin zusammen, bei dem »eigenthümlichen Naturvölkchen« in den innerrhodischen Bergen sitze »uraltes Wesen mit allem Rost vergangener Jahrhunderte noch so fest . . ., als gäbe es keine Kultur; wenigstens hat ihre Zunge hier alle Kraft verloren«.

Das ist natürlich herzlich einseitig gesehen und nicht ganz ohne Malice ausgedrückt. Denn in Wahrheit hat auch Innerrhoden durchaus seine Entwicklung durchgemacht, ja, diese Entwicklung lief der außerrhodischen zunächst geradezu erstaunlich parallel – erstaunlich jedenfalls dann, wenn man die Verschiedenheit der Konfessionen und den Kontrast des sozialen Gefüges bedenkt. Auch hier gab es im 17. und 18. Jahrhundert dieselbe Tendenz zum Familienregiment und zur immer weiteren Einengung der Landsgemeinde, die dieser Institution zeitweise nur noch einen Schatten ihrer einstigen Befugnisse ließ; auch hier kam es zu denselben tumultuös-anarchistischen Reaktionen des Volkes gegen die Eigenmächtigkeit der Oligarchen (der »Suterhandel« der Jahre 1775–84, der den Landammann Josef Anton Suter zuerst sein Amt und schließlich sogar seinen Kopf kostete, ist das genaue Gegenstück des außerrhodischen »Landhandels« von 1732/33, in dem Landammann Konrad Zellweger gestürzt und verbannt wurde); auch hier begann schließlich schon in den zwanziger Jahren des 19. Jahrhunderts die Rückkehr zu den älteren demokratischen Gepflogenheiten. Die Innerrhoder haben diese Rückkehr sogar noch früher bewerkstelligt als ihre reformierten Brüder: Schon die Verfassungsrevision von 1829 setzte hier die Landsgemeinde wieder in die Fülle ihrer Rechte ein und stellte die Antragsfreiheit des einzelnen Bürgers wieder her – ein Prozeß, der in Außerrhoden erst fünf Jahre später zu Ende geführt wurde. Daß ausgerechnet das erzkonservative Innerrhoden damit für einige Zeit an die »Spitze der fortschrittlichsten Kantone« rückte – wie A. Marti und A. Zesiger es ihm im »Historisch-biographischen Lexikon der Schweiz« bescheinigen –, ist eine verblüffende Tatsache, die auf den ersten Blick nicht recht ins Bild eines eingefleischt traditionalistischen Gemeinwesens passen will.

Und doch liegt hier ein Schlüssel zum Verständnis dieses kleinen Ländchens. Die Revisionsbewegung von 1829 stellte nicht nur eine ganz und gar autochthone Umwälzung dar – während die Unruhen der Regenerationsperiode, die in den Jahren darauf viele Kantone auf die Bahn einer »modernen« Verfassungsentwicklung stoßen sollten, gewissermaßen als ein schweizerischer Reflex auf die französische Julirevolution von 1830 begriffen werden müssen –, sondern diese Umwälzung war im Geiste ihrer Urheber (und in Wirklichkeit) ja das genaue Gegenteil einer »Revolution«: eine durchgreifendere, konsequentere Restauration, ein bewußtes Anknüpfen an die Institutionen der Altvordern. Die katholischen Appenzeller wollten, indem sie der reinen Demokratie wieder zum Durchbruch verhalfen, nicht im geringsten »fortschrittlich« sein, sondern ihre Wege wieder auf die Spur der Väter zurücklenken. Aber gerade darin bekundet sich wiederum die Fruchtbarkeit der altdemokratischen appenzellischen Tradition und die eminente »Modernität« ihrer urtümlichen Einrichtungen. Indem man den Staat wieder nach dem Vorbild der Ahnen einzurichten strebte, in gewolltem Rückgriff und Rückschritt hinter die Epoche des Absolutismus, fand man sich gleichsam von selbst und ohne es zu ahnen zuvorderst auf der revolutionären Bahn zur »Völkersouveränität« – einfach deshalb, weil diese Ahnen in so vieler Hinsicht Gedanken vorweggenommen hatten, die anderswo erst in und nach der Französischen Revolution aktuell werden sollten.

Nachdem das aber einmal geleistet war, konnte sich der innerrhodische Konservatismus erst recht entfalten. Seit der Reform von 1829 sind die Institutionen des Halbkantons nur noch ganz obenhin renoviert, da und dort mit einem neuen Anstrich versehen und äußerlich den Vorschriften der Bundesverfassungen von 1848 und 1874 im Rahmen des unbedingt Nötigen angepaßt, aber nicht mehr von Grund auf umgestaltet worden. So sehen wir in diesen Einrichtungen noch mehr als seinerzeit Mügge ein »ganz wunderliches altes Verfassungsgebäu«. Schon die Namen der wichtigsten Landesämter haben etwas betont Altväterisches an sich. Zwar nennt man seit 1872 die Mitglieder der Regierung nicht mehr in einstiger feierlicher Weise die »Häupter«, sondern hat ihrem Gremium den eigentümlich prosaischen Titel einer »Standeskommission« verliehen (einen allerdings doch sehr bezeichnenden Titel; er macht deutlich, daß die Inhaber der Staatsgewalt in Wahrheit nichts anderes sind als die Ausgeschossenen des Volkes). Um so archaischer klingen die Bezeichnungen der einzelnen Ämter. Da heißt der Finanzminister wahrhaftig noch »Landessäckelmeister« und der Chef des Bauressorts »Bauherr«; da findet sich ein »Landeshauptmann«, hinter dem sich keineswegs etwa ein Militärgewaltiger, sondern der Leiter des Landwirtschaftsdepartements verbirgt, während dem Militärdepartement der »Zeugherr« und einem weiteren ein »Landesfähndrich« vorstehen, der nicht etwa ein dekorativer Fahnenträger ist, sondern die Rolle des Innen- und Polizeiministers spielt, dem es obliegt, nach Übeltätern zu fahnden ...

Bedeutsamer als dergleichen pittoreske Nomenklaturen ist freilich etwas anderes: daß Innerrhoden als einziger Schweizer Kanton kein eigentliches Parlament und nur eine sehr rudimentäre Gewaltenteilung kennt. Wohl gibt es auch hier einen Großen Rat, dem die Vorberatung der Gesetze zu Handen der Landsgemeinde und der Erlaß von Verordnungen während der Zeit zwischen den alljährlichen Versammlungen der Stimmbürger zusteht. Aber diese Körperschaft wird nicht etwa eigens gewählt; sie faßt einfach die insgesamt 53 »Bezirksräte« jener sechs Bezirke zusammen, die hier praktisch die Rolle der nicht existierenden Ortsgemeinden spielen, und gesellt ihnen – mit vollem Stimmrecht – *ex officio* die neun Angehörigen der Standeskommission bei. So wundert es kaum mehr, wenn der Regierende Landammann – der Vorsitzende der Exekutive – gleichzeitig als Großratspräsident, also als Leiter der legislativen Versammlung, fungiert. Diese ganze höchst ungewöhnliche Konstruktion hat Arnold Künzli zu der pointierten Frage bewogen, ob Montesquieu eigentlich nicht bis Appenzell gekommen sei. Und in der Tat muß, im Lichte der Lehre von der Trennung der Gewalten, ein quasi-parlamentarisches Gremium, das sich ausschließlich aus den Inhabern der ausführenden Gewalt (im Kanton und Bezirk) zusammensetzt, als eine Art Monstrum aus der Vorzeit des Rechtsstaates erscheinen, das man nur mit Kopfschütteln zur Kenntnis nehmen kann.

Noch absonderlicher mutet es vielleicht an, wenn man feststellt, daß es in Innerrhoden zwar nicht *de jure*, aber *de facto* nur eine einzige Partei gibt. Seit sich die längst zu völliger Bedeutungslosigkeit herabgesunkene liberale Gruppe 1948 sang- und klanglos aufgelöst hat, steht der herrschenden Christlichen Volkspartei keine organisierte Opposition mehr gegenüber. Automatisch wird ihr Kandidat alle vier Jahre auf den einen Sitz abgeordnet, der Innerrhoden im eidgenössischen Parlament (im »Nationalrat«) zusteht; seit 1953, als ein Freisinniger es bei der Nationalratswahl auf ganze 58 Stimmen brachte, ist dem konservativen Anwärter nie mehr ein Widersacher entgegengetreten. Auch jene jungen Bürger, die sich vor einigen Jahren in der »Gruppe für Innerrhoden« zusammengeschlossen haben und in manchen Sachgeschäften als Kritiker offizieller Vorschläge aufgetreten sind, wollen keineswegs die Rolle einer Oppositionspartei spielen, sondern nur unabhängig zu politischen und kulturellen Fragen Stellung beziehen. Sie stellen also jenes Kuriosum nicht in Frage, das Künzli auf die paradoxe Formel von der »Urdemokratie als Einparteienstaat« gebracht hat und zu dem es nun freilich in der übrigen Schweiz keine Parallele gibt; selbst das unerschütterlich konservative und parteitreue Obwalden kennt immerhin eine organisierte (und sogar höchst muntere) liberale Opposition.

Eine innerrhodische Eigentümlichkeit bildet auch der immer noch vorherrschende ausgeprägt patriarchalische Regierungsstil, der sich mit dem eifersüchtigen Bestehen auf den Rechten des Bürgers und mit gelegentlicher Ungebärdigkeit gegenüber den konstituierten Autoritäten erstaunlicherweise durchaus verträgt. Der Landammann ist im Gegensatz zu den Regierungspräsidenten anderer Kantone beileibe kein bloßer *primus inter pares*. Er vereinigt in seinen Händen vielmehr eine Machtfülle, die in der Eidgenossenschaft nicht so bald ihresgleichen findet. Bezeichnend dafür ist etwa die Tatsache, daß er selbst die Geschäftsprüfungskommission präsidiert, der die Kontrolle der Regierungstätigkeit während eines Amtsjahres untersteht: Er ist also Kontrolleur und Kontrollierter in einem. Genauso typisch scheint aber die Sparsamkeit eines »Souveräns«, der die Arbeitsleistung dieses Einzelnen mit einem Gehalt entschädigt, das weit hinter dem Lohn eines ungelernten Arbeiters zurückbleibt. Selbst wenn dazu noch gewisse Nebeneinnahmen (etwa durch die Vertretung des Kantons in Verwaltungsräten öffentlicher oder gemischtwirtschaftlicher Unternehmen) hinzukommen, muß der Landammann entweder über eigenes Vermögen verfügen oder einen einträglichen Hauptberuf ausüben, um sein anspruchsvolles Amt wahrnehmen zu können. Anderseits könnte er sich – wie alle Regierungsräte und auch die Richter – einer Wahl selbst dann nicht entziehen, wenn er sie als unerträgliche Belastung empfinden sollte. Noch immer kennt Innerrhoden die Institution des »Amtszwangs«: Wen die Landsgemeinde mit einer öffentlichen Aufgabe betraut, der hat kein Recht, sich diesem Ruf zu entziehen. Auch der Rücktritt eines Amtsinhabers bedarf grundsätzlich der Bestätigung durch die Versammlung aller Bürger und kann ihm – außer unter ganz besonderen Umständen – von ihr ohne weiteres verweigert werden.

Ein »wunderliches altes Verfassungsgebäu« in der Tat – und doch eines, das nicht *allein* durch das »Herkommen« geheiligt wird, sondern aus den besonderen Bedingungen des innerrhodischen Gemeinwesens verstanden sein will. Will man es nicht nur als malerisches Überbleibsel »uralten Wesens« betrachten, so muß man die besonderen Voraussetzungen in Erinnerung rufen, unter denen es sich herausgebildet hat. Es sind vor allem zwei Besonderheiten Innerrhodens, die sich darin widerspiegeln: die außergewöhnliche Kleinheit und die nicht minder außergewöhnliche Homogenität des Landes.

Mit seiner Fläche von 173 Quadratkilometern, hinter der an Ausdehnung nur noch das rein urbane Baselstadt zurückbleibt, und mit einer Einwohnerzahl von nicht einmal mehr 13 000 Seelen ist Innerrhoden im Kreis der schweizerischen Miniaturstaaten der miniatürlichste; selbst der nächstkleinste Stand – Nidwalden – registriert immerhin über 28 000 Einwohner. Aber das kleinste der schweizerischen »Völker« ist zugleich das innerlich geschlossenste. Schon konfessionell: 91 % aller Einwohner – mehr als irgendwo sonst außer im Wallis – bekennen sich zum römisch-katholischen Glauben. Noch bemerkenswerter scheint, daß die Einheimischen auch nach einem Jahrhundert der Niederlassungsfreiheit immer noch bei weitem dominieren: Wenig mehr als 7 % sind Ausländer, nur knapp 18 % stammen aus anderen Kantonen (vor zehn Jahren allerdings machte ihr Anteil noch nicht einmal 15 % aus – während anderseits volle zwei Drittel aller Innerrhoder Bürger außerhalb ihres Heimatkantons wohnen).

Damit ist Innerrhoden immer noch der am wenigsten überfremdete aller Kantone – und schon das macht verständlich, daß sein eingefleischter Konservatismus offenbar nicht nur in der Mentalität seiner Bevölkerung, sondern eben auch in der Struktur seiner Gesellschaft begründet ist. Auch die enorme Auswanderung hat die Bodenständigkeit der Zurückgebliebenen nicht tangiert. Die großen Wandlungen der jüngsten Zeit machen sich gewissermaßen nur an der Peripherie des »uralten Wesens« bemerkbar, stellen aber seine Essenz nicht in Frage. Zusammen mit der Kleinheit des Territoriums und der Geringfügigkeit der Bevölkerungszahl verleiht das dem gesellschaftlichen Gewebe Innerrhodens eine unvergleichliche Dichte und Festigkeit. Es fehlen einmal die Impulse zur Veränderung der immer noch als »bewährt« empfundenen Ordnung; genausowenig empfindet man aber unter solchen Verhältnissen auch das Bedürfnis nach einer »modernen« staatlichen Apparatur, nach einem weitverzweigten, die Funktionen sorgfältig spezialisierenden politisch-administrativen Überbau. Wo jeder jeden kennt, ja fast jeder mit jedem verwandt und verschwägert ist, kann noch auf altväterische Weise mit einem Minimum an Maschinerie regiert und verwaltet werden – und gerade der Innerrhoder schaut sorgfältig darauf, dieses Minimum ja nicht zu überschreiten.

Dem widerspricht auch der zunächst verwunderliche Umstand nicht, daß sich der kleinste (und ärmste) Stand den scheinbaren Luxus der größten Kantonsregierung leistet: Innerrhoden gehört mit Bern zu den ganz wenigen Ständen, deren Regierung neun Mitglieder zählt, während sich fast alle anderen mit sieben oder gar fünf zufriedengeben. Aber auch diese Eigentümlichkeit rückt in eine andere Perspektive, wenn man sich erinnert, daß die innerrhodischen Regierungsräte ihre Arbeit alle nebenamtlich und für eine minimale Entschädigung verrichten und daß ihnen anderseits nur ein ganz kleines Korps von Berufsbeamten zur Seite steht (erst seit einigen Jahren gibt es z. B. überhaupt einen Landesbuchhalter!): Eine große Regierung und einen kleinen bürokratischen Stab zu unterhalten, kommt den sparsamen Bürgern augenscheinlich angemessener vor als das umgekehrte Verfahren. Und eben diese Erwägung erklärt auch, warum man ein eigentliches Parlament nun wirklich als Luxus empfindet und sich mit einem Notbehelf begnügt: Da Bezirksräte und Standeskommission ja sowieso allesamt aus der Volkswahl hervorgehen, also offenkundig das Vertrauen der Bürger genießen, überläßt man ihnen ohne Bedenken eben auch die legislativen Funktionen, »Gewaltenteilung« hin oder her. Dabei spielt noch ein anderes Moment mit: daß der Kreis derer, die für staatliche Aufgaben überhaupt in Frage kommen, unter den Bedingungen Innerrhodens denkbar beschränkt ist. Da muß man eben mit den vorhandenen Begabungen haushalten auf die Gefahr hin, daß Puristen darin vielleicht eine Systemwidrigkeit entdecken. Das System funktioniert, es ist billig und schafft nicht viele als überflüssig empfundene Umtriebe. Von einer sorgfältigeren Kontrolle der Exekutive aber glaubt man sich schon deshalb dispensiert, weil man sie ja jederzeit an der nächsten Landsgemeinde wieder zum Teufel schicken kann, falls man etwa den Eindruck gewinnen sollte, die Magistraten mißbrauchten das Vertrauen des Volkes – obwohl man in Wirklichkeit ja nur ganz ausnahmsweise einmal zu diesem drastischen Mittel greift.

Auch das »Einparteiensystem« gewinnt im Zusammenhang der Landsgemeinde-Demokratie ein ganz anderes und minder ominöses Aussehen. Die überwältigende konservative Einstimmigkeit, die keine organisierte Opposition kennt, ist genauso trügerisch wie das Vorhandensein von sechs oder sieben Parteien in Außerrhoden. Denn die konservative Volkspartei stellt ihrerseits das genaue Gegenteil eines totalitären Blockes dar. Sie ist nichts als ein vager, mit einem Minimum von Aktivität auskommender Zusammenschluß von mehr oder minder Gleichgesinnten, der die Landespolitik, die er scheinbar unbeschränkt beherrscht, in Wirklichkeit nur in ganz geringem Maße steuert. Wohl treffen sich die Konservativen vor der Landsgemeinde, um die Sachgeschäfte zu beraten und ihre Kandidaten für die freiwerdenden Ämter aufzustellen. Trotzdem kann es ohne weiteres geschehen, daß der »offizielle«, mit dem Segen der Partei ausgestattete Anwärter von irgendeinem aus dem »Ring« nominierten Bewerber mühelos überrundet wird. Der Außenseiter hat in diesem »Einparteienstaat« paradoxerweise weit bessere Chancen, selbst zum höchsten Amt des Staates aufzusteigen, als im Gegeneinander von Regierung und Opposition.

Sogar ein Mann wie der verstorbene, gern als »ungekrönter König von Innerrhoden« bezeichnete Raymond Broger verdankte es denn auch weniger dem konservativen Parteiapparat als seinem persönlichen Prestige, wenn er die Politik des Gemeinwesens so gut wie unbeschränkt beherrschte, zahlreiche Ämter im öffentlichen und dazu manche Funktionen im wirtschaftlichen Bereich innehatte und gerade deshalb auch mancherlei Anfechtungen ausgesetzt war – und nicht nur solchen von Außenstehenden. In seiner für unsere Zeit wahrhaftig einzigartigen Stellung hat dieser Politiker keinen Erben hinterlassen. Zwar vereinigt seit der Landsgemeinde von 1984 der junge – erst 34jährige – Carlo Schmid mit dem Amt des Ständerats, das er schon seit Brogers Tod bekleidet, auch das des Landammanns. Aber das besagt noch nicht, daß ihm schon eine ähnlich umfassende Gewalt zugewachsen wäre. Dies um so weniger, als Innerrhoden in Nationalrat Prof. Arnold Koller noch über einen zweiten Politiker von großem persönlichen Gewicht verfügt. Es bedeutet viel, wenn ausgerechnet der Vertreter des kleinsten Halbkantons in der Volkskammer nicht nur die Fraktion der Christlichen Volkspartei leitet, sondern nach relativ wenigen Jahren in der eidgenössischen Politik bereits als aussichtsreicher Kandidat auf einen freiwerdenden Sitz im Bundesrat genannt wird.

Aber selbst eine Figur wie Broger blieb sich immer bewußt, daß auch der selbstherrlichste aller Landammänner, wenn er im »Ring« vor seine Landsleute tritt, der schärfsten sachlichen und persönlichen Angriffe gegen seine Amtsführung gewärtig sein muß. Die sonst unantastbare Würde seines Amtes bleibt dem »größten Gwalt« untertan. Schon deshalb wird er sich, wenn er klug und geschickt ist – und ohne Klugheit und Geschick wäre er verloren –, des alten, schon im 18. Jahrhundert vielzitierten Sprichworts erinnern, in dem sich gleichsam die Summe politischer Weisheit im Appenzellerland kondensiert: daß sich der Appenzeller zwar führen, aber ganz gewiß nicht treiben lasse.

Nirgends hat die Landsgemeinde denn auch ihren alten Charakter unverfälschter bewahrt als hier. Alljährlich am letzten Sonntag im April ziehen die Innerrhoder aus allen Teilen ihres kleinen Landes auf den Marktplatz zu Appenzell, um dort ihre Entscheidungen als »Souverän« zu treffen, angetan mit dem besten Sonntagsstaat – denn der Landsgemeindetag ist ein Fest- und Ehrentag des ganzen Volkes –, den ererbten Degen in der Hand oder mit umgeschnalltem Bajonett: »Als einziger Stimmrechtsausweis«, so bestimmt das geltende Gesetz, »gilt das Seitengewehr«, das heißt das herkömmliche Kennzeichen des freien und daher waffenfähigen Mannes. Langsamen Schrittes, zu den getragenen Takten der Blechmusik, bewegt sich der Zug der Behördenmitglieder zum »Ring«, die Mitglieder der Standeskommission feierlich in schwarze Radmäntel gekleidet, geleitet vom Landesweibel in den schwarzweißen Farben des Standes. Es fällt auf, wie viele prachtvolle, scharf geschnittene Köpfe man in der Reihe dieser Magistraten sieht; man begreift auf einmal, warum der durchaus unromantische, zu keinen Exzessen des Enthusiasmus neigende Richman von den beiden Landammännern seiner Zeit versichern konnte, sie erinnerten ihn »not unworthily« an »the reverend Senators of some Greek republic«. Mit einem Minimum an Rhetorik, sachlich, konzentriert, unter angespannter Aufmerksamkeit wickeln sich die Verhandlungen ab; Beifallsbekundungen bleiben verpönt, aber ein allzu langfädiger Redner muß jederzeit der boshaften Zwischenrufe und der Forderung gewärtig sein, er möge endlich Schluß machen. Sollte ein Regierungsmitglied, das für das kommende Jahr kandidiert, nicht wiedergewählt werden, so muß es im Angesicht der ganzen Versammlung vom »Stuhl« – der Plattform, auf der die Standeskommission Platz genommen hat – heruntersteigen; es brauche, so meinte ein erfahrener Appenzeller Politiker, schon »ein währschaftes Mannli«, um einem solchen (freilich seltenen) Verdikt ungebeugt ins Auge sehen zu können. Und es gibt in einer Zeit, die der bindenden Kraft des Zeremoniells fast schon entwöhnt ist, nicht leicht einen eindrucksvolleren Akt als die gegenseitige Eidesleistung des neugewählten Landammans und des Volkes, die die Wahlen beschließt. Spätestens in diesem Augenblick spürt auch der Unbeteiligte, daß er nicht einer »interessanten« folkloristischen Show beigewohnt hat, sondern einer ebenso ehrwürdigen wie lebendigen Manifestation politischer Wirklichkeit. Nicht der Fortbestand des »uralten Wesens« ist es, was ihn überwältigt, sondern etwas anderes und ungleich Bedeutsameres: seine Vitalität.

Thurgau

Kanton ohne Mittelpunkt

J'ai peu de choses à dire de la Thurgovie... D'ailleurs qui est-ce qui connait la Thurgovie, pays fertile, coupé de collines et de vallons, mais n'offrant rien à la curiosité des étrangers? Qui est-ce qui s'est arrêté à Frauenfeld, sa capitale, hormis ces voyageurs qui font dans les cotons et les toileries? Canton nouveau, passé de l'état misérable de bailliage administrié, ou plutôt exploité à tour de rôle par les anciens cantons, à une existence indépendante...
Comte Théobald Walsh, in »Voyage en Suisse, en Lombardie et en Piémont«, 1835

»Es gibt in unserem Vaterlande gewiß mehrere Gegenden, die noch fruchtbarer und besser angebaut sind als das Thurgau, allein keine Gegend in Deutschland hat so sehr das Ansehen eines Edens als das Thurgau, weil keine einzige so stark mit Obstbäumen bepflanzt ist und sich so terrassenmäßig von flachen Ufern zu sanft ansteigenden Hügeln und Bergen erhebt, deren Scheitel meistens mit einem Kranze von Wäldern umwunden ist. Wegen der amphitheatralischen Erhebung des Thurgaus deckt kein Gegenstand den andern, und alle Reichtümer der Natur werden dem lüsternen Auge wie zur Schau vorgelegt. Vielleicht stellt man sich das Thurgau auch deswegen so leicht unter dem Bilde eines Gartens vor, weil die lieblichen und fruchtbaren Vorgründe und Hügel mit einer Kette von nicht fernen Bergen, wie mit einer natürlichen Mauer eingefaßt, und dadurch die Grenzen der ganzen Landschaft, wie eines großen Parks, gleichsam abgezeichnet sind.«

In diesen Sätzen faßte Chr. Meiners, Professor der Weltweisheit an der Universität Göttingen, 1788 in seinen »Briefen aus der Schweiz« den Eindruck zusammen, den ihm die Landschaft des Thurgaus hinterlassen hatte. Er war nicht der einzige, der dieses Land als paradiesisch empfand. Die langgezogenen niedrigen Hügelreihen, die sich vom zürcherischen Hinterland gegen den Bodensee hin abstufen; die weite Wasserfläche des Sees selber mit den prachtvoll geschwungenen Bögen seiner Ufer; die unabsehbaren Haine von Obstbäumen, die in den Augen des Norddeutschen Norrmann zu wahren »Lustwäldern« wurden; die wohlbestellten Äcker, die saftigen Wiesen und gepflegten Rebgelände; dazu die zahllosen Schlösser, die insbesondere auf der letzten Erhebung vor dem »Schwäbischen Meer«, dem Seerücken, der bäuerlichen Szenerie ihren aristokratischen Akzent aufsetzen – das alles ist von Reisenden einer Epoche, die den sanften Reiz der Idylle zu schätzen wußte, ebenso überschwenglich gepriesen worden wie die Fruchtbarkeit des Bodens und die unendliche Sorgfalt seiner Bebauung. Große Dichter wie Hölderlin, einst Hauslehrer in Hauptwil, wie Mörike und die Droste-Hülshoff haben in den Preis dieser lieblichen »malerischen« Gegend eingestimmt. Der empfindsamen Friederike Brun wurden die sieben Stunden des Weges von Rorschach nach Konstanz zum »Inbegriff alles dessen, was Menschenhände da noch hinzuthun können, wo Himmel und Erde lächeln«. Eben dieses Lächeln freilich war es, das einen Besucher des 19. Jahrhunderts irritierte, den Grafen Theobald Walsh. »La contrée est riante, sans doute«, notierte er, »mais à la manière de ces gens qui rient toujours, et qu'on voudrait voir pleurer quelquefois, ne fût-ce pour changer.«

Wo das Eden des einen liegt, da hält also der andere mit einer Geste vornehmer Langeweile die Hand vor den Mund, um ein Gähnen zu unterdrücken. Beides scheint begreiflich. Es ist in der Tat eine gesegnete, aber auch eine denkbar undramatische Landschaft, die sich auftut, wenn man von der Höhe St. Gallens den weiten Kurven der Straße nach Romanshorn folgt, den ausgebreiteten, in vielen Farben irisierenden See und seine grüne Uferlinie stets vor Augen, wenn man von Frauenfeld nach Kreuzlingen, vielleicht auch nach Steckborn am Untersee hinüber Hügelkette um Hügelkette durchquert, oder wenn man gar den Lauf der Thur, die dem Lande ihren Namen gegeben hat, entlang der breiten, vom Geschiebe des Flusses aufgeschütteten Talrinne begleitet, der man es gar nicht mehr ansieht, daß sie erst im späten 19. Jahrhundert für die Kultur gewonnen worden ist. Einzig im »Tannzapfenland« des Hinterthurgaus, zwischen dem sanktgallischen Toggenburg und dem zürcherischen Tösstal spürt man etwas vom ernsteren, strengeren Wesen der Voralpen. Überall sonst dominiert das Mittelland und das Mittelmaß, mit zärtlich modulierten Erhebungen und Mulden; nicht gleichförmig, aber durch und durch gemäßigt, zivilisiert, kultiviert – eine Gegend, in der die Natur sich dem Menschen bereitwillig, ohne Widerstand, ohne Schroffheiten darzubieten scheint. Der kundige Johann Gottfried Ebel freilich erinnerte sich bei diesem Anblick sogleich daran, daß sich hier ja einst »das wilde unter finstere Tannen erstickte Land« ausgebreitet habe, das seine römischen Herren im Altertum niemals ohne »stetes Schaudern« hätten betreten können, und so drängt sich ihm just bei seinen Wanderungen durch dieses blühende und schwellende Gelände der Ruf auf die Lippen: »Der Mensch vermag unendlich viel.«

Im Zeichen einer ähnlichen Temperiertheit wie die Landschaft steht auch die Geschichte des Thurgaus. Auch sie entbehrt beinahe der heftigen Akzente und der leidenschaftlichen Höhepunkte. Schon vor mehr als hundert Jahren hat Wilhelm Hamm von ihr gesagt, sie sei »an bedeutenden Momenten weniger reich ... als die der meisten anderen schweizer Cantone«. Und da die Geschichte ja hier wie überall entscheidend den Charakter des Volkes prägt, wundert es nicht, daß sich in den 185 Jahren unabhängiger Existenz und im öffentlichen Leben der Gegenwart ein Zug ruhiger Stete, im Geist der Bewohner bei aller ostschweizerischen Behendigkeit auch eine Ausgeglichenheit herausgebildet hat, die es erklärlich machen, wenn der Thurgauer bei den schweizerischen Landsleuten anderer Stände einigermaßen in den Ruf der Langeweile geraten ist. Er gilt weitherum als strebsam, tüchtig und ein klein wenig fad. Tatsächlich ist ihm auch in der Entwicklung der Eidgenossenschaft kaum je eine wesentliche Rolle zugefallen. Dem Untertanenland, das als »Gemeine Herrschaft« zunächst von den sieben östlichen der Alten Kantone und dann nach 1712 durch den Beitritt Berns von allen achten gemeinsam oder vielmehr abwechselnd verwaltet wurde, war ja die aktive Teilnahme an der Politik bis zum Umsturz der alten Eidgenossenschaft völlig versagt. Nicht nur geographisch, sondern vor allem auch geistig lag es eben damals am Rande der Nation, mehr passiv-gehorsam als schöpferisch, mehr durch Kontinuität seiner Verhältnisse als durch neue Ansätze bemerkenswert.

Das fand seinen Ausdruck nicht zuletzt in seiner eigentümlich lange konservierten politisch-sozialen Konstitution. Wenn wir heute noch im Thurgau fast auf Schritt und Tritt wohlerhaltenen, wenn auch oft in späterer Zeit mehr oder minder abenteuerlich ausgebauten mittelalterlichen Burgen und barocken Edelsitzen begegnen, aber verhältnismäßig selten auf alte Ruinen stoßen, so erinnert uns das daran, wie spät sich das Land aus der Verstrickung in die überkommenen Lebens- und Herrschaftsverhältnisse der Feudalzeit gelöst hat. Weniger noch als im Aargau oder in den einstmals abhängigen Gebieten des heutigen Kantons St. Gallen bedeutete im Thurgau die eidgenössische Eroberung, die 1460 zur Annexion führte,

Altstadt von Le Landeron, Neuenburg

eine Zäsur. Selbst als die Eidgenossen im Schwabenkrieg auch das bisher von der Stadt Konstanz ausgeübte Blutgericht an sich zogen und damit ihre Herrschaftsbefugnisse abrundeten, ergab sich daraus nach Ebels Worten nichts als ein »Wechsel des Souveräns«; der »politisch-bürgerliche Zustand« der Einwohner aber »blieb ganz der nemliche, so wie er bisher gewesen war«. Wohl zog sich ein Teil des ohnedies dezimierten Adels allmählich aus seinen Herrschaften zurück – wie Fäsi meint, weil bei manchen Häusern der Stolz zu groß gewesen sei, die regierenden eidgenössischen Stände »und derselben Landvogt« als ihre Oberherren anzuerkennen. An die Stelle der traditionellen Junker traten, durch Kauf oder Pfandschaft, nach und nach reiche Bürger, auch etwa einzelne Städte oder Länder, die sich adelige Gerechtsame erwarben, da und dort sogar die Eidgenossen insgesamt. Aber in der Struktur der Gesellschaft änderte sich dadurch nichts: Niemand dachte daran, die Leibeigenschaft abzuschaffen oder die Hoheitsansprüche der Grundherren in Frage zu stellen.

So blieb der Thurgau bis 1798 nach den Worten seines Geschichtsschreibers Ernst Herdi »ein verwirrendes Sammelsurium von Zwergherrschaften aller möglichen Schattierungen«, geistlicher und weltlicher, einheimischer und fremder. Die »Gerichtsherren« bildeten einen eigenen Stand, traten regelmäßig in Weinfelden zu gemeinsamen Beratungen zusammen und erwarben sich schließlich sogar das Recht, unter eigenem Banner mit ihrem bäuerlichen Gefolge ins Feld rücken zu dürfen. Die Landvögte hatten ihre liebe Not mit den renitenten Junkern und oft auch mit den geistlichen Herren. Und der freiheitlich denkende, später selber zum Schweizer Bürger gewordene Johann Gottfried Ebel kam zu dem melancholischen Schluß, daß die »Feudalverfassung und Regierung ... in diesem Teile der Schweiz« kaum einen anderen Anblick biete als drüben in Schwaben: »Der Thurgauer ist kein freier Schweizer, er ist der leibeigene Unterthan seines Gerichtsherrn.«

Und dieser Untertan fand auch bei den Landvögten wenig Hilfe. Die Statthalter der regierenden Kantone im Schloß zu Frauenfeld dachten vor allem daran, in den zwei Jahren ihrer Amtszeit ihr Vermögen durch Gebühren und Bußgelder zu mehren. Denn keine der Gemeinen Herrschaften war so einträglich wie der Thurgau: Hier konnte sich ein verschuldeter Zürcher Großbürger oder ein Schwyzer Landedelmann jederzeit sanieren, und schon ein Bericht aus dem 16. Jahrhundert verzeichnete, daß diese Provinz alle zwei Jahre einen Landvogt reich machen müsse. Sollte hier nicht auch die Wurzel jener üblen Nachrede liegen, die dem Schweizer anderer Landesteile zu allererst in den Sinn kommt, wenn er vom Thurgau spricht: des ebenso unbelegbaren wie unausrottbaren Gerüchts, das die Bewohner dieses Kantons als ein Volk von Langfingern abstempelt? Viele Geschichten knüpften sich an diese Kollektivverdächtigung. Wie der Berner Witz die Langsamkeit, der Appenzeller Witz die Schlagfertigkeit oder den körperlichen Kleinwuchs des kantonalen Typus zur Zielscheibe wählt, so macht sich der Thurgauer Witz über die diebische Veranlagung der Leute aus dem ehemaligen Untertanenland lustig. Von allen Deutungsversuchen solcher grundlosen *Médisance* mutet nun aber jener am überzeugendsten an, der davon ausgeht, mit den »Thurgauern« seien ursprünglich keineswegs die braven Einheimischen gemeint gewesen, sondern eben die mit vollen Taschen aus ihrem Prokonsulat zurückkehrenden eidgenössischen Vögte. Da manche von diesen sich die fette Pfründe mit hohen Summen erkauft hatten, mochten sie in der Tat oft der Versuchung erlegen sein, dem unregelmäßigen Strom ihrer Einkünfte mit einiger Willkür nachzuhelfen. In späteren Zeiten aber, die sich solcher Zustände nur noch vage entsannen, blieb dann der Geruch übler Machenschaften, der den »Thurgauern« anhing, statt an den Ausbeutern an den Nachkommen der einstmals Ausgebeuteten hängen.

Das heißt nun freilich nicht, daß es etwa dem Lande unter eidgenössischer Administration sonderlich übel ergangen wäre. Auch der unbestechliche Ebel räumte unumwunden ein, daß die festen und unmittelbaren Abgaben, die der Souverän erhob – und die sich auf ein »Schirmgeld« von vier Kreuzern pro Haushalt beschränkten –, denkbar bescheiden gewesen seien, ja er meinte sogar, es gebe »sicher nirgends in der Welt Unterthanen, die ihrem Landesherrn so wenig abtragen, und dafür einen wirksameren äußeren Schutz, und einen dauernden Frieden genießen«. Eben daraus erklärte er sich die zunächst »merkwürdig« anmutende Erscheinung, »daß die Thurgauer, soviel mir bekannt ist, nie an den innern Unruhen der verschiedenen Kantone, deren es mehrere in den letzten Jahrhunderten gab, weder Theil genommen, noch durch andere Schritte sich bemüht haben, eine Änderung ihres bürgerlichen Zustandes zu bewirken«. In der Tat hat sich kaum eine andere der gemeineidgenössischen Vogteien in ihr Los so ohne Murren und Aufbegehren geschickt. Die Vermutung, daß die lange und ungebrochene Kontinuität feudaler Ordnungen im Thurgauer noch viel mehr als im Aargauer Symptome einer gewissen »Untertanenmentalität« erzeugt habe, ist nicht ohne weiteres von der Hand zu weisen: Die Unterströmung rebellischer Eigenwilligkeit, die etwa im Werdenbergischen, im Toggenburg oder im Schaffhauser Klettgau bis in die Gegenwart nachwirkt, sprudelt hier höchstens ausnahmsweise einmal an die Oberfläche. Bei all seiner sonstigen Beweglichkeit fehlt dem Thurgauer das revoluzzerische Temperament, und die Achtung vor der Autorität scheint ihm fast noch mehr im Blute zu liegen als dem Berner.

So haben sich denn auch die paar wenigen »Revolutionen« der neueren thurgauischen Geschichte in auffälliger Ruhe und Ordnung abgewickelt, fast völlig ohne die wirren Gewaltausbrüche, die anderswo mit der Emanzipation bisheriger Untertanen am Ende des 18. Jahrhunderts oder mit den Stürmen der »Regeneration« in den dreißiger Jahren des 19. Jahrhunderts einhergingen. Das Volk versammelte sich in Weinfelden – das schon wegen seiner herkömmlichen Opposition gegen die »aristokratische« Hauptstadt Frauenfeld stets an der Spitze aller populären Bewegungen stand –, äußerte sein Begehren und trat dann wieder ab, während die Regierenden seinen Wünschen eilig nachkamen. Die Eingabe der Landsgemeinde vom 1. Februar 1798, die von den Eidgenossen die Entlassung des Thurgaus aus seinem Untertanenverhältnis forderte, redete den »edlen und weisen Vätern des Vaterlandes« eher im Ton des Respekts als des Aufbegehrens zu; ohne Blutvergießen oder heftige Tumulte kamen die souveränen Kantone diesem Wunsch denn auch innerhalb eines Monats nach. Und dem Umsturz von 1830, der unter der Parole der Verfassungsrevision wiederum mit einer großen Weinfelder Volksversammlung eingeleitet wurde, meinte der St. Galler G. J. Baumgartner sogar eine »gewisse Munterkeit und poetische Wärme« attestieren zu dürfen.

Von da an bedurfte es keiner illegalen Anstöße mehr, um die Entwicklung zu stets konsequenterer Ausdehnung der Volksrechte voranzutreiben. Es illustriert den eminent evolutionären Charakter thurgauischer Politik, daß nach dem Sturz des »aristokratischen« (besser: plutokratischen) Restaurationsregiments anno 1830 dessen führende Köpfe meist sogleich neben den Führern der oppositionellen Bewegung in Amt und Würden zurückkehrten. Selten genug bildeten sich im geruhsamen Fluß der öffentlichen Angelegenheiten heftigere Strudel, wenn etwa allzu selbstherrlich regierende Magistraten etwas unsanft zur Ordnung gerufen werden mußten. Der hochfahrende Eduard Häberlin – der »kleine Escher« oder der

»Thurgauerkönig« genannt –, der allzu viele Funktionen in seiner Hand vereinigte, fiel so zwar dem demokratischen Verfassungsumbau von 1869 zum Opfer, in dem sich der Thurgau als einer der ersten Kantone für die »direkte Demokratie« mit Initiative, Referendum und Volkswahl der Regierung entschied, und dem eigenwilligen Manchesterliberalen Philipp Heitz, der ein ähnlich persönliches Regiment errichtet hatte, wurde mindestens ein energischer Dämpfer aufgesetzt. Aber bemerkenswerterweise ging selbst der mächtige demokratische Schub, dem der Thurgau die Grundlinien seiner bald hundertjährigen Konstitution verdankt, mit dem Verlangen nach einer »starken«, wenn auch von Nebeneinflüssen freien Regierung Hand in Hand.

Im übrigen aber sieht der Thurgauer einem tüchtigen Regierungsmann gerne auch eine Dosis autoritärer Unbekümmertheit nach. Er schätzt sogar patriarchalische Festigkeit, jedenfalls seit ihm das Referendum ein Mittel in die Hand gibt, »Übermarchungen« zu steuern und unpopuläre Obrigkeitsentscheide zu korrigieren. Kräftige und selbstsichere Persönlichkeiten haben sich daher auch in diesem ausgeprägt demokratischen Gemeinwesen immer durchgesetzt – Leute wie etwa der originelle Bauernvertreter Anton Schmid, der in zwei Weltkriegen an der Spitze des kantonalen Wirtschaftsdepartements die Verantwortung für das Funktionieren der Kriegswirtschaft trug.

Mit dieser betonten Einstellung auf die Persönlichkeit hängt es vielleicht auch zusammen, daß der Thurgau nur ungern, widerstrebend und nach verschiedenen Anläufen das System der Verhältniswahl akzeptiert hat. Er war einer der drei Kantone, die sich noch 1918 der Einführung des Nationalratsproporzes widersetzten, und obwohl er im engeren kantonalen Rahmen kurz darauf schließlich doch vor dem Verlangen der Minderheitsparteien nach mehr »Wahlgerechtigkeit« kapitulierte, kam es noch zweimal zu (ergebnislosen) Versuchen, das neue, die Macht der Parteiapparate spürbar stärkende Wahlverfahren wieder abzuschaffen. Im übrigen hat auch der Proporz die Vormacht des traditionell im Thurgau herrschenden Freisinns oder eher der mit ihm hier aufs engste verbundenen Bauernpartei (bzw. Schweizerischen Volkspartei) nicht gebrochen. Zu den politischen Besonderheiten des Thurgaus gehört es nämlich, daß die nach dem Ersten Weltkrieg auch hier begründete politische Organisation der Bauern, so stark sie von Anfang an war, die Nabelschnur zur freisinnigen Mutterpartei nie völlig durchgeschnitten hat: Die beiden Gruppen kandidieren zwar bei kantonalen wie eidgenössischen Wahlen getrennt; im Großen Rat jedoch bilden sie noch immer eine gemeinsame Fraktion. Der einzigartige, typisch thurgauische Kompromiß, bei dem die gut geführte, auch im gewerblichen Mittelstand und selbst in der Arbeiterschaft über viel Anhang verfügende SVP oft sogar den Ton angibt, garantiert ihnen immer noch den entscheidenden Einfluß auf die kantonale Politik, nachdem die verschiedenen Sezessionen, die die Einheit der Zwillingsparteien bedrohten – die (Links-)Demokraten schon in den dreißiger Jahren, die Jungbauern während des Zweiten Weltkriegs – nacheinander die Flagge gestrichen haben. Da die verbündeten Gruppen zusammen drei der insgesamt fünf Mitglieder der Kantonsregierung stellen, bestimmen sie auch gemeinsam den politischen Kurs. Vor allem durch das übereinstimmende Bekenntnis zu einer starken Landesverteidigung, gegen das hierzulande keine pazifistischen oder gar antimilitaristischen Strömungen aufkommen, werden sie zu einem festen Block zusammengeschmiedet, dem sich auch die (katholisch-konservative) Christliche Volkspartei samt der sozialpolitisch aufgeschlosseneren christlich-sozialen Minderheit nahtlos einfügt. Erst nach dem letzten Krieg haben sich auch die stark nach vorn drängenden Sozialdemokraten schließlich einen der fünf Regierungsräte gesichert. Daß sie zu den ersten kantonalen Verbänden ihrer Partei gehörten, die mit dem früher hochgehaltenen antimilitärischen Dogma brachen und sich zur Landesverteidigung bekannten, hat wesentlich dazu beigetragen, ihnen in den letzten Jahrzehnten die Sympathie breiterer Bevölkerungsschichten zu verschaffen. Mindestens in dieser Hinsicht haben auch sie (jedenfalls bis vor kurzem) ganz überwiegend ihren Teil am eher konservativen kantonalen Grundkonsens gehabt. Erst in den letzten Jahren ist es auch hier zu Flügelkämpfen zwischen der mehr gemächlichen alten SP-Garde und einer jungen, stärker nach links tendierenden, von Akademikern angeführten Generation gekommen, und damit mag es auch zusammenhängen, daß der lange unaufhaltsam scheinende Aufstieg der demokratischen Linken seit einiger Zeit ins Stocken geraten ist oder sogar von Rückschlägen abgelöst wurde.

Dabei darf man freilich auch nicht vergessen, daß sich der soziale Umschichtungsprozeß, den der Thurgau seit der zweiten Hälfte des 19. Jahrhunderts durchgemacht hat und der auch im 20. lange noch weiterging, neuerdings deutlich verlangsamt, stellenweise sogar gegenläufigen Bewegungen Platz macht. Allerdings hat die Industrialisierung hier nie einen solchen extremen Grad erreicht wie zeitweise in St. Gallen oder heute noch in Schaffhausen. Das einstige Bauernland verfügt immer noch über eine bemerkenswert solide landwirtschaftliche Basis. Der Rückgang des Ackerbaus, der sich in der Zeit zwischen den Weltkriegen abgezeichnet hatte, ist aufgehalten, die Viehwirtschaft systematisch rationalisiert, ein großes Programm der Flurbereinigung an die Hand genommen worden. Vor allem hat der Kanton auch schon frühzeitig davon profitiert, daß seine Bodengestalt mehr als die anderer Landesgegenden die Motorisierung und Mechanisierung der Landarbeit begünstigt. Aber die starke, ja geradezu hegemoniale Position der Bauernpartei darf nicht darüber hinwegtäuschen, in welchem Maße das herkömmliche agrarische Gefüge doch längst von industriellen Strukturen überlagert ist (der überragende Einfluß der politischen Vertretung, die sich das Bauerntum geschaffen hat, beruht ja zu einem ganz großen Teil eben auf ihrem Anhang in nicht-bäuerlichen Kreisen, wenn auch mit einer immer noch von agrarischem Besitzdenken geprägten Mentalität).

Die Anfänge der modernen thurgauischen Industrie gehen auf das alteingesessene, vom kommerziellen Impetus St. Gallens ins Leben gerufene Textilgewerbe zurück. Wenn die einst im östlichen Teil des Landes dominierende Stickerei allerdings in der großen Krise der Zwischenkriegszeit so gut wie völlig ausgelöscht worden ist, so konnte der Kanton dieser Katastrophe doch früher und schneller Herr werden als seine st. gallische und appenzellische Nachbarschaft. Seit Jahrzehnten verfügt er über eine selbst für schweizerische Begriffe auffällig vielseitige, ausgewogene und insbesondere extrem dezentralisierte industrielle Produktion, die von neuen textilen Branchen wie der Wirkerei und Trikotfabrikation bis zu Großunternehmen des Maschinenbaus wie den Saurerwerken in Arbon reicht. Just dieser größte und international bekannteste Thurgauer Betrieb ist freilich neuerdings zum Sorgenkind des Kantons geworden, nachdem er 1982 auf Grund schwerer Verluste seinen ursprünglich bedeutendsten Produktionszweig – die Herstellung von Nutzfahrzeugen – zugunsten der deutschen Daimler-Benz-Werke aufgeben und sich auf die ertragreicheren Sparten wie die Textilmaschinen-Fabrikation konzentrieren mußte. Diese Sanierung dürfte nicht nur die Firma selbst gegen 1000 Arbeitsplätze kosten; sie hat auch zahlreiche Zulieferer schwer getroffen und damit die lange gehegte Überzeugung von der ungewöhnlichen Krisenfestigkeit der thurgauischen Industrie einigermaßen erschüttert.

Auch die kräftige Bevölkerungszunahme, die nach der langen Stagnation zwischen 1910 und 1941 Jahrzehnt um Jahrzehnt zu verzeichnen war, ist seit 1970 kaum mehr weitergegangen. Schon im 18. Jahrhundert hatte der Thurgau, wie die gesamte Ostschweiz, durch die für damalige Verhältnisse erstaunliche Dichte seiner Bevölkerung die Verwunderung seiner Besucher erregt (»überaus volkreich« nennt ihn Fäsi in seiner »Staats- und Erdbeschreibung«, in der er sich darüber begeistert, daß »die Städte, Dörfer, ja selbst die Berge dieser Landschaft ... mit Einwohnern angefüllt« seien); auch unter den andersgearteten, durchwegs engräumigeren Bedingungen der Gegenwart erscheint seine derzeitige Bevölkerungsdichte von rund 200 Menschen auf den Quadratkilometer noch immer bemerkenswert genug. Wohl mögen andere Kantone noch weit größere Ziffern aufweisen. Was das Verhältnis von Volkszahl und Bodenfläche im Thurgau so ungewöhnlich macht, ist jedoch die Tatsache, daß er trotz der Industrialisierung eine der ländlichsten Gegenden der Schweiz geblieben ist: Keine einzige seiner Ortschaften zählt auch nur 20 000 Einwohner, Frauenfeld als Hauptort erst 18 500. Das heißt: noch ausgeprägter als im Aargau, mit dem der Kanton in seinem sozialen wie in seinem politischen Gefüge noch am ehesten verglichen werden kann, bleibt hier der Mensch einem Lebensraum verhaftet, den er überschauen kann; so stürmische Entwicklungen wie im Einzugsgebiet von Baden und Wettingen, wo traditionslose Agglomerationen gleichsam im Nu aus dörflichen in quasi-städtische oder suburbane Verhältnisse aufschießen, wird man hierzulande umsonst suchen. Freilich üben die bescheidenen regionalen Zentren – neben der Hauptstadt Frauenfeld vor allem Kreuzlingen, weniger das mittlerweile zurückgefallene Arbon, aber auch bloße Marktflecken wie Weinfelden und Amriswil – zunehmende Anziehungskraft aus, während manche Landgemeinden, vor allem die abgelegeneren, einem spürbaren und fortschreitenden Bevölkerungsschwund unterliegen. Nichtsdestoweniger bleibt der Thurgau auch heute noch ein Land der Dörfer und der Kleinstädte, deren Wachstum immer noch gemächlich genug vonstatten geht, um die alten Siedlungskerne nicht völlig zu überwuchern und ihnen eine kontinuierliche Erweiterung unter Wahrung des traditionellen Bestandes zu ermöglichen; einzig Kreuzlingen, der schweizerische Vorort des deutschen Konstanz, droht in diesem Prozeß einigermaßen außer Rand und Band zu geraten.

Zu solcher Stetigkeit trägt zweifellos auch die Homogenität des

Kantons bei. Er ist ja, anders als der Aargau oder St. Gallen, kein nachträglich und willkürlich aus disparaten Bestandteilen zusammengestoppeltes Flickwerk und hat sich deshalb auch nie mit großen inneren Gegensätzen herumzuschlagen gehabt, die seinen inneren Zusammenhalt in Frage stellen konnten. Auch seine geographischen Kraftlinien streben nicht so weit auseinander wie etwa die aargauischen. Zwar unterliegt der Kanton natürlich dem Sog der zürcherischen Metropole, deren expansive Kraft er seit Jahrhunderten zu spüren bekommt, und zumal in seinem östlichen Teil auch der wirtschaftlichen wie kulturellen Anziehungskraft St. Gallens. Aber das hat seine Geschlossenheit nie bedroht, weil die Bevölkerung trotz aller einstmaligen feudalen Zersplitterung doch seit vielen Jahrhunderten ein gemeinsames Schicksal geteilt hat und von ihm mehr oder weniger in gleicher Weise geformt worden ist. Ernsthafte Sprengkräfte sind in den letzten 450 Jahren nur von einem einzigen Ereignis ausgegangen: der Glaubensspaltung.

Im ersten Reformationsjahrzehnt hatte das Zürich Zwinglis das thurgauische Untertanenland fast völlig für die neue Lehre gewonnen; die Niederlage von Kappel (1531) drehte das Rad jedoch wieder zurück, und von da an bildete der Thurgau neben dem Toggenburg einen Gegenstand heftigsten konfessionellen Haders. Aber die Grenzen zwischen den Bekenntnissen fielen – anders als im Aargau – nicht mit denen früherer Territorien zusammen; der Grundsatz des *cujus regio, ejus religio* setzte sich hier nie völlig durch, und früher als in anderen Teilen der Schweiz wurde die religiöse Zugehörigkeit als Sache individueller Entscheidungen anerkannt. So ist der Kanton bis in viele seiner Gemeinden hinein schon bald an konfessionelle Parität gewöhnt worden, und die große Zahl der Simultankirchen, die bis in die Gegenwart hinein von beiden Bekenntnissen einträchtiglich benützt wurden, bezeugt eine Atmosphäre der Verträglichkeit, die dem Land einen seiner kennzeichnendsten Züge verliehen hat. Wenn diese schöne, auch gelegentlich unpraktische Übung heutzutage mehr und mehr in Abgang kommt, dann hat das mehr mit dem steigenden Wohlstand zu tun, der den Kirchengemeinden den Bau neuer und eigener Gotteshäuser erlaubt, als etwa mit wachsender Intoleranz.

Auch im 19. Jahrhundert, in dem die Kirchenfragen mancherorts die Politik verbitterten, sind dem Thurgau allzu stürmische konfessionelle Auseinandersetzungen erspart geblieben. Die Säkularisierung der Klöster, die das freisinnige Regiment in Erziehungs-,

Kranken- oder Armenanstalten verwandelte, stieß längst nicht auf den erbitterten Widerstand, den die Klosteraufhebung im Aargau auslöste. Und während die Schulkämpfe in die sanktgallische Politik viel Zwietracht hineingetragen haben, gelang dem Thurgau 1869 die Vereinheitlichung des Schulwesens verhältnismäßig leicht. Seit auch der Kulturkampf, der hier nie große Wellen schlug, bei der ersten Gelegenheit wieder beigelegt wurde, ist der Konfessionsfriede nie mehr nennenswert gestört worden. Und es rundet das Bild ab, daß das Sektenwesen der reformierten Landeskirche kaum je ernsthaft zugesetzt hat; erst die Berner Immigration hat den freien religiösen Gemeinschaften, die im nahen Zürcher Oberland so üppig blühen, bescheidenen Auftrieb verschafft.

Fast mehr Unruhe als von den kirchlichen Gegensätzen ist von den Sonderinteressen der Kleinstädte und Großdörfer ausgegangen. Der einstige Landvogtssitz Frauenfeld, wo seit 1712 auch die eidgenössische Tagsatzung zusammenzutreten pflegte, der aber weitgehende Autonomie genoß, hatte es nicht leicht, sich im unabhängig gewordenen Kanton als Hauptort zu behaupten. Er war als »Aristokratennest« verschrien und lag nach dem Geschmack mancher Orte zu weit an der Peripherie, so daß ihm besonders das kleinere, aber zentraler gelegene und »fortschrittlichere« Weinfelden seinen Rang gerne streitig machte. Der Leidensweg mancher regionalen Institutionen – im 19. Jahrhundert etwa der Kantonsschule, die erst im zweiten Anlauf errichtet werden konnte, und neuerdings des erweiterten Kantonsspitals – hängt eng mit dergleichen Rivalitäten zusammen; sie verlangen von der Regierung aus referendumspolitischen Gründen oft ein hohes Maß an Balancekunst, wenn notwendige Maßnahmen nicht an regionaler Eifersucht hängen bleiben sollen.

Gefährliche Ausmaße nehmen solche Streitigkeiten freilich kaum je an. Und doch weisen sie auf das eine große Manko hin, das in der so glücklichen und ausgeglichenen Struktur des Kantons allenthalben spürbar wird: auf das Fehlen eines großen, dem Umfang und Gewicht des respektablen Gemeinwesens angemessenen, selbstverständlichen und allgemein akzeptierten städtischen Zentrums. Vor allem das kulturelle Leben leidet merklich unter diesem Mangel. So weit es der Thurgau in allen Bereichen seiner materiellen Kultur gebracht hat, so wenig läßt sich sagen, daß sein Beitrag zum geistigen Leben der Nation seiner Wohlhabenheit, seiner Größe, ja auch nur den einst in der Humanistenzeit vorhandenen Ansätzen bisher entsprochen habe.

Damit soll seine Leistung auch auf diesem Felde gewiß nicht

abgewertet werden. Ganz besonders auf erzieherischem Gebiet ist sie beträchtlich gewesen. Eine Institution wie das Lehrerseminar in Kreuzlingen, deren Wirkung weit über die kantonalen Grenzen hinausreicht, gehört zu den vorbildlichen Stätten fruchtbarer pädagogischer Bemühung; schon der radikale deutsche Demokrat und Achtundvierziger Wilhelm Hamm hat ihr in seiner zweibändigen Darstellung der Schweiz ein Kränzlein (oder eher einen prächtigen Kranz) gewunden. Hamm spendete sogar in diesem 1848 erschienenen Werk dem Thurgau das Lob, er habe ein Schul- und Unterrichtswesen vorzuweisen, das »wohl von keinem irgendeines anderen Staates der Welt übertroffen werden dürfte«. Was um die Mitte des 19. Jahrhunderts soviel Lob einheimste, braucht freilich in der zweiten Hälfte des 20. Jahrhunderts nicht unbedingt gleich vortrefflich zu sein; jedenfalls hat der ehemalige Rektor der Kantonsschule in Frauenfeld, Karl Fehr, das thurgauische Schulsystem in seiner Denkschrift als »das primitivste, weil am wenigsten ausdifferenzierte« der ganzen Schweiz bezeichnet.

Ob dieses harte Urteil zu seiner Zeit ganz berechtigt war, mag dahingestellt bleiben. Heute gilt es sicher nicht mehr ohne weiteres. Allerdings rangiert der Thurgau im Zahlenverhältnis zwischen Studierenden und Gesamtbevölkerung immer noch weit hinter dem Durchschnitt der Kantone, aber dafür hoch oben auf der Liste jener Stände, aus denen besonders viele Bürger in die Großstädte, vor allem ins nahe Zürich abwandern: Nicht zu Unrecht beklagen sich einheimische Intellektuelle über die Folgen dieses »*brain drain*«.

Wenn so viele tüchtige und kenntnisreiche Thurgauer ihre engere Heimat verlassen, um in Zürich oder Winterthur, Basel oder Bern und sogar im Welschland einen anregenderen Wirkungskreis zu suchen, dann mag das damit zu tun haben, daß in ihrem eigenen Kanton keine Stadt vorhanden ist, die groß genug wäre, Impulse nicht nur aufzunehmen, sondern auch weiterzugeben. Das Unglück (fast möchte man, wenn das Wort angesichts eines so blühenden Gemeinwesens nicht zu hoch gegriffen wäre, von einer Tragödie sprechen) liegt darin, daß ein solcher städtischer Brennpunkt zwar vorhanden war, aber seinem Hinterland durch eine Folge historischer Mißgriffe und Zufälligkeiten verlorenging. Die natürliche Hauptstadt des Thurgaus heißt Konstanz. Fast genau in der Mitte der Wasserfront vom Bodensee über den Untersee bis zum Rhein hingelagert, bot diese alte, einst so stolze Reichsstadt die allergünstigsten Voraussetzungen, dem weiten Bauernland um sie herum als urbane Ergänzung zu dienen. Die Verkettung unglücklicher Umstände und die mangelnde Voraussicht der Eidgenossen haben diese Chance zunichte gemacht. Trotz vielfältiger Bemühungen ist es nie mehr gelungen, die Landesgrenze zu verrücken, die seit 1460 zwischen dem Thurgau und seinem Zentrum verläuft.

Zwangsläufigkeit wird man dieser Entwicklung kaum zubilligen können. Von jeher war Konstanz eng mit der Schweiz verflochten, deren größter Teil kirchlich seinem Bistum unterstand, und seine Bürger haben im 15. und 16. Jahrhundert einmal ums andere umsonst Anschluß an die Eidgenossenschaft gesucht. 1510 scheiterten Verhandlungen über diesen Anschluß an der Eifersucht der ländlichen Kantone, die nach der Aufnahme von Basel und Schaffhausen keine neuen Städte zum Bund zulassen wollten, aber auch an Meinungsverschiedenheiten über den Einfluß im Thurgau, den Konstanz beanspruchte. Nach der Reformation, der sich die Stadt sogleich zugewandt hatte, stieß sie auf das unbeugsame Veto der katholischen Orte. So sahen die Eidgenossen im Schmalkaldischen Kriege untätig zu, wie das Bollwerk an ihrer Grenze von den kaiserlichen Heeren belagert, erobert, zum Rang einer österreichischen Landstadt herabgedrückt und gewaltsam rekatholisiert wurde.

Nicht nur der Thurgau hat die Folgen dieser Kurzsichtigkeit zu tragen gehabt. Auch Konstanz selber hat unter ihnen bitter gelitten. Die blühende und gewerbfleißige Stadt des Mittelalters, in deren Mauern sich eines der großen Konzilien des Abendlandes versammelt hatte, fiel einer völligen Dekadenz anheim. Um die Wende des 18. Jahrhunderts war ihre Einwohnerzahl, die dreihundert Jahre früher (wohl übertriebenermaßen) mit mehreren zehntausend Seelen veranschlagt worden war, auf ganze 2000 Bürger zusammengeschrumpft. Und späten Versuchen, die Stadt auf dem Wiener Kongreß doch noch für die Schweiz zu gewinnen, blieb der Erfolg versagt.

Die Lage von Konstanz weist manche Ähnlichkeiten mit der Schaffhausens auf: Beide sind ähnlich beengt, beide bilden Fremdkörper in ihrer Umgebung, beide werden durch natürliche Scheidelinien von ihrem politischen, durch politische Grenzen von ihrem natürlichen Hinterland isoliert, und beide haben daher die Möglichkeiten ihrer Lage nur unvollkommen zu realisieren vermocht. Unvollkommen ist aber auch der Thurgau geblieben, seit er seine eigentliche und ursprüngliche Mitte verloren hat. Auch er stellt nun mit all seinem Reichtum, seinem urgesunden gesellschaftlichen, ökonomischen und politischen Gefüge, seinem schönen inneren Gleichgewicht letztlich doch einen Torso dar: ein Bruchstück von dem, was bei einer glücklicheren Fügung der Geschichte oder einer weniger beschränkten Politik der Eidgenossenschaft aus diesem »paradiesischen« Landstrich hätte werden können.

Von der Intensität des Willens, Eingriffen in dieses Paradies zu wehren, hat 1973 eine bemerkenswerte Volksabstimmung gezeugt: mit überwältigender Mehrheit stimmten damals die Bürger einem Verfassungsartikel zu, der dem Staat den Auftrag erteilt, für die Erhaltung der natürlichen See- und Flußlandschaft am Bodensee, am Untersee und am Rhein zu sorgen. Das kommt vor allem einer unumwundenen Absage an alle Pläne zur Schiffbarmachung des Hochrheins und zur Regulierung des Bodensees gleich. Während das benachbarte St. Gallen noch lange davon träumte, durch eine direkte Schiffsverbindung vom Bodensee zur Nordsee seiner peripheren Lage und den daraus erwachsenden Problemen zu entrinnen, sagen die Thurgauer wie die Schaffhauser einer solchen Opferung der Natur zugunsten von Wirtschaft und Technik ihren härtesten Widerstand an: Fast 40 000 von ihnen haben der neuen konstitutionellen Bestimmung ihren Segen gegeben; kaum mehr als 5500 lehnten sie ab. Damit dürfte jede Aussicht auf eine Verwirklichung des deutsch-schweizerischen Staatsvertrags über die Hochrheinschiffahrt geschwunden sein – und wer den Bodensee liebt, wird das gewiß nicht bedauern.

Schaffhausen

Der Brückenkopf

Schiaffusa, posta fuori dei termini dell' Helvezia ...
Giovanni Battista Padavino, in »Del Governo e Stato dei Signori Svizzeri«, 1708

Zwischen Alpen und Jura, zwischen Bodensee und Genfer See hat die Eidgenossenschaft einen scharf bezeichneten und deutlich umrissenen Raum ausgefüllt; nicht zu Unrecht spricht man von ihren »natürlichen Grenzen«. Aber die Geschichte ist kein bloßes Rechenexempel, das aufgeht, wenn Raum und Staat zur Deckung gelangt sind. Das Wachstum eines Staatswesens – und zumal eines Bundes von Staatswesen – kommt nicht überall automatisch dort zum Stillstand, wo natürliche Schranken erreicht sind. So hat denn auch die erobernde und die werbende Kraft der Eidgenossenschaft da und dort über die Zäune und Gräben hinausgegriffen, die ihr die Natur in Gebirgskämmen und Flußläufen zu ziehen schien. Wie das Tessin den Expansionsdrang des Paßstaates bekundet, der auch die Gebiete jenseits der Paßhöhe seiner Kontrolle zu unterwerfen strebt, so zeugen die drei peripheren Stadtstaaten Basel, Genf und Schaffhausen davon, wie die einmal begründete Macht des alten Bundes selbständige Gemeinwesen auch dann an sich zu ziehen vermochte, wenn sie jenseits des eigentlichen helvetischen Bereiches erwachsen waren und ursprünglich in Zusammenhängen standen, die weit über die Schweiz hinauswiesen.

Wir haben schon bei Basel gesehen, wie diese Stadt jenseits der Jurahöhen, die viel eher der Oberrheinischen Tiefebene zugehört und einen geographischen Eckpfeiler des elsässischen Städtesystems darstellte, sich zum Vorwerk und zur Pforte der Eidgenossenschaft umbildete; wir werden einem ähnlichen Vorgang begegnen, wenn wir die Ablösung Genfs aus seinem savoyischen Hinterlande verfolgen. Vergleichbares ist in Schaffhausen geschehen. Auch diese soviel kleinere Stadt hat sich – auf eine zeitweise lebensgefährliche Weise – mit den Problemen auseinandersetzen müssen, die aus dem Widerspruch zwischen ihrer geographischen Zugehörigkeit und ihrer geschichtlichen Entscheidung erwuchsen. Oberhalb des Rheinfalls an dem Punkt erstanden, wo die uralte ost-westliche Verkehrsader des Hochrheins durch den Katarakt unterbrochen wird und daher einen Umschlagplatz für die stromab gehenden Güter erforderte*, schien sie zu einem regionalen Wirtschaftszentrum der ganzen Gegend zwischen Bodensee und Aaremündung, Schwarzwald und Schwäbischer Alb prädestiniert. Ihre alten politischen Verbindungen gingen, diesen ökonomischen Interessen entsprechend, denn auch vorwiegend nach Norden und Osten, zum Schwäbischen Städtebund, zu Konstanz, Radolfzell, ja zu Ulm. Aber auch sie sah sich bald vor das Dilemma gestellt, entweder ihre reichsstädtische Autonomie durch die Einordnung in einen größeren Herrschaftsverband preiszugeben und österreichische Landstadt zu werden – wie es ihr im 14. Jahrhundert geraume Zeit beschieden war – oder aber den Rückhalt zur Verteidigung ihrer 1415 wiedergewonnenen Reichsfreiheit bei der Macht zu suchen, die stark genug war, ihr einen wirksamen Schutz zu gewähren: bei der Eidgenossenschaft.

Auch Schaffhausen hat sich, wie Basel und Genf, für die Schweiz entschieden, um seine bürgerliche Autonomie gegen die herrschaftlichen Ansprüche eines übermächtigen Nachbarn zu wahren. Wie in Zürich und Basel spiegelte dieser außenpolitische Frontwechsel zugleich eine innenpolitische Machtverschiebung wider: das Emporkommen der Zünfte und damit vor allem der handwerklichen Interessen, die den herkömmlichen Einfluß des städtischen Adels zurückdrängten (es ist bezeichnend, daß sich ein Teil des Adels 1501 beim Anschluß an die Eidgenossenschaft, ein anderer mehrere Jahrzehnte später beim Übergang zur Reformation aus der Stadt zurückzog). Indem es aber für den Eintritt in den städtisch-ländlichen Bund der schweizerischen Orte optierte, mußte sich Schaffhausen genau wie Basel in Widerspruch zu den natürlichen Bedingungen seiner Lage setzen und das Schicksal einer Randexistenz auf sich nehmen, an deren Gefahren und Nöten es oftmals schwerer zu tragen hatte als die baslerische oder die generische Polis – schwerer schon deshalb, weil es nicht über die gleichen Möglichkeiten der Kompensation für die Nachteile seiner peripheren Situation verfügte, die sich vor den reicheren, kommerziell weltläufigeren, aber auch geistig schon in früher Zeit über die räumliche Beengung weit hinauswachsenden westlichen Grenzstädten auftaten.

Schaffhausen ist der exzentrische Kanton schlechthin geblieben. Bis auf einen kleinen, knapp einen halben Quadratkilometer großen Fleck auf dem linken Rheinufer – den Steiner Vorort Burg – liegt es ganz und gar nördlich des Stroms, der fast überall die Schweiz von

---

* Schon der Name (»Schiffhausen«) weist auf diesen Zusammenhang hin.

Deutschland scheidet und über den die Eidgenossenschaft sonst nur mit dem verhältnismäßig unbedeutenden zürcherischen Landstück bei Rafz und mit dem rechtsrheinischen Zipfel von Baselstadt vorstößt. Und während Basel zwar vorwiegend nach Westen und Norden schaut, aber sich doch mit seinem Rücken fest an die Eidgenossenschaft anlehnt, während selbst das überaus isolierte Genf immerhin seit 1815 mit der benachbarten Waadt wenigstens durch einen schmalen Streifen festen Landes zusammenhängt, sieht sich Schaffhausen durch den Fluß von seiner schweizerischen Nachbarschaft nahezu abgeschnitten. Nur je eine Straßen- und Eisenbahnbrücke, die von der Stadt aufs zürcherische Ufer hinüberführen, bilden das schwache Gelenk, das die Hauptmasse des Kantons an das Ganze der Nation anschließt. Und ebenso war die abgelegene, nach Norden hin gegen Singen vorspringende Steiner Exklave für den Verkehr mit der übrigen Schweiz lange auf eine einzige Rheinbrücke angewiesen; nur die dritte und kleinste der drei voneinander isolierten kantonalen Parzellen, die bei Rüdlingen-Buchberg, kann sich in einiger Breite zu Land an eidgenössisches Territorium anlehnen.

Sehen wir für den Augenblick von diesen beiden abgesprengten Splittern ab, die gewissermaßen Außenposten des schaffhauserischen Außenpostens bilden, so erscheint das Kantonsgebiet auf der Karte, schematisch gesehen, als ein freilich unregelmäßiges, an seinen Rändern vielfach ausgezacktes Oval, das die alten Zusammenhänge der rheinschwäbischen Landschaften – des Klettgaus im Westen, des Hegaus im Osten – rücksichtslos durchschneidet, aber nur mit einem schmalen Segment seiner südlichen Längsseite auf schweizerischer Basis ruht. Einzig die moderne städtische Agglomeration Schaffhausen-Neuhausen weiß sich über ihre Rheinbrücke unmittelbar mit der Schweiz verbunden; das ganze Landgebiet dagegen liegt sozusagen rundum in deutsches Territorium eingebettet – oder, um es weniger idyllisch zu sagen, von Deutschland eingeschnürt. Denn nicht nur im Norden, Osten und Westen umdrängt der mächtige Nachbar den Kanton; selbst im Süden treibt er durch einen schmalen Korridor den Keil der Jestetter Beinahe-Exklave zwischen den zürcherischen Besitz in der fruchtbaren Ebene des Rafzerfeldes (samt dem abseitigen Rüdlinger Stück schaffhausischen Bodens) und die Weindörfer des Schaffhauser Klettgaus hinein. Und wie um die Abschnürung beinahe zu vollenden, isoliert nicht nur das badische Landstück um Gailingen den Steiner Zipfel vom übrigen Kantonsgebiet, sondern die deutsche Enklave Büsingen, die unmittelbar an die Schaffhauser Stadtgrenze heranrückt, kupiert ihrerseits noch einmal die Straße nach dem früher zürcherischen, erst 1798 zu Schaffhausen geschlagenen Dorfe Dörflingen und reißt damit um ein Haar die Einheit des ohnedies dreigeteilten Staatswesens noch ein viertes Mal auseinander.

So bildet selbst das zentrale und weitaus größte Stück des Gebiets, das sich die Stadt in mühsam-schrittweisem Vordringen zusammengerafft hat, nahezu eine schweizerische Exklave auf süddeutschem Boden. Mehr als alles andere hat eine traurige Episode des Zweiten Weltkrieges die Risiken einer solchen Ausgesetztheit demonstriert: der Luftangriff amerikanischer Bomberstaffeln vom 1. April 1944, dem 64 Gebäude und 40 Menschenleben zum Opfer fielen. Noch viereinhalb Jahrhunderte nach dem Übergang zur Schweiz ist der Stadt so die räumliche Zugehörigkeit, der sie sich entzogen hatte, zum Verhängnis geworden.

In der Tat läßt sich die Irrationalität der Grenzziehung bei Schaffhausen gar nicht bestreiten. Sie scheint geradezu darauf angelegt, nationale Empfindlichkeiten wachzurufen und Stoff zu nationalen Konflikten zu liefern – und zwar nach beiden Seiten hin. Denn es ist ja keineswegs nur der Kanton selber, der unter der Vernunftwidrigkeit der politischen Scheidelinien durch einen von Natur einheitlichen Raum hindurch leidet. Den Deutschen nebenan geht es nicht anders. Der Schweizer mag es bedauern, daß dem schaffhausischen Expansionsdrang die volle Befriedigung versagt blieb und daß das Staatsgebäude, das in Jahrhunderten um den städtischen Mittelpunkt herum aufgerichtet worden ist, nicht zu einer sinnvolleren Abrundung gelangen konnte. Wenn er aber überhaupt über seine Nasenspitze hinaussehen will, dann wird er zugleich auch Verständnis dafür aufbringen, wenn der deutsche Anrainer seinerseits Schaffhausen als eine Art Eindringling in sein Gehege betrachtet: Wo der eine den deutschen Strick sieht, der ein Glied der Eidgenossenschaft einschnürt und in gewissen Augenblicken ertötend abzuschnüren droht, da glaubt der andere – zumindest in Zeiten eines hochgespannten nationalen Phathos – den Pfahl im eigenen Fleisch zu verspüren.

Allerdings muß man gleich eines hinzufügen: daß normalerweise weder der deutsche Strick noch der schweizerische Pfahl als übermäßig schmerzhaft empfunden wird. Solange man sich halbwegs miteinander verträgt, reduzieren sich die Mißhelligkeiten, die ein absurder Grenzverlauf veranlaßt, auf ein paar Unbequemlichkeiten, die der Grenzbewohner schon deshalb ohne viel Murren in Kauf nimmt, weil ihm die Nähe eines anderen und allseits mit dem seinigen verzahnten Landes ja auch mancherlei Vorteile bietet, die er geschickt auszunützen weiß. Erst wenn die gegenseitige Abschließung jedes vernünftige Maß überschreitet oder wenn – wie in der Mitte des 19. Jahrhunderts – ein Mißverhältnis zwischen Abschließungstendenz auf der einen und hilfloser Offenheit auf der anderen Seite eintritt, beginnen Strick und Pfahl zu irritieren. Ganz besonders während der bösen Jahre der nationalsozialistischen Herrschaft wurden die staatlichen Schranken nicht nur aufs äußerste verfestigt – etwa durch die Beseitigung des bis dahin bestehenden Jestetter Zollausschlußgebietes –, sondern gleich noch mit ideologischem Stacheldraht umwunden. Im allgemeinen aber wissen die Schaffhauser und ihre badischen Nachbarn besser als alle anderen Schweizer und alle anderen Deutschen den Wert offener Grenzen zu schätzen, und die Geschichte, die neuere zumal, hat deshalb in diesem so wunderlich zerteilten Gelände mehr von guter Nachbarschaft als von Entfremdung oder gar von bitterer Verfeindung zu berichten.

Aber selbst wenn die Grenze nur selten als un*er*träglich empfunden wird – un*zu*träglich ist sie in ihrer grotesken Zufälligkeit schon. Die Schaffhauser bekommen das um so mehr zu spüren, als von den 35 Gemeinden des Kantons alle mit Ausnahme von bloß vieren irgendwo an deutsches Gebiet anstoßen. Und man wird zugeben müssen, daß keine geopolitische Deutungskunst der territorialen Ausscheidung, die sich hier zwischen dem 16. und dem frühen 18. Jahrhundert vollzogen hat, jemals einen vernünftigen Sinn abgewinnen dürfte: Kein anderes Prinzip scheint in ihr gewaltet zu haben als das eines dummen und schikanösen Zufalls. Da wird ein kleines Flußtal wie das der Biber von der hin- und herspringenden Grenze gleich in fünf oder sechs Stücke auseinandergehackt; dort ist ein Dorf wie Wiechs aus unerfindlichen Gründen deutsch geblieben, obwohl seine einzige Straßenverbindung zwischen den schaffhausischen Gemeinden Bargen und Altdorf verläuft, und die dadurch geschaffene tiefe, geradewegs gegen die Kantonshauptstadt vorstoßende Einbuchtung schneidet zu allem Überfluß auch gleich den alten Lauf der bedeutsamen Straße Schaffhausen–Donaueschingen südlich des Grenzorts Bargen noch einmal durch. Warum sind Schleitheim und Beggingen jenseits der Wasserscheide schweizerisch geworden, obwohl sie doch viel mehr mit den badischen Siedlungen im Wutachtal gemein haben als mit den Weindörfern des schaffhausischen Klettgaus? Und warum ist Schaffhausen anderseits der Erwerb soviel näherer, mit seiner ganzen Existenz so unmittelbar verflochtener Quasi-Vororte wie Büsingen und Jestetten mißlungen, der ihm eine breitere Verbindung mit seinem schweizerischen Hinterland und damit die festere räumliche Verankerung in der Eidgenossenschaft gewährt hätte? Warum haben die Luzerner, als ihnen im 15. Jahrhundert kuriose Umstände das weit von ihrem Gebiet entfernte Jestetten in die Hände spielten, den für sie uninteressanten Besitz an die Grafen von Sulz statt an ihre Schaffhauser Verbündeten verkauft? Zufall, nichts als Zufall: eine Strähne Glück hier, eine Strähne Pech dort; nach zwingender Logik sucht man in alledem vergebens.

In einem besonders schmerzhaften Fall spielt allerdings auch kapitale Dummheit eine Rolle. Wenn Büsingen den Schaffhausern entgangen ist, so haben sie sich das ganz und gar selber zuzuschreiben. Das Dorf, zu dessen Pfarrsprengel das Stadtgebiet ursprünglich gehört hatte, bildete unter vager, mit der Zeit immer weiter verblassender österreichischer Oberhoheit eine Gerichtsherrschaft im Besitz der Schaffhauser Adelsfamilie Im Thurn. Seine Bewohner leisteten dem Schaffhauser Banner auf allen Kriegszügen Gefolgschaft, hatten mit der Stadt den reformierten Glauben angenommen und galten durchaus als deren Untertanen, bis alles durch den bösen »Büsingerhandel« wieder verlorenging. Der Vogt Im Thurn, als heimlicher Katholik denunziert, wurde von mißgünstigen Verwandten nach Schaffhausen entführt und dort unter entwürdigenden Umständen eingekerkert. Als der Rat trotz aller gütlichen Mahnungen des Kaisers den Verhafteten nicht freilassen wollte, reagierte der erzürnte Monarch, indem er die an Schaffhausen verpfändete hohe Gerichtsbarkeit über Büsingen und eine ganze Reihe weiterer Hegaudörfer einlöste und die Herrschaftsrechte kurzerhand wieder an Österreich zog – und als die Schaffhauser Im Thurn schließlich doch losgaben, ja nach einem Vierteljahrhundert die entgangenen Rechte und damit die ganze östliche Kantonshälfte um eine saftige Summe zurückkauften, wurde Büsingen aus diesem Geschäft ausdrücklich ausgenommen. So blieb es österreichisch, bis es 1806 an Baden kam – eine immerwährende Erinnerung an die katastrophalen Folgen konfessioneller Intoleranz, mesquiner Familienintrige und hochfahrender Rechtsbeugung.

Es ist übrigens nicht einmal das einzige fremde Einsprengsel ins Schaffhauser Gebiet geblieben. Eine zweite, nur 41 Hektar große

Enklave, der Verenahof beim Dorfe Büttenhardt im Norden des Kantons, wies bis vor kurzem noch eigentümlichere Verhältnisse auf: Obwohl privatrechtlich ganz in schweizerischem Besitz, gehörte der Verenahof staatsrechtlich zu Deutschland, das zwar durch Staatsvertrag die Polizei-, nicht aber die Gerichtsgewalt an die Eidgenossenschaft abgetreten hatte (wie denn überhaupt in diesem Grenzgebiet die verschiedenartigsten Gerechtsame bunt durcheinandergelaufen sind.) Erst 1966 ist schließlich wenigstens diese Anomalie durch einen deutsch-schweizerischen Gebietsaustausch aus der Welt geschafft worden.

Solange der ganze Bereich des Hegaus und des Klettgaus eine abenteuerliche Gemengelage österreichischen Streubesitzes und feudaler Klein- und Zwergstaaten unter geistlicher oder weltlichadeliger Hoheit darstellte, wurde weder die geographische Exponiertheit und Zerrissenheit des kantonalen Territoriums noch das Durcheinander der Kompetenzen als großes Problem empfunden. Erst als die Flurbereinigung Napoleons all diese Duodezstaaten bis ins nördliche Bodenseegebiet hinüber mit ein paar Federstrichen dem neugeschaffenen Großherzogtum Baden zuschlug, stand Schaffhausen erstmals einem einzigen übermächtigen Nachbarn gegenüber und bekam es seine Isolierung, die sich schon zur Zeit der Reformation abgezeichnet hatte, schmerzhafter als zuvor zu spüren. Erst recht war das der Fall, als im 19. Jahrhundert die Gründung des Deutschen Zollvereins die Grenze durch einen wirtschaftlichen Kordon verstärkte und Stadt wie Kanton von einem bedeutenden Teil ihres bisherigen ökonomischen Einzugsgebiets abriegelte. Bis zu jenem Augenblick war Schaffhausen der selbstverständliche wirtschaftliche Mittelpunkt einer weiten, die Landesgrenzen allenthalben überschreitenden Region gewesen; nun sah es sich jäh auf sich selber zurückgeworfen und in die schwerste Krise seiner ganzen Entwicklung gestürzt.

Denn nun erst, nach dem vollzogenen Schnitt, offenbarte sich die ganze Bedeutung jener innigen Verflechtung von Staat und Wirtschaft mit jener Umwelt, aus der sie sich politisch schon seit Jahrhunderten herausgelöst hatten. Gleichsam von einem Tag auf den anderen verlor das städtische Handwerk einen großen Teil seiner bisherigen Kunden, sahen auch die Rebbauern des Klettgaus ihren traditionellen Markt im Schwarzwald dahinschwinden, der bis dahin den größten Teil der Schaffhauser Weine aufgenommen hatte. Man kann die Tiefe des dadurch verursachten Schocks daran ermessen, daß die Schaffhauser Räte allen Ernstes den abenteuerlichen Gedanken erörterten, sich dem Zollverein anzuschließen und damit ihr kleines Land ökonomisch ganz aus dem eben damals zögernd sich herausbildenden schweizerischen Wirtschaftsgebiet auszuklammern. Zweifellos dachten auch die Befürworter einer solchen Lösung nicht daran, den politischen Entscheid von 1501 rückgängig zu machen und den Weg »heim ins Reich« anzutreten. Aber man kann sich ausmalen, welche unsäglichen Komplikationen die Zwitterstellung eines politisch schweizerischen, ökonomisch in den deutschen Zusammenhang integrierten Kantons nach sich gezogen hätte: Komplikationen, die wahrscheinlich noch ungleich verwickelter gewesen wären als jene andern, welche der unglücklichen Doppelrolle des eidgenössischen Standes und preußischen Fürstentums Neuenburg entsprangen.

Es kam nicht so weit; die schweizerischen Widerstände gegen eine solche verzweifelte Konstruktion waren zu groß, und die Entstehung des Bundesstaates machte ihr 1848 ein für allemal ein Ende. Und doch erinnert uns diese Episode an die Mühen und Qualen, die es Schaffhausen bereitet hat, die Nabelschnur durchzutrennen, die seinen Staatskörper wirtschaftlich und kulturell noch immer an Deutschland band. Sowenig es jemals einen politischen, auf die Lostrennung von der Schweiz gerichteten schaffhauserischen Separatismus gegeben hat, sowenig war man am Oberlauf des Rheins geneigt, Deutschland mit jener Entschiedenheit den Rücken zu kehren, wie das etwa in Basel geschah. Nichts illustriert das besser als die Tatsache, daß die Schaffhauser Bürger selbst nach dem Westfälischen Frieden, in dem der Basler Bürgermeister Wettstein die staatsrechtliche Anerkennung der 1499 bereits faktisch vollzogenen Herauslösung der Eidgenossenschaft aus dem Reichsverband erwirkte, noch jahrzehntelang Jahr für Jahr ihren neuerkorenen Behörden mit einer Eidesformel Treue gelobten, die auch das Heilige Römische Reich ihrer Loyalität versicherte (erst 1714 wurde dieser Passus als »überflüssig und allhiesigem Souverain und independenten Stand nicht schicklich« gestrichen). Noch im 19. Jahrhundert schien es den Schaffhausern durchaus angemessen, ihr Postwesen – seit langem eines der bedeutendsten staatlichen Regalien – an die deutschen Fürsten von Thurn und Taxis zu verpachten; erst als der Bundesstaat die schweizerischen Kantonalposten vereinheitlichte, fiel diese Regelung dahin. Solche Details machen deutlich, daß der Kanton einfach durch den Zwang der Geographie noch für lange Zeit nach seinem Beitritt zur Eidgenossenschaft mit dem deutschen Nachbarn genauso eng verbunden blieb wie mit der Schweiz. Tatsächlich kam Schaffhausen, die »Brücke zwischen Deutschland und der Schweiz« (Goethe), den Reisenden bis in die Mitte des 19. Jahrhunderts noch mehr deutsch als schweizerisch vor: Spazier fand 1790 in seinem Volk »fast nichts mehr vom Schweizercharakter«, Norrmann acht Jahre später in nahezu wörtlicher Übereinstimmung »von dem Charakter und der Lebensweise der Schweizer ... schon fast keine Spur mehr«, und noch nach fünf weiteren Jahrzehnten gelangte Hamm zum Schluß, daß »hier das ächt schweizerische Element ... niemals hat Wurzel schlagen können«.

Heute haben solche Urteile auch für den unbefangenen Betrachter etwas Überraschendes, für ihr Objekt geradezu etwas Schockierendes. Der Schaffhauser unserer Generation bringt wenig Verständnis dafür auf, wenn man in ihm etwas anderes als einen »ächten Schweizer« reinen Wassers zu erkennen glaubt. Und er hat zweifellos Grund für solche Betroffenheit. Aber vielleicht bekundet sie doch nichts anderes als den nivellierenden Effekt eines Jahrhunderts, in dem die früher viel weniger scharf markierten nationalen Grenzen zur eindeutigeren Herausbildung nationaler Typen geführt und dafür die Unterschiede innerhalb der Nation stärker verwischt haben. Selbst der schaffhausische Dialekt hat sich in dieser Zeit nach dem Urteil der Fachleute zunehmend dem Schwäbischen entfremdet und dem ostschweizerischen Idiom angenähert. Und in ungleich stärkerem Maße noch als die Sprache ist mittlerweile das Bewußtsein der Menschen einem Helvetisierungsprozeß unterlegen, von dessen Tragweite sie sich selber kaum mehr eine adäquate Vorstellung machen: Der Schaffhauser, ursprünglich Schwabe dem Volkstum, Schweizer nur dem politischen Willen nach, ist heute auch in seinem Wesen genauso schweizerisch geworden wie etwa der Zürcher oder der Thurgauer.

Eben das war früher nicht selbstverständlich. Ein guter Teil der alten schaffhausischen Bürgergeschlechter ist im Mittelalter und bis ins 17. Jahrhundert hinein aus der süddeutschen Umgebung zugewandert – ein viel größerer jedenfalls als aus den eidgenössischen Kantonen. In einer Studie, die er dem »Geistigen Wesen Schaffhausens im Wandel der Jahrhunderte« gewidmet hat, macht der Stadthistoriker Karl Schib auf die schwäbische Herkunft der bedeutendsten schaffhausischen Maler und Bildhauer aufmerksam, die das Gesicht der Stadt in so wesentlicher Weise geprägt haben: der Stimmer, Henkel, Lindtmeyer und Lang, wie der namhaftesten Goldschmiede, der Familie Läublin. Und Schib trifft jedenfalls einen sehr wesentlichen Zug schaffhausischer (im Gegensatz etwa zu baslerischer) Geistigkeit, wenn er in einer etwas problematischen Verallgemeinerung hinzufügt, das Grenzland sei eben »immer wieder auf einen *Modus vivendi* mit denen auf der anderen Seite der politischen Barrièren angewiesen« und daher »oft versöhnlicher, duldsamer als die Mitte, die ohne Kontakt mit den andersartigen Nachbarn nur unter dem Eindruck des Gegensätzlichen lebt«. So scheint es auch durchaus verständlich, wenn schon der Vollender der schaffhausischen Reformation, der auch theologisch dem Luthertum nicht sehr fernstehende Pfarrer Johann Conrad Ulmer, der Lutherbibel – gegen manche Widerstände übrigens – in seiner Heimat Eingang verschafft und damit der hochdeutschen Schriftsprache den Boden geebnet hat. Und verrät nicht sogar noch die steile patriotische Gebärde des bedeutendsten Schaffhausers, des Geschichtsschreibers Johannes von Müller, gerade in ihrer pathetischen Übersteigerung etwas davon, daß sein so gerne ins Monumentale hinaufstilisiertes Schweizertum doch mehr Akt des Willens als Geschenk der Natur gewesen ist – wie er ja auch den größeren Teil seines Lebens an deutschen Fürstenhöfen zugebracht hat? Ja, um noch eine vollends ketzerische Frage hinzuzufügen, ist nicht die (relative) kulturelle Sterilität des im Mittelalter jedenfalls künstlerisch so fruchtbaren Schaffhauser Bodens am Ende auch ein Teil des Preises, der seit dem Anschluß an die Eidgenossenschaft und seit der Reformation für die Gewaltsamkeit bezahlt werden mußte, mit der sich die Stadt aus ihrer natürlichen Umwelt herausgelöst hat?

Aber nicht nur seine Grenzlage hat Schaffhausen äußerlich und innerlich viel zu schaffen gemacht. Auch die reiche, fast überreiche innere Gliederung seines Territoriums brachte ihre Schwierigkeiten mit sich. Zwar ist es nur ein sehr kleiner Kanton: der drittkleinste nächst Zug und Genf, wenn wir die Halbkantone außer acht lassen. An Vielfalt der territorialen, landschaftlichen und kulturellen Differenzierung jedoch übertrifft es manches weit größere Gebilde.

Merkwürdig genug muten schon seine drei räumlich weit auseinandergerissenen Teilstücke an. Die westliche der beiden Außenparzellen, der weltentlegene, von keiner Bahnlinie berührte Landsplitter um die Dörfer Rüdlingen und Buchberg, braucht uns hier nicht weiter zu beschäftigen: Auf beiden Seiten vom Rhein umflossen, der hier jäh von seinem in Schaffhausen begonnenen nord-südlichen Lauf nach Nordwesten hin umbiegt, um dann bei Eglisau für die weite Strecke bis Basel den Kurs nach Westen zu verfolgen, stellt diese Exklave ein stilles, wunderschönes, aber mehr und mehr sich entvölkerndes Bauernland dar, das wenig von sich reden macht.

Auf eine ungleich bewegtere Vergangenheit blickt der ebenfalls isolierte östliche Kantonsteil zurück: das Hinterland von Stein am Rhein und vor allem das Städtchen selber, das in all seiner Bescheidenheit das einzige halbwegs urbane Gegengewicht zur Kantonshauptstadt bildet. Mit seinen alten, fast durchwegs noch im gotischen Stil errichteten und von barocken Fresken bunt geschmückten Häusern ist es wohl die hübscheste, in ihrem überkommenen Bestand besterhaltene schweizerische Kleinstadt überhaupt: ein Bijou, dem selbst der Fremdenverkehr seinen einzigartigen Charme noch nicht geraubt hat. Die Steiner sind nun freilich, genau besehen, Schaffhauser wider Willen, erst 1803 durch die Mediationsakte Napoleons dem Kanton zugeteilt, nachdem sie mehr als dreihundert Jahre lang unter dem meist milden, gelegentlich auch ein wenig irritierenden Protektorat Zürichs gestanden hatten. Nicht an diese Zürcher Jahrhunderte denken sie indessen zurück, wenn sie etwa einmal in einer Aufwallung des Unmuts betonen, daß sie ohne ihr Zutun und entgegen ihrem Wunsch den Schaffhausern als »Beute« zugemessen worden seien, sondern an die knapp drei Jahrzehnte, während deren sie nach ihrem Loskauf von der Herrschaft der Edlen zu Klingenberg 1457 alle Rechte und Privilegien einer Freien Reichsstadt genossen. Zwar mußten sie sich schon 27 Jahre später in den Schutz der Limmatstadt begeben und auf ihre frisch gewonnene Souveränität wieder verzichten, um den Anschlägen des Hegauer Adels zu entgehen. Aber ihr reichsstädtischer Stolz überspringt gerne die Erinnerung an die Zeiten einer freilich sehr gemäßigten, durch viele Privilegien erträglich gemachten Untertänigkeit, um sich an die kurzen Jahre der Selbständigkeit zu erinnern. Bitterer noch als deren Verlust empfinden die Bürger freilich den ihres sorgsam geäufneten, einst vielbeneideten Bürgergutes, dessen Erträge es ihnen bis in unser Jahrhundert hinein ersparten, irgendwelche Gemeindesteuern zu erheben, bevor sie ein böser Bankkrach in den zwanziger Jahren um das ererbte Vermögen brachte. Immerhin hat Stein dank seinem einstigen Reichtum selbst in der Zeit seiner Abhängigkeit von Zürich ein kleines eigenes Herrschaftsgebiet zusammenkaufen können – eben jenes, das heute als »Steiner Zipfel« einen der Schaffhauser Bezirke bildet (nur seine nördlichste, von

Schaffhausen schon früh erworbene Gemeinde Buch ist diesem Bezirk erst 1930 angegliedert worden).

Nicht nur diese räumlich abliegenden Dependancen jedoch führen ihr ausgeprägtes Eigenleben. Auch in der Hauptmasse des Kantons fällt die Eigenart der einzelnen Landschaften auf. Dabei sind sie alle, vielleicht mit Ausnahme des menschenärmsten Bezirks Schleitheim, durchaus nach der Stadt Schaffhausen hin orientiert: Zu ihr öffnen sich fast alle die zahlreichen Täler, die sich tief und sonst fast ohne Verbindung miteinander in die Jurahöhen des Randens einschneiden. Eben dadurch wird die Stadt, obwohl geographisch ganz am Rande ihres Kantonsgebiets gelegen, zu dessen einzigem und unbestrittenem Mittelpunkt. Nur sie verknüpft alle diese sonst isolierten Regionen miteinander, während die riesigen, einsamen Wälder des Randens selber auch heute noch höchstens durch einzelne Fuß- und Karrenwege erschlossen sind. Es gehört zu den vielen Merkwürdigkeiten der schaffhausischen Entwicklung, daß ausgerechnet dieses rauhe, trockene, siedlungsfeindliche Randenbergland, das sich wie eine ganze Folge von Wällen zwischen Klettgau und Hegau schiebt, der erste nennenswerte Landbesitz war, den die Stadt außerhalb ihrer Mauern erwarb. Erst von diesem unwirtlichen Massiv aus vermochte sie allmählich ihre Herrschaft über die fruchtbaren Lößmulden und Rebhügel des Klettgaus, auf die landwirtschaftlich intensiver nutzbaren Reiathhöhen und ins Tal der Biber hinein vorzuschieben, durch Kauf und Pfandschaften mehr als durch Eroberung.

Die Expansion nach Westen hin ging dabei äußerlich leichter vor sich als die in den Hegau hinein, wo die Stadt der Macht Österreichs begegnete und nach dem Büsingerhandel ihr Gebiet nur gegen eine für ihre Verhältnisse ungeheure Summe abrunden konnte. Im allgemeinen aber sind dafür die Reiather und Hegauer weniger schwierige Untertanen gewesen als die Klettgauer, ganz besonders die temperamentvollen Weinbauern des halbstädtischen Marktfleckens Hallau und die schwerblütigeren, während der Reformation tief ins Täuferwesen verstrickten Schleitheimer. Auch diese haben zwar nie in ihrer Treue zur Eidgenossenschaft geschwankt, aber vom 16. bis ins 19. Jahrhundert hinein dafür immer wieder gegen die Stadt und ihr engherziges Zunftregiment ungestüm aufbegehrt. Wann immer im Kanton Unruhen ausbrachen, die Schaffhausen insbesondere im 18. und 19. Jahrhundert viel zu schaffen machten, waren Hallauer in der vordersten Linie zu finden. Seit der mühsam erkämpften

Demokratisierung des Staates hat sich ihr rebellischer Geist zwar einigermaßen abgekühlt. Aber noch heute sagt man ihnen eine besondere politische Regsamkeit und Erregbarkeit nach, in der sich das Fortleben ihres eigenwilligen, einst für ihre Herren herzlich unbequemen *genius loci* bezeugt.

Offensichtlich waren die Schaffhauser Ratherren keine sehr angenehmen oder gar großzügigen Magistraten. Wenige andere Schweizer Städte besaßen ein ausgebildeteres und eben deshalb wohl auch reglementiersüchtigeres Zunftwesen; der Zunftgeist aber war, wie uns schon am Beispiel Zürichs und Basels klargeworden ist, seinem ganzen Wesen nach bauernfeindlicher als die aristokratische Mentalität, wie sie in Bern und Freiburg regierte. Während nun aber in Zürich und Basel immerhin eine früh ins Breite gediehene Industrie die zünftlerische Enge sprengte und die Kräfte des ökonomischen Aufschwungs auch in die Dörfer hinaustrug, gab es in Schaffhausen so gut wie nichts dergleichen. Hier bekümmerte man sich nicht darum, dem Bauerntum durch Hausindustrie neue Lebensmöglichkeiten zu erschließen; das einzige Ziel war, ihm respektvolle Untertänigkeit beizubringen. »Ich halte es nicht eben für ein vorzügliches Glück, wenn das Land gar zu reich wird. Besser die Städte seyens; der Reichtum zeugt Achtung und Abhängigkeit.« Der prominente Schaffhauser Bürger, der diese Äußerung zur Zeit der Hallauer Unruhen von 1790 tat, gehörte zu den »aufgeklärtesten« und für Schaffhauser Begriffe liberalsten Köpfen der städtischen Gesellschaft: Johannes von Müllers jüngster Bruder Johann Georg, Pfarrherr, Freund Herders und Herausgeber seiner Werke. Wenn dergleichen am grünen Holze geschah, so mag man sich vorstellen, was am dürren werden mußte.

Tatsächlich haben sich die Schaffhauser Zünfte sturer als die fast aller anderen Zunftstädte für ihre Privilegien gewehrt. Noch als der Rat 1831 unter dem Druck des aufgebrachten Landvolks wenigstens die politische Gleichberechtigung der Untertanen konzedierte – obwohl die Konservativen nach Basler Muster lieber einer Kantonstrennung zugestimmt hätten –, gaben die Zünfte wenigstens in der Stadt weiterhin den Ton an und schoben die Einführung der Handels- und Gewerbefreiheit sogar bis 1852 hinaus. Und selbst in jenem Jahr wurde die neue Kantonsverfassung, die doch schon im Zeichen des siegreichen Radikalismus in der ganzen Eidgenossenschaft zustandegekommen war und die nun endlich den Innungszwang beseitigte, in der Stadt noch mit fünffacher Mehrheit verworfen, vom Volk des Kantons freilich trotzdem dank dem bäuerlichen Übergewicht knapp angenommen.

Die langwierigen Rückzugsgefechte der Zünfte bezeugten freilich nicht *nur* reaktionäre Verhocktheit. Man muß sich der verzweifelten Lage erinnern, in der sich damals Kanton und Stadt angesichts der neuerrichteten deutschen Zollmauern befanden. Das alte Handwerk war fast völlig zum Erliegen gekommen; etwa gleichzeitig führte das Aufkommen der Eisenbahnen den Niedergang von Rheinschiffahrt und Transithandel herbei, denen Schaffhausen viel von seinem alten Wohlstand verdankte. Da war es nur menschlich, wenn sich die Bürgerschaft beim rapiden Schwund ihrer traditionellen ökonomischen Basis mit Händen und Füßen an ihre Privilegien klammerte und nur darauf sann, sich eine freie Konkurrenz vom Leibe zu halten, der sie sich zunehmend weniger gewachsen fühlte.

Und doch sollte sich bald zeigen, daß eben die gefürchtete Wirtschaftsfreiheit die Voraussetzungen für einen neuen und großartigen ökonomischen Aufstieg schaffen konnte: Sie erst zwang die Schaffhauser, sich ernsthaft um die lange vernachlässigten Möglichkeiten industrieller Entfaltung zu kümmern. »In dem Rhein, in dessen Wasserkraft muß Schaffhausen seine Vorteile suchen«, hatte 1835 ein fortschrittlicher kantonaler Parlamentarier seine Landsleute beschworen, und einer der kommenden Industriepioniere – Friedrich Peyer im Hof – hatte um dieselbe Zeit gegen die »niedrige Ängstlichkeit vor neuen Etablissements« gewettert und das »verkehrte Bestreben« angeprangert, »den freien Verkehr so sehr als möglich zu hemmen«. Nun ging die Saat solcher Ideen auf. Langsam und zögernd zunächst, dann mit rasch wachsendem Schwung regte sich die so lange zurückgebundene Initiative. Waghalsige Unternehmer fanden sich, die ihr Vermögen an die Chance wagten, Schaffhausen aus seiner Lethargie aufzurütteln: Heinrich Moser baute Mitte der sechziger Jahre den ersten, nach ihm benannten Staudamm im Rhein und zog damit aussichtsreiche junge Industriefirmen an – vor allem solche der Metallverarbeitung und des Maschinenbaus –; in der schmalen Klus des Mühletales vor den Stadttoren wuchs aus einer Hammerschmiede in den Gebäuden einer eingegangenen Kräutermühle das Großunternehmen der Stahlwerke Georg Fischer empor; Moser und Peyer im Hof gehörten zu den Gründern der Industriegesellschaft Neuhausen, die sich vor allem im Waggonbau bald eine hervorragende Stellung sicherte; Apparatebau und Uhrenfabrikation siedelten sich an. Ende der achtziger

Jahre schließlich kam in Neuhausen die Aluminiumindustrie hinzu, die dank der billigen, aus neuen Rheinkraftwerken gewonnenen Elektrizität hier zeitweise ein volles Fünftel der Weltproduktion an dem weißen Leichtmetall erzeugen konnte.

Es ist noch im Rückblick faszinierend zu verfolgen, wie sich Schaffhausen nach langen Jahrzehnten ununterbrochenen Niedergangs plötzlich auf die Bahn einer stürmischen Entwicklung gestoßen sah und wie eine unwiderstehliche Gewalt die erzkonservative Handwerkerstadt, die so lange allem Ungewohnten mißtrauisch widerstrebt hatte, in den Strudel der großindustriellen Expansion riß. Nie zuvor und nie danach – es sei denn vielleicht in der Epoche der Reformation – hat der Kanton in einer so kurzen Zeit so revolutionäre Verwandlungen durchgemacht, die sich keineswegs auf die Wirtschaft beschränkten, sondern seine ganze soziale Struktur und letztlich auch seinen geistigen Habitus von Grund auf umschichteten und umwälzten. »Die Großindustrie«, so resümiert Karl Schib nicht ohne Stolz das Ergebnis dieses Wandlungsprozesses, »machte das moderne Schaffhausen zu einem wirtschaftlichen Zentrum von einer größeren Bedeutung als zu irgendeiner früheren Epoche seiner Geschichte.« Daß die Wirtschaftskapitäne mindestens bis in die Jahre des Ersten Weltkriegs hinein auch politisch das entscheidende Wort sprachen und die Interessen der Industrie ganz selbstverständlich mit denen des Kantons gleichgesetzt wurden, war unter solchen Umständen fast unvermeidlich. Die verspätete, dann aber um so explosiver einsetzende industrielle Revolution machte sich eben in unbekümmerter Vitalität auch das öffentliche und staatliche Leben dienstbar.

Aber eben diese Unbekümmertheit eines neuen großindustriellen Herrentums beschwor auch Reaktionen oft ebenso heftiger Natur herauf. Und hier stoßen wir auf eine Eigentümlichkeit der neueren schaffhausischen Politik, die dem Kanton im 20. Jahrhundert nicht bloß seiner Lage wegen zeitweise den Ruf eines exzentrischen Gemeinwesens eingebracht hat: auf die zwar sporadische, aber deswegen nicht minder bedeutende Rolle, die hier zwischen den beiden Weltkriegen ein lautstarker und ungebärdiger Extremismus spielte. Daß in dem ausgesprochenen Industrie- und Arbeiterkanton, wo mehr als in anderen hochindustrialisierten Schweizer Regionen die Großbetriebe mit jeweils Tausenden von Arbeitern dominieren, auch der Kommunismus Eingang fand, hat zwar zunächst nichts Erstaunliches an sich. Frappierender scheint schon die Tatsache, daß hier – und nur hier – die gesamte Sozialdemokratie 1920 praktisch geschlossen der neugegründeten Kommunistischen Partei beitrat. Anderthalb Jahrzehnte lang blieb Schaffhausen der einzige schweizerische Stand, wo nicht nur die Mehrheit der Arbeiterschaft einer kommunistischen Führung folgte, sondern wo die Kommunisten tatsächlich die Vertretung der proletarischen Interessen monopolisierten und wo es praktisch überhaupt keine demokratisch-sozialistische Linke mehr gab.

So merkwürdig und einzigartig wie die ungewöhnliche Stärke und Wirkungsbreite dieses schaffhausischen Linksradikalismus war sein weiteres Schicksal. 1930 sagten sich nämlich die Schaffhauser Kommunisten genauso einhellig, wie sie seinerzeit zur Dritten Internationale abgeschwenkt waren, wieder von der Moskauer Linie los, um als »Kommunistische Partei (Opposition)« einen unabhängigen Kurs zu steuern, den wir vielleicht am besten als eine Art von Eurokommunismus *avant la lettre* verstehen können. Ganz auf sich selber gestellt, ohne jeden außerkantonalen Rückhalt, entwickelte diese Gruppe Energie und Werbekraft genug, um für ihren Führer Walter Bringolf in erbitterten Kämpfen das Stadtpräsidium von Schaffhausen zu erobern – womit Schaffhausen die einzige Schweizer Stadt wurde, die jemals einen (wenn auch häretischen) Kommunisten an die Spitze ihrer Verwaltung stellte. Jahrzehntelang ist Bringolf von da an der städtischen Administration vorgestanden. Längst mit seinen Anhängern in die sozialdemokratische Mutterpartei zurückgekehrt, gehörte er bis zum Rücktritt von seinen politischen Ämtern zu den markantesten Führern eines bedingungslos demokratischen Sozialismus in der Eidgenossenschaft. Und nur das Mißtrauen gegen seine Vergangenheit hat dem souveränen Politiker am Ende den Weg in die Bundesregierung versperrt, den ihm sein Talent vorzuzeichnen schien.

Schon dieses Ende der kommunistischen Eskapade deutet freilich darauf hin, wie wenig man in die zeitweilige Anfälligkeit der Schaffhauser Arbeiterschaft für revolutionär-proletarische Losungen eine wirkliche Ergriffenheit von marxistisch-leninistischer Orthodoxie hineininterpretieren sollte. Wie wenig selbst die Funktionäre in das landläufige Bild des Bürgerschrecks hineinpaßten, davon zeugt ein rührendes kleines Detail: Als 1930 die schaffhausischen Kommunisten den Bruch mit der offiziellen Partei beschlossen, da lag einer der Gründe des Bruches darin, daß die Spitzen des Schaffhauser Kommunismus sich gegen einen Entscheid des Zentralkomitees auflehnten, der ihnen verbieten wollte, in ihrem Parteiorgan weiterhin den Kirchenzettel zu veröffentlichen. Und so publizierte denn die »Arbeiterzeitung« auch fürder, unbekümmert um den Bannstrahl Moskaus, jede Woche die Liste der sonntäglichen Gottesdienste ...

Aber nicht nur die Arbeiterschaft gebärdete sich in den zwanziger und frühen dreißiger Jahren rebellisch. Von der Unruhe wurde auch das (hier vorwiegend kleine) Bauerntum angesteckt. Die Schaffhauser Bauernpartei, die sich nach dem Ersten Weltkrieg ähnlich wie in anderen Kantonen vom lange herrschenden Freisinn losgelöst hatte, schlug zeitweise einen Linkskurs ein, der sie gelegentlich bis an die Seite der Kommunisten führte und damit von der konservativen Haltung der Bauernschaft in der übrigen Eidgenossenschaft deutlich abstach. Umgekehrt gelang nach 1933 der rechtsradikalen Frontenbewegung, die etwas wie einen helvetischen Nationalsozialismus vertrat, hier ein tieferer Einbruch in die bürgerlichen Reihen als in jedem anderen Teil der Schweiz. Fast konnte es damals einen Augenblick so aussehen, als ob die bürgerliche Mitte in Schaffhausen zwischen den Extremen von rechts und links in ähnlicher Weise zerrieben werden sollte wie drüben im Reich. Zweifellos haben die Einwirkungen aus der deutschen Nachbarschaft, denen man stärker ausgesetzt war als etwa in Basel, einiges mit diesem Aufflackern faschistisch-totalitären Geistes zu tun gehabt. Aber wahrscheinlich steckte auch darin doch viel mehr von einer unklaren Protesthaltung gegenüber der viel kritisierten Bewegungslosigkeit einer Demokratie, die mit den Herausforderungen der Weltwirtschaftskrise nur recht mühsam fertigzuwerden wußte, als ein bewußtes Bekenntnis zu Führerstaat und Rassenideologie. Im übrigen ging der rechtsradikale Fieberanfall noch viel schneller vorbei als der linksradikale.

Alle diese heftigen Pendelschläge sind heute fast völlig zur Ruhe gekommen. Was an Leidenschaft für die öffentlichen Angelegenheiten übriggeblieben ist, bewegt sich derzeit in gut demokratischem Rahmen; die Außenseiter haben sich wieder ins typisch schweizerische *juste milieu* zurückgefunden. Und doch verrät selbst ein fast unpolitisches Phänomen wie die sogenannte Rheinaubewegung, die im Namen eines konsequenten Natur- und Heimatschutzes mit ungewöhnlichem Temperament gegen die Auswüchse des übersteigerten Industrialismus zu Felde zog, in ihrem Ungestüm eine auffällige Verwandtschaft mit dem politischen Extremismus früherer Jahrzehnte. Selbst ein in seiner Substanz so konservativer Gedanke wie die Erhaltung unberührter Landschaft und des überkommenen Erbes wird in Schaffhausen mit einer Intensität und einem Elan verfochten wie nirgendwo sonst. Was heute staatliche und gesellschaftliche Erneuerungsideologien nicht mehr vermögen, das brachte hier der Protest gegen die Verschandelung von Natur und Stadtbild noch immer zuwege: die Gemüter in Wallung zu versetzen und die latente Rebellionsneigung zu mobilisieren. Im Rückblick mag die Rheinaubewegung geradezu als ein Vorläufer der heutigen »Grünen« erscheinen – wenn man davon absieht, daß ihre Vorkämpfer teilweise noch unter der heute merkwürdig antiquiert anmutenden Losung »Atomkraftwerke statt Wasserkraftwerke« fochten.

In den Jahren des großen wirtschaftlichen Aufschwungs nach 1950 herrschte auch bei weniger militanten Schaffhauser Bürgern das Gefühl dafür vor, daß eine Bändigung der industriellen Auftriebstendenzen angebracht wäre. Die Stadt selber bewies immer wieder ihren lebendigen Sinn für die Werte der Tradition selbst in der Zeit, da sie mächtig über ihre mittelalterlichen Grenzen hinaus mit ihren Vororten Neuhausen und Herblingen wie mit den zürcherischen Gemeinden Flurlingen und Feuerthalen jenseits des Rheins zu einer bedeutenden Agglomeration zusammenwuchs. Zwar lebt heute nur noch gerade etwa die Hälfte der Kantonsbevölkerung in annähernd ländlichen Verhältnissen (vor hundert Jahren waren es noch vier Fünftel). Auch hat der Hauptort längst höchst unromantische Industrieviertel und mehr großzügig angelegte als architektonisch sonderlich glückliche Geschäftsquartiere aufzuweisen. Trotzdem weiß er den intimen Reiz seines alten Kerns zu bewahren, der einst in der Mitte des 19. Jahrhunderts romantische Fremde wie Victor Hugo und John Ruskin als ein verträumtes Stück übriggebliebenen Mittelalters zu entzücken vermochte. Die schön gegliederten, durch vorwitzige Erker lustig aufgelockerten gotischen und Renaissance-Fassaden der Altstadt, bieten noch immer ein Bild imponierender Geschlossenheit, ins rechte Licht gerückt durch behutsame Renovationen der letzten Jahrzehnte. Nach wie vor ragt nahe der Stadtmitte über sorglich erhaltenem Rebgelände das unverwechselbare Wahrzeichen Schaffhausens empor: der mächtige Wehrturm des Munot. Die Wiederherstellung des Münsters, dem die strenge Wucht seiner romanischen Formen zurückgegeben wurde, und die vorbildliche Einrichtung des Stadtmuseums im einstigen Kloster Allerheiligen gelten als Musterbeispiele für die wohldurchdachte Erneuerung alter Baudenkmäler. Fast noch bemerkenswerter ist die Tatsache, daß die Stadt es, entgegen dem Protest der Interessenten, fertiggebracht hat, durch eine streng gehandhabte Bewilligungspflicht für Leuchtreklamen die schreienden Neonlichter aus den edlen Straßenzügen ihrer alten Quartiere fernzuhalten. Solche Ehrfurcht vor dem Überkommenen und solches Fortwirken ernsthaften Bürgersinns beeindruckt doppelt in einem Gemeinwesen, dessen Bevölkerung zu mehr als 50 % von der Industrie lebt – ein Anteil, wie er sonst wohl nur noch in Winterthur erreicht wird.

Deutlich treten daneben freilich auch gewisse Schattenseiten einer einseitig industriellen Expansion hervor. Dazu wird man vor allem die fortdauernde Entvölkerung der Landdistrikte rechnen müssen. Viele Dörfer – nicht nur besonders entlegene – haben seit 1850 die Hälfte ihrer Einwohner und mehr verloren; gewachsen sind neben den wild ins Kraut schießenden städtischen Vororten fast nur jene wenigen Landgemeinden, die es, wie etwa das aufsteigende Thayngen, verstanden haben, selber einige Industrie an sich zu ziehen. Gewiß läßt sich ein ähnlicher Vorgang auch in anderen Teilen der Schweiz beobachten; es gibt aber doch zu denken, daß der Kanton Schaffhausen neben den Berggebieten zu jenen Regionen gehört, in denen er am kontinuierlichsten verläuft und in denen daher die geographischen und gesellschaftlichen Disproportionen, die er nach sich zieht, besonders augenfällig werden. Tatsächlich legten sich in den Boom-Jahrzehnten viele Schaffhauser die Frage vor, ob es sinnvoll sei, die industrielle Entwicklung weiter zu forcieren, oder ob es nicht eher notwendig werden könnte, die Bremse zu ziehen. Die unverhohlene Abneigung, mit der man hier früher als in der übrigen Ostschweiz das Projekt der Hochrheinschiffahrt betrachtete – der Schaffhauser Kantonsrat sprach sich fast einhellig gegen dieses Vorhaben aus –, entsprang nicht allein der Sorge um die ungeschmälerte Erhaltung des Rheinfalls und dem Bedürfnis nach Naturschutz, sondern auch dem Gefühl, man sei allmählich industriell saturiert, vielleicht sogar schon überindustrialisiert, und es sei daher keineswegs wünschenswert, der Wirtschaft neue Antriebskräfte zuzuführen. Inzwischen hat sich freilich auch ohne behördliches Zutun ein neuer Strukturwandel angebahnt: In der Rezession der siebziger und frühen achtziger Jahre ist das beunruhigende Übergewicht des Fabrikwesens gleichsam von selbst reduziert worden. Nachdem sich fast alle schaffhausischen Großbetriebe zur Entlassung von Arbeitskräften gezwungen sahen und der größte von ihnen, das Unternehmen der Stahlwerke Georg Fischer, sogar ein volles Drittel seiner Beschäftigten abbauen mußte, tritt nun eher die Sorge in den

Vordergrund, wie neue Arbeitsplätze geschaffen werden sollten. Heute zeigen sich die Schaffhauser Behörden sogar bereit, die umstrittene Bewilligung für den Bau einer neuen, notorisch umweltschädigenden Glasfabrik unbekümmert um ökologische Bedenken zu erteilen – ein Symptom für den auffälligen Umschlag der vorherrschenden Stimmung. Jetzt ist es auf einmal nicht mehr das Zuviel an zerstörerischer Technik, das Besorgnis erweckt, sondern eher die Schrumpfung der früher als überdehnt empfundenen industriellen Basis.

Immerhin ist Schaffhausen immer noch der Industriekanton *par excellence*. Was früher jedoch als Beweis der Modernität galt, wird inzwischen eher als Hinweis auf ein Zurückbleiben hinter der Zeit betrachtet. Wenn mehr als 80 % der Wehrsteuererträge vom sekundären Wirtschaftssektor aufgebracht werden, der tertiäre der Dienstleistungen aber nicht einmal ganze 18 % liefert, so sind diese Zahlen, die kein anderer Landesteil auch nur annähernd erreicht, Belege für eine nachgerade als erschreckend einseitig zu betrachtende ökonomische Struktur.

Noch in einer ganz anderen und zweifellos erfreulicheren Hinsicht nimmt Schaffhausen eine Ausnahmestellung ein: Es registriert von einer Wahl zur anderen mit Abstand die höchste Stimmbeteiligung aller Kantone. Das hat zwar damit zu tun, daß der Urnengang hier offiziell immer noch obligatorisch ist und das unentschuldigte Fernbleiben von einer Wahl oder einer Abstimmung mit einer (sehr bescheidenen) Buße von 3 Franken belegt wird. Eine Initiative zur Abschaffung dieser Stimmpflicht ist bezeichnenderweise noch 1982 mit 18 800 gegen 10 800 Stimmen abgelehnt worden – gewiß ein überzeugender Beweis für das lebendige Bewußtsein staatsbürgerlicher Verpflichtung.

Die welsche Schweiz

Freiburg

Das katholische Bollwerk

Le reproche auquel les institutions bernoises ont donné lieu, celui d'entretenir un certain engourdissement intellectuel, s'applique mieux à celles de Fribourg: éminemment exclusives, elles ferment avec soin toutes les avenues aux hommes nouveaux et aux idées nouvelles; c'est le régime de la médiocrité privilégiée.
Louis Simond, in »Voyage en Suisse«, 1824

L'Etat fribourgeois m'a révélé le fédéralisme, non en tant que théorie, mais en tant que régime politique et manière de vivre en société. Le peuple fribourgeois est ainsi fait qu'il a toujours besoin d'un fédérateur. S'il n'a pas une tête pour le diriger, il se rapetisse sur soi-même en des querelles locales, des rivalités personnelles, des clabaudages de café. S'il possède un chef qui pose devant ses yeux une grande idée et qui se montre capable de la réaliser, après en avoir dit tout le mal possible, il finit par comprendre, se rassembler et suivre.
Gonzague de Reynold, in »Mes Mémoires«, Bd. 3, 1963

Auf den ersten Blick erscheint Freiburg als Land des Übergangs zwischen Mitteland und Alpen, Nord und Süd, Deutsch und Welsch. Die breite Mulde des Broyetals deutet auf die Waadt voraus, die sich hier tatsächlich in einem Gewirr von Exklaven und Halbexklaven mit dem Nachbarkanton durchmischt; im Sensedistrikt umgekehrt könnte man sich noch im Bernbiet glauben. Auch ethnisch bildet der Kanton eine Brücke. Ein Drittel seiner Einwohner ist deutscher, weniger als zwei Drittel sind französischer Muttersprache – und die Sprachgrenze läuft mitten durch die Kantonshauptstadt hindurch: die einzige von Anbeginn zweisprachige Schweizerstadt.

Aber Übergang bedeutet Offenheit nach allen Seiten hin. Freiburg jedoch ist nicht offen, sondern abgeschlossen: fürwahr eine Burg, wehrhaft eher als vermittelnd. Trotzig klammert sich die Stadt an ihren Felshang steil über der Flußschleife der tief ins Gestein einschneidenden Saane. Ihre Mauern, Türme und Tore lassen hinter dem »romantisch« Pittoresken den Ernst der Herausforderung erspüren, mit der sich die »freie Burg« einst ihrer Umwelt entgegenstellte – und in gewandeltem Sinne noch immer entgegenstellt. Als Festung gegen den unbotmäßigen burgundischen Adel hat Berthold IV., Herzog von Zähringen und Rektor von Burgund, die Stadt um 1157 inmitten des Üchtlands (französisch: *Nuithonie*) angelegt; nacheinander hat sie später als habsburgischer, savoyischer und eidgenössischer Vorposten gedient. Aber nicht als Bollwerk feudaler, fürstlicher oder bürgerlicher Macht hat der Kanton sein Wesen ausgebildet, sondern als Zitadelle der Gegenreformation: in den vier Jahrhunderten, in denen er isoliert inmitten protestantischer Nachbarn die römische Orthodoxie zu verteidigen hatte.

Dieser eigentümliche Widerspruch hat Freiburg geprägt: der Widerspruch zwischen den Möglichkeiten und Verheißungen einer natürlichen Lage wie einer ethnischen Doppelheit und den Konsequenzen des geschichtlichen Entschlusses, mit dem es um der Einheit der religiösen Doktrin willen die Chance der Vielfalt ausgeschlagen und sich in seinen Glauben eingemauert hat wie in ein uneinnehmbares Fort. Im Zwang zur Selbstverteidigung wandte es alle seine Energien in enormer Anspannung darauf, sich von seiner Umgebung abzugrenzen. Aber diese Verkrampfung in der Antithese konnte nicht ohne Folgen bleiben. Ein Gemeinwesen, das nach außen jedem Kontakt mit den Nachbarn aus dem Wege ging, begann auch im Innern mehr und mehr an Kontaktarmut zu leiden; Klassen, Sprachen, Regionen, Parteien standen sich bald ähnlich fremd gegenüber wie die Konfessionen selber. In seinen Memoiren erzählt der freiburgische Aristokrat Gonzague de Reynold, daß ihm seine Mutter ausdrücklich verboten habe, seine »bürgerlichen« Schulkameraden auch nur auf der Straße zu grüßen; dergleichen wäre bei allem eingefleischten patrizischen Hochmut weder in Bern noch in Luzern denkbar gewesen. Und das ist nur ein überspitztes Beispiel für einen Zug, der dem Betrachter in Freiburg allenthalben begegnet. Von Anerkennung des Andersartigen oder gar von spontaner Freude an seiner Andersartigkeit findet sich hier kaum eine Spur. So ist der Freiburger zwar nach außen, der Eidgenossenschaft gegenüber, leidenschaftlicher Föderalist, aber nach innen Zentralist bis in die Knochen; in keinem anderen Kanton wird beispielsweise die Gemeindefreiheit rücksichtsloser eingeschränkt: »Der Begriff der örtlichen Selbstverwaltung«, so notierte vor einem Jahrhundert Eduard Osenbrüggen, »ist hier auf ein Minimum reducirt.«

Das mag freilich auch damit zusammenhängen, daß der Kanton gerade als Übergangszone der inneren Kohäsion ermangelt. Aber die Gewaltsamkeit jener *tour de force,* durch die sich Freiburg aus seinen traditionellen räumlichen Bindungen herausriß, um sich desto fester in seinen Katholizismus hinein zu verkrallen, hat das Mißtrauen gegen alles erst erweckt oder doch übersteigert, was die mühsam bewahrte Einheit und Geschlossenheit des Bekenntnisses wie des Staates in Frage stellen könnte, der sich mit diesem Bekenntnis identifiziert, in ihm seine eigentliche Rechtfertigung findet. Fast könnte man das staatliche System auf die nur scheinbar paradoxe Formel eines »klerikalen Jakobinertums« bringen. Auch der Jakobinismus der »république une et indivisible« war ja zunächst vor allem als ein Reflex auf äußere Gefährdung zu interpretieren – und obwohl von einer solchen Gefährdung in Freiburg seit mehr als hundert Jahren kaum mehr die Rede sein kann, bleibt der Reflex noch immer wirksam.

Es ist interessant zu beobachten, wie grundverschieden zwei Stände in ähnlicher Lage – Freiburg und Solothurn – auf ähnliche Bedingungen reagiert haben. Beide waren katholische Inseln inmitten einer reformierten Umgebung, standen also der gleichen »Herausforderung« (im Sinne Toynbees) gegenüber. Aber während Solothurn seine konfessionelle Exklusivität frühzeitig abmilderte und seinem Katholizismus gleichsam ein liberales Gewand überwarf, sperrte sich Freiburg gegen alle Einflüsse von außen mehr und mehr ab, igelte sich im *Réduit* der Gegenreformation ein und trieb sein Anderssein zum Extrem. Die toleranteste und die intoleranteste Spielart katholischer Mentalität innerhalb der Eidgenossenschaft sind also aus fast übereinstimmenden historischen Voraussetzungen erwachsen.

Mit dem religiösen Motiv dieser Entwicklung verknüpft sich freilich noch ein politisch-psychologisches: das merkwürdig zwiespältige, mit widersprechenden Affekten aufgeladene Verhältnis zum so viel erfolgreicheren bernischen Nachbarn. Von demselben Herrscherhaus in auffällig gleichartigem Gelände nach verwandtem Plan gegründet, haben Bern und Freiburg schon 1243 ihre erste »ewige« Allianz miteinander geschlossen. Aber dieses Bündnis, einmal ums andere erneuert, wurde auch immer wieder gebrochen. Im Laupenkrieg bildete Freiburg nach dem Zeugnis seines Historikers Gaston Castella den »diplomatischen Mittelpunkt« der antibernischen Adelskoalition; der erste bedeutende freiburgische Landbesitz im Obersimmental und am Bieler See ging anläßlich des Sempacherkrieges an Bern verloren; um die Mitte des 15. Jahrhunderts endete die Teilnahme der damals noch österreichischen Saanestadt am Alten Zürichkrieg mit einem demütigenden bernisch-savoyischen Friedensdiktat. Das Ergebnis war der verzweifelte Entschluß der Freiburger Räte, sich lieber freiwillig dem Herzog von Savoyen zu unterstellen als unter die Herrschaft Berns zu geraten. Die Souveränität eines Fürsten schien, nach Castellas Deutung, immer noch erträglicher als die Unterordnung unter einen ebenbürtigen Stadtstaat gleicher Herkunft.

Trotzdem bedurfte Freiburg immer wieder der bernischen Unterstützung; nur im Schatten der mächtigeren Schwesterrepublik konnte es Freiheit von fremder Oberhoheit, ein breiteres Territorium und damit wirkliche staatliche Eigenexistenz gewinnen. So mußte es seinen antibernischen Komplex stets aufs neue überwinden. Keine zwei Jahre, nachdem es sich aus Abneigung gegen Bern den Savoyern anheimgegeben hatte, erneuerte es bereits sein altes Burgrecht mit Bern, in dem die beiden Städte einander geschworen hatten, sie wollten zueinander halten, als wären sie von einer einzigen Mauer umgeben. Bern war es, das Freiburg in den Burgunderkriegen aus der savoyischen Bindung herauslöste und es schließlich – gegen den ursprünglichen Widerstand der inneren Orte – gemeinsam mit Solothurn der Eidgenossenschaft zuführte. Selbst die Reformation zerriß dieses Band nicht sogleich. Bis ins 18. Jahrhundert hielt sich Freiburg aus den Sonderverbindungen der katholischen Orte heraus und blieb in den Konfessionskriegen dem Grundsatz der Neutralität treu; 1536 zogen die katholischen Freiburger sogar an der Seite der protestantischen Berner gegen Savoyen aus und sicherten sich damit ihren Anteil an der stattlichen Beute dieses Eroberungskrieges – wobei sie freilich die Staatsräson geschickt mit dem Argument verkleideten, daß sie auf diese Weise wenigstens ihren eigenen Teil der annektierten waadtländischen Distrikte dem alten Glauben zu erhalten vermöchten. Damals drang Freiburg bis auf die Höhen über dem Genfer See vor; der beabsichtigte Durchbruch nach Vevey und Montreux freilich wurde von seinem wachsamen Verbündeten vereitelt. Dafür sicherte es sich 1555 – immer noch in Gemeinschaft mit Bern – einen tüchtigen Brocken aus der Liquidationsmasse der überschuldeten Grafen von Greyerz, der heute den voralpinen Teil des Kantons ausmacht (die selbstbewußten *Gruériens*, die ihren Dynasten längst ein Freiheitsrecht nach dem andern entrissen hatten, scheinen allerdings über diese Inkorporation in den werdenden freiburgischen Stadtstaat wenig glücklich gewesen zu sein; bis heute stehen sie in einer unverkennbaren Opposition zum »alten« Kantonsteil, ja Naef spricht in diesem Zusammenhang sogar von einem »antagonisme vieux de quatre siècles«).

Während man jedoch die Verträge mit Bern ausnützte, um die

Blick auf Rivaz mit Weinbergen, Genfer See

eigene Macht kräftig auszubauen, zeichnete sich zugleich immer deutlicher das Bestreben ab, den seit hundert Jahren machtpolitisch beendeten Disput mit den bernischen Miteidgenossen auf ein neues Feld zu verlagern: eben das konfessionelle. Mehr als die Tiefe der eigenen religiösen Überzeugung scheint das antibernische Ressentiment an dem Entschluß der Räte beteiligt gewesen zu sein, »gemeinlich by dem alten, waren cristenlichen glouben ungeweigert zu belyben« (1542): Bis in die zweite Jahrhunderthälfte sind in Freiburg kaum Spuren ungewöhnlichen Glaubenseifers zu erkennen; die Entscheidung zugunsten des Väterglaubens dürfte hier so sehr politisch bestimmt gewesen sein wie in Bern der Übergang zur Reformation. Gonzague de Reynold zeigte sich sogar überzeugt, daß nur die Treue zur römischen Kirche seine Vaterstadt davor bewahrt habe, von der übermächtigen und soviel handlungskräftigeren Aarerepublik verschluckt zu werden.

Mit dem letzten Viertel des 16. Jahrhunderts ändert sich das Bild. Die Berufung der Jesuiten und die Gründung des Kollegiums St. Michael unter ihrer Leitung (1580) bezeichnet den Triumph der Gegenreformation. Unter ihrem Einfluß bildet sich Freiburg zum »schweizerischen Rom« um, das resolut die Zügel der geistlichen Disziplin strafft, die Protestanten vertreibt, die Kanäle häretischer Infiltration verstopft und damit erst seine neue Physiognomie gewinnt: die der unbeugsamen Militanz und des unermüdlichen missionarischen Eifers. Einer der ersten und bedeutendsten Gefolgsleute des Ignatius von Loyola findet hier die Stätte seines Wirkens: der später heiliggesprochene Holländer Petrus Canisius, unter dessen Leitung die neue Schule schnell zum bedeutendsten intellektuellen Zentrum der katholischen Eidgenossenschaft aufwächst.

Keine andere Kraft hat Freiburgs Züge deutlicher geprägt als die *Societas Jesu*. Denn keine andere hat über einen derart langen Zeitraum – zweieinhalb Jahrhunderte – so bewußt und so ausdauernd an ihnen gearbeitet. Selbst als der Orden von 1773 bis 1814 aufgelöst war, änderte das nur wenig, weil die Väter im Gewande von Weltpriestern ihre Arbeit auch in dieser Zeit fortsetzten: als Pädagogen, die den Geist einer jungen Generation nach der andern durch intellektuelle Überlegenheit wie durch geistliche Autorität lenkten, aber auch als Beichtväter und »directeurs de conscience«. Castella sieht ihre geschichtliche Leistung außerhalb des eigentlichen religiösen Bereiches vor allem nach zwei Richtungen hin wirksam werden: als mächtige Stützen und Verbündete des aristokratisch-patrizischen

Regimes, zu dessen Festigung sie beigetragen, und als Träger lateinischen Geistes, die hier an der Sprachgrenze dem Triumph der französischen Zivilisation den Weg bereitet hätten.* Damit aber wird unser Blick bereits auf zwei weitere Wandlungen hingelenkt, die Freiburg im Laufe der Jahrhunderte umformen sollten: die ökonomisch-soziale Umschichtung, die zur Zeit der Gegenreformation schon in vollem Gange war, und den Kulturwandel, der erst im 19. Jahrhundert seinen Höhepunkt erreichen sollte.

Das mittelalterliche Freiburg wies ein eigentümliches Wirtschafts- und Gesellschaftsgefüge auf. Menschenreicher als Bern und Zürich, an Wohlstand mit Genf und Basel konkurrierend, gewerbfleißig und kommerziell hochentwickelt (seine wollenen Tücher wie sein Leder waren weitherum bekannt und begehrt), vermochte es sich doch nie von seinen feudalen Ursprüngen loszulösen. Auch auf dem Höhepunkt seiner gewerblichen Aktivität finden sich kaum Spuren demokratischer Strömungen. Die Zünfte blieben völlig bedeutungslos, und die Parteikämpfe scheinen sich fast ausschließlich zwischen ritterbürtigem Adel und Geldaristokratie abgespielt zu haben. Zwar gelang es den kommerziellen Kräften schon 1403, den Adel aus einigen staatlichen Schlüsselpositionen (etwa der einflußreichen Heimlichen Kammer) auszuschalten; nichtsdestoweniger blieb er, wie in Bern, eine gesellschaftliche und politische Macht, ohne sich aber gleich dem bernischen mit den Spitzen des Bürgertums zu verschmelzen. So blieb hier die Trennung zwischen altadeligem und bürgerlichem Patriziat länger bestehen als in allen anderen eidgenössischen Städten; gleichzeitig schloß sich der Kreis der bevorrechteten Familien beider Stände noch um einige Grade undurchdringlicher ab (zwischen 1627 und 1781 war bezeichnenderweise jede neue Zulassung zur »heimlichen Burgerschaft« völlig gesperrt). Dabei trat die Oberschicht anspruchsvoller und üppiger

---

* Es mag sich verlohnen, die Schlußfolgerungen wörtlich hierherzusetzen, zu denen der Autor der »Histoire du Canton de Fribourg« in seinem Rückblick auf das Werk der Jesuiten gelangt: »Ils ont fortifié le respect de l'autorité et ont contribué ainsi à l'établissement solide du patriciat: leur forte discipline, leurs constitutions faisaient naturellement d'eux les soutiens d'un gouvernement qui ... exerça le pouvoir sans le contrôle du peuple. Ils lièrent désormais leur sort à celui des gouvernements absolutistes, eurent les mêmes adversaires que les monarchies ou les aristocraties qui prétendaient seules à la ›légitimité‹ et tombèrent avec elles. Leur enseignement, dont la base était l'étude approfondie des langues latine et grecque, et qui se donnait en latin, a contribué dans une large mesure au maintien de l'esprit latin et préparé les voies à la civilisation française.«

auf als die reformierten Aristokratien. Welch ein Schlaglicht wirft es auf den Unterschied der Mentalitäten, daß Bern auch den Junkern und ihren Frauen das Tragen echter Edelsteine verbot, während Freiburg umgekehrt den Patriziern untersagte, unechte Juwelen zur Schau zu stellen!

Schon in der zweiten Hälfte des 15. Jahrhunderts hatte der Niedergang der freiburgischen Industrie begonnen; unter dem Anhauch der Gegenreformation vertrocknete das einstmals blühende Gewerbe nun endgültig. Zweihundert Jahre nach der Berufung der Jesuiten notierte William Coxe lakonisch, der Handel sei hier »too inconsiderable to be mentioned«. Dafür warf sich die Freiburger Aristokratie – die bürgerlich-patrizische wie die altadelige – mit einer Einseitigkeit ohnegleichen auf den fremden (vor allem französischen) Solddienst, der nun neben dem Grundbesitz fast zur einzigen Quelle des Reichtums wurde. Seit dem 17. Jahrhundert standen regelmäßig 10, später sogar 14 bis 15 freiburgische Kompanien in den Reihen der französischen Truppen. So kehrte die Industriestadt des Mittelalters seit Beginn der Neuzeit gleichsam zu ihren militärischen Anfängen zurück – nur daß sie das Kriegshandwerk nun nicht mehr im Dienste eines eigenen Fürsten oder selbständiger Machtausbreitung, sondern nur noch als Erwerbsquelle und als Mittel weiteren gesellschaftlichen Aufstiegs betrieb. Auch den Patriziern bürgerlicher Herkunft wurden nun von den fremden Souveränen, denen sie sich als Söldnerführer zur Verfügung stellten, freigebig Adelsdiplome ausgestellt; aus den einfachen Adeligen ihrerseits wurden französische oder österreichische Barone, Grafen, Markgrafen, ja selbst Fürsten. Und obwohl die Regierung im späten 18. Jahrhundert den Gebrauch dieser Titel verbot, obwohl spätere demokratische und radikale Regimes sogar die Adelspartikel offiziell abschafften, ist Freiburg noch heute der einzige Kanton, wo die standesstolze Aristokratie sich bei jeder Gelegenheit mit ihren prunkvollen Rängen schmückt (Gonzague de Reynold beispielsweise versäumt es in seinen Erinnerungen nie, selbst von den Gliedern seiner eigenen Familie mit ihrem vollen Titel zu sprechen).

Mit der Umstellung vom Gewerbe auf eine Condottiere-Ökonomie und der dadurch bedingten engeren Anlehnung an Frankreich setzte zugleich der zweite große Wandlungsprozeß ein: der kulturell-sprachliche. Wie gesagt: Freiburg lag von Anfang an auf der Sprachgrenze. Sie ging sogar mitten durch die Hauptstadt hindurch. Noch zu Beginn unseres Jahrhunderts konzentrierten sich die Einwohner französischer Sprache in der schon ursprünglich mehrheitlich welschen Oberstadt, die deutschsprachigen im Au-Quartier an der Saane und im Stadtviertel jenseits des Flusses mit seinem rein alemannischen Hinterland. Das enge Zusammenleben der beiden Volksgruppen scheint schon früh zu gewissen Spannungen zwischen ihnen geführt zu haben: Schon 1409 erging ein Verbot an die jungen Leute, sich zusammenzurotten »en disant alaman contre roman«. Auch die politischen Wechselfälle, die Freiburg durchmachte, wurden von den Welschen wie von den Deutschen augenscheinlich nicht immer durch die gleiche Brille gesehen; die einen strebten mehr nach Savoyen, die anderen neigten eher dazu, zunächst Österreich die Treue zu halten und sich später auf die eidgenössische Seite zu schlagen. Mit dem Beitritt zur Eidgenossenschaft aber, die sich damals und bis zum Ende des alten Bundes unbekümmert um die welschen Untertanen und selbst Zugewandten noch als ausgesprochen »deutsches« Staatswesen empfand, drang das Deutsche, ähnlich wie im Wallis, als Regierungs- und Amtssprache siegreich vor – nicht ohne kräftige Nachhilfe der Autoritäten übrigens. So verbot der Rat etwa anno 1600 den »usruff der victualien und reyen gesang uff weltscher sprach« mit dem Argument, »zu erhaltung der Eidtgenossischen reputation« sei es wünschbar, den Vorrang der Bundessprache auch im täglichen Leben zu sichern.

Wenige Jahre später deutet sich bereits in der Folge von Gegenreformation und französischen Diensten der Umschwung an. 1608 wurde ein früher erlassenes Verbot welscher Einwanderung in die Stadt aufgehoben und damit eine rasche Reromanisierung von unten eingeleitet. Gleichzeitig näherte sich auch die Oberschicht wieder der französischen Kultur. Schon 1618 rühmt der Franzose Marc Lescarbot die Stadt – in zweifellos noch übertreibenden Formulierungen – als einen »abbregé de Paris«, weil es durch die »honnestes façons« der vornehmen Kreise, durch Sitten und Sprache französisch sei. 150 Jahre später gilt es laut Fäsi als Regel, daß sich »Personen, welche einen Vorzug vor dem gemeinen Mann haben wollen«, des Französischen bedienen: Das einst zurückgedrängte, ja halbwegs verbotene Idiom ist im 18. Jahrhundert zum Merkzeichen der Vornehmheit geworden.

Nichtsdestoweniger blieb das Deutsche bis zum Ende des *ancien régime* Amtssprache. Es gehörte zum erzkonservativen Geist des Patriziats, einmal etablierte Gewohnheiten nicht leichthin zu ändern, wenn sie Rang und Würde eines Herrschaftssymbols gewonnen hatten. Aber nichts wäre abwegiger, als hinter dem Festhalten daran etwa ein betontes, ein »völkisches« Bekenntnis der Freiburger Aristokratie zum Deutschtum zu sehen. Wenn sie mit ihrem hochentwickelten Sinn für das Herkommen und für staatliche Repräsentation an der Fiktion festhielt, daß die freiburgische Republik als volleidgenössisches Gemeinwesen auch ein deutscher Staat sei, so hinderte sie das nicht im mindesten daran, in Sprache und Lebensstil ohne Reserve vor der herrschenden und für die Oberschichten Europas verpflichtend gewordenen *civilisation française* zu kapitulieren.

Das ist nicht entfernt so widerspruchsvoll, wie es klingt. Die freiburgische Oberschicht, ein bemerkenswert künstliches und komplexes Gebilde schon von alters her, beherrschte die Kunst, scheinbar Unvereinbares auf einen Nenner zu bringen. Wir haben schon gesehen, wie der Adel tonangebend blieb, obwohl er aus den Schlüsselpositionen des ganzen Regierungsgebäudes – wie der Heimlichen Kammer – ferngehalten wurde. Wir können Ähnliches in der Kirchenpolitik des Patriziats beobachten. Wohl genoß die Geistlichkeit in Freiburg mehr Einfluß als in Solothurn oder selbst in den Urkantonen. Von aufklärerisch-liberalem Staatskirchentum, wie es etwa das luzernische *Dixhuitième* bestimmt, ist hier nicht die Rede. Aber der (katholisch-konservative) Politiker und Historiker Joseph Piller macht doch darauf aufmerksam, wie fern der privilegierten Gruppe eine passive Ergebenheit in den Willen der Kirche lag: »Das Patriziat schützte die Kirche, wollte sich ihrer aber auch als Regierungsmittel bedienen; es überließ ihr die Schule..., überwachte aber auch die Geistlichen.« Erst nach acht Jahrzehnten und unter stetem päpstlichem Druck nahmen die erzkatholischen Freiburger schließlich den auch für sie zuständigen Bischof von Lausanne bei sich auf, den die Berner vertrieben hatten. Als er endlich seine Residenz bei ihnen aufschlagen durfte, dachten sie aber gar nicht daran, ihm seine 1536 »provisorisch« annektierten Besitzungen zurückzugeben.

Auch das zeigt, wie wenig sich das freiburgische *ancien régime* auf glatte Formeln bringen läßt. Überhaupt war es ein recht künstlich anmutendes System. Unter der Einheitsdecke von Katholizismus und Aristokratie verbargen sich soziale, politische und geistige Spannungen; demokratische Bewegungen des niederen städtischen Bürgertums oder der große Bauernaufstand von 1781, aber auch Streitigkeiten innerhalb des Patriziats selber zwischen dem Adel und der »heimlichen Burgerschaft« enthüllten die Verletzlichkeit einer Ordnung, die auch durch den verzweifelten Versuch, die Oberschicht angesichts des drohenden Ansturms von unten durch späte Zulassung neuer Familien zu kräftigen, nicht mehr vor dem Zusammenbruch bewahrt werden konnte.

Das Ende des französischen Königtums zerriß die Bande, die Freiburg an Frankreich ketteten. Im Schweizerklub des revolutionären Paris sammelten sich mit anderen Exilierten auch die verbannten Führer der Bauernbewegung von 1781, um für den Umsturz der altersschwach gewordenen heimischen Institutionen zu agitieren. Ohne nennenswerten Widerstand zu finden, rollte 1798 die französische Invasion über Freiburg hinweg; die Patrizier rafften sich nicht einmal nach dem Beispiel ihrer bernischen Standesgenossen zu einer eindrucksvollen Gegenwehr auf. Immerhin bewies die Konfession auch in dieser Lage noch ihre einigende Kraft: Die welschen Vogteien, die den größeren Teil des freiburgischen Territoriums ausmachten, schreckten vor dem Anschluß an die reformierte Waadt zurück. So konnte Freiburg, während Bern die Waadt ein für allemal verlor, seine französischsprachigen Bezirke schließlich doch bei der Stange halten. Nach dem turbulenten Zwischenspiel der Helvetischen Republik brachte ihm die Napoleonische Vermittlung sogar den Anschluß des reformierten Murtenbiets ein, das es bis 1798 gemeinsam mit Bern verwaltet hatte und dessen Bevölkerung sich viel eher dem glaubensverwandten Nachbarkanton zuneigte. Der besonderen Gunst des Korsen für den freiburgischen Schultheißen Louis d'Affry verdankte der Kanton auch seine Erhebung zu einem der sechs »Vororte«, denen nun turnusgemäß in jährlichem Wechsel die Führung der gesamtschweizerischen Angelegenheiten überbunden wurde. Der liberalisierende Aristokrat verstand es, Bonaparte davon zu überzeugen, daß sein Stand die sicherste Stütze der französischen Politik im eidgenössischen Verband abgeben könne. In der Tat trat nun der welsche Bevölkerungsteil mehr und mehr in den Vordergrund. In der achtköpfigen Regierungskommission, die bis zur Annahme der aus Paris verordneten neuen Konstitution die Geschäfte führte, erscheint bezeichnenderweise nur ein einziger deutscher Name. Allerdings suchte d'Affry sorgsam den zweisprachigen Charakter des Kantons zu wahren. Die Verfassungsbestimmung, nach der niemand in die Räte gewählt werden konnte, der nicht beide Landessprachen beherrsche, diente zugleich dem ethnischen Ausgleich wie dem Zwecke, die staatliche Führung den Gebildeten vorzubehalten.

Überhaupt war die Mediationszeit für Freiburg – trotz schweren Blutopfern seiner Kontingente in den Napoleonischen Feldzügen –

eine Ära vielversprechender Entfaltung. Aber die Restauration von 1814 machte die fruchtbaren Ansätze zunichte. Wieder riß das Patriziat die faktische Alleinherrschaft an sich. Verhängnisvoller noch war, daß es in seiner panischen Furcht vor den revolutionären Kräften alle Elemente »fortschrittlichen« Denkens auszumerzen strebte, bis hin zu den pädagogischen Experimenten des Franziskanerpaters Girard, dessen Methodik des »gegenseitigen Unterrichts« verboten wurde, weil sie angeblich die Autorität der Obrigkeit schwächte. Nur die totale, durch keinen politischen Gedanken mehr gezügelte Klerikalisierung schien in der Sicht der zurückgekehrten Reaktionäre noch imstande, die Unterordnung der Massen unter das System zu verbürgen: Nun erst ordnete sich daher der konservative Flügel der Aristokratie vorbehalts- und bedingungslos der geistlichen Führung unter, die wiederum den zurückberufenen Jesuiten anvertraut wurde.

Wie konsequent (und wie ahnungslos) die maßgebenden Chefs der Restauration das Rad der Zeit zurückzudrehen suchten, wird am deutlichsten in ihrer Sprachpolitik. Das Patriziat hatte nichts Eiligeres zu tun, als sogleich mit allen möglichen anderen alten Zöpfen auch die deutsche Amtssprache wiederum in ihre früheren Rechte einzusetzen, ja das Deutsche feierlich zur freiburgischen »Nationalsprache« zu proklamieren. In der Eidgenossenschaft von 1815, der Kantone rein französischer und italienischer Sprache (die Waadt, Neuenburg, Genf, das Tessin) als gleichberechtigte Glieder angehörten, war das ein doppelt sinnloser Rückgriff aufs alte Herkommen. Die darin enthaltene Herausforderung der welschen Bevölkerungsmehrheit erschien als um so törichter, weil die Patrizier laut Weilenmann »selbst nur mehr mangelhaft Deutsch konnten«. So wurde zwar das Ratsprotokoll vorschriftsmäßig deutsch abgefaßt; die Räte aber debattierten in Wirklichkeit entgegen dem Geist ihrer eigenen Vorschriften französisch.

Die Folgen solcher Kurzsichtigkeit traten zutage, sobald das Gebäude der Restauration 1830 zusammenbrach. Das gemäßigt liberale Regime, das nun von »fortschrittlichen« Aristokraten im Bündnis mit unzufriedenen Bauern und landstädtischem Bürgertum errichtet wurde, warf in übersteigertem Reformeifer mit der deutschen Staatssprache auch gleich die Zweisprachigkeit über Bord und proklamierte die Alleinherrschaft des Französischen. Auch die rasch aufblühende Presse erschien auf Jahrzehnte hinaus nur in dieser Sprache. Solche Ausschließlichkeit hat wohl dazu beigetragen, daß sich der deutschsprachige Sensedistrikt (im Gegensatz zum eher radikal eingestellten protestantischen Murtenbiet) von Anfang an auf die Seite der konservativen Opposition gegen das liberale Regime schlug.

Viel mehr aber als an diesem Widerstand scheiterten die Liberalen an ihrer Unfähigkeit, ein erträgliches Verhältnis zur Kirche zu gewinnen. Ohne in ihrem Antiklerikalismus so über die Schnur zu hauen wie ihre gleichzeitig zur Macht gelangten luzernischen Gesinnungsfreunde, manövrierten sie sich sogleich in einen Gegensatz zum Klerus hinein, der sich mit der freiburgischen Mentalität schlechterdings nicht vertrug. Das ging freilich nicht allein aufs Konto ihrer eigenen Ungeschicklichkeit; es hing vor allem damit zusammen, daß die Priesterschaft mit dem Bischof an der Spitze in dem Gedanken der Volkssouveränität nichts als Teufelswerk sah und tief in die Vorstellungswelt des Gottesgnadentums hinein verstrickt war. Die Idee einer katholischen Demokratie, mit der Leu von Ebersol in Luzern die liberale Herrschaft aus den Angeln hob, wäre damals wohl dem Freiburger Klerus noch als purer jakobinischer Sündenfall erschienen. Selbst die wenig demokratische, allem Radikalismus ferne Haltung der damals an die Macht gelangten Liberalen eilte dem Volksempfinden schon so weit voraus, daß sich bald wieder ein konservativer Umschwung abzeichnete. Der Entschluß zur Teilnahme am Sonderbund der konservativen katholischen Kantone bezeichnete den Sieg der Ideologie über die Staatsräson. Hatte das Patriziat des *ancien régime* bei all seinem gegenreformatorischen Eifer bis ins 18. Jahrhundert die Konsequenzen seiner geographischen Isolierung sehr genau abzuschätzen gewußt, so ließen sich seine Epigonen nun aus panischer Angst vor der anbrandenden revolutionären Welle auf die unzeitgemäßeste (und schon deshalb von vornherein zum Scheitern verurteilte) aller konfessionellen Separat-Allianzen ein – mit dem Ergebnis, daß der allein gelassene Kanton im Sonderbundskrieg von 1847 schon nach wenigen Tagen vor der überwältigenden Übermacht der Tagsatzungs-Truppen kapitulieren mußte.

Was nun folgte, war eine der trübseligsten Episoden in der ganzen großen Geschichte der schweizerischen Demokratie. Unter dem Schutz der eidgenössischen Bajonette wurde in Freiburg eine radikale Parteidiktatur errichtet, die nicht einmal die neue Bundesverfassung, geschweige denn die revidierte Kantonsverfassung dem Volk zur Annahme vorzulegen wagte. Dieses volksfremdeste und unrepräsentativste aller angeblich auf »Volkssouveränität« begründeten Schweizer Regimes, das sich nur durch Wahlterror und ausgemachten Wahlschwindel am Ruder zu halten vermochte, hat die nie sehr bedeutende Chance einer liberalen Entwicklung Freiburgs endgültig verspielt. Sobald die Konservativen mit Hilfe der gemäßigten Liberalen 1856 die Einführung der geheimen Wahl erreicht und damit dem Terror der Behörden die Spitze abgebrochen hatten, stürzte das ganze Kartenhaus des Pseudoradikalismus in sich zusammen. Seitdem ist die konservativ-klerikale Vorherrschaft innerhalb des Kantons nie mehr in Frage gestellt worden.

Allerdings blieben die Konservativen, mochten sie auch ihre Rückkehr zur Macht der Demokratie verdanken, dem Volk gegenüber mißtrauisch. Erst 1921 führte Freiburg als letzter Stand Referendum, Initiative und die Volkswahl der Regierung (des Staatsrats) ein. Schon vorher freilich war es aus seiner Lethargie aufgerüttelt und auf neue, größere Aufgaben hingelenkt worden. Das war das Werk von Georges Python. Nur selten sind wir bisher auf unserer Wanderung durch die Kantone Staatsmännern großen Formats begegnet; die Enge der Verhältnisse, die ganz aufs solide Mittelmaß ausgerichtete schweizerische Mentalität, sind der Entfaltung politischer Führerqualitäten wenig günstig, und das Kollegialsystem der Regierung wie der Siegeszug des Proporzes haben es dem überragenden Einzelnen noch schwerer gemacht, sich wahrhaft durchzusetzen. So bleibt es nur ganz ausnahmsweise einem Politiker vergönnt, als »ungekrönter König« den beschränkten Raum seines Waltens mit sprudelnder Phantasie und unbändiger Energie cäsarisch zu durchwirken. Der Anwalt Georges Python aus dem kleinen Dörfchen Montalban am Neuenburger See war in unserem Jahrhundert wohl der bedeutendste dieser demokratischen Autokraten: Mit 25 Jahren Großrat, mit 30 Staatsrat und Erziehungsdirektor, hat dieser Erzkonservative mit dem Temperament eines Revolutionärs ein Menschenalter lang – bis zu seinem Tode im Jahre 1927 – seinem heimatlichen Staatswesen das Gepräge seiner Individualität aufgedrückt. Auf den von ihm gebahnten Pfaden hat sich fast alles vollzogen, was in Freiburg seitdem geschehen ist.

Seine Größe lag nicht zuletzt darin, daß er allein durch die Macht seiner Persönlichkeit scheinbar Widersprüchliches in eine Einheit zusammenzuzwingen verstand: auf der einen Seite die Emanzipation und politische Mobilisation der freiburgischen Bauernschaft, an deren Spitze er die Erben der städtisch-patrizischen Oberschicht zum zweitenmal und diesmal endgültig aus den Kommandohöhen der Politik verdrängte, auf der anderen die Wiederaufrichtung Freiburgs zu einem intellektuellen Zentrum von überregionaler Ausstrahlungskraft. Im Gegensatz zu anderen Volksführern in der demokratischen Bewegung seiner Zeit sah er klar die Gefahr, daß eine rein materielle, auf die plebejischen Massen gestützte Interessenpolitik einen bedenklichen Verlust urbaner Substanz und kulturellen Niveaus mit sich bringen konnte, und er war stark genug, dieser Gefahr zu begegnen. Gegen die Gleichgültigkeit seiner Anhänger und den Widerstand seiner Gegner setzte er seinen großen und zukunftträchtigen Gedanken durch, die Stadt, die er politisch entmachtete, durch die Gründung der Universität Freiburg zu neuer Bedeutung und neuem Glanze auf dem Felde des Geistes hinzuführen.

Denn diese Universität, obwohl von Anfang an als eine staatliche Institution entworfen und verwirklicht, sollte nach seiner Absicht nicht einfach eine weitere kantonale Hochschule sein, sondern ein geistiger Mittelpunkt des gesamten schweizerischen, ja des europäischen Katholizismus. Python war kein bloßer erfolgreicher Lokalpolitiker. Castella hat seinen Gedanken einmal auf die Formel gebracht, es sei ihm darauf angekommen, eine religiöse Elite zu schaffen, die zugleich eine intellektuelle Elite sein sollte. Zweisprachig, mit einem internationalen, aus Deutschland wie aus Frankreich und Italien rekrutierten Lehrkörper ausgestattet (in dem das schweizerische Element erst nach dem Zweiten Weltkrieg stärker den Ton anzugeben begann), war diese Universität von vornherein darauf angelegt, Hörer aus ganz Europa (und später auch aus Übersee) anzuziehen. Schon drei Jahre nach seinem Einzug in den Staatsrat konnte Python 1889 die ersten beiden Fakultäten eröffnen: die juristische und die philosophisch-historische. Im Jahr darauf trat ihnen die theologische zur Seite, die durch einen Vertrag mit dem Heiligen Stuhl unter die Lenkung der Dominikaner gestellt wurde; bereits 1896 folgte die naturwissenschaftliche.

Was das stürmische Tempo dieses Auf- und Ausbaus bedeutete, wird erst dann klar, wenn man sich vor Augen hält, daß der Kanton Freiburg, als er dieses Werk in Angriff nahm, ganze 120 000 Einwohner zählte und jeder modernen industriellen Basis entbehrte. Bis zum Zweiten Weltkrieg ist er der schweizerische Bauernkanton *par excellence* geblieben. Aber Python war von einem unerschöpflichen Erfindungsreichtum, wenn es galt, Mittel für seine Schöpfung bereitzustellen. Die ersten zweieinhalb Millionen Franken gewann er aus einer vorteilhaften Konversion der Staatsschuld; als der Kanton sich eine Staatsbank zulegte, setzte er die Auflage durch, daß diese jährlich 80000 Franken an die Hochschule abzuführen habe; die großen Kosten für die naturwissenschaftlichen Institute machte er flüssig, indem er die Regierung dazu brachte, eine private, soeben in Liquidation gegangene Kraftwerks- und Forstgesellschaft aufzukaufen, zu reorganisieren und ihre Erträgnisse für die Universität zu reservieren. So gelang ihm das fast halsbrecherische Kunststück, ein ebenso kostspieliges wie intellektuell anspruchsvolles Unternehmen in einem eher armen und ökonomisch rückständigen Bauernkanton mit Geschick über alle Klippen politischer wie finanzieller Natur hinwegzusteuern. Und seine Nachfolger – der nicht minder energisch ausgreifende und ebenso selbstherrliche Joseph Piller zuerst, dann nach dessen Sturz Pythons eigener Sohn – haben das Werk ganz und gar im Geiste seines Begründers fortgeführt und die Freiburger Universität durch großzügige, weiträumige, überraschend moderne Neubauten zur schönsten Hochschule der Schweiz ausgestaltet. Sie ist der Stolz und der Augapfel des freiburgischen Staates bis heute geblieben. Für das Volk gilt das nicht ohne weiteres: 1974 hat es z. B. entgegen der Empfehlung fast aller Parteien einen Kredit für Hochschulneubauten mit großer Mehrheit abgelehnt.

Bei all ihrer universalen Ausrichtung bleibt sie jedoch ein spezifisch freiburgisches Gewächs. Allenthalben machen sich im Kanton die Impulse geltend, die von ihr ausgehen. Außerdem ist rund um die Universität und das Kollegium St. Michael, ihren altehrwürdigen vorakademischen Unterbau, ein ganzes Netz von Instituten, Pensionaten, geistlichen Stiftungen erwachsen. Die Stadt selber, die alle diese Zentren pädagogischen und religiös-kirchlichen Bemühens beherbergt, ist durch Pythons großen Entschluß in raschem Aufbau begriffen. Seit der Gründung der Universität hat sich ihre Einwohnerzahl verdreifacht. Um den alten, gotisch-barocken Kern, der Ruskin so entzückte und den Wilhelm Hausenstein als eine Wiederholung Berns »in leidenschaftlicherer Gestalt« empfunden hat, legen sich neue, blitzmoderne Quartiere, erfüllt von heftig pulsendem Leben (vom Bahnhofsviertel hat Hausenstein schon vor Jahrzehnten gesagt, es scheine eine Stadt von hunderttausend Einwohnern anzukündigen). Fast sieht es so aus, als habe Freiburg, Stadt und Kanton, nur auf eine entschiedene Initiative gewartet, um aus dem Dornröschenschlaf seiner ängstlich-passiven Versponnenheit in sich selbst und in die problematische Größe seiner Vergangenheit aufzuwachen und mit einem kräftigen Sprung seinen Anschluß an die allzulange zaghaft-mißtrauisch beäugte Neuzeit zu finden.

Das gilt für den ökonomischen Bereich nicht anders als für den geistigen. Allerdings ist Freiburg, auch wenn dort zwischen 1960 und 1970 gut 15 000 neue Arbeitsplätze in Industrie und Dienstleistungen entstanden, noch immer der Vollkanton mit dem höchsten Anteil von landwirtschaftlich Erwerbstätigen (fast 18%). Doch spürt man allenthalben den Einbruch eines neuen Wirtschaftsgeistes. Nur hat die Ausbreitung der Industrie hier gar nichts Hektisches – was schon daraus hervorgeht, daß sich die meisten Fabriken immer noch mit der Verarbeitung der Landesprodukte befassen. Auch stellt das intensiv durchorganisierte agrarische Verbands- und Genossenschaftswesen noch heute wie zu Pythons Zeit eine der gesellschaftlichen Grundfesten dar: Jede Regierung muß mit der formidablen Macht der Bauernverbände rechnen. Anders als im benachbarten Bern gehören freilich die Freiburger Landwirte wie die von Schwyz oder vom Wallis zu den unruhigeren Elementen in der helvetischen Bauernsame, wenn es um die Durchsetzung von Standesinteressen geht.

Spürbarer als im Wallis oder im agrarisch immer noch ähnlich lebenskräftigen Bern wirken sich die wirtschaftlichen und gesellschaftlichen Wandlungen in Freiburg auch auf die politischen Kräfteverhältnisse aus. Es war eine Sensation, als die Christliche Volkspartei bei den Großratswahlen 1981 selbst zusammen mit den hier selbständig auftretenden, starken und zumal im Sensebezirk fest verwurzelten Christlich-Sozialen knapp die absolute Mehrheit verfehlte. Noch empfindlicher traf es die traditionelle Mehrheitspartei, daß sie inzwischen auch die Majorität im siebenköpfigen Staatsrat eingebüßt hat, der sich jetzt aus drei CVP-Vertretern sowie je zwei Freisinnigen und Sozialdemokraten zusammensetzt, und daß sie 1979 darüber hinaus eines ihrer beiden bis dahin stets behaupteten Ständeratsmandate an den deutschfreiburgischen Sozialdemokraten Otto Piller verlor.

Noch vor ein paar Jahrzehnten wäre ein Aufrücken der Sozialdemokraten zur zweitstärksten Freiburger Kantonalpartei schlechterdings undenkbar gewesen. Diese Kräfteverschiebung geht nicht nur auf die protestantische Zuwanderung zurück (schließlich machen die Katholiken immer noch 83% der Bevölkerung aus); sie hängt auch nicht unmittelbar mit der Schwächung der CVP durch die Bildung einer eigenen Bauernpartei und durch die christlich-soziale Abspaltung zusammen. Sehr viel mehr ins Gewicht fallen die Veränderungen, die sich im Katholizismus selber seit dem Zweiten Vatikanischen Konzil vollzogen haben. Es gibt heute im Freiburger Klerus einen sehr aktiven Linksflügel, der in den betont kirchlich orientierten Parteien beileibe nicht mehr die einzige mögliche politische Heimat der Gläubigen sieht. Galten die Sozialisten noch vor gar nicht langer Zeit bei der Geistlichkeit fast als die Verkörperung des Gottseibeiuns, so genießen sie jetzt bei einer Minderheit der Priester offene Sympathien – weit mehr jedenfalls als die bürgerlichen Radikalen und ihre »Partei der *Patrons*«.

Aber auch der politische Katholizismus selber hat die Zeit überwunden, in der die konservative Parteimaschine ihre Herrschaft durch krampfhafte Betonung innerer Geschlossenheit zu meistern suchte oder gar autoritären korporativistischen Ideen anhing. In den dreißiger Jahren war die Einführung einer »berufsständischen Ordnung« nach salazaristischem Vorbild nur gescheitert, weil die eidgenössischen Räte dem vorgesehenen Artikel der Kantonsverfassung ihre Gewährleistung (Genehmigung) versagten. Ein so bedeutender Autor wie Gonzague de Reynold und Freiburgs erster Bundesrat Jean-Marie Musy stellten damals ihren Einfluß in den Dienst derartiger Tendenzen. Heute hat die Christliche Volkspartei, Nachfolgerin der damaligen Konservativen, nicht bloß auf den Weg der Demokratie zurückgefunden. Ein Mann wie der derzeitige Staats- und Ständerat Pierre Dreyer repräsentiert heute in ihren Reihen einen Geist liberaler Weltoffenheit, dem auch die früher erzreaktionäre katholische Zeitung »La Liberté« vielfach Reverenz erweist. Auch die Universität, einst Bollwerk eines katholischen Integralismus, ist zum Feld sehr lebendiger intellektueller Auseinandersetzungen geworden; im Streit um die anstößigen Thesen des Dominikaners und Professors für Moraltheologie Stephan Pfürtner zur Sexualmoral hat sie die Freiheit der akademischen Lehre sogar recht engagiert gegen den Bischof verteidigt. Nichts könnte die Veränderung der Freiburger Atmosphäre besser verdeutlichen als dieser Konflikt – auch wenn Pfürtner schließlich von sich aus seinen Lehrstuhl aufgab.

Nicht alle Kreise innerhalb der CVP sehen freilich solche Auflockerungsbemühungen gerne. Vor allem ein Teil des katholischen Landvolks zeigt sich davon eher verwirrt. Anderseits darf man nicht vergessen, daß auch brav katholische ländliche Gebiete wie das Greyerzerland schon früher gegen die konservative Übermacht aufbegehrt haben, ja sogar traditionell eher den Radikalen zuneigten und daß auch im Broyedistrikt wie im Tal der Veveyse gegen den Genfer See zu die antikonservativen Kräfte seit geraumer Zeit die Oberhand innehaben. Dabei geht es allerdings viel weniger um weltanschauliche Gegensätze als um regionale. Wenn die Greyerzer beispielsweise traditionell in Opposition stehen, dann schwingt darin viel von ihrem jahrhundertealten Antagonismus gegen den einstigen freiburgischen Verbündeten und späteren Herrn mit, der ihnen durch den Auskauf ihres bankrotten Grafenhauses die erhoffte Entwicklung zum selbständigen Kanton der Eidgenossenschaft versagt hat. Die Murtenbieter vollends sind in dem Kanton, an den sie 1803 von Napoleon gegen ihren Willen angeschlossen worden sind, nie heimisch geworden; als doppelte Minderheit – konfessionelle wie sprachliche – fühlen sie sich auch dann an den Rand gedrückt, wenn sie ausnahmsweise einen der Ihren in den Staatsrat entsenden können.

Sieht man genauer hin, dann erkennt man eine eigentümliche Verschränkung politischer, regionaler und ethnischer Elemente. Insgesamt waren die Konservativen im welschen Kantonsteil bereits zur Minderheit abgesunken, bevor sie ihre absolute Majorität im ganzen Kanton verloren. Daß ihre Herrschaft trotzdem so lange unerschüttert blieb, verdankten sie allein der scheinbar unverbrüchlichen Treue des deutschsprachigen Sensedistrikts, wo ihnen regelmäßig an die 90 % der Stimmen zufielen und der damit in der Freiburger Politik eine ähnliche Rolle spielte wie das ebenfalls alemannische Oberwallis in der des Rhonekantons. Genau diese Bastion aber, die laut Hans Naef schon dem *ancien régime* seine »Prätorianergarde« gestellt hatte, ist nun zusehends abtrünnig geworden. Es war ein Alarmsignal, als bei den Ständeratswahlen von 1979 der junge Sozialdemokrat Otto Piller dank seiner Überlegenheit just bei seinen engeren Landsleuten zwischen Saane und Sense der CVP einen der beiden Sitze in der kleinen Kammer der Eidgenossenschaft entreißen konnte, die sie bzw. ihre konservativen Ahnen seit 1858 ständig behauptet hatten. Daß es sich dabei um mehr als eine momentane Protestregung handelte, zeigte sich 1983, als Piller diesen Erfolg wiederholte. Die Dissidenz der Christlichsozialen, die ihre stärksten Positionen ebenfalls im Sensedistrikt innehaben, schwächte die CVP weiter. Es scheint bemerkenswert, daß diese Abspaltung vor allem als Reaktion auf die Mißachtung des deutschsprachigen Bevölkerungsteils durch den Apparat eben jener Partei zurückzuführen war, die bei den »Senslern« so lange ihren solidesten Rückhalt gefunden hatte.

Zwar ist der seinerzeitige Versuch, das Französische zur alleinigen Staatssprache zu erheben, in der (im wesentlichen heute noch in Kraft stehenden) Verfassung von 1857 aufgegeben worden; offiziell gilt der Kanton seitdem wieder als zweisprachig wie in der Zeit der Mediation. Trotzdem läßt sich kaum leugnen, daß keiner der vier mehrsprachigen eidgenössischen Stände (zu denen außer Freiburg noch Bern, Graubünden und das Wallis rechnen) auf seine sprachliche Minorität weniger Rücksicht nimmt als ausgerechnet jenes Freiburg, das in seiner patrizischen Vergangenheit so krampfhaft bemüht war, seinen deutschen Charakter zu betonen. Wer als Fremder in die Kantonshauptstadt kommt, gewinnt unwillkürlich den Eindruck, sich in einer rein welschen Stadt zu befinden; daß sich die Stadtfreiburger zu einem Drittel zur deutschen Muttersprache bekennen, wird dem Unkundigen kaum zu Bewußtsein kommen. Es gibt nur französische Straßenschilder, vielfach nur französische Aufschriften in staatlichen Ämtern (die auch im Telefonbuch nur unter ihren französischen Bezeichnungen aufzufinden sind), und ebenso stößt man beim Betrachten der Läden und der Schaufenster nur ganz ausnahmsweise einmal auf einen deutschsprachigen Hinweis.

Auch im engeren Bereich der Politik fehlt es an auffälligen und für schweizerisches Empfinden anstößigen Benachteiligungen der Deutschsprachigen nicht. Eine Petition der »Deutsch-Freiburgischen Arbeitsgemeinschaft« von 1962, die ein Ende der Diskriminierungen forderte, wurde bezeichnenderweise vom Staatsrat erst nach sechs Jahren beantwortet. Seither hat es immerhin einige wesentliche Verbesserungen, vor allem im höheren Schulwesen, gegeben.

Von den Lehranstalten der Mittelstufe wird nun einzig noch das Technikum rein französisch geführt. Anders als die an Zahl ungleich weniger starke, aber unruhige jurassische Minderheit im bisherigen Kanton Bern, haben die Deutschfreiburger jedoch noch nicht erreicht, daß ihnen mindestens gewohnheitsrechtlich, geschweige denn verfassungsmäßig, eines der beiden Ständeratsmandate und eine angemessene Vertretung im Staatsrat fest zugestanden wurde. Die Regierung hat sich zwar zu den sehr liberalen Grundsätzen bekannt, die das »Freiburger Institut« – eine Dachorganisation von Verbänden der kantonalen Kulturschaffenden – unter der Leitung von Gonzague de Reynold in seiner »Sprachencharta« niedergelegt hatte. Aber seit dem Tode de Reynolds hat das Institut seine Arbeit praktisch eingestellt, und die guten Vorsätze sind wenigstens teilweise wieder in Vergessenheit geraten.

Nun läßt sich dem entgegenhalten, daß umgekehrt die Deutschfreiburger in der kantonalen Beamtenschaft spürbar stärker vertreten seien, als es dem Anteil ihrer Sprachgruppe an der Bevölkerung des Kantons entspricht. Aber abgesehen davon, daß sich dieser Vorteil fast ausschließlich auf die unteren und mittleren Stufen der Bürokratie beschränkt (in den höchsten und daher einflußreichsten Rängen dominiert das welsche Element um so absoluter), hängt diese Erscheinung wesentlich damit zusammen, daß die Beamten deutscher Muttersprache fast durchwegs zugleich des Französischen in Wort und Schrift ausreichend mächtig sind, während die meisten Welschen sich nur zögernd und widerwillig – wenn überhaupt – dazu herbeilassen, Deutsch zu lernen, zu sprechen oder gar zu schreiben. Im allgemeinen kann man also ruhig sagen, daß die typisch schweizerische Tradition, auf die Minderheiten Rücksicht zu nehmen, ja, ihnen sogar gerade wegen ihrer zahlenmäßigen Benachteiligung eine gewisse Vorzugsstellung einzuräumen, in der ganzen Eidgenossenschaft nirgends so wenig befolgt, ja, ins Gegenteil verkehrt wird wie hier.

Das hat mancherlei Gründe; auf einige davon haben wir im Vorbeigehen bereits hingewiesen. Mit Recht weist Ludwig Bernauer in einer sonst freilich etwas einseitig aus deutschem Blickpunkt geschriebenen Studie darauf hin, »die unglückliche Verbindung der deutschen Sprache mit der unbeliebten Patrizierherrschaft« habe zweifellos zur Benachteiligung des Deutschen im öffentlichen Leben Freiburgs beigetragen. Außerdem hat eine auf Straffheit und Unterordnung bedachte Staatsführung sicher ein »normales«, entspanntes, entgegenkommendes Verhältnis zu jenen Bevölkerungsgruppen nicht gerade erleichtert, die von der Mehrheitsnorm in irgendeiner Hinsicht – politisch, konfessionell und eben auch kulturell – abweichen. Schließlich darf man eines nicht übersehen: daß der Kanton durch seine geographische wie ethnische Grenz- und Übergangslage dem Germanisierungsdruck naturgemäß besonders intensiv ausgesetzt ist. Wenn die Welschen also hier dazu neigen, ihre kantonale Mehrheitsstellung recht bedenkenlos wahrzunehmen, ja einigermaßen zu überspannen, dann ist das zu einem guten Teil einfach ein Ausdruck ihrer Furcht, bei einer Politik der lockeren Hand allzuleicht in den Sog der alemannischen Nachbargebiete hineinzugeraten. Sie haben es ja im Murtenbiet erlebt, wie das konfessionell wie machtpolitisch bedingte Übergewicht Berns in diesem ehemaligen bernisch-freiburgischen Kondominium bis ins 18. Jahrhundert hinein zu einer fortschreitenden Zurückdrängung des ursprünglich viel stärkeren welschen Bevölkerungselements führte; es ist verständlich, wenn sie aus solchen Erfahrungen die Konsequenz ziehen, nun ihren eigenen deutschsprachigen Bürgern keinen Schritt weiter entgegenzukommen, als sie es unbedingt tun müssen. Dies fällt ihnen um so leichter, als die Deutschfreiburger im allgemeinen eine Anpassungsfähigkeit an die welsche Mehrheit beweisen, die von den antibernischen Affekten der französischen Jurassier sonderbar absticht. Kaum eine schweizerische Minderheit hat sich politisch wie kulturell den Ansprüchen der Majorität so widerspruchslos gefügt wie der alemannische Volksteil Freiburgs. In jüngster Zeit freilich nimmt diese Fügsamkeit offenbar schnell ab. Dazu mag auch die Tatsache beigetragen haben, daß die früher ganz überwiegend den unteren Bevölkerungsschichten zugerechneten Einwohner des Sensegebiets, die lange den wohlhabenderen welschen Bauern ihre Knechte und Mägde zu stellen pflegten, neuerdings einen beachtlichen wirtschaftlichen Aufschwung erlebt und damit auch an Selbstbewußtsein kräftig gewonnen haben. Es gibt sogar kundige Beobachter, nach deren Meinung die ethnischen Spannungen im Kanton Freiburg eines nicht allzu fernen Tages zu jener Art von Explosion führen könnten, wie sie sich im Berner Jura ereignet hat. Selbst wenn diese Ansicht übertrieben pessimistisch sein sollte, gibt sie doch eine Vorstellung davon, wieweit das bisherige innerkantonale Kräftegefüge offenbar bereits von einer fortschreitenden Erosion unterspült worden ist.

Noch ein anderer wesentlicher Aspekt des kulturellen Problems darf nicht aus den Augen gelassen werden: Der überragende Einfluß, den Frankreich mindestens seit dem 18. Jahrhundert auf das gesamte freiburgische Geistesleben ausübt. Wenn man – nach dem Zeugnis ehemaliger Schüler – bei den regelmäßigen Besuchen des französischen Botschafters im Kollegium St. Michael oft beinahe den Eindruck gewinnen konnte, es handle sich bei dieser altangesehenen freiburgischen Erziehungsanstalt um ein französisches Provinz- oder Kolonialgymnasium*, so liegt das in der Hauptsache wohl daran, daß Freiburg sich mehr und rückhaltloser als jeder andere schweizerische Kanton seit dem 16. Jahrhundert mit der französischen Politik identifiziert hat. Das aber hängt wiederum aufs engste mit der konfessionellen Sonderlage dieses Staatswesens zusammen, das mit der sprachgleichen, aber calvinistischen Westschweiz nur sehr allmählich (besonders unter dem Einfluß Pythons) ein engeres und trotzdem bis heute noch recht spannungsreiches Verhältnis gewonnen hat. Von jeher ist ihm daher viel eher der Raum der nahen katholischen Großmacht und viel weniger die übrige *Romandie* als sein intellektuelles Hinterland und seine feste Stütze erschienen. Von Freiburg aus liegt Paris geistig viel näher als Genf oder Lausanne – allerdings weniger das Paris der demokratischen Republik und des Laizismus als das Paris der Allerchristlichsten Könige, der Gegenrevolution, des Legitimismus, überhaupt der französischen Rechten – von der *Action Française* über den Pétainismus bis (mit gewissen Einschränkungen) hin zum Gaullismus.

Aber so verständlich dieses Anlehnungsbedürfnis sein mag, das dem Unsicherheitsgefühl des Vereinzelten und durch seine Vereinzelung aus dem lebendigen Kontakt mit einer unmittelbaren Umwelt Herausgerissenen entspringt, so sehr liegt in solcher Einseitigkeit doch die Gefahr der Verarmung beschlossen. Wer offenen Auges durch die Straßen der Kantonshauptstadt schlendert, der erkennt, wieviel von dem Charme dieser Stadt gerade aus der einzigartig engen Verbindung erwächst, die das Germanische hier mit dem Lateinischen, das Burgundische mit dem Alemannischen eingegangen ist. Zu welch vollkommener Einheit verschränken sich diese Widersprüche, wenn man vom spätgotischen Rathaus, das fast genausogut in einer schwäbischen Stadt stehen könnte, dem edlen Schwung der »Grand'Rue« (der »Richengasse«, wie ihr fast schon verschollener deutscher Name lautet) bergabwärts folgt und jäh in den Bereich französischen Barocks zu geraten scheint, dem sich die Patrizier beim Bau ihrer Stadtpalais so widerstandslos ergaben! In solcher Spannung des Gegensätzlichen und doch zum Ganzen Zusammengebundenen liegt Freiburgs unvergleichlicher Reiz (der freilich seit geraumer Zeit nicht so sehr durch den Modernisierungswahn als durch den halbherzigen Kompromiß zwischen baulichem

---

* Heute wird dieses auch international angesehene Kollegium, von dessen Schülern 68% französischer Muttersprache sind, zwar durchwegs zweisprachig geführt. Sein Rektorat aber bleibt wie seit alter Zeit konsequent in rein welscher Hand.

Erbe und neuen Bedürfnissen bedroht scheint). Aber wer das eine dieser Elemente auszuschalten oder bestenfalls in die Abseitigkeit des gerade noch widerwillig Geduldeten hinabzustoßen sucht, der verrät die wahre Bestimmung dieser Stadt wie des Kantons, den sie geschaffen hat. Ein germanisiertes Freiburg wäre ein Krampf. Ein nur französisches würde sich selber zur provinziellen Enge verurteilen.

Neuenburg

Das Weinland und das Uhrenland

Pour Neuchâtel, pour ce canton jurassien, la communauté n'est pas cantonale. A vrai dire, il y a bien un aspect de notre existence commune qui se manifeste sur ce plan: mais ce n'est pas le principal, et c'est précisément de l'excentricité de régions au sein du canton que notre politique cantonale reçoit sa marque caractéristique.
Philippe Muller, in »Difficultés et perspectives d'une politique«, in »Esprit«, »Cahiers Suisses«, IIe série, Nr. 3–4, 1951

Selbst an seiner breitesten Stelle mißt der Neuenburger See – das größte aller ganz von schweizerischem Gebiet umschlossenen Binnengewässer – nicht mehr als acht Kilometer. Hüben wie drüben wird Französisch gesprochen; die weite Wasserfläche ist keine Völkerscheide. Und doch: welche Verschiedenheit zwischen den beiden Gestaden! Das östliche, wo sich freiburgische und waadtländische Enklaven und Beinahe-Enklaven wunderlich ineinander verschränken, gehört mindestens von der kleinen alten Stadt Estavayer nordwärts zu den einsamsten und unbekanntesten Gegenden der Schweiz. Keine Bahn, keine Straße führt am Ufer entlang; in weiten Abständen nur finden sich kleine, vereinzelte Siedlungen, und selbst sie scheinen sich fast ängstlich vom See abzuwenden und an die niedrigen Flanken der abfallenden Hügel anzukuscheln, als fühlten sie sich ohne solchen Rückhalt in der melancholischen Öde hilflos und verloren. Das neuenburgische Gegengestade aber ist, trotz der hochgetürmten, breiten, düsteren Bergmasse des Juras, die sich hinter ihm erhebt, ganz Heiterkeit: eine lachende Landschaft, wie von einem souveränen Künstler aus Weinbergen, Feldern und Parks verführerisch komponiert, mit dichtgebauten und unablässig aufeinanderfolgenden Dörfern und Kleinstädten, altersgrauen Türmen und romantischen Schlössern bestückt, vom Menschen in Jahrhunderten zum Juwel zurechtgeschliffen, von einer prallen und doch milden Sonne überschienen. Als eine durch und durch menschliche, vermenschlichte Landschaft hat Edward Gibbon dieses Gelände 1755 gezeichnet, als

»un pays des plus beaux que j'ai vu. On y voit un air riant qui marque l'opulence et la prospérité de ses habitans . . . les villages pour ainsi dire se touchent, et excepte les environs de Londres je n'ai jamais vu dans une pareille étendue de terrain un aussi grand nombre de maisons de campagne, la plupart fort jolies«.

Ein weiches, schimmerndes, opalenes Licht, das die Konturen nicht auflöst, aber alle Gegensätze versöhnt, zaubert die gedämpften Farben eines zärtlichen Pastells hervor; alles Dramatische scheint weit weg, und Lyrik regiert – eine sehr französische, mehr von Charme als von Empfindsamkeit bestimmte Lyrik freilich, lebhafter und munterer auch, als es der Idylle geziemt. Vergessen wir nicht, daß auch der Wein, der hier gedeiht, das munterste aller helvetischen Gewächse ist, spritzig mehr als lieblich oder charaktervoll, ein Wein ohne Wucht und Größe zwar, aber süffig wie kaum ein anderer, mit viel heimlich-hinterhältiger Tücke hinter seiner schmeichelnden Harmlosigkeit.

Idylle mit Lebhaftigkeit; Zärtlichkeit mit Munterkeit durchmischt – fast möchte es verlocken, sich mit dieser Formel auch der Stadt zu nähern, die dem Kanton den Namen gegeben hat, diesem Neuchâtel oder Neuenburg, das nahe dem Nordwestende des Sees, mit einer Gebärde lässiger Eleganz, seinem mächtigen krönenden Schloß und der zweitürmigen Stiftskirche entgegen und weiter die Hänge des Chaumont hinansteigt. Eine kleine romanische Bogenreihe an der Seefront des Schlosses, überraschend anmutig in die Mauern eingelassen, von einer verwirrend vielfältigen und doch zum einheitlichen Ganzen zusammengeschlossenen Reliefornamentik umspielt, weckt Erinnerungen an ein 12. Jahrhundert, wie es uns selten so hell und froh und bar aller Düsternis entgegentritt; sie scheint die rechte architektonische Antwort auf die Landschaft zu geben, auf die sie hinausschaut. Aber das Schloß als Ganzes ist eher massig als schön, die Gotik der »Collégiale« daneben eher gedrungen als elegant; von dem gelben Jurakalkstein, aus dem das alte Neuenburg mit seinen Bürgerhäusern und aristokratischen Palais gebaut ist, geht etwas Kühles aus, das die Lebhaftigkeit temperiert, die Zärtlichkeit mit Distanz versetzt, den Charme verfremdet und sich der schmeichlerischen Landschaft in reservierter Strenge zu verweigern scheint. Auf einmal erinnern wir uns wieder daran, daß wir ja auf calvinistisch-puritanischem Boden stehen. Hier in der Stiftskirche hat Guillaume Farel gewirkt und gelehrt, hat der eifernde Südfranzose aus der Dauphiné und Mitstreiter Calvins sein hartes Gesetz aufgerichtet. Mit gewalttätiger Leidenschaft ist er der *douceur de vivre* zu Leibe gerückt und hat ihr die herbe Nüchternheit seiner reformatorischen Lehre übergestülpt – und obwohl er sie nie ganz zu ersticken vermochte, hat er sie doch wenigstens abgedrängt, in Winkel verjagt. Von Tänzen und Serenaden, vom ausgelassenen Übermut junger Mädchen und vom kecken Mummenschanz wissen wir nur noch aus dem Bann und den Verboten, die die Sittenrichter über solche lockeren Gebräuche verhängten, als der Puritanismus in seiner härtesten Gestalt von diesem gesegnet liebenswerten Landstrich Besitz ergriff. Wie tief diese Besitzergreifung ging, haben noch im 18. Jahrhundert die Verfolgungen gegen die Anhänger jener Irrlehre gezeigt, die an der Ewigkeit der Höllenstrafen zu zweifeln wagte; selbst der aufgeklärte Friedrich der Große mußte als Fürst von Neuenburg das Verdikt über die abscheulichen Häretiker bestätigen, in denen der Glaube an die Liebe Gottes größer war als die Furcht vor seinem unerbittlichen Zorn. Der voltairianische Spötter tat seinen fernen Untertanen ihren Willen mit dem sarkastischen Kommentar, wenn den Neuenburgern ihre ewige Verdammnis so sehr am Herzen liege, so wolle er ihnen dazu gerne die Hand reichen.

Immerhin sollte man nicht vergessen, daß die Neuenburger selber es waren, die – wenn auch mit freundnachbarlicher und nicht uneigennütziger Nachhilfe ihres mächtigen Protektors Bern – den Sieg der Reformation gegen den Willen ihrer damaligen Landesherren aus dem Hause Orléans entschieden; ganz fremd und zuwider konnte ihnen also die rigorose Doktrin Calvins und Farels kaum sein. Zudem täte man der Glaubenserneuerung bitter unrecht, wollte man in ihr nichts als eine Unterdrückung freundlicherer Anlagen sehen. Gewiß, sie war auch hier, nicht anders als in Genf, letztlich der Sieg des Geistes über eine Natur, die eher zu Frohmut als zu gläubiger Zerknirschung disponieren mochte. Aber eben damit entfesselte sie auch Kräfte, die bis dahin geschlummert hatten. Erst durch die Reformation ist Neuenburg zu einem geistigen Zentrum geworden; erst mit ihr beginnt seine intellektuelle Geschichte. Hier wurde die erste französische Bibelübersetzung gedruckt, hier schenkte der Theologe Ostervald ein Jahrhundert später dem französischen Protestantismus seine klassische Version der Heiligen Schrift, die noch heute da und dort im kirchlichen Gebrauch steht; hier entstand aber auch eine bedeutende Schule der Jurisprudenz, die in Vattels weltberühmtem »Droit des Gens« ihre Gipfelleistung hervorbrachte. Selbst in jenem raffinierten Fälscher, der im frühen 18. Jahrhundert die Neuenburger Literatur um die apokryphe »Chronique des Chanoines« und um die nicht minder fragwürdigen angeblichen Memoiren des früheren Staatskanzlers de Montmollin bereicherte, um damit der Politik seiner Vaterstadt unter die Arme zu greifen, bewundern wir heute den feinen und geschliffenen Geist, der die Gelehrten zweihundert Jahre lang mit der vorgetäuschten Naivität und der sehr realen Sprachgewalt pseudomittelalterlicher Pseudochorherren an der Nase herumführte, gleichsam die verbotene Karnevalsnarretei zweckhaft-intellektuell sublimierend.

Aber ist nicht überhaupt die ganze neuenburgische Intellektualität sublimierter Puritanismus? Der Weg von der theologischen Spekulation zu den Spitzfindigkeiten von Vattels völkerrechtlichem Lehrgebäude, ja selbst zu jener naturwissenschaftlichen Exaktheit, auf der heute Stolz und Glanz der äußerlich bescheidenen Hochschule von Neuchâtel beruht, ist nicht so weit, wie er auf den ersten Blick scheinen könnte. Hier wie dort geht es um »Regel und Gesetz«. Nicht zufällig hat Philippe Godet, der im 19. Jahrhundert von hier aus so etwas wie der Literaturpapst der welschen Schweiz war, in der Charakteristik seiner Landsleute deren Hinneigung zu solcher Regelhaftigkeit und Gesetzmäßigkeit mit nachdrücklicher Sympathie hervorgehoben. Wenn er den Neuenburger als »korrekt« und »behutsam« schildert, so sind das gewiß Qualifikationen, die einem wissenschaftlichen Geiste wohl anstehen. Aber auch der luzide Verstand findet sein Gegengewicht, weniger in der Emotion freilich als in der Tradition. Der echte alte Bürger der Kantonshauptstadt ist Traditionalist bis in die Knochen, ein Konservativer von Geblüt und Neigung, der die Revolution verabscheut, Reformen lieber vermeidet als übertreibt und seinen geistigen Elan mehr für die Rechtfertigung des Bestehenden mobilisiert als dazu, es in Frage zu stellen.

Aber die Stadt Neuchâtel ist nicht der Kanton, und auch das Weinland um die Stadt herum erschöpft ihn nicht. Die Stadt und das »Vignoble« sind nur der eine Pol eines sonderbar gespaltenen und widersprüchlichen Gemeinwesens. Den anderen entdecken wir, wenn wir der Straße folgen, die über das winzige Städtchen Valangin mit seinem mächtigen Schloß bergan in jene Jurazone hinaufsteigt, die einst zusammen mit dem Val de Ruz die Herrschaft Valangin ausmachte und erst 1592 mit Neuenburg vereinigt wurde. Immer strenger, herber, karger wird die Landschaft, je weiter wir emporsteigen, dem Bergsattel der *Vue des Alpes* zu, der 1288 Meter über dem Meeresspiegel den Zugang ins Hochland freigibt. Himmelweit weg scheint zwischen diesen düsteren Tannenwäldern und der wie kurzgeschorenen Grasdecke der Bergweiden alle Lieblichkeit und milde Harmonie; selbst im Sonnenschein hat das Juraplateau etwas Finster-Verschlossenes, Traurig-Kaltes: das »schweizerische Sibirien« der bösen und eisig schneidenden Winter und der kurzen Sommer. Die Straße verliert sich in einer Folge von kahlen Buckeln. »Il est raboteux et mamelonné comme le dos d'un dromadaire«, so hat sich Lamartine dieser Hochfläche erinnert; »il est nu aussi comme le désert.« Und das große Dorf, das den romantischen Lyriker inmitten dieser Wüste empfing, kam ihm im Rückblick vor wie eine Gruppe schwärzlicher Zelte, die von Hirten eines tatarischen Nomadenstammes in den Steppen der Krim für einen nächtlichen Halt in der Einsamkeit errichtet worden seien. Nicht nur dem verwöhnten Franzosen kamen dergleichen Assoziationen in den Sinn. Oder hatte Charles-Ferdinand Ramuz vielleicht unbewußt eine Anleihe bei Lamartine aufgenommen, als der große Schilderer seiner heimatlichen Waadt und der Walliser Bergwelt, zu Denis de Rougemont nicht ohne ein Gefühl des Schauderns über den Neuenburger Jura bemerkte, das könnte »so weitergehen bis nach Tibet«?

Und doch liegt in dieser jurassischen Gebirgssteppe, in diesem »pays sévère et sans grâce, image de la rigueur et du dépouillement« (Jean-Paul Zimmermann) ein guter Teil, ja, wohl der größte Teil der Kraft und der Leistung Neuenburgs beschlossen – der ökonomischen zuerst, und doch keineswegs nur der ökonomischen. Aus dem Dorf, das Lamartine zu seinem kühnen Vergleich inspirierte, ist längst (und zwar schon zu seinen Lebzeiten) die größte, aktivste Stadt des ganzen Kantons geworden: La Chaux-de-Fonds, die Kapitale der Schweizer Uhrenindustrie. Keine attraktive Stadt, wahrhaftig nicht, mit ihren nüchternen, fast eher amerikanisch als schweizerisch anmutenden, geradlinig-schachbretthaft nebeneinandergestellten Straßen und Wohnblöcken, aber berstend von Vitalität, robust wie ihr Klima und doch hinter ihrer Robustheit verzwickten und subtilen Geistes wie die Arbeit, die hier geleistet wird – hier und in der kleineren Schwesterstadt Le Locle, die nichts als ein zweites La Chaux-de-Fonds ist, weder intimer noch im Wesen urbaner. Für beide gilt, was Jean-Paul Zimmermann mit der gezwungen selbstkritischen Attitüde des Liebenden von Chaux-de-Fonds gesagt hat. Er nannte den Ort »une espèce de monstre, une maladie de la nature, un groupe de cellules proliférantes, somme celles d'un cancer, ou on les attendait le moins«. Aber was er als wucherndes Krebsgeschwür beschreibt, diese aus den Fugen geratenen Dörfer ohne Hauch von Ländlichkeit in einer Umwelt von großartiger Sterilität, das ist ja nichts anderes als die Überwältigung einer ungastlichen Natur durch die präzise Mechanik einer fast zufällig in die Jurahöhen eingepflanzten Industrie*, die hier nahezu tausend Meter überm Meer zur höchsten Perfektion erwuchs. Zimmermann selber hat ja die Häßlichkeit seiner Vaterstadt nur deshalb ins Abschreckende übersteigert, um dann dem Geiste ihrer Bewohner seinen Tribut desto vorbehaltloser zu entrichten:

»Ne faut-il pas admirer l'obstination, l'intelligence d'un peuple patient et fidèle, ingénieux et entreprenant, attentif à cultiver son génie propre et à régner dans un certain ordre de perfection, capable enfin de s'étudier et de se rayonner? Que La Chaux-de-Fonds, Le Locle, oubliés à l'écart des grandes voies de commerce, se soient rappelés au monde et imposés à lui par leur industrie, c'est là un vrai titre de gloire, et je voudrais qu'un jour on célébrât dignement l'héroisme des artisans montagnons, si la vertu consiste à s'engager toujours, entre plusieurs voies qui s'offrent, dans la plus difficile, et à y persévérer...«

Tatsächlich hat der Neuenburger Jura für alle Reisenden des 18. und des frühen 19. Jahrhunderts, die ihm ihren Besuch abstatteten, zu den unbegreiflichen Wundern der Schweiz gehört. Nie habe ihn der Anblick einer Stadt so bezaubert wie der von La Chaux-de-Fonds, bekennt Meiners, so merkwürdig uns ein solches Bekenntnis heute anmuten mag. Beim Anblick der langen Reihe »ganz neuer und schöner Häuser« mit ihren wohlgeordneten Gärtchen gerät er in geradezu lyrisches Entzücken über die »lauter Wohnungen von fleißigen, geistvollen, freyen und glücklichen Menschen« in diesen »merkwürdigen Gegenden..., wo die größten mechanischen Genies aller Zeiten nicht einzeln, sondern haufenweise beysammen wohnen, und wo also Talente dieser Art einheimisch oder natürliche Produkte zu seyn scheinen«. Nicht minder rückhaltlos schwärmt

---

* Es ist vielleicht nur eine Legende, die wissen will, daß der aufgeweckte junge Schmiedegeselle Jean Richard ganz auf eigene Faust hinter die Geheimnisse des Uhrwerks gekommen sei, als er sich anheischig machte, die Uhr eines Landsmannes auseinanderzunehmen und wieder zusammenzusetzen, und daß er dann ohne andere Anleitung die komplizierte Mechanik nachgebaut habe. Aber es liegen ein tiefer Sinn und eine eminente historische Wahrheit in dieser Legende. Nicht Fürsten, Magistraten oder vermögende Philanthropen haben die Industrie hier eingeführt; sie entspringt ganz und gar der individuellen Initiative der Jurassier selber, und die erste Werkstatt in Le Locle ist tatsächlich von Jean Richard und seinen fünf Söhnen errichtet worden.

Norrmann von dem »Kunstfleiß« eines »ungemein zahlreichen, talentvollen und erfindungsreichen Künstlervolks«. Und für Wilhelm Hamm ist das Hochtal von La Chaux-de-Fonds kurzerhand »wohl der gewerbreichste, betriebsamste und einer der wohlhabendsten Teile der Erde«.

Daß solche unbändige Schöpferkraft sich ausgerechnet »auf den obersten und unfruchtbarsten Höhen« entfaltete, daß in der rauhesten Gegend das feinste und anspruchsvollste aller frühindustriellen *Métiers* zur Vollkommenheit gediehen und gleichsam eine eigene Zivilisation hervorbringen konnte – das ist in den Augen von Betrachtern, für die das Technisch-Kunstvolle und das Künstlerische noch eng zusammengehören, fast eine Unbegreiflichkeit. Vollends eindrucksvoll erscheint aus heutiger Sicht die Kontinuität, mit der sich die Uhrenindustrie seit nunmehr zweieinhalb Jahrhunderten auf diesem so ungünstigen Standort erhalten und fortentwickelt hat. Daß eine so eng begrenzte Region wie der Schweizer Jura über eine so weite Zeitspanne hinweg von einem einzelnen und dazu besonders delikaten Produktionszweig beherrscht blieb und ihrerseits den Weltmarkt für die Produkte dieser Branche bis in die jüngste Zeit hinein über alle Rückschläge hinweg beherrschen konnte, das ist zweifellos ein faszinierendes Phänomen der Wirtschaftsgeschichte.

Noch in den frühen siebziger Jahren unseres Jahrhunderts wurden rund zwei Drittel des gesamten Weltexports an Uhren von der Schweiz bestritten; 1973 erreichte diese Ausfuhr ihren Höchststand mit mehr als 59 Millionen Stück im Gesamtwert von 3,7 Milliarden Franken und brachte damit mehr als ein Zehntel aller Exporterlöse ein. Was das für den Kanton Neuenburg bedeutete, kann man daran ermessen, daß er allein traditionell annähernd die Hälfte aller Schweizer Uhren produziert. Das Geheimnis dieses so lange behaupteten Vorsprungs gegenüber der amerikanischen und der japanischen, vollends gegenüber der sowjetischen Konkurrenz lag zweifellos in dem, was die Amerikaner als *know-how* bezeichnen: in dem von Generation zu Generation vererbten Können eines hochgezüchteten Spezialistentums. In einem Industriezweig, der ein Maximum an Präzision erfordert, ist der Wert einer jahrhundertealten Erfahrung gar nicht zu überschätzen. Selbst in den Jahren der Hochkonjunktur, als alle anderen Schweizer Industrien auf unzählige ausländische Arbeitskräfte angewiesen waren, blieb die Uhrenfabrikation eine ausgesprochene Domäne der Einheimischen. Ihre »Ateliers« im Kanton beschäftigten noch auf dem Höhepunkt der Überfremdung nicht mehr als 18 % Gastarbeiter, als diese in allen anderen Neuenburger Branchen mehr als 38 % der Belegschaften stellten.

Diese Spezialisierung und die auf ihr begründete »industrielle Monokultur« macht aber nicht nur die Größe, sondern auch die Gefahr dieser unheimlich produktiven Region aus. Wohl gibt es im Neuenburger Jura auch manche anderen Industriezweige – auch sie vornehmlich solche, die einer besonderen Exaktheit bedürfen und die daher größtenteils aus Seiten- und Nebenästen der Uhrmacherei hervorgegangen sind. Aber im Vergleich zu der Unzahl der Uhrenbetriebe spielen sie nur eine Nebenrolle. Die Uhr jedoch ist ein kostspieliger Luxusartikel, und ihr Markt unterliegt daher wie der aller Luxusprodukte besonders stark den konjunkturellen Schwankungen. Wir stoßen hier auf eine durchaus ähnliche Erscheinung wie die, der wir in St. Gallen und Appenzell mit ihrer ehemals ebenso einseitigen Ausrichtung auf die Stickerei begegnet sind. Natürlich werden Uhren dringender gebraucht als Stickereien, und gewiß unterliegen sie auch nicht in demselben Maße dem Diktat der Mode. Dennoch hat die bittere und langwierige Krise der Zwischenkriegszeit Neuenburg fast so hart getroffen wie die Ostschweizer Textilkantone. Es ist nur ein Ausdruck dieser Anfälligkeit, wenn La Chaux-de-Fonds und Le Locle erst in den fünfziger Jahren ihre Einwohnerzahlen von 1910 wieder erreicht und übertroffen haben; auch sie schienen zeitweise, darin wiederum St. Gallen vergleichbar, sterbende oder doch dahinserbelnde Städte. Bisher indessen hat die Uhrenfabrikation im Gegensatz zur Stickerei einmal ums andere eine unwahrscheinliche Elastizität bewiesen. Die 1975 einsetzende Rezession jedoch – die schlimmste, die sie bisher je betroffen hat – scheint das Ende der lange behaupteten schweizerischen Hegemonie auf dem Uhrenweltmarkt einzuläuten.

Tatsächlich gehen die Einbußen diesmal weit tiefer als selbst in den bösen dreißiger Jahren. Wenn die Uhreneinfuhren zwischen 1925 und 1940 um ein Drittel absackten, so sind die Exporte zwischen 1974 und 1982 um annähernd 70 % zurückgegangen – von 59 auf ganze 18,5 Millionen Stück. Nur noch weniger als ein Zehntel aller in der Welt verkauften Uhren kommt aus der Schweiz, auch wenn dieser Rest immer noch ein Drittel der gesamten Verkaufswerte repräsentiert. Von den mehr als 90 000 Arbeitsplätzen zu Beginn der siebziger Jahre sind inzwischen knapp 30 000 übriggeblieben. Dieser Einbruch hat mancherlei Gründe. Die verspätete Anpassung an neue Techniken wie die elektronische Zeitmessung und die Quarzuhr, der hohe Frankenkurs, die allzu lange Zwangskartellierung unter dem »Uhrenstatut« des Bundes und nach deren Ende die ungebrochen fortdauernde Prosperität, die zum bloßen Weitermachen im herkömmlichen Stil verleitete – das alles trug dazu bei, die einst so eminente Anpassungsfähigkeit des Wirtschaftszweigs an neue Bedingungen zu beeinträchtigen. Auch liegt die Frage nahe, wie weit sich die erforderlichen Änderungen in der bisherigen industriellen Struktur noch mit dem Vorwalten der traditionellen Klein- und Mittelbetriebe vereinbaren lassen. Der Zusammenschluß, der den beiden schwer verschuldeten größten Firmengruppen mit insgesamt etwa 12 000 Beschäftigten von den Banken diktiert wurde und für den finanzielle Zuschüsse in Milliardenhöhe erforderlich waren, deutet eher auf eine Tendenz zu immer größeren Konzernbildungen hin.

Gerade im Neuenburger Jura hat sich die Industrie länger und zäher gegen diesen Trend gewehrt als in anderen ihrer Zentren, wie etwa in Biel oder Grenchen. Die Erzeuger besonders hochwertiger und entsprechend teurer Luxusuhren können sich noch heute das Festhalten an traditionellen Produktionsmethoden leisten, die vorwiegend auf der Handarbeit ausgesuchter und höchstqualifizierter Feinmechaniker beruhen; sie sind sogar von der Krise ungleich weniger betroffen als die Produzenten billigerer und selbst gehobener Uhren für den Massenbedarf. Aber diese vielfach noch im Familienbesitz befindlichen oder von kleinen Gesellschaften betriebenen Spitzenfirmen bilden doch nur eine Elite. Die andern bekommen die Folgen ihrer (sehr relativen) »Rückständigkeit« um so schlimmer zu spüren. Das führt dazu, daß der Kanton die höchste Arbeitslosenrate der Schweiz aufweist (auch wenn diese sich mit ca. 3 %, an den Ziffern anderer mitteleuropäischer Länder gemessen, ganz gewiß nicht gerade bedrohlich ausnimmt); dabei wandern, wie in den dreißiger Jahren, viele der freigesetzten Arbeitskräfte ab, so daß der Bezirk La Chaux-de-Fonds zwischen den Volkszählungen von 1970 und 1980 11,8 %, der Bezirk Le Locle gar 15,7 % seiner Einwohner eingebüßt hat – und seither ist der Aderlaß unentwegt weitergegangen.

Der vorwiegend handwerkliche Grundzug, den die Uhrenfabrikation auf den Jurahöhen bis in die jüngste Zeit hinein bewahrt hatte, prägt auch die gesellschaftlichen Strukturen und die Mentalität im

Neuenburger Hochland. Ihm ist es einerseits zuzuschreiben, daß hier ungewöhnlich günstige Bedingungen sozialer Mobilität bestanden – mindestens bis das Uhrenstatut dem tüchtigen Arbeiter den Aufstieg zum Kleinunternehmer schwerer als früher gemacht hat. Anderseits aber schuf der Charakter einer Arbeit, die in so außerordentlichem Maße von individuellem Können bestimmt war (und weitgehend noch ist), einen anderen Arbeitertyp als die vermassende Disziplin der üblichen Fabrik: einen intelligenteren, wacheren, selbstbewußteren.

Niemand hat das deutlicher gesehen und ausgesprochen als Michael Bakunin, der Vater des modernen Anarchismus, der im Schweizer Jura seine getreueste und trotzdem nicht unkritische Gefolgschaft fand: »Eure Arbeit ist intelligent, artistisch, sie verdummt nicht wie die Maschinenarbeit«, hatte er seinen Anhängern zugerufen, die gleich ihm im Anarchismus die Synthese von Freiheit und Gemeinschaft, von Autonomie und Zusammenarbeit zu finden hofften (und die sich so gut wie ausschließlich aus den Reihen der Uhrenarbeiter rekrutierten). Daß es mehr als eine *captatio benevolentiae* war, wenn er sie als »gebildeter, freier und glücklicher« als alle übrigen Arbeiter apostrophierte, ergibt sich schon daraus, daß auch ideologisch weniger fixierte Zeugen lange zuvor schon von ihrer »entschiedenen Neigung zur Selbstbildung« (Norrmann) beeindruckt waren. Der *Horlogier* ist auf seine Weise immer so etwas wie ein Arbeiteraristokrat gewesen, mehr »Bürger« als Proletarier, selbstbewußt auch in den Äußerungen der Rebellion, von keiner Dumpfheit bedrückt, eigenwillig und soziabel in einem. Nirgends kümmert man sich weniger um Konventionen, und nirgends gibt es anderseits selbst in der vereinsfreudigen Schweiz eine solche Unzahl von Gesellschaften, Klubs, »*cercles*« jeder Art, die der Atomisierung der Gesellschaft entgegenwirken, indem sie einen freien und selbstverständlichen Kontakt auch außerhalb der Arbeitsstätte schaffen. Sogar das religiöse Sektenwesen hat im Bereich von La Chaux-de-Fonds, so munter es gedeiht, einen zugleich freieren und vitaleren Zug als etwa in den bernischen oder den ostschweizerischen Landgebieten.

In der minuziösen Kleinarbeit der Uhrmacherateliers gedeiht anderseits ungleich mehr Phantasie, Kühnheit, Ungestüm als in der Atmosphäre des neuenburgischen »Vignoble«. Es ist, als ob die aufs äußerste getriebene Präzision der Arbeit, die hier getan wird, nach dem Gegengewicht eines gewissen Abenteurertums verlange – auch und gerade dort, wo das Abenteuer im reinen Bereich des Geistes gesucht wird. »Le possible est fait, l'impossible se fera« – dieser jurassische Leitspruch charakterisiert besser als alles andere das resolut Ausgreifende, das dem *Montagnard* zur zweiten Natur geworden ist. Es gibt wohl kaum einen schweizerischen Volksschlag, der an der Last seiner Geschichte leichter trägt. Hier bedeutet Überlieferung – soweit es sich nicht um die Weitergabe von Fähigkeiten und Fertigkeiten handelt – fast gar nichts; die Gegenwart ist wichtiger als die Vergangenheit und die Zukunft wichtiger als die Gegenwart. Deshalb ist diese Gegend auch ein ebenso idealer Nährboden für Planer und Utopisten wie für Erfinder, für Doktrinäre wie für Mechaniker. Keine Skepsis lähmt hier den Glauben an die unbeschränkte Machbarkeit der Dinge. Dabei ist es fast gleichgültig, ob die ausschweifende und doch an Vorstellungen einer exakten Perfektion gebundene Phantasie sich der Konstruktion kunstvoller Automaten zuwendet wie in jenem 18. Jahrhundert, das selbst die Technik noch zum Mittel der Spielfreude machte, ob sie auf eine revolutionäre Architektur hinstrebt wie bei Le Corbusier (der einer alten Familie von Le Locle entstammt und in den genialen wie in den verbohrt-doktrinären Zügen seiner Baukunst ein echtes Kind dieses Landes ist) oder ob sie sich kurzerhand auf den Bau einer neuen Gesellschaft richtet wie in der anarchistischen Utopie eines staatenlosen, aus autonomen Zellen föderativ gefügten sozialistischen Gemeinwesens, dem hier im 19. Jahrhundert ein großer Teil der Arbeiterschaft nachträumte.*

Genauso fundamental wie dieser unbändige Optimismus ist aber für die Menschen des Jura das freiheitliche Pathos. Nur in der völligen Ungebundenheit war es überhaupt möglich, in einem abgelegenen und von der Natur denkbar wenig begünstigten Erdenwinkel eine Weltindustrie aufzubauen. Der Jura hat niemals Zünfte gekannt. Auch das Verhältnis von Arbeitnehmer und Arbeitgeber war insbesondere vor dem Aufkommen der maschinellen Fabrikproduktion viel weniger einseitig und schroff fixiert als in anderen frühkapitalistischen Industrien – nicht nur weil die meisten *Patrons* selber aus der Arbeiterschaft hervorgegangen waren und dieselbe Berufs-

---

* Rolf R. Bigler hat in seiner Studie »Der libertäre Sozialismus in der Westschweiz« diesem faszinierenden Phänomen die sorgfältigste Analyse angedeihen lassen, die ihm bisher zuteil geworden ist, und dabei insbesondere die enge Verknüpfung der anarchistischen Vorstellungswelt mit der sozialen Realität und dem geistigen Habitus der jurassischen Uhrmachergesellschaft vorbildlich herausgearbeitet.

ausbildung hinter sich hatten wie die durchwegs hochspezialisierten Lohnempfänger, sondern auch deshalb, weil in den Ateliers, wo die Löhne ausschließlich nach gefertigten Stückzahlen bezahlt wurden, »ein jeder zur Arbeit kommen und sie wieder verlassen konnte, wann und wie es ihm beliebte«, und daher »eine große Freiheit und Ungezwungenheit« herrschte (Pfleghart). Zu diesem freiheitlichen Klima gehörte auch eine selbstverständliche Freizügigkeit. Niemand konnte es verhindern, als während der Französischen Revolution gegen 3000 Arbeiter den Neuenburger Jura verließen, um sich unter dem neuen Regime in der Franche-Comté anzusiedeln (die dortige französische Uhrenindustrie geht auf diesen Exodus zurück, auch wenn die meisten der Emigranten bald wieder enttäuscht in ihre Heimat zurückkehrten); umgekehrt wurden fremde Zuzüger, die sich als geschickt und anstellig erwiesen, ohne weiteres aufgenommen, und die erstaunlich große Zahl deutscher Familiennamen, deren Träger vielfach schon seit hundert oder noch mehr Jahren im Jura ansässig sind*, bezeugt die Unvoreingenommenheit gegenüber dem Fremden ebenso wie die Tatsache, daß hier dem Ausländer nach fünfjähriger Niederlassung das Stimmrecht in Gemeindeangelegenheiten zugebilligt wird; nur der neue Kanton Jura ist diesem Vorbild bisher gefolgt. So ist das Neuenburger Hochland zu einem mächtigen Schmelztiegel geworden, ohne daß das der Einheitlichkeit des jurassischen Typus irgendwelchen Abtrag getan hätte; er wird eben nicht von einer »Rasse«, sondern von den spezifischen Bedingungen und vom Stil einer Arbeit geprägt.

Nur in diesem viel weitergehenden Sinne wird man daher Philippe Godets Wort von den »zwei Rassen« beipflichten können, die im Neuenburgischen nebeneinander wohnten. Und doch kondensiert sich in diesem irreführenden Begriff das Bewußtsein jener gewaltigen Spannung, die den ganzen Staat durchwirkt: des eklatanten Unterschiedes, ja, des tiefen Gegensatzes zwischen den zwei Regionen, die der Neuenburger kurzerhand als »le haut« und »le bas« oder, etwas vereinfachend, als »la montagne« und »le vignoble« bezeichnet. Es ist kaum übertrieben, wenn Reto Caratsch die Städte Neuenburg und La Chaux-de-Fonds, in denen sich der Widerspruch zwischen »oben« und »unten« gleichsam kristallisiert, »zwei verschiedenen Welten« zurechnet. Der Menschenschlag am Seegelände

---

* Schon im 18. Jahrhundert stellt Meiners fest, »neun Zehntel« der Handwerksleute seien »Deutsche« (wozu er wohl auch die Deutschschweizer rechnet).

ist aristokratisch (wenn auch von einer im Ursprung bürgerlichen Aristokratie) geprägt, traditionalistisch, konservativ, behutsam; geschliffen, aber reserviert; ausgesprochen parochial, eingeschworen auf den »gesunden Menschenverstand« und daher mehr kritisch als schöpferisch. Der Jurasse ist das Gegenteil von alledem: Demokrat, Revolutionär, Utopist in einem mehr als nur politischen Sinn; ungestüm bis zur Grobheit; bei aller Heimatverbundenheit mit dem Blick für weite Horizonte begabt; ausgezeichnet durch eine vielleicht einseitige, aber wirkungsmächtige Einbildungskraft und vor allem durch eine Vitalität, die beim Sprossen des Küstenstriches da und dort fast bis zur Blutleere verdünnt scheint.

Natürlich, gäbe es nicht innerhalb der Spannungen zwischen dem Oben und dem Unten ein gutes Stück Gemeinsamkeit, so wäre kaum zu erklären, warum diese beiden Pole durch die Jahrhunderte hindurch so fest zusammengehalten worden sind und warum trotz aller Gegensätze der Gedanke einer Kantonstrennung nie ernsthaft erwogen wurde. Man sollte nicht vergessen, daß ja schließlich der calvinistische Fundus in den Jurahöhen genauso fühlbar wird wie unten am See, auch wenn darüber ein recht andersartiger geistiger Überbau entstanden ist. Es läßt sich auch nicht übersehen, wie stark das konservative Wesen des Stadtneuenburgers wie die radikal-demokratische Haltung des Jurassen – selbst des sozialistischen – liberal temperiert wird. Man ist dem Staat gegenüber hier wie dort mißtrauisch, man glaubt beiderorts mehr an die individuelle Initiative als an die Regelung aller Dinge von oben (nicht umsonst haben die Gewerkschaften hierzulande immer eine größere Neigung bezeugt, auch die sozialen Probleme wenn möglich auf eigene Faust und außerhalb der staatlichen Sphäre zu regeln; in diesem Sinne führt, so paradox es sich anhören mag, eine gerade Linie von den anarchistischen Experimenten des 19. Jahrhunderts zu den modernen Versuchen, Unternehmer und Gewerkschaften in einer »Berufsgemeinschaft« zusammenzuschließen und Konflikte zwischen den Sozialpartnern schiedlich zu regeln, ohne den Staat darüber zu bemühen).

Außerdem darf man dabei keinesfalls vergessen, daß die Antinomie zwischen *montagne* und *vignoble* ja auch durch das Vorhandensein von Übergangszonen gemildert wird. Die beiden Zwischentäler zwischen See und Berg – das Val de Ruz und das Val de Travers – gehören weder dem einen noch dem anderen Typus wirklich an und sind daher gleichsam dazu berufen, einen Bindestrich zwischen Widersprüchen darzustellen, die ohne einen solchen Ausgleich vielleicht doch die Einheit des Staatswesens zerrissen hätten.

Dieses Staatswesen war ohnedies eines der merkwürdigsten Gebilde in der an Kuriositäten überreichen Schweiz: als einzige bis in die Mitte des 19. Jahrhunderts überlebende Monarchie im erzrepublikanischen eidgenössischen Verband, als preußisch-helvetischer Zwitter bis tief ins Zeitalter der werdenden Nationalstaaten hinein. An der Ausbildung dieser Wunderlichkeit hatte freilich der Jura kaum einen Anteil gehabt. Sie wurde ganz von zwei Kräften getragen: den Grafen-, später Fürstenhäusern und den privilegierten Bürgerschaften von Neuenburg und Valangin, die ihren Herren früh beträchtliche »Freiheiten« abgewannen (das erste Neuenburger Stadtrecht datiert von 1214). Streitigkeiten zwischen diesen Antagonisten waren es auch, die die Eidgenossen und insbesondere das mächtige Bern in die neuenburgischen Angelegenheiten frühzeitig hineinzogen. Da Bürger wie Grafen bei den Bernern Rückendekkung suchten, fiel diesen fast automatisch die Schiedsgewalt zu, die 1406 in dem doppelten Burgrecht der Stadt und des Herrscherhauses mit der Aarerepublik auch formell kodifiziert wurde. So blieb das Land zwar eine Monarchie, aber es geriet nichtsdestoweniger frühzeitig in den Bannkreis jener republikanischen Föderation, die sich nicht zuletzt dank der bernischen Expansionspolitik von den Alpen ins Mittelland und bis an den Jura ausgeweitet hatte. In dieser Zwitterstellung zwischen den eidgenössischen Verpflichtungen einerseits, der Loyalität gegenüber dem Fürstenhause anderseits liegen die Wurzeln eines Zwiespalts, der erst im 19. Jahrhundert gelöst werden und der sich auf höchst wunderliche Weise mit den vielfältigen inneren Widersprüchen zwischen den Bürgern und der Dynastie einerseits, zwischen Jurahöhen und Seegelände anderseits verflechten sollte.

Einen Augenblick lang sah es allerdings so aus, als ob dieser Zwiespalt gewaltsam aufgelöst werden sollte. Als die gräflichen Rechte 1504 an das Haus Orléans übergingen und die Eidgenossen fast gleichzeitig durch die Mailänderkriege in einen offenen Konflikt mit Frankreich gerieten, zeigten sich die Berner nicht abgeneigt, die Stadt Neuenburg in ihrem Bestreben, die ganze Regierungsgewalt

Handarbeit in einer Genfer Uhrenfabrik
Ehem. Vogteigebäude in Cevio, Tessin, mit Wappen der Vögte
a. d. 17. Jh.

an sich zu reißen, energisch zu unterstützen. Aber die zögernden städtischen Räte verpaßten die Chance, die sich ihnen bot; so wurde 1513 Neuenburg kurzerhand von den Schweizern besetzt und bis 1529 als Gemeine Herrschaft der Zwölf Orte (ohne das erst im gleichen Jahr formell in den Bund aufgenommene Appenzell) verwaltet. Am Ende gelang es der Gräfin Johanna von Hochberg, die Rückerstattung ihres Landes zu erwirken. Aber das eidgenössische Zwischenspiel blieb nicht ohne Einfluß; von nun an galt Neuenburg als Zugewandter Ort der schweizerischen Konföderation. Zudem nahm das Regime auch nach innen hin mehr und mehr den Charakter einer »gekrönten Republik« an, bis hin zu einem Punkte, an dem das Tribunal der drei neuenburgischen Stände in dynastischen Konflikten – und deren gab es im 16. und 17. Jahrhundert eine ganze Reihe – die Krone nach eigenem Gutdünken an den einen oder anderen der Prätendenten vergab. Doch stand auch hinter diesen Entscheidungen immer wieder die vorsichtig ausgeübte und nichtsdestoweniger unübersehbare Macht jenes Bern, von dem ein französischer Diplomat der Richelieuzeit sagte, es treibe die Neuenburger zur Republik, um sie dadurch desto besser beherrschen zu können.

Vertieft und beschleunigt wurde dieser Prozeß durch die Reformation. Daß die Grafen (nach 1648 Fürsten) des calvinistischen Landes, die ihr Besitztum sowieso nur selten aufsuchten, der römischen Kirche treu blieben, legte eine noch größere Distanz zwischen sie und das Volk und veranlaßte die wirklich herrschenden einheimischen Schichten, immer neue Kautelen gegen eine Einmischung der Monarchen in ihre inneren Angelegenheiten zu ersinnen. Zugleich verlieh dieser konfessionelle Abstand zwischen Fürst und Untertanen der neuenburgischen Kirche ein Maß an Selbständigkeit und Einfluß auf die öffentlichen Angelegenheiten, für das es, von dem Sonderfall Genf abgesehen, kaum eine Parallele gab. Das Pfarrerkollegium, die »Vénérable Classe« – auch kurzerhand als »la Classe« bezeichnet –, bestimmte nicht nur aus eigener Machtvollkommenheit über Bekenntnis, Ritus und kirchliche Verwaltung. Sie konnte durchaus auch politische Führungs- oder doch Mitspracherechte geltend machen; außerhalb von Calvins Genfer *Civitas Dei* findet sich in der Geschichte des Protestantismus wohl kaum ein weltliches Regiment, das der Paradoxie eines »reformierten Kirchenstaates« so nahe kam wie das neuenburgische. Die *Classe* bildete mindestens seit dem Ende des 17. Jahrhunderts nicht mehr einfach ein Organ geistlicher Selbstverwaltung, sondern ein »corps de l'Etat«, eine politische und politisch wirkende Körperschaft; als solche war sie an allen grundlegenden Entscheidungen im Staate beteiligt, insbesondere auch an der Redaktion jener »Articles généraux pour tout l'Etat«, die 1707 anläßlich der letzten großen dynastischen Nachfolgekrise ausgearbeitet wurden und von nun an für fast anderthalb Jahrhunderte so etwas wie das Grundgesetz dieses Staates, die Zusammenfassung und Kodifizierung aller neuenburgischen »Freiheiten« bildeten.

Wir brauchen nicht auf die komplizierten genealogischen und juristischen Dispute einzugehen, die damals, nach dem Aussterben des Hauses Orléans-Longueville, über die Frage der Erbfolge ausbrachen und in denen nicht weniger als 15 Prätendenten einander mit mehr oder weniger subtilen Argumenten die Souveränitätsrechte streitig machten. Schließlich schwang der König von Preußen in dieser erbitterten Konkurrenz obenaus. Weniger die Überzeugungskraft seiner Rechtstitel, ja nicht einmal so sehr das reichlich verteilte preußische Gold machten die Stände dem Hohenzollern geneigt. Den Ausschlag gaben politische Motive: der Wille Berns zumal, Frankreich unter allen Umständen an der Festsetzung auf dem schweizerischen Jurahang zu hindern und daher jede französische Kandidatur abzuwehren; dazu der Wille der Neuenburger selber, sich nach Möglichkeit einen protestantischen Fürsten zu geben. Vollends verlockend aber mußte den weltlichen wie den geistlichen Notabeln, die in der Ständevertretung die Krone zu vergeben hatten, der Gedanke erscheinen, an die Spitze ihrer Quasi-Republik einen zugleich mächtigen und weit entfernten Fürsten zu setzen, »un prince«, wie es in den apokryphen, aber deswegen nicht minder aufschlußreichen Memoiren des Staatskanzlers de Montmollin heißt, »en état de les protéger et de leur faire du bien, mais assez éloigné pour ne pouvoir aisément leur nuire«. Mächtig genug, um Neuenburg zu schützen, weit genug weg, um ihm nicht schaden zu können, mußte der erste Preußenkönig als der ideale Kandidat erscheinen.

Das Land wurde damit nicht etwa »preußisch«; seine Bindung an das neugebackene ost- und mitteldeutsche Königreich blieb strikt auf eine bloße Personalunion beschränkt, seine Neutralität garantiert, seine Selbständigkeit so unangetastet, daß neuenburgische Soldtruppen in französischen Diensten sogar ganz legal gegen Preußen kämpfen konnten, ohne sich dadurch des Landesverrates schuldig zu machen. Kein Beamter – mit Ausnahme des Gouverneurs, der den König vertrat – durfte außerhalb des Landes rekrutiert werden; ehe der Gouverneur im Namen des Königs den Treueid der Untertanen entgegennehmen konnte, mußte er ausdrücklich in jedem einzelnen Landesteil schwören, deren »Privilegien, Freiheiten und Verfassungen, ihre alten guten Gewohnheiten, ob geschrieben oder ungeschrieben, einzuhalten und zu bewahren«. Wenn die Hohenzollern jemals versuchten, aus eigener Machtvollkommenheit in die Geschicke ihrer jurassischen Dépendance einzugreifen – sie taten es selten und meist mit gebührender Vorsicht –, so bekamen sie dann auch sehr schnell die Grenzen ihrer Macht zu spüren. Selbst Friedrich dem Großen gelang es nicht, ein neues, modernes Steuersystem einzuführen; bis zur Abschaffung der Monarchie blieb Neuchâtel ein Steuerparadies, das weniger Abgaben erhob als selbst das patrizische Bern.

Die Administration behielt bis in die Mitte des 19. Jahrhunderts ihren althergebrachten, archaischen Charakter, der sich nicht zuletzt durch eine ungewöhnlich komplizierte und vielfältige, mehr auf den Schutz des Individuums vor Eingriffen des Staates als auf Rationalität und Leistungsfähigkeit gerichtete Justizmaschinerie manifestierte. Eben in der Handhabung dieses verschachtelten und altväterischen Apparats entwickelte sich jene Tradition, die Neuenburg bis heute eigen geblieben ist: eine Tradition, die ganz gewiß nicht »demokratisch« ist, aber ebenso gewiß bei aller Bindung ans Herkommen einen ausgeprägt liberalen Charakter nicht verleugnet – zum mindesten überall dort, wo es sich um das Verhältnis des Bürgers zum Staate handelt. Bei aller Abneigung gegen die Einmischung des Königs in ihre Angelegenheiten ließ sich die bürgerliche Oberschicht freilich gerne durch Titel und Adelsdiplome, Offiziersstellen und Ämter nicht nur an die Person des Monarchen, sondern oft auch an seinen Hof fesseln; die hochmütige, aber auch kultivierte Aristokratie des Kantons ist, wenn man genauer hinschaut, im wesentlichen nichts anderes als ein reichgewordenes Industrie- und Finanzbürgertum, das seinen sozialen Aufstieg der Gnade der Krone verdankt.

Daß es sich daher auch dieser Krone verpflichtet fühlte, liegt auf der Hand. Als die Französische Revolution ausbrach, erweckte sie zwar im Jura, nicht aber in den alten Kerngebieten des Staates, wie am Seeufer und im Val de Ruz, Sympathien. Selbst der Einmarsch der Franzosen in die Schweiz, der 1798 die alte Eidgenossenschaft wegfegte, ließ Neuenburg, das sich des preußischen Rückhalts erfreute, so gut wie unberührt. Erst 1806 trat der preußische König das Fürstentum – in eklatanter Verletzung seines Eides – an Napoleon ab, der es zwar okkupieren ließ, aber sogleich seinem Marschall Berthier weiterschenkte. Schon sieben Jahre später mußte der Generalgouverneur Berthiers das Feld wieder räumen; die Hohenzollern traten wieder in ihre Rechte ein. Auch die alte Verfassung wurde mit wenigen Retouchen aufs neue hergestellt – bis auf einen freilich entscheidenden Unterschied: daß Neuenburg 1814 mit Zustimmung seines Herrschers, ja teilweise auf dessen ausdrückliches Betreiben hin, zugleich als Vollmitglied und 21. Kanton in die Eidgenossenschaft aufgenommen wurde.

Damit gestaltete sich allerdings das neuenburgische Kuriosum noch um einige Grade kurioser. Von nun an regierte der Fürst über ein Land, in dem er nicht nur wenig zu sagen hatte, sondern das noch gleichzeitig Bestandteil einer ausgesprochen republikanischen Konföderation war. Die Schizophrenie wurde sogar auf die Spitze getrieben: Dem Bund gegenüber gebärdete sich Neuenburg als ein Kanton wie alle anderen, und die Tagsatzung vermied es sorgfältig, die Existenz, den Namen und den Titel des formellen neuenburgischen Staatsoberhauptes überhaupt zu erwähnen; gleichzeitig aber begannen die maßgebenden Schichten in den Beziehungen zu Berlin einen monarchistischen Eifer an den Tag zu legen, von dem in vorrevolutionären Zeiten kaum etwas zu spüren gewesen war. Eine solche doppelte Loyalität mußte jedoch fast zwangsläufig zu einem Konflikt führen. Mindestens von dem Augenblick an, da nach der französischen Julirevolution von 1830 das baufällige Gebäude des Restaurationsregimes in den übrigen Kantonen vor dem Ansturm neuer sozialer Kräfte zusammenzustürzen begann, sahen sich die Neuenburger vor die unabweisbare Frage gestellt, wohin sie eigentlich gehören wollten: zu Preußen oder zur Schweiz. Das war nicht allein, nicht einmal primär eine nationale Frage, sondern in erster Linie ein Problem der politischen, ja letztlich der gesellschaftlichen Struktur. Da sich die privilegierten Gruppen aus Furcht vor einem Umsturz zunehmend enger an die Dynastie anschlossen, gerieten die reformfreudigen Klassen gleichsam von selbst in den republikanischen Sog; sie drängten um so entschiedener auf die völlige Einschmelzung in eine »regenerierte« Eidgenossenschaft, je mehr die herrschenden Schichten – die »bourgeoisie« samt der Aristokratie – die Bindung an die revolutionär erregte Schweiz als eine Gefahr für ihr anachronistisches Regiment ansahen und zu lockern strebten.

Vor allem aber verband sich nun dieser politische Gegensatz eindeutiger als je zuvor mit den regionalen und sozialen Widersprüchen zwischen »montagne« und »vignoble«. Das jurassische Uhrenland fühlte wie das Val de Travers mehr und mehr pro-helvetisch, republikanisch und folglich anti-preußisch; die Stadt Neuenburg, das Weinland und das Val de Ruz bekannten sich umgekehrt leidenschaftlicher als je zuvor zum Royalismus. Wie tief diese Spannungen gingen, läßt sich aus der Argumentation einer königstreuen Broschüre herauslesen, mit der 1831 – nach einem ersten gescheiterten republikanischen Putschversuch – der in Berlin lebende Neuenburger F. H. du Bois-Reymond seinen unruhigen Landsleuten ins Gewissen zu reden suchte. Nur die Souveränität des Königs, so meint der Verfasser, vermöge den Staat überhaupt zusammenzuhalten; fiele diese Klammer weg, so würden die Bergdistrikte Le Locle und La Chaux-de-Fonds sich auf jeden Fall als unabhängiger Kanton konstituieren wollen, und die unausweichliche Konsequenz wäre nicht nur der Zerfall des Gemeinwesens, sondern Anarchie und Unordnung, wie sie sich bereits in den benachbarten Kantonen breit machten.

Auf der anderen Seite waren auch die schweizerischen Radikalen zeitweise gar nicht abgeneigt, eine Lostrennung Neuenburgs von der Schweiz in Kauf zu nehmen und »de se débarasser de confédérés aussi suspects«, wie der gescheite Graf Theobald Walsh wenig später feststellte. Das Fürstentum erschien ihnen als eine natürliche Stütze aller beharrenden Tendenzen, die sich einer moderneren Ausgestaltung des Bundes entgegenstemmten. Typisch für diese Haltung ist, was der Thurgauer Thomas Bornhauser, einer der führenden Regenerations-Politiker, 1835 in seinem volkstümlichen Traktat »Schweizerbart und Treuherz« schrieb:

»Wie der Geist des ermordeten Banquos in Macbeths Gastmahl dasitzt, ein Fremdling unter den lebensfrohen Gästen: so sitzt an eidgenössischen Tagen Neuenburg da unter den übrigen einundzwanzig Schweizerkantonen. Neuenburg ist nicht Fleisch und Bein wie sie; Neuenburg ist eine unheimliche Gestalt aus einer fremdartigen Welt. Wenn die übrigen Schweizer nichts sind als Schweizer, so sind die Neuenburger dagegen Schweizer und Preußen zugleich...«

Eben dieses Nebeneinander empfanden Bornhauser und seine Gesinnungsgenossen als unhaltbar und zunehmend widersinnig. Wenn im Staatenbund eine geteilte Souveränität schließlich noch angehen mochte, so ließ sie sich mit dem Bundesstaat schlechterdings nicht mehr vereinbaren. Der konservative neuenburgische Staatsrat wußte sehr genau, warum er sich trotz der Mahnungen der Tagsatzung aus der Bundesexekution gegen den Sonderbund der katholischen Kantone heraushielt: Im Sonderbundskrieg entschied sich der Sieg des bundesstaatlichen Gedankens, und dieser Sieg bedeutete zugleich den Anfang vom Ende der neuenburgischen Monarchie.

Aber ein bloßes Beiseitestehen konnte die Entwicklung nicht mehr aufhalten. Wenige Monate nach dem Zusammenbruch des Sonderbundes erhoben sich nacheinander Le Locle, La Chaux-de-Fonds und das Traverstal; eine jurassische Kolonne besetzte die royalistisch gesonnene Hauptstadt, verhaftete den Staatsrat und rief die Republik aus. Die neue republikanische Verfassung, in der Volksabstimmung nur mit knapper Mehrheit angenommen, bezeichnete einen radikalen Bruch mit den bisherigen neuenburgischen Traditionen. Zusammen mit dem Fürstentum verschwand auch die pittoreske ständestaatliche Drapierung samt dem Privileg der vier Bürgerschaften (und – spät genug – den Feudallasten) und machte einem moderneren, vielleicht rationelleren, sicher schmuckloseren und minder ehrwürdigen Staatsgebäude Platz.

Bis dieses fest auf seinen Fundamenten stand, dauerte es allerdings noch einige Zeit. 1856 kam es sogar zum Versuch einer monarchistischen Gegenrevolution, die um ein Haar gelungen wäre, aber schließlich doch von den jurassischen Milizen niedergeschlagen werden konnte. Im Anschluß an dieses Ereignis mußte auch noch die Auseinandersetzung mit Preußen nachgeholt werden. Als die Eidgenossenschaft die bedingungslose Entlassung der verhafteten Royalisten verweigerte, drohte der König von Preußen mit Krieg, bis die Vermittlung Napoleons III. schließlich den Konflikt entschärfte. Der Bundesrat fand sich am Ende zum Erlaß der Amnestie bereit; der König seinerseits ließ sich zum feierlichen Verzicht auf seine Herrschaftsansprüche herbei, wenn ihm wenigstens sein Titel belassen würde. Noch Kaiser Wilhelm II. schrieb sich bei feierlichen Gelegenheiten, wenn er im Schmucke all seiner zahllosen Prädikate prunkte, Fürst von Neuenburg und Herr von Valangin. Die Neuenburger aber waren von nun an wie die übrigen Schweizer »nichts als Schweizer«, um mit Bornhauser zu reden; die letzte Monarchie im Verband der Eidgenossenschaft war nur noch eine Erinnerung.

Eine Erinnerung freilich, die auf mancherlei Weise fortlebt. Noch immer begegnet man da und dort neben dem geschichtsfremden republikanischen Wahrzeichen – der grünweißroten Trikolore mit dem weißen Schweizerkreuzchen im roten Felde – dem alten Wappen des mittelalterlichen Hauses Neuenburg: dem roten, mit drei silbernen Sparren belegten Pfahl in Gold. Noch 1960 gab es Prozesse, weil einige Unentwegte sogar ihre Autoschilder mit diesem Symbol der monarchischen Vergangenheit schmückten. Nicht als ob sie damit für eine Restauration des Fürstentums hätten plädieren wollen; es ging ihnen nur auf echt neuenburgische Weise darum, die Kontinuität einer Tradition zu manifestieren, mit der die offiziellen Farben in ihren Augen nichts zu tun hatten. Der ganze Konflikt wirkt wie eine harmlosere, halb spielerische Parallele zum sehr viel bittereren deutschen Flaggenstreit nach 1918.

Ein Feld heftigerer Kämpfe bildete die Kirche. Die *Vénérable Classe* der Pastoren war der Revolution von 1848 mit Berufung auf ihren dem Fürsten geleisteten Eid in offener Feindschaft gegenübergestanden; das neue, betont maßvolle Kirchengesetz von 1849 und die vorangegangene Selbstauflösung der *Classe* schien aber zunächst das Verhältnis zwischen Staat und Kirche zu entspannen. Gefährlicher wurden zwanzig Jahre später die doktrinären Auseinandersetzungen zwischen liberalem Christentum und Orthodoxie. Als der Staat sich durch das neue Kirchengesetz von 1873 insofern auf die Seite der Liberalen stellte, als er die Gewissensfreiheit der Pfarrer als unverletzlich erklärte und ihre Verpflichtung auf ein Glaubensbekenntnis ausschloß, als dann ein von orthodoxen Kreisen ausgehender Vorstoß zur völligen Trennung von Staat und Kirche in der Volksabstimmung mit einer Zufallsmehrheit von ganzen 16 Stimmen abgelehnt wurde, brach die Einheit des neuenburgischen Protestantismus auseinander. Der nunmehr durch Gesetz unter staatliche Aufsicht gestellten »Nationalkirche« (*Eglise nationale*) trat eine starr an den calvinistischen Überlieferungen festhaltende Freikirche (*Eglise évangelique neuchâteloise*, kurz als *Eglise indépendente* bekannt) gegenüber, die sich bewußt außerhalb des Staates hielt, um die Freiheit und Einheit ihrer Doktrin auf keinen Fall durch politische Instanzen beeinträchtigen zu lassen.

Auffälligerweise hat der Jura dieser im Grunde doch so betont traditionalistischen Dissidenz eine viel freudigere Gefolgschaft geleistet als die Seebezirke, obwohl diese doch dem republikanischen Staat sehr viel reservierter gegenüberstanden. Die Behutsamkeit des *Vignoble*, seine Abneigung gegen »Experimente«, scheint in diesem

Falle stärker gewesen zu sein als sein Mißtrauen gegenüber dem herrschenden Radikalismus. Nicht ohne Recht übrigens: Marc DuPasquier stellt in einem Rückblick auf die Geschichte des neuenburgischen Protestantismus seit 1848 dem Staat das Zeugnis aus, daß er sich so wenig wie möglich in die inneren Angelegenheiten der Nationalkirche eingemischt und daß keine andere schweizerische Staatskirche sich in ihrem Gebaren einer so großen Freiheit erfreut habe wie die neuenburgische. Das hat zweifellos dazu beigetragen, daß am Ende, nach jahrzehntelangen Bemühungen, 1941 die beiden Kirchen sich aufs neue zusammenschließen konnten; die aus dieser Fusion entstandene evangelisch-reformierte Kirche bildet heute eine vom Staat unabhängige, aber als Körperschaft öffentlichen Rechts von ihm anerkannte, demokratisch organisierte Korporation.

Stärker wirken die alten Gegensätze in der Parteipolitik nach. Aber auch hier sind die geistigen Erben der alten royalistischen Familien, die meist in der Liberalen Partei ihre Unterkunft gefunden haben, und die radikalen Nachfahren der republikanischen Revolutionäre von 1848 viel näher aneinander herangerückt, als sie es selber einzugestehen wagen: Es sind heute fast nur noch Nuancen, die die beiden »historischen« Parteien voneinander unterscheiden. In der gemeinsamen Abwehr gegen die aufsteigende Sozialdemokratie aber, die in dem früheren Uhrenarbeiter und späteren Advokaten Charles Naine schon vor dem Ersten Weltkrieg einen brillanten und anfeuernden Führer fand, entdeckten sie beide früh nicht nur ihre bürgerlichen Gemeinsamkeiten, sondern auch Übereinstimmungen einer ähnlich konservativen, zeitweise sogar offen reaktionären Tendenz. Daß Neuenburg schon 1937 als erster Kanton die (schwache) Kommunistische Partei verbot, bezeugt das ebenso wie die auffallend große Anziehungskraft, die damals von den Gedanken eines Charles Maurras auf die neuenburgische Intelligenz ausging; wie in anderen Teilen der Welschschweiz schlug auch hier die Furcht vor dem Sozialismus während der Zwischenkriegszeit in eine manchmal kaum verhüllte Furcht vor der Demokratie um.

Dabei war die Arbeiterbewegung nach dem Abebben der (übrigens auffällig gewaltlos verlaufenen) anarchistischen Welle sehr bald ins demokratische Fahrwasser geraten. Nicht ihr Radikalismus, sondern ihre Stärke erklärt die bürgerliche Furchtsamkeit. Schon 1911 wurde Charles Naine in den Nationalrat gewählt; im Jahr darauf gewann seine Partei bereits die absolute Mehrheit in Le Locle und vor allem in La Chaux-de-Fonds; 1919 rückten die Sozialdemokraten in die Position der stärksten kantonalen Partei auf, vom Ende der zwanziger bis zur Mitte der vierziger Jahre fielen ihnen fast durchwegs mehr als 40 (bis zu 46) Prozent der Stimmen zu, und obwohl sie diesen Höhepunkt seitdem nicht mehr erreicht haben, ist Neuenburg bis heute neben Schaffhausen der »röteste« Kanton der Schweiz. Trotzdem blieb die bürgerliche Front stark und stur genug, der Linken bis in die Jahre des Zweiten Weltkriegs hinein die Beteiligung an der Exekutive zu verwehren – länger als in jedem anderen Industriekanton. Diese hartnäckige Bürgerblockpolitik mag dazu beigetragen haben, daß von den dreißiger Jahren an wiederum radikale Strömungen auftraten. Die Kommunisten (hier *Parti Ouvrier et Populaire*) verfügen auch nach ihrem erneuten Absinken zur Splitterpartei noch über ein zuverlässiges, wenn auch kleines Kader. Aus enttäuschten KP-Dissidenten und rebellischen Sozialisten rekrutierte sich sogar eine (freilich episodisch gebliebene) *Nouvelle Gauche*, die mit dem Rückgriff auf utopisch-revolutionären wie freiheitlich-unabhängigen Geist an den »libertären« Frühsozialismus anknüpfte.

Eine gewisse Neigung zum Nonkonformismus und zur Bildung politischer Sonderzüglein kann wohl auch als typisch neuenburgerisch angesehen werden. Immer wieder suchen idealistische Minderheiten ihren Weg abseits der ausgetretenen Pfade. Das Auftreten einer solchen, bald wieder verschwundenen Gruppe, die gegen das Beharren auf einem unzeitgemäß gewordenen sturen Rechts-Links-Antagonismus aufbegehrte, hat seinerzeit die Aufnahme der Sozialisten in die Regierung erst möglich gemacht. Der 1919 gegründete, jetzt in der Liberalen Partei aufgegangene *Parti Progressiste National* – eine typische Formation des Hochlandes, die bezeichnenderweise am längsten im Bezirk Le Locle überlebte – hat zwar mit fortschrittlichen Sozialideen entgegen seinem Namen wenig zu tun und nahm sogar eine schärfere Frontstellung gegen links ein als die historischen Parteien, die er in den jurassischen Bezirken zeitweise überflügelte. Aber indem er sich jedenfalls als »progressiv« etikettierte, zollte er doch dem Geist seiner Umwelt Tribut.

Ein gewisses Bedürfnis nach Synthese zwischen Anti-Etatismus und sozialer Verpflichtung wird neuerdings auch in den traditionell bürgerlichen Formationen und sogar im Unterland erkennbar. Eine Persönlichkeit wie der derzeitige liberale Ständerat Jean-François Aubert verdankt die Popularität, die er bis weit in die linken und »grünen« Reihen hinein genießt, neben seinem frühen Eintreten für die Sache des Umweltschutzes auch seiner oft bewiesenen Bereitschaft zum Ausgleich, und sein (erfolgloser) radikaler Gegenkandidat von 1983, der Advokat Maurice Favre, bezeichnete sich sogar selber gerne als einen »halben Marxisten«. Beide repräsentieren mit solcher Offenheit freilich in ihren Organisationen nur eine Minderheit.

René Meylan anderseits, der als der starke Mann in den sozialistischen Reihen gilt, hat mehr als einmal bewiesen, daß sein betont gemäßigtes Auftreten und seine klare Absage an eine Gemeinschaft mit der äußersten Linken kombattanten Elan nicht ausschließt – so als er nach der Weigerung der bürgerlichen Mehrheit in den eidgenössischen Räten, 1983 die offizielle sozialdemokratische Bundesratskandidatin zu unterstützen, temperamentvoll für einen Rückzug seiner Partei aus der Regierungsverantwortung plädierte. Eine ähnliche Boykottaktion hatte Meylan seinerzeit 1968 in der Kantonshauptstadt organisiert und damit seiner Partei nach vierjähriger Abwesenheit eine glanzvolle und stärkere Wiederkehr in die Gemeinde-Exekutive gesichert.

Wichtiger als das Auf und Ab der wechselnden Gruppierungen, wichtiger auch als die vielfältigen Nuancen »bürgerlicher« und »proletarischer« Observanz bleibt auch für das Verständnis der neuenburgischen Politik der traditionelle Antagonismus von »le haut« und »le bas«. Gewiß hat auch er sich mit der Zeit einigermaßen abgeschliffen; auch das Weinland ist ja stärker als früher industrialisiert (was dazu geführt hat, daß die Sozialdemokraten heute sogar in der einst so konservativen Stadt Neuenburg an der Spitze marschieren), und im Jura hat sich umgekehrt neben der Uhrenarbeiterschaft eine breite und differenzierte »bürgerliche« Mittelschicht herausgebildet (obwohl dort ein Teil dieser Schicht – vor allem die Lehrerschaft – sozialistische Sympathien nicht verleugnet). Aber noch immer spiegeln auch die Parteiverhältnisse deutlich diese regionalen Unterschiede wider. In den Bergbezirken dominiert die Linke demokratischen oder kommunistischen Charakters ganz unbestritten. In den Seedistrikten aber und im Val de Ruz herrscht ein viel weniger reformfreudiges Klima; hier sind die Liberalen, mag auch ihr Einfluß spürbar zurückgehen, noch immer stärker als in irgendeiner anderen Gegend der Schweiz (was freilich nicht viel bedeutet, weil diese Partei, außer in den drei protestantischen Kantonen der *Romandie*, überhaupt nur noch in Baselstadt fortlebt). Selbst innerhalb der einzelnen Parteien bleiben noch gewisse regionale Divergenzen spürbar; manchen jurassischen Sozialdemokraten kommen ihre Genossen aus dem »vignoble« fast schon als verkleidete Konservative vor, und die Radikalen am See gebärden sich ihrerseits gerne noch um einige Grade reaktionärer als ihre Parteifreunde auf den Bergen.

Der Partikularismus und Regionalismus beweist eben in Neuenburg eine erstaunliche Zähigkeit – obwohl doch die Bezirke und Gemeinden hier, wie überhaupt in der welschen Schweiz, mit Ausnahme des Wallis, von der kantonalen Regierung straffer am Zügel gehalten werden als mancherorts und ein geringeres Maß an Autonomie genießen als selbst im staatsbewußten Bern. Wenn ein neuenburgischer Politiker sich einmal zu der gewagten These verstieg, sein Kanton sei überhaupt kein Staat, sondern eine Föderation von Bezirken, so war das zwar verfassungsrechtlich mehr als fragwürdig, aber es traf doch sehr genau eine Eigentümlichkeit der politischen Mentalität. Nichts beleuchtet das besser als die Kämpfe im 19. Jahrhundert um die Eisenbahnverbindung mit Frankreich, in denen sich Jura und Seeland quer durch die Parteien hindurch epische Schlachten darüber lieferten, ob die neue Bahnlinie von Pontarlier über Les Verrières und das Traverstal nach Neuchâtel geführt werden sollte (»Franco-Suisse«) oder ob es wichtiger sei, Besançon über Le Locle und La Chaux-de-Fonds mit Biel zu verbinden (»Jura industriel«); am Ende erwiesen sich dann beide rivalisierenden Projekte als katastrophale Defizitunternehmen. Je nach dem Stande der Wirtschaft schwankt dabei das Gewicht der einzelnen so ungleichartigen Landesteile. In Zeiten der Konjunktur ist der Jura obenauf und macht robust seinen Anspruch geltend, daß er schließlich durch die Arbeit und die kommerzielle Initiative seiner Bevölkerung die Staatskassen fülle und daher auch eine entsprechende Berücksichtigung verdiene; kommt die Krise und mit ihr die Arbeitslosigkeit, dann dominiert eher das Unterland und sucht sich der unerträglichen Belastungen durch um so heftigere Attacken gegen die »Übertreibungen« des Wohlfahrtsstaates zu erwehren. Gerade in solchen Momenten zeigt sich, wie schwer es Neuenburg fällt, mit sich selber und mit den zwei Seelen in seiner Brust fertigzuwerden, und wie leicht das Bewußtsein der Schicksalsgemeinschaft in die Brüche gehen kann.

In den Jahrzehnten der Prosperität seit dem Zweiten Weltkrieg haben die Spannungen allerdings nachgelassen – nicht nur weil Neuenburg nun kein Sorgenkind der Eidgenossenschaft mehr war, sondern auch und vor allem deshalb, weil sich in dem ökonomischen Aufschwung auch ein merklicher Ausgleich der Strukturunterschiede anbahnte. Neben der Uhrenindustrie sind allmählich so viele andere Wirtschaftszweige emporgewachsen, daß das Land einem balancierteren und deshalb auch krisenfesteren industriellen Gefüge wesentlich näherkommt. Aber selbst dieses Gefüge bleibt noch regional differenziert. Es fällt auf, daß die neuen Industrien mit wenigen Ausnahmen ihren Standort unten am See suchen und sich nur ausnahmsweise in die Jurahöhen hinaufwagen, die noch immer eine fast ausschließliche Domäne der Uhrenfabrikation und verwandter hochspezialisierter Präzisionsindustrien bilden. Nur wer eine besonders sorgfältig ausgebildete Facharbeiterschaft auch entsprechend hoch bezahlen kann, ist dort in der Lage, den Wettlauf mit den Uhrenateliers um die knapp gewordenen Arbeitskräfte aufzunehmen; so gewinnen die Seedistrikte durch die Industrialisierung eine ständig vielfältigere ökonomische Physiognomie, während der Berg der »industriellen Monokultur« mit all ihren Stärken und Schwächen verhaftet bleibt.

Doch obwohl die Schwächen in der gegenwärtigen Rezession krasser als je seit einem halben Jahrhundert zutagetreten, wird man den Kanton heute kaum mehr, wie Reto Caratsch das 1941 getan hat, als das »schwächste und verletzbarste Glied der romanischen Schweiz« bezeichnen können. Gewiß lassen sich bedenkliche Symptome nachlassender Vitalität, etwa im Rückgang der Geburtenziffern, beobachten; geht man nur von der Bevölkerung schweizerischer Staatsangehörigkeit aus, so weist Neuenburg nach zeitweiliger Erholung neuerdings wiederum den relativ größten Sterbeüberschuß aller eidgenössischen Gliedstaaten auf, und der rapide Wanderungsverlust der Jurahöhen wie des Val de Travers hat seit 1974 auch einen neuen Bevölkerungsrückgang des ganzen Kantons nach sich gezogen. Trotzdem kann man, anders als bei der großen Krise der Zwischenkriegszeit, kaum von einer verbreiteten Stimmung der Resignation sprechen. Während damals der unerwartet schwere Einbruch fast so etwas wie Panik auslöste, haben sich Behörden, Unternehmer und Bevölkerung diesmal eindeutig schneller und entschiedener an die Aufgabe der Anpassung gemacht. Das 1979 erlassene Wirtschaftsförderungsprogramm, das durch eine Vielzahl von Vergünstigungen auswärtige und vor allem ausländische Investoren anziehen soll, kann bereits beachtliche Erfolge und die Schaffung von etwa 2000 neuen Arbeitsplätzen, hauptsächlich in zukunftsorientierten Wirtschaftszweigen, verzeichnen. Neuenburg, dessen Uhrenindustrie früher als die anderer helvetischer Produktionsgebiete Interesse an den jungen Errungenschaften der Elektronik bewies, ist im Begriff, zum Zentrum der schweizerischen Bemühungen um Mikrotechnik und verwandte Industrien zu werden und auch als Sitz des künftigen schweizerischen Forschungszentrums für diesen Bereich bestimmt. Wenn 1983 in Fontaines (Val de Travers) erstmals eine Firma aus Kaliforniens berühmtem Silicon Valley einen Zweigbetrieb eröffnet hat, so wird das als gleichsam symbolische Bestätigung für die Chancen auf diesem allerjüngsten Felde der Präzisionsindustrie empfunden – auch wenn das Unternehmen vorerst auf nicht mehr als 90 Beschäftigte berechnet ist. Daß die Nordamerikaner die teure Schweiz dem ungleich billigeren Irland trotz höheren Basiskosten als Standort vorgezogen haben, weil hier »weniger gestreikt und sauberer gearbeitet« werde, wird als besonders vielversprechend empfunden.

Eine andere Sorge – die um die angeblich drohende Überfremdung – ist mit der fortdauernden Abwanderung der ausländischen Arbeitskräfte praktisch gegenstandslos geworden. Sie war nie sonderlich ernst zu nehmen, weil selbst auf dem Höhepunkt der Konjunktur und des fremden Zustroms von einem Nachlassen der traditionellen Assimilationskraft kaum die Rede sein konnte. Nicht zufällig wird hier immer noch das eleganteste, geschliffenste Französisch der welschen Schweiz gesprochen – selbst wenn die, die es sprechen, in immer größerer Zahl deutschschweizerische und insbesondere bernische Namen tragen. Auch wenn die Landwirtschaft sich zu mehr als zur Hälfte in den Händen gebürtiger Berner befindet, so hat selbst ein so massiver Einschuß alemannischer Schwerblütigkeit den Charakter eines Volkes, in dem Stanyan seinerzeit »die Gascogner der Schweiz« sah, nicht sichtbar zu verändern vermocht.

Die Waadt

Weltoffener Partikularismus

Moins français et effacé que le Genevois, moins bourguignon que le Neuchâtelois, moins allemand que le Fribourgeois, moins savoyard que le Bas-Valaisan, il est davantage lui, relativement à tous ceux-là, et comme sa patrie il forme le centre, le noyau, l'élément constitutif de l'Helvétie romane.
Juste Olivier über den Waadtländer, in »Le Canton de Vaud«, 1837

Nur zwei Kantone überspannen alle drei großen Landschaftsbänder der Schweiz, den Jura, das Mittelland und die Alpen: Bern und sein einstiges welsches Herrschaftsgebiet, die Waadt. Aber während Bern die Ausdehnung in den Jura hinein mit dem Verlust seiner ethnischen Einheitlichkeit und einer schweren inneren Belastung bezahlen mußte, vereinigt sich in der Waadt die Vielfalt der physischen Gestalt mit einer durchaus auffallenden, für einen verhältnismäßig so großen Kanton fast einzigartigen Homogenität: Sprache, Kultur und Geschichte haben das Land zu einem unauflösbaren und fast spannungslos dichten Ganzen zusammengeschlossen.

Dabei bietet die Waadt ein noch viel differenzierteres und nuancierteres Bild, als man es aus der schematischen Dreiteilung entnehmen möchte. Der Wall der Jurahöhen zwar, der sie nach Westen hin gegen Frankreich abschließt, dominiert vom Tannendunkel und vom Grau der Kalksteinfelsen, bildet eine einheitliche, der Gliederung widerstrebende Welt für sich, deren Herbheit nur durch den langgestreckten Hochsee im Val de Joux einen sanfteren Akzent erhält. Die Waadtländer Alpen lassen sich viel schwerer auf einen Nenner bringen. Bereits ihr engräumiges westliches Vorgelände, das jenseits des schluchtentiefen Tals der Veveyse mit undramatisch-rigihaft gerundeten Formen einsetzt, steigert sich um Montreux, wo das Gebirge ganz nahe an den Genfer See herantritt, in die abenteuerliche Kühnheit wilder Kegel- und Zackengebilde hinein, an deren Fuß die Fremdenstadt Montreux sich fast wie in einer Geste der Herausforderung anklammert. Das bergige Hinterland von Aigle gibt sich ein wenig das Air eines gemilderten und offeneren Wallis, das sich nur an seinem östlichen Rand zwischen den gletscherreichen Eiszinken der Diableretsgruppe und dem mächtigen Felsbrocken der Dents de Morcles in hochalpines Pathos hinaufsteigert. Das Pays d'Enhaut schließlich, vom übrigen Kanton ganz isoliert und durch die Flußfurche der Saane eher nach Freiburg und zum Berner Oberland hin offen, mutet unter den alpinen Regionen der Waadt nahezu wie ein Fremdling an.

Vollends das Mittelland – »le plateau« für die Welschen – scheint in fast disparat anmutende Teile zu zerfallen. Schon im breiten, gelassenen Wellen- und Muldenzug seiner von Süd nach Nord verlaufenden »binnenländischen« Hügel und Täler scheiden sich zwei gegensätzliche Typen. Das fruchtbare und siedlungsreiche Korn- und Weideland des Gros-de-Vaud und der oberen Broye mit seinen vielen kleinen Städten rund um die mittelalterlichen Burgen strotzt von Fülle; gleich daneben erhebt sich die einsame, bewaldete, menschenleere Düsternis des Jorat mit seinen langen und strengen Wintern, seinen sparsamen Weilern und verlorenen Einzelgehöften – eine unerwartete, nur wenig abgemilderte Replik des Jura*, deren verschlossener und abweisender Zauber sich nur dem Geduldigen offenbart. Vollends mit einem Schlage ändert sich das Bild aber, wenn wir den Zug von Hügeln und Bergen überschreiten, der sich im Süden quer vor diese nordsüdlichen Faltungen legt, und wenn sich vor unsern Augen das Wunder der vierten, der »lemanischen« Waadt auftut: der schmale und doch von Leben überquellende Uferstreifen, der amphitheatralisch zur weiten Fläche des Genfer Sees hin absteigt und sich dem großzügig geschwungenen Sichelbogen dieses Gewässers in einer Geste vollkommener Hingabe öffnet. Hier erst erfüllt sich in einer hinreißenden Apotheose das, wozu die drei großen, kräftig kontrastierenden und breit entwickelten Landschaftsthemen des Juras, des Plateaus und der Alpen gewissermaßen nur das breit angelegte Vorspiel bilden; hier, von den Vororten Genfs bis nach Vevey, ja darüber hinaus nach Montreux und nach Villeneuve hin, pulsiert das Herz des Kantons; hier vor allem verschwistern sich Natur und Menschenwerk auf gedrängtem Raume inniger als anderswo zu einer fast bestürzenden Vollkommenheit.

Das ist die »Waadtländische Riviera«: ein funkelndes Geschmeide von dicht aneinander gedrängten alten Städten und Schlössern in einem Kranz von Weinbergen, wie von einer Spange zusammengehalten von der lebhaften und mächtig sich ausdehnenden Hauptstadt Lausanne. Es mag in der Schweiz manche großartigeren, emphatischeren Landschaften geben; es gibt keine durchgeschliffenere und keine humanere. Obwohl man doch nur ein paar Kilometer

---

* Nicht zufällig entstammen die beiden einander so ähnlich klingenden Namen derselben Wurzel: dem keltischen »jur«, das überall, wo es auftritt, auf eine bewaldete Anhöhe oder einen Bergwald verweist.

landeinwärts zu gehen brauchte, um der Gegenwart des Nordisch-Kontinentalen samt seiner Erdenschwere inne zu werden, scheint es mit einem Male himmelfern, und das Mediterrane tut sich auf: ein wohltuend temperierter Süden allerdings, ohne Extreme, ohne sengende Glut und ohne harte Konturen, ein offener, freundlicher, linder, der nur in den rebbestandenen Felsterrassen der Lavaux zwischen Lausanne und Vevey eine Vorahnung von mittelmeerischer Intensität bringt.

Und doch ist das Mediterrane unverkennbar da. Der Amerikaner Fenimore Cooper sah hier »zum erstenmal die Wärme des italienischen Himmels mit der rauhen Größe der Schweiz vermählt«; der größte Dichter des Waadtlandes, Charles-Ferdinand Ramuz, feierte den Genfer See in seinem lyrischen »Chant des pays du Rhône« nicht nur aus patriotischem Überschwang als den »ersten Entwurf« des Mittelmeers im Herzen des Erdteils. Schon Voltaire glaubte hier seine antikische Ideallandschaft zu erkennen, die er im Geiste mit dem Haus des Aristipp und dem Garten Epikurs bevölkerte, und immer und immer wieder haben auch Dichter, die hellenischem Geiste näher standen als der skeptische Spötter des 18. Jahrhunderts, in diesem Landstrich so etwas wie einen schweizerischen Hellespont erkannt. War es wirklich nur ein Fortwirken alter Jugenderinnerungen, wenn sich der größte der englischen Historiker, Gibbon, in den letzten zehn Jahren seines Lebens in Lausanne vergrub, um hier sein gewaltiges Geschichtsepos vom »Decline and Fall of the Roman Empire« zu Ende zu führen? Aber auch der Überschwang der Romantiker fand, wie Byron und Shelley bezeugen, in dieser Gegend Nahrung genug.

Kaum einem andern Stück der Schweiz ist so viel literarischer Ruhm und Preis zuteil geworden wie diesem Erdenband, das sich aus dem Schatten des Jura in den der Alpen hinüberschiebt und doch weder dem einen noch dem andern dieser Bereiche zugehört, sondern ganz für sich allein dazusein scheint: einmalig, unwiederholbar, unrubrizierbar. Rousseau hat es – zumal seinen wilderen, vom Menschen erst später in Besitz genommenen und domestizierten Teil jenseits von Vevey – mit seiner »Nouvelle Héloïse« in die große Weltliteratur eingeführt. Der Lyriker Friedrich von Mathisson erblickte, als er von der Ringmauer des Landvogtschlosses zu Nyon – der Behausung seines Freundes Bonstetten – mit nie erlahmendem Entzücken die »reichbegrünten Traubenhügel« der La Côte musterte, »überall ein Paradies enthüllt«; sein französischer Zeitgenosse

Pezay sprach enthusiastisch von dem »Land, wo es keine Gärten gibt, weil es selber ein Garten ist«. Ihnen allen erschien das Widerspiel von Land und See, von Größe und Idylle, von Ruhe und Bewegtheit, von Natur und Kultur als ein Wunder, das seinesgleichen suche. »This Pays de Vaud«, schreibt Coxe im vierundzwanzigsten seiner schweizerischen Reisebriefe, »is a country, of which all the historians and travellers, who have had occasion to mention it, speak with rapture; particularly of that part which borders upon the Lake of Geneva: and indeed a more delightful country cannot well be imagined.« Und der Franzose Boufflers fand für das anmutigste aller Seegestade das schöne, wenn auch vielleicht ein wenig preziöse Bild, der Ozean habe dieses Tal einmal besucht, sich darein verliebt und ihm zum Andenken sein Bildnis zurückgelassen.

In all diesen Hymnen, ob sie dem Mediterranen, dem Ozeanischen oder gar schlechthin dem Paradiesischen dieses Erdenwinkels gelten mögen, tritt etwas vom unausgesprochenen Gefühl zutage, als ob zum mindesten das lemanische Gestade der Waadt schon jenseits des gemeinhin Schweizerischen stehe. Aber hüten wir uns davor, diesem Gefühl allzu widerstandslos nachzugeben! Wir haben es eingangs schon gesagt, in welch außerordentlichem, für eidgenössische Verhältnisse geradezu überraschendem Maße dieser Kanton ein abgerundetes, wenn auch nicht abgeschlossenes Ganzes bildet. Sowenig wie die scheinbar widerspruchsvollen natürlichen Erscheinungsformen begründen die wirtschaftlich-gesellschaftlichen Unterschiede, die sich aus ihnen ergeben, tiefgreifende Gegensätze und Spannungen wie etwa im benachbarten Neuenburg. Sie wirken nur als verschiedene Brechungen einer ethnisch-kulturell-geschichtlichen Gemeinsamkeit. Über alle Strenge der geographischen Scheidungen greifen Seeland und Binnenland in der Waadt fugenlos ineinander. Der Weingärtner der Lavaux und der La Côte wie der Ackerbauer des Gros-de-Vaud, der jurassische Uhrenmacher des Val de Joux wie der Viehzüchter des Jorat und der Älpler der Ormonts gehören *einem* Volk an, dessen einprägsamster Wesenszug eben doch weniger die Eigenart und der Eigenwille seiner kleineren Teilgemeinschaften als die Homogenität des Gesamten ist.

Eben diese eminente und mit den Naturbedingungen kontrastierende Geschlossenheit macht es auch verständlich, daß der *Vaudois*, obwohl erst vor 180 Jahren zur staatlichen Selbständigkeit im eidgenössischen Verbande erwachsen, eine ungleich intensivere Beziehung zu seinem Kanton entwickelt hat als die Bürger anderer »neuer«, ebenfalls 1803 ins Leben getretener Stände. Der Aargauer, der Thurgauer, der St. Galler empfindet sich zuallererst als Schweizer Patriot; der Waadtländer aber fühlt partikularistischer als der Angehörige altfreier und frühvollendeter Gemeinwesen. Sein Patriotismus gilt durchaus dem *Pays de Vaud*, während er sich von der Schweiz gerne in etwas ironisch gefärbte Distanz absetzt. Anderseits überstrahlt der Kanton auch die engere Lebensgemeinschaft der Region und liefert so das Bezugssystem für Staatsgefühl und Heimatgefühl gleichermaßen. In den Augen eines Charles-Ferdinand Ramuz beispielsweise genügte die Waadt so sehr sich selber, daß ihm die Eidgenossenschaft bestenfalls (und selbst dies nicht immer) als ein notwendiges Übel erschien – und etwas von dieser Selbstgenügsamkeit spiegelt sich im überwiegenden Teil der waadtländischen Literatur wider. Natürlich spielt hier auch die Furcht der welschen Minderheit vor der alemannischen Mehrheit hinein. Aber der waadtländische Partikularismus ist doch mehr als bloßer defensiver Reflex. Er erwächst aus dem stolzen Bewußtsein des *Vaudois*, daß sein Gemeinwesen nicht nur Teil eines Landes, sondern selber Land ist; eben deshalb zieht er auch den altüberlieferten, auf vorbernische Zeit zurückgehenden Begriff des *Pays de Vaud* dem moderneren und abstrakteren des *Canton de Vaud* vor. Das Wort »Kanton« bezeichnet schon nach seiner sprachlichen Herkunft den Teil eines Ganzen, das »Pays« aber ist ein Ganzes für sich – und das will man nun einmal sein, das verteidigt man mit Zähnen und Klauen.

Dieser Partikularismus hat jedoch seine eigene Problematik. Die Bereitschaft zum Rückzug auf sich selber und die Abwehr gegen alles, was diesem Eigenwesen zuwider sein könnte, erscheint wiederum nur als die eine Seite der waadtländischen Realität und Mentalität. Es gibt eine andere, gegenläufige: die fast bedingungslose Offenheit. Der Vorbehalt gilt weniger der Außenwelt überhaupt als der Eidgenossenschaft, wenn sie ihren Anspruch allzu unbedenklich anmeldet. Den Einflüssen dagegen, die von jenseits der Landesgrenzen herkommen, von Frankreich zumal und durch Vermittlung Frankreichs aus der Weite Europas, gibt man sich gerne mit um so größerer Unbedenklichkeit hin. Der physische Wall des Jura und der geistige des Protestantismus isolieren die Waadt gerade genug von dem großen Nachbarland, um politische Anschlußversuchungen auszuschließen. Kulturell aber fühlt man hier so »intregal« französisch wie nur irgendwo in der Welschschweiz. Ja, man ist sogar besonders stolz darauf, dem helvetischen »Provinzialismus« keine

Konzessionen zu machen, sich in den breiten Strom der *civilisation française* (und durch sie der europäischen Tradition wie der wechselnden europäischen Moden) sicher eingebettet zu wissen und sich zu Paris als intellektueller Hauptstadt zu bekennen. Wenn der reale Zusammenhalt mit der Schweiz natürlich enger ist, so wird der emotionale mit Frankreich so viel inniger empfunden.

Aber selbst im eidgenössischen Verbande bleibt die Waadt nicht nur auf sich selbst gestellt. Der größte, weitaus volkreichste und zentrale der rein französischen Kantone ist das geographische wie geistige Bindeglied, das Herzstück und die Vormacht der *Romandie*. Beim Blick auf die Karte wirken Genf, Neuenburg, Welschwallis und Welschfreiburg wie Vorwerke der waadtländischen Kernbastion, und so falsch das aus historischer Sicht ist, so nahe kommt es ethnisch-politisch der Wirklichkeit. Nur die Waadt macht die Welschschweiz (und damit die Schweiz insgesamt als übervölkischen Zusammenschluß) überhaupt möglich; nur sie kann die *latinité* französischer Prägung wirksam repräsentieren und dem welschen Element Führung und Halt verleihen. Damit aber wächst ihr eine Verantwortung zu, die gerade im oft ebenso ungestümen wie ungerechten Protest gegen angebliche wie gegen wirkliche Zentralisierungs- und Nivellierungstendenzen eine durchaus *nationale* Aufgabe darstellt. Noch die überbetonte Fixierung an einen »Föderalismus«, der die Intaktheit und Staatlichkeit der Bundesglieder manchmal sogar auf Kosten der Föderation zu wahren und zu behaupten sucht, dient letztlich wiederum einem schweizerischen Lebensgesetz. Gleichsam instinktiv erfüllt der waadtländische Partikularimus auch eine eidgenössische Funktion: als mächtiges Gegengewicht gegen einen Trend, der die Einheit in der Vielfalt zur Uniformität zu verflachen droht.

Dabei ist die Bindung der Waadt an das Gebiet der heutigen Schweiz uralt. Als Teil einer helvetischen Konföderation tritt ihr Territorium erstmals ins Licht der Geschichte. Die hier lebenden Tiguriner bildeten einen Zweig der keltischen Helvetier, deren locker gefügte, aber doch zu gemeinsamem Handeln fähige Stammesgemeinschaft in vorchristlicher Zeit so etwas wie die erste Präfiguration der späteren Eidgenossenschaft darstellte. Die Fülle überlebender keltischer Namen – die der bedeutendsten Städte gehen fast alle auf vorlateinische Wurzeln zurück – fällt ins Auge. Avenches zumal, im Norden des heutigen Kantons, scheint ein bedeutendes Zentrum schon vor Cäsar gewesen zu sein, der es als Aventicum zur

Hauptstadt der helvetischen *civitas* erhob; das überraschend großräumige antike Ruinenfeld am Rande einer mittelalterlichen Kleinstadt, die nie auch nur annähernd in die Weite ihrer antiken Vorgängerin hineinwuchs, bekundet die Intensität römischer Durchdringung. Noch auffälliger offenbart sie sich in der weiten Streuung antiker Funde. Fast alle waadtländischen Gemeinden am Leman und die meisten des Plateaus außerhalb des Jorat haben römische Reste zutage gefördert, und von der Höhe nicht nur urbaner, sondern auch ruraler Lebensform zu jener Zeit sprechen großartig die Mosaiken auf dem Gelände einer alten *villa* unweit von Orbe.

Mindestens einiges davon scheint auch den Einfall der Burgunder gegen Ende des 5. Jahrhunderts überdauert zu haben. Schneller als andere Barbarenstämme fügten sich die Eroberer ins Vorgefundene ein. Aventicum allerdings verfiel; seine Bischöfe siedelten nach Lausanne über wie die von Augst nach Basel und die von Martigny nach Sitten. In diesem neuen, sehr allmählich heranwachsenden Mittelpunkt ließ sich nach der Eingliederung der Burgunder ins Frankenreich auch der merowingische Graf des nunmehrigen *pagus Waldensis* nieder. Aus der Durchdringung der waadtländischen Grundsubstanzen – von keltischem Urgrund, lateinischer Tradition, burgundischem Einschlag – erwuchs jenes kurzlebige und doch zeugungskräftige Staatsgebilde, das auf lange Zeit hinaus die letzte bedeutende autochthone politische Schöpfung dieses Raumes bleiben sollte: das Königreich des Transjuranischen Burgund (888–1033). Seine Könige, oft in Lausanne residierend, haben in der Klosterkirche der Abtei von Payerne, unweit von Avenches, das großartige und wahrhaft herrscherliche Denkmal ihres Wirkens hinterlassen. Dieses Gotteshaus, in dem sich noch Kaiser Konrad II. 1033 die Krone Burgunds aufs Haupt setzen ließ, ist das reinste und edelste aller frühromanischen Bauwerke auf Schweizer Boden; nach Jahrhunderten der Vernachlässigung und des Zerfalls, in denen es als Getreidespeicher, Gefängnis und Kaserne dienen mußte, strahlt es heute wieder in den vollendeten Proportionen seiner ebenso wohlgegliederten wie wuchtigen Form.

Mit dem Heimfall Burgunds ans Reich aber war die staatenbildende Kraft der *Romandie* und ihres waadtländischen Kerns für den größeren Teil eines Jahrtausends erschöpft. Kleine und mittlere Dynasten samt geistlichen Stiften parzellierten nun das Land unter sich auf; die Lausanner Bischöfe kamen nicht über halbherzige Versuche selbständiger Machtentfaltung hinaus. Und doch hat das feudale

Interregnum sichtbarere Spuren zurückgelassen als die transjuranische Monarchie. Noch immer bilden die mächtigen Burgen und Schlösser seiner Adelsherren das imposanteste Ensemble ritterschaftlicher Architektur in der Schweiz*, und unter gräflichem, freiherrlichem oder kleinadeligem Schutz erwuchs auch die erstaunliche Vielzahl der waadtländischen Städte.

Freilich ging diesen Städten unter solchen Bedingungen der Raum zu breiter Entfaltung ab. Nur wenige wuchsen über halbrurale landstädtische Kümmerformen in größere Verhältnisse hinein: das behäbig traditionsreiche Vevey, vor die köstlichsten Weinberge ans Seegestade hingelagert, früh gewerbefreudig und handelstüchtig; der alte Straßenknotenpunkte Yverdon, wo seit je Handelswege von Nord nach Süd zusammentrafen; Lausanne vor allem, das sich um die lange Zeit getrennten, zeitweise sogar bitter verfeindeten Kerne der bischöflichen *Cité* und des burgundischen *Bourg* fast genau in der Mitte des begünstigten Seegeländes gruppiert, vom eigentlichen Uferstreifen abgesetzt und ihn gleichsam aus der Höhe dominierend. Allen dreien verhalf die Gunst der Lage, die schon ihr keltisch-römischer Ursprung bezeugt, zu bedeutendem wirtschaftlichem und bald auch geistigem Aufschwung. Politische Ausstrahlungskraft aber war ihnen nicht beschieden. Selbst in Lausanne reichten die Freiheiten, die es seinem bischöflichen Herrn abzutrotzen wußte, nicht zur Ausbildung eines stadtstaatlichen Herrschaftsbereichs, der die feudale Anarchie aus eigener Kraft hätte überwinden können.

Diese Kraft mußte von außen kommen: von Savoyen zuerst, von Bern danach. Erstmals seit dem Niedergang der »hochburgundischen« Monarchie erhielt die Waadt im Verband des savoyischen Fürstenstaates wieder ein Maß an Einheit, eine geordnete und für die damalige Zeit bemerkenswert moderne Verwaltung und dazu eine eigene, mit beachtlicher Autonomie ausgestattete ständische Organisation, in der neben den einheimischen Großen auch die Städte, vom Landesherrn eifrig gefördert, ein zunehmend gewichtigeres Wort zu sprechen hatten (neben Yverdon und Vevey profitierten davon vor allem die »guten Städte« Moudon, Morges und Nyon). Noch heute schauen die Waadtländer mit Stolz auf die Zeit

---

* Zum mindesten eines dieser Kastelle – das von Blonay am Fuße der Pléiades oberhalb des Genfer Sees – gehört heute noch der gleichnamigen Familie, die es vor fast einem Jahrtausend gegründet und seitdem unablässig erweitert hat; die Schweiz hat kaum ein zweites Beispiel solcher Kontinuität aufzuweisen.

zurück, da ihre Heimat als die kostbarste Perle in der savoyischen Krone gefeiert wurde und da sich schon der Ansatz einer wenn nicht unabhängigen, so doch eigenständigen Staatlichkeit in den Ständeversammlungen des *Pays de Vaud* abzeichnete.

Aber diese Linie wurde im 15. Jahrhundert geknickt und im 16. Jahrhundert auf lange hinaus gebrochen, als sich Bern – mit dem kleineren, aber nicht minder ehrgeizigen Freiburg an seiner Seite – daran machte, die Savoyer Schritt für Schritt aus ihrem nordlemanischen Besitz zu verdrängen. Die Burgunderkriege erschütterten die waadtländische Prosperität durch eidgenössische Invasionen und temporäre Besetzungen und rissen die ersten Stücke vom Lande los. Bern und Freiburg installierten sich gemeinsam in den Vogteien Grandson, Orbe und Echallens, und vom Osten her schoben sich die Berner durch den Erwerb der »vier *Mandements*« Aigle, Bex, Ollon und Ormonts – die allerdings vordem nicht zur Waadt, sondern zum nordsavoyischen Chablais gehörten – bereits dicht an den Genfer See heran. Schon begannen sich Bürger und Bauern den Eidgenossen zuzuneigen; Lausanne, savoyischem wie bischöflichem Einfluß entwachsen, ging 1525 aus freien Stücken eine feste Allianz mit der Aarerepublik ein. Elf Jahre später kam für die Berner der Augenblick, die reife Frucht zu pflücken. Fast kampflos fiel ihnen 1536 die Waadt in die Hände, nach der savoyischen auch gleich noch die bischöfliche. Für ein paar Jahrzehnte konnten sie sogar noch das ganze Südufer des Leman annektieren; Lausanne selbst verlor endgültig die Chance stadtstaatlicher Unabhängigkeit, sicherte sich aber durch Ergebung in den Willen Berns immerhin den Fortbestand ausgedehnter interner Autonomie.

Zunächst schien das nicht mehr zu bedeuten, als daß statt savoyischer Dienstmannen und Verwaltungsbeamten nun bernische Landvögte auf den fürstlichen Schlössern saßen, tüchtige, wenn auch volks- und sprachfremde Administratoren, unter deren Regiment das Land einen neuen mächtigen Aufschwung nehmen sollte. Aber der Einschnitt ging doch tief. Denn Bern war klug genug, seinen Erwerb nicht nur militärisch zu sichern, sondern auch durch tiefgreifende Reformen an sich zu binden.

Die erste und entscheidende dieser Maßnahmen war die Einführung der Reformation. Nicht widerspruchslos, aber doch ohne heftige Gegenwehr ließ sich die Bevölkerung die neue Lehre aufdekretieren. Zu religiöser Inbrunst wenig geneigt, schlüpfte sie zwanglos in das fertig zurechtgeschneiderte neue Konfessionsgewand. Louis

Vulliemin hat wahrscheinlich recht, wenn er meint, die Reformation habe den Waadtländer mehr intellektuell stimuliert als in den Tiefen seines Gefühls berührt und verwandelt. Tatsache scheint jedenfalls, daß der Calvinismus hier mehr als Einschlag denn als eigentliches Grundmuster erscheint. Die Berner, eher staatskirchlich-politisch als kirchenstaatlich-religiös orientiert, bezeugten auf jeden Fall in ihren welschen Vogteien sowenig wie bei sich zu Hause die geringste Neigung, den Pfarrern eine Stellung einzuräumen, wie sie ihnen im Genf Calvins oder im Neuenburg Farels zukam; eifernder Klerikalismus auch protestantischer Observanz war ihnen so verdächtig, daß sie sogar einen Konflikt mit der von ihnen soeben erst als Hort des Glaubens gegründeten, von bedeutenden Theologen und Gelehrten geleiteten Akademie von Lausanne riskierten, deren Lehrer schließlich als Anhänger einer strengeren calvinistischen Kirchenzucht das Feld räumen mußten. Und die Mehrheit der Waadtländer stand in diesem Streit offenbar eher auf der Seite ihrer Landesherren und scheint froh gewesen zu sein, daß sie auf diese Weise einer allzu rigorosen pfarrherrlichen Sittengerichtsbarkeit entging.

Dabei verschaffte die Reformation den Bernern eine solide Stütze ihrer Herrschaft, weil die Wiederkehr der Savoyer nun mit der des »Papismus« gleichgesetzt werden konnte. Die konfessionelle Einheit von Regenten und Untertanen machte zudem jeden Versuch sprachlicher Gleichschaltung überflüssig. Von allen »Germanisierungs«-Gelüsten weit entfernt, setzte Bern vielmehr in Kirche, Schule und Verwaltung durchwegs die französische Volkssprache an die Stelle des bisher benützten Lateinischen. So wurde die Waadt erst unter ihren deutschsprachigen Herren wirklich zu einer französischen Kulturprovinz, besonders nachdem das einheimische *Patois* der Schriftsprache des benachbarten Königreichs Platz gemacht hatte. Da die bernische Oberschicht mindestens vom 17. Jahrhundert an dieser Sprache ohnedies mächtig war, fiel den Vögten die Verständigung mit den Untertanen nicht schwer. Jene Deutschberner aber, die schon früh als Landwirte und Gastwirte ins »Wälschland« zogen, sahen sich zur Assimilation an ihre neuen Nachbarn gezwungen, weil ihnen die Räte bis zuletzt den Wunsch nach Errichtung deutscher Schulen konsequent abschlugen.*

---

* Im 18. Jahrhundert entrüstet sich Küttner in seinen »Briefen eines Sachsen aus der Schweiz« darüber, wie sehr unter »deutscher Oberherrschaft« die »gute« deutsche Sprache vernachlässigt werde und »daß alles in französischer Sprache abgehandelt wird; die Advokaten plaidieren (so wie in Frankreich) zu Bern, so gut als in den

Behutsam, aber mit fester Hand griff Bern auch in die gesellschaftlichen Verhältnisse ein. Zwar ließ es die feudalen Gerechtsamkeiten – etwa die niedere Gerichtsbarkeit des eingesessenen Adels – bestehen. Energisch beseitigte es dagegen die Reste der Leibeigenschaft; in einem freien Lande wie der Schweiz, heißt es in einem Erlaß, sei dieser Stand »verhaßt«. In Wahrheit ging es vor allem darum, auch die Bauern wehrfähig zu machen, nachdem die Gnädigen Herren schon den Bürgern das bisher allein dem Adel vorbehaltene Recht des Waffentragens eingeräumt hatten, »als Zeichen einer Freiheit, welche die Fürsten ihren Unterthanen nicht gewähren noch gestatten«. Sogar Privilegien wurden der Waadt im militärischen Bereich zugebilligt: Deutschberner, die nicht zum Kreis der Bevorrechteten gehörten, konnten es in der Miliz bestenfalls zum Hauptmann bringen, den Waadtländern dagegen stand auch der Rang eines Majors oder Obersten offen. Die Rechnung ging auf. Der militärische Geist der Republik teilte sich schnell ihrem neugewonnenen Gebiet mit. Die große soldatische Tradition der Waadt (bis hin zu General Guisan, dem populären schweizerischen Oberbefehlshaber im Zweiten Weltkrieg) ist tatsächlich im Ursprung bernisches Gewächs.

Großzügigkeit dieser Art war, wie das Bemühen Ihrer Exzellenzen um die wirtschaftliche Wohlfahrt ihrer Schutzbefohlenen, überlegte Politik. Sie hat dazu beigetragen, daß sich bis tief ins 18. Jahrhundert kaum separatistische Tendenzen regten. Weder Bürger noch Bauern waren mit einem Status unzufrieden, den sie im Vergleich mit den umliegenden Ländern mit Recht als bevorzugt empfanden. Noch im 18. Jahrhundert klagten adlige Kreise, die als einzige gelegentlich sehnsüchtige Blicke nach Savoyen hinüberwarfen, über die Loyalität der Bevölkerung gegenüber Bern. Als größtes Hindernis einer Rückgliederung an Savoyen erschien ihnen neben dem reformierten Bekenntnis die Furcht der Waadtländer, daß sie unter savoyischer Fuchtel wieder die »taille« – die Kopfgebühr des Leibeigenen – bezahlen müßten. Ausländische Beobachter gelangten zum selben Schluß. Kaum ein Reisender des 18. Jahrhunderts kann sich des Vergleichs zwischen dem waadtländischen Wohlstand und der Armut des savoyischen Chablais erwehren. Coxe ist nur einer von Dutzenden, wenn er in Vevey notiert: ». . . you will see at

hiesigen Städten, in ihrer Muttersprache und das Land hat zu Bern die *Chambre française*, vor die alles gebracht wird«.

once, and in the same point of view, the fatal influence of despotism, and the happy effects which arise from the most assured liberty, under a mild and equitable government.«

Das wesentliche Ergebnis der bernischen Ära war, kurz gesagt, die Ausbildung einer bürgerlichen Gesellschaft. Nun erst empfing das Bürgertum, nach einer ersten und doch recht eingeschränkten Phase der Emanzipation unter den Savoyern, die stärksten Impulse: geistige durch die Reformation, ökonomische durch die verbesserten Bedingungen für Handel und Wandel (und die Säkularisierung der Kirchengüter), mit der Zeit aber auch politische durch das sehr allmähliche Heranwachsen eines waadtländischen Bewußtseins. Das wurde um so bedeutsamer, als das Volk der Waadt, nach Fellers Urteil, ständisch »schärfer geschichtet als das bernische« war und darum einer längeren Zeit bedurfte, um sich der Gemeinsamkeit seiner Interessen bewußt zu werden. Nach und nach erst fanden sich die Bürger der »guten Städte« Moudon, Yverdon, Morges und Nyon, die eifersüchtig auf ihren Privilegien aus der savoyischen Zeit bestanden, mit denen der übrigen urbanen Gemeinwesen zusammen. Lausanne vollends fühlte sich kaum als ein Teil der Waadt, sondern durchaus als autonomer, wenngleich der Souveränität entbehrender Stadtstaat eigenen Rechtes. Schrittweise nur wurden diese Schranken abgebaut: Fast wider Willen trug Bern dazu bei, die vielfachen Stufungen der Rechte einzuebnen, indem es seit dem Beginn des 18. Jahrhunderts die früher üblichen Ständetage vollends einschlafen ließ. Gleichzeitig verbreiterte sich jedoch die bürgerliche Basis. Gegen Ende des *ancien régime* lebten in den 26 Orten städtischen Rechts bereits zwei Siebentel der Gesamtbevölkerung, während in der Schweiz insgesamt damals auf sieben Dorfinsassen nur ein Städter entfiel. Dem waadtländischen Pfarrer Muret erschienen die vielen kleinen städtischen Zentren, die immer mehr Menschen an sich zogen, sogar als lauter »Schlünde, die das Land verschlingen«, und mehr und mehr Bauernland ging schon damals in deutschbernische Hände über – wie noch heute.

Die Verstädterung erwuchs freilich mehr auf kommerzieller als auf gewerblicher Grundlage. Alles Bemühen der Obrigkeit half der Industrie nicht über bescheidene Ansätze hinaus. Zwar faßte im Jura und an seinen Rändern – wenn auch mehr in den Landgemeinden – die Uhrenindustrie und die Herstellung von Spieldosen Fuß. In Lausanne und Yverdon etablierten sich bedeutende Druckereien, deren intellektuelle Bedeutung jedoch höher zu veranschlagen war als die wirtschaftliche. Mehr Gewicht erlangte jedenfalls in der Seeregion der Fremdenverkehr unter dem Eindruck der Lobpreisungen Voltaires und Rousseaus. Schon fingen auch die Vornehmen der deutschen Schweiz und selbst des Auslandes an, ihre heranwachsenden Kinder in waadtländische Pensionen zu schicken, damit sie dort das Französische erlernen sollten. Die gute Gesellschaft von Lausanne zumal wetteiferte an kosmopolitischer Allüre mit der Genfs. Voltaire fühlte sich in ihrem Kreise vollendet wohl und rühmte ihr nach, sie habe genausoviel Geschmack wie die pariserische; Küttner versichert, in ihr herrsche »ein weit größerer Ton, als in irgendeiner Schweizerstadt, ohne Ausnahme« (denn Genf, wie er vorsichtig hinzufügt, gehöre ja »nicht zur eigentlichen Schweiz«).

Nichtsdestoweniger beginnen die Waadtländer gerade in diesem goldenen 18. Jahrhundert der bernischen Herrschaft müde zu werden. Noch 1723 stößt zwar das Unternehmen des Majors Davel, durch einen militärischen Staatsstreich die Unabhängigkeit seiner Heimat von Bern und ihre Aufnahme in die Eidgenossenschaft als vierzehnter Kanton zu erzwingen, auf völlige Verständnislosigkeit; Davel, mehr religiöser Mystiker als politischer Kopf und dabei eine der edelsten Gestalten der waadtländischen Geschichte, muß seinen unzeitgemäßen Versuch mit dem Tode büßen. Aber die von Frankreich her einsickernden revolutionären Ideen beginnen doch die Fundamente der bernischen Macht zu unterspülen. Der dritte Stand ist nicht länger damit zufrieden, vom Berner Patriziat »mild« und »angemessen« regiert zu werden. Angesichts der Französischen Revolution träumt er von Freiheit und Gleichheit, die er mit Unabhängigkeit und Selbstbestimmung seiner Heimat gleichsetzt. Zwar wird eine erste Welle »patriotischer« Erregung von 1791/92 durch schroffe Repression noch einmal eingedämmt. Aber die zweite, fünf Jahre später, ist nicht mehr aufzuhalten. Gebieterisch verlangt das Bürgertum nun die Einberufung der waadtländischen Stände oder, besser noch, einer nationalen Versammlung der Städte und Kommunen. Als Bern sich weigert, treten deren Abgeordnete im Januar 1798 wider Willen des Souveräns zusammen. Die Revolution ist da; der Einmarsch französischer Truppen besiegelt ihren Erfolg.

Gerade in dieser Situation sollte es sich jedoch zeigen, wie fest die zweieinhalb Jahrhunderte der Abhängigkeit von Bern die Waadt mit der Eidgenossenschaft verflochten hatten. Einige Gegenden – Ste. Croix im Jura vor allem und das alpine Mandement Ormonts – erhoben sich sogar mit den Waffen für die alte Ordnung. Nur eine kleine und bedeutungslose Minderheit begehrte den Anschluß an Frankreich; die am 24. Januar ausgerufene »Lemanische Republik« war nicht mehr als eine Eintagsfliege. Gegen den Plan des französischen Direktoriums aber, die Waadt mit dem Wallis und dem Tessin in einem besonderen »rhodanischen« Staatswesen zusammenzuschließen, wehrten sich gerade die führenden Köpfe der Revolution um Frédéric César de La Harpe so entschieden, daß Paris dem Anschluß des Landes an die »eine und unteilbare« Helvetische Republik zustimmen mußte. Ja die später erzföderalistische Waadt bildete sogar den festen Kern und die treueste Gefolgschaft des kurzlebigen und fast überall sonst so unpopulären Einheitsstaates, und der »Kanton Leman« lieferte ihm ein volles Viertel seiner Einkünfte. Aber der Kern war zu schwach, um das improvisierte und traditionslose Ganze zusammenzuhalten. So griff der permanente Bürgerkrieg, der die Republik nach dem Abzug der Franzosen ins Chaos versinken ließ, auch nach dem Leman aus. Im Aufruhr der »Bourlapapa« besetzten unzufriedene Bauern die Schlösser und verbrannten die Archive, als eine »gemäßigte« Regierung die Abschaffung der Feudallasten wieder rückgängig zu machen suchte. Erst die Napoleonische Vermittlungsakte von 1803 stellte mit der föderativen Struktur der Eidgenossenschaft auch die Ordnung wieder her; unter ihr trat erstmals ein eigenes und eigenständiges waadtländisches Staatswesen gleichberechtigt in den Kreis der nunmehr neunzehn Orte ein. Damit beginnt die Geschichte des modernen *Canton de Vaud*.

Noch einmal sollte seine Unabhängigkeit danach in Frage gestellt werden: als die Restauration das Werk des Korsen wegfegte und Bern in der Waadt wie im Aargau seine alten Ansprüche wiederum geltend zu machen suchte. Aber der Anschlag mißlang. In zehn Jahren des friedlichen Aufbaus hatte sich die Bevölkerung schon so weit in ihr neues Gemeinwesen hineingelebt, daß sie an seinem Fortbestand nicht mehr rütteln ließ. Die Freundschaft La Harpes zu seinem einstigen Zögling, dem Zaren Alexander, sorgte dafür, daß das bernische Restitutionsverlangen bei den Mächten, die nun das entscheidende Wort zu sprechen hatten, auf keine Gegenliebe stieß. Die Freiheit nach außen wurde freilich durch eine noch kräftigere Betonung der oligarchischen und autoritären Tendenzen im Innern erkauft. War schon die Mediationsverfassung mit ihrem ausgeklügelten Zensussystem alles andere als demokratisch gewesen, so sicherte die von 1814 erst recht die Vorherrschaft des Besitzes und einer selbstherrlich waltenden Regierung über die vollends emaskulierte Volksvertretung.

Aber das konnte nicht mehr als ein Übergangsstadium sein. Früh regten sich die Kräfte des Fortschritts unter der allzu straff gespannten Decke aufs neue. Auch hier, wie in so vielen andern Kantonen, kamen 1830 die Liberalen in einer (friedlichen) Umwälzung unter dem Einfluß der französischen Julirevolution ans Ruder: sehr gemäßigte und vor allem entschieden föderalistische Liberale freilich, die schon fünfzehn Jahre später unter dem Einfluß der Sonderbundskrise und des Jesuitenstreits einer neuen »radikalen« Revolutionsregierung unter dem stärker bundesstaatlich gesonnenen, auf die Masse der Bauernschaft gestützten Henri Druey das Feld räumten mußten. Unter Drueys energischer Führung hat die Waadt ihren entscheidenden Beitrag dazu geleistet, die Eidgenossenschaft aus einem lokkeren Band in ein zwar föderativ gegliedertes, aber doch mit eigener Zentralgewalt ausgestattetes Staatswesen zu verwandeln. Von nun an bis zum Aufkommen sozialistischer Strömungen blieb der Gegensatz von städtisch bestimmtem Liberalismus und bäuerlich fundiertem Radikalismus die Grundkonstante der waadtländischen Politik*. Das zunehmend konservativer gefärbte Elitebewußtsein eines gebildeten Bürgertums, das der »guten alten Zeit« nachtrauerte und die »Pöbelherrschaft« fürchtete, rieb sich das ganze 19. Jahrhundert hindurch an dem massiven und teilweise aggressiven Demokratismus einer Landbevölkerung, die freilich sehr bald auch ihrerseits der fortschreitenden eidgenössischen Zentralisierungstendenzen müde wurde und auf den Föderalismus ihrer einstigen Gegner (mit ein paar zeitbedingten Abstrichen) einschwenkte.

In diesen Auseinandersetzungen zeichnete sich ein Wandel ab, der dem Antlitz der Waadt bis tief in unsere Zeit hinein die Züge eines selbstbewußten ruralen Gemeinwesens eingeprägt hat. Bis zur Französischen Revolution, ja noch darüber hinaus, war die Waadt die höchsturbanisierte aller schweizerischen Regionen gewesen; wegen der großen Zahl ihrer Städte ebenso wie wegen der Fruchtbarkeit ihres Bodens und der Milde ihres Klimas hatte ein italienischer

---

* Der Deutsche Theodor Mügge glaubte zwar schon 1848 feststellen zu können, in keinem Kanton seien seit 1798 »die Standesunterschiede so ausgetilgt ... wie hier«; insbesondere habe der Adel all seinen Einfluß eingebüßt. Aber Mügge beobachtete anderseits auch eine »eifersüchtige, reizbare Trennung« zwischen Land- und Stadtbewohnern. Der Klassenkampf zwischen Bürgern und Bauern war an die Stelle der früheren ständischen Rivalitäten getreten.

Schriftsteller sie um die Wende des 17. Jahrhunderts mit seiner Heimat verglichen. Nun aber rückte sie schnell neben Bern, Freiburg, Luzern und den urschweizerischen »Ländern« in die Reihe der ausgesprochenen Bauernkantone ein – eine Gewichtsverschiebung, die dem Zug der Zeit stracks zuwiderlief. Nicht als ob die waadtländischen Städte im 19. Jahrhundert dahingeserbelt wären. Einige wenige von ihnen zwar – fast ausschließlich solche im Binnenland des Plateaus – wiesen tatsächlich einen Bevölkerungsrückgang auf, und mehr noch erlagen einer spürbaren Stagnation. Die urbanen Seegemeinden machten dagegen durchwegs eine teils zögernde, teils – wie Vevey und der neu in städtische Dimensionen hineinwachsende Fremdenort Montreux – kräftigere Entwicklung durch. Vor allem aber wuchs Lausanne, seit es zum Sitz der Kantonsregierung und seit 1848 auch des Eidgenössischen Bundesgerichts geworden war, unaufhaltsam zur Großstadt an, die heute mit den 255 000 Einwohnern ihrer Agglomeration bald schon die Hälfte der kantonalen Bevölkerung umschließt. Die urbane Entwicklung insgesamt aber blieb hinter ihrem stürmischen Tempo in anderen Landesteilen ebenso zurück, wie sie ihr unter der savoyischen und bernischen Herrschaft vorausgeeilt war. Denn der kräftigste Motor der gesellschaftlichen Umwälzung unserer Zeit kam hier nur zögernd und verspätet in Gang: die Industrie.

Das wirkt bis in die Gegenwart nach. Noch immer, nach Jahrzehnten eines steilen Aufschwungs, steht die Waadt in ihrer »Industriedichte« hinter allen anderen vorwiegend mittelländischen Kantonen zurück und wird sogar von einigen alpinen Gebieten überholt. Das ergibt sich vor allem daraus, daß sie von der ersten industriellen Revolution nur am Rande berührt wurde. Das Zeitalter der Dampfmaschine ist an ihr fast spurlos vorübergegangen, und erst die Elektrizität hat ihre Produktivkräfte aus dem Dornröschenschlaf endgültig erlöst. Bis um die letzte Jahrhundertwende blieben Bauerntum und Handwerk alles in allem – zusammen mit den Dienstleistungsgewerben – die Basis ihrer Ökonomie, war daher auch die Gesellschaft in erster Linie rural und agrarisch bestimmt. Was Vullimin 1844 in einer der frühesten Studien über dieses Problem bereits gesagt hatte, behielt seine Geltung noch für einen großen Teil der zweiten Jahrhunderthälfte:

». . . l'aisance du grand nombre est, dans le canton de Vaud, le fruit du travail des champs. Les villes y sont les centres d'explotitarion rurale, et Lausanne même est un grand village, foyer d'une vie agricole.«

Gewiß gab es Ausnahmen: die Uhrenindustrie im Jura und die von ihr ausgehenden Zweige der Feinmechanik, die Schokoladen- und Kondensmilchfabrikation im rührigen Vevey, der waadtländische Erfinder und Unternehmer wie Cailler, Peter, Kohler, Nestlé zur Weltgeltung verhalfen (die Weltfirma des heutigen Nestlé-Konzerns ist nach wie vor in Vevey domiziliert). Aber von diesen beiden alteingesessenen Industrien wurde die erste bis vor wenigen Jahrzehnten überwiegend als ländliches Heimgewerbe betrieben; erst nach dem Zweiten Weltkrieg hat sie mit der Herstellung von Schreibmaschinen einen ganz modernen, hochrationalisierten Ableger nach Yverdon ausgesandt. Und die andere beruhte eben doch im wesentlichen auf der Verarbeitung landwirtschaftlicher Produkte. An dem großen Aufschwung der Textilindustrie, von dem das ganze industrielle Wachstum der Nordschweiz seinen Ausgang nahm, hatte der Kanton überhaupt keinen Anteil, und die Maschinenindustrie setzte sich hier nur zögernd fest. So konnte Robert Jaccard schreiben, die Waadt sei in das Industriezeitalter mit einem Rückstand von ein bis zwei Generationen eingetreten. Und sie hat diese Verspätung auch in der »zweiten industriellen Revolution« noch nicht völlig aufgeholt. Es liegt sicher nicht *allein* an der laxeren welschen Steuermoral, wenn ihr Anteil an der einzigen direkten Bundessteuer – der Wehrsteuer – hinter ihrem Bevölkerungsanteil spürbar zurückbleibt und die Sparte »Industrie und Gewerbe« dabei mit unter 14 % einen besonders niedrigen Beitrag liefert.

Dabei hat die aufgeweckte waadtländische Bevölkerung immer wieder ein ausgeprägtes technisches Ingenium bewiesen und viele Erfinder hervorgebracht. Was an Industrien vorhanden ist, beruht überwiegend auf hochspezialisierten Produktionen, auf der Verbindung von technischer Phantasie mit handwerklichem Geschick. Feine Qualitätsarbeit auf der Basis hoher Handwerkstradition innerhalb einer lange rural orientierten Gesamtgesellschaft – so etwa läßt sich der Ort der Waadt im schweizerischen Wirtschaftsganzen bestimmen. Es ist aufschlußreich, daß diese Definition in beträchtlichem Umfang auch auf Frankreich zutrifft. »Was Frankreich für Westeuropa, das ist die Waadt für die Schweiz« – ich habe diesen Satz in Lausanne und Vevey immer wieder gehört, bald mit Stolz, bald mit einem Unterton der Kritik; er trifft zweifellos etwas vom

Wesen dieses Kantons nicht nur im Blick auf seine kulturelle, sondern auch auf seine wirtschaftliche Mentalität.

In diesen Vergleich fügt sich auch die (relative) Selbstgenügsamkeit ein, die Ramuz als einen Hauptgrund dafür ansah, daß man seine Heimat ein »pays« nennen müsse, ein »Land« und nicht nur einen Staat oder gar eine Provinz. Noch heute, nach Jahrhunderten einer rapid fortschreitenden Landflucht, gehört die Waadt zu den ganz wenigen Regionen der Schweiz, die notfalls imstande wären, ihre Bevölkerung aus eigenem Boden zu versorgen. G.-A. Chevallaz macht in seinem Rückblick auf anderthalb Jahrhunderte landwirtschaftlicher Entwicklung (in dem Sammelband »Cent cinquante ans d'histoire vaudoise 1803–1953«) darauf aufmerksam, welch eminenten Beitrag der Kanton während des Zweiten Weltkriegs zur Ernährung der Schweiz geleistet habe: Obwohl die Waadtländer Bauern nur ein Zehntel der schweizerischen Bauernsame ausmachten, hätten sie in der Zeit, da die Eidgenossenschaft zur äußersten Anspannung ihrer heimischen Kraftquellen gezwungen war, ein volles Fünftel der Landesproduktion an Getreide und Zuckerrüben bestritten und fast die Hälfte des Aufkommens an Rapssamen geliefert – und all das ohne Reduktion des reichen Viehbestandes. Solche Zahlen machen den Stolz begreiflich, mit dem heute noch selbst der verstädterte Waadtländer von der »vocation agricole« seiner Heimat spricht; auch wenn er längst in industrielle und urbane Lebensformen hineingewachsen ist, klebt ihm immer noch, nach einem bildhaften Wort von Arnold Künzli, »die Ackererde an den Sohlen«.

Die Anstrengung der bäuerlichen Arbeit allerdings vermag ihn nicht mehr zu verlocken – viel weniger jedenfalls als den Berner oder den Freiburger, die viel hartnäckiger an ihrer Scholle kleben. Nur eine hochgetriebene, oft sogar übertriebene Mechanisierung und Maschinisierung der Bauernhöfe (und in den letzten Jahrzehnten der Zuzug ausländischer Arbeitskräfte) hat die Produktionsleistungen der waadtländischen Landwirtschaft überhaupt ermöglicht; gleichzeitig aber hat dieses reiche Bauernland durch die schon im 18. Jahrhundert von Pfarrer Muret beklagte Landflucht schwerer gelitten als jede andere Gegend des schweizerischen Mittellandes. Kein anderer Kanton – auch keiner der alpinen mit der einzigen Ausnahme des Tessin – zählt verhältnismäßig so viele Landgemeinden, die zwischen 1850 und 1960 mehr als 30% ihrer Einwohner verloren haben. Eine erstaunlich große Zahl dieser Gemeinden liegt im Herzen der bäuerlichen Waadt: im Gros-de-Vaud samt den westlich wie östlich anschließenden Regionen.

Das hat zu einer völlig einseitigen Konzentration der Bevölkerung geführt. In dem schmalen Uferband entlang dem See von Coppet bis Villeneuve und auf dem Südhang des Hügelzugs, der es säumt, leben heute mehr als zwei Drittel aller Kantonseinwohner. Nach Untersuchungen des *Centre de recherches européennes* in Lausanne entfielen allein in der Zeit von 1930 bis 1960 mehr als 96% des gesamten waadtländischen Bevölkerungszuwachses auf die drei »aktiven Anziehungspole«: das Industriedreieck Lausanne-Morges-Bussigny und die beiden kleineren industriellen Zonen Vevey-Montreux und Yverdon-Ste.Croix. Die Region Lausanne-Morges nahm in dieser Zeit volle vier Fünftel der neuen Einwohner und 55% der neuen industriellen Arbeitskräfte auf. Fast fühlt man sich angesichts solcher Zahlen an das alte Wort Murets aus der bernischen Zeit von den »Schlünden« erinnert, die »das ganze Land in sich aufzusaugen« drohten.

Das deutet auf einen gefährlichen Mangel an demographischem Gleichgewicht und auf eine bedenkliche Einseitigkeit der Bevölkerungsverteilung hin. Selbst die bäuerlichen Geburtenziffern sind hier noch unter die städtischen und die der industrialisierten Landgebiete abgesunken, und daß die Waadt zu den vergleichsweise wenigen Kantonen gehört, die überhaupt keinen natürlichen Bevölkerungszuwachs mehr aufweisen, sondern einen Überschuß an Todesfällen verzeichnen, unterstreicht diese Problematik noch. Nur darf man nicht vergessen, daß die »Schlünde« zugleich die Kraftzentren sind. Ihrer Vitalität und Attraktivität allein verdankt die Waadt ihre Dynamik. Die Attraktivität allerdings, die gerade im Raume von Lausanne aus der fast einzigartigen Verbindung von landschaftlichem Zauber und urban-lateinischer Lebensform erwächst, wirkt ungleich stärker als die Vitalität; es ist fast ausschließlich der Zufluß von außen, zumal aus Bern sowie aus dem Walliser und Freiburger Hinterland, aber auch aus der ganzen deutschen Schweiz, der diese Dynamik in Gang hält. Und nur die immer wieder aufs neue verblüffende Assimilationskraft, die dem welschen Volkstum innewohnt und der sich nicht nur die gleichsprachigen, sondern auch die deutschschweizerischen Zuwanderer fast widerstandslos hingeben, hat die Gefahr bisher in engen Grenzen gehalten, daß dieser Einstrom die eifersüchtig bewahrte Eigenart der Waadt unterspülen und auswaschen könnte.

Dieser faszinierenden Fähigkeit, die Fremden und das Fremde aufzunehmen und einzuschmelzen, verdankt der Kanton auch die Begabung der Offenheit. Wenn man von der Eidgenossenschaft nicht ohne Grund gesagt hat, ihre Entwicklung sei immer wieder »gegenläufig« zu den großen europäischen Trends vor sich gegangen, so fühlt sich die Waadt stolz darauf, der übrigen Schweiz an Aufnahmebereitschaft für alle politischen und geistigen Tendenzen Europas normalerweise weit voraus zu sein, ohne doch dabei dem allzu ungebundenen Kosmopolitismus des benachbarten Genf zu verfallen. Ein ausgebildetes Heimatgefühl äußert sich hier nicht im Bedürfnis zum Rückzug auf sich selbst, sondern im sicheren Bewußtsein, alles, was an Anregungen und Impulsen von außen kommt, unbesorgt-lässig und heiter verkraften und sich anverwandeln zu können. So merkwürdig sich das anhören mag: Der waadtländische Partikularismus ist das Gegenteil von Provinzialismus und bloßer Kirchturmspolitik. Ihm wohnt etwas Weltfreundliches inne, das dem ebenso nachdrücklich auf seiner Eigenständigkeit bestehenden Urschweizer, Walliser oder Freiburger, ja selbst dem Neuenburger in dieser Weise abgeht, eine Verbindlichkeit über die Grenzen des Kantons wie der Eidgenossenschaft hinweg, die sich der isolationistischen Unterströmung im schweizerischen Wesen stracks entgegensetzt. Es ist mehr als ein Zufall, wenn gerade die Erzföderalisten hier trotz der reaktionären Elemente, die ihrer Ideologie zweifellos innewohnen, für alle Projekte zu begeistern sind, die ihr Land enger in die große Welt hineinverflechten sollen. Der Straßentunnel durch den Großen St. Bernhard, der die Verbindung nach Norditalien für den Autofahrer zugleich verkürzt und für das ganze Jahr öffnet, hat hier genau denselben Enthusiasmus ausgelöst wie vor einem halben Jahrhundert der Simplon-Durchstich, der Lausanne zu einer Station an der direkten Route Paris-Mailand machte. Auch das alte, im 17. Jahrhundert bereits einmal in Angriff genommene Projekt eines transhelvetischen Kanals, der den Rheinschiffahrtsweg über Aare-Bieler See-Neuenburger See nach dem Leman und von dort über die Rhone zum Mittelmeer verlängern sollte, hat noch bis vor kurzem ähnlich leidenschaftliche Befürworter gefunden, bis die »grüne« Skepsis gegenüber technischem Fortschrittsglauben auch in Lausanne (und selbst über die Reihen der engagierten Umweltschützer hinaus) ständig stärkeren Nachhall erweckte.

Am ganz auf Kommunikation und Austausch gerichteten, daher auch besonders europäisch orientierten Geist der Waadt, der sich in der Hauptstadt Lausanne so intensiv äußert, hat sich durch einen solchen Verzicht auf einstige Lieblingspläne nichts geändert. Die jüngste der schweizerischen Großstädte, die auch weniger als alle anderen außer Genf von den derzeitigen Abwanderungstendenzen aus den urbanen Zentren betroffen ist, war stolz darauf, auch eine der modernsten und lebendigsten von allen zu sein. Kaum anderswo ist selbst in den Boom-Jahrzehnten so viel und dabei alles in allem so geschmackvoll gebaut worden. Nagelneue Quartiere sind seewärts wie bergwärts aus dem Boden geschossen; sehr hell, sehr licht, ein wenig verspielt vielleicht, schmiegen sie sich in die unvergleichliche Landschaft hinein, hügelauf und hügelab – und es spricht für das Ingenium der Stadt, daß sie bei dieser heftigen Expansion doch mehr als jede andere verstanden hat, ihre Besonderheit zu wahren und ihren Charme zu kultivieren. Niemand hat diesen Charme, der seit Voltaire und Gibbon Hunderttausende von Fremden zu entzücken und gefangenzunehmen wußte, schöner beschrieben als Rainer Maria Rilke:

»Alles, was mir für Genf versprochen gewesen ist an französischem Leben, schien mir um vieles beweglicher in Lausanne erfüllt zu sein: eine Montmartre-Stimmung. Und das vielfältig Etagierte der Stadt mit allem Auf und Ab der Straßen schien auch dem Steigen und Fallen des dortigen Treibens ein eigenes Temperament zu geben...«

In der Tat drängt sich in Lausanne, bei aller Verschiedenheit der Größenordnungen, die Erinnerung an Paris fast unwiderstehlicher auf als in Genf; es ist wirklich so etwas wie ein helvetisiertes Miniatur-Paris, das sich hier, in einer freilich ungleich eindrucksvolleren Umgebung, dem Südhang des Jorat entlang nach dem See hin ausbreitet, großzügig und auf anziehende Weise unbequem-verwinkelt zugleich. Die Stadt hat die Chance gehabt, daß sich ihre Industrie – mit Ausnahme des graphischen Gewerbes, das ihr die führende Rolle im Druck- und Verlagswesen der welschen Schweiz sichert – von Anfang an in den Außenquartieren, größtenteils sogar in den Vorortgemeinden niedergelassen hat; so bleibt sie, obwohl im Kern der wirtschaftlich aktivsten Zone der Waadt gelegen, essentiell Wohnstadt, Verwaltungsstadt, Dienstleistungsstadt und nicht zuletzt die Stadt eines sprühenden intellektuellen Lebens, das in ihrer Universität – dem Sproß der ruhmreichen alten Akademie – ein bedeutendes Zentrum vor allem juristischer und medizinischer Wissenschaft findet. »Une belle paysanne qui a fait ses humanités«, so hat der Lokalpoet und Chansonnier Gilles sein Lausanne beschrieben. Das hübsche Bild mutet allerdings schon einigermaßen antiquiert an; in Wahrheit ist von dem ruralen Untergrund heute viel weniger zu verspüren als etwa in Bern. Die Atmosphäre ist vielmehr so urban, wie man sie sich nur denken kann, aber auf eine heitere, genießerische und gleichsam halbwegs improvisierte Weise – und eben betont entgegenkommend, empfänglich und empfangsbereit.

Seit gut zwei Jahrhunderten sind es immer wieder diese Zugänglichkeit und die vife Neugier gegenüber dem Fremden gewesen, die Besucher dazu verlockt haben, sich hier niederzulassen. Es paßt dazu, daß die letzte Schweizerische Landesausstellung (1964), diese große, jedes Vierteljahrhundert einmal stattfindende Selbstdarstellung der Eidgenossenschaft, gerade in Lausanne stattfand. Wenn diese Schau einen so ungewöhnlichen (und gar nicht typisch helvetischen) Nachdruck auf die Verflechtung der Schweiz mit der internationalen Gemeinschaft gelegt hat, nachdem die vorletzte (1939) in Zürich ganz und gar im Zeichen der Abwehr nach außen gestanden hatte, so spiegelt das zwar sicher auch einen Wandel des Zeitgeistes. Und doch hat es ebenso sicher etwas mit dem *genius loci* zu tun. Von Lausanne aus sieht man eben immer über die Grenzen hinweg. Es ist zwar nur ein Stück Savoyen, das sich dem Blick auftut, aber damit eben auch ein Stück Frankreich und ein Stück Welt; die fremden Berge, die da ins Fenster hineinschauen, sind so vertraut wie die einheimischen. Man hat die Schweiz im Rücken, aber das jenseitige Ufer des Leman vor sich.

Die Offenheit für den Anruf von draußen hat freilich auch ihre problematischen Seiten. Zu ihnen gehört ein eigentümlicher, in der Schweiz sonst eher seltener Zug der Waadtländer Politik: die intellektuelle Anfälligkeit für Extremismus. Nirgends in eidgenössischen Landen zeigte sich die Intelligenz in den dreißiger Jahren so anfällig für faschistische Infektion. Anderseits hat man später den Kommunismus ganz selbstverständlich als Teil der politischen Landschaft hingenommen, und auch heute, nachdem seine Faszination nachgelassen hat, ist man eher als in anderen Kantonen bereit, mit ihm zu koexistieren und sogar zu kokettieren. Dabei hat in der Waadt selbst der Rechtsradikalismus, inspiriert insbesondere von Maurras und seiner *Action Française*, eine durchaus eigene und eher kurios an-

mutende Färbung angenommen. Mit einer demagogisch gelenkten Massenbewegung hatte er gar nichts zu tun. Statt dessen hüllte er sich reaktionär-romantisch ins elitäre Mäntelchen einer anti-etatistischen und vor allem extrem föderalistischen Ideologie. Seine Anhänger in der kleinen, aber einflußreichen Gruppe »Ordre et Tradition« und in dem um sie herum gruppierten weiteren und lockeren Verband der »Ligue vaudoise« unter dem klugen und geistvollen Advokaten Marcel Régamey vereinigt, brachten das Kunststück fertig, zugleich für Mussolini (weniger für den als »teutonisch« empfundenen Hitler) zu schwärmen und die wachsende Allmacht des Staates zu beklagen, straffe Disziplin zu verlangen und für ein Maximum an kantonaler Selbständigkeit zu fechten. Sie verlangten einen »Gouverneur« der Waadt, der den Kanton mit fester Hand und ohne demokratischen Firlefanz regieren sollte. Nichtsdestoweniger trat in ihrer Bewegung nur sehr wenig von gewalttätiger Bösartigkeit zutage. Sie blieb trotz ihrer Ausstrahlungskraft, die sich zeitweise in alle bürgerlichen Parteien hinein bemerkbar machte*, eine Angelegenheit von Träumern, die freilich (jenseits ihrer abstrus-unzeitgemäßen Träume) wiederum nüchtern genug waren, mit interessanten und oft durchaus realistischen Anregungen in die waadtländische Tagespolitik einzugreifen. Und im Gegensatz zu den nationalsozialistisch inspirierten deutsch-schweizerischen »Fronten«, die nach dem Krieg spurlos zerstoben, hat die »Ligue vaudoise« dank der Energie und dem Elan von Régamey die Epoche der faschistischen Moden überdauert und den Anschluß an die demokratische Tradition – wenngleich mit manchen Vorbehalten – wieder gefunden. Es gehört zu den vielen Paradoxien dieser ebenso vieldeutigen wie aktiven Gruppe, daß sie, die so viel von Autorität und so wenig von der Mitwirkung des Volkes gehalten hatte, in den Nachkriegsjahren ihren größten Triumph durch eine von ihr in Gang gebrachte Volksinitiative erzielte, die die Rückkehr zur »direkten Demokratie« postulierte. Ihre Annahme durch das Schweizervolk setzte dem allzu lange üblichen Mißbrauch ein Ende, die Verfassung durch dringliche, dem Referendum entzogene Bundesbeschlüsse zu unterlaufen, und leitete damit die Wiederherstellung normaler konstitutioneller Zustände ein.

Auch der Aufstieg des Kommunismus in der Waadt nach dem

* Die Liberalen machten sich Ende der dreißiger Jahre ganz offiziell die Forderung zu eigen, der Nationalrat sei abzuschaffen und durch eine berufsständische Wirtschaftskammer zu ersetzen.

Zweiten Weltkrieg fällt aus dem üblichen helvetischen Rahmen heraus. Die erste Spaltung der Sozialdemokratie in den frühen zwanziger Jahren, aus der die Kommunistische Partei der Schweiz hervorging, hatte den Kanton kaum berührt. Als die KP 1938 auf Grund einer kantonalen Volksabstimmung verboten wurde, war das nichts als eine leere Geste angesichts der Tatsache, daß es im Bereich des Verbots nur völlig unbedeutende, von der Öffentlichkeit kaum bemerkte kommunistische Zellen gab. Wohl aber entwickelte sich in den späten dreißiger Jahren, zumal unter dem Einfluß der Volksfront-Experimente in Frankreich und Spanien, in den Reihen der waadtländischen Sozialdemokraten ein starker und kombattanter Linksflügel, der sich schließlich mit gleichgesinnten Genfer und Neuenburger Genossen organisatorisch verselbständigte und bei Kriegsende mit den kommunistischen Splittern zum *Parti ouvrier et populaire* (POP) vereinigte. Die ersten Nachkriegswahlen brachten den »Popisten« 1945 einen erstaunlichen Erfolg ein. Auf Anhieb besetzten sie fast ein Fünftel der Sitze im waadtländischen Großen Rat. Das früher so konservative Lausanne wurde sogar zeitweise von einer kommunistisch-sozialdemokratischen »roten« Mehrheit verwaltet.

Die jäh aufgebrandete Sturzwelle rollte zwar bald wieder zurück; sie war offenbar mehr ein Reflex internationaler und insbesondere französischer Entwicklungen gewesen als ein aus heimischen Bedingungen erwachsenes Phänomen. Nichtsdestoweniger behaupteten die Kommunisten auf Jahrzehnte hinaus auch weiterhin einen festen Platz in der kantonalen Politik, den sie erst mit Beginn der achtziger Jahre einbüßen sollten. In keinem anderen Landesteil wurden sie von der Gesellschaft so selbstverständlich als zugehörig betrachtet, standen die prononciertesten bürgerlichen Politiker mit ihnen auf du und du. Nur in der Waadt konnte es einem neugewählten »popistischen« Nationalrat nach seiner Wahl ins eidgenössische Parlament passieren, daß er von den Behörden und allen Parteien seiner Heimatstadt, mit dem radikalen Distriktspräfekten an der Spitze, unter Trommelwirbel und Blechmusikgeschmetter feierlich empfangen und mit einem Ehrenwein traktiert wurde (der Mann, dem diese Ehrung zuteil wurde, war freilich auch Dr. Armand Forel aus Nyon, Sohn des berühmten Psychiaters und selber ein hochangesehener, wegen seiner Hilfsbereitschaft ungemein populärer Arzt). Selbst in Genf wäre dergleichen völlig ausgeschlossen gewesen. Dabei darf man freilich nicht vergessen, daß in der kantonalen

Parteiführung des POP auffallend viele Namen der besten alteingesessenen Familien auftauchten. Man sollte sich vor Augen halten, meinte lächelnd ein sehr weit rechts stehender Politiker, daß die Kommunisten neben den Liberalen die einzige Partei seien, deren maßgebende Köpfe noch die »vieille souche vaudoise« repräsentierten: Leute wie der brillante André Muret, zu dessen Ahnen einer der Begründer der waadtländischen Unabhängigkeit gehörte, oder der 1959 verstorbene Gräzist André Bonnard, intellektuelle Leuchte der Universität Lausanne und elegantester Stilist der welsch-schweizerischen Literatur. Dazu paßte es, daß in der linken Studentenbewegung diverser (orthodox-kommunistischer, trotzkistischer oder maoistischer) Observanz Söhne liberaler Würdenträger eine beachtliche Rolle spielten.

Gewiß haben diese Abtrünnigen der Oberschicht von der typisch waadtländischen Toleranz profitiert, aber auch von einem menschlich nicht unsympathischen, politisch allerdings eher fragwürdigen »Je-m'en-fichisme«. Die Wurstigkeit einer Mehrheit, die sich etwa in erschreckend niedrigen Ziffern der Beteiligung an Wahlen und Abstimmungen äußert, und die Verführbarkeit einer Minderheit durch Ideologien einer totalen Politisierung wohnen hier wunderlich nahe beisammen. Im übrigen dient der Linksextremismus heute genau wie der Rechtsextremismus in der Vorkriegszeit vor allem als Ventil für ein weitverbreitetes, aber vages Mißvergnügen: das vielberedete *malaise vaudois*. Von einem wahrhaft umstürzlerischen Willen ist in seinen Reihen kaum etwas zu spüren; man kann das revolutionäre Pathos um so vorbehaltloser exerzieren und tolerieren, weil nicht die geringste Absicht dahinter steht, aus solchen Gesten Konsequenzen zu ziehen. Sie sind im wesentlichen als Demonstration gemeint, zumal gegen die »messieurs de Berne« (in diesem beliebten Wort fließt die Abneigung gegen die eidgenössische Zentralgewalt mit dem alten Ressentiment gegen die ehemaligen Herren der Waadt zusammen), aber auch gegen die noch ungeduldiger ertragene ökonomische Vorherrschaft Zürichs und nicht zuletzt gegen die Deutschschweizer überhaupt, deren Präponderanz vom typischen Waadtländer mehr als von allen anderen Welschen außer den Jurassiern als unleidlich empfunden wird. Ausdruck des Unbehagens ist auch der neuerdings sehr ausgeprägte Antimilitarismus. Obwohl der *Vaudois* traditionell als ausgezeichneter Soldat gilt, haben just aus seinem Kanton Bestrebungen und Initiativen zur radikalen Beschränkung des eidgenössischen Wehrbudgets ihren

Ausgang genommen, und als ein Volksbegehren das Verbot der Anschaffung und Verwendung atomarer Waffen in die Bundesverfassung hineinschreiben wollte, gehörte die Waadt zu den wenigen Ständen, die sich (bei charakteristisch niedriger Stimmbeteiligung) mehrheitlich dafür aussprachen.

Hält man sich vor Augen, daß in den letzten Jahrzehnten überwiegend Waadtländer Magistraten an der Spitze des eidgenössischen Militärdepartements (Verteidigungsministerium) standen und stehen – die freisinnigen Bundesräte Chaudet, Chevallaz und Delamuraz –, dann mag diese militärfeindliche Stimmung nicht ohne weiteres einleuchtend scheinen. Nur handelt es sich auch dabei meist weniger um eine prinzipielle Position als um eine Gelegenheit, ziellos üble Laune abzureagieren. Man ist hier viel weniger doktrinär, als man sich gerne gibt. Was Otto Treyvaud in den fünfziger Jahren in seiner Studie über die waadtländische Politik geschrieben hat, gilt nach wie vor: daß der Waadtländer »un tiède en politique« sei, »comme probablement aussi en religion«, ein Lauer also, der zwar gerne aufbegehrt, aber sich ungern engagiert. Wie er sich unter bernischer Protektion in der Reformationszeit den rigorosen Anforderungen eines strengen Puritanismus nach Genfer oder Neuenburger Muster zu entziehen liebte, so denkt er auch gar nicht daran, sich den säkularisierten politischen Religionen und Doktrinen auszuliefern, selbst wenn er ihre Anziehungskraft verspürt. Leben und leben lassen – das ist seine Parole; von Disziplin hält er wenig, und Vorschriften sind in seinen Augen vor allem dazu da, umgangen zu werden (so war es während des Krieges hier wesentlich schwerer als anderswo, den kriegswirtschaftlichen Einschränkungen des Verbrauchs durch Rationierung, durch fleischlose Tage und ähnliche Maßnahmen Nachdruck zu verschaffen; es gehörte zum guten Ton, sich um dergleichen Verordnungen so wenig wie möglich zu kümmern).

Dem mag auf den ersten Blick zwar widersprechen, daß der waadtländischen Politik immer ein spürbar autoritärer Zug innewohnte. Aber sollte das nicht am Ende just damit zusammenhängen, daß das Waadtländer Volk, wie Treyvaud an anderer Stelle einmal sagte, »une des populations les plus difficiles à gouverner« ist, die sich in der Schweiz finden? Gerade in einem so erzindividualistischen Lande muß die öffentliche Gewalt wahrscheinlich, um überhaupt funktionieren zu können, straffer und energischer gehandhabt werden als in einem, dessen Bürger eine festere Tradition der Einordnung ins demokratisch bestimmte Gefüge besitzen.

In zwei Erscheinungen vor allem manifestiert sich eine auffällige obrigkeitsstaatliche Tendenz. Beide hängen eng zusammen. Da ist der bescheidene Raum, den die Waadt der Gemeindeautonomie zubilligt: Der Kanton, der Bern gegenüber ein Maximum an Ungebundenheit beansprucht, gehört in seiner eigenen Struktur zu den prononciert zentralistischen Gemeinwesen der Schweiz und beschränkt die lokale, vollends aber die bezirkliche Selbstverwaltung auf ein Minimum. So kann die Kommune beispielsweise ohne Zustimmung des Staatsrats weder Liegenschaften kaufen noch verkaufen. Die Präfekten der 19 Distrikte sind denn auch nicht etwa Organe der Selbstverwaltung, sondern Kontrollinstanzen der kantonalen Exekutive und letztlich der darin ausschlaggebenden Partei. Eben diese Partei ist das zweite charakteristische Phänomen. Wenig politische Apparate in der Schweiz sind so ausgebaut und so mächtig wie die der waadtländischen Radikalen. Seit sie 1845 durch einen Umsturz die Macht ergriffen haben, sind sie unbeschadet aller Kompromisse, die sie später eingehen mußten, der *grand vieux parti* geblieben, der diese Macht mit ungewöhnlicher Zähigkeit zu verteidigen wußte. Zwar haben die Radikalen ihren einstigen liberalen Gegnern schon 1893 einen Sitz im Staatsrat eingeräumt, nach dem Ersten Weltkrieg die bis dahin stets innegehabte Mehrheit der Stimmen, nach dem Zweiten die der Mandate im Großen Rat und 1955 schließlich auch die bis dahin behauptete Vorherrschaft im Staatsrat eingebüßt (seit geraumer Zeit teilen sich dank der bürgerlichen Wahlkoalition *Entente vaudoise* drei Radikale, ein Liberaler, ein Bauernparteiler und zwei Sozialdemokraten in die sieben kantonalen Regierungssitze). Aber noch immer stellt die große Traditionspartei die stärkste Großratsfraktion, und vor allem sind die Distriktspräfekten ihre unbestrittene Domäne geblieben. Erst 1939 gestanden sie den liberalen Bundesgenossen ausnahmsweise einen dieser Posten zu; im allgemeinen aber bilden diese staatlichen Aufsichtsorgane in den Distrikten nach wie vor so etwas wie ein informelles Scharnier zwischen Staats- und Parteiapparat und fungieren gleichsam als »politische Kommissare« des Radikalismus – wie einer der Präfekten einem erstaunten Deutschschweizer Journalisten offenherzig eingestand.

Daß sich die bürgerlichen Radikalen fast 140 Jahre hindurch als dominierende politische Kraft erhalten haben, verdankten sie lange Zeit (und in gewissem Maße bis heute) einem ausgeklügelten Wahlrecht, das den ländlichen Bezirken und damit ihrer traditionellen

Stütze ein Übergewicht sicherte. Zwar hatte schon ihr Parteigründer Druey, Vater der modernen Waadt und Mitschöpfer der Bundesverfassung von 1848, in seinem Kanton eine Art Volksinitiative eingeführt; auch das Referendum fand später Eingang, ohne auf großen Widerstand zu stoßen. Um so verbissener aber sperrten sich Drueys Erben gegen den Siegeszug zweier verfassungspolitischer Instrumente, die sich fast überall sonst früher als in der Waadt durchsetzten: gegen das Verhältniswahlrecht und die Volkswahl der Regierung. Erst seit 1917 geht der Staatsrat unmittelbar aus der Wahl der Bürger hervor, und die Bestimmung der Richter ist im Gegensatz zu fast allen anderen Kantonen immer noch Prärogative des kantonalen Parlaments. Den Proporz aber hat die Waadt erst 1948 unter dem Schock jener Nachkriegswahlen akzeptiert, in denen das alte Wahlsystem unerwarteterweise den Kommunisten eine unverhältnismäßige Übervertretung im Großen Rat verschafft hatte – und selbst dann geschah das in einer Form, die den Landgebieten durch das Fortbestehen kleiner Wahlkreise ein bedeutendes Übergewicht und eine weit über Gebühr starke Vertretung in der kantonalen Legislative sicherte. Noch in den sechziger Jahren konnten die Radikalen mehr als doppelt so viele Großräte stellen als die wenig schwächeren Sozialisten. Heute ist das Mißverhältnis nicht mehr ganz so schockierend. Aber korrekt spiegelt die Mandatszahl doch das Stärkeverhältnis der beiden führenden Parteien immer noch nicht wider. Dieser Tatbestand läßt sich nicht einfach als Ausfluß eines parteipolitisch bedingten Opportunismus deuten. Er offenbart eben auch, daß die Waadt ihrer ruralen Vergangenheit, der sie gesellschaftlich entwachsen ist, politisch verhaftet bleibt, indem sie dem Bauerntum nach wie vor ein entscheidendes Gewicht in ihren Institutionen zubilligt. Eine Änderung des Wahlsystems ist denn auch nicht nur am Widerstand der bäuerlichen, sondern ebenso am mangelnden Interesse der städtischen Stimmbürger gescheitert.

Natürlich kann man die Radikalen nicht einfach mit den landwirtschaftlichen Interessen identifizieren; schließlich macht ihnen auf diesem Felde sogar die kleinere, der Schweizerischen Volkspartei locker verbundene Bauernpartei Konkurrenz, die auch einen der sieben Staatsräte stellt. Zu den soliden Stützen des Freisinns gehört zudem das kleine und mittlere Bürgertum der Städte. Trotzdem geht von dem *juste milieu*, das der *grand vieux parti* verkörpert, weniger Anziehungskraft aus als früher. Auch fehlt es der vielgestaltigen Partei der Mitte augenscheinlich nicht nur an inspirierenden Ideen, sondern auch an Nachwuchs; ein beträchtlicher Teil der Beamten- und Lehrerschaft, die ihr ein gutes Jahrhundert lang ihre zuverlässigsten Führungskräfte geliefert hat, ist in den letzten Jahrzehnten mehr von den Sozialisten angezogen worden.

Kontinuierlich an Boden gewonnen haben dagegen die rechtsbürgerlichen Liberalen mit ihren ausgeprägt anti-etatistischen, für »weniger Staat« und »mehr Freiheit« eintretenden Parolen – auch wenn sie keine Chance sehen, über den dritten Platz hinter Radikalen und Sozialisten hinauszukommen, und wenn sie insgesamt nur etwa ein Sechstel der Stimmbürger mustern. Hinter ihnen stehen neben den alten städtischen Familien, vielen Unternehmern und einer nicht unbedeutenden großbäuerlichen Schicht samt der »Winzeraristokratie« der Lavaux auch die meisten Intellektuellen, die den linksradikalen Verlockungen widerstanden haben. Zu ihren wichtigen Pfeilern gehört aber auch die *Eglise libre*. Die theologisch orthodoxe, auf strikte Unabhängigkeit vom Staat bedachte Freikirche, die sich um die Mitte des 19. Jahrhunderts unter dem Einfluß des Theologen Alexandre Vinet (des »Schleiermacher des Calvinismus«) von der reformierten waadtländischen Staatskirche losgelöst hat, zählt zwar nicht mehr als 5000 Mitglieder. Aber ihre Anhänger bilden eine geistige Elite, die für den Liberalkonservatismus eine ähnliche Funktion ausübt wie der Altkatholizismus für den Solothurner Freisinn. Zusammen mit den teilweise auffällig jungen und eminent aktiven Kadern, die Marcel Regamey in seiner *Ligue Vaudoise* herangebildet hat, tragen die Freikirchler wesentlich dazu bei, daß sich die Liberalen als die »Partei der Köpfe« präsentieren können.

Ihr Organ freilich, die »Gazette de Lausanne«, hat kaum mehr als einen Schatten seiner einstigen Bedeutung als *das* »Intelligenzblatt« der Welschschweiz bewahrt, seit es zu einem bloßen Ableger des »Journal de Genève« abgesunken ist. So dominiert gegenwärtig im waadtländischen Pressewesen das traditionsreiche, volkstümlicher aufgemachte und politisch ungebundene ehemalige »Feuille d'avis de Lausanne«, das jetzt unter dem Titel »24 heures« erscheint; die vom gleichen Verlag herausgegebene, bisher eher als Lokalblatt geltende »Tribune de Lausanne – Le Matin« anderseits hat unter Verzicht auf den ortsgebundenen Teil ihres Titels neuerdings den Ehrgeiz, als gehobene Boulevardzeitung eine Leserschaft in der gesamten Welschschweiz anzusprechen und damit der gleichfalls überregional verbreiteten Genfer »La Suisse« Konkurrenz zu machen.

Die spektakulärste Entwicklung aller Parteien haben seit dem

Weltkrieg die waadtländischen Sozialisten zu verzeichnen. Selbst die Absplitterung ihres starken linken Flügels hat ihren Aufstieg nur verzögert, aber nicht verhindert. In den sechziger und siebziger Jahren vereinigten sie durchwegs mehr Stimmen auf sich als je vor der Parteispaltung. Das hängt gewiß mit dem Wachstum der industriellen Arbeiterschaft zusammen, aber auch mit der Hinwendung breiter, früher stets radikal wählender Angestellten- und Beamtenschichten zur gemäßigten Linken und vor allem mit der starken Zuwanderung aus anderen Kantonen. Es mag nicht unbedingt typisch sein, wenn 1959 von den acht sozialistischen Spitzenkandidaten für den Nationalrat nicht weniger als sieben einen nichtfranzösischen Namen trugen. Symptomatisch war es jedoch auf jeden Fall: Im Gegensatz zum POP wird die Sozialdemokratie, auch wenn ihr niemand mehr den zweiten Rang unter den Parteien streitig macht (und wenn sie zeitweise sogar die Radikalen zu überholen vermochte) immer noch weithin als ein fremdes Gewächs angesehen.

Dabei hat sich auch in der Waadt wie überall sonst in der Schweiz der herkömmliche Gegensatz zwischen dem »bürgerlichen« und dem »marxistischen« Lager einigermaßen abgeschliffen – obwohl es noch immer eine Ausnahme ist, wenn die »Entente nationale« bei Wahlen einmal nicht funktioniert, und wenn anderseits Listenverbindungen zwischen Sozialisten und Kommunisten verhältnismäßig häufiger als in der deutschen Schweiz zustandekommen.

Mehr dem Einfluß ausländischer Vorbilder als einem Bedürfnis war es wohl zu verdanken, daß die Waadt 1959 als erster Kanton den Frauen Wahl- und Stimmrecht in kantonalen Angelegenheiten eingeräumt und damit den Anstoß zur (verspäteten) Durchsetzung dieses Prinzips im weiteren eidgenössischen Bereich gegeben hat. Allerdings kann man nicht sagen, daß dieser Schritt sehr spürbare politische Auswirkungen gezeitigt habe. Noch weniger als ihre männlichen Landsleute scheinen die Waadtländerinnen zum Gebrauch dieser Rechte geneigt. Es geschieht selten, daß sich mehr als ein Fünftel der Wählerinnen zur Urne bemüht, und der einzige erkennbare Effekt ihres Eingreifens scheint eine leichte Verschiebung der Gewichte zugunsten der konservativen Tendenzen zu sein. Die Frauen haben eben den Zugang zur Politik in einem Augenblick gefunden, da diese selbst den Männern zunehmend gleichgültiger zu werden scheint und da von den großen Wellenschlägen vergangener Auseinandersetzungen nicht mehr als ein leichtes Kräuseln übriggeblieben ist. Die großen und wegweisenden Veränderungen vollziehen sich jetzt nicht mehr im staatlichen, sondern im wirtschaftlichen und sozialen Bereich. Aber der Sprung über die Hürde einer Tradition, die das Privileg der demokratischen Mitbestimmung den Männern vorbehielt, wirft nichtsdestoweniger ein Licht auf die Aufgeschlossenheit und Unvoreingenommenheit, mit der man hier bereit ist, auch einmal aus den Bahnen der Überlieferung auszubrechen, um Anschluß an den geistigen Wandel im Ausland zu gewinnen.

Genf

Kanton Kosmopolis

Sur un territoire qui n'avait pas quatre lieues quarrées . . ., les Genevois avaient élevé un Etat d'une réputation étendue, & la source de cette réputation était d'autant plus pure qu'elle ne la devait point à la puissance, à la crainte qu'elle inspire, ni à rien de ce qui donne des sentiments factices. La Réformation l'avait rendue respectable & chère aux Protestans; & quand le temps eut affaibli cette ferveur religieuse, il lui resta assez de titres auprès de l'homme de bien, de l'homme d'Etat, du vrai philosophe, pour attirer sur elle des regards d'intérêt.
J. P. Berenger, in »Histoire des derniers temps de la République de Genève«, 1801

Nur wenige Schilderungen Genfs haben den Hinweis auf seinen »Kosmopolitismus« vermieden. Natürlich erschöpft er die Eigentümlichkeit dieses Gemeinwesens nicht. Aber er gehört zu seinen vornehmsten Konstanten im Wandel der Jahrhunderte und unterscheidet es von allen anderen schweizerischen Städten und Ständen. Zürichs metropolitane Weltläufigkeit beruht auf einer ökonomischen Energie, die zwar ins Weite greift, aber im Heimatlichen wurzelt; Basels Ausstrahlungskraft über die Landesgrenzen bleibt in viel höherem Maße regional gebunden; Bern vollends ist so schweizerisch und nichts als schweizerisch, daß seine imponierende politische Leistung in den Bereich zwischen Alpen und Jura gebannt blieb. Genfs Größe aber hat für die Menschheit mehr bedeutet als für die Eidgenossenschaft. Selbst im engeren welsch-schweizerischen Bereich steht es einigermaßen am Rande. Wenn es so etwas wie eine Hauptstadt der Romandie gibt, heißt sie Lausanne. Dafür sind von hier geistige Kräfte ausgegangen, die die Welt verändert haben.

Man braucht nur einige dieser Kräfte zu nennen, um der weltgeschichtlichen Funktion Genfs inne zu werden: Calvin, Rousseau, das Rote Kreuz, den Völkerbund. Aus der religiösen Umwälzung des Calvinismus, die den winzigen, gebrechlichen, eben erst zu einer noch lang gefährdeten Unabhängigkeit aufgestiegenen Stadtstaat zum »protestantischen Rom« oder zum »Moskau der hugenottischen Internationale« umschuf, haben Holland, Schottland, das amerikanische New England ihren Glauben und ihr puritanisches Ethos bezogen, dessen enge Verflechtung mit der ökonomischen und gesellschaftlichen Dynamik des frühen Kapitalismus Max Webers bahnbrechende religionssoziologische Forschungen aufgehellt haben. Zwei Jahrhunderte später gingen von den Schriften des »Citoyen de Genève« Rousseau entscheidende Anstöße zu jener Französischen Revolution aus, die ihrerseits gleichermaßen neuzeitlich-demokratische wie neuzeitlich-totalitäre Impulse weitergeben sollte.

Manches vom Geist Rousseaus wirkt fort in dem edlen, unglücklichen Henri Dunant, der auf dem Schlachtfeld von Solferino die Inspiration zu dem humanitären Gedanken des Roten Kreuzes empfing. Und wenn der amerikanische Calvinist und Demokrat Wilson die Stadt Calvins, Rousseaus und Dunants zum Sitz des Völkerbundes erkor, dann huldigte er damit nicht nur den intellektuellen Ahnherren seines eigenen religiösen, politischen und philanthropischen Denkens. Die erste weltweit gedachte, zur Erhaltung des Friedens und zur Schaffung einer internationalen Rechtsordnung ins Leben gerufene Liga der Nationen hätte tatsächlich keinen angemesseneren Platz finden können – einfach weil es auf Erden wohl kaum einen Ort gibt, der gleicherweise außerhalb und oberhalb aller nationalen Beschränktheit zu einer universalen Aufgabe solcher Art bestimmt schien.

Nicht einmal das Versagen des Völkerbundes hat daran viel geändert. Auch dessen Nachfolgeorganisation, die UNO, ist nach kurzem Zögern wenigstens teilweise nach Genf zurückgekehrt und hat hier ihr europäisches Domizil und das zahlreicher spezialisierter Unterorganisationen aufgeschlagen – und gewiß nicht nur deshalb, weil hier die Räumlichkeiten des »Palais des Nations« bereitstanden. Mehr Anziehungskraft als von der akademischen Pseudomonumentalität dieses Riesenbaus ging eben doch von der Gewißheit aus, in seinem Umkreis die Atmosphäre einer zugleich wahrhaft internationalen und neutralen Umgebung vorzufinden. Ihr verdankt Genf auch seinen Rang als bevorzugte Konferenzstadt; ihretwegen hat ein gutes Hundert internationaler Verbände und Institutionen, privater wie staatlicher, ihr Hauptquartier hier aufgeschlagen: religiöse wie der Weltkirchenrat, kommerzielle wie das GATT, sozialpolitische wie die Internationale Arbeitsorganisation, naturwissenschaftliche wie das CERN (*Centre européen de recherches nucléaires*), das in Meyrin unweit der französischen Grenze über eine der bedeutendsten Anlagen der Welt zur physikalischen Grundlagenforschung verfügt. Der Katalog ließe sich beliebig erweitern. Alle diese Einrichtungen machen Genf gleichsam zu einem enormen Brennglas, das diffuse Strahlen auf einen Punkt konzentriert, zu einer Weltstadt in einem freilich anderen und tieferen Sinne als Zürich: zur Spiegelung des Globus im Kleinen, zur Stätte der Begegnung, zum Clearinghaus der Mächte und Ideen, zur Kontaktstelle religiöser wie politischer, intellektueller wie humanitärer, ökonomischer wie sozialer Aktivitäten und – vor allem – der Menschen aus aller Herren Ländern.

Das Gemeinwesen aber, das sich so in die vielfältigsten globalen Bezüge hineinverflochten sieht, ist in der Tat nicht mehr als ein Punkt. Von allen schweizerischen Stadtstaaten, die sich zu selbständigen Kantonen fortbildeten, hat Genf die geringste territoriale Expansionskraft an den Tag gelegt. Sein Landgebiet ist noch wesentlich bescheidener als das baslerische vor der Kantonstrennung – und selbst davon ist ihm der größere Teil erst 1815 durch die Entscheidung der europäischen Großmächte zugefallen, die Republik im Zusammenhang mit ihrem endgültigen Anschluß an die Eidgenossenschaft zu arrondieren und zu »desenklavieren«. Tatsächlich war sie bis dahin nichts weiter gewesen als eine Enklave. Genauer: ein System von Enklaven, eine isolierte Stadtfestung mit ein paar zusammenhanglosen Landfetzen als lächerlich geringfügigen Anhängseln darum, eingeschlossen von fremdem, oft feindlichem Gebiet. Von den rund 30 000 Bürgern und Untertanen, die das Staatswesen am Ende des 18. Jahrhunderts (zur Zeit seiner Inkorporation in die Französische Republik) gemustert hatte, waren nahezu vier Fünftel hinter den Mauern der Stadt konzentriert gewesen – ein Verhältnis ähnlich dem erzprovinzieller Miniaturstädtchen wie Biel oder St. Gallen. Machtpolitisch, selbst im bescheidenen schweizerischen Bezugssystem, hatte der Spötter Voltaire also nicht unrecht gehabt, wenn er Genf in einem ebenso langen wie bösartigen und historischen Verständnisses baren Scherzgedicht auf seine inneren Unruhen als die »parvulissime république« verhöhnte – derselbe Voltaire, der lange und letztlich vergeblich um die Gunst eben dieser Republik gebuhlt hatte ...

Bis dahin war Genf härter und gefährlicher isoliert gewesen als Basel oder Schaffhausen. Die Franzosen saßen in Versoix und Coppet und schnitten es damit wenigstens zu Lande von der Berührung mit den eidgenössischen Verbündeten ab; Ludwig XV. hatte sogar zeitweise den ernstgemeinten, wenn auch kläglich gescheiterten Versuch unternehmen können, das kleine Versoix mit großen Mitteln zu einem Gegen-Genf auszugestalten, seinen bescheidenen Seehafen groß auszubauen und den ganzen Transitverkehr nach Frankreich auf diesen neuen Umschlagplatz abzuziehen. Einzig dem See, der wenigstens ein Minimum an Verbindung mit der Macht des

Protektors Bern in der benachbarten Waadt vermittelte, verdankte es Genf, daß es bis in die Stürme der Französischen Revolution hinein angesichts solcher Herausforderungen seine Unabhängigkeit mit Hilfe der evangelischen Eidgenossen behaupten konnte.

So blieb sein politisches Geschick ebenso durch Exponiertheit und Enge gekennzeichnet wie sein geistiges Profil durch Weltrang und Weite. Die Gebietsgewinne von 1815/16 – dreißig savoyische und französische Gemeinden – normalisierten den Zustand der wiederhergestellten Republik nicht, sondern machten seine Kuriosität nur halbwegs erträglich. Zwar erhielt der neue Kanton eine Landbrücke zur Waadt und ein zusammenhängendes Territorium, weil die Eidgenossenschaft sonst nicht willens gewesen wäre, ihn in ihren Bund aufzunehmen. Aber vergeblich versuchte der Genfer Unterhändler Pictet de Rochemont auf dem Wiener Kongreß – wo er gleichsam nebenbei den nunmehr 22 Ständen auch die Anerkennung ihrer immerwährenden Neutralität durch die Mächte einhandelte – die neue Grenze strategisch zu festigen, indem er sie bis zum Mont Salève und auf die Jurahöhen vorschieben wollte. Er scheiterte an der Zähigkeit Talleyrands, an der Abneigung der katholischen (im 17. Jahrhundert gewaltsam rekatholisierten) Bevölkerungen gegen den Anschluß an die Ketzerstadt und wohl auch am Widerwillen der orthodoxen Calvinisten gegen allzu viele »papistische« Neubürger. Immerhin erreichte er eine territoriale Abrundung, die Genf wenigstens das Minimum an Atemfreiheit gewährte, und ein Zurückrücken der französischen und sardinischen Zollgrenzen durch die Einrichtung von »Freizonen«.*

So bleibt der Zustand des Staatswesens, das sich stolz als »République et Canton de Genève« tituliert, eine geographische, politische und ökonomische Anomalie. Es grenzt (wenn man von den beiden kleinen Exklaven inmitten waadtländischen Gebiets absieht) auf einer Strecke von ganzen dreieinhalb Kilometern an das Land, dem es politisch zugehört, wird aber in einem Umkreis von 102 Kilometern von Frankreich umklammert. In Wahrheit wird die Verbindung zum

---

* Diese »kleinen Zonen« bestehen noch heute fort: Frankreichs Versuch, sie nach dem Ersten Weltkrieg aufzuheben, wurde vom Internationalen Gerichtshof im Haag zurückgewiesen. Verschwunden ist dagegen die »große Zone«, die ganz Chablais und Faucigny einbezog und die Napoleon III. nach der Annexion Savoyens als Trostpflaster für das verwundete helvetische Selbstgefühl zugestanden hatte: Die Eidgenossenschaft mußte sich mit der Aufhebung dieser Konzession im Versailler Vertrag abfinden.

waadtländischen Hinterland noch weiter beengt, weil sich gleich nördlich der Stadt die französische Gemeinde Ferney – einst weltberühmt als Residenz Voltaires – wie ein Keil gegen den ohnehin zu schmalen Korridor nach der Schweiz vorschiebt und ihn auf knapp zwei Kilometer Breite zusammendrängt. Durch diesen Flaschenhals müssen heute alle Verbindungen der modernen Großstadt mit der Schweiz hindurchgeleitet werden: die historische, parallel zum Seeufer verlaufende »Route de Suisse«, dazu die einzige Eisenbahnlinie nach dem übrigen Bundesgebiet und die Autobahn nach Lausanne. Der Flugplatz Cointrin gar, Augapfel des Kantons, der erst durch diese Anlage wieder unmittelbaren Anschluß an den Weltverkehr gewann, konnte den Erfordernissen des Düsenverkehrs nur dadurch angepaßt werden, daß ein Landabtausch mit Frankreich die Verlängerung der Pisten auf Gebiet erlaubte, das bis dahin dem großen Nachbarn gehört hatte.

Als Genf zur Eidgenossenschaft kam, mochte sein exponiertes Außenseitertum wenigstens in einer Hinsicht nicht allzu bedenklich erscheinen: Es stand wenigstens nicht einer einzigen Großmacht, sondern zwei Nachbarn gegenüber, deren Rivalität seiner Bewegungsfreiheit zugute kam. Neben Frankreich grenzte ja immer noch das Königreich Sardinien mit den savoyischen Stammlanden seiner Dynastie an die kleine Republik. Hätten die bedächtigen Schweizer Staatsmänner der Restauration damals vorausgeahnt, daß sich Napoleon III. ein knappes halbes Jahrhundert später seine Hilfe für die Einigung Italiens mit der Abtretung Savoyens bezahlen lassen würde, so wären sie kaum für die Aufnahme Genfs in die Eidgenossenschaft zu gewinnen gewesen; so gaben sie sich mit dem vertraglichen Versprechen zufrieden, daß die savoyischen Kernprovinzen Chablais und Faucigny in die helvetische Neutralität einbezogen und im Kriegsfall nach freiem Ermessen von eidgenössischen Truppen besetzt werden dürften (von dieser Ermächtigung wurde freilich nie Gebrauch gemacht). Schließlich war Genf in der Vergangenheit, alles in allem, mit seiner Zwischenstellung zwischen Frankreich und Savoyen-Sardinien nicht allzu schlecht gefahren. Seit Heinrich IV. 1601 die damals seit zwölf Jahren von Genfern besetzte und verwaltete Landschaft Gex dem französischen Königreich eingegliedert hatte, war dieses neben Bern zur traditionellen Schutzmacht der »parvulissime république« gegen die Anschläge ihres damaligen Erbfeindes Savoyen geworden; umgekehrt bot das spätere Königreich Sardinien von Zeit zu Zeit wenigstens einen gewissen Rückhalt gegen allzu ungezähmte Pariser Begierden. Nun aber sah man sich aufs neue der französischen Einschließung ausgeliefert, wie zuvor schon zwischen 1796 und 1798. Damals hatte das mit dem erzwungenen Anschluß Genfs an die revolutionäre Französische Republik geendet. Kein Wunder, wenn 1860 aufgeregte Politiker in Genf wie in Bern ein solches Schicksal selbst um den Preis eines Krieges mit Frankreich abwenden und Nordsavoyen ein letztes Mal für die Schweiz gewinnen wollten, um die gefürchtete Gefahr zu beschwören.

Ganz so dramatisch gestalteten sich die Folgen der Veränderung nun allerdings nicht. Von dem bitteren und langwierigen Konflikt um die Freizonen nach dem Ersten Weltkrieg abgesehen, fand sich Genf auch in seiner neuen unbehaglichen Lage ordentlich zurecht. Heute denkt niemand mehr im Ernst daran, die Hand an der Genfer Gurgel könnte wieder einmal, wie 1798, rigoros zudrücken und dem Kanton unversehens die Luft abschneiden. Man erwartet hier französische Feindseligkeit sowenig wie deutsche in Schaffhausen oder italienische im Mendrisiotto. Aber alltäglichere Sorgen als solche der Strategie ergeben sich aus der unbehaglichen Grenzlage noch immer. Je mehr die Stadt in die Breite wächst, desto mehr vermißt sie ein eigenes Hinterland. Daß sie ihre Einwohner während mancher Monate des Jahres mit frischer Milch aus der fernen Ostschweiz versorgen muß, gehört zu den kleinen Wunderlichkeiten, in denen sich größere Probleme widerspiegeln.

So urbanisiert wie Baselstadt ist der Kanton nun freilich noch lange nicht. Noch betten sich manche der schönen patrizischen Landhäuser mit ihren Alleen und ihren weitläufigen Parks aus dem 18. Jahrhundert in ländliche Stille und Grillengezirp. Noch beziehen 1500 Genfer ihren Haupterwerb aus der Landwirtschaft, und wenn sie nur ein Prozent der Berufstätigen ausmachen, so bebauen sie doch eine landwirtschaftliche Nutzfläche von mehr als 12 000 Hektar, davon mehr als 1200 Hektar Rebland, die den Beinahe-Stadtstaat zum drittgrößten schweizerischen Weinproduzenten nächst der Waadt und dem Wallis machen; die früher recht mäßige Qualität seiner Gewächse ist in den letzten Jahrzehnten so weit verbessert worden, daß sie einen durchaus süffigen Trinkwein liefern.

Unbalanciert bleibt die Struktur des Gemeinwesens dennoch. Von den rund 350 000 Einwohnern des Kantons lebten 1980 zwar nur noch 156 000 – bei weitem nicht mehr die Hälfte – auf städtischem Boden. Aber in der urbanen Agglomeration, die eben auch auf ein paar Waadtländer Gemeinden bis hin nach Coppet übergreift, wurden zur gleichen Zeit bereits 365 000 Menschen gezählt. Sowohl nach Südosten bis Veyrier wie nach Nordwesten bis Meyrin hin hat die urbane Ballung den 1815 für den Kanton gewonnenen Raum schon nahezu ausgefüllt, und auch rhoneabwärts bleiben ihr nur noch bescheidene Möglichkeiten des Wachstums. Je weiter die städtische Lebensform um sich greift, desto fühlbarer werden die Nachteile der Beinahe-Abgeschlossenheit vom schweizerischen Ganzen. Das räumlich noch ungleich beengtere Basel ist da besser dran: Es hat immerhin, selbst ohne Wiedervereinigung, sein Baselbiet nebst weiten solothurnischen und aargauischen Landreserven im Rücken. Genf aber stößt allseits auf nationale Schranken, die schwerer zu überwinden sind als kantonale.

Das ist vor allem in den Jahren der Nachkriegsprosperität zum Problem geworden. Bis dahin war Genfs Entwicklung eher langsamer verlaufen als die anderer Schweizer Städte. Im Augenblick seines Beitritts zur Eidgenossenschaft war es noch mit Abstand deren größte Stadt gewesen; im 19. Jahrhundert fiel es hinter Zürich und Basel in den dritten Rang zurück. Es litt darunter, daß es im Eisenbahnzeitalter von den großen internationalen Verkehrswegen nicht mehr direkt berührt wurde und daher nur zögernd Anschluß an die moderne Industrie gewann. Zwischen den beiden Weltkriegen vollends schien es völliger Stagnation zu verfallen: 1941 zählte es gleich viele Einwohner wie 1930 und über 2000 weniger als 1920. Die große Zeit des Völkerbundes, in der die Stadt als diplomatische Weltzentrale neuen internationalen Glanz gewann, bezeichnete für sie in Wirklichkeit eine Ära des Stillstands.

Seit dem Zweiten Weltkrieg hat sich das von Grund auf geändert. Zwischen 1950 und 1960 wies die Stadt Genf den größten relativen Bevölkerungszuwachs aller Schweizer Großstädte auf (21 %), und die Zuwachsrate der Agglomeration (28 %) wurde nur um Bruchteile von Groß-Lausanne übertroffen. 1970 zählte die Agglomeration noch einmal um 22 % mehr Einwohner als zehn Jahre zuvor. Seither hat zwar die Stadt an Bevölkerung wieder eingebüßt, und selbst die Vororte wachsen deutlich langsamer. Geblieben aber ist das Problem der Überfremdung. Von den 345 000 Kantonseinwohnern waren 1980 nur 118 000 im Kanton selbst geboren, fast genau ebensoviele in der übrigen Schweiz, an die 124 000 im Ausland. Die gebürtigen Genfer machen also nicht einmal mehr ein volles Drittel aus. Nur Zug weist ein ungünstigeres Verhältnis auf, während selbst im metropolitanen Zürich noch eine weit bodenständigere Bevölkerung mit mehr als 50% Zürchern lebt.

Legt man nach Schweizer Sitte nicht den Geburts-, sondern den Heimatort zugrunde, so mag sich das Bild dank einer eher großzügigen Einbürgerungspraxis um ein weniges günstiger ansehen. Aber auch unter diesem Aspekt bleibt es dabei, daß die Genfer in ihrer eigenen Republik nur noch eine Minderheit ausmachen. Und von dieser Minderheit bilden die Autochthonen – wenn wir darunter jene verstehen wollen, deren Familien schon im 19. Jahrhundert im Kanton ansässig waren – einen immer kleineren Teil.

Tatsächlich hat es in Genf seit 1860 keine Mehrheit der Eingesessenen mehr gegeben. Vor dem Ersten Weltkrieg stellten Ausländer – Franzosen und Italiener zumal – mit einem Anteil von über 40% gar ein noch größeres Kontingent als heute. Als Krieg und Krise ihren Anteil zeitweise auf 16% reduzierten, rückten dafür immer mehr Schweizer aus anderen Landesteilen, vor allem Waadtländer, Berner und Freiburger, in die freigewordenen Positionen ein. Bereits 1920 bildeten sie die größte Gruppe: 1950 kamen sie gar auf Haaresbreite an die absolute Mehrheit der Kantonsbevölkerung heran. Natürlich haben viele von ihnen und auch eine nicht geringe Zahl von Ausländern mittlerweile den Genfer Bürgerbrief erworben. Trotzdem traf der neue massive Ausländerschub der Jahrzehnte seit dem Zweiten Weltkrieg auf ein Gemeinwesen, das seiner Herkunft bereits vorher einigermaßen entfremdet war. Mit den Vorstellungen der Bundesverfassung, die den Kanton als staatlichen Ausdruck einer eigenen »Völkerschaft« begreift, hat ein solcher Zustand wenig mehr gemein.

Auch die konfessionelle Struktur des Kantons ist durch diese Bevölkerungsverschiebungen in Mitleidenschaft gezogen worden. Daß die »Zitadelle der Reformation« heute wieder – wie schon um die Mitte des 19. Jahrhunderts – eine katholische Mehrheit aufweist, geht diesmal weniger auf das Konto der romtreuen »Neu-Genfer« aus den früher savoyischen und französischen Gemeinden als auf das der ausländischen Zuzügler. Unter den Schweizer Bürgern dagegen dominieren dank der waadtländisch-bernischen Präponderanz nach wie vor die Reformierten, die zwischen 1920 und 1950 noch einmal die Majorität stellten. Das trägt dazu bei, daß die calvinistische Tradition, wenngleich bis zur Unkenntlichkeit verdünnt und säkularisiert, noch immer nachwirkt. Immerhin hat Genf schon vor dem Ersten Weltkrieg als erster Kanton die völlige Trennung von

Staat und Kirche vollzogen und damit nicht nur seine Politik gegen kirchliche, sondern vor allem auch die Kirche gegen politische Bevormundungsversuche gesichert, wie sie zur Zeit der radikalen Vorherrschaft und des »Kulturkampfes« gang und gäbe waren. Die Volksabstimmung von 1907, die dieser Umwälzung zum Durchbruch verhalf, bezeichnete weniger einen Sieg säkularistischer Tendenzen als eine Befreiung der Religionsgemeinschaften – einschließlich der früheren Landeskirche – von jeder Gefahr staatlicher Eingriffe in ihr Eigenleben. Und doch steckt in diesem Wandel eine kuriose Ironie der Geschichte. Es war Calvin gewesen, der Genf gleichzeitig seine kosmopolitische Orientierung und das straffe Regiment der reformierten Geistlichkeit aufgezwungen hatte, mit Hilfe jener reformierten Einwanderer aus Frankreich und Italien, die seinem Gottesstaat die neue geistige, wirtschaftliche und bald auch politische Oberschicht stellten. Dreihundert Jahre später war es eine neue französisch-italienische Immigration und die aus ihr rekrutierte Unterschicht, die mit der radikalen Verschiebung der konfessionellen Basis das Werk Calvins endgültig zerstörte. Von den beiden großen Linien genferischer Entwicklung, die so lange parallel verlaufen waren – der calvinistischen und der kosmopolitischen – hat die zweite schließlich die erste durchkreuzt und sich damit als die dauerhaftere Konstante erwiesen.

Wahrscheinlich ist sie auch die ältere und tiefer eingewurzelte. Wir brauchen nicht gleich ins Altertum zurückzugehen, als Genf schon Grenzort, Brückenkopf und Transitstation war, ehe Cäsars Legionen sich hier festsetzten. Sicher ist auch, daß der Bischofssitz des Hochmittelalters bereits in weite internationale Beziehungen hineinverflochten war. Viermal jährlich wurde hier eine der bedeutendsten Handelsmessen jener Zeit abgehalten; auf ihr beruhte die wichtige Funktion Genfs als Vermittler des Güteraustausches zwischen den Mittelmeerländern und dem nördlichen Mitteleuropa. Schon damals wies die Bürgerschaft neben französischem auch italienischem Einschlag auf: die aus Piemont stammenden de la Rive beispielsweise, die noch heute zu den großen patrizischen Familien zählen, führen ihr Bürgerrecht bis in die Mitte des 15. Jahrhunderts zurück. Die Handelsverbindungen der Stadt umspannten den weiten Raum zwischen Süditalien und Flandern, Katalonien und dem Rheinland. Sie galt als wichtigster Umschlagplatz für den Verkehr über den St. Bernhard, und so heftig sie sich gegen savoyische Herrschaftsansprüche wehrte, so vielfältig profitierte sie davon, daß die benachbarten und oft feindlichen Dynasten beide Alpenseiten auch politisch miteinander verklammerten.

Vielleicht war es überhaupt nur in einem solchermaßen vorgeformten Gemeinwesen möglich, daß ein Fremder wie der picardische Prediger Calvin als geistlicher Praeceptor und *de facto* auch als weltlicher Alleinherrscher akzeptiert werden und der Stadt die Rolle des »protestantischen Rom« auferlegen konnte. Calvin war schon das Produkt jenes Prozesses der Internationalisierung, den er so kraftvoll weiter vorantreiben sollte.

Zwischen der Blüte des mittelalterlichen Handelszentrums und dem Aufbau der reformatorischen Bastion lag freilich fast ein Jahrhundert, in dem die Stadt, auf sich selber zurückgeworfen, bitter um ihre ökonomische Existenz wie um ihre politische Unabhängigkeit kämpfen mußte. Denn 1462 hatten die Savoyer und, schlimmer noch, die französischen Monarchen ihren Untertanen den Besuch der Genfer Messen untersagt und einen ökonomischen Niedergang eingeleitet, von dem jetzt Lyon profitierte. Von nun an verstrickte sich Genf auf Zeit in ein mühseliges und zeitweise lebensgefährliches Ringen mit dem savoyischen Herzogshaus, das die natürliche Hauptstadt seines Gebietes nördlich wie südlich des Leman mit allen Mitteln in seinen Besitz zu bringen suchte.

Dieser Konflikt durchzieht das ganze 15. und 16. Jahrhundert und hat auf höchst folgenreiche Weise die Weichen für Genfs künftiges Schicksal gestellt. Zunächst handelte es sich zwar um eine ganz »normale« Auseinandersetzung zwischen fürstlichem Integrations- und städtischem Autonomiewillen, bei der die Bürgerschaft ursprünglich ihren Rückhalt an den Bischöfen fand. Als aber um die Mitte des 15. Jahrhunderts eine lange Reihe savoyischer Prinzen den bischöflichen Stuhl bestieg, wurden die geistlichen Hirten aus Verteidigern genferischer Unabhängigkeit zu ihren gefährlichsten Feinden. So mußte sich die Stadt anderweitig nach Hilfe umsehen. Sie fand sie bei den Eidgenossen, die sie bis dahin nur als grimmige Feinde kennengelernt hatte. In ihnen sah die Selbständigkeitspartei das einzige wirksame Gegengewicht gegen die savoyischen Aspirationen – auch wenn der erste Beistands- und Burgrechtsvertrag mit Bern und Freiburg das Werk eines savoyischen Bischofs war, der damit die Tribute an die übermütigen Sieger der Burgunderkriege zu reduzieren suchte. Zu Beginn des 16. Jahrhunderts jedoch, als die Bürger auf diesen Pakt zurückgriffen, schmiedeten sie den Vertrag zu einem Instrument ihrer Unabhängigkeitspolitik um. Als ihnen damals Karl III. von Savoyen im Austausch gegen rechtliche und finanzielle Zugeständnisse die Restauration der Genfer Messen in Aussicht stellte, wiesen sie diese Offerte mit der stolzen Begründung zurück, sie seien lieber arm und frei als in der Dienstbarkeit reich (» ... qu'ils aimaient mieux vivre dans une pauvreté couronnée de toutes parts de liberté que d'être faits riches dans la servitude en payant des tributs annuels«). Noch konnten die pro-savoyischen »mammelus« (Mameluken) 1519 ein neues, diesmal ganz von der Bürgerschaft ausgehendes Bündnis mit Bern und Freiburg hintertreiben. Aber zehn Jahre später kam es doch zustande: Die Mameluken wurden entmachtet, und die eidgenössische Partei unter ihren Chefs Philippe Berthelier und Besançon Hugues gewann endgültig die Oberhand.

Daß sich infolge der Identifikation der Bischöfe mit den Interessen Savoyens der Kampf gegen das ehrgeizige Herrscherhaus aufs engste mit dem Kampf gegen die weltlichen Rechte der geistlichen Herren verflocht, schuf aber auch die günstigsten Voraussetzungen für den Durchbruch der Reformation. Nichts macht diesen Zusammenhang sinnfälliger als der Name der »Hugenotten«, den sich die Anhänger der Kirchenreform zuerst in Genf und später im ganzen französischen Sprachgebiet beilegten. Ob sich dieser Name aus einer Verballhornung des Fremdworts »eidguenots« (Eidgenossen) herleitet oder ob er ursprünglich auf die Parteigänger von Besançon Hugues gemünzt war, bleibt zwar umstritten. Eindeutig aber geht er auf die genferischen Wirren des frühen 16. Jahrhunderts zurück und hat seinen politischen Sinn erst nachträglich mit religiösem Gehalt angereichert. Zugleich illustriert dieser Bedeutungswandel jedoch, wie die eidgenössische Partei fast zwangsläufig zur reformierten wurde: Der Übergang zum Protestantismus bot ihr das sicherste Mittel, sich der Bischöfe zu entledigen. Er kostete die Genfer zwar die Aufkündigung des Burgrechts durch das katholische Freiburg. Um so kräftigeren Rückhalt aber gewannen sie am reformierten Bern, dem die Blockade Savoyens gegen die unbotmäßige Ketzerstadt willkommenen Anlaß zum Kriege bot. 1536 bemächtigten sich die Berner nicht nur des Waadtlandes, sondern auch des Pays de Gex und der savoyischen Stammlande südlich des Genfer Sees, führten in den unterworfenen Gebieten den neuen Glauben ein und befreiten damit die verbündete Republik für ein paar Jahrzehnte aus der Umklammerung durch eine feindliche Macht wie durch eine feindliche Konfession. War damit die savoyische Gefahr für den Augenblick beseitigt, so erhob sich nun eine neue: daß Genf zur (wenngleich privilegierten) bernischen Landstadt oder bestenfalls zu einem scheinselbständigen Protektorat des Siegers wie Biel absinken könnte. Nur in mühsamen Verhandlungen waren die Berner von ihrem Verlangen abzubringen gewesen, in die Souveränitätsrechte der Bischöfe einzutreten – ein ominöses Zeichen für die hintergründigen Absichten der »Befreier«. Da war es für den Bestand und die künftige weltgeschichtliche Rolle der Republik beinahe noch ein Glück, daß die allzu mächtig gewordene Schutzmacht zwar mit dem Waadtland ihre feste Basis am Genfer See behaupten konnte, aber das Pays de Gex und ihre translemanischen Eroberungen nach wenig mehr als 30 Jahren wieder an Savoyen zurückgeben (und damit allerdings auch der bald einsetzenden Gegenreformation ausliefern) mußte.* Doch wuchs damit auch die Bedrohung durch Savoyen wieder, bis hin zu dem verräterischen nächtlichen Überfall savoyischer Truppen auf die Mauern der Stadt, der 1602 erst im allerletzten Moment durch die Tapferkeit der Bürger abgewiesen werden konnte. Mit gutem Grund feiern die Genfer noch heute die Erinnerung an das Mißlingen dieser »Escalade« alljährlich als ihr größtes patriotisches Volksfest: Nach dem vereitelten Handstreich gab der schwierige Nachbar endgültig seine Absichten auf die widerborstige Stadt auf, und bis zur Französischen Revolution wurde deren Unabhängigkeit nicht mehr ernsthaft in Frage gestellt.

Anderseits gelang es der Bürgerschaft nicht, die Politiker der siegreichen »eidguenots« zum folgerichtigen Ende – dem formellen Anschluß an die Eidgenossenschaft – zu führen. Wenn die Reformation ihr die Unabhängigkeit sicherte (und diese zugleich mit weit mehr als bloß lokaler Substanz füllte), so versagte sie ihr anderseits den breiteren nationalen Rückhalt, den ihr allein die Zugehörigkeit zum schweizerischen Bunde gewähren konnte. Die konfessionellen Spannungen unter den dreizehn Orten machten damals jede Erweiterung ihrer Konföderation unmöglich. Es gab sogar Zeiten, in denen sich die katholischen Stände unbekümmert mit den Savoyern verbanden und urschweizerische wie luzernische Fähnlein in savoyischen Diensten aktiven Anteil an der Blockade

* Das Pays de Gex wurde im Frieden von Saint-Julien 1603 an Frankreich abgetreten, das den dortigen Protestanten Religionsfreiheit zusicherte; unter Ludwig XIV. wurden aber seine Einwohner zwangsweise rekatholisiert, und die glaubenstreuen Reformierten mußten das Land verlassen. Viele von ihnen fanden in Genf Zuflucht.

Genfs nahmen. So weit hatte das konfessionelle Interesse das gesamteidgenössische überwuchert.

Der Sieg der Reformation war zwar 1536 mit der Niederlage Savoyens und der regionalen Vorherrschaft Berns ein für allemal entschieden. Aber nun erst begann das Ringen um die Gestalt der neuen Ordnung. Sollte sie überwiegend politisch sein und die Kirche wie in der Aarerepublik der Vorherrschaft des Staates ausliefern? Oder sollte sie theokratisch begründet werden, als wahrhaft revolutionäre, bis in die privateste Sphäre hineingreifende (wir würden heute sagen: »totalitäre«) Umgestaltung des Gemeinwesens zum Gottesstaat, zur »cité de Dieu«? Kaum waren die Katholiken ausgemerzt, die »Mameluken« entweder vertrieben oder versöhnt, da standen einander zwei neue Parteien gegenüber: die Anhänger eines strikten, ganz auf das geistliche Ziel gerichteten Puritanertums und die mehr weltlich gesonnenen, von Bern protegierten »libertins«.

Der Triumph der radikalen Fraktion und ihres rigorosen Kirchenregimentes über die Libertiner hat die Linien der genferischen Entwicklung für lange Zeit festgelegt, und zwar weit über alle theologischen Meinungsunterschiede und die verschiedenen Vorstellungen von Sinn und Rang der Kirchenzucht hinaus. Erst damit begann Genf seinen Aufstieg zu weltgeschichtlicher Größe. Erst der Sieg des Puritanismus hat die politischen Voraussetzungen dafür geschaffen, daß Calvin nun seine große Idee der »christlichen Republik« verwirklichen, dem Gemeinwesen sein persönliches Gepräge aufdrücken, den kleinen Stadtstaat zu einer »ideologischen« Mission befähigen und alle seine Energien auf diese Aufgabe konzentrieren konnte. Nicht sosehr der Übergang vom angestammten katholischen zum reformierten Glauben markiert den eigentlichen Bruch mit der Vergangenheit und den Aufstieg Genfs zu weltgeschichtlicher Größe. Diese Zäsur wurde vielmehr fünf Jahre später gesetzt: mit der Neuordnung der kirchlichen wie der staatlichen Organisation, die aus der Stadt den Hort einer weltweiten *ecclesia militans* machte.

Wohl war Calvin schon 1536 erstmals nach Genf gekommen, wenige Wochen, nachdem der *Conseil Général* (die Versammlung aller Vollbürger) sich zugunsten des neuen Glaubens entschieden hatte. Zunächst jedoch stand die Härte der Disziplin, die er forderte, so wenig im Einklang mit der herkömmlichen Genfer Leichtlebigkeit, daß der picardische Prädikant 1538 kurzerhand von den »Libertins«, die sich vor allem auf die Reste der alten Oberschicht stützten, aus der Stadt verwiesen wurde. Aber seine Gegner konnten ihres Erfolgs nicht lange froh werden. Schon 1541 rief die Bürgerschaft den Unbequemen wieder aus Straßburg zurück – und obwohl der Gottesmann sich in seinem elsässischen Wirkungskreis glücklicher fühlte als in der turbulenten Rhonestadt, fügte er sich schließlich doch in eine Aufgabe, die er als den Willen Gottes empfand. Diesmal aber kehrte er mit dem festen Willen zurück, kompromißlos auf der Konzeption zu bestehen, mit der er beim erstenmal nicht durchgedrungen war.

Diese Konzeption, später in seinen »Ordonnances« niedergelegt, beruhte auf der gegenseitigen Durchdringung geistlicher und weltlicher Gewalt. Nicht die Kirche als Institution, aber der Glaube, den sie verkörperte, sollte das ganze öffentliche Leben bis ins Kleinste durchwirken und lenken. Diesen Glauben auszulegen hatte die »Compagnie des pasteurs«: die allwöchentlich zusammentretende Gesamtheit der Pfarrer. Und für die Einhaltung der Gebote zu sorgen oblag dem »Konsistorium«, das aus den Pfarrern und zwölf vom Rat gewählten »Ältesten« bestand und mit den umfassenden Rechten eines Sittengerichts ausgerüstet war: Dieses Organ hatte über das persönliche Verhalten aller Bürger zu wachen und konnte den Fehlbaren, wenn Ermahnungen nichts fruchteten, schließlich die Teilnahme am Abendmahl verweigern (eben um dieses Recht war seinerzeit der Konflikt mit den *Libertins* ausgebrochen).

Das war keine hierokratische Priesterherrschaft, wohl aber ein theokratisches System. Zum Gottesstaat, nicht zum Kirchenstaat wollte Calvin seine Republik ausgestalten: zu einem Gemeinwesen, dessen Leben unter die göttliche Ordnung gestellt sein sollte und in dem nicht nur der Geistliche, sondern auch der weltliche Magistrat als Minister des göttlichen Wortes zu amten hätte.

Eben dies – daß der Staat als Gefäß und irdische Verkörperung einer überirdischen Idee begriffen wurde – hob die unscheinbare Republik aus allen lokalen, regionalen und nationalen Beschränkungen heraus. Erst damit beginnt die Geschichte von Genfs Weltwirkung, die wir hier nicht einmal skizzenhaft nachzeichnen können. Was uns angeht, ist nicht die Ausbreitung des Calvinismus über Frankreich nach den Niederlanden, den Britischen Inseln und durch ihre Vermittlung nach der Neuen Welt, nicht sein Eindringen ins deutsche Geburtsland des Luthertums und darüber hinaus nach Polen, Ungarn und Böhmen, sondern die Bedeutung dieses Vorgangs für Genf selber, das nun, nach dem Worte eines Pfälzer Kurfürsten, zur »Nährmutter« all dieser Kirchen über die ganze Welt hinweg wurde: lächerlich geringfügig als Staat unter Staaten, aber geschichtsbewegend als Hort einer Idee, als »neues Jerusalem« für eine alle Grenzen übergreifende Gemeinschaft der Gläubigen und als ihr Refugium in Zeiten der Bedrängnis.

Was gerade dies letzte bedeutete, das mag man noch aus den zornigen Versen des Katholiken Ronsard herauslesen. Ihm erscheint Genf als das

> ». . . misérable refuge de toute apostasie,
> d'opiniâtreté, d'orgueil et d'hérésie . . .«

Dabei fand keineswegs »jede Ketzerei« in der Stadt Calvins Zuflucht. Der Spanier Servet, der die Dreieinigkeit leugnete, wurde hier verbrannt, und weder Bürger noch Refugianten durften vom Pfade der herrschenden Doktrin abweichen. Gerade die Offenheit für die Glaubensbrüder von überall her, die hier Belehrung holen wollten, verlangte eine um so rigorosere theologische Geschlossenheit. Eben sie verhalf der Stadt zu einem internationalen Rang, der den des einstigen kommerziellen Zentrums weit hinter sich ließ.

Der Vorgang reflektiert sich in der ungeheuren Aktivität und Produktivität jener Jahrzehnte, in denen Calvin und sein Nachfolger Théodore de Bèze Genf zum politischen und seine Akademie zum geistigen Mittelpunkt der rasch in die Breite wachsenden »hugenottischen Internationale« umschufen. Ein jäh aufblühendes Druckerwesen lieferte Bibelübersetzungen, Katechismen, Psalmenbücher und theologische Schriften in einer Vielzahl von Sprachen, geistliche Munition für die Agitatoren, die den neuen Glauben nach allen Richtungen der Windrose trugen. Hatten nicht die Genfer Räte, als sie den landesvertriebenen Calvin aus Straßburg zurückriefen, diese Aufgabe schon mit den Worten vorgezeichnet, daß ihre Stadt der stärksten geistlichen Kraft bedürfe, weil sie »gleichsam das Tor Italiens und Galliens« darstelle und weil hier so viele Menschen von allen Seiten zusammenströmten?

Calvins Sieg bezeichnet den endgültigen Durchbruch des Kosmopolitismus. Das hatten jene »libertins« sehr genau erkannt, die noch 1555 einen letzten Aufstand unter eindeutig xenophoben Losungen unternahmen. Ihnen war zumal die Vorherrschaft der französischen Pastoren ein Dorn im Auge (»Boutez bas ces francillons«, rief damals die aufrührerische Menge: Nieder mit diesen Französlingen . . .). Und nicht zufällig folgte der Niederlage dieser Fronde auf Calvins persönliche Intervention der Beschluß, das Genfer Bürgerrecht einer Reihe angesehener Refugiantenfamilien zuzuerkennen. Weil sich Genf nun eine internationale Funktion größten Stils zumaß, mußte es sich zwangsläufig selber internationalisieren. Ein britischer Besucher Genfs im 16. Jahrhundert, John Bale, hat anschaulich das Bild des »Wunders« gezeichnet, das die Angehörigen so verschiedener Nationen – »Hespaignols, Italiens, Ecossois, Anglois, François, Allemans« – in dieser Stadt unter dem gleichen Joche Christi freundschaftlich und brüderlich zusammenführe.

Aus der Verschmelzung so vielfältiger Elemente ist schließlich die neue Genfer Oberschicht hervorgegangen, die bis gegen die Mitte des 19. Jahrhunderts politisch, bis in die zwanziger Jahre unseres Säkulums gesellschaftlich maßgebend bleiben sollte. Wohl läßt sich ein gutes halbes Dutzend der führenden Geschlechter auf die vorreformatorische Zeit zurückverfolgen: die Des Arts und Du Pan etwa, die Naville und Pictet – Namen, die in der Genfer Geschichte und Geistesgeschichte immer wieder auftauchen. Aber mit ihnen verwuchs nun die kosmopolitische Elite, in der vor allem italienische, großteils aus Lucca stammende Notabeln-Familien hervorragen: die Turettini und Diodati, die Micheli und Calandrini gewannen solches Prestige, daß selbst autochthone Geschlechter sich einen italienischen Stammbaum zuzulegen begannen. Sie trugen gemeinsam mit französischen Refugianten durch ihre einzigartigen internationalen Verbindungen auch zur Ausbildung jener frühkapitalistischen, in Genf zentrierten und um Genf gruppierten protestantischen Hochfinanz entscheidend bei, deren großangelegte Agio- und Kreditgeschäfte ganz Europa umspannten und die sich durch ihre Darlehen an die französische Krone lukrative Monopole in der Wirtschaft des Bourbonenreiches sicherte. Der Kosmopolitismus ihrer Herkunft wurde durch die vielfältigen finanziellen und ökonomischen Interessen noch weiter fixiert.*

Die Verschmelzung von Altbürgertum und protestantischem Refugiantentum, traditionellem Bürgerstolz und finanzkapitalistischer Beweglichkeit, stadtstaatlicher Enge und kontinentaler Weite hat

---

* Diese Elite ergänzte sich ständig durch selektive Neuaufnahmen ins Bürgerrecht. So konnte noch im 18. Jahrhundert der Sohn eines schwäbischen Einwanderers ohne weiteres in sie aufsteigen: Jacques Necker, der über das Bankwesen in die Diplomatie und die Politik kam und vom Genfer Gesandten zum mehrmaligen Finanzminister Ludwigs XVI. aufstieg.

jene Gesellschaft hervorgebracht, die man in Genf als die »gens du haut« bezeichnet, weil sie sich in der Genfer Oberstadt rund um den imposanten gotischen Dom von St. Pierre mit seiner seltsam inkongruenten klassizistischen Fassade aus dem 18. Jahrhundert ansiedelte. Vollkommen wird die Haltung dieser Aristokratie repräsentiert durch die überraschend einheitlich gestaltete, sehr kühl-zurückhaltende Zeile ihrer imposanten Stadtpalais in der Rue des Granges, die mehr durch Klarheit, Gediegenheit und Homogenität ihrer Architektur als durch Prunk und Aufwand imponieren. Hier manifestiert sich der Wille einer dicht geschlossenen, sich durchaus als Ganzes fühlenden Gruppe; ihrem individuellen Geschmack huldigten die Familienhäupter eher beim Bau ihrer Landhäuser, und selbst hier blieb bei allem Drang zur Verfeinerung die Reserve der »Distinktion« oberstes Gebot.

Am nächsten kommt dieses Quasi-Patriziat wohl dem Basler »Daig«. Nur hat es größeren Zuschnitt: Ihm fehlt die fast kleinbürgerliche Aura, die den Basler Notabeln bei aller Größe ihrer Vermögen noch anhaftet, ebenso wie der feudale Stil der bernischen, freiburgischen oder luzernischen Aristokratie. Vielmehr stellen die »*gens du haut*« eine ganz und gar großbourgeoise Elite dar – allerdings eine von extremer Exklusivität. Selbst unter altem Erbadel habe er nirgends so viel Standesdünkel angetroffen wie bei der Genfer Oberschicht, gestand mir gesprächsweise ein weltläufiger deutschweizerischer Diplomat: Kein spanischer Grande und kein ostelbischer Junker hätten die Berührung mit Standesfremden so ängstlich gemieden. Anderseits aber war diese Schicht immer bereit, die eigenen Reihen für Leute mit großen Mitteln und großen Beziehungen zu öffnen. Der Erwerb des Bürgerrechts wurde in Genf nie wie fast überall sonst völlig gesperrt, sondern nur an eine freilich horrende Einkaufssumme gebunden. Dem Neuankömmling jedoch, der sich nicht in den hochmütigen Stil der Elite hineinzufinden vermochte, nützte auch das Geld allein wenig. Man war gewiß sehr auf den eigenen Vorteil bedacht. Unvergessen ist das Diktum des Herzogs von Choiseul, wenn man einen Genfer Bankier zum Fenster hinausspringen sehe, solle man ihm getrost folgen; es seien dabei mindestens 10 % zu verdienen. Zugleich hielt diese Oligarchie indessen auf rigorose Standards. Keine andere, meint der Historiker André-E. Sayous, sei je fähiger gewesen als die genferische des 16. bis 18. Jahrhunderts, die öffentlichen Angelegenheiten zu leiten und keine habe ihre Privilegien auch besser durch intellektuelle Leistung gerechtfertigt.

Bei all ihrer Ausschließlichkeit mußte aber diese Oligarchie immer noch in einem Rahmen wirken, dessen demokratische Elemente nie völlig erstarben. Staatsrechtler des *Ancien Régime* haben die Genfer Verfassung gerne – wie die baslerische oder zürcherische – als »aristo-demokratisch« charakterisiert. Nur deckte dieser Begriff sehr verschiedenartige konstitutionelle und gesellschaftliche Strukturen. In den deutschschweizerischen Stadtrepubliken, die kein erbliches Patriziat kannten, wurde die Bürgerschaft durch die Zünfte organisiert, die sich freilich durch die Aufnahme berufsfremder Elemente aus der Oberschicht ihrem ursprünglichen Innungscharakter mehr und mehr entfremdeten, aber doch das entstehende kommerzielle und industrielle Großbürgertum eng mit dem traditionellen handwerklichen Kleinbürgertum verklammerten. Diese Klammer fehlte in Genf. Anderseits aber blieben hier Elemente der direkten Demokratie erhalten: Der »Conseil Général« fungierte unentwegt weiter als das mindestens theoretisch oberste und souveräne Organ der Republik, nachdem die Räte mehr und mehr effektive Gewalt an sich gezogen hatten. Und die Spannungen zwischen dem demokratischen Grundcharakter des Regierungssystems und der aristokratischen Usurpation führten im 18. Jahrhundert zu einer langen Reihe innerer Konflikte politisch-sozialen Charakters.

Denn der besonders dicht verfilzten und ökonomisch besonders potenten Oberschicht trat in Genf auch eine besonders aktive, lebhafte, eigenwillige und »aufgeklärte« Unterschicht gegenüber, die weit früher als anderswo in Europa eigenen politischen Willen bekundete: die Arbeiter der »fabrique«, die Uhrmacher also, deren Gewerbe in der 2. Hälfte des 18. Jahrhunderts ein volles Drittel der Stadtbevölkerung ernährte. Ähnlich wie im Jura bildeten sie auch hier eine geistig ungewöhnlich wache, überdurchschnittlich gebildete, kritische und freilich auch unruhige Arbeiterschaft, die ein intensives Gefühl politischer Zusammengehörigkeit entwickelte. Ihr entstammt Rousseau; aus seinen farbigen Schilderungen des Genfer Lebens spürt man viel von ihrem vifen Elan heraus.

Quer zur sozialen Schichtung aber verlief eine bürgerrechtliche. Die Einwohner waren in eine Minderheit von »citoyens« und eine breite, aber politisch rechtlose Majorität von Niedergelassenen (»habitants«) gespalten, deren in Genf geborene Kinder (»natifs«) zwar auch keine politischen Rechte, wohl aber soziale Privilegien besaßen. Aus dieser Verschränkung der Fronten entwickelten sich komplizierte Parteikämpfe, die zwischen 1707 und 1792 in einer ganzen Reihe von »Revolutionen« gewaltsam durchgefochten wurden. Das

Drängen der Vollbürger auf Stärkung des »Conseil Général« und das Drängen der »Natifs« auf Mitbestimmung gerieten einander immer wieder in die Quere, wobei die Aristokratenpartei der »Négatifs« sich gelegentlich mit den unterprivilegierten Hintersassen gegen die demokratischen »Représentants« taktisch verband. Immer wieder mußten die Garantiemächte Bern, Zürich und Frankreich eingreifen, um die erregten Gemüter durch Ratschlag oder Druck zu beschwichtigen. Da Genf seiner inneren Probleme nicht Herr zu werden vermochte, wurde ihm seine politische Ordnung mehr und mehr von außen diktiert. Wenn aber diese Intervenen 1738 noch einen Ausgleich zwischen den widerstreitenden Tendenzen versucht hatten, so warfen sie sich dreißig Jahre später einseitig zu Protektoren der Aristokratie auf. Den Durchbruch eines neuen Geistes konnten sie damit allerdings nur verzögern, nicht aber verhindern.

Voltaire hat sich über diese Dispute in seinem schon zitierten Spottgedicht lustig gemacht. In Wirklichkeit jedoch nahmen die Auseinandersetzungen der *»parvulissime république«* jene Ideen voraus, die ein halbes Jahrhundert später ihre Sprengkraft in der Französischen Revolution erweisen und zu gesamteuropäischer Wirkung gelangen sollten. Zum mindesten der entschiedenste Flügel der *Représentants* stützte seine Argumentation bereits auf die These der Volkssouveränität. Eine Flugschrift von 1734 nennt es das natürlichste Recht eines freien Volkes, über seine Verfassung selbst zu entscheiden, und dieses Recht, so heißt es ausdrücklich, mache »jene souverän, die an ihm teilhaben«:

»Un peuple libre est . . . celui qui a le pouvoir de rejeter ou d'approuver, de consentir ou de s'opposer aux changements que l'on veut établir ou abroger et c'est là un droit que la nature a donné aux hommes et que tous les peuples sages et prudents se sont conservé pour s'opposer à la tyrannie de ceux à qui ils confient le gouvernement et l'autorité.«

Als dieses Pamphlet erschien, lebte der damals 22jährige Rousseau bereits seit vier Jahren nicht mehr in Genf. Ob er diese Formulierungen des Genfer Anonymus kannte, mag zweifelhaft erscheinen. Aber jener Teil seines Werkes, von dem die größte Sprengwirkung ausgehen sollte, liegt in solchen Passagen keimhaft beschlossen: Seine Konzeption des »Gesellschaftsvertrags« erhebt gewissermaßen nur das zum System, was im Ringen um die politische Gestalt seiner Heimatstadt bereits artikuliert war. Und es wirkt wie eine nachträgliche anekdotische Bekräftigung dieses Zusammenhangs, wenn die Genfer Revolution von 1768 – die dritte des Jahrhunderts – durch die offizielle Verurteilung einer Rousseau-Schrift (der »Lettres de la montagne«) ausgelöst wurde.

Aber lokale bürgerliche Auseinandersetzungen konnten schließlich nur deshalb solche umfassenden Ideen zur Debatte stellen, weil das Gemeinwesen Größe und Bedeutung, ja, selbst seine Existenz eben der Idee verdankte. Schon das theologische System Calvins und seine Erweiterung ins Politische hinein war letztlich einer eminenten intellektuellen Leistung entsprungen, und das Intellektuelle blieb für das Klima der Republik auch nach dem Erlahmen der religiösen Energien so kennzeichnend wie das Kommerzielle. Auch eine ängstliche und schikanöse Zensur vermochte die Blüte des Buchdrucks nicht zu knicken; die Akademie bot früh neben der geistlichen auch der weltlichen Gelehrsamkeit eine Stätte; in der Aristokratie selber hielt wissenschaftliches (bezeichnenderweise vor allem naturwissenschaftliches) Interesse der finanziellen Geschäftigkeit die Waage. Wenn sich aber die geistige Neugier, einst von der Theologie geweckt und genährt, zusehends weiterer Gebiete bemächtigte, dann mußte sie sich schließlich auch den Lebens- und Bewegungsgesetzen von Staat und Gesellschaft zuwenden. Die Aufklärung ist gerade hier nicht nur Reaktion auf das Zeitalter des religiösen Absolutheitsanspruchs, sondern auch spätere Frucht einer Bewegung, die durch die Reformation ausgelöst wurde, das heißt (illegitimer) Sprößling des Calvinismus. Mit einzigartiger Brillanz der Rhetorik hat Rousseau diese kopernikanische Wendung vollzogen. Wenn der Calvinismus nach einem Worte Fellers »wohl der wichtigste Beitrag der Schweiz zum Weltgeschehen« gewesen ist, so steht ihm zwei Jahrhunderte später der Beitrag Rousseaus kaum an universalhistorischer Tragweite nach.

Der Verfasser des »Contrat Social« selber hat, mochte er auch in einer späteren Epoche seines Lebens auf sein Bürgerrecht zornig verzichten, für die politische Ordnung seiner Heimat bei aller Kritik an manchen ihrer Erscheinungen Worte einer fast vorbehaltlos klingenden Anerkennung gefunden*. Kein Zweifel: die eigentümliche

---

* Es lohnt sich, einen Passus im Original hierherzusetzen: »A voir l'action et la réaction mutuelles de toutes les parties de l'Etat qui le tiennent en équilibre, on ne peut douter qu'il n'y ait plus d'art et de vrai talent employés au gouvernement de cette petite république qu'à celui des plus vastes empires, où tout se soutient par sa propre masse, et où les rênes de l'Etat peuvent tomber entre les mains d'un sot sans

Mischung aristokratischer und demokratischer Elemente gehört trotz der Heftigkeit der Auseinandersetzungen, die sie auslöste, und trotz der Unruhe, die aus ihr erwuchs, in ähnlicher Weise wie die so ganz anders geartete und doch aus ähnlichen Ingredienzien gemischte britische Verfassung ebenso zu den Vorbildern eines »aufgeklärten« Konstitutionalismus, wie die Gedankengänge der »Représentants« direkt und indirekt auf das Ideengut der Französischen Revolution einwirkten.

Die Zeugnisse dafür ließen sich nach Belieben vermehren. Der Engländer Keate stellt 1751 kurzerhand fest, keine Regierung der ganzen Welt fordere zu größerem Respekt heraus als die Genfs. Der »Dictionnaire de la Suisse« zitiert den Ausspruch eines anonymen »homme d'esprit«, der lange in Genf gelebt habe und der Genf göttliche Auserwählung bescheinigt (»Heureuse république! le ciel t'a choisie pour être un exemple de la félicité dont les hommes peuvent jouir sur cette terre«). Auch auf den Geist der Bevölkerung selber dehnt sich der Enthusiasmus der Reisenden aus: »Freyheit, Wohlstand, froher Muth, und eine besonders lebhafte Physiognomie«, notiert der in Berlin wirkende Winterthurer Sulzer, »kündigen wirklich ein außerordentliches Volk an«, und er fügt bezeichnenderweise hinzu, man werde schwerlich eine andere Stadt finden, »wo der ärmere, oder minder wohlhabende Einwohner so viel Kenntnis, Geschmack an Litteratur, und Lust sich zu unterrichten, hat.« Trotz allen Wirren und Demütigungen lebt denn auch das 18. Jahrhundert in der Erinnerung der Genfer als ihr »goldenes Zeitalter« nach. Wohl haben schon die Zeitgenossen damals das Erlahmen von puritanischem Ethos und Glaubenseifer beklagt. Aber auch die stirnrunzelnden Kritiker konnten nicht umhin, die enge Verbindung materieller Prosperität und intellektueller Brillanz auf diesem Fleck Erde zu bewundern.

Als aber jene Kräfte, die Rousseau geistig mobilisiert hatte, in der Französischen Revolution zum breiten Durchbruch gelangten, da schien dieses Ereignis ironischerweise das Ende jenes Genfer Staatswesens nach sich zu ziehen, in dem die Ideen dieser Revolution erstmals praktisch ausgebildet worden waren. 1798 von den Revolu-

que les affaires cessent d'aller. Je réponds qu'il n'en serait pas de même ici.« Ganz ähnlich hatte sich schon 1688 der Engländer Gilbert Burnet geäußert: In der zeitgenössischen deutschen Übersetzung seiner »Reise durch die Schweitz« findet sich der Satz: »Es ist ein sehr kleiner Staat – in welchem aber so gute Anstalt ist / dass die grössesten Staaten von ihm lernen könnten.«

tionsheeren kurzerhand annektiert, sank Genf bis 1813 zur französischen Provinzstadt ab. Und doch wußte niemand besser als Napoleon, wie wenig die gewaltsame Angliederung auch eine seelische Eroberung bedeutete. Mit stets wachem Mißtrauen beäugte er jene Genfer, von denen er sagte, sie sprächen ihm viel zu gut Englisch, und in denen er heimliche Sympathisanten oder gar Agenten des britischen Widersachers witterte. »Genève, ville anglaise« – diese zornige Formel des Korsen traf schon mehr ins Schwarze als die spätere Stendhals, der auf dem Grund der Genfer Seele deutsches Wesen zu entdecken glaubte (»le fonds d'un coeur genevois est allemand«).

In der Tat waren die Verbindungen Genfs mit Großbritannien, die geistigen wie die geschäftlichen, seit der Reformation niemals abgerissen. Kein anderer Punkt des französischen Sprachgebiets war englischer Denkweise mehr zugetan; der Literaturhistoriker der welschen Schweiz, Virgile Rossel, nennt Genf eine Oase für englische Ideen, wo man zwar französisch gesprochen und geschrieben, aber englisch gelesen und gedacht habe. Und es ist nur ein kleines, aber bezeichnendes Symptom solcher Anglophilie, wenn die bedeutendste und zur längsten Wirkung bestimmte Genfer Zeitschrift, die »Bibliothèque universelle«, ursprünglich am Ausgang des 18. Jahrhunderts von den Brüdern Pictet de Rochemont als »Bibliothèque britannique« mit dem Ziel begründet worden war, England seinen Nachbarn als Vorbild und Modell darzustellen.

Aber auch politisch blieb Genf ein Widerstandsnest gegen den Bonapartismus: Die Opposition gegen das Kaiserreich sammelte sich in der Stadt und im benachbarten Coppet in den Salons der Madame de Staël, der Tochter Neckers (in denen auch Benjamin Constant brillierte, naturalisierter Franzose aus dem Waadtland, der erst während der 100 Tage Napoleons seinen Frieden mit dem allzu spät »liberalisierten« Empire machte). Wie sehr Napoleon diese kluge und ungestüme Opponentin fürchtete, bewies er, indem er sie aus seinem Herrschaftsbereich verbannte. Ihr Geist aber wirkte in Genf weiter. Es ist kein Zufall, daß die Annexion durch Frankreich hier viel weniger Spuren hinterlassen hat als in Neuenburg oder im Nord-Jura. Sie blieb, alles in allem, eine höchst widerwillig ertragene und bald wieder vergessene Episode.

So konnte die Restauration hier unmittelbar an ein 18. Jahrhundert anknüpfen, das noch lebendig geblieben war, aber nun eher ins behutsam Liberale als ins schlechthin Reaktionäre umgedeutet wurde. Jedenfalls stellt Walsh in den frühen dreißiger Jahren des 19. Jahrhunderts der Genfer Regierung das Zeugnis aus, sie sei »le gouvernement le plus vraiment libéral que je connaisse en Europe«. Wenn er freilich glaubte, die Genfer seiner Zeit seien nicht mehr jenes unruhige und aufgeregte Volk, dessen lächerliche Streitigkeiten einst die maliziöse Heiterkeit Voltaires erweckt hätten, so verkannte der französische Aristokrat mit dem britischen Namen die Zeichen seiner Gegenwart ebenso wie die einer alles andere als »lächerlichen« Vergangenheit. Denn die mondäne Verfeinerung einer hochzivilisierten, aber doch schon im Niedergang begriffenen Gesellschaft, die ihn in der Nachblüte des »goldenen Zeitalters« charmierte und die in dem zugezogenen Berner Patrizier Bonstetten und im Kreis um den kultivierten Refugiantensproß Sismondi noch einmal ein Stadium vollendeter intellektueller Ausgeglichenheit erreichen sollte, war in Wirklichkeit schon durch eine neue Bewegung von unten bedroht. Hatten die Genfer Volkserhebungen des 18. Jahrhunderts bereits den Anspruch des Bürgertums auf politische Hegemonie angekündigt, so glaubten einige Zeugen in der Machtergreifung der Radikalen unter dem demokratischen Feuerkopf James Fazy (1846) den Auftakt zu jener »Schilderhebung der Armuth gegen den genießenden Besitz« zu erkennen, die anderthalb Jahre später in der Pariser Februarrevolution Wirklichkeit werden sollte. So sah es jedenfalls der deutsche »Achtundvierziger« Wilhelm Hamm: »Zum erstenmal seit den Tagen des alten Roms«, so notiert er in dem Bericht über seine Schweizer Reise, habe man bei diesem Umsturz »einer Auflehnung des Proletariats, einer bewaffneten, sozialen Bewegung« begegnen können.

Das war gewiß kräftig überspitzt. Zwar haben die Proletarier des Viertels St. Gervais tatsächlich den Sieg von Fazys Radikalen entschieden, indem sie die Regierungstruppen in die Flucht schlugen. Aber in ihrer großen Mehrheit dachten sie gar nicht daran, die soziale Ordnung aus den Angeln zu heben. Ihr Putsch erwuchs nicht einmal aus grollender Unzufriedenheit mit dem politischen System ihres Kantons, das schon 1842 ganz friedlich in demokratischem Sinne umgestaltet worden war. Sie rebellierten nur gegen die übervorsichtige Politik ihrer Regierung angesichts der großen eidgenössischen Krise des Sonderbundes. Aufstände dieser Art hat es in mehreren Kantonen gegeben; sie gehörten fast zum »normalen« politischen Instrumentarium der Regenerationsperiode, einer Zeit, da die Schweiz nicht umsonst als Unruheherd Europas galt. Fazy selber war kein Revolutionär, am allerwenigsten ein proletarischer, sondern repräsentierte viel eher das Milieu der neuen kapitalistischen Geschäftemacher, die neben dem altaristokratischen quasipatrizischen Besitz nach vorn und nach oben drängten. Nichts ist für seine Haltung bezeichnender, als daß er zeitlebens die Einführung eines zeitgemäßen Systems von Einkommens- und Vermögenssteuern verhinderte und die Staatsaufgaben – mit bedenklichen Konsequenzen für die finanzielle Stabilität des Kantons – mit einer recht unbedenklichen Anleihenpolitik zu meistern suchte. Die Revolution von 1846 hat denn auch keine Klassenkämpfe von ähnlicher Schärfe wie in Frankreich eingeleitet, sondern viel eher eine Entwicklung, die die Eidgenossenschaft zwar zum demokratischsten, aber auch zum konservativsten Lande Europas machen sollte – und Genf ist in diesem Strom munter mitgeschwommen. Nichtsdestoweniger kündigt sich in der frühen und hervorragenden Rolle der Arbeiterschaft bei dieser Umwälzung schon die besondere Sensitivität Genfs für die untergründigen Strömungen des Zeitalters an.

Nie seit Calvin – und nie in den seitdem verflossenen Zeitläuften – hat Genf so tief und folgenreich in die Geschichte der Eidgenossenschaft eingegriffen wie damals. Es war ein Bürger der Stadt, der als Oberbefehlshaber der Tagsatzungsarmee in einer schnellen und souverän geführten Kampagne die militärische Niederlage des Sonderbundes erzwang und damit den Weg zum Bundesstaat freisprengte: General Dufour, eine der edelsten Gestalten der ganzen Schweizergeschichte, ein Liberaler konservativen Zuschnitts, der doch dem nunmehr von Radikalen beherrschten Bunde mit unverbrüchlicher Loyalität und jenseits alles parteipolitischen Fanatismus diente. Fazy selber kommt das Hauptverdienst daran zu, daß die Bundesverfassung von 1848 das amerikanische Zweikammersystem übernahm, damit den Rückfall in die unitarischen Experimente der Helvetik vermied und durch das gleichberechtigte Nebeneinander von National- und Ständerat den Weg zur Versöhnung zwischen demokratischem Mehrheitsprinzip und kantonaler Eigenständigkeit, zwischen nationaler Einheit und föderativer Vielfalt wies.

Aber auch in der kantonalen Politik bezeichnet die Revolution von 1846 einen tiefen Einschnitt. Denn Fazy, einem Geschlecht ehemaliger *Représentants* entstammend, führte den seinerzeit in

St. Peter in Mistail, Graubünden. Karolingische Dreiapsidenkirche
a. d. 8. Jh.

Genf entwickelten Gedanken der Volkssouveränität mit einer Folgerichtigkeit durch, zu der sich wenige seiner Gesinnungsgenossen in anderen Kantonen aufzuraffen vermochten. Seine Kantonsverfassung, die in ihren Grundzügen (trotz manchen Abwandlungen im einzelnen) bis heute in Kraft geblieben ist, kannte bereits die Volkswahl der Regierung – des *Conseil d'Etat* –, die damals sonst ausschließlich in den Landsgemeinde-Kantonen geübt wurde. Und er hat der einstigen Aristokratie endgültig und für die Dauer die Grundlagen ihrer Macht entzogen – nicht nur die institutionellen, sondern auch einen guten Teil der materiellen. So löste er rücksichtslos die »Société économique« auf, in der die Altgenfer ihr einstiges Bürgergut und eine Vielzahl öffentlicher Anstalten über die französische Okkupation hinweggerettet und bis zu diesem Augenblick als ihr ängstlich gehütetes Reservat behauptet hatten. Indem er den Erwerb des Genfer Bürgerrechts für die übrigen Schweizer und die in der Republik geborenen Ausländer radikal erleichterte, stieß er die alte, gegen außen zunehmend abgekapselte Gesellschaft auf die Bahn einer konsequenten Assimilationspolitik zwischen Alteingesessenen und Zugewanderten. Wenn nun die alten, militärisch sinnlos gewordenen Befestigungen geschleift wurden, wenn (mühsam genug) der Anschluß ans schweizerische Bahnnetz gelang, so waren das nur Symptome dafür, wie Genf erneut ins Große und Weltläufige zu planen begann. Erst das machte freilich auch die »formidable infiltration« französischer und italienischer Zuzügler möglich, von der Albert Dauzat 1910 meinte, sie mache es begreiflich »que les Genevois d'origine essaient de réagir contre la marée cosmopolite qui menace de submerger leur race à bref délai«: Die Kosmopoliten von einst wußten auf den Kosmopolitismus der neuen Zeit nicht anders zu reagieren denn mit Schrecken.

Auf der anderen Seite aber hat Edmond Privat darauf aufmerksam gemacht, daß die Genfer Elite, nachdem sie ihr Machtmonopol eingebüßt hatte, ihre Intelligenz nun erst recht auf neue Aufgaben universeller Natur hinwandte – etwa indem sie dem feurigen, aber unpraktischen Idealisten Henri Dunant ihre Unterstützung und ihre weitreichenden Verbindungen lieh, als er den Gedanken des Internationalen Roten Kreuzes entwickelte und die Staatsmänner der zivilisierten Welt für dieses Werk zu gewinnen suchte. Dieser Hilfe ist es nicht zuletzt zu verdanken, daß Genf zur Zentrale eines solchen humanitären Bestrebens wurde. Noch immer ist das Internationale Komitee vom Roten Kreuz ein bevorzugter Wirkungskreis von Altgenfer Notabeln, die sich diesem ausschließlich aus Schweizern rekrutierten Gremium ehrenamtlich zur Verfügung stellen.

Solche Dinge geschahen jedoch gleichsam am Rande des offiziellen Genf. Wohl stand ihnen das radikale Regime keineswegs abweisend gegenüber. Nur hatten seine Führer, zumal die der zweiten Generation, andere Sorgen. Hinter Fazy waren neben den Arbeitern und dem Kleinbürgertum auch noch die Katholiken gestanden (merkwürdig genug, wenn man sich erinnert, daß seine Politik sich primär gegen den katholischen Sonderbund wandte, aber begreiflich im Hinblick darauf, wie eng die Aristokratie, die er entmachtete, mit ihrem Staatskirchentum in die calvinistische Vergangenheit der Republik verflochten war). Fazys Nachfolger jedoch ließen sich in einen »Kulturkampf« hineintreiben, der in ihrem Machtbereich härter, rücksichtsloser und massiver geführt wurde als selbst im Kanton Bern. Ein 1872 erlassenes Gesetz suchte auch der katholischen Kirche die Volkswahl der Geistlichen aufzuzwingen, verlangte vom Klerus den Eid auf die Verfassung und postulierte das Plazet des Staatsrats für die Bischofswahl; die Pfarrer, die sich diesen Forderungen widersetzten, wurden zwei Jahre später allesamt ihres Amtes enthoben, des Landes verwiesen und durch (meist ausländische) altkatholische Priester ersetzt, denen die bestehenden Gotteshäuser von Staats wegen zugewiesen wurden. 1875 wurden sogar alle äußeren Kulthandlungen (einschließlich Leichenbegängnissen und Gottesdiensten in geschlossenen Räumen) an eine ausdrückliche Ermächtigung der Regierung geknüpft. Aber dieser Versuch, die Kirche – im Widerspruch zum ursprünglichen Emanzipationsgedanken – der Kontrolle des Staates zu unterwerfen, scheiterte in Genf genauso wie anderswo. Den radikalen Heißspornen blieb am Ende (von 1878 an) nichts anderes mehr übrig als der Rückzug: Er schuf schließlich nur die Vorbedingung dafür, daß es 1907 zur endgültigen Trennung von Kirche und Staat kommen konnte, die auch die letzten, längst in ihr Gegenteil pervertierten Restbestände der calvinistischen theokratischen Idee ausräumte und den Säkularisierungsprozeß konsequent zu Ende führt.

Ein Nebenprodukt der Kulturkampf-Ära sollte allerdings weit mehr als episodische Bedeutung gewinnen: die Umwandlung der traditionsreichen Akademie in eine moderne Universität. Es ist bezeichnend für den kosmopolitischen Genius Genfs, daß diese Universität sehr schnell – durchaus ohne bewußten Willen ihrer Gründer – zur internationalsten Hochschule der Eidgenossenschaft werden sollte. Als einzige hat sie lange Zeit eine Mehrheit ihrer Studenten aus Ausländern rekrutiert, und auch wenn das heute bei weitem nicht mehr der Fall ist, machen die Nichtschweizer hier (und *nur* hier) immer noch mehr als ein Drittel der Immatrikulierten aus. Das hat freilich schon mit der neuen universalen Reputation zu tun, die Genf aus seiner Wahl zum Völkerbundssitz zugewachsen war; sie fand ihren Niederschlag auch in der Schaffung jenes »Institut des hautes études internationales«, das zur ersten und bis heute weitaus bedeutsamsten Stätte der politischen Wissenschaften in der Schweiz geworden ist.

Auch eine so bemerkenswerte Institution ändert allerdings wenig an der charakteristischen Fremdheit zwischen dem autochthonen Genf und der internationalen Diplomatie. Gewiß war die Stadt glücklich, als »Weltkapitale« erkoren zu werden (auch wenn sie diesen Rang von jeher mehr in der Idee als in der Wirklichkeit einnahm, weil ja der Völkerbund nie ein eigenes Gewicht oberhalb der nur lose assoziierten nationalen Souveränitäten erlangte). Aber ähnlich wie später in Straßburg der Europa-Rat (oder auch in Bonn die Bundesregierung) gleichsam am Rande der städtischen Gesellschaft blieb, ohne mit ihr in mehr als zufällige und sporadische Beziehung zu treten, so hat sich auch in Genf keine wirkliche Symbiose zwischen den beiden Elementen herausgebildet. Sie leben bis in die Gegenwart hinein mehr oder minder beziehungslos (und nicht immer reibungslos) nebeneinander her. Die rund 15 000 Angestellten der internationalen Organisationen – etwa je zur Hälfte Schweizer und Ausländer – spielen zwar eine bedeutende wirtschaftliche Rolle, aber sie haben den Geist der Stadt weniger geprägt, als es in Anbetracht ihrer eigenen kosmopolitischen Grundhaltung den Anschein haben könnte.

Gerade in der jüngsten Zeit hat es sogar nicht an Spannungen zwischen beiden gefehlt. Denn wenn die Stäbe der zahlreichen übernationalen Körperschaften in den Zeiten der großen Krise einen unzweifelhaften ökonomischen Aktivposten bedeuteten, so machte sich ihre Gegenwart in der großen Nachkriegsprosperität oft auch störend geltend. Das galt auf dem Arbeitsmarkt, wo die tüchtigsten Kräfte vielfach von den hochbezahlten Posten bei den Vereinten Nationen, ihren Neben- und Unterorganisationen und den privaten oder halböffentlichen Organismen an ihrer Peripherie angezogen und aufgesogen wurden. Es wird nicht minder dafür verantwortlich gemacht, daß die Genfer Mietpreise weit über den (ohnedies hohen)

Schweizer Durchschnitt emporgeschnellt sind und daß der Kanton trotz einer entfesselten Bautätigkeit keine Aussicht sieht, seines Wohnungsproblems Herr zu werden. Denn so eifrig seit Jahrzehnten überall gebaut wird – ein ungesund großer Teil dieser Bauten wird von Büros und von Luxusappartements in Anspruch genommen, die selbst dem Angehörigen des Mittelstands schlechterdings unerschwinglich sind. So zeigen sich denn schon seit einiger Zeit wieder Symptome für einen jener (zeitweiligen) Rückschläge in die provinzielle Xenophobie, die gleichsam kontrapunktisch den großen Fluß des Genfer Kosmopolitismus begleiten und von Zeit zu Zeit aus seiner konstanten Richtung abzudrängen drohen. Von einer ganz anderen Seite her wird die Fremdenfeindlichkeit durch die Häufung meist außereuropäischer Asylanten und Asylbewerber genährt. Die internationale Atmosphäre Genfs zieht diese Flüchtlinge aus asiatischen und afrikanischen Ländern in ganz besonderer Weise an, und die Exoten treten um so auffälliger in Erscheinung, als sie sich in einigen wenigen Stadtteilen zusammendrängen. Das aber wird wiederum zum Anstoß für jenen aggressiven Rassismus, der seinen Ausdruck im Wachstum einer besonders virulenten rechtsradikalen Bewegung findet: der *Vigilants*.

Das gehört zu den wohl unvermeidlichen Spannungen, mit denen das Gemeinwesen sein einzigartiges, aber auch gefährliches Heraustreten aus kantonaler und lokaler Enge in die Weite globaler Bezüge bezahlen muß. Wie in dem so vielfach verwandten Zürich das Metropolitane, so kann sich auch in Genf das Kosmopolitische niemals rein ausbilden. Jeder neue kräftige Schub in der Richtung auf die früh angelegte »Internationalität« aktualisiert auch die Widerstände aufs neue – und auch sie haben ihren Platz im Raum der geschichtlichen Erfahrung und im seelischen Haushalt der Genfer Bevölkerung: als ein im einzelnen oft kleinlich-kleinbürgerliches und doch unentbehrliches Gegengewicht gegen eine allzu bedenkenlose Neigung, sich den von außen kommenden Anregungen und Impulsen hinzugeben und das einmal Gewordene dem erst noch Werdenden, die Tradition der Zukunft und die solide Beschränkung einem oft ins unsolid Abenteuerliche ausschweifenden Ehrgeiz aufzuopfern.

Es ist nicht – oder doch nicht in erster Linie – die eingesessene Aristokratie, die diesem Trend ins Große und Ambitiöse folgt; neben ihr ist längst ein neues Bürgertum aufgeschossen, das sich nicht mehr ans Hergekommene gebunden fühlt. Mehr oder weniger skrupellose Geschäftemacher sind seit Generationen dazu übergegangen, den Staat als Instrument ihrer oft reichlich spekulativen Unternehmungen einzuspannen. Schon Fazy stand mit seinen oft gewagten Finanzoperationen am Anfang dieses neubürgerlichen Stils, auch wenn er die Geschäfte durchaus als Mittel der Politik benützte, während seine Epigonen sich eher dazu verlocken lassen, Politik umgekehrt in den Dienst des Geschäftes zu stellen. Das hat dazu beigetragen, daß der Kanton sich erst spät – und dann meist nur sporadisch – der Lösung seiner sozialen Probleme zuwandte und so einen bedeutenden »sozialen Nachholbedarf« aufstaute. Bis in die jüngste Zeit hinein fand robustes Spekulantentum auch dort freie Bahn, wo es in der Macht der Verwaltung gelegen hätte, ihm Zügel anzulegen – nicht zuletzt weil die Repräsentanten dieser Verwaltung gelegentlich durch ihre privaten Interessen mit diesem Spekulantentum verfilzt waren. Andere »Affären« kamen hinzu: eine laxe Justiz und Polizei beispielsweise.

Eine nicht geringe Rolle spielt bei der anhaltenden Vernachlässigung gesellschaftlicher Aufgaben allerdings auch ein soziologischer Tatbestand, der in seltsamem und aufschlußreichem Widerspruch zu der früheren Situation steht. Hatte die Genfer Arbeiterschaft im 18. Jahrhundert und bis in die Zeit der Revolution von 1846 hinein eine ungewöhnlich aktive und eigenwillige Rolle im Gesellschaftsganzen gespielt, so verlor sie paradoxerweise mit fortschreitender Industrialisierung zunächst eher an politischem Gewicht und Einfluß. Das hing damit zusammen, daß sie sich bis zum Ersten Weltkrieg vornehmlich aus Ausländern rekrutierte, die zwar an Wirtschaftskämpfen um mehr Lohn und bessere soziale Bedingungen Anteil nehmen konnten, denen aber die Mitbestimmung in den öffentlichen Angelegenheiten versagt blieb. Erst als in der Zwischenkriegszeit die abgewanderten Fremdarbeiter durch Schweizer aus anderen Kantonen – und nicht zuletzt auch aus den deutschsprachigen Landesteilen – ersetzt wurden, änderte sich das Bild einigermaßen und führte zu heftigen politischen Pendelausschlägen.

Damals entstand erstmals in Genf eine breite und extremistischen Ideen zugängliche Arbeiterbewegung unter der anfeuernden Führung eines neuen Tribunen, der seine Rolle durchaus als die eines »proletarischen Fazy« begriff: des waadtländischen Bauernsohns und Postangestellten Léon Nicole. Zwar waren die Kommunisten nach ihrer Abspaltung in Genf nur flüchtig in Erscheinung getreten. Aber Nicole stand, obwohl Sozialdemokrat, auf der äußersten marxistischen Linken seiner Partei. Nichtsdestoweniger verstand er es als einziger Politiker, die neuen Elemente der Unterschicht zu mobilisieren. Nachdem die Radikalen ihr ursprüngliches stillschweigendes Bündnis mit den Sozialisten 1926 aufgekündigt hatten, begann sich in der Arbeiterschaft immer mehr eine ausgesprochene klassenkämpferische Stimmung auszubreiten. Gleichzeitig wurde diese Stimmung noch genährt durch das Auftauchen eines Rechtsextremismus unverkennbar faschistischen Zuschnitts unter dem brillanten und gewissenlosen Skandaljournalisten Georges Oltramare, dem zweimal um ein Haar in den frühen dreißiger Jahren der Aufstieg in den Staatsrat geglückt wäre (und der dann im Zweiten Weltkrieg seinen politischen Fanatismus bis zum offenen Landesverrat treiben sollte).

Diese Gegensätze entluden sich, als die Weltkrise Genf schwer in Mitleidenschaft zog. Der Zusammenbruch der *Banque de Genève*, die Fazy seinerzeit als Widerpart der konservativen genferischen Privatbanken errichtet hatte und die seither zu einer wichtigen Machtposition der Radikalen Partei geworden war, erschütterte das bürgerliche Regime schwer; die hemmungslose Agitation Nicoles auf der einen, Oltramares auf der andern Seite führte im November 1932 zu gewaltsamen Zusammenstößen der feindlichen Flügelparteien, die durch das unbesonnene Eingreifen des Militärs in blutige Unruhen ausarteten und 13 Tote samt 61 Verwundeten kosteten. Ein Jahr später war Nicole, inzwischen zu einer Gefängnisstrafe von sechs Monaten verurteilt, an der Spitze eines mehrheitlich sozialistischen Staatsrats »Président de la République et du Canton de Genève«.

Zwar dauerte sein Regiment nur drei Jahre, während deren es durch die fortdauernde bürgerliche Mehrheit der kantonalen Legislative allenthalben behindert wurde (und in denen auch noch eine zweite der Genfer Großbanken, das *Comptoir d'Escompte*, ihre Schalter schließen mußte). Trotzdem wirken die Folgen dieser Episode bis in die Gegenwart fort. Indem die siegreiche Opposition nach dem Sturz Nicoles die völlige Ausschaltung seiner Partei aus der Exekutive erzwang und im Zeichen der sogenannten *Entente Nationale* eine jeder Versöhnung abholde schroffe Bürgerblock-Politik betrieb, trug sie entscheidend dazu bei, den ehrgeizigen Arbeiterführer und einen Großteil seiner Anhänger dem Kommunismus in die Arme zu treiben. Auch als der gemäßigte sozialdemokratische Flügel 1939 mit dem bisherigen Chef brach, nachdem dieser sogar den Pakt des Kremls mit Hitler verteidigt hatte, dachte das Bürgertum nicht daran, seine Haltung zu revidieren. Erst 1945 fand wieder ein Vertreter der demokratischen Linken Eingang in die Kantonsregierung. Aber lange noch stand die erneuerte Sozialdemokratie im Schatten der kommunistischen Konkurrenz, deren Stimmenzahlen nach dem Krieg zeitweise einen Anteil von 30 % erreichten und erst ganz allmählich zurückgingen. Selbst als die hier unter dem Namen *Parti Ouvrier Populaire* (POP) auftretende KP bei den Nationalratswahlen von 1983 erstmals unter die 10 %-Marke und damit auf ihren tiefsten Stand absank, war sie immer noch doppelt so stark wie in irgendeinem anderen Kanton – als Ergebnis eines allzu lange allzu bedenkenlos geführten Klassenkampfs von oben.

Ein Vergleich mit den vielfach ähnlich gelagerten Verhältnissen in Basel ist aufschlußreich. Dort blieb auch in den härtesten Auseinandersetzungen die Chance breiter Zusammenarbeit immer offen (so daß zeitweise selbst die Kommunisten in der Kantonsregierung Platz fanden, während sie in Genf nur ihren Anspruch auf einen Sitz in der kommunalen Exekutive durchsetzen konnten). Das erleichterte einmal ums andere den Ausgleich nach der Mitte hin, während sich die Genfer Antagonisten bewußt in einer Haltung kompromißloser Feindschaft gegeneinander abkapselten. Vielleicht hätte der Kommunismus nach 1945 schon unter dem Eindruck des französischen Beispiels auf jeden Fall Fuß gefaßt. Daß er sich aber jahrzehntelang eine für die Schweiz völlig einzigartige Position schaffen konnte, muß als Folge bürgerlicher Verbissenheit und Gehässigkeit verstanden werden.

Erst langsam ist es den Sozialdemokraten gelungen, sich wieder nach vorne zu arbeiten, ihren Wirkungsbereich Schritt für Schritt zu verbreitern und schließlich wieder mehrfach zur (knapp) stärksten Genfer Partei zu werden; wesentlich mehr als ein Fünftel der Stimmen konnten sie freilich auch dann nicht auf sich vereinen, und zu einer Linksmehrheit im Kanton hat es auch in der Zeit nie gereicht, als Sozialdemokraten und Kommunisten noch bereit waren, ihre Listen unbekümmert um die ideologischen Gegensätze miteinander zu verbinden.

Anderseits hat sich in den sechziger und siebziger Jahren ein deutlicher politischer Stimmungsumschwung im Sinne einer betonteren (und etwas modisch anmutenden) Liberalität vollzogen. Gab man sich früher im bürgerlichen Lager durchwegs stockreaktionär oder flirtete sogar mit halbfaschistischen Ideologien, so empfand man nun bis weit hinein in konservative Kreise auf einmal den eingefleischten Antikommunismus der Deutschschweizer als stur, erging sich in Schwärmereien für die Dritte Welt und legte eine betonte Abneigung gegen das früher rückhaltlos bewunderte Militär an den Tag. Hatte sich die Studentenschaft in der Zwischenkriegszeit für Maurras und Oltramare begeistert, so wandte sie sich nun noch mehr als in allen anderen Universitätsstädten »progressiven« und zumal marxistischen Vorstellungen zu. Von Genf gingen Initiativen für die radikale Kürzung des Verteidigungsbudgets wie für ein in der Verfassung verankertes Verbot der Atombewaffnung aus. Typisch für dieses Meinungsklima, in dem Kritik am helvetischen *Establishment* üppig gedieh, war die Aktivität einer Persönlichkeit wie des Soziologieprofessors Jean Ziegler, der in seinen (auch außerhalb der Schweiz vielbeachteten) Büchern nicht müde wurde, den eidgenössischen Kapitalismus und seine Komplizenschaft mit dem »Imperialismus« eifernd zu denunzieren. Daß dieser langjährige sozialistische Parlamentarier 1983 seinen Sitz im Nationalrat einbüßte, erschien fast symbolisch für den neuen Rückschlag des politischen Pendels in den frühen achtziger Jahren: Wie einst die Sympathie für autoritäre oder gar totalitäre Ideen, so spiegelte danach der beflissene »Progressismus« nicht zuletzt das Bedürfnis nach »Modernität« um jeden Preis wider, das Genf kennzeichnet – und im gleichen Eifer, die Schlagworte des Augenblicks genauso hurtig aufzugreifen wie den *dernier cri* des Pariser Chics, stellt man sich nun auf die konservative Wende um.

Konstant bleibt inmitten all dieser Wandlungen eine eigentümliche, vom allgemeinen schweizerischen Habitus merkwürdig abstechende Tendenz zur politischen Labilität. Ist es in den anderen Kantonen eine seltene Ausnahme, wenn verdiente (und gelegentlich auch unverdiente) Magistraten vom Volk abgewählt werden, so hat es in Genf während der sechziger Jahre sogar eine Staatsratswahl gegeben, bei der alle bisherigen Amtsinhaber bis auf einen über die Klinge springen mußten. Das hing nicht nur mit dem Malaise über Wohnungsnot, Teuerung und allerhand mehr oder minder gravierenden Skandalen zusammen. Der ungewöhnliche Vorgang reflektierte auch die schwere Krise der Radikalen Partei. Dieser einstmals mächtige, seit der Zeit Fazys politisch führende Genfer Zweig des eidgenössischen Freisinns war durch die enge Liaison seiner maßgebenden Vertreter mit dem Milieu eines »affairistischen« Spekulantentums diskreditiert und zudem durch den Gegensatz zwischen einem rechten und einem mehr nach links tendierenden Flügel lahmgelegt. Und obwohl die Radikalen ihre innere Schwäche inzwischen einigermaßen überwunden haben, gehört ihre lang bewahrte Hegemonie wohl endgültig der Vergangenheit an.

In jener Gruppierung der bürgerlichen Parteien, die unter dem Namen *Entente Genevoise* die einstige *Entente Nationale* erneuert hat, sind es seit 1977 die Liberalen, die den Ton angeben. Diese traditionelle Rechtspartei, Erbe der protestantischen Konservativen, hat ihren Einflußbereich wesentlich über das altgenferische Bürgertum, die »*gens du haut*« und die Bankwelt ausgedehnt, denen sie ihren herkömmlichen Rückhalt verdankte. Sie findet sogar gelegentlich Platz für eigenwillig-fortschrittliche Persönlichkeiten wie ihre Vertreterin im Ständerat, die vielfach angefeindete Monique Bauer-Lagier. Mehr Mühe, sich in ihrer angestammten Wählerschaft zu behaupten, hat neuerdings die Christliche Volkspartei: Während bei den Liberalen die ursprünglich sehr prononcierte calvinistische Orientierung mehr eine vage Erinnerung als eine fortwirkende geistige Kraft ist, gelangen die Katholiken kaum über ihr konfessionelles Ghetto hinaus.

Einen unerwartet festen Platz im Genfer Parteiengefüge haben sich die *Vigilants* erobert. Als diese Gruppe, deren zugleich populistischer und aggressiver Stil an die frühere französische Bewegung der Poujadisten erinnert, 1965 erstmals bei kantonalen Wahlen kandidierte und sogleich ein Zehntel der Sitze im Großen Rat eroberte, neigten manche Beobachter noch dazu, sie für eine Eintagsfliege zu halten. Allen Schwankungen zum Trotz, denen sie seither ausgesetzt war, ist sie nicht mehr von der politischen Bühne abgetreten. Zusammen mit ihren Verbündeten von der gleichfalls notorisch fremdenfeindlichen Nationalen Aktion hat sie bei den letzten, 1983 abgehaltenen Nationalratswahlen sogar rund ein Siebtel aller Stimmen auf sich vereinigt, einen großen Teil davon bezeichnenderweise auf Kosten der Linksparteien. Daß sie sich auch rechtzeitig des Umweltschutzes annahm, der lange von den »historischen« Parteien ignoriert wurde, hat ihr zweifellos zusätzliche Anhänger eingebracht – was nicht verhinderte, daß es 1983 eine neue »grüne« Liste beim ersten Anlauf auf einen Stimmenanteil von immerhin 7 % brachte. Gerade die extreme Urbanisierung des Kantons hat offenbar wesentlich zur Weckung ökologischen Bewußtseins in der Wählerschaft beigetragen.

Zu den Merkwürdigkeiten Genfs gehört es, daß die Stadt keine ihrer Bedeutung angemessene Presse hervorgebracht hat. Zwar schaut das (liberalkonservative) »Journal de Genève«, 1826 begründet, auf eine stolze Tradition zurück. Aber die Zeiten, in denen es ein ähnlich weltweites Ansehen genoß wie die »Neue Zürcher Zeitung«, sind trotz der Sorgfalt seiner Leitartikel und *chroniques* längst vorbei. Die Übernahme der früher intellektuell bedeutenderen »Gazette de Lausanne« hat daran wenig geändert. Auch die politisch nicht festgelegten Blätter »La Suisse« und »Tribune de Genève« können sich nur mit Mühe gegen die intensive Konkurrenz behaupten, denen alle diese Zeitungen von der Pariser Presse ausgesetzt sind. Auch hier wird eine Schattenseite des Kosmopolitismus sichtbar: Eine nicht fest im eigenen Gemeinwesen verwurzelte Gesellschaft bezieht eben ihre Informationen – und oft genug auch ihre Maßstäbe – ohne Scheu von außen. Und eine Mehrzahl der Bewohner Genfs steht ohnedies am Rande der kantonalen Politik. Kaum ein anderer Kanton vermag selbst für heftig umkämpfte Wahlen oder Abstimmungen so wenig Bürger an die Urnen zu bringen wie der südwestliche Außenposten der Eidgenossenschaft, wo die Stimmbeteiligung kaum je die Marke der 50% übersteigt und oft genug in die Gegend der 20% zurückfällt. Die merkwürdige Mischung von politischer Apathie und politischer Labilität deutet hier noch beunruhigender als anderswo in der Welschschweiz auf eine gewisse Erschöpfung der traditionellen demokratischen Impulse hin. Aber sie läßt auch erkennen, daß die (mit Recht) vielgerühmte genferische Assimilationskraft nicht über das Gesellschaftliche ins Staatliche hineinreicht. Wohl werden die vielen Kantonsfremden in ihrem Habitus sehr schnell zu Genfern, aber das geht nicht bis zu einem mehr als gelegentlichen und zufälligen Interesse an den Problemen des Gemeinwesens.

Ganz gewiß keine Rede kann von einem solchen Erlahmen der Impulse im wirtschaftlichen Bereich sein. Selbst die sonst höchst bedrängte Uhrenindustrie, deren lange Geschichte sich so eng mit der Genfs verknüpft, hat hier weniger als anderswo über die Zeitläufte zu klagen, weil die Spitzen- und Luxusprodukte hiesiger Firmen wie Rolex oder gar Patek Philippe kaum unter einem Nachfrageschwund leiden. Anderseits sind aus der Uhrmacherei ähnlich wie im Jura vielfältige Unternehmen des Apparatebaus herausgewachsen. Genfs Rang in der naturwissenschaftlichen Forschung kommt sowohl der Erzeugung von Präzisionsinstrumenten aller Art zugute als auch einer bedeutenden Schwermaschinenindustrie, die aus ihrem traditionellen Bereich des Turbinenbaus zunehmend auch ins

Feld der Elektronik hinübergreift. Allerdings geht die Zahl der Beschäftigten in der Industrie schon seit den späten sechziger Jahren deutlich zurück, während die im tertiären Sektor immer weiter anschwillt und mittlerweile mit mehr als zwei Dritteln aller Arbeitskräfte den höchsten Prozentsatz ausmacht, den irgendein Kanton verzeichnet.

Das ist vor allem auf den extrem hohen Anteil der kommerziellen Unternehmen, der Banken und Versicherungen an der Genfer Wirtschaftsstruktur zurückzuführen. Auch nach den Bankzusammenbrüchen während der Weltwirtschaftskrise der dreißiger Jahre bleibt Genf nächst Zürich das wichtigste schweizerische Finanzzentrum; auffällig ist vor allem die außerordentlich hohe Zahl ausländischer – nicht zuletzt nahöstlicher – Institute dieses Sektors, die sich hier niedergelassen haben. Wenn die Genfer Börse in den Schatten ihrer zürcherischen Schwester gerückt ist, so bleibt sie doch die älteste und damit traditionsreichste der Schweiz – auch dies ein neuer Hinweis auf die Fortdauer der Antriebe, die von der einstigen Schlüsselposition der »protestantischen Hochfinanz« ausgingen. Nicht zufällig ist das Bankwesen der Stadt auch heute noch mehr auf internationale als auf lokale und regionale Bedürfnisse zugeschnitten.

Daß Genf an der Ausbildung des modernen kapitalistischen Kreditsystems einen so ungewöhnlichen Anteil genommen hatte, hängt wohl eng mit dem Charakter einer Bevölkerung zusammen, der man mit guten Gründen eine besondere (und freilich auch einseitige) Begabung fürs Abstrakte zuschreibt. Ihre Intelligenz hat sich immer mehr dem Spekulativen als dem Produktiven zugewandt. Mehr als von der Industrie, so bedeutsam ihre Leistung auf diesem Felde war, zeigte sie sich von deren soviel abstrakterem finanziellem Überbau einerseits, von der Wissenschaft (und hier wieder in erster Linie der Grundlagenforschung) anderseits fasziniert. Hellsichtig hat das der Waadtländer C.-F. Ramuz formuliert: »Genève de bonne heure a été fondée sur l'abstrait; le commerce et la banque sont, en effet, des abstractions, si on les compare au régime concret qui est le régime agricole.« Ähnliches gilt gewiß für alle urbanen Gemeinwesen. Aber für Genf gilt es in ungewöhnlichem Maße, weil es sich ja mehr denn jedes andere als Gefäß einer Idee verstanden hat. Der ursprüngliche Gehalt dieser Idee – des Calvinismus – mag bis zur Unkenntlichkeit verdünnt, vielleicht sogar verdampft sein. Die Haltungen jedoch, die aus ihr erwachsen sind, erweisen sich auch dann als bemerkenswert beständig, wenn der einstige Glaubenseifer seit

Genf

Jahrhunderten einer weltmännischen Skepsis gewichen ist. Wie in Basel, so erwächst auch hier eine kühle Ironie, ja ein trockener Sarkasmus aus puritanischem Boden.

Suchen wir rückblickend die unverwechselbare Besonderheit dieser Republik zu erfassen, die auf kleinstem Raum ein Schicksal von eigener Größe durchlebt hat, so bieten sich fast von selbst die Kategorien des großen englischen Geschichtsdenkers Arnold Toynbee als Instrumente der Deutung an. Toynbee erklärte die Geschichte als eine Folge von »Antworten« auf »Herausforderungen«. Sollte nicht hier der Schlüssel liegen, der den Zugang zum inneren Zusammenhang von räumlicher Winzigkeit und Größe der Leistung öffnen kann? Nicht obwohl, sondern *weil* es nie etwas anderes war und sein konnte als eine »parvulissime république«, ist Genf über andere und begünstigtere Städte und Stadtstaaten hinausgewachsen: Auf die Herausforderung der Beengtheit fand es die Antwort der Universalität. Das heißt, seine Größe ist letztlich nichts anderes als die Kompensation seiner Ohnmacht; sie wurzelt nicht in der exzeptionellen Gunst, sondern in der ungewöhnlichen Ungunst von Verhältnissen, über die es hinauswachsen mußte, wenn es ihrem Druck nicht erliegen wollte. Von seinen Nachbarn bald mißgünstig belauert, bald gewalttätig bedrängt, bestenfalls herablassend protegiert, verwandte der Miniaturstaat seine Energien darauf, die unübersteigbaren physischen Grenzen, in die er sich eingeschlossen sah, moralisch zu sprengen. Und eben daß ihm dies Kunststück gelang, macht jene Einzigartigkeit aus, die ein kaum zu hemmungsloser Bewunderung geneigter (und Genf keineswegs besonders gewogener) Staatsmann wie Talleyrand einmal mit dem hyperbolischen Ausspruch anerkannte, es gebe fünf Weltteile: Europa, Amerika, Asien, Afrika – und Genf.

Jura

Der verspätete Kanton

Wenn nun die Vortheile und Nachtheile einer blossen Vereinigung mit Bern in dessen jetzigen Bestandtheilen verglichen werden, so scheinen die letztern unter den obwaltenden Verhältnissen so überwiegend, dass der Geheime Rath einmüthig die Ueberzeugung theilt, diese Vereinigung sey nicht rathsam ...
Aus dem Bericht des Geheimen Rates von Bern, 29. März 1814

Ce n'est pas seulement au mépris d'une histoire indépendante de plusieurs siècles que la terre de l'ancienne principauté de Bâle fut unie à la République de Berne; ce fut encore au mépris d'inspirations intimes et constantes qui l'inclinaient vers les cantons suisses, mais précisément en vue de sauvegarder par là son unité nationale et sa liberté. Le Congrès de Vienne commit une erreur et une faute, doublée d'une injustice envers les habitants du Jura.
Nationalrat Xavier Jobin, in seiner Rede im Nationalrat vom 14. Februar 1919

In der ersten Auflage dieses Buches (1965) gab es bereits ein Kapitel über den Jura – allerdings unter der Überschrift »Der Kanton, den es nicht gibt«. In einer Aktualisierung von 1978 konnte das vorher staatsrechtlich inexistente Gebilde immerhin bereits unter dem Titel »Ein Kanton wird geboren« abgehandelt werden. Inzwischen hat dieses vor zwei Jahrzehnten noch hypothetische, vor sieben Jahren erst *in statu nascendi* begriffene jüngste Bundesglied bereits Jahre unter seiner eigenen Verfassung gelebt und nimmt jetzt, gleichsam verspätet, jenen gleichberechtigten Platz innerhalb der Eidgenossenschaft ein, der ihm so lange durch fremden Willen versagt blieb. Die Volksabstimmung von 1974, in der sich jedenfalls die drei nordjurassischen Bezirke französischer Sprache mit überwältigender Mehrheit für die Loslösung aus dem bernischen Staatsverband ausgesprochen haben, bezeichnet die erste Veränderung im territorialen Bestand der Schweiz, die sich seit dem Zerbrechen des Kantons Basel (1833) und vollends seit der Bildung des Bundesstaates (1848) vollzogen hat.

Unter strikt juristischen Gesichtspunkten *durfte* es etwas Derartiges gar nicht geben. Schließlich garantiert die Bundesverfassung den Kantonen in aller Form ihren Besitzstand, und konsequenterweise kennt sie auch kein Verfahren für eine Neugliederung des Bundesgebietes. Wer sich auf den Buchstaben des geschriebenen Rechtes bezieht, könnte daher gerechtfertigt sein, wenn er die Geburt des Kantons Jura als das Resultat eines nur notdürftig verhüllten Verfassungsbruchs charakterisiert – eine konstitutionelle Irregularität, die überhaupt nur möglich wurde, weil Behörden und Volk von Bern auf ihr verbrieftes Recht schließlich verzichteten und damit einverstanden waren, die Entscheidung über die Zukunft des jurassischen Landesteils in die Hände seiner Bewohner zu legen.

Die formelle Zuwiderhandlung gegen den *Wortlaut* des Grundgesetzes wurde aber unvermeidlich, wenn man dem Geist der Eidgenossenschaft treu bleiben wollte. Denn der genossenschaftliche Gedanke, aus dem dieser Bund seine Kraft zieht, schließt in der Tat die erzwungene Herrschaft eines Volkes über ein anderes gegen dessen Willen aus. Und daß die Jurassier ein »Volk« seien, hat ihnen 1950, nach einer frühen Phase des später so heillos verwirrten und so maßlos übersteigerten Streites, die bernische Kantonsverfassung selber bestätigt. Nach dem damals von den Stimmbürgern akzeptierten Text sollte das bernische Staatswesen »das Volk des alten Kantonsteils und dasjenige des Juras« umfassen. Schon diese Formel war ungewöhnlich genug. Die Verfassungen anderer gemischter Kantone erwähnen höchstens die Existenz verschiedener *Sprachen* auf ihrem Gebiet; von verschiedenen *Völkern* dagegen ist bei ihnen nirgends die Rede. Im Grunde wird mit der Wahl dieses Begriffs bereits der Anspruch der Jurassier auf Selbstbestimmung legitimiert, wenn auch nicht legalisiert. Denn sobald das eine der beiden Staatsvölker das Zusammenleben mit dem andern wirklich mehr und mehr als unerträgliche Zumutung empfand, war ihm danach das Recht auf die Loslösung aus der widerwillig eingegangenen Bindung schwerlich mehr zu bestreiten.

Zweifellos ist dieses Empfinden der Unerträglichkeit im Laufe des langwierigen und ungewöhnlich bitter ausgetragenen Jura-Konflikts durch mancherlei Mißgriffe zusehends verschärft worden. Aber geht man ihm auf den Grund, dann entdeckt man dahinter allerdings eine fundamentale Unvereinbarkeit der Temperamente und Mentalitäten, die vielleicht zeitweise entspannt, aber nie wirklich überwunden werden konnte. Selbst jene (zahlreichen) Jurassier, die von einer Separation von Bern nichts wissen wollten und nichts wissen wollen, leugnen es nur selten, daß sie sich als etwas durchaus Eigenes, vom Bernischen Verschiedenes, ja ihm letztlich sogar Entgegengesetztes betrachten. Etwas Derartiges klingt schon in der bedeutsamen Denkschrift des sogenannten *Comité de Moutier* aus dem Jahre 1948 an, die den Anstoß zur bernischen Verfassungsrevision von 1950 gegeben hat und den letzten großangelegten Versuch darstellte, eine einvernehmliche Lösung der Frage *im Rahmen Berns* zu erreichen:

»Der Jura, das ehemalige Fürstbistum Basel, das während acht Jahrhunderten einen autonomen Staat bildete, ist eine ethnische Einheit. Die Art und Weise, wie dieses Land historisch geschaffen worden ist, führte zur Entwicklung von Traditionen, die ihm eigen sind sowie zu einer besonderen Art zu fühlen und zu denken, zur Entschlossenheit, sein sprachliches und geschichtliches Erbe zu wahren, zum Gefühl einer eigenen Nationalität, eines eigenen Schicksals und einer untrennbaren Verbundenheit mit seiner unabhängigen Vergangenheit.«

Zweierlei fällt in diesen Sätzen auf. Wenn darin nicht nur von einem jurassischen Volk, sondern sogar von dessen »eigener Nationalität« die Rede ist, so nimmt das, unbekümmert um die bewußte Absicht der Verfasser, *implicite* bereits die später gezogene separatistische Konsequenz voraus. Zugleich aber wird diese These in sehr charakteristischer Weise *historisch* begründet und damit auf einer Ebene entwickelt, die später von den jurassischen Wortführern mehr und mehr verlassen wurde. Nicht die französische Sprache wird in dem angeführten Text als wesentliches und konstitutives Merkmal dieser »Nationalität« angesehen, sondern die eigene staatliche Tradition vieler Jahrhunderte unter Mitra und Krummstab der Fürstbischöfe von Basel.

Auch die radikalen Separatisten haben ursprünglich ganz ähnliche Auffassungen vertreten. Wohl legten sie stets eine hochgespannte Empfindlichkeit in allen Dingen der Sprache an den Tag und wurden nicht müde, angebliche »Germanisierungstendenzen« Berns zu denunzieren, die in Wirklichkeit – wenn es sie je gegeben hat – längst überwunden waren. Nichtsdestoweniger untermauerten auch sie in der Frühphase ihrer Bewegung das Verlangen nach dem eigenen Kanton vorzugsweise mit geschichtlichen und weniger mit linguistischen Argumenten. Eben deshalb konnten sie etwa die geschlossen deutschsprachige Bevölkerung des Laufentals als Teil des einheitlichen »jurassischen Volkes« in Anspruch nehmen (und eine freilich kleine Minderheit der Laufener kämpfte denn auch in ihren Reihen mit). Selbst der grundgescheite und allerdings ebenso fanatische Separatistenführer Roland Béguelin versäumte anfangs keine Gelegenheit, diese geschichtliche Begründung jurassischen Eigenwillens hervorzuheben, und er sparte nicht mit Rückblicken auf die »tausendjährige staatliche Tradition« seines Volkes.

Für eine solche Argumentation durfte man auch außerhalb der welschen Schweiz Verständnis erwarten. Schließlich begreift sich die Eidgenossenschaft selber ja essentiell als »Geschichtsnation«, als Produkt eines gemeinsamen Schicksals, das stärkere Bindungen und Verpflichtungen begründe als die der bloßen Zugehörigkeit zu dem einen oder anderen Sprachraum und Kulturkreis. Je schärfer sich allerdings die Gegensätze im Jura zuspitzten, je radikalere Positionen die Separatisten bezogen, desto mehr wurde die Berufung auf das geschichtliche Herkommen durch das rückhaltlose Bekenntnis zu einer (völlig unhistorisch begriffenen) *éthnie française* überlagert. Die Schweiz als Ganzes erschien nun den Verfechtern solcher Anschauungen als ein ausgeklügeltes System zur Majorisierung und letztlich »Entnationalisierung« ihrer nicht-alemannischen Bevölkerung. Damit aber schlug das ursprüngliche – und zweifellos nicht unbegründete – antibernische Ressentiment unversehens in ein antieidgenössisches um, das seinen Ausdruck in der systematischen und gehässigen Verächtlichmachung alles Deutschschweizerischen und in einem immer rabiateren französischen Kulturchauvinismus fand. Eben jene geschichtlichen Zusammenhänge, auf die man früher so großen Wert gelegt hatte, wurden nun zugunsten einer extrem ethnozentrischen, ja unverhüllt rassistischen Betrachtungsweise geleugnet. Ohne Umschweife versichert Béguelin bei jeder Gelegenheit, daß er sich als Jurassier dem französischen Nachbarn jenseits der Landesgrenze enger verbunden fühle als dem Deutschschweizer und daß ihm das, was besonnenere Welsche als das schweizerische Gesamtinteresse bezeichnen, durchaus »gleichgültig« sei. Und schließlich bleiben von der erst so bewegend beschworenen »tausendjährigen« Vergangenheit des Juras nur gerade noch jene zwei Jahrzehnte als gültiger historischer Bezugspunkt übrig, während deren das einstige Fürstbistum als »Département du Mont-Terrible« vom Frankreich der Großen Revolution okkupiert und annektiert war.

Sicher haben sich Béguelin und seine Freunde nie für den Anschluß an Frankreich ausgesprochen und jedes derartige Ziel sogar strikt geleugnet. Aber der emotionale Grundzug ihrer Agitation ist nichtsdestoweniger ganz und gar irredentistisch, und man kann den jurassischen Separatismus durchaus als die einzige Irredenta bezeichnen, die jemals in der Schweiz politische Relevanz gewonnen und Massen mobilisiert hat.

Allerdings sind die Berner im besonderen und auch viele

Deutschschweizer im allgemeinen an dieser Entwicklung nicht unschuldig. Allzu oft und allzu lange haben sie das Aufbegehren im Jura nur als eine mißliebige Störung ihrer Ruhe angesehen und unwillig beiseite geschoben. Das hat sicher zur Entstehung des antihelvetischen Affekts viel beigetragen. Anderseits haben es die Befürworter des *Jura Libre* auch jenen Leuten nicht leicht gemacht, denen ihr Verlangen nach dem eigenen Kanton durchaus gerechtfertigt erschien; ihre steten Appelle ans Ausland, ihre Versuche, das strittige Problem zu »internationalisieren«, mußten selbst viele Sympathisierenden kopfscheu machen. Vor allem haben die jurassischen Gewalttätigkeiten ein Klima des Hasses und der Verbitterung erzeugt, das wiederum den Gegnern der Separatisten zur Rechtfertigung quasi-terroristischer Methoden diente, als den antibernischen *Béliers* (Sturmböcken) die antiseparatistischen *Sangliers* (Wildschweine) mit der gleichen rauhbeinigen Schlägergesinnung entgegenzutreten begannen.

Wenn die Auseinandersetzung damit eine für schweizerische Verhältnisse völlig ungewohnte Heftigkeit annahm, dann hatte das freilich auch damit zu tun, daß sie nicht nur zwischen dem Jura und Bern (oder der Schweiz insgesamt), sondern auch innerhalb des Juras ausgetragen wurde. Was immer es mit der vielberufenen »ethnischen Einheit« dieses Gebiets auf sich haben mag – jedenfalls hat die heute von Béguelin und seinen Leuten so geringschätzig beiseite geschobene Geschichte diese Einheit im Laufe der Jahrhunderte immer wieder auf so mannigfaltige und sogar verwirrende Weise aufgefasert, aufgesplittert und in Frage gestellt, daß es gar nicht mehr sicher ist, wieviel Bindekraft ihr eigentlich noch innewohnt. Die geschichtliche und ethnische Einheit des Juras mag eine Tatsache sein; seine geschichtliche und ethnische Zersplitterung ist eine andere – und nur im Nebeneinander und Gegeneinander dieser beiden Faktenreihen können sich die Umrisse des jurassischen Problems vor uns entschleiern.

Zunächst müssen wir uns darüber klarwerden, daß die Vergangenheit unter dem Szepter der Basler Fürstbischöfe – jenem Szepter, das in heraldischer Stilisierung dem Jura wie den beiden Basel als Emblem dient – keineswegs in allen jurassischen Regionen die gleichen Erinnerungen weckt. In Pruntrut (Porrentruy) und Delsberg (Delémont), in den Freibergen und im Laufental denkt man an die bischöfliche Ära als an eine große Zeit zurück; in Moutier, im Val St. Imier und im Bezirk Neuveville dagegen wird das historische

Bewußtsein viel eher von einer Überlieferung kontinuierlichen Widerstandes gegen die geistlichen Herren genährt. Schon das deutet auf tiefliegende Unterschiede in der Entwicklung der einzelnen jurassischen Regionen hin, und wenn diese Unterschiede heute fast deutlicher ins Auge fallen als der gemeinsame Fundus, dann ist auch das ein Produkt der Geschichte und ein ebenso bedeutsames wie jene Gemeinsamkeiten, auf die sich das zitierte Dokument des *Comité de Moutier* beruft. Denn zwischen den Nordjura und die südlichen Täler haben die letzten fünfhundert Jahre eine Scheidelinie gezogen, die so tief geht, daß von der »ethnischen Einheit« nicht viel mehr übriggeblieben ist als eine Legende. So töricht es wäre, die Gegensätze zwischen dem Jura als Ganzem und dem »alten Kantonsteil« leugnen zu wollen, so wenig läßt es sich übersehen, daß der Jura selber in zwei deutlich unterschiedene Teile zerfällt, die sich nur schwer unter einen Hut bringen lassen. Die »jurassische Persönlichkeit«, in der Abgrenzung gegen den altbernischen Typus ohne weiteres faßbar, beginnt sich gewissermaßen vor unseren Augen aufzulösen, wenn wir sie nicht im Negativen, sondern im Positiven zu definieren versuchen.

Das braucht uns keineswegs zu verwundern. Schon ein Blick auf die jurassische Landschaft offenbart uns die tiefe Zerklüftung dieses Raums. Denn die einzelnen Talschaften und Gebirgszonen des Juras sind nur so locker miteinander verbunden, daß sie sich nach einem Ausdruck von Virgile Moine in eine »poussière de mondes minuscules«, in eine Staubwolke kleinster Welten auflösen. Bald als lange und steile Ketten, bald als breite, durch scharfe natürliche Grenzen markierte Plateaus erstrecken sich die Jurahöhen von Südwesten nach Nordosten, in ihren höchsten Erhebungen mehr als tausend Meter über den Meeresspiegel aufsteigend und gleichsam von Natur der Kommunikation abgeneigt. Noch heute spürt man, wieviel Mühe es gekostet haben muß, um durch Bahnen und moderne Straßen wenigstens ein Mindestmaß von Verbindung zwischen abweisenden Höhen und isolierten, tief eingeschnittenen Tälern zu schaffen und damit gleichsam Türen in die Wände hineinzusprengen, die diese selbstgenügsamen Kammern gegeneinander abdichten. Kaum eine andere Gegend der Schweiz hat sich leidenschaftlicher für den Aufbau eines neuzeitlichen Eisenbahnnetzes eingesetzt und größere Opfer dafür gebracht (außer jenem Graubünden, in dem Moine nicht ohne Grund ein alpines Gegenstück zum Jura sieht). Aber auch die Normal- und Schmalspurlinien, die seit 1870 angelegt worden sind und heute zusammen mit einem allzu lange vernachlässigten Straßennetz das Land erschließen, vermögen nicht darüber hinwegzutäuschen, daß ihm die Einheit ebenso fehlt wie die Mitte; noch heute erscheint uns der Jura, wenn wir ihn mit der Bahn oder im Auto er-fahren, weniger als eine Region denn als ein Konglomerat von Regionen.

Da ist etwa die Ajoie, der »Pruntruter Zipfel«, der zwischen dem Elsaß und der Franche-Comté tief ins französische Gebiet hinein vorspringt. »Ein Splitterchen Burgund« nennt sie Walter Menzi, »die in ihrem Wesen gewiß westlichste, vielleicht die zärtlichste Landschaft der Schweiz«. Von ihren niedrigen, sanft gewellten Hügeln, die das gesegnete, kornreiche Becken säumen, genießt man denselben weiten Blick nach Westen hin wie im Sundgau; elsässisch wirken die Häuser, viel mehr französisch als welschschweizerisch ihre lebenslustigen, temperamentvollen, disputationsfreudigen Bewohner, deren Sprache noch den Beiklang ihres rollenden Patois nicht verleugnet. Nur historisch, nicht geographisch oder »ethnisch« kann man die Ajoulots mit ihrer eigentümlichen Mischung von Nonchalance und bäurischer Brüskheit als »Jurassier« klassifizieren. Ihre Welt liegt jenseits des Juras: Ein Stück erzfranzösischen Frankreichs auf schweizerischem Staatsboden. Daß sie kirchlich bis ins 19. Jahrhundert nicht etwa zum Bistum Basel gehörten, dessen Bischof als ihr weltlicher Landesherr doch in ihrer Mitte – in Pruntrut – residierte, sondern zum Erzbistum Besançon, war mehr als eine historische Kuriosität: ein Beispiel dafür, wie alte, politisch früh auseinandergesprengte Zusammengehörigkeiten in den geistlichen Sprengeln noch über mehr als tausend Jahre hinweg weiterdauerten.

Machen wir einen großen Sprung an den Südfuß des Juras, so stoßen wir auf eine ganz andere Welt: auf das Weinland am Bieler See, zwischen der »Zukunftsstadt« Biel und dem altertümlichen kleinen Städtchen Neuveville, eine Gegend, die, vergleichbar etwa der neuenburgischen Seeregion, schon ganz dem Mittelland zugewandt scheint. Über ihr – und über der fruchtbaren Hochebene des Tessenbergs – erhebt sich das mächtige Bergmassiv des Chasserals und schrankt sie vom Val St.-Imier mit seiner lebhaften arbeitsamen Uhrmacherbevölkerung so ganz und gar ab, daß über die paar wenigen steilen Privatsträßchen kaum ein Verkehr hinüber und herüber geht. Zwischen dieses Tal und die Ajoie aber legt sich das jurassische Hochland der Freiberge mit seinen ausgedehnten Tannenwäldern, seinen einsamen Bergwiesen, seinen Steinmäuerchen und seiner berühmten Pferdezucht: Vielleicht das abgeschiedenste, einsamste, eigentümlichste Stück Schweiz außerhalb der Alpen überhaupt, so spät erst erschlossen und besiedelt, daß selbst die sonst keineswegs sehr toleranten Fürstbischöfe nicht zögerten, auf den scheinbar so unwirtlichen Höhen sogar den vertriebenen bernischen Wiedertäufern Zuflucht zu bieten, weil sie die kolonisatorische Tüchtigkeit der Erzketzer schätzten und nicht zu befürchten brauchten, daß sie auf dem windigen menschenleeren Plateau kirchentreuen Schäflein zum bösen Beispiel gereichen könnten.

Einige dieser Täuferkolonien haben sich bis heute erhalten: In Chaux-d'Abel nahe der neuenburgischen Grenze, auf dem Mont-Soleil hoch über St.-Imier, in Mont-Tramelan und anderswo. Hier lebt ein eigenes, der Assimilation zäh widerstehendes Völklein, altväterisch und sittenstreng, das seine heimische bernische Mundart genauso treu bewahrt hat wie seinen angestammten Glauben und bis vor kurzem inmitten der französischsprachigen Umwelt sogar ein paar verstreute deutsche Schulen unterhielt – eben jene Schulen, die in den leidenschaftlichen Diskussionen über die »jurassische Frage« so gerne als Beispiel hinterlistiger »Germanisierungs«-Tendenzen zitiert werden. Im Unterschied zu den Einheimischen haben die Anabaptisten keine Dörfer gegründet, sondern sich allenthalben in isolierten Einzelhöfen niedergelassen, auf denen sie als Viehbauern zu bescheidenem, aber solidem Wohlstand gelangt sind. Betritt man die gute Stube eines solchen Hofes, so fällt der Blick sogleich auf das unvermeidliche Harmonium, um das sich die Familie am Abend zu gemeinsamem Gebet und frommem Gesang versammelt; an den Sonntagen aber und manchmal auch am Abend eines Werktages sieht man die Täufer in dunkel gewandeten Gruppen den weiten Weg zur zentral gelegenen Kapelle unter ihre Füße nehmen, ernsten gefaßten Gesichts und mit langsamem gravitätischem Gang.

So wie die Berge des Juras in scharf gesonderte Ketten aufgelöst sind, so werden auf der anderen Seite auch die Täler in einzelne unzusammenhängende Abschnitte auseinandergeschnitten. Nicht einmal das Einzugsgebiet der Birs – dieses weitaus bedeutendsten aller schweizerischen Juraflüsse – bildet ein geschlossenes Ganzes. Denn die Klusen, diese romantisch engen, unwegsamen, tief in die schroff aufstrebenden Kalkfelsen hineingeschnittenen Schluchten, trennen höchst wirksam den oberen Teil dieses Tales um Tavannes vom Mittelstück um Moutier und dieses wiederum von dem breiteren und sanfter modellierten Delsberger Becken ab, und der seit Urzeiten befestigte Felsriegel der Vorburg schiebt sich seinerseits so abwehrend zwischen Delémont und Laufen hinein, daß an dieser Stelle die Alemannenstürme der Völkerwanderungszeit zum Stehen kamen und die Sprachgrenze sich seit dem frühen Mittelalter überhaupt nicht mehr verschoben hat. Wohl wurden die Hindernisse frühzeitig durch Weg und Steg überwunden. Aber sie blieben doch formidabel genug, daß die südlichen Täler sich beizeiten angewöhnten, ihren eigenen Weg zu gehen und daß bis in die Gegenwart hinein höchstens die Geographen, aber niemals die Anwohner vom »Birstal« sprechen. Der Jurassier kennt kein solches Gebilde, sondern nur das Val de Tavannes, das Münstertal oder »Grand Val« um Moutier, das Delsberger Tal und das Laufental – eben weil jede dieser Talstufen trotz des gemeinsamen Wasserlaufs eben doch ihren eigenen »monde minuscule« bildete.

Das Fürstbistum Basel, das diese weit auseinanderstrebenden Teile für lange Zeit unter seinem Krummstab vereinigte, war denn auch kein geschlossenes Staatswesen im modernen Sinne – und schon ganz und gar nicht jene Vorform eines jurassischen Nationalstaats, zu der es die Väter des heutigen Kantons Jura romantisch hinaufstilisieren. Die Autorität der Bischöfe war durch zahllose Sonderrechte und Freiheitsprivilegien ihrer verschiedenen Besitztümer eingeschränkt; die einzelnen geistlichen und weltlichen Herrschaften kümmerten sich vielfach so wenig um die bischöfliche Obergewalt, daß sie sogar ihre eigenen Bündnisse und Burgrechte abschlossen und die Macht der Herrscher auf ein Minimum reduzierten, indem sie bei Außenstehenden Rückhalt gegen deren Ansprüche gewannen.

Am konsequentesten haben Landschaften und Städte des Südjuras dieses Spiel betrieben. Biel insbesondere erwuchs unter bernischem Schutz und Protektorat zu einem eigenen kleinen Stadtstaat, der als Zugewandter Ort der Eidgenossenschaft sogar seinen festen Sitz an der Tagsatzung erlangte und sich dem Einfluß der bischöflichen Vögte frühzeitig völlig entzog. Dem Einfluß Berns erlagen auch das kleinere Neuveville am Südrand des Bieler Sees, der Tessenberg und die Herrschaft Erguel (Val St.-Imier), die in Kriegszeiten dem Banner Biels zur Gefolgschaft verpflichtet war, vor allem aber die Propstei Moutier-Grandval. Dort hatte sich unter der mehr und mehr verblassenden bischöflichen Oberherrschaft und der milden Aufsicht eines traditionell eidgenössisch gesinnten Stiftskapitels schon im Mittelalter ein eigenwilliger Freistaat mit einer Art Landsgemeinde – dem *plaid général* – herausgebildet. So waren bei Beginn der Neuzeit alle diese Gebiete, mit einem größeren oder geringeren Maß an innerer Autonomie, dem Machtbereich Berns eingegliedert, das überall unter mancherlei Titeln Anspruch auf Mitregierung neben den bischöflichen Autoritäten oder auch gegen sie erhob und durchsetzte.

Schon vor 500 Jahren öffnete sich damit ein Graben zwischen den feudalen, zum Reich gehörigen, von den Fürstbischöfen unmittelbar regierten nördlichen Vogteien und einem von republikanischen wie von eidgenössischem Geist erfüllten, dem Bistum immer weiter entfremdeten Südjura. Die Reformation, durch Bern vermittelt und von den Jurassiern unter seinem Einfluß begierig als Legitimation ihres Autonomiestrebens gegenüber der bischöflichen Herrschaft aufgegriffen, vertiefte diesen Graben noch – und dies zu einer Zeit, da anderswo die lose miteinander verbundenen Territorien des Mittelalters im Zeichen neuen Souveränitätsdenkens straffer zusammengefaßt, von einem monarchischen Zentrum her durchorganisiert und vereinheitlicht wurden.

Eben dies geschah auch im Nordjura in der Ära der Gegenreformation. Wohl waren auch seine Distrikte – weniger von Bern als von Basel her – zeitweise durch den neuen Glauben ergriffen worden. Aber der bedeutendste aller Basler Fürstbischöfe, Christoph von Blarer, konnte die verirrten Schäflein dort doch ohne allzu große Widerstände wieder in die Hut der alten Kirche zurückführen und zugleich das fast schon zerfallene geistliche Fürstentum in einer Weise wie nie zuvor festigen. Im Süden dagegen, wo er auf die überlegene Macht Berns stieß, mußte er schon zufrieden sein, wenigstens einige seiner längst gegenstandslos gewordenen Rechte formal zurückzugewinnen, ohne seine Untertanen in ihrem reformierten Bekenntnis zu behelligen.

Von nun an blieb der Norden wesentlich vom Katholizismus geprägt, während im Süden protestantische Religiosität den geistigen Habitus der Bevölkerung bestimmte. Auch im Jura erwies es sich, daß die konfessionelle Zugehörigkeit eine nachhaltigere Kraft bis weit ins Zeitalter der Säkularisierung hinein zu entfalten vermag als selbst die sprachliche. Zudem wurde die politische Trennungslinie vom 16. Jahrhundert an durch die fortschreitende Eingliederung der südlichen Territorien in das schweizerische Verteidigungssystem und seine langsam erwachsende Neutralität kräftiger ausgezogen.

Bestrebungen der Bischöfe, den Neutralitätsstatus auf ihr gesamtes Gebiet auszudehnen, vielleicht gar die Stellung eines vollberechtigten Kantons für das ganze Fürstbistum zu erlangen und dadurch der Spaltung ihrer Lande entgegenzuwirken, scheiterten ebenso am Widerstand der reformierten Kantone wie der Beitritt Genfs an dem der katholischen; so blieb der Nordjura beim Reich, wurde immer wieder in die europäischen Kriege hineingerissen und schließlich 1792 von den französischen Revolutionstruppen überrollt. Illusionär war auch die Hoffnung der Bauern in der Ajoie auf eidgenössische Hilfe für ihre kraftvolle Erhebung gegen das feudale Regime in den dreißiger Jahren des 18. Jahrhunderts. Untätig sahen die Schweizer zu, wie französische Dragoner im Namen des deutschen Reichsfürsten dessen eidgenössisch gesonnene Untertanen in die Knie zwangen. Vergeblich beschworen weitsichtige Staatsmänner die Tagsatzung, sie müsse im Fürstbistum die »wahre Vormauer der Eidgenossenschaft« erkennen. Selbst als die französische Invasionsarmee diese Vormauer zum Einsturz brachte, rührten die 13 Orte keinen Finger. Der ephemeren, von Paris dekretierten »raurachischen Republik« folgte denn auch fast zwangsläufig die Annexion zuerst der reichszugehörigen, dann auch der eidgenössischen Vogteien an Frankreich.

In der gemeinsamen Untertänigkeit als *Département du Mont-Terrible* unter die Eine und Unteilbare Französische Republik und später das Kaiserreich Napoleons wurden die so lange getrennten jurassischen Territorien erstmals zwangsweise wieder zusammengeführt. Aber alle von den Okkupanten mühsam unterdrückten partikularistischen Tendenzen brachen neu auf, als nach dem Sturz Napoleons die Sieger ihre Bereitschaft zur Vereinigung des Juras mit der Schweiz bezeugten. Wohl regte sich in den nördlichen Bezirken der Gedanke, nun könnte der alte Traum von einem jurassischen oder »raurachischen« Kanton verwirklicht werden. Aber bezeichnenderweise erweckte dieser Gedanke im Süden nur ein schwaches Echo. Den Bieler Patriziern schwebte ein »Kanton Biel« vor, der den ganzen reformierten Teil des Juras umfassen sollte. Diese Idee jedoch fand höchstens im Val St.-Imier einigen Anklang. Im allgemeinen schienen die Südjurassier viel eher bereit, sich der festen Hand Berns anzuvertrauen; auf jeden Fall wollten sie von einer Minderheitsrolle in einem mehrheitlich katholischen Jurakanton nichts wissen.

Die bernische Regierung ihrerseits war ursprünglich keineswegs abgeneigt, das Fürstbistum in irgendeiner Form als selbständigen Kanton zu akzeptieren. Sie konzentrierte ihre Anstrengungen auf dem Wiener Kongreß ganz und gar darauf, den früheren Berner Aargau und die Waadt – oder doch wenigstens eines dieser beiden reichen und fruchtbaren alten Besitztümer – zurückzugewinnen; die Vereinigung des Juras mit Bern jedoch fand der Geheime Rat der wiedererstandenen Stadtrepublik angesichts ihrer »überwiegenden Nachtheile« durchaus »nicht rathsam«. Erst als die Alliierten nachdrücklich auf der Selbständigkeit der Waadt und des Aargaus bestanden, ließen sich die Gnädigen Herren eher widerwillig auf die Offerte der Mächte ein, den herrenlos gewordenen Jura als Entschädigung für den erlittenen Verlust anzunehmen. Wie widerwillig, das kann man aus dem damals weit verbreiteten Bonmot herauslesen, man habe Bern seine reiche Kornkammer und seinen wohlbestückten Weinkeller geraubt und es dafür mit einer elenden Dachkammer abgefunden . . .

Solche Vergleiche waren kaum dazu angetan, die Jurassier eines besonderen bernischen Wohlwollens zu versichern. Anderseits aber gaben sich die Notabeln, die im Namen des Juras die Vereinigungsakte mit Bern ausarbeiteten und unterzeichneten, gar keine sonderliche Mühe, aus den Verhandlungen wenigstens ein Minimum an Autonomierechten herauszuholen. Sie waren ganz damit zufrieden, daß der Kanton, in den ihre Heimat nun unter dem neuen Sammelnamen der »Leberbergischen Vogteien« eingegliedert wurde, die Rechte der katholischen Kirche nicht anzutasten versprach und im übrigen dem neuen Landesteil die bisherige französische Gesetzgebung alles in allem beließ. Tatsächlich blieb im Jura der *Code Napoléon* im wesentlichen in Kraft, bis 1907 ein gesamtschweizerisches Zivilgesetzbuch ihn auch hier ablöste.

Diese merkwürdige Indolenz der Jurassier hing wohl hauptsächlich mit der allgemeinen Erschöpfung nach langen Jahren von Revolution, Krieg und fremder Herrschaft zusammen; augenscheinlich war die Bevölkerung zunächst einmal froh, überhaupt wieder in eine feste und dauerhafte Ordnung eingepaßt zu werden.

Wie fragwürdig jedoch die bernisch-jurassische Zwangsehe war, stellte sich bald heraus. Niemand hatte dem Fürstbistum zwar viel Tränen nachgeweint. Nun aber erschien es je länger desto mehr in romantischer Verklärung. Schon 1830 sammelte sich die liberale Opposition Pruntruts gegen das Aristokratenregime bezeichnenderweise unter den rotweißen Fahnen des einstigen Bistums und unter den Klängen der »Rauracienne«, der »jurassischen Marseillaise«, deren Text der junge liberale Führer Xavier Stockmar gedichtet hatte: »Unissez-vous, fils de la Rauracie, et donnez-vous les mains!« Der ebenso unruhige wie vielseitige und vieldeutige Stockmar repräsentiert freilich den ganzen inneren Zwiespalt dieses jurassischen Frühliberalismus. Zeitlebens schwankte er zwischen separatistischen Träumen, autonomistischen Kompromissen und der Hoffnung auf eine durchgreifende Erneuerung des Gesamtkantons hin und her. Aber wenn es auch noch geraume Zeit dauern sollte, bis der Separatismus zu einer öffentlichen Kraft wurde, so fällt doch eines auf: daß fortan jedesmal, wenn es im Jura zu Konflikten mit der Kantonsregierung kam, die Losung der »Séparation« (oder doch das Verlangen nach einer möglichst weitgehenden Autonomie) der jurassischen Distrikte sogleich bei der Hand war.

Solche Konflikte rissen nun nicht mehr ab. Bald waren es konfessionelle Fragen, die sie auslösten: etwa beim Aufruhr des Nordjuras gegen die schroff antiklerikalen und staatskirchlichen »Badener Artikel« im Jahre 1836 oder 35 Jahre später beim Kulturkampf, den das radikale Berner Regiment mit besonderer Rücksichtslosigkeit und Brutalität betrieb (es schreckte zeitweise nicht einmal vor der Ausweisung aller kirchentreuen katholischen Priester zurück und setzte – ergebnislos – alle staatlichen Mittel ein, um die Gemeinden dem Altkatholizismus zuzuführen). Dann wieder traten ökonomische und soziale Probleme in den Vordergrund. Daß der Jura zum mindesten bis in die sechziger Jahre des 19. Jahrhunderts gegenüber dem alten Kantonsteil steuerlich benachteiligt wurde und zu den Lasten des bernischen Staates mehr aufzubringen hatte, als seinem Bevölkerungsanteil entsprach, hat lange Zeit viel böses Blut geschaffen; auch die zögernde Erschließung der Region durch Eisenbahnen wie die Vernachlässigung der Straßen, über die bis in die jüngste Zeit stets Klage geführt wurde, wird von den Jurassiern immer wieder als Beispiel dafür angeführt, daß sie von Bern nur eine sehr stiefmütterliche Behandlung erfahren hätten. Seit dem Beginn des 20. Jahrhunderts ist schließlich zu diesen alten, mittlerweile größtenteils abgestellten Beschwerden eine neue hinzugekommen: das Schreckgespenst der »Germanisierung«, das oft recht leichtfertig an die Wand gemalt wurde, das aber durch mancherlei administrative Ungeschicklichkeiten auch einige reale Substanz gewann. Der viel zitierte und viel beklagte »Graben« zwischen Deutsch und Welsch während des Ersten Weltkrieges führte schließlich dazu, daß sich der

Jura mit wachsender Dringlichkeit der modernen These vom »Selbstbestimmungsrecht der Völker« bemächtigte, um ihre Anwendung auch auf den jurassischen Teil Berns und dessen Loslösung vom Gesamtkanton stürmischer und stürmischer zu verlangen.

Doch verhallte in den meisten dieser Kämpfe der Ruf Stockmars nach der Einheit der »Rauracher« ungehört. Fast immer stand der Südjura beiseite oder er schloß sich den Protesten zum mindesten nur in sehr viel gedämpfterer Tonart an. Mit Leib und Seele ergab sich das Val St.-Imier der Sache des bernischen Radikalismus und hatte deshalb für die konfessionell begründete Agitation des Nordens nur Spott und Mißtrauen übrig. Das Münstertal seinerseits, um einige Grade konservativer gestimmt, ordnete noch 1831 in den ersten halbwegs demokratisch gewählten Großen Rat einen stadtbernischen Patrizier ab, und es blieb auch später, als es sich den liberalen Ideen weiter geöffnet hatte, bernisch bis in die Knochen. Biel gar, nach 1815 überhaupt nicht mehr zu den jurassischen Distrikten gerechnet, fand in seiner gewaltigen wirtschaftlichen Expansion, die es rasch zur industriellen »Zukunftsstadt« machte, reichlich Kompensation für den lange betrauerten Verlust seiner Selbständigkeit und brachte deshalb auch kaum Sympathie für die separatistischen oder auch nur autonomischen Wünsche seines welschen Hinterlandes auf – nicht einmal zu einer Zeit, da die einstmals rein deutschsprachige Stadt durch die jurassische Zuwanderung schon zu einem Gemeinwesen gemischter Sprache geworden war.

So blieb der Süden im 19. Jahrhundert fast unberührt von den Tumulten in den nördlichen Bezirken. Das Industriezeitalter riß die Kluft zwischen den »beiden Juras« sogar noch einmal weiter auf. Während Biel und die Bezirke St.-Imier und Moutier zu Zentren der Uhrenindustrie aufstiegen, blieben die katholischen Landesteile hinter diesem ökonomischen Aufschwung weit zurück. Gleichzeitig führte der wachsende Bedarf an Arbeitskräften so viele Einwanderer aus dem alten Kantonsteil in die Uhrmacherdistrikte, daß dort heute rund die Hälfte der Bevölkerung altbernischer Herkunft sein dürfte, und die Verwandlung der früheren einheimischen Uhrmacherbauern in Fabrikarbeiter brachte es mit sich, daß in weiten Teilen des Landes die autochthonen Jurassier fast völlig aus der Landwirtschaft verschwunden sind – selbst wenn sich die deutsch-schweizerischen Zuzügler auch hier wie in den rein welschen Kantonen an ihre (obendrein gleichfalls reformierte) Umwelt assimilierten. Dem katholischen Nordjura blieb diese Massenzuwanderung erspart. Aber er bezahlte die Wahrung seiner jurassischen Eigenart mit größerer Armut gegenüber dem stärker überfremdeten Süden, der mehr als 70 % vom Steueraufkommen der ganzen Region aufbrachte.

Allerdings mußte er dafür wachsende Krisenempfindlichkeit in Kauf nehmen. Nach der Prosperität des Ersten Weltkriegs und guten Geschäften in der Konjunktur der zwanziger Jahre traf ihn in den dreißiger Jahren die Depression mit verdoppelter Wucht; zwischen 1928 und 1932 sank die jurassische Uhrenproduktion auf weniger als ein Zehntel ab. Nun war das Notstandsgebiet froh, die gesamtbernische Finanzkraft hinter sich zu wissen. In dem Vierteljahrhundert von 1919 bis 1946 lagen die Ausgaben des Kantons im Jura um 75 Millionen über seinen dortigen Staatssteuereinnahmen – gewiß eine solide Kompensation für die steuerlichen Ungerechtigkeiten des frühen 19. Jahrhunderts.

Aber wenn das dem Separatismus zeitweise den Boden entzogen hatte, so schoß er nach dem Zweiten Weltkrieg um so mächtiger ins Kraut. Durch den Aufbau neuer und vielfältigerer Industrien seiner drängenden materiellen Sorgen enthoben, wandte sich der Jura nun intensiver als zuvor seinen politischen »revendications« zu. Als der Große Rat 1947 einem der beiden jurassischen Regierungsmitglieder die Übernahme des wichtigen Bau- und Eisenbahndepartements verweigerte und ein Abgeordneter aus dem Oberland dieses Veto mit der französischen Sprache des Kandidaten begründete, da ging ein Sturm des Protestes los, der zum erstenmal nördliche und südliche Bezirke mit annähernd gleicher Stärke erfaßte und dem Jura zeitweise im »Comité de Moutier« eine fast einheitliche Führung verschaffte. Eben deswegen erzielte die neue Bewegung rasche Erfolge. Die Verfassungsrevision von 1950 brachte ihm zu der Anerkennung der jurassischen Flagge auch eine Reihe greifbarer, sachlicher und personalpolitischer Vergünstigungen ein. Aber damit brach auch die Einheitsfront wieder auseinander; während sich die gemäßigten Gruppen mehr oder minder befriedigt erklärten, empfanden die konsequenten Separatisten das behördliche Entgegenkommen als völlig ungenügend und steuerten nun erst recht dem Ziel der totalen Kantonstrennung entgegen. Im *Rassemblement Jurassien* unter der Leitung des reformierten Südjurassiers Béguelin schufen sie sich erstmals eine solide, bald das ganze Land umspannende Organisation. Ein Volksbegehren, das zwar nicht die Separation selber vorsah, aber wenigstens die rechtlichen Voraussetzungen für eine zweite Abstimmung des Juras über seine staatsrechtliche

Zugehörigkeit schaffen wollte, wurde von 24 000 Bürgern – mehr als die Hälfte der jurassischen Stimmberechtigten – unterzeichnet. Aber als es dann am 5. Juli 1959 tatsächlich zum Volksentscheid über diese Initiative kam, da verweigerte ihr selbst ein Teil ihrer ursprünglichen Signatare die Gefolgschaft – und wiederum erwies sich der alte Gegensatz zwischen Nord und Süd als unüberwindliches Hindernis für die separatistischen Pläne.

Natürlich wußten die Initianten von Anfang an, daß ihr Begehren – über das ja im ganzen Kanton Bern abgestimmt werden mußte – keine Aussicht auf Annahme hatte; eben deshalb verlangten sie ja einen zweiten, auf den Jura allein beschränkten Volksentscheid. Aber es kam dem *Rassemblement* gar nicht auf einen sofortigen Sieg an. Wenn sich die jurassischen Bezirke wirklich einmütig oder doch mit überwiegender Majorität für die separatistische Forderung aussprachen, dann konnten auch die Altberner nicht an einer solchen klaren Willenskundgebung zugunsten des Kantons Jura vorbeigehen. Vor allem ließ sich dann das immer wieder vorgebrachte Argument nicht länger mit einem Achselzucken beiseite schieben, daß man das »Selbstbestimmungsrecht«, das nachgerade jedem Negerstamm eingeräumt werde, auf die Dauer auch den Jurassiern nicht verweigern dürfe.

Die Rechnung ging nicht auf, weil die Abstimmung von 1959 eben diesem Argument den Boden entzog. Der gesamte Jura verwarf die separatistische Initiative mit knapper Mehrheit; statt der 24 000 Stimmen, mit denen ihre Verfechter angesichts der Unterschriften allermindestens glaubten rechnen zu können, lieferte er nur rund 15 000 Ja, denen mehr als 16 000 Nein gegenüberstanden. Weit schlimmer jedoch war für die Befürworter eines Plebiszits die klare regionale Ausscheidung, die sich an den Urnen vollzog. Nur die drei zugleich katholischen und französischsprachigen Bezirke des Nordens – Pruntrut, Delsberg und die Freiberge – sprachen sich mit großer, mancherorts überwältigender Mehrheit für das Begehren aus. Genauso entschieden aber lehnten es die welsch-reformierten Talschaften des Südens (Moutier, Courtelary, Neuveville) und die deutschsprachigen Katholiken des Laufentals ab. Besonders frappant fielen die Ergebnisse im Münstertal aus. Die katholischen Gemeinden *sous les roches* – die seinerzeit unter bischöflicher Obhut geblieben waren – sagten durchwegs kräftig ja; die protestantischen der ehemaligen Propstei *sur les roches* wiesen sie mit gleicher Geschlossenheit zurück.

Die damit sichtbar gewordene Fortdauer der Kluft zwischen Nord und Süd auch noch fast 150 Jahre nach der Zwangsvereinigung mit Bern hat die ohnedies schwierige Lösung des Juraproblems noch weiter behindert, weil sie demonstrierte, daß der Jura insgesamt überhaupt nicht fähig war, einen einheitlichen politischen Willen zu bilden. Auch die noch so heftigen Kampagnen einiger Jahrzehnte konnten den Differenzierungsprozeß von Jahrhunderten nicht zunichte machen. Die alten, durch konfessionelle Gegensätze noch tiefer gezogenen Gräben wirkten (und wirken) eben im Bewußtsein und Unterbewußtsein der Menschen auch dann nach, wenn überzeugte Minderheiten selbst im Süden der Parole »Los von Bern« zujubelten.

Eben deshalb kann man auch die Berntreue der Südbezirke nicht allein auf das Stimmgewicht der dort niedergelassenen Altberner zurückführen. Sicher haben diese Zuwanderer die antiseparatistischen Kräfte mächtig verstärkt. Doch darf man auch das gewaltige Hineinwirken der Vergangenheit in die Gegenwart nicht unterschätzen, jene fortwirkende Macht des Vorvorgestern, die Béguelins Jünger nicht zur Kenntnis nehmen wollen. Deren oft erhobene Forderung, nur gebürtige Jurassier dürften – und dies unabhängig von ihrem Wohnort – am Entscheid über die politische Zukunft ihrer Heimat teilnehmen, geht an der Tatsache vorbei, daß sich die fortschreitende Bevölkerungsvermischung nicht dekretweise aus der Welt schaffen läßt – auch abgesehen von den eindeutigen Bestimmungen der Bundesverfassung, die jede politische Benachteiligung niedergelassener Schweizer zugunsten der Einheimischen rigoros ausschließen. Im übrigen fällt auf, wie viele Koryphäen der jurassischen Unabhängigkeitsbewegung deutsche Namen tragen – von Xavier Stockmar, Sohn eines badischen Einwanderers, bis zu Roger Schaffter, der lange Zeit als Béguelins zweiter Mann fungierte.

Kurze Zeit konnte es so aussehen, als ob die Abstimmung von 1959 den Elan des *Rassemblement Jurassien* gebrochen habe. Aber wenn ein Teil seiner Anhänger tatsächlich auch vorübergehend resignierte, so reagierte der andere auf die unerwartete Niederlage umgekehrt mit einer Verhärtung: mit dem Übergang zur »direkten Aktion«, d. h. dem Griff zu Gewaltmethoden. Eine apokryphe *Front de Libération Jurassienne* – faktisch wohl nur ein neues Etikett für die *Béliers* – machte nicht nur mit zahllosen Aufschriften, sondern auch mit Brandstiftungen, Sprengstoffattentaten, mit der Besudelung mißliebiger Denkmäler und der Besetzung öffentlicher Gebäude, ja mit tätlichen Angriffen auf Berner Politiker von sich reden. Unruhe um jeden Preis zu schüren, den Topf am Kochen halten, vielleicht sogar Märtyrer der heiligen Sache zu schaffen, die Intervention des Bundes oder auch des Auslandes zu provozieren – das war das Rezept, auf das die Extremisten des Separatismus nun ihre Hoffnung setzten. Es sei darauf angekommen, so begründete Béguelin später diese Strategie, durch eine unablässige Folge steter Schocks die unwillige Öffentlichkeit aufzurütteln und davon zu überzeugen, daß im Jura ohne die Trennung von Bern ganz einfach keine Ruhe mehr einkehren werde.

Tatsächlich hat sich die Zuflucht zu Untergrundmethoden nach (helvetisch modifiziertem) baskischem oder nordirischem, wenn nicht gar algerischem Vorbild bewährt und ihr Ziel erreicht. Nur weil diese Methoden der Jurafrage zu einem nationalen und internationalen Echo verhalfen, ließ sich der Bund wenn nicht zu dem gewünschten Eingreifen, so doch zu Bemühungen um eine Vermittlung durch eine »Kommission der guten Dienste« herbei – und auch Bern konnte sich am Ende dem sanften Druck aus seinem Bundeshaus nicht mehr einfach entziehen. Nach einer mühsamen, immer wieder von Zwischenfällen und irritierten Polemiken unterbrochenen Suche akzeptierte Bern am Ende, widerwillig genug, die rettende Formel: eine neue, diesmal nur im Jura auszuschreibende Abstimmung, die den jurassischen Stimmberechtigten in aller Form die freie Wahl zwischen der Bildung eines eigenen Kantons oder einem besonderen »Jura-Statut« im bernischen Rahmen überließ. Zugleich wurde Vorsorge für den (wahrscheinlichen) Fall getroffen, daß die Antwort wiederum in den verschiedenen Teilen des Juras so gegensätzlich ausfallen würde wie 1959. Sollte der Jura insgesamt der Trennung von Bern zustimmen, so wurde den ablehnenden Bezirken das Recht zugesprochen, sich dem Anschluß an den neuen Kanton in einem zweiten Votum zu entziehen; umgekehrt erhielten die antibernischen Distrikte die Zusicherung, daß sie durch eine probernische Majorität im gesamten Abstimmungsgebiet nicht gebunden blieben, sondern bei einem nochmaligen Urnengang die Möglichkeit einer Sezession erhalten sollten. Und schließlich war noch eine dritte Konsultation für jene Grenzgemeinden vorgesehen, die sich unter solchen Voraussetzungen anders ausgesprochen hätten als die Mehrheit ihres Bezirks.

Lange schien es ungewiß, ob das *Rassemblement Jurassien* auf dieses Arrangement und damit auf die Gefahr einer Zerreißung der jurassischen Einheit eingehen werde. Schließlich aber setzte sich die Überzeugung durch, man dürfe die Chance eines selbständigen Juras wenigstens in einem Teil des beanspruchten Gebiets nicht ausschlagen. Als das Plebiszit 1974 abgehalten wurde, fand sich in der Tat, anders als 15 Jahre zuvor, im gesamtjurassischen Bereich eine kleine Mehrheit für die separatistische Lösung. Besonders im heiß umstrittenen Bezirk Moutier rückten die Befürworter der Trennung jetzt erheblich näher als zuvor an die siegreichen Berntreuen heran. Alles in allem aber entsprach das Ergebnis nichtsdestoweniger dem von 1959: Die Gemeinden der Ajoie, des Bezirks Delémont und der Freiberge zeigten Bern so gut wie einmütig die kalte Schulter, und fast so geschlossen entschieden sich die des Val St.-Imier, des Münstertals und des Distrikts Neuveville für das Verbleiben beim alten Kanton. Auch das Laufental, dem doch die Möglichkeit zum Anschluß an eines der beiden Basel oder an Solothurn offenstand, fand nach mehrjähriger Denkpause den Weg nach Bern zurück. Die paar wenigen Kommunen entlang den Bezirksgrenzen schließlich, die aus dem Rahmen fielen, haben mittlerweile ebenfalls die Chance zu einem endgültigen Beschluß über ihre Zugehörigkeit erhalten (wobei in Moutier die bernisch Gesinnten nach erbittertem Kampf knapp die Oberhand gewannen). Nur noch zwei Dörfer – das deutschsprachige, daher berntreue Ederswiler in einer verlorenen Nordwestecke und das jurassisch gesonnene Vellerat im Bezirk Moutier, blieben gegen ihren Willen an ihren alten Bezirksverband und damit an einen ungeliebten Kanton gebunden, weil sie nicht unter die Definition der abstimmungsberechtigten »Grenzgemeinden« fielen; gegen den naheliegenden Austausch der beiden Ortschaften zwischen Bern und dem Jura aber wehren sich die jurassischen Politiker mit Händen und Füßen. Bei allem aufrichtigem Bemühen ist es mir nicht gelungen, die Gründe für diese Weigerung zu verstehen; Béguelins Argument, Ederswiler sei früher französischsprachig gewesen und »erst« im 17. Jahrhundert nach einer Pestepidemie »germanisiert« worden, klingt denn doch einigermaßen absurd. Und während sich die rund 150 Ederswiler bei allem Drang zurück zu Bern ziemlich ruhig in ihr derzeitiges Schicksal fügen, hat Vellerat mit seinen 70 Bürgern dem Kanton Bern in aller Form den Fehdehandschuh hingeworfen, die Beteiligung an kantonalen Abstimmungen radikal verweigert und sich zur *Commune libre* erklärt; bis zum Steuerstreik allerdings wollten sie ihre Empörung doch nicht treiben.

Ungleich bedeutsamer als diese kleinen Hinterhof-Streitigkeiten ist jedoch etwas anderes: daß der neue Spätkömmling im eidgenössischen Bund für seine eigenen Bürger – oder doch jedenfalls für sehr viele von ihnen – ein Torso bleibt. Die Nordjurassier lassen nicht den geringsten Zweifel daran, wie sehr sie ihren Kanton als bloße Etappe auf dem Wege zum eigentlichen Ziel und den Südjura nach wie vor als »unerlöstes Gebiet« betrachten. Ein eigener »Wiedervereinigungsartikel« in der Verfassung, die sich das junge, offiziell als *République et Canton du Jura* bezeichnete Staatswesen gab, sollte auch rechtlich Vorkehrung für eine spätere Aufnahme der zunächst draußen gebliebenen Region treffen. Das kam, wie der Bundesrat sofort in einer Erklärung feststellte, »der Anmeldung weiterer Gebietsansprüche gleich, bevor der neue Kanton überhaupt gegründet ist« und war daher nach Meinung der Exekutive mit dem Geist der Bundesverfassung unvereinbar. Indem die eidgenössischen Räte die »Gewährleistung« des umstrittenen Artikels auch nach einer Milderung seines ursprünglichen Wortlauts ablehnten, obwohl die nordjurassischen Stimmbürger der konstitutionellen Vorlage mit großer Mehrheit zugestimmt hatten, erzwangen sie schließlich den Verzicht auf die als provokativ empfundene Bestimmung und schufen damit die Voraussetzung dafür, daß das gesamte Schweizervolk schließlich im September 1978 die neue Kantonsschöpfung mit rund 1,3 Millionen gegen 280 000 Stimmen guthieß.

Für die radikalen Separatisten freilich ist die große Frage damit noch in keiner Weise entschieden. In ihren Augen kann der bestehende »unvollendete Kanton Jura« seine historische Aufgabe nur als »Kampfkanton« erfüllen. Daß der Kampf um die zeitweise verlorene Einheit weitergeführt werden müsse, war die Parole, mit der das *Rassemblement Jurassien* den Sieg in der »ersten Etappe« quittierte. Allerdings sieht es je länger, desto mehr so aus, als ob die Mehrheit der Bürger im Kanton solchen kombattanten Losungen zunehmend kritischer gegenüberstünde. Zu ihrem Sprecher hat sich früh der Präsident des Verfassungsrates, Adrien Lachat, gemacht. Der junge brillante Christdemokrat, der bezeichnenderweise bei den Wahlen zum Staatsrat – der jurassischen Kantonsregierung – bei weitem die meisten Stimmen erhielt, bekannte sich zwar immer unumwunden zu seiner Vergangenheit als langjähriges militantes Mitglied des *Rassemblement*. Aber er warnte anderseits nachdrücklich die Heißsporne unter seinen alten Kameraden um Béguelin davor, ihre Bewegung einfach mit dem Staat zu identifizieren und damit aus dem

Kanton, der für alle da sei, ein bloßes Instrument für ihre weiterzielenden Zwecke zu machen. Der konstruktive Geist Lachats setzte sich vor allem auch in den langwierigen, von ihm geführten Verhandlungen mit Bern über die Ausscheidung des bisherigen kantonalen Vermögens durch, die er 1984 in gütlichem Einvernehmen abzuschließen vermochte.

Zur allmählichen Normalisierung der lange noch gespannten Atmosphäre trugen allerdings auch die inneren Auseinandersetzungen bei, die sich im separatistischen Lager nicht nur zwischen seinen einzelnen Parteien entwickelten, sondern auch das *Rassemblement* selbst in Mitleidenschaft zogen. Indem Béguelin, der sich im Unterschied zu manchen seiner Mitarbeiter den Sozialdemokraten angeschlossen hatte, jede Mitarbeit innerhalb der Kantonsregierung ablehnte, um weiterhin unbelastet von politischer Verantwortung die Rolle des jurassischen Propheten und des Vorkämpfers für die *éthnie française* zu spielen, geriet er notwendigerweise einmal ums andere in Widerspruch zu jenen kompromißwilligeren oder doch minder fanatisch auf das Endziel fixierten Freunden, denen mehr am Ausbau des einmal Gewonnenen als an der permanenten Agitation lag und denen sich bald auch Béguelins bisheriger zweiter Mann, Roger Schaffter, zugesellte. Auch manche von denen, die weiterhin von einem künftigen »Wiedergewinn« des abgetrennten Südjuras träumen, akzeptieren nicht mehr vorbehaltlos die These ihres ungestümen einstigen Wortführers, nach der »der Kanton Jura, wie er heute besteht, *einzig und allein* die Aufgabe und den Sinn hat, den gesamten Jura, also auch den immer noch bernisch beherrschten Süden, zu befreien und zusammenzuschließen«.

Daß die Verfassungsmacher für den neuen eidgenössischen Gliedstaat auch noch andere Aufgaben sehen, geht aus ihrem Werk hervor, dem sie auch über die Kantonsgrenzen hinaus vorbildlichen und richtungweisenden Charakter zu verleihen suchten. Hat der ausführliche Grundrechtskatalog in diesem Dokument letztlich nur rhetorischen und deklamatorischen Charakter, so fehlt es darin auch nicht an konkreten Neuerungen. Da wird die (bisher in der Schweiz trotz mancher Anläufe nie durchgesetzte) Verfassungsgerichtsbarkeit eingeführt; da wird das anderswo verpönte »doppelte Ja« bei der Abstimmung über eine Volksinitiative und einen Gegenvorschlag des Kantonsrats legitimiert und festgelegt, daß in einem solchen Falle jene der beiden Vorlagen als angenommen gelten soll, die mehr Stimmen auf sich vereine; da sollen sogar, wie bisher nur in Neuenburg, den Ausländern durch Gesetz politische Rechte eingeräumt werden. Das sind für schweizerische Verhältnisse bedeutsame Neuerungen, die den Anspruch auf moderne Ausgestaltung der spät gewonnenen kantonalen Hoheit bezeugen.

Von der fortschreitenden Einrichtung im neuen Haus spricht auch die parteipolitische Normalisierung. Die früher strikte Scheidung von Separatisten und Antiseparatisten macht nach und nach einem differenzierteren Gefüge der politischen Formationen Platz. Daß die Christliche Volkspartei bei den Nationalratswahlen 1983 erstmals ihre bis dahin unangefochtene Spitzenstellung einbüßte, hatte zwar mit dem Auftauchen einer dissidenten Liste um ihren langjährigen Nationalrat Jean Wilhelm zu tun, den seine Parteifreunde wegen angeblich mangelnden jurassisch-patriotischen Eifers nicht mehr aufgestellt hatten.

Aber das bedeutete zugleich, daß die Freisinnigen vom *Parti Libéral Radical* erstmals ihre traditionell so viel stärkere katholische Konkurrenz überholen und sich sogar eines der beiden jurassischen Mandate im Ständerat sichern konnten – obwohl diese angesichts früherer Berntreue isolierte Partei systematisch von einer Beteiligung an der Kantonsregierung ferngehalten worden war. Einbußen mußte auch der von Béguelin dominierte Linksblock aus Sozialisten und Unabhängigen Christlich-Sozialen hinnehmen. Vor allem wurden von Wahl zu Wahl die Risse immer deutlicher, die sich nicht nur zwischen den vormals so eng verbündeten separatistischen Parteien aufgetan hatten, sondern auch die Organisation des *Rassemblement* selber in Mitleidenschaft zogen. Die prophetengleiche Intoleranz und die autoritären Allüren Béguelins haben auch engste Mitarbeiter des Generalsekretärs in die Opposition zu dem Mann getrieben, der von seinen Kritikern vielfach als »Ayatollah« ironisiert wird.

Sicher ist der separatistische Radikalismus noch keineswegs überwunden, die vielfach erhoffte Normalisierung keineswegs bereits allseits akzeptierte Tatsache geworden. Nichts ist dafür charakteristischer als die jüngste Welle von Sabotageaktionen der Béliers im Mai und im Juni 1984 – offenbar ein großangelegter und gut organisierter Versuch, zum 10. Jahrestag der entscheidenden Abstimmung am 23. Juni gewalttätig daran zu erinnern, daß nach Meinung dieser Aktivisten die Lösung des Jura-Problems noch aussteht. Vor allem einer unter diesen Anschlägen war für die Geisteshaltung der Täter besonders aufschlußreich: die Zerstörung des Wehrmännerdenkmals auf Les Rangiers. Dieses überlebensgroße Werk des (nota bene welsch-schweizerischen) Bildhauers L'Eplattenier, das an die Grenzbesetzung während des Ersten Weltkriegs erinnern soll, kann auch mit noch soviel Phantasie nicht in eine Manifestation bernischer Herrschaftsgelüste uminterpretiert werden; der Vandalismus, dem es zum Opfer fiel, richtete sich eindeutig und ausschließlich gegen die Eidgenossenschaft als Ganzes.

Sollte also doch jener Autor recht behalten, der einmal meinte, eine Teilung des Juras würde genau wie die Irlands nur einen siebzigjährigen unlösbaren und zunehmend bittereren Konflikt heraufbeschwören? Könnte gar die Vision der südjurassischen Antiseparatistin Geneviève Aubry Wirklichkeit werden, nach deren Ansicht »die Schweiz vor weiteren Zerstückelungen nicht sicher ist«? Ganz und gar auszuschließen sind solche Perspektiven nicht. Im Augenblick freilich spricht sehr viel mehr für die Annahme, daß der erneute Rückgriff auf die Gewalt eher dem Bewußtsein der Heißsporne von ihrer allmählich wachsenden Isolierung entspringt und als fast schon verzweifeltes Bemühen verstanden werden muß, den langsam sich abkühlenden Topf des Protests künstlich am Kochen zu halten.

Die Außenseiter

Wallis

Bergland im Umbruch

... un pays peu riche, peu connu, peu considérable par son étendue, mais singulier par sa position, par la forme de son gouvernement et par les moeurs de ses habitants.
Jean-Jacques Rousseau, in »La nouvelle Héloïse«, 1761

Die Ähnlichkeiten zwischen dem Wallis und Graubünden fallen ins Auge. Hier wie dort treten wir in eine eigene und ganz »apartige« Welt. In beiden Fällen ist die alte, früh zustande gekommene, durch die räumliche Nähe zur Urschweiz und das Beispiel ihres Freiheitskampfes begründete Bindung an den Eidgenössischen Bund erst im 19. Jahrhundert unauflösbar geknüpft worden, ist das staatliche Ganze in einer ungewöhnlich turbulent verlaufenen Geschichte erst ganz allmählich aus Föderationen selbständiger und nachdrücklich auf ihre Selbständigkeit pochender kleiner demokratischer Gemeinwesen erwachsen. Wie Graubünden, so hat auch das Wallis seine historische Funktion (und allerdings auch den zeitweiligen Verlust seiner Unabhängigkeit) vor allem seiner Rolle als Hüter wichtiger Alpenübergänge zuzuschreiben. In beiden Fällen haben wir es mit einem klassischen Paßstaat zu tun.

Aber das Wallis ist nicht *nur* ein Paßstaat, sondern auch und vor allem ein Talstaat. Das verleiht ihm eine Geschlossenheit, die Bünden niemals erreichen, ja nicht einmal anstreben konnte, weil sie seiner Natur zuwiderlief. Kaum könnte man sich zwei Alpenregionen von gegensätzlicherer Struktur denken: In Rätien die unübersichtliche Verschachtelung längs- und quergerichteter Gebirgszüge, die Täler und Flüsse nach allen Richtungen hin auseinanderdrängen; im Wallis eine einzige groß dimensionierte Stromrinne mit ihren Nebentälern, von zwei gewaltigen, parallel zueinander verlaufenden Alpenketten im Norden und Süden eingefaßt und zu einem Ganzen von unerhörter Eindringlichkeit zusammengeschlossen. Bünden verdankt seine Einheit einzig und allein einer politischen Idee, die sich als fähig erwies, die Übermacht der zentrifugalen Kräfte – oft notdürftig genug – zu bändigen. Dem Wallis aber ist diese Einheit durch die Fels- und Eismauern seiner Berge nach außen hin, durch die Sammelschiene des Rhonetals in seinem Innern gleichsam von der Natur selber zudiktiert worden. Dieses Diktat hat sich auch immer wieder durchgesetzt, allen ethnischen und historischen Gegensätzen zum Trotz, gegen die Eingriffe auswärtiger Mächte wie gegen die Leidenschaften bitterster bürgerlicher Auseinandersetzungen. Gewiß, das ist alles andere als eine Einheit der Gleichförmigkeit. Immer wieder haben Reisende das Wunder eines Landes bestaunt, das alle europäischen Klimastufen in sich zu vereinen scheint, von der »mediterranen Glut« des unteren Rhonetals, das in den meisten seiner Betrachter Erinnerungen an die Provence oder an Spanien heraufbeschwor, bis hin zu den »polaren« Eismassen der Gletscher. Der Elsässer Philbert glaubt im Wallis sogar vielleicht das »einzige Land der Welt« zu erkennen, das diese ganze Stufenleiter der natürlichen Bedingungen umschließe.* Aber diese Gegensätze greifen auf ganz andere Weise als im südöstlichen Kanton der Eidgenossenschaft ineinander. Nur im Wallis gibt es Bergbauern, die auf Höhen bis zu 3000 Metern Alpwirtschaft und zugleich nahe der Talsohle Weinbau betreiben, alpinen und mediterranen Lebensformen gleichermaßen verbunden, und sie sind nicht etwa individuelle Ausnahmen, sondern bilden einen charakteristischen sozialen Typus. Es war diese Mischung des Widersprüchlichen, die im späten 18. und frühen 19. Jahrhundert den Dekan Bridel immer wieder zu dem »mélange sublime de culture et de désolation, de sites rians et de formes horribles« hinzog. Was ihn an der Landschaft faszinierte, gilt nicht minder für die Gesellschaft: daß das äußerlich Unvereinbare hier in einen das ganze Dasein des Menschen bestimmenden Kontakt tritt, statt sich in eigene und scharf umrissene Lebenskreise einzugrenzen. Die Vielfalt hebt die Einheit nicht auf, sondern durchwirkt sie.

Und das wichtigste Element dieser Einheit ist die Rhone, die ein anderer Waadtländer ein halbes Jahrhundert nach Bridel als das »mächtige Band« beschrieben hat, das die Bewohner ihres Oberlaufes zur gemeinsamen Anstrengung (und oft auch im gemeinsamen Unglück) zusammenschließe. Das Wallis ist ein Bergland, aber seine Struktur wird ganz und gar von dem Tale bestimmt, um das es sich zusammenschließt. Es ist »das Tal« schlechthin, wie es sein Name besagt, den schon die Römer, bald nachdem sie es erobert hatten,

---

* Treffend hat Albrecht von Haller das an einem Beispiel verdeutlicht: »Von Sitten bis auf den Sanetsch sind fünf Stunden. Auf den Felsen um Sitten verlässest du die Indische Stachelfeige und den Granatenbaum; dann die Kastanienbäume, Nußbäume und Weinreben von vortrefflichem Gewächs, hierauf die schönsten Weizenfelder, fortschreitend die Buchen, Eichen und Tannen; bald siehst du auch die Arve nicht mehr und beim höheren Ansteigen stehst du mitten unter Steinbrechen und andern Pflanzen Lapplands und Spitzbergens.«

von *Vallis poenina* kurzerhand auf Vallis verkürzten. Und welch ein Tal! Im ganzen weiten Bereich der Alpen findet sich kein zweites Becken, das diesem an Großräumigkeit in der Abgeschlossenheit gleichkommt. Was die schiere Dimension hier bedeutet, macht ein Vergleich mit den anderen »klassischen« Talstaaten der Schweiz deutlich, mit Uri oder mit Glarus. Dort bedeutet die Gemeinschaft des Tales zugleich Verengung, Gebanntsein in einen schmalen Horizont (auch wenn sich die Urner durch den Gotthardverkehr, die Glarner durch ihre Industrie einen Weg ins Weite eröffnet haben); hier aber umschließt sie eine ganze reiche Welt. Uri und Glarus sind nichts als erweiterte Kommunen; im Wallis lag die Möglichkeit staatlicher Existenz in einem höheren und eigentlicheren Sinne beschlossen.

Zugleich aber ist diese für alpine Begriffe fast unabsehbare Weite nach außen hin noch strenger verriegelt als die Enge der zentralalpinen Kleintäler. Glarus tritt immerhin auf breiter Front am Walensee an eine der großen helvetischen Durchgangsstraßen heran: die von Zürich über Sargans nach Graubünden und Österreich. Uri war durch den Vierwaldstätter See mit seinen urschweizerischen Bundesgenossen, mit Luzern und dadurch auch mit dem Mittelland von jeher innig verbunden. Ins Wallis aber führt außer Bergpässen von mehr als 2000 Metern Höhe nur jener eine Weg, der dem Lauf der Rhone vom Genfer See flußaufwärts folgt – und ihn unterbricht das Défilé von St.-Maurice, Musterbeispiel einer natürlichen Festung. Bis zum Bau der modernen, in den Fels hineingesprengten Straße genügte hier ein einziger Torbau, die Durchfahrt zu verrammeln: Die Talenge forderte zur Anlage einer Sperre geradezu heraus, und bis heute bilden die dort angelegten Fortifikationen einen Eckpfeiler des schweizerischen Alpenréduits. So ist der drittgrößte Kanton tatsächlich mehr als jeder andere »mit Mauern umschlossen«, das mächtigste aller Alpentäler zugleich das unzugänglichste.

Wohl ist der Kanton an ein paar Stellen über die so eindeutig fixierten natürlichen Grenzen hinausgewachsen. Auf dem linken Rhoneufer erreicht er seit dem 16. Jahrhundert den Genfer See, und am Simplon greift er ein Stück weit über die Paßhöhe auf den Alpensüdhang über. Aber diese Erwerbungen sind bloß wenig bedeutende Vorgelände. Das »eigentliche« Wallis jedoch, das in St.-Maurice beginnt und auf den Alpenkämmen endet, bildet einen einzigen Raum von unvergleichlicher Geschlossenheit. Das meint auch der bedeutendste der lebenden Walliser Autoren, Maurice Zermatten, wenn er seine Heimat mit einer riesigen Kathedrale vergleicht, deren Mittelschiff die Rhone-Ebene darstelle: Der Bau dieses Raumes fordert geradezu den Vergleich mit einer überdimensionierten Architektur heraus.

Allerdings bildet das Rhonetal diese Mitte nicht im Sinne einer geometrischen Symmetrie, sondern nur insofern, als es die Funktion einer alles bestimmenden und zusammenhaltenden Längsachse ausübt. Diese Achse jedoch ist weit nach Norden an den Wall der Berner Alpen herangeschoben, der sich abrupt aus der Ebene erhebt, nur streckenweise durch ein schmales Hügelvorland von ihr getrennt. Umgekehrt erstreckt sich zwischen dem »Mittelschiff« und der südlichen Außenmauer – den Walliser Alpen – eine Folge verhältnismäßig langer, meist noch in sich verzweigter Seitentäler. Wollte man Zermattens Kathedralen-Parallele weiterspinnen, so wäre hier weniger an Seitenschiffe als an einen ausgedehnten, stilistisch reich differenzierten Kapellenkranz von beträchtlicher Tiefe zu denken. Wenn die Rhone-Ebene dem Land seine Einheit verleiht, so verdankt dieses wiederum seine Mannigfaltigkeit vor allem der kräftig modellierten, tief gefurchten Region, die sich zur italienischen Grenze hin ausbreitet.

Doch bleibt diese Mannigfaltigkeit durchaus auf die Einheit bezogen. Die Seitentäler führen keine Existenz für sich wie so viele der bündnerischen. Auch die zurückgezogensten von ihnen haben sich nie von der großen Schlagader des Landes abgeschnürt. Der gewiß vitale Walliser Partikularismus war, anders als in Rätien, nie und nirgends eine Angelegenheit einzelner Täler. Die Gliedrepubliken des Walliser Föderativstaates – die »Zehnden« – erwuchsen nicht als abgeschlossene, von der Natur vormodellierte geographische Einheiten. Vielmehr verklammerte jeder Zehnden ein Seitental oder mehrere solcher Täler mit einem Stück der Rhone-Ebene, und die meisten reichten sogar quer über die Längsachse und umgriffen den ganzen Bereich zwischen den Alpenketten im Norden und im Süden. Daß ihre Hauptorte samt und sonders entweder an der Rhone oder doch unmittelbar am Rande ihres Tales und damit an der Hauptstraße des Landes lagen, brachte sie in stets lebendige Verbindung miteinander. Wie in Graubünden alles zur extremen Fragmentierung drängt, so im Wallis umgekehrt zur Zusammenfassung.

Da das Talland aber immer zugleich ein Paßland war, blieb es trotz seiner ungewöhnlichen natürlichen Abgeschlossenheit von jeher ins Weltgeschehen verflochten. Schon das Wenige, was sich über seine Vorgeschichte bis zurück ins Neolithikum erschließen läßt, deutet auf unablässige Bewegung hin. Alle bedeutenden Übergänge über das Gebirge sowohl nach Italien als auch ins Berner Oberland wurden schon in prähistorischer Zeit von ligurischen, frühgermanischen und keltischen Händlern, wahrscheinlich auch von Kriegern solcher Stämme begangen. Dem entspricht es, daß die namhaften Walliser Orte schon als keltische oder gar als vorkeltische Siedlungen bezeugt sind.

Nachdem sich aber das Weltreich der Antike bereits unter Augustus das Tal angegliedert hatte, wurde die Bevölkerung bald gründlich romanisiert. Die Römer sahen sich zur Annexion gedrängt, um die Sicherheit ihrer Heerstraße über den *Mons poeninus* zu garantieren. Denn der später als Großer St. Bernhard bekannte Paß gehörte trotz seiner Höhe von fast 2500 M. ü. M. in der Spätantike zu den wichtigsten Verbindungslinien von Italien nach Helvetien, Nordgallien und Germanien.

Der römischen Kolonisation folgte bald auch das Christentum. Eine Marmortafel aus dem Amtsgebäude des Praetors Asklepiodates in Sitten stellt das älteste erhaltene christliche Dokument der Schweiz dar; als schönes Zeichen historischer Kontinuität schmückt diese Inschrift aus dem Jahre 377 heute das Rathaus der Kantonshauptstadt. An St.-Maurice knüpft sich die Legende vom Märtyrertod der thebäischen Legion; anders als in der alemannischen Schweiz ist die christliche Tradition hier nie mehr unterbrochen worden. Das erst später nach Sitten verlegte Bistum Martigny ist schon seit anno 381 bezeugt; das 515 begründete Kloster St.-Maurice existiert noch heute. Beide haben eine ähnliche Ausstrahlungskraft an den Tag gelegt wie das Bistum Chur oder das Kloster St. Gallen in der Ostschweiz.

Dabei wurde das Wallis viel direkter in die großen Verschiebungen der Völkerwanderungszeit hineingerissen als Graubünden. In einer ersten Welle hatten sich um die Mitte des 5. Jahrhunderts die Burgunder, aus der Waadt rhoneaufwärts drängend, hier festgesetzt, waren aber von der ansässigen Bevölkerung kulturell rasch assimiliert worden; auf ihren König Sigismund geht die Gründung der Abtei zu Ehren des Heiligen Mauritius zurück. Die enge Verknüpfung des Wallis mit burgundischer Überlieferung erwies sich nach dem Zerfall des Karolingerreiches, als auf seinem Boden – wiederum in St.-Maurice – im Jahre 888 das Königreich Hochburgund ausgerufen wurde. Für die Geschichte des Wallis war dieses kurzlebige Gebilde besonders zukunftsträchtig, weil sein König Rudolf III. erstmals eine eigenständige staatliche Gewalt im Hochtal der Rhone begründete: 999 übertrug er sämtliche Grafschaftsrechte auf den Bischof von Sitten – und diese Rechte gaben bis in die Neuzeit hinein über alle feudale Zersplitterung, fremde Herrschaft und demokratische Gegenbewegung hinweg das feste Gerüst für die Einheit des Wallis ab.

Zu der Zeit freilich, da sich an der Walliser Westpforte die hochburgundische Reichsgründung vollzog, hatte schon der zweite, ungleich folgenreichere Völkerstoß die oberste Talstufe der Rhone erreicht: die (eher friedliche als kriegerische) Einwanderung der Alemannen, die in der späten fränkischen Ära aus dem Berner Oberland ins anscheinend fast menschenleere Goms kamen. Von dort aus haben sie zwischen dem 8. und dem 12. Jahrhundert das übrige Oberwallis etwa bis zur heutigen deutsch-französischen Sprachgrenze am Pfynwald germanisiert und darüber hinaus Welle um Welle von Walser-Kolonisten in die Hochtäler Norditaliens, über Graubünden bis ins Vorarlberg und Tirol, aber auch in ihr Berner Herkunftsgebiet entsandt.

Schon Umfang und Reichweite dieser Ausbreitung bezeugt die enorme Vitalität des Oberwalliser Volksschlags. Mit ihm trat eine barbarische Urkraft auf den Plan, die in der Schweizer Geschichte kaum ihresgleichen findet: archaischer und anarchischer als die seit einem Jahrtausend durchzivilisierte Bevölkerung des unteren Rhonetals, tatkräftig und rücksichtslos, leicht zu entfesseln und schwer zu bändigen. Als »roh, ungebärdig, der Rauheit seiner Berge nicht unähnlich« hat noch Karl V. dieses Volk beschrieben, und von seiner »gröbi und unstüme« spricht auch ein großer Zeitgenosse des Habsburger Kaisers, der es von Grund auf kannte, weil er Fleisch von seinem Fleische und Geist von seinem Geiste war: Matthäus Schiner, Bischof von Sitten, Kardinal der Römischen Kurie unter Julius II. und Leo X. und um ein Haar Nachfolger des letzteren auf dem Stuhle Petri – sicher der bedeutendste Sproß des Wallis überhaupt, geschicktester und mindestens zeitweise erfolgreichster Gegenspieler Frankreichs in den italienischen Wirren seiner Zeit, Inspirator der Mailänderkriege und damit Lenker des einzigen ernsthaften Versuches schweizerischer Großmachtpolitik. Schiner selbst, aus seinem Bistum vertrieben, wurde Opfer einer Turbulenz und gärenden Unruhe, von der in seinem eigenen kriegerischen und heftig umgetriebenen Wesen genug zu verspüren ist.

Aber die Unbändigkeit der Oberwalliser ist nur die andere Seite eines früh und hoch entwickelten Freiheitsbewußtseins. In einer Unzahl von Aufständen und kriegerischen Zusammenstößen von der Mitte des 13. bis zum Ende des 14. Jahrhunderts erwehrten sich die alemannischen Bergbauern des Versuchs der savoyischen Dynasten, den Bischof und mit ihm das ganze Land unter die Herrschaft Savoyens zu zwingen. 1392 hatte das Oberwallis bis zum Flüßchen Morge unterhalb von Sitten seine Unabhängigkeit im Rahmen des bischöflichen Staatswesens endgültig erstritten; 1475/76 wurde der Feind bis St.-Maurice zurückgeworfen; 1536 fiel schließlich auch noch das Vorland am linken Rhoneufer bis zum Genfer See den Wallisern zu.

Mit den mühsam und über manche Rückschläge hinweg erstrittenen äußeren Erfolgen ging jedoch eine tiefgreifende innere Umwandlung des Bischofsstaates einher. Als Preis für ihre Unterstützung entwanden die Zehnden dem geistlichen Oberherrn ein Recht nach dem andern und zwangen schließlich den bischöflichen Stuhl selber unter ihre Botmäßigkeit. Seit 1445 kontrollierte ihr oberstes Organ (der »Landrat«) selbst die Ernennung der bischöflichen Beamten, und kurz darauf erlangte er sogar die ausschlaggebende Stimme bei der Bischofswahl, der sich selbst Rom für mehr als viereinhalb Jahrhunderte fügen mußte (erst seit 1919 wird der Bischof von Sitten auf Vorschlag des Domkapitels vom Papst ernannt!). So kam es, daß der formelle Landesherr faktisch eher die Rolle eines republikanischen Präsidenten auf Lebenszeit als die eines feudalen Kirchenfürsten spielte; zum eigentlichen Regierungschef aber rückte im 17. Jahrhundert der vom Landrat gewählte Landeshauptmann mit dem barocken Titel einer »schaubaren Großmächtigkeit« auf. Mit gutem Grund bezeichnete eine Landratserklärung von 1613 die Walliser Verfassung als »ein fri demokratisches Regiment«: Die Zehnden besaßen nicht nur das Recht eigener Gesetzgebung, sondern behielten sich auch vor, alle wichtigen Beschlüsse des Landrats auf dem Referendumswege zu bestätigen oder zu verwerfen.

So bildete das Wallis nicht anders als Rätien tatsächlich einen überaus lockeren, ganz von der Basis her bestimmten Staatenbund: die dritte alpine Volks-Föderation neben der ur-eidgenössischen und der bündnerischen – und es ist bezeichnend für den gleichen Rang, den es neben den beiden anderen Bünden einnahm, daß Matthäus Merians großes Bilderwerk sich ausdrücklich als »Topographia Helvetiae, Rhaetiae et Valesiae« bezeichnet und die Walliser als »das dritte Hauptvolk der Eydgenoßschafft« aufführt.

Damit ist allerdings auch schon angedeutet, daß die Walliser gleich den Bündnern nicht einfach als »Schweizer«, sondern als ein Volk für sich empfunden wurden, das man dem »Corps helvétique« nur vage zurechnete. Verbindungen bestanden vorzugsweise mit der Innerschweiz. Auch im Wallis hatte die kommunale Bewegung ja ihren entscheidenden Anstoß von den Urkantonen erhalten. Das Goms, der oberste, an Uri angrenzende Zehnden, hatte im Streben nach föderativer Demokratisierung des Bischofsstaats wie im Kampf gegen die Savoyer stets die führende Rolle gespielt. Schwieriger gestaltete sich das Verhältnis zum mächtigen Nachbarn Bern, der zeitweise zur Unterstützung feudaler Kräfte neigte, um damit das Bistum Sitten in seine Interessensphäre einzubeziehen. Einmal kam es sogar zu einem förmlichen Krieg der Zehnden mit Bern. Erst nach der Eroberung des Unterwallis, vor allem aber nach den Burgunderkriegen, in denen der savoyische Erbfeind Karl den Kühnen unterstützte, wurde das Verhältnis zur gesamten Eidgenossenschaft enger geknüpft. Im frühen 16. Jahrhundert sah es sogar einen Augenblick so aus, als ob es Schiner gelingen werde, die formelle Aufnahme seines Landes in den eidgenössischen Bund zu erwirken. Da sich der Kardinal-Bischof aber in der eigenen Heimat nicht durchzusetzen vermochte und sein Einfluß auf die Eidgenossen nach der Niederlage von Marignano – der schwersten militärischen Katastrophe der Schweizer Geschichte – erschüttert war, blieb dieser Plan unausgeführt, und das Wallis glitt mehr und mehr ins Abseits zurück.

Selbst die traditionellen Bande mit den Inneren Orten drohten sich zeitweise in der Reformationszeit gefährlich zu lockern, als vor allem unter dem Einfluß Berns die neue Lehre auch im Rhonetal kräftig um sich griff. Fast hundert Jahre lang hing es in der Waage, ob sich die Glaubenserneuerung auch hier durchsetzen werde. Aber der unablässige, von den Bauern des Goms tumultuarisch unterstützte Druck der katholischen Orte entschied schließlich den Sieg der römischen Partei, der 1655 mit der endgültigen Ausweisung aller Protestanten besiegelt wurde. Heute gehört das Wallis zu den unerschütterlichsten Bollwerken des Katholizismus in der Schweiz: 1970 gab es hier noch keine 5 % Nichtkatholiken, weniger als in jedem anderen Kanton mit Ausnahme von Appenzell-Innerrhoden.

Eine noch weit größere Gefahr für die Walliser Einheit aber lag in dem tiefen und verhängnisvollen Bruch zwischen dem Ober- und dem Unterwallis. Indem die sieben Zehnden den Distrikten, die 1475 dem Bischofsstaat wieder eingefügt wurden, die Gleichberechtigung verweigerten und ihnen eine oft rücksichtslose, manchmal willkürliche und fast durchwegs reichlich unfähige Herrschaft aufzwangen, trugen sie in den Talraum im selben Augenblick, da sie seine geographische Einheit territorial verwirklichten, den Keim eines bittern politischen Zwiespalts hinein. Sie erlagen damit der gleichen gefährlichen Verlockung wie die Bündner ein paar Jahrzehnte später im Veltlin: Statt Expansion durch Föderation zu betreiben, verlegten sie sich auf Ausdehnung durch Unterwerfung. Auch hier war es wiederum Schiner, der früher als seine übrigen Landsleute das Risiko einer solchen Politik erkannte und für eine mindestens teilweise Gleichstellung des Unterwallis eintrat, indem er vorschlug, es in der Form zweier zusätzlichen Zehnden zu organisieren und damit aus der verbitternden Untertänigkeit herauszulösen. Mit der Vertreibung Schiners fiel auch dieses Vorhaben in sich zusammen, und es blieb bei jenem »arrangement singulier«, nach dem laut Louis Simond »une république de paysans gouvernait despotiquement et vénalement, quoique assez doucement, d'autres paysans plus nombreux, leurs voisins et de la même religion«.

Der politische und staatsrechtliche Gegensatz verband sich jedoch verhängnisvollerweise mit einem ethnischen. Das Unterwallis bildete einen geschlossenen französischen Sprachblock, im Oberwallis herrschte das Deutsche vor; die beiden mehrheitlich »welschen« Zehnden Siders und Sitten waren zugleich jene Teil-Republiken, in denen die öffentliche Gewalt am stärksten in den Hauptorten konzentriert war*, und diese Hauptorte hatten sich schon im 16. Jahrhundert praktisch germanisiert. So empfand sich die Republik der Sieben Zehnden durchaus als ein deutsches Staatsgebilde; schon seit dem 15. Jahrhundert hatte bezeichnenderweise nur noch ein Geistlicher deutscher Muttersprache Aussicht auf den Bischofsstuhl. Deutsch war die Amtssprache, neben der sich freilich bis ins 18. Jahrhundert hinein noch das Lateinische behauptete, dessen Kenntnis durch ein dichtes Netz von Lateinschulen bis in die Dörfer hinein systematisch gefördert wurde; Französisch galt als eine »Unterta-

---

* In seiner klassischen Arbeit über »Die vielsprachige Schweiz«, der unsere Darstellung folgt, weist Hermann Weilenmann darauf hin, daß namentlich im Zehnden Sitten »die Hoheit ähnlich wie in den städtischen Kantonen fast allein in den Händen der Bürgerschaft und des Rates der deutsch gewordenen Stadt« gelegen habe.

nensprache«, deren sich die Behörden höchstens einmal aus besonderer Gnade bedienten. Das mußte zu Spannungen führen, die gegen Ende des 18. Jahrhunderts sehr deutliche Anzeichen eines eigentlichen Sprachenkampfes mit sich brachten – so etwa wenn im Kollegium von Sitten ein Schüler, der auch nur in den Pausen Französisch sprach, mit Rutenzweigen gezüchtigt wurde. 1733 legte der Landrat ausdrücklich fest, seine Beschlüsse dürften »in keiner anderen als der deutschen Sprache aufgesetzt an Rät und Gemeinden gebracht werden«. Noch 1790 kam es zu Todesurteilen gegen die Führer einer Bewegung, die für das Unterwallis ein einheitliches, französisch abgefaßtes Zivil- und Strafgesetzbuch erbeten hatten.

So sahen viele Welschwalliser 1798 in den Franzosen ihre Befreier und begrüßten den erzwungenen Anschluß an die Helvetische Republik, gegen den sich die Oberwalliser immer wieder in fruchtlosen Aufständen erhoben. Schon 1802 wurde das Land allerdings wieder als eigene Republik unter französischem Protektorat organisiert, 1810 gar als *Département du Simplon* dem Kaiserreich Frankreich eingegliedert, nachdem Napoleon am Simplonpaß die erste moderne Fahrstraße über die Schweizer Alpen angelegt hatte. Erst 1814 erfolgte schließlich der endgültige Anschluß an die Eidgenossenschaft.

Das innere Problem freilich war auch damit nicht gelöst. Wohl wurde das alte Untertanenverhältnis nicht wiederhergestellt. Aber die Verfassung von 1815 billigte dem Unterwallis trotz seiner größeren Bevölkerungszahl weniger Mandate zu als den sieben oberen Zehnden. Die Reaktion der Benachteiligten stürzte den Kanton von 1830 an in so schwere Wirren bis hin zum offenen Bürgerkrieg, daß am Ende nur die eidgenössische Intervention das Auseinanderbrechen in zwei Halbkantone verhindern konnte. Erst nachdem die reaktionären Kräfte durch ihren Sieg das Land 1847 noch in das Abenteuer des Sonderbundes verstrickt hatten, fand es schließlich im Rahmen des Bundesstaates seine Ruhe wieder.

Der Übergang von der alten Zehndenverfassung zur modernen, auf dem Mehrheitsprinzip beruhenden Demokratie zog tiefgreifende Veränderungen nach sich – und nicht nur auf dem staatsrechtlichen Felde. Von nun an war das Wallis ein mehrheitlich französisch geprägtes Gemeinwesen. Wohl ließ sich die welsche Majorität hier niemals zu einer überspitzten antideutschen Sprachpolitik hinreißen wie in Freiburg. Aber auch ohne äußeren Zwang erlagen nun, nachdem sich die Deutschwalliser in die Minderheit versetzt sahen, deren Vorposten im Mittelwallis der Anziehungskraft französischer

Sprache und Kultur: Sitten verwandelte sich in Sion, Siders in Sierre zurück. Schon hundert Jahre später war die Kantonshauptstadt, wo zu Beginn des 19. Jahrhunderts das Deutsche dominiert hatte, zu vier Fünfteln wieder französisch geworden.

Der Absturz von der einstigen Herrschaft in die Rolle einer permanenten und zeitweise reichlich vernachlässigten Minderheit hat bei den Oberwallisern einen bisher nie völlig überwundenen Minoritätenkomplex hinterlassen, eine ähnliche Empfindlichkeit gegen wirkliche oder angebliche Zurücksetzungen, wie man ihr bei Deutschfreiburgern oder den Berner Welschjurassiern begegnet. Daß man ihnen in den Jahrzehnten vor dem Ersten Weltkrieg französischsprachige Bahn-, Post- und Zollbeamte in ihre Dörfer schickte, löste begreifliche Widerstände aus. Die Leidenschaft jedoch, mit der sich noch in jüngster Zeit der »Rottenbund« für die angeblich mißachtete deutsche Muttersprache wehrt, scheint doch in einem gewissen Mißverhältnis zum tatsächlichen Umfang der Bedrohung zu stehen – so etwa wenn es manche Deutschwalliser geradezu zu einer Weltanschauungssache machen, vom »Rotten« statt von der Rhone zu sprechen oder »Martinach« statt Martigny zu sagen. Als Zeichen eines ähnlichen Ressentiments erscheint es auch, wenn man hier im Gespräch mit Eidgenossen anderer Herkunft eher dem Hochdeutschen zuneigt, als sich des eigenen kraftvollen Dialekts zu bedienen.

Weit mehr Gewicht als der Benachteiligung der Deutschsprachigen, von der in jüngster Zeit kaum mehr die Rede sein kann, kommt (oder kam doch bis vor kurzem) dem ökonomischen und sozialen Gefälle zwischen den beiden Landesteilen zu. Das wurde mir klar, als sich ein Lokalpolitiker aus dem Visper Bezirk bei einem Glas Fendant bitter darüber beschwerte, daß die Behörden »mehr Herz für den Wein als fürs Vieh« hätten. Zweifellos bilden die Weinbauern, Obstpflanzer und Gemüsegärtner des mittleren und vor allem des unteren Rhonetals eine so lebhafte und stets protestlustige *pressure group*, daß es ihnen in der Tat leichter fällt, bei der Regierung Verständnis für ihre Sorgen und Wünsche zu wecken, als den Älplern und Hirten aus dem Oberwallis. Aber das größere Durchsetzungsvermögen der hochmodernen, ganz auf den Markt abgestellten, intensiven Agrikultur im Gebiet zwischen Sierre und Martigny gegenüber der altväterisch-primitiven Bergbauernwirtschaft, wie sie im Goms und in manchen Seitentälern oberhalb des Pfynwaldes noch lange Zeit vorherrschte, erwächst eben aus dem gewaltigen ökonomischen Strukturwandel, der im Wallis seit der Jahrhundertwende vor sich geht. Er ist es, der die alten Spannungen mit neuen Widersprüchen überlagert.

Es sind dieselben Widersprüche, die uns im Weltmaßstab überall dort begegnen, wo moderne Zivilisation in »unterentwickelte« Gebiete eindringt. Ein solches Gebiet ist das Wallis nicht nur nach schweizerischen Begriffen bis zum Beginn unseres Jahrhunderts, ja auf weite Strecken hin sogar noch geraume Zeit darüber hinaus gewesen. Bis zum Vorabend des Ersten Weltkriegs hat dort nach dem Urteil des Schriftstellers Maurice Zermatten das Mittelalter noch fortgedauert. Ja man mag sich sogar fragen, ob nicht manche Lebensgewohnheiten des Landes über das Mittelalter hinaus in vorgeschichtliche Zeiten zurückweisen. Noch kann man da und dort in den Bauernhäusern einem Steingeschirr begegnen, dessen Formen sich kaum von denen der neolithischen Funde unterscheiden; noch tritt allenthalben im Bau der Häuser und mehr noch der Stadel wie in der Gestalt der Geräte, in Sitte und Brauch, in Glauben und Aberglauben das Element des Archaischen augenscheinlicher als in irgendeiner vergleichbaren helvetischen Region hervor. Selbst die Sprache der Oberwalliser steht mit ihrem ungewöhnlichen Vokalreichtum und dem vollen Klang ihrer Endungen dem Althochdeutschen näher als jede andere deutsche Mundart, und das »frankoprovenzalische« Patois einiger welschen Seitentäler bewahrt manche Spuren ähnlich urtümlicher Herkunft. Die »Heidenhäuser« im Goms, die »Heidenreben«, die bei Visperterminen bis auf 1200 Meter Höhe wachsen, brauchen zwar nicht notwendigerweise auf vorchristlichen Ursprung zu deuten, geben aber doch einen Hinweis darauf, wie sehr sich ihre Ursprünge für das Bewußtsein des Volkes in grauer Vergangenheit verlieren. Und die Fasnachtsmasken im Lötschental vollends erschrecken durch eine dämonische Wildheit, an deren »heidnischem« Ursprung nun freilich gar kein Zweifel mehr erlaubt ist.

Nicht erst in unserer Zeit ist das Wallis als ein Urweltrelikt empfunden worden; schon aus früheren Jahrhunderten sind Zeugnisse von der Betroffenheit überliefert, mit der die Zeitgenossen vor den Manifestationen »barbarischer« Gewohnheiten standen. Zum mindesten von einer dieser Manifestationen muß hier gesprochen werden, weil sie immer als charakteristisch für die »Wildheit« dieses Volkes empfunden wurde: von der »Matze«, dem fürchterlichen Ursymbol, hinter dem sich bis ins 17. Jahrhundert hinein die Menge gegen unbeliebte oder aus der Volksgunst gefallene Führer zusammenzurotten pflegte. Etwas von dem Schrecken, den die Matze auslöste, wird noch aus der Beschreibung in Merians »Topographia Helvetiae« deutlich:

»Sie halten einen Landsbrauch / oder Recht / das heißen sie die Matzen / welche / so sie einem für das Hauß tragen / wird er so viel / als proscribirt / von Hauß und Hof / vnd von allem dem seinen vertrieben. Dann es laufft jedermann zu / vnd zehren von dem seinen / dieweil etwas vorhanden ist. Es ist aber die Matz ein seltzam Gewächs von Wurtzeln der Bäumen / oder Reben / deme ein geschnitzt wüst Menschen Angesicht / so / wie ein Faßnacht butz außsihet / auffgesetzt wird.«

Und nun, im Lichte solchen Brauchtums, wird uns auch die Klage Schiners über die anarchischen Zustände seiner Heimat erst in ihrem Zusammenhang zugänglich:

»unsere altvordern sigin sither hundert, zweyhundert jaren der gröbi und unstüme gesin, das sy kein byschof nie hant gelassen, sy habent sy gewaltenglich überfallen und mit der matzen recht wohl erpantschet, ouch etlich erwürgt, erstochen und zu den zinnen us geworfen, ouch etliche vertriben, darumb wundert inen nit, daß man mit im also huss hab.«

Der tumultuarische Charakter der Walliser Geschichte, neben dem selbst die chaotischen bündnerischen »Strafgerichte« des 17. Jahrhunderts noch beinahe rational anmuten, läßt sich nicht einfach auf die Formel eines bloßen politischen Machtkampfes zurückführen. Es steckte darin auch etwas von einem urtümlichen Aufstand nicht nur gegen die gegebene Autorität, sei es des jeweiligen Bischofs, sei es des ausländischen Unterdrückers, sondern gegen jede konstituierte Autorität überhaupt.*Die Turbulenz war nichts anderes als die

---

* Die Autoritätsfeindlichkeit des sonst so erzkonservativen Wallisers braucht keine gewaltsamen Formen anzunehmen. Sie äußert sich auch im passiven Widerstand etwa jener Oberwalliser Gemeinden, die noch um die Mitte des 19. Jahrhunderts durch Truppenaufgebote gezwungen werden mußten, ein von ihnen abgelehntes Steuergesetz auch tatsächlich durchzuführen. Ein Mann wie der »Falschmünzer« Farinet, Held eines Romans von C. F. Ramuz, der sein selbstgefundenes Gold aus eigener Machtvollkommenheit zu Münzen ausprägte, wurde von seinen Landsleuten ob solcher Eigenmächtigkeit bewundert, mit allen Mitteln unterstützt und schließlich, nachdem ihn die Polizisten doch erschossen hatten, als Märtyrer der Freiheit verehrt.

Kehrseite einer gleichsam im vorstaatlichen Zustand verharrenden Primitivität, die doch ständig zur Auseinandersetzung mit staatlichen Ansprüchen und Notwendigkeiten gezwungen wurde, und die föderative »Demokratie« der Zehnden sollte nicht sosehr als eine Vorform moderner Demokratie betrachtet werden, sondern viel eher als ein Versuch, dem anarchisch gestimmten Freiheitsbewußtsein einer jeder äußeren Organisation widerstrebenden »präpolitischen« Gesellschaft wenigstens das unerläßliche Minimum von Form und Zwang akzeptabel zu machen.

Die ökonomische Basis dieser Gesellschaft war einmal die Selbstversorgung, dann die Dorfgemeinschaft. Bis tief ins 19., ja teilweise ins 20. Jahrhundert hinein erzeugte der Walliser Bauer alles, was er brauchte, im eigenen Hause. Zugleich aber zwang ihn – vor allem in den Talstufen unterhalb des Goms – die Notwendigkeit künstlicher Bewässerung zum ständigen engen Zusammenwirken mit seinen Dorfgenossen. Im »Gemeinwerk« wurde das gewaltige System von Suonen oder *bisses* angelegt, das die Wasser der Berg- und Gletscherbäche durch rohe hölzerne Fassungen über Felshänge und Schründe auf die Wiesen, Äcker und Rebberge der sonnenreichsten und niederschlagärmsten schweizerischen Region ableitete. Wie in der Innerschweiz die älplerischen Markgenossenschaften zu wesentlichen Kräften gesellschaftlichen Zusammenhalts wurden, so hat im Wallis mit seiner meist individuell betriebenen Alpwirtschaft der Zwang zur gemeinsamen Arbeit bei Bau und Unterhalt der Wasserleitungen den Ansatzpunkt zu einer genossenschaftlichen Lebensform abgegeben, die auch politisch wirksam werden konnte.

Fremden Beobachtern freilich fiel weniger diese kollektive Leistung ins Auge als die Armut, die »rauhen Sitten«, die allgemeine Ignoranz und eine trostlose Zurückgebliebenheit. Im Vergleich zu Walliser Sennhütten, bemerkt Norrmann, seien die der Berner »fast Paläste«. Der Genfer Jean Picot nannte die Walliser »auf ihre Unwissenheit und selbst auf ihre Armut eifersüchtig«. Schärfer hat Padavino den Zusammenhang zwischen solcher Primitivität und der wirtschaftlichen Selbstgenügsamkeit herausgearbeitet:

»Non se applicano a traffichò e commercj, perchè se in ogni parte della valle non si raccoglie de tutto, almeno tutta unita produce quanto bisogna al viver umano, onde non sono astretti riccorrer altrove, e per questa apena si sà che siano al mondo.«

»Man weiß kaum, daß sie auf der Welt sind« – ein solcher Ausdruck spiegelt mit unvergleichlicher Deutlichkeit das Gefühl des gebildeten Venetianers wider, hier einem vergessenen, in vorzeitlicher Abgeschiedenheit lebenden, gleichsam aus den großen Zusammenhängen seiner Epoche herausgelösten Volkstum zu begegnen. Rousseau aber verlieh dem gleichen Eindruck eine Wendung ins Positive: In den grobschlächtigen Zügen, die andere mit Schauder betrachteten, glaubte er den glücklichen Naturzustand der Menschheit wiederzufinden, wenn er in seiner »Nouvelle Héloïse« das Wallis als »ces lieux si peu connus et si dignes d'être admirés« enthusiastisch-poetisch verklärte.

In diese selbstgenügsame Lebensform, die fast nur durch den Transithandel mit der Welt jenseits ihrer Berge verbunden schien*, ist nun aber die Neuzeit jäh eingebrochen und hat sie in zunehmend rapiderem Tempo von Grund auf verwandelt. Die erste der Kräfte, die schon vor der Jahrhundertwende den Boden auflockerten und ein kommerzielles Denken, einen rascher pulsierenden Lebensrhythmus bis in die Seitentäler hineintrugen, war auch hier der Fremdenverkehr, dem insbesondere das früher unbedeutende Zermatt seinen Aufschwung zur Ferienmetropole verdankte: Die Zermatter Hoteldynastie der Seiler, die sich ökonomisch wie politisch mit den Impulsen einer zukunftsfreudigen »Fortschrittlichkeit« identifizierte, ist für diese Phase noch charakteristischer als der Oberwalliser Bauernsohn César Ritz, der als eine Art Condottiere neuen Stils nicht sowohl im Wallis selbst als auch in den großen Zentren des Auslandes einen neuen Standard der Hotellerie schuf.

War der Fremdenverkehr gewissermaßen noch ein Vorläufer des Kommenden, so brachten zwei andere Vorgänge den Stein der Modernisierung ins Rollen. Der eine war die Melioration der unteren Rhoneebene, die das Jahr für Jahr vom wilden Bergstrom verheerte, mit Geröll überstreute und versumpfte Tal zwischen Sitten und Siders in einen blühenden Garten verwandelte. »Die Rhone macht überhaupt in diesem engen Lande wüste Händel«, hatte Goethe noch notiert; nun wurde sie wirksam eingedämmt, geradegelegt,

---

* Welche Bedeutung diesem Handel immerhin zukam, geht etwa aus der Tatsache hervor, daß Josef Stockalper im 17. Jahrhundert aus dem Transport über den Simplon ein riesiges Vermögen machen konnte. Der Stockalperpalast in Brig, Herrensitz und Karawanserei in einem, vermittelt heute noch eine eindrucksvolle Vorstellung von der einstigen Wichtigkeit des Paßverkehrs. Aber typisch war eben doch, daß es sich dabei um reinen Durchgangsverkehr handelte, der gleichsam am Rande des Walliser Lebens verlief und das Land als Ganzes viel weniger prägte, als etwa Uri vom Gotthard oder Graubünden von seinen Alpenübergängen nach Italien geprägt wurde.

und die Talsohle verwandelte sich aus einem Morast in ein »schweizerisches Kalifornien«. Unter der Ägide des unvergessenen Staatsrats Maurice Troillet, der dem Regierungsgremium volle 40 Jahre – von 1913 bis 1953 – angehörte, entstand hier eine Zone intensivster Bewässerungskultur mit »kapitalistisch« betriebenen Großplantagen, die bald die ganze Schweiz mit Obst und Gemüse, mit Spargel, Aprikosen, Erdbeeren und Tafeltrauben versorgten. Auch der Weinbau, bis dahin ein Reservat der Kirche und der Solddienst-»Aristokratie«, wurde nun von kommerziellen Großunternehmen an die Hand genommen. Damit aber öffnete sich erst recht die Schere zwischen dem aufstrebenden welschen Gebiet und dem Archaismus des traditionsgebundenen Oberwallis. Es war das große Meliorationswerk, das den Winzern und Pflanzern die Macht gab, dem Staat ihren Willen zu diktieren und den rückständigen Landesteil mit seiner altertümlichen Viehwirtschaft zum verstoßenen Kind einer neuen Zeit zu degradieren.

Einen gewissen Ausgleich brachte zwar das zweite der großen Werke, von denen man im Wallis den Beginn der neuen Zeit herdatieren muß: Die Eröffnung des Simplontunnels (1905) und die Untertunnelung des Lötschbergs (1913) verwandelten die Walliser Sackgasse aufs neue in eine internationale Durchgangsstraße, die nun der »Orient-Expreß« von Paris her durchfuhr. Damit war aber auch die Voraussetzung dafür gegeben, daß die Industrie ihren Einzug halten konnte, jene Großindustrie zumal, die einen enormen Energiebedarf aus den unerschöpflich scheinenden Wasserkräften des Wallis zu decken hoffte. Zwischen dem Pfynwald und Brig begann sich so etwas wie ein industrieller Schwerpunkt zu bilden, mit den Lonza-Werken, die von der Karbidherstellung auf immer weitere Gebiete der Schwerchemie ausgriffen, und mit den Aluminiumwerken von Chippis, die gebaut wurden, als Schaffhausen den stürmisch wachsenden Bedarf an dem weißen Leichtmetall nicht mehr zu decken vermochte.

Diese Wandlungen hatten sich gerade erst abzuzeichnen begonnen, als der Erste Weltkrieg ausbrach. Die große Krise der Zwischenkriegszeit hat zweifellos ihren Fortgang gebremst. In den drei Jahrzehnten danach aber sind sie rascher als zuvor fortgeschritten und haben schließlich einen fast schon revolutionären Charakter angenommen.

Ihren Spuren kann man allenthalben begegnen. Sitten, noch um die Jahrhundertmitte ein verträumt-romantisches Kleinstädtchen, hat seither seine Einwohnerzahl verdoppelt. In St. Niklaus im Zermatter Tal ließ sich erstmals eine Fabrik mit zeitweise mehr als 500 Arbeitern abseits der großen Durchgangsstraße nieder. In den obersten Hochtälern wurden die Wasser mit fast schon beängstigender Gründlichkeit angezapft oder gar durch aufwendige Felsentunnel von ihrem natürlichen Lauf abgeleitet, um stets riesigere Kraftwerke zu speisen – so etwa das Werk der Grande Dixence, dessen zyklopische Mauer von fast 300 Metern Höhe im Augenblick des Baus die höchste der Welt war und dessen Turbinen jährlich ca. 1,6 Mill. Kilowattstunden elektrischer Energie liefern.

Inzwischen ist der Kraftwerkboom allerdings vorbei – einfach deshalb, weil die Wasserreserven mittlerweile fast völlig ausgeschöpft sind. Noch einmal etwa 700 Mill. kWh jährlich sollen die zehn Laufwerke an der Rhone selbst liefern, deren Errichtung die Gesellschaft »Hydro-Rhône« unter Beteiligung des Kantons plant und die freilich auf einigen Widerstand bei Naturschützern stoßen. Größere Bedeutung kommt jedoch den vielen neu angesiedelten Industriebetrieben zu, von denen zwischen 1950 und 1970 mehr als 120 entstanden sind: Allein in den sechziger Jahren hat sich die Zahl der Beschäftigten in der Industrie beinahe verdoppelt.

Wenn fast das ganze Land an dieser Entwicklung teilnimmt, so begünstigt sie doch die französischen Distrikte ganz unverhältnismäßig. Sie haben am meisten vom immensen Aufschwung der Elektrizitätswirtschaft wie der Klein- und Mittelindustrie profitiert. Im Oberwallis dagegen ist die Industrialisierung fast ganz das Werk von Großunternehmen gewesen, die ihre Arbeitskräfte überwiegend aus einem breiten halbbäuerlichen Proletariat rekrutierten. Mittlerweile ist die Industrie allerdings ihrerseits wieder durch den rapid expandierenden Sektor der Dienstleistungen überholt worden: Er beschäftigt inzwischen erheblich mehr als die Hälfte aller Erwerbstätigen, die Industrie etwas über 40 %; nur noch ganze 5 % der Walliser aber beziehen ihr Einkommen ausschließlich aus landwirtschaftlicher Arbeit. All diese rapiden Wandlungen im ökonomischen und gesellschaftlichen Gefüge haben sich im Laufe von etwa sechs Jahrzehnten vollzogen, in einem Tempo, mit dem kaum ein anderer Kanton Schritt zu halten vermochte.

Auch die typischen »Arbeiterbauern«, die neben ihrer Fabrikarbeit noch einen kleinen landwirtschaftlichen Besitz bebauen (oder von ihrer Frau bebauen lassen), haben vom ökonomischen Aufschwung der Zeit nach dem Zweiten Weltkrieg wenigstens einigen

Nutzen gehabt. Ihnen ist vor allem der intensive Straßenbau und die Anlage zahlreicher Luftseilbahnen zugute gekommen. Auch entlegene Ortschaften und Hangdörfer, von denen aus sie früher ihren Betrieb nur in mehrstündigem Fußmarsch erreichen konnten, sind jetzt dank den besseren Verkehrsverbindungen ungleich näher an die Produktionsstätten im Tal gerückt und damit zugleich an den wirtschaftlichen Kreislauf angeschlossen.

Etwas ähnliches hat sich auch im großen Maßstab vollzogen. Das Wallis als ganzes ist zugänglicher geworden – durch die langsam rhoneaufwärts fortschreitende Autobahn vom Genfer See, den Autotunnel von Italien her unter dem Großen St. Bernhard, neuerdings auch den Furka-Durchstich, der die Schmalspurbahn ins Urserental und nach Graubünden hinüber erstmals auch für ganzjährigen Betrieb geeignet macht (und der allerdings wegen Überschreitung der Voranschläge auf das Vierfache auch zu den Skandalen beigetragen hat, die in jüngster Zeit im Kanton und da und dort auch gegen den Kanton viel böses Blut gemacht haben; manche finden, auch eine so anerkannte und werbekräftige touristische Errungenschaft wie der »Glacier-Expreß« zwischen Zermatt und St. Moritz könne zu teuer bezahlt sein). Zeitweise konnte man in der verkehrspolitischen Diskussion von einem wahren Walliser »Tunnelfieber« sprechen. Mehr noch als das wachsende ökologische Bewußtsein und die Warnung vor allzu massiven Eingriffen in die natürliche Umwelt haben wohl die finanziellen Schwierigkeiten der Rezessionsjahre zum Abklingen solcher Projektierwut beigetragen. Selbst der Rawil-Tunnel ins Berner Oberland hinüber, dessen Bau zunächst in den offiziellen eidgenössischen Planungen vorgesehen war, dürfte in naher Zukunft nicht zustande kommen; auch in dieser Hinsicht scheint der Schock der Furka-Fehlkalkulationen noch kräftig nachzuwirken.

Überhaupt hat die lange Ära stürmischen wirtschaftlichen Wachstums nicht nur Wohlstand geschaffen, sondern auch viel ungesunde Spekulation angeheizt. Versuche des Bundesrats, Auswüchse der Konjunktur etwa durch Reduktion der Fremdarbeiterzahl zu dämpfen, aber auch den rapid zunehmenden Grundstückerwerb durch Ausländer einzuschränken, lösten im Wallis ungehaltene Reaktionen aus und wurden dementsprechend oft umgangen. Manche glaubten sich dagegen wehren zu müssen, daß man ihnen und ihrem früher gern als »zurückgeblieben« gescholtenen Kanton die Befriedigung des fälligen Nachholbedarfs an Modernisierung streitig machen wolle. Von einem bedenklichen Verfall der Moral in den Spitzen der Verwaltung zeugten anderseits Affären wie der sogenannte Savro-Skandal, der äußerst fragwürdige Kungeleien zwischen privatwirtschaftlichen Interessenten und höchsten Regierungsstellen offenbarte und dessen weitreichende Verzweigungen nach dem Urteil außenstehender Beobachter strafrechtlich anscheinend nur unvollständig aufgeklärt worden sind. Manche sprachen in diesem Zusammenhang von »italienischen Zuständen«; selbst Parallelen zwischen der Walliser »*République des copains*« und den Methoden der sizilianischen Maffia wurden gezogen, um die illegalen Aktivitäten bestimmter politischer Clans und ihrer persönlichen Klientel zu charakterisieren.

Solche unerfreulichen Erscheinungen hängen sicher auch damit zusammen, daß die industrielle Revolution bisher an den eingefleischten politischen Sitten kaum etwas verändert, aber für die traditionelle Cliquenwirtschaft ungleich größere Möglichkeiten als früher eröffnet hat. Nicht zuletzt trägt dazu der Umstand extrem stabiler politischer Kräfteverhältnisse bei. Noch immer scheint die seit mehr als einem Jahrhundert ungefährdet fortdauernde konservative Herrschaft auch durch die Mißhelligkeiten, die sich in ihrer Führungsschicht herausgestellt haben, so gut wie unerschüttert. Inmitten stürmischer ökonomisch-sozialer Wandlungen haben sich die politischen Kräfteverhältnisse kaum spürbar verschoben: Mit einem Stimmenanteil von wenig unter 60% beherrscht die Christliche Volkspartei aus Konservativen und Christlichsozialen den Kanton nach wie vor fast unbeschränkt, stellt vier der fünf Regierungsmitglieder (mit einem Freisinnigen als Konzessionsschulzen), und weder notorische innere Streitigkeiten noch unsaubere Affären haben ihrer seit 120 Jahren behaupteten führenden Stellung viel anzuhaben vermocht.

Dabei findet diese Majorität ihre solideste Stütze in der ethnischen Minorität: bei den Oberwallisern. Wohl marschiert der politische Katholizismus auch in den welschen Distrikten – vom altradikalen und stets rebellisch gestimmten Bezirk Martigny abgesehen – so gut wie immer an der Spitze. Aber im Unterwallis ist das konservative Übergewicht doch nicht annähernd so erdrückend wie im deutschen Landesteil, wo die CVP mit geradezu volksdemokratischer Regelmäßigkeit 90- bis 99prozentige Stimmenanteile einheimst. Erst diesem soliden Rückhalt verdankt sie die Unangreifbarkeit ihrer Machtposition und damit auch die Fähigkeit, der Opposition jeder Couleur ein ernsthaftes Mitspracherecht in öffentlichen Angelegenheiten zu verweigern.

Im Grunde wirkt hier einfach die alte Teilung des Wallis nach. Östlich der Sprachgrenze am Pfynwald konnten Freisinnige wie Sozialdemokraten lange kaum Fuß fassen; während die Sozialisten bei einer kleinen Minderheit der Arbeiterschaft immerhin schließlich eine treue Gefolgschaft zu rekrutieren vermochten, dauerte es bis gegen Ende der siebziger Jahre, ehe sich im Oberwallis eine neu gegründete Freie Demokratische Partei politisch Gehör verschaffte. Bei den beweglicheren, überdies der Kirche weniger ergebenen Welschwallisern dagegen geht immer noch der Geist Mazzinis um: bei den alteingesessenen Radikalen (die diesem Namen hier eher als anderswo auch heute noch Ehre machen), bei den scharf nach links tendierenden Sozialisten, aber auch bei dem vorwiegend bäuerlichen *Mouvement social des paysans, ouvriers et indépendants*, das seine Anhänger vor allem aus den Reihen der Kleinlandwirte mit ihren marktabhängigen und daher auch krisenanfälligen Intensivkulturen rekrutiert. Auch außerhalb dieser Bewegung macht übrigens im unteren Rhonetal immer wieder ein agrarischer Extremismus von sich reden, der weniger an der Urne als in immer wieder jäh aufflakkernden Krawallen in Erscheinung tritt. Ein allzu niedriger Aprikosen- oder Kirschenpreis kann die Volkswut genauso entflammen wie etwa im Sommer 1961 die Vernichtung illegal angepflanzter Rebkulturen.

Wenn dieser letztgenannte Zwischenfall auch noch nach mehr als zwei Jahrzehnten Erwähnung verdient, obwohl es seither eine ganze Reihe anderer Aufläufe gab, dann deshalb, weil sich dabei auf besonders wunderliche Weise die Verbindung »moderner« wirtschaftlicher Interessenpolitik mit traditionell-anarchischer Staatsfeindschaft manifestierte. Während die Redner an der großen, aus Protest gegen die Maßnahmen des Staatsrats einberufenen Volksversammlung damals in durchaus marxistischem Jargon zur »Aktionseinheit von Arbeitern und Bauern« aufforderten, wurde gleichzeitig die Matze als Symbol der Rebellion erstmals seit Jahrhunderten wieder hervorgeholt und unter stürmischem Beifall herumgezeigt – etwa so, wie die schleswig-holsteinische Landvolkbewegung der späten zwanziger Jahre unter den schwarzen Fahnen des Bauernkriegs aus dem frühen 16. Jahrhundert demonstrierte. War dieser Rückgriff in eine ferne Vergangenheit einmalig, so sind Unruhen von Obst- und Gemüsebauern auch seither mehrmals zu verzeichnen gewesen, wann immer sie Schwierigkeiten mit dem Absatz ihrer Produkte hatten. Zumal im »heißen Dreieck« zwischen Saxon, Fully und Saillon finden sich des öfteren Landwirte bereit, zur Verteidigung ihrer Interessen nicht nur auf die Straße zu gehen, sondern auch Lastwagen von Importeuren tätlich anzugreifen und die mißliebigen Konkurrenzprodukte kurzerhand zu vernichten. Noch im Sommer 1983 machten Extremisten ihrem Unmut Luft, indem sie Hochspannungsmasten sprengten und einen Brandanschlag auf ein Lager der Migros unternahmen.

Im Oberwallis werden sich Vorkommnisse dieser Art kaum ereignen. Aber weder die äußere Ruhe noch die fast ungebrochene Quasi-Einstimmigkeit an den Urnen darf als Zeichen für die Abwesenheit von Spannungen interpretiert werden. Nur spielt sich die politische Auseinandersetzung dort fast ausschließlich zwischen konservativen Brüdern gleichermaßen kirchentreuer Observanz ab. Gerade weil die CVP im deutschen Landesteil das Feld nahezu für sich allein hat, können die rivalisierenden Gruppen in ihren Reihen einander nach Herzenslust bekämpfen: Konservative im engeren Sinne (»Schwarze«) und Christlichsoziale (»Gelbe«) streiten sich in den oberen Bezirken mit einer Erbitterung herum, wie sie anderswo nicht einmal zwischen extremen politischen Gegnern herrscht.

Allerdings hat diese Feindschaft nur wenig mit ideologischen oder gar – wie früher in Schwyz – mit geradezu klassenkämpferischen Motiven zu tun. Mit guten Gründen hat der Biograph Alexander Seilers des Jüngeren, Werner Kämpfen, die Oberwalliser Politik als eine Sache von »persönlichen Cliquen und Clans« bezeichnet, die allerdings im eidgenössischen Rahmen dann doch wieder »am gleichen konservativen Strick« zögen: Es sind im Grunde Konflikte zwischen Dorfsippen, die hier unter scheinbar politischen Vorzeichen ausgefochten werden – auch dies wiederum ein Zeichen für das Fortleben archaischer Gewohnheiten. An der Härte, mit der die Widersacher aufeinanderstoßen, ändert das gar nichts. Die Fehde konnte so tief gehen, daß die Parteikämpfe etwa im Oberwalliser Hauptort Brig zur Spaltung der Stadtmusik, ja zeitweise sogar des Kirchenchors in »schwarze« und »gelbe« Vereine führten. Ähnliches hat sich auch in anderen Gemeinden ereignet.

So wird das politische Leben des Wallis durch ein ganz merkwürdiges Ineinander von Einparteienherrschaft und Vielfältigkeit charakterisiert. Zur Abwehr laizistischer Tendenzen und zur Behauptung der eigenen Herrschaft bilden die zerstrittenen CVP-Fraktionen einen geschlossenen Block. An ihm sind bisher auch alle Versuche der Opposition zur Einführung der Proporzwahl für die Kantonsregierung – den Staatsrat – nach tessinischem oder zugerischem Muster gescheitert. Wo es dagegen um weltanschaulich neutrale, aber auch die Interessen der *beati possedentes* nicht direkt berührende Sachfragen geht, da können sich die vielfältigsten taktischen Kombinationen ergeben. Zeitweise haben sich sogar die Oberwalliser Konservativen gegen den »ungekrönten König« Troillet bedenkenlos mit den welschen Radikalen verbündet, und in sozialpolitischen Fragen finden sich hie und da die Christlichsozialen in einer Einheitsfront mit der sonst als »jakobinisch« denunzierten Linken. Umgekehrt hört man im deutschsprachigen Kantonsteil Vorwürfe gegen die Unterwalliser Konservativen, sie seien bei der Verfechtung regionaler Sonderwünsche jederzeit bereit, mit Radikalen und Sozialisten gemeinsame Sache zu machen. Aus all diesen einander überkreuzenden Allianzen auf Zeit erwächst schließlich eine viel lebhaftere politische Bewegtheit, als man das nach den nackten Ziffern der Wahlstatistik annehmen möchte.

Ein zusätzliches Element der Differenzierung hat der Kampf um Ecône in den Walliser Katholizismus hineingetragen. In Ecône, einer früheren Landwirtschaftsschule der Gemeinde Riddes im Bezirk Martigny, hat der ehemalige Erzbischof von Dakar, Marcel Lefèvre, jenes Priesterseminar aufgebaut, das als Zentrum und Hochburg der »integristischen« Opposition gegen die Ergebnisse des Zweiten Vatikanischen Konzils bald Weltruf erlangte. Hier wird nicht nur die Reform des Messe-Ritus erbittert abgelehnt, sondern die ganze konziliare Theologie kurzerhand als »Neoprotestantismus« verdammt. An dieser Haltung haben auch ernste Warnungen und disziplinarische Maßnahmen des Bischofs von Sitten so wenig geändert wie das Mißvergnügen des Vatikans (aus dem übrigens, seit Johannes Paul II. auf dem päpstlichen Thron sitzt, nur noch gelegentlich leises Murren zu hören ist). Lefèvres Aktivität hat die kirchlichen – und nicht *nur* die kirchlichen – Fronten im Wallis gründlich durcheinandergebracht. Auch sozial sehr progressive Politiker des Kantons – wie etwa der Bundesrat Bonvin – fühlten sich zu ihm theologisch ebenso hingezogen wie der erzreaktionäre, ja geradezu als rechtsextrem abzustempelnde Kreis um die gut gemachte Zeitung »*Nouvelliste Valaisan*«, die im Welschwallis beinahe ein publizistisches Monopol innehat. Anderseits fehlt es auch nicht an Geistlichen und katholischen Laien, die einen entschiedenen politischen Konservatismus mit einer schroffen Ablehnung der in Ecône verkündeten Theologie verbinden. Wie sehr sich übrigens rigoroses Beharren auf der Tradition in Staat wie Kirche mit überraschender Offenheit in anderen Bereichen verknüpfen kann, davon zeugen die vielfach extrem modernen Betonkirchen, die bis in die hintersten Seitentäler hinein ins Auge fallen. Wo es um die sakrale Architektur geht, da wetteifern nach den Worten eines geistlichen Lehrers selbst konservativste Gemeinden nun schon seit Jahrzehnten um das »Kühnste vom Kühnen«. Nichts könnte den frappierenden Umbruch besser verdeutlichen, der sich in einem vielfach noch so archaischen Gemeinwesen vollzieht.

Graubünden

Eine Welt für sich

In der Mitte der nördlich gemäßigten Zone gelagert, kaum einen Breitengrad und nicht völlig zwei Längengrade sich ausdehnend, bietet dieses Gebirgsland mit seinem Völkergemisch in mannigfacher Hinsicht ein verkleinertes Bild der gesamten Schweiz dar, sey es, daß du den Wechsel von Höhen und Niederungen, die Klimate des nördlichen oder südlichen Abfalls der Gebirge und Thäler, die Vertheilung und den Zug der Gewässer, die verschiedenen Produkte der Naturreiche und alle übrigen Erscheinungen der Natur bei Himmel und Erde vergleichend ins Auge fassest, oder die sprachlichen, volksthümlichen und politischen Gestaltungen dieses Föderativ-Staats, worin dir im Guten und Schlimmen ein Spiegelbild des eidgenössischen Bundeskörpers entgegentritt.
G. W. Röder, in »Der Kanton Graubünden«, 1838

Manche Kantone lassen sich gerne eine »Eidgenossenschaft in der Eidgenossenschaft« nennen. Einen Bund in sich darzustellen, der auf engem Raum viele deutlich umrissene Teilgebiete zusammenschließt, gilt schweizerischer Mentalität schon fast als ein Wert an sich. Auf kein anderes Staatswesen im eidgenössischen Verband aber trifft diese Kennzeichnung exakter zu als auf Graubünden. Es ist viel mehr als ein gewöhnlicher Kanton: eine Welt für sich, voll der verwirrendsten Gegensätze und Widersprüche wie sonst wohl nur noch das Wallis und vielleicht, auf freilich ganz andere Weise, das Tessin. Nur daß diese bündnerische Welt noch schwerer zu fassen ist als die der beiden anderen Außenseiter-Kantone.

Das beginnt mit der Geographie. Das Wallis mag man mit einem mächtigen Trog, das Tessin mit einem großangelegten Trichter vergleichen. Graubündens Bau entzieht sich allen solchen handgreiflich-anschaulichen Vereinfachungen. Der Umriß seiner Grenzen weist eine merkwürdige Ähnlichkeit mit dem auf, den die Schweiz im größeren Maßstab darbietet: gedrungen im Kern, aber gezackt und verwinkelt an den Rändern. Sieht man aber näher hin, dann schwindet diese äußerliche Übereinstimmung: Das innere Gefüge des Kantons mutet unvergleichlich komplizierter an als das der Konföderation im Ganzen. Es gibt nur ein einziges Bild, das ihm gerecht wird und das denn auch in der Literatur stets wiederkehrt: das des Labyrinths. Von einem »immense labyrinth de Montagnes« spricht der Franzose Depping, von einem »labyrinthischen Gebirgsnetz« der Bündner P. C. Tscharner, einem Netz, »in dem jede Falte und jede Masche ein Thal ist«:

Graubünden

»So viele solcher Thäler, fast eben so viele eigenthümlich gestaltete Landschaften fasset der Name Graubünden in einem Rahmen zusammen. Fast kein Thal gleicht dem andern, und der Wandrer, der diesen Irrgarten durchläuft, tritt, so oft er seinen Fuß in ein neues Thal setzt, auch in einen andern Himmelsstrich, in einen Kreis andrer Naturbilder, in die Mitte eines andern Völkleins. So wird das vielgestaltete Land zu einem Sammelbild des mannigfaltigsten Wechsels, der – wie in einem Kaleidoskop – vor dem Blicke des Wandrers in jedem Einzelbild mit einer neuen Physiognomie entgegentritt.«

Tatsächlich kennt die bündnerische Geographie keine durchgehende Grundlinie, sondern nur ein verwinkeltes Nebeneinander und Ineinander schmaler Gänge und enger Durchlässe. Die Alpenketten, die das Wallis wie riesige Wälle ummauern, die im Tessin überwiegend von Nord nach Süd streifen und ein System nebeneinanderliegender, aber konvergenter Längsrinnen schaffen, lösen sich hier in eine Vielzahl von Bergrippen auf, die nach allen Richtungen hin auseinander und gegeneinander laufen: Täler und Pässe, damit aber auch die ihnen folgenden Straßen fächern sich allenthalben nach den verschiedensten Seiten hin auf, und das Wirrsal der Längs- und Querfurchen scheint dem Lande jede natürliche Geschlossenheit zu versagen.

Gewiß wird ein großer Teil des Kantons vom Stromgebiet des Rheins eingenommen. Seine Quellgewässer im Einzugsgebiet des Vorder- und Hinterrheintals fließen kurz oberhalb Churs zusammen und sichern dieser uralten kleinen Stadt trotz ihrer exzentrischen Lage die Rolle eines »peripheren Zentrums«, die es schon in der Antike als Hauptstadt Rätiens gespielt hat und bis heute spielt. Aber man darf sich weder durch den unbestrittenen Primat Churs irreführen lassen noch durch die scheinbar sammelnde Kraft, die dem Rhein mindestens für die rätische Hauptmasse zukommt. Denn selbst die größeren, auf der Karte als klares Ganzes erscheinenden Talsysteme werden durch Klusen und unwegsame Schluchten in scharf markierte und eigenwillige Einzellandschaften auseinandergeschnitten. So legt sich das Felsentor, das die Landquart kurz vor ihrer Einmündung in den Rhein durchbrechen muß, als feste und auch geschichtlich bedeutsam gewordene Schranke zwischen das reiche Weinland der »Herrschaft« um das kleine Städtchen Maienfeld mit seiner patrizisch-aristokratischen Tradition und das Wiesen-

und Weideland des Prättigaus, das man mit Recht ein »bündnerisches Emmental« genannt hat. So schneiden am Lauf des Hinterrheins die schieferigen Schlünde der Via Mala, in die sich die Reisenden früherer Zeiten nur mit »Schaudern« hineinwagten, das burgenreiche, mild besonnte, ganz südlich prangende Domleschg mit seinem Schatz feudaler Erinnerungen vom südlicher gelegenen, aber viel alpiner anmutenden Schams mit seiner Überlieferung teils altfreien, teils kämpferisch emanzipationslustigen romanischen Bauerntums, das dem Adel mehr zu schaffen machte als die Bevölkerung jeder anderen bündnerischen Landschaft. Und der Granitriegel der Rofnaschlucht isoliert wiederum das Schams von dem höher gelegenen, von Walserkolonisten besiedelten Rheinwaldgebiet. Ganz Ähnliches können wir im Bereich des Vorderrheins feststellen. Selbst das Engadin, dessen Fluß sich zur Donau und damit zum Schwarzen Meer hin entwässert und das sonst mit den Regionen am Hochrhein wenig gemein hat, teilt diese Eigentümlichkeit mit ihnen: Auch sein Becken wird in der Mitte durch einen natürlichen Riegel entzweigeschnitten, der dazu geführt hat, daß das Ober- und das Unterengadin jahrhundertelang verschiedene historische Wege gegangen sind und sogar aus dem gleichen rätoromanischen Grunde zweierlei Schriftdialekte hervorgebracht haben.

Aus alledem erwächst ein erster und für die ganze bündnerische Entwicklung entscheidender Widerspruch. Auf einzigartige Weise vereinigt das Land imposante Weiträumigkeit und engste Kammerung. An schweizerisch-kleinstaatlichen Verhältnissen gemessen, erscheint Bünden als ein riesiger Raum: Der größte aller Kantone schließt ein volles Sechstel des gesamten eidgenössischen Territoriums in sich. Die Unzahl seiner Bäche und Flüsse verbindet es über vier große europäische Stromläufe (Rhein, Donau, Po und Etsch) mit drei Meeren: der Nordsee, dem Schwarzen Meer und der Adria; zusammen mit den zahlreichen Gebirgsübergängen von Nord nach Süd und von Ost nach West stellt dieses Gewässernetz Graubünden in eine Schlüsselposition hinein, die ihm in manchen Epochen seiner Geschichte eine zentrale Bedeutung im Verkehrsnetz Europas verliehen hat. Über die bündnerischen Südpässe lief im Mittelalter ein großer Teil des kriegerischen wie des kommerziellen Verkehrs zwischen dem südwestdeutschen Kern und dem italienischen Annex des Heiligen Römischen Reiches Deutscher Nation; der heute völlig verlassene Septimer war der erste und für viele Jahrhunderte der einzige Übergang über die Alpen, der schon im Mittelalter mit primitiven Mitteln für zweirädrige Karren befahrbar gemacht worden war. »Die Geschichte Graubündens«, stellte Theophil von Sprecher einmal bündig fest, »ist die Geschichte seiner Pässe« – anders gesagt: die Geschichte seiner Verflechtung mit der weiteren europäischen Welt. Deshalb strömten hier von überallher kulturelle Einflüsse zusammen: nordische, östliche, mediterrane, adriatische; sie brauchten zwar immer viel Zeit, um in die Abgeschiedenheit der rätischen Bergfestung einzusickern, aber sie wurden dann auch mit ungeheurer Zähigkeit festgehalten und zu Eigenem verarbeitet.

Wenn Graubünden auch ein Durchgangsland großen Stils war, so konnte es nichtsdestoweniger ebensogut jahrhundertelang als Rückzugsgebiet andernorts untergegangener oder überlagerter Volkstümer, Lebensformen und Kulturgestalten dienen, die sich hinter seinen Bergen und in seinen Tallabyrinthen äußeren Bedrohungen entzogen und in dieser Isolierung die früher von außen aufgenommenen Anstöße auf eigene und eigenwillige Weise weiterbildeten. Welt-Weite und Tal-Enge: zwischen diesen beiden Grundformen entfaltet sich nicht nur die bündnerische Geographie, sondern auch die bündnerische Geschichte.

Durch die Jahrtausende läßt sich dieses Wechselspiel verfolgen, von den prähistorischen Zeiten, zu deren frühesten Zeugnissen etwa die dreitausendjährigen Brunnenfassungen der Mineralquelle von St. Moritz gehören und in deren spärlichen Relikten sich ligurische, etruskische, illyrische Einflüsse zu berühren scheinen, bis in die Gegenwart hinein. In die Weltgeschichte tritt das Land erstmals durch die Kämpfe der Römer gegen seine wilden Gebirgsvölker ein, in denen Graubünden schließlich zum Herzstück der römischen *Raetia Prima* wurde. Und sogleich wird der eigentümliche Rhythmus seiner Geschichte faßbar: Später als die übrige Schweiz und das österreichische Alpenland ins Weltreich der Antike eingegliedert, erst knapp vor dessen Untergang durchromanisiert, hat ausgerechnet diese Heimat eines besonders hartnäckigen Barbarentums in den »dunklen Jahrhunderten« zwischen dem Ende Westroms und der Karolingerzeit römische Sprache, römisches Recht und Elemente römischer Verwaltungsorganisation, ohne tiefgreifende Störung durch die Kataklysmen der Völkerwanderung, länger als andere Teile Europas bewahrt.

Zum erstenmal läßt sich hier erkennen, was der Rückzug auf sich selber bedeuten konnte: Weder die Zugehörigkeit zum kurzlebigen ravennatischen Ostgotenreich noch die formelle Unterordnung unter merowingische Frankenherrschaft berührten die innere Struktur Rätiens. Die wirkliche Macht blieb bei den Kräften, die sich in spätrömischer Zeit herausgebildet hatten: der Kirche und der provinziellen Aristokratie. Das kräftig durchorganisierte Bistum Chur – das einzige der Schweiz, das nach anderthalb Jahrtausenden noch seinen ursprünglichen Diözesansitz innehat – war nicht nur »in einer Zeit der allgemeinen Verwilderung ein Hort des Christentums« und ein bedeutendes »geistiges Zentrum« (Pieth), sondern es bot auch der staatlichen Ordnung einen soliden Rahmen. Vor allem dem einheimischen Notabelngeschlecht der Viktoriden, das bischöfliche und weltliche Gewalt des rätischen *Präses* vereinigte, ist es zu verdanken, daß Churrätien »im Schirm der Berge und unter dem Schutze eines früh erstarkten Bistums die Kontinuität zwischen der Antike und dem Frühmittelalter ungebrochen bewahren konnte« (Erwin Poeschel). Nur in der Zurückgezogenheit des Viktoridenstaates gelang es der eben erst sich ausbildenden rätoromanischen Sprache sich so fest einzuwurzeln, daß sie später die germanisierenden Einflüsse der Feudalzeit überstand, bis ihr die Reformation neuen Auftrieb verlieh. Daß das Rätoromanische noch viel römisches Sprachgut bewahrt, das anderswo verschwunden oder überlagert ist, illustriert jene von Poeschel geschilderte »Grundhaltung des rätischen Volkes, daß einem nur langsamen Eingehen auf die fremde Anregung ein um so zäheres Festhalten des einmal Angenommenen nachfolgt«. Ein anderes Beispiel dafür bietet das Fortleben des frühchristlichen, auf orientalischen Ursprung zurückgehenden Kirchentyps – der von drei Apsiden abgeschlossenen Hallenkirche – bis tief in die Ära der romanischen Baukunst hinein, wie er uns heute noch etwa in Müstair oder in dem einsamen kleinen Gotteshaus von St. Peter in Mistail entgegentritt.

Erst als die Karolinger das Land in die fränkische Gauverfassung einbezogen, das Bistum der Erzdiözese Mainz statt Mailand unterstellten, vollzog sich die einschneidende Umorientierung von Süd nach Nord. Mit der Ablösung der einheimischen Optimaten durch einen alemannischen, schwäbischen oder tirolischen Lehensadel traten deutsche Kulturimpulse an die Stelle römischer, lombardischer und adriatischer. Die Italienpolitik der Ottonen, die ein vitales Interesse an den rätischen Alpenübergängen begründete, stellte das Durchgangsland zugleich in weitere geschichtliche Zusammenhänge hinein. Es war kaiserliche Paß-Politik, wenn Otto I. schon im 10. Jahrhundert den Churer Bischöfen die gräflichen Rechte im Bergell am Südfuß des Septimers verlieh. Indem die Kirchenfürsten von dort aus ihren Einfluß bald auch aufs Engadin, aufs Puschlav und auf die Hinterrheintäler ausweiteten, über die man den Splügen und den San Bernardino erreichte, blieben sie ein wichtiger Faktor inneren Zusammenhalts auch inmitten fortschreitender feudaler Zersplitterung.

Die integrierende Kraft des Bistums erwies sich besonders in dem Augenblick, da die kommunale Freiheitsbewegung, angespornt von ihren urschweizerischen Erfolgen, auch in die rätischen Alpentäler hinübergriff und eine gewaltige demokratische Grundwelle aufrührte. Leicht hätte diese Entwicklung in dem weiten und innerlich zerklüfteten, gegensätzlichsten Drücken und Zügen ausgesetzten bündnerischen Raum zu einem Dutzend oder mehr Talstaaten ähnlichen Zuschnitts wie Uri oder Glarus führen können. Denn auch in Churrätien existierten, wie in den Waldstätten, alteingesessene Markgenossenschaften, die Ansatzpunkte für ebenso volkstümliche wie radikal-partikularistische Selbstverwaltungs-Organe abgeben konnten. Überdies hatte die feudale Zersetzung auch das Bistum selber keineswegs verschont. Schließlich kam die ethnische Aufsplitterung dazu, die sich daraus ergab, daß die verschiedenen Feudalgewalten deutschsprachige Kolonisten in ihrem Herrschaftsgebiet angesiedelt und damit ein Element völkischen Zwiespalts in das zuvor einheitlich rätoromanische (»churwelsche«) Gebiet hineingetragen hatten.

Eine Zeitlang konnte es wirklich so aussehen, als ob die Gegensätze zwischen deutsch und romanisch die Ausbildung einer übergreifenden Solidarität im ostalpin-rätischen Raum verhindern würden. Spuren eines Volkstumskonflikts lassen sich sowohl im Prättigau als auch im Vorderrhein-Gebiet auffinden. Das Problem wurde noch dadurch verschärft, daß die deutsche Kolonisation das rätische Siedlungsgebiet nicht nur von Norden her einengte, sondern auch im Rücken bedrohte, weil die bündnerischen Dynasten in immer größerer Zahl »walserische« Siedler – Alemannen aus dem Wallis und dessen norditalienischen Ablegern – ins Land zogen. Indem diese Walser bis dahin unwirtliche und menschenleere Hochzonen und Berglehnen in zäher Arbeit erschlossen, entstanden dort lebenskräftige, jeder Assimilation widerstehende Volkstumsinseln etwa um Davos, Arosa, im Rheinwald, im Averser- und im Safiertal. Und wie sehr diese walserische Expansion von den Alteingesessenen als Gefahr empfunden wurde, beweist etwa die Tatsache, daß das romanische Lugneztal sich um die Mitte des 15. Jahrhunderts gedrängt fühlte, ausdrücklich allen Fremdsprachigen die Niederlassung zu versagen.

Aber wenn die Walser Träger der Germanisierung waren, so trugen sie gleichzeitig zur Ausbreitung eines Gedankens bei, der die bündnerische Entwicklung in eine ganz neue Richtung lenken sollte: des Gedankens der persönlichen und der kommunalen Freiheit. Unter dem »Walserrecht«, das ihnen individuelle Freiheit und bald auch freie Wahl ihrer Amtsleute gewährleistete, gewannen ihre Niederlassungen sehr rasch ausgeprägt »demokratische« Selbstverwaltung. Und zweifellos hat ihr Vorbild dem Emanzipationsstreben der alteingesessenen Bauernschaft einen starken Anstoß verliehen. Im gemeinsamen Streben nach Abschüttelung der Feudalherrschaft stellte sich sehr rasch eine Übereinstimmung zwischen den Angehörigen der verschiedenen Sprachgruppen her. Und das überbordende Fehdewesen, in dem sich der rätische Adel ruinierte, bot zugleich Anlaß und Chance für Zusammenschlüsse der Untertanen, die den Weg zu einer neuen bündischen Einheit des ganzen Landes bahnten.

Die erste und vielleicht entscheidende Wegstrecke legten dabei bezeichnenderweise die Untertanen des Bischofs zurück, unter denen sowohl die Bürger von Chur als auch die Bergeller und Oberengadiner frühzeitig zu einem Stande beträchtlicher innerer Selbständigkeit aufgestiegen waren. Als ein ausländischer Bischof seine weltlichen Rechte an das Haus Österreich zu verschachern suchte, schlossen sich die Gemeinden 1367 im »Gotteshausbund« zusammen und zwangen im Verein mit dem Churer Domkapitel den Kirchenfürsten zum Rücktritt von dem bereits abgeschlossenen Vertrag. Dem ersten volkstümlichen Zusammenschluß folgte bald schon der zweite: Aus einer »ewigen« Landfriedensvereinigung oberländischer Herren und halbautonomer Talschaften, die 1395 zu Ilanz abgeschlossen worden war, ging 1424 der »Obere« oder »Graue« Bund mit ausgeprägt bäuerlich-plebejischem Akzent hervor, der sich um die ehrwürdige Fürstabtei Disentis gruppierte. Der Disentiser Klosterstaat, als *Cadi* (»Casa Dei«) bekannt, hatte seinen Untertanen schon früh im Rahmen einer ständischen Verfassung ein Recht politischer Mitbestimmung eingeräumt und trug mindestens so starke genossenschaftliche wie herrschaftliche Züge. Anderseits behielten die Äbte von Disentis, oft Einheimische aus Oberländer Bauernstamm, auch nach der Demokratisierung des Grauen Bundes eine privilegierte Position innerhalb dieser Vereinigung.

Um einen bedeutenden Grad straffer organisiert als die ältere Föderation der Gotteshausleute, mit einem eigenen Recht der Gesetzgebung ausgestattet, hat der Graue Bund allmählich alle vorder- und hinterrheinischen Landschaften umgriffen, schon im 15. Jahrhundert auch das südalpine Misox zu sich herangezogen und schließlich dem ganzen Land seinen Namen mitgeteilt (er soll, nach einer freilich nicht völlig unumstrittenen Deutung, auf das graue, hausgesponnene und hausgewobene Tuch zurückgehen, aus dem die bäuerliche Kleidung gefertigt war, also auf einen ähnlich trotzig-klassenkämpferischen Ursprung hindeuten wie zu Zeiten der Französischen Revolution der Begriff des »Sansculotten«).

Etwas später gesellte sich diesen beiden Bünden ein dritter bei: der Zehngerichtenbund. 1436 schlossen sich die Bauern des Prättigaus, des Plessurgebiets und des Schanfiggs unter der Führung der großen Walsergemeinde Davos auch ihrerseits zusammen, mit dem für die demokratische Grundströmung jener Zeit schon sehr bezeichnenden Beschluß, unter allen Umständen, selbst bei einer erwarteten (und tatsächlich eintretenden) Erbteilung des toggenburgischen Besitzes unter verschiedene Adelshäuser, zusammenzubleiben. Daß die zehn Gerichte gewissermaßen über den Kopf ihrer Herren hinweg ihren Bund behaupten, ja, mit eigenen frei gewählten Organen ausstatten konnten, wirft ein grelles Schlaglicht auf den Niedergang der Feudalmächte und den Aufstieg des Bauerntums zu selbständiger staatsbildender Kraft (auch wenn der Zehngerichtenbund erst im 17. Jahrhundert endgültig seine völlige Freiheit von fremder Herrschaft erringen sollte). Wenn überhaupt jemand imstande war, dieser Entwicklung Einhalt zu gebieten, dann offenbar nicht das verkommene Rittertum, sondern nur ein sehr viel breiter begründeter herrschaftlicher Territorialstaat. Nur ihm mochte es noch möglich scheinen, die unbotmäßigen Landleute in eine feste Zucht zu zwingen. Dieser Staat war Österreich, das in Churrätien seine dominierende Stellung in den Ostalpen vollends abzurunden hoffte.

Eben diese klar erkennbare Absicht Habsburgs führte die rätischen Bünde nach 1450 dazu, immer enger aneinanderzurücken. Seit der Mitte des 15. Jahrhunderts hatten sich zwischen den drei an Aufbau, Rechtsstellung und Bedeutung so verschiedenartigen Gemeinschaften mancherlei vertragliche Bindungen herausgebildet. Endgültig aber wuchsen sie zu einem Ganzen zusammen durch drei Ereignisse: das lockere, aber alsbald durch enge Waffenkameradschaft verfestigte Bündnis zunächst des Grauen Bundes und dann auch der Gotteshausleute mit den sieben östlichen Orten der Eidgenossenschaft (1497/98); die Feuerprobe des Schwabenkrieges (1499), in dem die vereinigten Bündner durch ihren Sieg an der Calven im damals noch zum rätischen Verband gehörigen, erst 1618 davon abgelösten Vintschgau einen bedeutsamen Beitrag leisteten; schließlich (1512) die Eroberung des Veltlins und der angrenzenden Grafschaften Chiavenna und Bormio, mit der die Bündner während der eidgenössischen Mailänderkriege für fast drei Jahrhunderte ein großes und reiches Untertanenland erwarben.

Die Verbindung mit der Eidgenossenschaft, mit der Bünden in das Verhältnis eines »Zugewandten Ortes« trat, bereitete schon damals seine spätere Eingliederung in den größeren schweizerischen Staatskörper vor. Der Abwehrerfolg gegen Österreich eröffnete für mehr als ein Jahrhundert die Chance einer ungestörten inneren Konsolidierung. Der Erwerb des Veltlins schließlich schuf eine direkte territoriale Querverbindung zwischen den östlichen und den südlichen Außenposten des Bundes, vom Münstertal über das Puschlav und das Bergell bis zum Misox. Noch größer aber war der indirekte Effekt dieser Machtausweitung, im Guten wie im Bösen. Wie die Gemeinen Herrschaften ein gemeinsames Interesse zwischen den eidgenössischen Orten begründeten, so hielt und zwang das Veltlin die partikularistischen Kräfte der drei Bünde zusammen: Um die veltlinischen Pfründen zu behalten, mußten sie sich notgedrungen zu einem Minimum von Zusammenarbeit verstehen. Zugleich aber hat der Besitz dieses Gebietes, das sich wie ein Sperriegel zwischen Österreich und Mailand legte, das Land mit beklemmender Zwangsläufigkeit in die europäischen Auseinandersetzungen hineingerissen. Die Kämpfe, die es im Dreißigjährigen Krieg erschüttern und seine Selbständigkeit noch einmal aufs äußerste gefährden sollten, haben hier eine ihrer Wurzeln. 1798 ging das Untertanenland schließlich durch seinen Anschluß an die Cisalpinische Republik verloren; der Versuch, es 1815 wiederzugewinnen und ihm (verspätet) die Gleichberechtigung zuzusichern, die ihm bis dahin immer verweigert worden war, scheiterte nicht nur am Widerwillen der Mächte, sondern fast noch mehr an der eigenen Unsicherheit der bündnerischen (und erst recht der gesamtschweizerischen) Politik.

Es ist wohl mehr als Zufall, daß erst im Anschluß an die gemeinsam geleistete Abwehr des österreichischen Zugriffs und an die dreizehn Jahre später geglückte Expansion nach Süden die Vereinigung der drei Bünde ihre feste staatliche Gestalt erhielt. Die »Ilanzer Artikel« von 1524 stellen die erste bündnerische Gesamt-Verfassung dar. Einheit war freilich nur erreichbar in einer denkbar lockeren, die lokalen Partikularismen bis zum äußersten respektierenden, also extrem föderativen Form. Noch das frühe 19. Jahrhundert hat das als Selbstverständlichkeit betrachtet. Für Walsh zum Beispiel ist Bünden eine »agglomération de peuplades si diverses«, daß es »ne saurait avoir de nationalité, et c'est pour cela que le système fédéral leur convient si bien: il est le résultat nécessaire de leurs précédens et de leur manière d'être«. Tatsächlich bedurfte es einer zugleich ungemein freiheitlichen und ungemein komplizierten Struktur, um die einzelnen Teile des Landes zu einem Ganzen zu verbinden. Die eigentlichen »Kantone« der rätischen Eidgenossenschaft waren ja nicht etwa die drei Bünde, sondern die 49 Gerichtsgemeinden, aus denen sie sich zusammensetzten und die tatsächlich, mochten sie vielfach auch nur ein paar hundert Menschen umfassen, ebenso viele unabhängige Miniaturrepubliken darstellten. Ihre Abgesandten, mit festen »Instruktionen« zum Bundestag entsandt wie die Vertreter der eidgenössischen Orte zur Tagsatzung, waren für die gemeinsamen Beschlüsse verantwortlich, und diese Beschlüsse konnten, wenn sie auch nur einigermaßen wichtige Fragen betrafen, erst in Kraft treten, nachdem sie von einer Mehrheit der Gemeinden in einem Referendum bestätigt worden waren. Es war im Grunde einzig und allein dieses Mehrheitsprinzip, das dem bündnerischen Verband tatsächlich Staatscharakter verlieh: Im Gegensatz zur alten schweizerischen Eidgenossenschaft, der man diesen Charakter mit guten Gründen abgesprochen hat, bestand in Bünden dank diesem Prinzip die rechtliche Möglichkeit, einen Gesamtwillen auch gegen den Widerstand einzelner Glieder zu bilden, und damit eine wahrhaft übergeordnete, wenn auch aus den kleinsten Teilen erwachsende politische Autorität.

Das war ein genialer Versuch, des Grundwiderspruchs Herr zu werden, den wir schon eingangs festgehalten haben: der Spannung zwischen Weiträumigkeit und Enge, zwischen der Größe des Landes und der Kleinheit seiner Zellen. Die Wirren der Folgezeit dürfen uns nicht den Blick für die Originalität der Synthese trüben, die die Schöpfer des bündnerischen Gesamtstaates vollzogen. Sie haben eine Aufgabe angepackt, wie sie zu jener Zeit nirgends sonst in der Welt auch nur gestellt, geschweige denn bewältigt wurde.

Die Einheit des bündnerischen Staatswesens in seinem von unten nach oben vielfältig geschichteten Gefüge mag gewiß zunächst einmal als das notwendige Korrelat der Freiheit erscheinen, die es seinen zugehörigen Teilen einräumte. Da jede Talschaft, ja jede kommunale Korporation innerhalb eines solchen Tales auf einem Höchstmaß an realer Unabhängigkeit weit über bloße Selbst*verwaltung* hinaus bestand, die öffentliche Gewalt sich also in einer fast unvorstellbaren Weise in winzige territoriale Partikel zerfaserte, konnten die 49 Kleinstfreistaaten überhaupt nur dann mit einer Chance des Überlebens rechnen, wenn sie Voraussetzungen gemeinsamen Handelns schufen. Gerade um den Gliedern des Bundes ein Höchstmaß an Ungebundenheit zu erhalten, bedurfte es daher eines entschiedenen Ansatzes zu einer sie alle umgreifenden Ordnung. Durch das früh entwickelte Institut des Referendums aber wurde auch diese Ordnung wiederum ganz an den Mehrheitswillen der Gerichtsgemeinden gebunden, also auf ein demokratisches Fundament gestellt. Die Demokratie, in Bünden radikaler und konsequenter durchgeführt als jemals selbst in den soviel überschaubareren Landsgemeindekantonen, entstammt also recht eigentlich dem Bedürfnis, die Eigenständigkeit der »souveränen« Gemeinden mit der unabweisbaren Notwendigkeit einer übergreifenden, die partikularen Einzelbestrebungen koordinierenden staatlichen Organisation in Einklang zu bringen.

In den kleinen und dicht gefügten Gemeinschaften der urschweizerischen Volksstaaten konnten die vollberechtigten Bürger noch alljährlich im »Ring« ihre Angelegenheiten ordnen. Für ein so weitgedehntes Gebiet wie das churrätische jedoch war die Landsgemeinde-Demokratie in der dort entwickelten Form ganz ungeeignet.

Das Referendum bot den Ausweg aus dieser Schwierigkeit. Erstmals in der Geschichte wurde hier Volksherrschaft unter weiträumigen Bedingungen durchexperimentiert: Graubünden erwuchs zur ersten neuzeitlichen Demokratie auf überkommunaler und übertalschaftlicher Basis, ohne gefährlichen Eingriff in das Lebensrecht und die Eigenart der kleinen Gemeinschaften, ohne Zuflucht zur Apparatur des bürokratisch zentralisierten und zentralisierenden Einheitsstaates. Indem sie ein solches wahrhaft revolutionäres Modell entwickelten, gelang den Bündnern eine schöpferische Synthese zwischen den widerstrebenden Kräften, die in der Natur ihres Landes beschlossen lagen.

Bei aller Problematik, die dem Experiment innewohnte, war das ein großartiges Unterfangen. Wenn die neugeschaffene bündnerische Demokratie trotzdem nicht zum weitausstrahlenden Vorbild wurde, sondern in Anarchie zu versinken drohte, so ergab sich das weniger aus der Neuartigkeit und Schwerfälligkeit ihrer unerprobten staatlichen Strukturen als darfür, daß just zu dem Zeitpunkt, da dieses Gefüge seine feste Form gewann, eine neue und ungleich gefährlichere Spaltung eintrat. Es war die Reformation, die mit der kirchlichen Solidarität auch die politische zerriß und die junge Föderation damit ihrer schwersten Probe unterwarf.

Zunächst sah es zwar so aus, als ob Rätien besser als jeder andere zeitgenössische Staat dafür gerüstet sei, den konfessionellen Hader zu dämpfen. Da die Gerichtsgemeinden ohnedies schon über eine unübersehbare Fülle an Rechten geboten, lag es nahe, ihnen auch die Entscheidung über das religiöse Bekenntnis zu überlassen. Das ganze 16. Jahrhundert hindurch konnten deshalb alte und neue Lehre verhältnismäßig friedlich nebeneinander existieren. Nur der Zehngerichtenbund wandte sich so gut wie ganz der Reformation zu, obwohl auch hier einzelne katholische Inseln bestehen blieben; in den beiden anderen Bünden standen alt- und neugläubige sowie ein paar paritätische Gemeinden nebeneinander, mit einem deutlichen Übergewicht der Reformierten im Gotteshausbund, einer Mehrheit katholischer Kommunen im Grauen Bund. Die Gegenreformation jedoch trieb, vom Ende des 16. Jahrhunderts an, die »ideologischen« Gegensätze so in die Höhe, daß das Land immer wieder an den Rand des Bürgerkriegs geriet und ein wüstes Parteienwesen seine eben erst aufgerufenen integrierenden Kräfte völlig zu zerstören drohte.

Der Tiefpunkt wurde zur Zeit des Dreißigjährigen Krieges erreicht. Damals tobten sich die Gegensätze zwischen spanisch-österreichischer und französischer Partei – wenigstens im Ursprung zunächst außenpolitische Verkleidungen weltanschaulicher Fronten – ungehemmter als je zuvor aus, und inmitten einer europäischen Konflagration wurde das Land unter solchen Umständen fast unvermeidlich zum Kriegsschauplatz. Diese »Bündner Wirren«, deren Andenken noch unvergessen ist (und aus denen vor allem die umstrittene, rätselhaft schillernde Gestalt des Prädikanten, Patrioten und späteren Konvertiten Jürg Jenatsch im Bewußtsein der Nachwelt fortlebt), hingen zweifellos zu einem guten Teil mit der geopolitischen Situation Graubündens zusammen: Es war für Spanien und Österreich in der Tat fast eine Lebensfrage, die beiden großen

Durchgangskorridore des Engadins und des Veltlins in die Hand zu bekommen. Aber verhängnisvoll, ja um ein Haar für die Freiheit Bündens tödlich wurden diese Bestrebungen doch nur deshalb, weil ihnen innere Parteiungen Vorschub leisteten. Und die einzelnen Parteien wiederum konnten sich ja nur darum so bedingungslos in den Dienst fremder Mächte stellen, weil der konfessionelle Antagonismus das Bewußtsein der Zusammengehörigkeit im Laufe von hundert Jahren erst langsam und unmerklich aufgeweicht und dann immer rapider zersetzt hatte.

Den Zeitgenossen freilich, die von außen die Selbstzerstörung eines kurz zuvor noch mächtigen Staates mit ansahen, mußte dieser Vorgang als verdiente Strafe für ein ruchloses, weil »widernatürliches« Experiment erscheinen. In der bündnerischen Unordnung sahen sie den unwiderleglichen Beweis dafür, daß eine konsequent freiheitlich organisierte Volksherrschaft nur ins Chaos führen könne. Das hat etwa der venezianische Gesandte Giovanni Battista Padavino in seiner »Relazione del Governo e Stato dei Signori Svizzeri« (1708) rückhaltlos ausgesprochen. Wenn es niemanden gebe, der befehlen könne, und niemanden, der gehorchen wolle, so laufe das hinaus auf

». . . una pura anarchia, assai più miserabile di qualsivoglia crudel tirranide, divisa in communanze, senza Conseglj, o magistrati, dove non essendo chi comandi, nè chi obbedisca, meraviglia non è, che così frequentemente seguano effeti propri della temerità d'un popolazzo fluttuante, quasi nave senza mocchiero, combattuta da contraj venti, indomito, diero, bisognoso, incapace, di usar la mediocrità, il qual, colme d'ogni imperfezione, vivendo a caso, attribuisce a se stesso molto più di quello che li staria bene, e portando sempre su gl'occhi la benda di passione, d'ignoranza, d'avarizia, d'alterezza, trascorre a tutta briglia sfrenatamente con ogni licenza di mal fare nel precipitoso abisso degli estremi, senza pur minimo zelo d'onore di ben commune, nè di guidizia . . . Tuttavia dall' essere stata distrutta l'auttorità del magistrato, e riposta tutta nella plebe, procede la confusione e la volubilità, non essendo altro, convenir in tutte le occorrenze dimandar consiglio al popolo, che ricercar prudenza in un furioso.«

Selten ist die Demokratie erbarmungsloser verurteilt worden als in den rollenden Perioden des italienischen Diplomaten und Humanisten, der die Herrschaft des Volkes als »elender denn irgendeine grausame Tyrannei« brandmarkte und im Volk nichts als ein vielköpfiges Ungeheuer sah. Das bündnerische Chaos lieferte ihm eine Fülle von Anschauungsmaterial für dieses Verdikt. Nie traten die zweifellos vorhandenen anarchischen Tendenzen im öffentlichen Wesen von »Alt Fry Rätien« destruktiver zutage als seit dem Beginn des 17. Jahrhunderts. Unter den Bedingungen eines latenten Bürgerkriegs und unter dem Einfluß ausländischer Mächte, die die inneren Gegensätze ausnützten, um sich durch Geld- und Titelzuwendungen eine feste Klientel zu schaffen, entartete die demokratische Freiheit zur Despotie aggressiver Minderheiten. Jederzeit ließen sich Gefolgschaften zum politischen »Fähnlilupf« gegen den heimischen Gegner, zu Aufläufen und einseitigen »Strafgerichten« mobilisieren; eine krud demagogische Ausnahmejustiz unter Assistenz bewaffneter Haufen verhängte Verbannungssprüche, rücksichtslose Vermögenskonfiskationen oder gar Bluturteile. In der Atmosphäre der permanenten Erregung und der »ideologischen« Polarität konnte auch das Gemeindereferendum nicht mehr sinnvoll funktionieren. Kein Wunder daher, wenn Padavino zu dem Schluß gelangte, es sei genauso töricht, den Rat des Volkes einzuholen, wie Besinnung von einem Verrückten erwarten zu wollen.

Zweifellos hat die Demokratie, wie sie in Churrätien gehandhabt wurde, diese Entartungserscheinungen erleichtert. »Es gab in Bünden, was die übrige Schweiz nicht kannte, eine maßgebende öffentliche Meinung, erregbar und ausschweifend« (Richard Feller). Eben deshalb galt der rätische Zugewandte den Eidgenossen noch lange als ein chronischer Fieberkranker, den man besser in strikter Quarantäne halte. Wenn sich nach den Wirren des Dreißigjährigen Kriegs der einstmals so enge Zusammenhang »gemeiner dreier Bünde« mit dem größeren helvetischen Körper zunehmend lockerte, so hatte das auch mit der Furcht vor der Ansteckung durch den bündnerischen Bazillus zu tun. Als die Bündner sich 1701 um Aufnahme in die Eidgenossenschaft und damit um die Rechte eines Vollkantons bewarben, stießen sie nicht nur aus konfessionellen Gründen auf den Widerstand der katholischen Orte. Der zeitgenössische »Dictionnaire de la Suisse« zum mindesten sieht einen gewichtigen Grund für die Abneigung, sich enger mit den drei rätischen Föderationen zu verbinden, in den »constitutions particulières de ces peuples, & le souvenir des désordres qui dans les temps passés en ont souvent résulté«. Noch 1800 verlangte Bern in aller Form den Ausschluß Graubündens aus der Helvetischen Republik, weil es eine

»Quelle von Unruhen« darstelle, und aus ähnlichen Gründen hat vollends in der Restaurationszeit die wiederhergestellte (und sinnvoll verfestigte) altdemokratische Verfassung des Kantons immer wieder das Mißtrauen der aristokratischen oder plutokratischen Herrenschichten anderer Orte erregt.

Der schlechte Ruf war nicht unverdient. Aber ein straffer organisiertes, fester verklammertes Staatsgebilde wäre wohl in den konfessionellen Auseinandersetzungen entweder ein für allemal zersplissen, oder es hätte bestenfalls durch die radikale Vergewaltigung des einen oder anderen Volksteils eine künstliche, mit der innersten Natur des Landes in gefährlichem Widerspruch stehende Einheit erzwungen – und dann hätte die solidere »Ordnung« mit einer desto bittereren Verarmung bezahlt werden müssen. Denn die Vielfältigkeit und Widersprüchlichkeit Graubündens hat ja die Entwicklung nicht nur hintangehalten und verzögert. Sie wirkte zugleich als Stimulans. Die eminente kulturelle Fruchtbarkeit des Landes hat einen entscheidenden Impuls von der Vielzahl der inneren Gegensätzlichkeiten erhalten. Gerade für Graubünden gilt die Erkenntnis, die dem Betrachter schweizerischer Geistesgeschichte vertraut ist: daß zu gewissen Zeiten die Schwäche des Ganzen eine Bedingung für die freie Entfaltung seiner Teile sein kann. Und wenn die innerlich so zerrissene Föderation ihre »Zeit der Wirren« letztlich doch noch intakt überstanden hat, über alle »Konfusion« hinweg, die einen Padavino mit gutem Grund entsetzte, ja wenn sie an den Grundlinien ihrer Verfassung mit ungeheurer Zähigkeit bis in die Anfangsjahre des schweizerischen Bundesstaates hinein festhielt, dann bezeugt das die Lebenskraft und Elastizität, die ihrem Gefüge innewohnte, deutet darauf hin, daß der erste Versuch einer großräumigen »bündischen Demokratie« tiefer in den Verhältnissen des Raumes und des Volkes verwurzelt war und eben deshalb eine ungleich größere Widerstandsfähigkeit besaß, als seine frühen Kritiker ihm zuzubilligen geneigt waren.

Ungeachtet der revolutionären Blasen, die immer wieder hochstiegen, hat Graubünden zudem eine außerordentliche Fähigkeit bewiesen, den gewaltsamen Bruch mit älteren Traditionen nach Möglichkeit zu vermeiden. Nur ausnahmsweise geschah die Ablösung der Feudalherrschaft durch ungeregelte Aufstände. Der normale Gang war viel eher, daß sich die Gemeinden unter schweren Opfern von ihren Herren freikauften: Erworbene Rechte wurden abgelöst, aber nicht zerrissen. Das trägt dazu bei, daß die bündnerische Aristokratie – etwa mit den Sippen der Planta, der Salis, der Sprecher – ungeachtet des radikal demokratischen, ja libertären Zuges, der durch die ganze Geschichte des Landes seit der Begründung der ersten Bünde geht, im Leben des Kantons noch heute eine viel aktivere und angesehenere Rolle spielt als manche ehemalige Oberschicht in früher rein aristokratisch organisierten Ständen: Sie hat sich seit vierhundert Jahren mit Biegsamkeit und Geschick in die veränderten Verhältnisse zu schicken gelernt.

Anderseits bot der bündnerische Föderalismus eine Fülle von Möglichkeiten, die widersprüchlichsten sozialen und politischen Formen miteinander zu vereinen. So konnte sich etwa die winzige Freiherrschaft Haldenstein unweit Chur, die nur aus einem Dorf und zwei Schlössern bestand, unter einer sehr vagen Souveränität der drei Bünde bis zum Ende des 18. Jahrhunderts unabhängig erhalten und sogar ihr eigenes Münzrecht geltend machen. Die Herrschaft Rhäzüns, eine andere der feudalen Enklaven, war zugleich österreichischer Besitz und Mitglied des Grauen Bundes; man sah nichts Unpassendes darin, daß der österreichische Gesandte im Namen des Kaisers als Rechtsnachfolger der ausgestorbenen Freiherren von Rhäzüns Sitz und Stimme im Bundestag der Oberen Liga besaß und sogar das Privileg ausübte, ihm alle drei Jahre einen verbindlichen Dreiervorschlag für die Wahl des höchsten Magistraten – des Landrichters – zu unterbreiten. Der Rahmen war eben spannkräftig genug, um solche kuriosen Relikte alter Rechtsverhältnisse zuzulassen. Die absonderlichste dieser Kuriositäten war allerdings die eigenartige Zwitterstellung des Hochgerichtes Maienfeld, das die drei Bünde nach dem Schwabenkrieg käuflich erworben hatten. Die beiden Gerichtsgemeinden Maienfeld und Malans, die diese »Herrschaft« ausmachten, waren zugleich Untertanen des Gesamtstaates und vollberechtigte Mitglieder des Zehngerichtenbundes. Sie wurden wie das Veltlin durch Landvögte verwaltet, die in festem Turnus von den bündnerischen Gemeinden bestellt werden mußten; periodisch kam daher die Reihe auch an die Maienfelder und Malanser, sich ihren eigenen Vogt zu setzen, und sie konnten daher mit gutem Grund, wie ihre paradoxe Anrede in den staatlichen Dokumenten lautete, »Mitregierende Herren und respektive Unterthanen« tituliert werden.

Wie auf dem weiteren helvetischen Felde, so liefen auch in Graubünden die ethnischen und die konfessionellen Gegensätze kreuz und quer durcheinander, und das hat auf die Dauer wesentlich zu ihrer Neutralisierung beigetragen. Unter den reformierten wie den katholischen Gemeinden fanden sich gleichermaßen solche deutscher, rätoromanischer und italienischer Zunge. Klassisch ist der Fall der italienischen Südtäler. Das Misox blieb geschlossen katholisch; das Bergell wandte sich ganz und gar der neuen Lehre zu, und im konfessionell paritätischen Puschlav stand das wohlhabende reformierte Bürgertum des Hauptorts einem strikt romtreuen Landvolk gegenüber. Vom Bergell und Puschlav aus ist bemerkenswerterweise das ladinische Engadin für die Reformation gewonnen worden, der es bald eifrige und eifernde Prädikanten in großer Zahl lieferte, und die von Süden hereingetragene Glaubenserneuerung hat dort sogar erst das Rätoromanische aus langem Schlaf erweckt und zu einer bald mit literarischem Glanz gemeisterten Schriftsprache erhoben. Von Poschiavo aus versorgte von 1549 bis 1669 die erste Buchdruckerei Graubündens rätoromanische wie italienische Protestanten mit Traktaten, Katechismen und Bibelübersetzungen in ihren jeweiligen Muttersprachen.*

Das ist nur ein Beispiel dafür, daß die Südtäler durchaus nicht als bloße Annexe Graubündens betrachtet werden dürfen. Das Bergell etwa gehörte zu den ersten Initianten des Gotteshausbundes und nahm von jeher in dessen Verband den ersten Rang nach der Bischofsstadt Chur ein. Alle drei Talschaften hatten ihren Eintritt in die Föderation spätestens im 15. Jahrhundert aus freien Stücken vollzogen; ihre Einwohner sind nie, wie die Tessiner, einer deutschschweizerischen Fremdherrschaft untertan gewesen, und sie legen denn auch den ganzen Stolz, das ungebärdige Selbstbewußtsein und den hochgespannten bündnerischen Patriotismus einer altfreien Bevölkerung an den Tag (daß Bünden das Veltlin nicht in diese freiheitliche Ordnung hineinzuziehen vermochte, hat es mit dem Verlust dieser wichtigen südlichen Querachse bezahlen müssen). Das wirkt bis in die Gegenwart hinein. Italienisch-Bünden hat nie auch nur Ansätze einer italienischen Irredenta gekannt; den Misoxern fiel es nicht einmal ein, einen Anschluß ans sprachgleiche und geographisch viel nähere Tessin zu erwägen.

Stolz und Selbstbewußtsein – die Worte passen erst recht aufs

---

* Sie blieb nicht die einzige Offizin von kultureller Bedeutung und literarischem Anspruch in diesem wirtschaftlich und geistig gleichermaßen lebendigen südalpinen Tal, das nie mehr als ein paar tausend Einwohner zählte: Eine spätere, 1780 begründete Druckerei brachte u. a. immerhin die erste italienische Übersetzung von Goethes »Werther« heraus.

Graubünden

Engadin. Kein anderer Bündner Landesteil bietet einen glanzvolleren Anblick als das Hochtal des Inns – nicht das kosmopolitische der Touristen wie St. Moritz oder Pontresina, sondern das ungleich eigenständigere, dem so prächtige Dörfer wie Zuoz, Guarda, Ftan und Sent seinen unverwechselbaren Charakter aufprägen und wo noch ein abgelegener, zeitweise fast völlig verlassener Weiler wie Sur-En nach angemessener Restaurierung wieder als ein ungleichliches architektonisches Juwel erscheint. Immer wieder steht man berückt und fast betroffen vor der Kraft und Eleganz der breit gelagerten, vielfach geradezu prunkvollen, *sgraffiti*-geschmückten Engadiner Häuser mit ihren dicken Mauern, aus deren tiefliegenden oft auffällig unsymmetrisch angeordneten Fenstern durch schmiedeeiserne Gitter die roten Geranien und die leuchtenden Hängenelken schimmern. Nirgends – außer vielleicht in den »Ansitzen« Südtirols – ist wohl das Bäuerliche eine so glückliche und so überraschende Synthese mit dem Urbanen eingegangen wie im Engadiner Bauernhaus, das wie ein Palazzo wirkt, obwohl es doch Wohn- und Wirtschaftsgebäude, Scheune und Stall rustikal unter einem Dach vereinigt. In keinem Land, schreibt der Chronist Sererhard mit überquellendem Stolz vom Engadin, könne man »schönere, größere und ansehenlichere Dörfer finden«, von denen manches »eine Parade machet, wie eine ziemlich schöne Stadt«. Aber nicht nur in seiner Baukunst verrät das Engadin eine altgewachsene und ins Subtile verfeinerte Kultur. Sererhard weiß auch (1742!) zu berichten, »daß in keinen rhätischen Orten Mehrere ihre Kinder studiren lassen, als die Engadiner«, mit dem Effekt, »daß diese bald allen *ecclesiis reformatis patriae* ihre Prädicanten gelehnt haben, maßen bald alle Prediger unsers Lands von Zeit zu Zeit *origine* Engadiner gewesen«: Der theologische Eifer entsprang offenbar ebenso intellektueller wie religiöser Leidenschaft.

Mehr noch als anderswo vereinen sich im Engadin Abgeschlossenheit und Weltoffenheit. Die Auswanderer, die als Zucker- oder als Pastetenbäcker, Likörfabrikanten und Kaffeehausbesitzer in ganz Europa und vor allem in Italien tätig waren und sich dann mit dem Ersparten ins heimatliche Dorf zurückzogen, steckten nicht nur ihr Geld in die prächtigen Häuser, sondern brachten auch Weltkenntnis, Gewandtheit und »Politesse« zurück (die dann von der Mitte des 19. Jahrhunderts an dem wachsenden Fremdenverkehr zugute kam). Und selbst der calvinistische Protestantismus, dem sich das ganze Tal mit Leidenschaft ergab, scheint hier einen minder puritanischen

Charakter und eine zarte mediterrane Lasur angenommen zu haben, die (bei aller Kargheit) bis in den reformierten Kirchenbau hinein fühlbar wird.

Dem Engadin sprachlich und kulturell nah verwandt und doch eine kleine Gemeinschaft für sich ist das abgelegene Münstertal. Neben den Puschlavern sind seine Einwohner die einzigen Schweizer, die zwei oder gar drei Pässe überschreiten müssen, wenn sie in ihre Kantonshauptstadt gelangen wollen. Wer es sich nicht verdrießen läßt, vom engadinischen Zernez aus noch eine Alpenschwelle ostwärts hinter sich zu bringen und über den Ofenpaß – mitten durch das sorgsam in seinem ursprünglichen Zustand erhaltene Wildgelände des Schweizerischen Nationalparks – ins Val Müstair weiterzufahren, den belohnt in diesem östlichsten Zipfel der Schweiz nicht nur der gewaltigste aller karolingischen Freskenzyklen, der im Frauenkloster zu Müstair von einer ebenso frühen wie erstaunlichen künstlerischen Blüte spricht, sondern auch die Bekanntschaft mit einem faszinierenden Stück altromanischen und dabei kernschweizerisch gewordenen Südtirols. Man spürt, daß man hier, im Stromgebiet der Etsch, der adriatischen Kulturwelt noch um einiges näher ist als selbst im Engadin. Nichts beleuchtet klarer die Bedeutung der bündnerischen Freiheit als der Vergleich des Münstertals mit seinen 1618 von ihm »abgeschränzeten« vintschgauischen Vorlanden: Während diese völlig verdeutscht worden sind, hat das schweizerisch gebliebene Gebiet seine ladinische Sprache steif und fest zu bewahren vermocht, zusammen mit viel altem Brauchtum, das selbst im Engadin schon abgetragen und weggeschliffen worden ist.

Noch an einer anderen Stelle hat das Tirol gleichsam in die Schweiz hinübergegriffen, das nördliche diesmal: in Samnaun. Dort, auf den Oberstufen des letzten Engadiner Seitentals, schlagen auf einmal nicht mehr ladinische Laute ans Ohr, aber auch nicht die vertrauten alemannischen; an ihrer Stelle vernimmt man unverkennbar bajuwarisch-tirolerischen Tonfall. Denn dieses abgeschiedene Seitental hat noch bis zum Beginn dieses Jahrhunderts überhaupt keine gangbare Verbindung mit seinen Engadiner Stammesverwandten besessen (selbst die Soldaten mußten mit Uniform und Flinte – was ihnen ein Staatsvertrag eigens ermöglichte – über österreichisches Gebiet zu ihren Einheiten einrücken!) und war so ganz dem Einfluß des Nachbarlandes preisgegeben. So hat es dessen Sprache an der Stelle seines alten rätoromanischen Dialekts angenommen, und ist, obwohl es zusammen mit dem Engadin der Reformation beigetreten war, von Tirol aus auch rekatholisiert worden, zum innigen Mißvergnügen Sererhards, der diesem Vorgang eine köstliche Passage widmet:

»Die Reformirten haben hier ihre eigene Kirche und Pfarrer, aber da man an dieses Oertlin tüchtige *Subjecta* oder Pfarrer hinordnen sollte, als ein an die Papisten angränzendes, und sonst mit Papisten untermengtes Gemeindlin, so trifft es dem armen, abgelegenen Oertlin, das nur ein schwaches Pfruendlin hat, gewöhnlich nur von den schwächsten Propheten. Daher komts auch, daß die Reformirten alldorten immer mehr geschwächet werden.«

Erst kurz vor dem Ersten Weltkrieg wurde mit Bundeshilfe – und einem Kostenaufwand, der auf jeden Samnauner mehrere Tausend Schweizer Franken ausmachte – eine schmale Straße vom letzten Engadiner Dorf Martinsbruck in das »verlorene Tal« hinaufgelegt. Dank ihrer hat das Tal, das wegen seiner früheren Unzugänglichkeit außerdem zum Zollausschlußgebiet erklärt worden war, in den letzten Jahrzehnten einen jähen Aufschwung genommen. Durch die engen Galerien und Felsentunnel windet sich nun ein unaufhörlicher Strom von Autos bergan, seit es sich herumgesprochen hat, daß man in Samnaun zollfreies Benzin tanken, zollfreien Schnaps erstehen und vielleicht gar ein zollfreies Radio in seinen Wagen montieren lassen kann. So ist aus dem »armen, abgelegenen Oertlin« Sererhards neben dem Kurort Schuls-Tarasp die einzige Gemeinde des Unterengadins geworden, die dem Sog der Entvölkerung widerstehen, ja sogar ihre Einwohnerzahl kräftig vermehren konnte.

Welche ganz andere Welt tut sich im Westen des Landes auf, in der *Cadi*, im obersten Einzugsgebiet des Vorderrheins! Auch hier begegnen wir wiederum einer Hochburg rätoromanischen Volkstums, aber es ist nicht nur sprachlich, sondern auch kulturell ein Romanentun, das mit dem des Engadins wenig zu schaffen hat: surselvisch statt ladinisch, stockkatholisch statt reformiert, urbäuerlich ohne urbanen Einschlag, bodenständiger noch, vielleicht auch um ein paar Grade enger, aber ebenso um ein gutes Stück vitaler. Nicht nur geographisch, sondern auch im Zuschnitt des Lebens fühlt man sich hier der Urschweiz viel näher als etwa Italien, obwohl doch der leicht zugängliche Lukmanierpaß auch hier eine unmittelbare Verbindung nach Süden schafft. Noch immer schlägt der Zusammenhalt der Sippe durch das moderne Sozialgefüge durch, noch immer zeigt die Bevölkerung einen ausgeprägten Sinn »für das Grandiose, für mächtige Umzüge, für bewegte Landsgemeinden, für barocken Prunk, für romantische Dichtung« (Leonhard Caduff). Gleichzeitig fällt aber auch eine außergewöhnliche Teilnahme am politischen Geschehen auf. Man ist zwar konservativ bis in die Knochen, aber zugleich – viel mehr als selbst in den innerschweizerischen Nachbarkantonen – auf eine kämpferische, manchmal fast herausfordernde Weise erzdemokratisch; beide Züge treten in der Landsgemeinde der *Cadi* zutrage, die durch romanische Rhetorik wie durch farbenprächtiges Gepränge ein ganz eigenes und unverwechselbares Gepräge gewinnt. Und nicht zufällig entstammt diesem Landstrich mit Caspar Decurtins, dem bedeutendsten Bündner Parlamentarier des 19. Jahrhunderts, der Bahnbrecher eines sozial aufgeschlossenen katholischen Demokratismus.

So könnten wir weitergehen, Tal für Tal durchstreifen und immer neue Gesichter entdecken. Wie eigentümlich hebt sich in den Südtälern der Bergeller mit seiner so ganz »unitalienisch« anmutenden puritanischen Nüchternheit, den man geradezu als einen »italienischen Alemannen« ansehen könnte, von dem künstlerischen Schwung, der überquellenden Lebensfreude und dem barocken Temperament des Misoxers ab! Wieviel geschliffener wirkt der »Herrschäftler« neben seinem urchigen Prättigauer Nachbarn! Daß aber selbst eine einzelne kleine Gemeinde eine fast unübersehbare Fülle der Gegensätze in sich schließen kann, mag uns in Bivio gegenwärtig werden, im obersten Dorf des Oberhalbsteins, wo einst die »zwei Wege« (der früher so bedeutende, heute verlassene Septimer ins Bergell und der nun modern ausgebaute Julier ins Engadin) sich trennten. Die Volkszählung von 1980 verzeichnet für Bivio ganze 238 Einwohner. Und doch stellt es für sich eine richtiggehende Musterkarte bündnerischer Mannigfaltigkeit dar, mit einer italienischen Mehrheit (es ist die einzige Kommune nördlich der alpinen Hauptkette, die dem italienischen Sprachgebiet zugehört), einer alteingesessenen rätoromanischen Minderheit und deutschen Einschüben, und dazu noch mit einer katholischen und einer reformierten Kirchgemeinde, die beide seit Jahrhunderten »paritätisch« nebeneinander leben. (Beide Pfarrer vermögen oft erst beim Blick auf ihre Kongregation zu entscheiden, ob sie nun deutsch oder italienisch predigen sollen!) Und damit hat es noch nicht einmal sein Bewenden. Hört man näher hin, so kann man gleich dreierlei Italienisch in Bivio vernehmen: den einheimischen, dem Bergellischen verwandten »rätolombardischen« Dialekt, das Bergamaskische später hinzugekommener norditalienischer Hirtenfamilien und die Schriftsprache, die die Brücke zwischen den beiden nach Generationen noch spürbar voneinander isolierten Gruppen schlägt...

Diese Beispiele mögen zum mindesten eine Ahnung davon vermitteln, was bündnerische Vielgestaltigkeit bedeutet. Was in der Schweiz im Großen geschehen ist, hat sich hier im Kleineren reproduziert: daß die Einheit sich nicht *trotz* der Vielfalt, sondern *in* der Vielfalt verwirklicht. Eben deshalb hat sich der Kanton auch so lebhaft gegen die »moderne« Vereinheitlichung gesträubt; widerwillig nur und murrend fand er sich in den fünfziger Jahren des vergangenen Jahrhunderts zur Anpassung an den Zeitgeist bereit, und selbst dies erst, nachdem die eidgenössischen Räte einem neuen, von Graubünden bereits angenommenen Verfassungsentwurf die rechtlich im Bundesstaat notwendige »Gewährleistung« versagt hatten, weil er nicht nach neudemokratisch-repräsentativem Muster auf die Souveränität des Gesamtvolks abgestellt war, sondern für alle Entscheidungen die »Mehrheit der Kreismehren« verlangte (die Kreise sind nichts anderes als die einstigen Gerichtsgemeinden; aus ihren Untergliederungen aber – den ehemaligen »Nachbarschaften« sind die 213 gegenwärtigen bündnerischen Kommunen herausgewachsen). Und wie schwer es die eigensinnigen Bündner ankommen mußte, sich in die unvermeidlich gewordene Beschränkung ihrer alten Selbstherrlichkeit hineinzufinden, das geht aus einer Anekdote hervor, die der bedeutende Staatsrechtler Carl Hilty aus der Zeit seiner Churer Advokaturpraxis zu berichten liebte: Als Hilty einmal in einem Rechtsverfahren Einspruch gegen bestimmte Maßnahmen einer bündnerischen Gemeinde erhob, da diese im Widerspruch zur Bundesverfassung stünden, erhielt er die stolze Antwort, »der Herr Doktor scheine gar nicht zu wissen, daß ihre Gemeinde diese Bundesverfassung verworfen habe...«

Noch heute spielen Kreis und Gemeinde im bündnerischen Leben eine unvergleichlich größere Rolle als in dem jedes anderen Kantons. Die Kreise sind es, die den Kantonsrat – das kantonale Parlament – wählen, und manche tun das noch immer nach herkömmlicher Art im Ring der stimmberechtigten Bürger, in der Kreis-Landsgemeinde also. Vor allem aber genießen selbst in dem nun einheitlicher durchgeformten Kanton Kreise wie Gemeinden eine Selbständigkeit und eine Fülle der Kompetenzen, die kaum ihresgleichen findet. So bleibt es etwa ganz den Kommunen überlassen, in welcher Sprache der Unterricht an ihrer Volksschule erteilt werden soll. Wenn eine beschließt, von der einen Schulsprache zur andern überzugehen, dann hat die Regierung keinerlei Handhabe, ihr dreinzureden. Infolgedessen haben vor allem in Mittelbünden zahlreiche romanische Gemeinden aus praktischen Gründen auf einen rein deutschen Unterricht umgestellt; umgekehrt aber konnte das engadinische Celerina genauso unbehindert vom Deutschen zum Ladinischen zurückkehren, wie Marmorera im Oberhalbstein den Sprung vom Italienischen zum Rätoromanischen wagte. In Bünden hat sich daher das »Territorialprinzip«, das die Unverrückbarkeit der Sprachgebiete in allen anderen Teilen der Schweiz garantiert, niemals durchsetzen können; selbst in der Eidgenossenschaft, die doch in der Gemeindefreiheit so gerne die solide Basis ihres föderalistischen Aufbaus sieht, ist ein solches Maß kommunaler Selbständigkeit durchaus exzeptionell.

Freilich bringt das auch seine Fragwürdigkeiten mit sich. Je größer der Begriff der kommunalen Autonomie geschrieben wird, desto mehr Mühe kostet es, die eigenwilligen Lokalbehörden und Einwohnerversammlungen für irgendwelche Schritte zu gewinnen, die ihnen als Preisgabe ihrer Sonderrechte vorkommen. Welche Komplikationen das schafft, läßt sich schon daraus ersehen, daß von den 213 so reich mit Zuständigkeiten ausgestatteten Gemeinden 1970 nicht weniger als 44 nicht einmal hundert Einwohner zählten (einzig Freiburg weist noch mehr solcher Zwergkommunen auf, aber dort hält der Staat nach echt welscher Weise die lokalen Gewalten viel straffer am Zügel). Zum Teil hängt diese allzu weitgehende Zersplitterung damit zusammen, daß allzu viele der früheren »Nachbarschaften« bei der Gründung der modernen Ortsgemeinden in echt bündnerischem Partikularismus die Rechte kommunaler Selbständigkeit in Anspruch nahmen; zum anderen spiegelt sich darin die fortschreitende und anscheinend unaufhaltsame Entvölkerung all jener abgelegeneren Gebirgstäler, die vom Tourismus nur wenig berührt worden sind. Aber selbst eine so lebendige und gewiß nicht »zurückgebliebene« Region wie das Unterengadin erliegt alles in allem einer beunruhigend fortschreitenden Auszehrung.

Vor allem im Schulwesen zeichnen sich die Folgen ab. In vielen Kleingemeinden herrscht immer noch das System der Einklassenschule, muß ein Lehrer alle Kinder sämtlicher Altersstufen in einem einzigen Raum gleichzeitig unterrichten, und mancherorts ist dieser Unterricht noch immer auf die Wintermonate beschränkt. Die Behörden bemühen sich ernsthaft, mit solchen gern als »mittelalterlich« oder doch als »altväterisch« charakterisierten Zuständen aufzuräumen. Aber sie haben oft ihre Mühe damit, Nachbardörfer zum freiwilligen Zusammenschluß und zur gemeinsamen Schaffung einer leistungsfähigeren Zentralschule zu bewegen, weil sich viele Bürger gegen jede auch noch so vernünftige Einbuße an kommunaler Selbständigkeit mit Händen und Füßen wehren.

Man merkt an einem solchen Exempel, wie nahe Größe und Schwäche Graubündens beieinander wohnen. Die »Demokratie der kleinen Gruppen« ist hier eben nicht ideologisches Konzept, sondern Realität – manchmal auch unangenehme, störende Realität: Vielfalt und Freiheit nehmen sich in der Praxis beileibe nicht immer so ideal aus wie auf dem Reißbrett des Theoretikers. Das heißt noch lange nicht, daß Bünden auf dem Holzwege ist, wenn es diese Vorstellungen zu Leitmotiven erkürt; es besagt nur, daß hienieden für jeden Wert ein Preis bezahlt werden muß und daß der Reichtum und die Armut des Landes, das diese Grundgedanken fast bis zum Äußersten gespannt hat, enger ineinander verwoben sind, als man es manchmal gerne wahrhaben möchte. Das Maximum an Selbstbestimmung, das Bünden seinen konstituierenden Teilen eingeräumt hat, verbürgt nicht automatisch zugleich das Maximum an »efficiency«.

Verweilen wir ruhig noch einen Augenblick bei den bündnerischen Schulen. Gerade auf diesem Felde hat Graubünden, da es der Gleichmacherei und der bloß administrativen Lösung komplizierter Probleme zutiefst widerstrebt, mit Schwierigkeiten zu ringen, denen kaum ein anderer Staat der Welt begegnet, und ganz bestimmt keiner mit knapp 165 000 Einwohnern. Das bündnerische Sprachenproblem vor allem macht ihm schwer zu schaffen – nicht weil es sich nach der Weise größerer Gemeinwesen mit ethnischen Konflikten herumzuschlagen hätte oder seine Minderheiten zu vergewaltigen suchte, sondern gerade umgekehrt, weil es seine Existenz auf das Lebensrecht dieser Minderheiten gründet.

Graubünden ist, oberflächlich gesehen, der einzige dreisprachige Kanton der Schweiz. Von den vier schweizerischen »Landessprachen« ist einzig das Französische hier nicht vertreten. 60 % der Kantonseinwohner sprechen deutsch, weniger als 22 % rätoromanisch, mehr als 13 % italienisch. Aber diese Dreisprachigkeit, die ja schon allerhand Komplikationen mit sich bringen könnte, ist in Wahrheit eine bloße Fiktion. In Wirklichkeit muß der Kanton seinen Schülern Unterrichtsmaterial in nicht weniger als sieben Sprachen zur Verfügung stellen: deutsches, italienisches und solches in gleich fünf rätoromanischen Idiomen – *Puter* (Oberengadinisch), *Vallader* (Unterengadinisch), *Surmiran, Sutsilvan* und *Sursilvan*.

Hier stoßen wir auf eines der Grundprobleme Graubündens, das zugleich ein Lebensproblem seiner rätoromanischen Minorität und eine besonders krasse Widerspiegelung des bündnerischen Partikularismus darstellt: daß die kleinste und schon deshalb bedrohteste aller schweizerischen Sprachgruppen, die hier und nur hier beheimatet ist, auch noch in eine Vielzahl nicht allein gesprochener, sondern geschriebener und in der Schule gelehrter Idiome zerfällt. Es gibt in Graubünden selber – von den 13 000 Rätoromanen in der helvetischen Diaspora zu schweigen – nur noch rund 36 000 Menschen, die sich laut Statistik zur rätoromanischen Muttersprache bekennen. Aber das ist keine Sprache, sondern eine Abstraktion. Was geschrieben und gedruckt wird, das sind die einzelnen Dialekte. Einige davon, die beiden ladinischen Mundarten des Engadins (und des Münstertals) und das Surselvische des Vorderrheintals, haben eine große literarische Vergangenheit. Das Surmeirische, im Oberhalbstein und in einem Teil des Albulagebietes beheimatet, weist demgegenüber nur ein sehr bescheidenes eigenes Schrifttum auf, und das Sutselvische gar ist erst 1943 zur Würde einer Schriftsprache aufgestiegen. Nur um die 3500 Menschen, die es im Domleschg, am Heinzenberg und im Schams sprechen, vor der sonst unvermeidlichen Germanisierung zu schützen, hat man sich dazu bequemt, es an Stelle der bis dahin in den Schulen unterrichteten surselvischen »Hochsprache«, aus der sich die Bevölkerung in das bequemere und »nützlichere« Deutsche flüchtete, zum Schulfach zu machen (alle anderen Gegenstände werden sowieso auf deutsch unterrichtet). Das Ergebnis des wohlgemeinten Experiments war alles andere als ermutigend: Heute ist die Zahl der Einheimischen, die Sutselvisch sprechen, auf ganze 1200 Personen zurückgegangen, und die Sprache wird nur noch an einer einzigen Schule (in Donath am Schamserberg) unterrichtet...

Selbst wenn man diese winzige und ganz gewiß zum Untergang verurteilte Enklave abschreibt und die Zahl der »offiziellen« bündnerischen Sprachen auf sechs reduziert, ist das in einem Bereich, der nicht mehr Menschen zählt als eine kleine Großstadt, ganz gewiß ein Unikum. Ein kostspieliges dazu für einen Staat, dem das Zusammentreffen räumlicher Weite, ungewöhnlich geringer Bevölkerungsdichte und ökonomischer Unterentwicklung (jedenfalls an eidgenössischen Maßstäben gemessen) ohnedies schon fast untragbare finanzielle Lasten aufbürdet.

Nun ist zwar das Rätoromanische seit 1938 durch eine überwältigende Willensbekundung des ganzen Schweizervolkes ausdrücklich als vierte Landessprache der Eidgenossenschaft anerkannt, auch wenn es im gesamtnationalen (anders als im kantonalen) Bereich keinen offiziellen Status genießt. Bis vor kurzer Zeit waren jedoch die Beiträge des Bundes zur Erhaltung und Festigung dieser bedrohten Sprache – der einzigen nurschweizerischen – mehr als bescheiden: Für ein so reiches Land wie die Schweiz waren die wenig mehr als 400 000 Franken, mit denen die *Lia Rumantscha/Ligia Romontscha* als Dachorganisation aller rätoromanischen Verbände und als »inoffizielles Kulturministerium« der *Romania* alljährlich rechnen durfte, kaum mehr als ein kärgliches Almosen. Selbst wenn man die Beträge hinzurechnet, die aus dem Haushalt des Bundes für kulturelle Zwecke der sprachlichen Minderheiten insgesamt – also mit Einschluß der Italienisch-Sprechenden – direkt an den Kanton ausgerichtet wurden, lief all das nicht einmal auf eine volle Million hinaus, und als die mageren Finanzjahre einsetzten, wurden selbst diese höchst bescheidenen Beträge zunächst noch einmal wie alle anderen Budgetposten mechanisch gekürzt.

Inzwischen ist diese Phase kleinkarierter Sparsamkeit in einer Frage von nationalem Rang glücklicherweise überwunden. Nicht nur sind die absurden Streichungen rückgängig gemacht worden. Der Bundesrat hat sich im Oktober 1982 sogar einen kräftigen Ruck gegeben und in einer Botschaft an die eidgenössischen Räte vorgeschlagen, den Gesamtzuschuß für die Förderung von Kultur und Sprache der bedrängten Bündner Volksgruppen auf eine Summe von drei Millionen aufzustocken; mindestens die Hälfte davon soll der *Lia Rumantscha* für ihre vielfältigen Aufgaben zukommen: die Publikation romanischer Bücher, Festigung des Idioms in den immer zahlreicheren von der Liga unterhaltenen Kindergärten, Ausbildung der Lehrkräfte für diese Anstalten, Erwachsenenbildung und eine Fülle weiterer Aktivitäten. Genauso bedeutsam wie der Beschluß, den Geldbeutel weiter zu öffnen, ist eine Reihe von gleichzeitig angekündigten Maßnahmen zur Aufwertung der bisher allzu sehr vernachlässigten Kleinsprache. So werden die Bündner Schulen ermächtigt, den rätoromanischen Unterricht auf allen Stufen nicht nur auszubauen, sondern die Muttersprache auch – was bisher nicht der Fall war – als Prüfungsgegenstand anzuerkennen, mit dem Ziel, ihr schließlich auch ihren Platz unter den Maturitätsfächern einzuräumen. Die Berner Regierung will auch dafür sorgen, daß mehr als bisher wichtige Erlasse und sonstige Dokumente des Bundes auch ins Rätoromanische übersetzt und auf diese Weise der betroffenen Bevölkerung ohne den bisher üblichen Umweg über das Deutsche zugänglich gemacht werden.

Eben bei dieser wohlgemeinten Absicht taucht wieder jenes Problem auf, dem wir schon begegnet sind: daß es *das* Rätoromanische ja gar nicht gibt. Solange die Zersplitterung in zahlreiche Schriftdialekte anhält, die sprachlich vielfach weit auseinanderliegen, würde die Verwendung eines einzelnen von ihnen alle Sprecher der anderen Idiome verärgern; alle für die *Retoromania* bestimmten Drucksachen aber gleich in fünf oder doch in mindestens vier Versionen herzustellen, wäre aber vollends nicht praktikabel. Dieses Dilemma taucht aber keineswegs nur bei der Frage von Übersetzungen ins *Romontsch* oder *Rumantsch* auf. Es stellt sich auch im Verkehr der Rätoromanen untereinander. Wenn selbst zwischen dem Ober- und Unterengadinischen – wie Sererhard, gelinde übertreibend, seinerzeit feststellte – ein Unterschied »wie zwischen dem Hochteutsch und dem Schweizerteutsch« bestehen soll, so wäre es verständlich, daß etwa Ladiner und Oberländer der Schwierigkeit direkter Verständigung nur allzu gern dadurch aus dem Wege gehen, daß sie sich des beiden geläufigen Deutschen bedienen – ganz abgesehen davon, daß der eingefleischte Bündner Partikularismus ein Einvernehmen wahrhaftig nicht erleichtert. Wieviel Mühe hat es allein gekostet, auch nur die zwei herkömmlichen surselvischen Orthographien (die »katholische« und die »reformierte«) zu vereinheitlichen! Auch nachdem das schließlich geglückt ist, findet die konfessionell-katholisch geprägte Presse des Oberlandes bei der reformierten Minorität gleicher Sprache so wenig Anklang, daß diese sich um so enger an die deutschsprachigen Protestanten anlehnt. So ist das reformierte Ilanz, als »erste Stadt am Rhein« eigentlich zum kulturellen Mittelpunkt des Vorderrheintals prädestiniert, beinahe schon zu einer deutschen Sprachinsel inmitten des rätoromanischen Umfelds geworden.

Hält man sich diese Verhältnisse vor Augen, dann kann es nicht verwundern, daß manchen Beobachtern das Überleben des Rätoromanischen ganz einfach als undenkbar erscheint, wenn es nicht gelingt, für seine verschiedenen und durchwegs viel zu schütteren

Zweige eine gemeinsame, allen verständliche und von allen akzeptierte Hoch- und Schriftsprache zu entwickeln. Der Gedanke ist nicht neu. Ihm steht aber die unglückliche geographische Gestalt des Sprachraums entgegen. Seine relativ noch intaktesten Regionen, das surselvische Tal des Vorderrheins und das ladinische Unterengadin, sind ausgerechnet die am weitesten voneinander entfernten Sprachinseln. Dazwischen liegt ein schmales und brüchiges Band sprachlicher Misch- und Verfallsgebiete vom Domleschg bis zum Oberengadin. Die dort heimischen Ausprägungen des Rätoromanischen – *Sutsilvan* und *Surmiran* –, die doch dank ihrer linguistischen Brückenstellung zwischen den weit auseinanderliegenden Flügelgruppen am ehesten als Basis für ein solches »Hochromanisch« geeignet wären, kommen für diese Rolle ganz einfach deshalb nicht wirklich in Frage, weil sie der fortschreitenden Germanisierung schon am weitesten erlegen sind (und dementsprechend auch kaum eine wenigstens halbwegs repräsentative Literatur hervorgebracht haben). Daran ist seinerzeit das kühne Vorhaben des kalabresischen »Sprachbiologen« Giuseppe Gangale gescheitert, der auf diesem bröckelnden Fundament eine solche verbindliche Schriftsprache schaffen wollte.

Mehr Aussichten auf Erfolg mögen dem neuen Versuch in der gleichen Richtung beschieden sein, der mit kräftigerem Rückhalt an den zuständigen Organen – der *Lia Rumantscha*, der Kantonsregierung, der eidgenössischen Behörden und mancher wichtigen Sprachverbände – von einem anderen Nicht-Rätoromanen unternommen wird: dem Zürcher Romanisten Prof. Heinrich Schmid. Das von ihm entwickelte *Rumantsch Grischun*, das in Vokabular und Grammatik nach Möglichkeit auf gemeinsame oder doch allseits verständliche Formen zurückgreift und in seiner Orthographie ein Maximum an Einfachheit anstrebt, soll keineswegs die Vielfalt der gewachsenen Muttersprachen ablösen oder in eine künstlich geschneiderte Zwangsjacke pressen: Die Dialekte sollen ihren angestammten Platz nicht allein in der Familie, im Dorf- und Vereinsleben, sondern auch in Schule und Literatur weiter einnehmen. Wohl aber hoffen die Initianten des Experiments zweierlei: einerseits ein einfach zu erlernendes Medium inter-romanischer Kommunikation bereitzustellen, das die Zuflucht zum Deutschen als Verständigungsmittel überflüssig macht oder doch der dadurch bewirkten Überfremdung und Entfremdung entgegenwirkt, anderseits aber dem amtlichen und sogar geschäftlichen Schriftverkehr eine Ausdrucksmöglichkeit zu eröffnen, die der vierten Landessprache angesichts ihrer heillosen Zersplitterung bisher versagt blieb. Natürlich mag dahinter auch die Vorstellung wirksam sein, man könne auf diese Weise einer allmählichen und spontanen gegenseitigen Annäherung der regionalen Idiome dienen. Aber das ist eine langfristige und daher ferne Perspektive. Im übrigen aber handelt es sich bei dem ganzen Projekt einfach darum, auf dem Umweg über mühsame philologische Kärrnerarbeit das zu erreichen, was Reto Bezzola einst von dem »einigenden Dante« erwartet hatte – von dem (bisher nicht erschienenen) literarischen Genius, der allein durch die Kraft seines Wortes die auseinanderstrebenden linguistischen Partikularismen zusammenzwingen werde.

Noch sind Schmid und seine Förderer weit von diesem Ziel entfernt. Die Widerstände gegen das »Kunstromanisch« regen sich gerade in den bisher noch halbwegs als sprachlich »gesund« bezeichneten Regionen am stärksten. Dort kann man von überzeugten Verfechtern des heimischen *Rumantsch* oder *Romontsch* sehr abschätzige Worte über das hören, was ihnen ganz einfach als »Schnapsidee von betriebsamen Intellektuellen« vorkommt. Ob solche Abneigung gegen die »Sprachschöpfung aus der Retorte« überwunden werden kann, steht noch keineswegs fest. Doch muß der Versuch als ein fast schon verzweifeltes Mittel verstanden werden, dem sonst unvermeidlichen Niedergang oder gar dem Verschwinden der Sprache im letzten Augenblick noch entgegenzuwirken.

Über eines jedenfalls sind sich die Verantwortlichen und die sympathisierenden Beobachter einig, gleichgültig ob sie sich vom *Rumantsch Grischun* das ersehnte Heil versprechen oder ihm skeptisch bis ablehnend gegenüberstehen: daß auch mit den jetzt bewilligten größeren Geldmitteln und mit allen noch so wohlmeinenden Gesten der Solidarität der fortschreitende Verfall nicht abgewendet oder auch nur wirksam aufgehalten werden kann. Daran ändert auch das unverkennbare Wachstum sprachlichen und kulturellen Selbstbewußtseins bei einer rätoromanischen Elite wenig. Noch vor zwei Jahrzehnten konnte die *Lia Rumantscha* ihr Augenmerk vor allem auf die Festigung der Sprache in der einsturzgefährdeten Zwischenregion zwischen Vorderrhein und Unterengadin richten. Inzwischen aber drohen auch die damals noch als »gesund« betrachteten Eckpfeiler von der schleichenden Germanisierung ausgehöhlt zu werden.

In einem gewissen Maße scheint das sogar unvermeidlich. Schon die Schule trägt bei all ihrem Bemühen um die Erhaltung der eigenen Sprache dazu bei, und sie kann dem gar nicht ausweichen. Wohl werden die Anfangsklassen, in den meisten (wenn auch nicht in allen) rätoromanischen Gemeinden im heimischen Schriftdialekt unterrichtet. Je weiter die Schüler aber in ihrem Pensum fortschreiten, desto mehr wird das Deutsche nicht nur – selbstverständlich – als Fremdsprache gelehrt, sondern als Unterrichtssprache für die meisten Fächer auch in den rein romanischen Gebieten benützt, und die Muttersprache tritt in die Rolle eines Einzelfachs unter anderen Fächern zurück. In der Churer Kantonsschule zumal nehmen alle romanischen Zöglinge am Unterricht in der deutschen Abteilung teil, während es für die Schüler aus der fast dreimal kleineren italienischen Volksgruppe eine eigene, ganz in ihrer Muttersprache geführte Abteilung gibt; das ist nicht eine den Romanen von außen aufgezwungene Lösung, sondern eine, die sich zwangsläufig daraus ergibt (und von den meisten Betroffenen auch ausdrücklich gewünscht wird), daß die Romanen einfach darauf angewiesen sind, im Umgang mit den übrigen Schweizern eine der anderen Landessprachen perfekt zu beherrschen.

Anderseits haben die Rätoromanen immer den Verlockungen von südlich der Alpen widerstanden, sich im Zeichen der Abwehr gegen die Germanisierung der »größeren Kultureinheit« des Italienischen anzuschließen. Es war bezeichnenderweise gerade ein in Italien aufgewachsener bedeutender ladinischer Schriftsteller, Peider Lansel, der in dieser Auseinandersetzung das berühmte Wort prägte, man wolle weder italienisch noch deutsch sein, sondern romanisch: »*Ni Talians, ni Tudaich-s, Rumantsch vulains estar.*« Und doch läßt es sich nicht leugnen, daß das Deutsche sich mehr und mehr aus einer allgemein verständlichen Zweitsprache zur Hauptsprache fortentwickelt und das Romanische nach und nach wieder in den Rang eines »Bauerndialektes« zurückstößt. Anders als im vorigen Jahrhundert, als das Volk unverrückt an seiner Sprache festhielt, während die Eliten Deutsch sprachen und schrieben, sind es heute gerade die Unterschichten, die der Attraktion des Deutschen am vorbehaltlosesten erliegen, während umgekehrt die früher besonders assimilationswilligen Intellektuellen gegenwärtig am leidenschaftlichsten für die Erhaltung des Rumantsch eintreten.

Das hängt vor allem mit der Wirkung der modernen Massenmedien zusammen. Es gibt keine romanische Tageszeitung, sondern nur zweimal wöchentlich erscheinende, wenngleich weit verbreitete Organe. Der Rundfunk nimmt sich des Rätoromanischen zwar mit wachsender Intensität an und leistet dabei ausgezeichnete Arbeit. Aber der Siegeszug des Fernsehens, in dessen Programmen begreiflicherweise die Sprache einer Minorität von weniger als 1% der Schweizer nicht viel Platz findet, droht diese Erfolge wieder zunichte zu machen. Bedrohlicher noch wirkt der immer stärkere Zustrom von Deutschsprachigen: Da sich die Neulinge mit den Alteingesessenen jederzeit auf deutsch verständigen können, lernen sie die Sprache ihrer neuen Umwelt kaum – und die Programme zu ihrer Assimilierung sind bisher, so gut sie auch gemeint sein mochten, in der Praxis alles in allem ziemlich ergebnislos geblieben.

Das Schicksal der Gemeinde Domat-Ems, wenige Kilometer rheinaufwärts von der Kantonshauptstadt, mag den Trend verdeutlichen. Hier war seinerzeit im 15. Jahrhundert der Vormarsch des Deutschen zum Stillstand gekommen, und bis in unser Jahrhundert hielt das Dorf zäh an seinem romanischen Charakter fest. Aber das hat sich geändert, seit Ems im Zweiten Weltkrieg zum Sitz des weitaus größten bündnerischen Industrieunternehmens – der Hovag – wurde. Heute weist Ems, dessen Einwohnerzahl sich in 40 Jahren verdreifacht hat, bereits eine deutschsprachige Mehrheit auf. Überall, wo der ökonomische Aufschwung einen Einstrom fremder Bevölkerungselemente mit sich bringt, geschieht Ähnliches. So erwächst aus der wirtschaftlichen Expansion unversehens eine kulturelle Krise. Und wo immer die Germanisierung fortschreitet, da läßt sich feststellen, daß sie zur kulturellen Unfruchtbarkeit führt. Ein sprachlich entwurzeltes Volk büßt seine Schöpferkraft ein.

Diese Feststellung macht ein tragisches Dilemma sichtbar. Auf der einen Seite bedarf Graubünden vielleicht mehr als jeder andere Kanton der kräftigen wirtschaftlichen Anstöße: Es ist allzulange ein Stiefkind der industriellen Ära geblieben. Auf der anderen Seite droht die dringend nötige materielle Entwicklung die ethnischen und kulturellen Grundlagen heimischer Eigenart noch gefährlicher zu zersetzen, als das im vielfach ähnlich gelagerten Fall des Wallis zu konstatieren ist. Dabei bedarf Graubünden nach der schweren Krise des 19. und frühen 20. Jahrhunderts dringend der ökonomischen Erschließung. Denn der fast tausendjährige Menschen- und Güterstrom über seine Alpenpässe ist seit dem Bau der Brenner- und Gotthardbahn zeitweise fast zum Erliegen gekommen: Die Gebirgsübergänge, zwischen 1820 und 1860 unter schweren Opfern aus Saumpfaden in Fahrstraßen umgebaut, verödeten gleichsam mit einem Schlage, seit es direkte und ungleich bequemere Verbindungen zwischen Nord- und Südeuropa gab. Seit der Kanton damit seine herkömmliche ökonomische Funktion als klassisches Durchgangsland verloren hatte, war er auf weite Strecken zum ausgesprochenen Notstandsgebiet geworden.

Eine Zeitlang sah es zwar so aus, als ob das Land für die entgangenen Chancen einen ausgiebigen Ersatz im Fremdenverkehr finden könnte, der das Oberengadin und Davos – die rasch aufblühende »Stadt im Hochgebirge« mit ihren über 10 000 Einwohnern – just um die Zeit im großen Stil entdeckte, da die Erwerbsmöglichkeiten aus dem Paßverkehr zu versiegen begannen. Aber auch der großartige Aufschwung des Tourismus konnte die Verluste, die andere, von den Fremden weniger besuchte Gegenden erlitten, nur teilweise kompensieren. Mehr als das: er warf sogar neue Probleme auf, die allerdings erst nach dem Ersten Weltkrieg in ihrer ganzen Schwere sichtbar wurden. Denn eine Prosperität, die sich allein auf die Lebensgewohnheiten einer reichen kosmopolitischen Oberschicht stützte, mußte zusammenbrechen und sich in bittere Not verwandeln, sobald Krieg und Krise den Strom der Feriengäste drosselten. Lange hatten die Bündner gehofft, durch eine »Ostalpenbahn«, die den Lukmanier, den San Bernardino oder den Splügen durchstoßen sollte, wieder an den internationalen Wirtschaftskreis angeschlossen zu werden. Aber obwohl ihnen der Bau einer solchen Linie mit Bundeshilfe immer wieder in Aussicht gestellt wurde, gelangte er nie über das Stadium vager Planung hinaus; zuletzt wurde das detaillierte Studium des Splügen-Projekts noch 1983 vom Bundesrat erneut auf die Zeit nach der Jahrtausendwende vertagt.

Auch das Normalspurnetz der Schweizerischen Bundesbahnen gelangte nie über Chur hinaus. Um die fremden Gäste nicht auf Landstraßen und Postkutschen verweisen zu müssen, baute der Kanton daher vor dem Ersten Weltkrieg aus eigener Kraft die Rätische Bahn: das längste und kostspieligste Schmalspurnetz der Welt, das durch den Albula-Tunnel mit dem Engadin, über den Berninapaß gar mit dem abgelegenen Puschlav verbunden wurde. Aber dieses ganz und gar auf den Luxustourismus zugeschnittene Bahnsystem mit seinen Fahrpreisen, die das Doppelte der SBB-Tarife betrugen, geriet an den Rand des Zusammenbruchs, sobald die zahlungsfähigen Gäste ausblieben. Es bot nicht nur ein Musterbeispiel dafür, wie verhängnisvoll die einseitige Ausrichtung auf den Fremdenverkehr sich in einer Epoche ökonomischer Krisen und politischer Unruhen auswirkte; es war auch seiner ganzen Anlage nach nicht imstande, andere ökonomische Impulse in das »Land der 150 Täler« hineinzutragen. Um die Verluste der Rätischen Bahn nicht ins Ungemessene steigen zu lassen, verfiel man sogar auf den grotesken Gedanken, die bündnerischen Straßen für jeglichen Autoverkehr zu sperren; schon 1925 mußte dieses abstruse Experiment abgebrochen werden, weil es nur zur Folge hatte, daß mehr und mehr Autotouristen das Bündnerland umfuhren und ihr Geld anderswohin trugen. Gleichzeitig wurde die tieferliegende, nur zeitweise durch die Erfolge der »Fremdenindustrie« verdeckte Strukturkrise des Bergbauerntums allgemein sichtbar; am Vorabend des Zweiten Weltkriegs stand Bünden vor dem wirtschaftlichen und finanziellen Bankrott.

Gegen die Wiederkehr einer ähnlichen Katastrophe sucht sich der Kanton vor allem nach drei Richtungen hin zu sichern: durch die Modernisierung seines Straßennetzes, den Ausbau seiner Wasserkräfte und die Industrialisierung. Eine Wende im Straßenbau bezeichnete vor allem die Eröffnung des Autotunnels durch den San Bernardino, der erstmals eine leistungsfähige ganzjährige Verbindung zum Misox und darüber hinaus ins Tessin und in die Lombardei garantierte. Inzwischen ist auch die (vorerst allerdings teilweise nur zweispurige) Autobahnverbindung auf dieser Route praktisch vollendet und damit die bisherige Isolierung Graubündens (wie auch St. Gallens) nach Süden hin durch direkten Anschluß an das lombardische Industriezentrum Italiens auch im Winter aufgehoben.

Seit dem Zweiten Weltkrieg ist auch der größte natürliche Reichtum des Kantons intensiver als je zuvor nutzbar gemacht worden: die Energie seiner unzähligen Flüsse und Bäche. Vielen Gemeinden, die allzu lange von der Hand in den Mund leben mußten, eröffnen sich damit neue, ergiebige und bitter benötigte Einnahmequellen. Zwar haben sich die Kommunen des Hinterrheintals erfolgreich gegen den Versuch gewehrt, einige ihrer schönsten Dörfer in einem riesigen Stausee zu ersäufen. Aber die meisten der übrigen Wasserkraftreserven sind mittlerweile erschlossen; sogar ein Teil des Nationalparks am Ofenpaß wurde durch die Arbeiten am Spölwerk (dessen Reservoir freilich in Italien liegt) zeitweise in eine Baustelle verwandelt. Marmorera im Oberhalbstein, mit seinen 27 Einwohnern eine der kleinsten unter den zahlreichen Bündner Miniaturgemeinden, verfügt über eines der schönsten Schul- und Gemeindehäuser des Kantons: Teil des Preises, den die Stadt Zürich dafür entrichten mußte, daß die Bürger des Ortes ihr altes Dorf auf dem

Talboden für die Anlage eines Staubeckens zum Opfer brachten. Und selbst der Inn, dieser helle, klare, hurtige Bergstrom, wird gleich dem Vorderrhein dem Schicksal nicht entgehen, gestaut, gezähmt und in ein langweilig-träges Rinnsal verwandelt zu werden, wenn einmal die vorgesehenen Kraftwerke in den verschiedenen Talstufen zu Ende gebaut sind: Was gestern noch unberührte Natur war, wird unnachsichtig in Kilowattstunden (und in Millionen von Franken an Konzessions- und Nutzungsgebühren) umgesetzt.

Tatsächlich kann man schon beinahe von einem Wettlauf um die Wasserkräfte sprechen. Denn neben den großen öffentlichen und halböffentlichen Elektrizitätsgesellschaften des industriellen Mittellandes, die sich um die noch vorhandenen Reserven bemühen, ist ein weiterer Konkurrent im Wettbewerb um Konzessionen aufgetaucht: die bündnerische Industrie selber und vor allem ihr bei weitem größtes, auf massiven Stromverbrauch eingestelltes Unternehmen, die »Emser Werke« der früheren Hovag mit ihren diversen Tochtergesellschaften. Es gibt kaum einen anderen Kanton, in dem ein einzelner Industriebetrieb eine so zentrale, so mächtige und allerdings auch so umstrittene Stellung einnimmt. Zum erstenmal hat durch die Emser Werke die Großindustrie in Graubünden Fuß gefaßt, das bis dahin nur kleine Fabriken mit höchstens ein paar hundert Beschäftigten kannte und nun seit drei Jahrzehnten zum Zentrum eines weltweit verflochtenen Konzerns geworden ist, der allein Arbeitsgelegenheiten für mehrere tausend Menschen schafft.

So jung dieser (nach bünderischen Maßstäben enorme) Koloß ist, so bewegt ist seine Geschichte. Er wurde im Zweiten Weltkrieg mit Bundeshilfe errichtet – zu einer Zeit, da die Schweiz, auf allen Seiten von kriegführenden Mächten umgeben, aus den Holzvorräten der riesigen bündnerischen Wälder einen Ersatztreibstoff zu gewinnen suchte, der zwar dem Benzin nicht ebenbürtig, aber als Beimischung zum Benzin durchaus brauchbar war. Das erforderte allerdings gewaltige Investitionen, die selbstverständlich in den paar Kriegsjahren nicht abgeschrieben werden konnten; so mußten die Schweizer Automobilisten auch dann, als wieder Erdölprodukte in genügender Menge verfügbar waren, ihre Tanks weiterhin mit einem Gemisch füllen, das durch den Zusatz an »Emser Wasser« in seiner Qualität spürbar vermindert wurde. Außerdem wehrte sich Graubünden energisch dagegen, die Werke, die für seine Wirtschaft so viel bedeuteten, wieder eingehen zu lassen. Schließlich aber erzwang eine eidgenössische Volksabstimmung doch das Ende des Beimischungszwangs und der Bundessubventionen für Ems. Entgegen den düsteren Voraussagen während der Abstimmungskampagne bedeutete dieser Entscheid jedoch keineswegs das Ende der Hovag. Gezwungen, sich auf eigene Füße zu stellen und nach einer kommerziell konkurrenzfähigen Verwertung ihrer Produkte Ausschau zu halten, wandte sie sich vielmehr der aufblühenden Kunststoff-Chemie zu, schloß Lizenzverträge und Arbeitsgemeinschaften mit einer ganzen Anzahl führender Chemiekonzerne bis nach Japan hin ab und erwies sich auf einmal auch ohne Subventionssegen nicht nur als ein durchaus lebensfähiges, sondern als ein höchst gewinnbringendes Unternehmen.

Es läßt sich gar nicht bestreiten, daß Wachstum und geschäftlicher Erfolg der Emser Werke für den bis dahin industriearmen und außergewöhnlich krisenanfälligen Kanton sehr viel bedeuteten: Indem er sich nun in einem der modernsten und zukunftsreichsten Bereiche der Großchemie einen festen Platz erworben hat, ist er dem Ziel ökonomischer Stabilität ein gutes Stück nähergekommen.

Sicher ist es nicht allein und nicht einmal in erster Linie diesem Unternehmen zuzuschreiben, wenn Graubünden nach einer sorgfältigen Studie der Hochschule St. Gallen zwischen 1965 und 1978 unter allen Kantonen die viertgrößte Wachstumsrate des Volkseinkommens verzeichnete und im Pro-Kopf-Einkommen während des gleichen Zeitraums vom 15. auf den 6. Platz vorrückte: Der Tourismus, nun als Massenphänomen und nicht mehr wie zur Zeit seiner ersten Blüte als Angelegenheit einer kleinen kaufkräftigen Oberschicht, produziert rund 40 % des Sozialprodukts und damit nun erst recht weit mehr Wohlstand als die Industrie insgesamt oder gar ein noch so wichtiger Großbetrieb. Nichtsdestoweniger bedeutet es sehr viel, daß die Bündner Wirtschaft nicht länger auf dem einzigen (sei es noch so kräftigen) Bein des Fremdenverkehrs stehen muß.

Nur fordert dieser Fortschritt seinen Preis – und keineswegs bloß im kulturellen Bereich. Manchen Bündnern bereitet der überragende Einfluß von »Ems« auf Wirtschaft und Politik ihres Gemeinwesens wachsende Sorgen. Dazu hat die massive Ellbogentechnik viel beigetragen, mit der dieser industrielle Riese unter raffinierter Ausnützung der weitgetriebenen Gemeinde-Autonomie wie der parteipolitischen Rivalitäten seine Kapitalmacht zur Erlangung letzter Wasserkraftreserven oder zum massiven Aufkauf von Grundstükken eingesetzt hat. Im Schatten der Auseinandersetzungen um dergleichen monopolistische Praktiken stehen nicht bloß die langwierigen Kämpfe um die Neugestaltung des bündnerischen Wasserrechtes; die Kontroverse geht auch quer durch die Parteien hindurch und bringt damit ein neues Element der Unruhe und der Ungewißheit in die bündnerische Politik hinein.

Diese Politik hat auch heute noch – wie einst im 17. Jahrhundert – ihre ganz besondere Aura. Sie hält sich zwar strikt in den Bahnen demokratischer Legalität: Den tumultuösen und anarchischen Zug, der ihm einst ein so schlechtes Renommee einbrachte, hat der Kanton wie eine Kinderkrankheit hinter sich gelassen. Trotzdem wird hier noch immer um einen tüchtigen Grad temperamentvoller politisiert und polemisiert, als in den meisten übrigen Teilen der Schweiz, und das öffentliche Klima Rätiens hat noch zu einer Zeit, da die Eidgenossenschaft insgesamt bereits als Musterbeispiel politischer Stabilität galt, politische Stürme und brüske Wetterumschläge durchgemacht, die anderswo im helvetischen Bereich seit dem Ende des 19. Jahrhunderts kaum mehr zu registrieren waren.

Das gilt vor allem für das dramatische und erbitterte Duell, das hier während der ganzen Zwischenkriegszeit und noch geraume Zeit darüber hinaus zwischen den Freisinnigen und der stärker nach links tendierenden Demokratischen Partei tobte. »Demokratische« und sozialpolitisch inspirierte Sezessionen vom herrschenden und an der Macht sehr bald behäbig gewordenen Liberalismus und Radikalismus haben zwar viele Stände gekannt, ganz besonders die ostschweizerischen; im allgemeinen aber hat sich dieser Bruderstreit beruhigt, nachdem direkte Demokratie und Proporz die Macht und den Ausschließlichkeitsanspruch der freisinnigen Parteiapparate aufs Erträgliche zurückgeführt haben. In Graubünden jedoch setzte diese Auseinandersetzung erst richtig ein, als sie fast überall sonst zu Ende war: in den zwanziger, vor allem aber in den dreißiger und noch in den frühen vierziger Jahren. Und das verspätete Ringen wurde mit einer Leidenschaft und Härte geführt, die erkennen ließen, daß es dabei um sehr viel mehr als nur um politische Nuancen ging: um einen jener elementaren Ausbrüche gegen ein neues »Herrentum«, wie sie die rätischen Bünde auch in der Vergangenheit gelegentlich durchlebten.

Allzu lange hatte die Freisinnige Partei – zuerst allein, dann in einer Art Halbbündnis mit den katholisch-konservativen Kräften – die Politik Graubündens nicht nur selbstherrlich bestimmt, sondern auch einseitig auf die Interessen der großen Hoteliers und ihrer Trabanten ausgerichtet. Solange die Fremdenindustrie dem Land steigenden, wenn auch ungewissen und auf einige begünstigte Gebiete konzentrierten Wohlstand sicherte, ließ man sich dieses Übergewicht gefallen. Aber das änderte sich, als im Ersten Weltkrieg, vor allem aber unter dem Einfluß der großen Wirtschaftskrise, der Devisenbeschränkungen und der Autarkie-Politik faschistischer Regime, die prunkvollen Hotelpaläste zu veröden begannen, die gewaltige Schuldenlast der ganz auf den Tourismus hin konstruierten Bahnen samt ihren Betriebsdefiziten auf die Schultern der Steuerzahler abgewälzt werden mußte und zugleich die überschuldete Hotellerie nach Hilfe zu rufen begann. Nun erhob sich unter der Führung des Feuerkopfes Dr. Andreas Gadient eine ungestüme Opposition der Jungen gegen die Alten und des »gemeinen Mannes« gegen das scheinbar unerschütterlich etablierte Element der »großen Hansen«, und diese Rebellion fand in der Demokratischen Partei ihren Ausdruck. Im Laufe von zwei Jahrzehnten purzelten die politischen Kräfteverhältnisse in Graubünden völlig durcheinander. Hatten die Demokraten 1919 erst 10 % der Stimmen gemustert, so waren sie 1943 bis auf Haaresbreite an den Stand von 40 % herangekommen; während sich ihr Stimmenanteil so vervierfachte, sahen sich die Freisinnigen gleichzeitig um zwei Drittel von 42 auf 14 %) reduziert. Nirgends sonst in der Schweiz gab es in dieser Zeit politische Verschiebungen vergleichbaren Ausmaßes.

Seither hat sich allerdings das Bild aufs neue spürbar verändert. Der langwierige Streit um die Hovag, die unversehens ihren eifrigsten Anwalt in dem vormaligen antikapitalistischen Volkstribunen Gadient fand, stürzte die Demokraten in eine langwierige und tiefe Krise, die sie wieder weit zurückwarf und ihrer Führungsstellung in der kantonalen Politik ein Ende machte. Daß sie mittlerweile durch ihren Anschluß an die forscher Fortschrittlichkeit gewiß unverdächtige Schweizerische Volkspartei vom äußersten linken Flügel der nichtsozialistischen Kräfte in der Eidgenossenschaft ein kräftiges Stück weiter nach rechts gerückt sind, hängt gewiß mit der Zeitstimmung in den Jahren der Hochkonjunktur zusammen: In der Sonne neuen Bündner Wohlstandes schmolzen damals reformerischer Eifer und aggressive Oppositionslust spürbar ab. Anderseits hat das gesänftigte Profil der einstigen Aufbegehrer doch auch dazu beigetragen, daß sich die früher notorisch schwachen Sozialdemokraten im letzten Jahrzehnt kräftig nach vorne arbeiten konnten.

Noch bei den Nationalratswahlen von 1975* hatten sie ganze 15 % der Stimmen (gegen 27 % der damals schon angeschlagenen SVP-Demokraten) erhalten. 1979 aber kamen sie bereits mit 20,4 zu 21,6 % nahe an die bisher immer noch überlegene Konkurrenz heran. 1983 gar überrundeten sie erstmals mit fast einem Viertel der Stimmen (24,6 %) die 21,9 % der SVP und erreichten damit den früher für die Linke kaum vorstellbaren zweiten Platz, während die einstige Führungspartei – auch dies ein Novum – gar auf den vierten Rang absank.

Sicher haben auch die Freisinnigen, allerdings in wesentlich geringerem Maße, von dem Rückschlag ihrer zeitweise so erfolgreichen demokratischen Rivalen profitiert. Die Hauptgewinner der neuen Kräfteverschiebung aber sind letzten Endes die Christlichen Demokraten gewesen, die zwischen 1951 und 1967 durchwegs die 40-Prozent-Marke überschritten haben und auch nach dem Abflauen ihrer Erfolgsserie noch 1983 mit einem exakten Drittel aller Stimmen einen weiten Vorsprung vor den Mitbewerbern registrieren. Ihr Zuwachs kann allerdings nicht ohne weiteres einem Machtgewinn des Besitzbürgertums gleichgesetzt werden. Der politische Katholizismus Graubündens stützt sich traditionell stark auf die »kleinen Leute« und verleugnet selten einen ausgesprochen sozialen Zug. Trotzdem läßt sich kaum leugnen, daß sich die »Normalisierung« des früher so eigentümlichen bündnerischen Parteiengefüges alles in allem eher unter konservativen Vorzeichen als durch die Zunahme linker Kräfte vollzogen hat.

Und doch wäre es kühn zu behaupten, die sozialen Spannungen hätten sich aufgelöst. Die Festigung der bündnerischen Wirtschaft und damit auch der gesellschaftlichen Struktur hat noch lange keinen Zustand harmonischen Gleichgewichts erreicht. Sicher schlagen die Gewinne durch den Aufschwung und die Verbreiterung des Fremdenverkehrs, die Industrialisierung und Elektrifizierung kräftig zu Buche. Bundeshilfe für den Straßenbau und die Rätische Bahn, die diesem Unternehmen den Abbau seiner überhöhten Tarife ermöglicht hat, kommt nicht nur einer tragfähigeren Infrastruktur

---

* Die Resultate der Nationalratswahlen sind der einzige mögliche Maßstab, an dem sich die Entwicklung der Parteistärken ablesen läßt. Der Große Rat, das kantonale Parlament, bestellt in fast drei Vierteln der Kreise, die als Wahlbezirke dienen, seine Abgeordneten nach Chur noch in der herkömmlichen Form der Landsgemeinde (»Bsatzig«), so daß von ihnen keine exakten Stimmenzahlen und daher auch keine brauchbaren Vergleichsziffern vorliegen.

des Verkehrs, sondern auch den breiten Schichten der Bevölkerung zugute. Aber mit der immer noch vorhandenen Abhängigkeit vom Strom der ausländischen Feriengäste bleibt die dauerhafte Konsolidierung Graubündens eben doch an die ungewisse ökonomische und die noch ungewissere politische Stabilität Europas geknüpft.

Graubünden ist nie ein einfaches Land gewesen, das sich gleichsam von selbst in der Balance hielt. Seine Entwicklung hat sich immer in heftigen Rucken und Schüben vollzogen. Aber gerade das verleiht seiner Geschichte und seinem Wesen ihre dramatische Intensität – in der Gegenwart nicht anders als in der Vergangenheit.

Tessin

Pfeil nach dem Süden

La terre tessinoise est presque entièrement couverte de pierres... L'habitant doit vivre de peu: les ressources morales et les ressources matérielles, les traditions et le blé lui manquent. De la fécondité italienne, de l'activité helvétique il ne reçoit que des fragments. Son pays est à la marge de l'histoire italienne comme de l'histoire suisse... Voilà pourquoi nous comprenons si mal, nous autres Suisses qui sommes dans la maison, cet enfant cadet aux yeux noirs que nous laissons dormir sur les marches de notre seuil...
Gonzague de Reynold, in »Cités et pays suisses«, 1914

Der Deutschschweizer spricht vom Tessin gern als der »Sonnenstube« oder dem »Südbalkon« im Schweizerhaus, und ein Element von Wahrheit wohnt solchen idyllischen Vergleichen schon inne. Wer bei Airolo das Dunkel des Gotthardtunnels hinter sich läßt und südwärts fährt, aus der Zone der Alpweiden in die der Reben, der Edelkastanien, der Feigenbäume und Palmen, von dem fällt unter blauerem Himmel und in weicherer Luft die Last des Nordens ab. Nonchalanter in Gestik und Sprache begegnen ihm die Menschen, anmutiger als der heimische Kirchturm scheint ihm die Schlankheit des feingegliederten, frei neben der Kirche stehenden Campanile, von gelösterer Heiterkeit die Landschaft. Italienisch und schweizerisch zugleich, fremd verlockend und doch nahe vertraut, Vorwegnahme des Mediterranen am Alpenrand, tritt ihm die Südschweiz entgegen wie ein Traum-Annex seiner nüchternen Wirklichkeit, »Land von Unschuld und Reife« (Hermann Hesse), wo »ein jeder Tag ein Festtag wird« (Wilhelm von Scholz).

Natürlich verstellt der Touristenenthusiasmus leicht die Schattenseiten der Tessiner Realität. Und doch ist er nicht einfach »falsch«. Denn in der Tat stellt das Tessin eine unerläßliche Ergänzung zur alemannischen Schweiz dar. Indem die Eidgenossenschaft mindestens an einer Stelle in größerem Stil als in den bündnerischen Südtälern über die Alpen hinausgegriffen hat, ist sie nicht allein um einen Kanton und eine Sprache reicher geworden, sondern auch um eine Lebensform und Kultur, die so vieles im Übermaß besitzt, was ihren Kerngebieten abgeht.

Trotzdem sollte man sich vor der bequemen Formel des »heiteren Südens« hüten, wenn man vom Tessin spricht. Sie mag – mit Vorbehalten – für die Gebiete jenseits des Monte Ceneri gelten, das Luganese und das Mendrisiotto, das wie eine Vorahnung der Toscana anmutet, für den schmalen Landstreifen am Lago Maggiore bis hin nach Brissago und äußerstenfalls noch für die unterste Stufe des Tessintals (die »Riviera«). Der größere Teil des Sopraceneri aber, mit dem Oberlauf des Tessins (der Leventina), dem Blenio-, Verzasca- und Maggiatal, selbst dem Onsernone und den Bergsiedlungen des Centovalli, und eine nicht unbedeutende Zone des Sottoceneri dazu (das Malcantone, das Val di Colla), ist alpines Hinterland: herb, karg, mühselig, dem Oberwallis oder den Gebirgsgegenden Graubündens viel näher als der prunkenden Herrlichkeit der Seegestade. In der Leventina begegnen wir demselben Typ des »Gotthardhauses«, das uns in Uri, im Bündner Oberland, im Walliser Goms entgegentritt. Der Zürcher Johann Rudolf Schinz, der 1783/87 das Tessin gründlicher als irgendeiner seiner Zeitgenossen erforschte, hat sich bezeichnenderweise in den Alpentälern südlich des Gotthards noch ganz auf heimischem Boden und unter heimischen Menschen gefühlt. Ihm schienen die Leventiner »weit mehr von dem Charakter der deutschen Nation und der Bergbauern als von dem Verdächtigen der Italiener« zu haben, und die »Ähnlichkeiten der Luft, der Wohnungen, der Lebensart« fielen ihm in die Augen. Immerhin: Die gemeinsame italienische Sprache und Kultur haben ein Band geschaffen, das die Unterschiede zwischen dem alpinen und dem im engeren Sinne südlichen Landesteil in einem gewissen Maße ausgleicht oder doch verbirgt.

Diese Kultur ist nun allerdings nicht einfach von außen her, von Italien, übernommen worden. Das Tessin (samt dem geographisch wie kulturell zu ihm gehörenden bündnerischen Misox) hat sie mitgeschaffen. Hans Schmid übertreibt kaum, wenn er darauf hinweist, kein Land der Welt (genauer: kein so kleines) habe »so viele Künstler, Maler, Bildhauer und Baumeister hervorgebracht«. Überall in Europa kann man auf die Zeugnisse ihres Wirkens stoßen; selbst am Bau des Kremls haben Tessiner Meister mitgewirkt. Wohl findet sich unter den vielen Hunderten dieser Künstler, die etwa aus den kleinen Dörfern am Luganer See oder aus dem Mendrisiotto jahrhundertelang in alle Welt zogen, kein einziger allerersten Ranges. Und doch ändert das wenig an der kulturellen und gar nichts an der gesellschaftlichen Bedeutung dieses Phänomens. Kunst und Handwerk lebten hier eben eng beisammen; noch der erfolgreichste tessinische Bildhauer des

19. Jahrhunderts, Vincenzo Vela aus Ligornetto bei Mendrisio, hatte als simpler Steinmetz angefangen.

Mehr als nur ein Hauch von dieser großen Überlieferung des Schaffens am Schaubar-Schönen hat sich im Tessin bis heute erhalten. Wer offenen Auges durch Dörfer wie Carona oder Bissone geht, die ganze Dynastien von Architekten, Malern und Stukkateuren hervorgebracht haben, steht bewundernd vor dem Adel der Form, aber auch einer fast städtisch anmutenden Herrschaftlichkeit des Bauens, der auf schweizerischem Boden einzig das Engadin Vergleichbares zur Seite stellen kann. Früh setzt diese Schöpferkraft ein. Das Baptisterium von Riva San Vitale stammt schon aus dem 6. Jahrhundert; Frühmittelalterliches lebt in großartigen romanischen Kirchen wie San Nicolao im leventinischen Giornico oder in den herrlichen Freskenzyklen entlegener und daher vor der »Barockisierung« bewahrter Bergkirchen wie beispielsweise in Negrentino oder Palagnedra fort. Und diese Kontinuität teilt Kleinstädten wie Lugano oder Locarno, ja selbst bloßen Flecken wie Mendrisio (dem »borgho magnifico«) jenen Zug ins Große, Selbstbewußte mit, den man in deutsch- oder welschschweizerischen Orten gleicher Größe nur ausnahmsweise antrifft. Mit scharfem Auge hat Theobald Walsh – sonst ein unnachsichtiger Kritiker tessinischer Lebensart – das beobachtet:

»Il est facile de reconnaître, dans ce pays, les traces encore subsistantes d'une antique civilisation, traces que l'on chercherait vainement de l'autre côté du Saint-Gothard; l'on s'aperçoit que le sentiment du beau a pénétré jusque dans ces vallées qui font pressentir l'Italie, cette vieille patrie des arts. Les plus modestes habitations ont ici quelque chose d'élégant, de pittoresque dans leurs arcades symétriques, et leurs toits aplatis, et les églises de village, les moindres chapelles offrent la preuve d'un goût traditionnel dont on ne peut méconnaître l'influence.«

Diese reiche, zugleich volkstümlich breite und subtile Kultur verdankt den Einflüssen von nördlich der Alpen nur wenig. Denn das Tessin ist von der übrigen Schweiz noch rigoroser isoliert als die anderen Außenseiter-Kantone. Zwar lehnt es sich auf einer Breite von etwa 50 Kilometern ans Wallis, Uri und Graubünden an. Aber diese Basis ruht auf dem mächtigen Gebirgsstock des Gotthardmassivs auf, das sich wie ein überdimensionierter Wall zwischen die Südschweiz und ihr helvetisches Hinterland hineinzwängt. Von diesem Wall aus dringt das Tessin gemeinsam mit dem Misox wie ein wuchtiger Keil von 90 Kilometern Tiefe nach Oberitalien hinein, im Westen wie im Osten von den weit nach Norden vorgeschobenen Spitzen italienischen Territoriums umgriffen. So bietet der Kanton gewissermaßen das Bild einer schweizerischen Halbinsel, die sich von der Gotthardhöhe bis an den Rand der Poebene und vor die Tore Comos erstreckt: durch die Alpen von der helvetischen Landmasse, durch die politische Grenze von der italienischen Umwelt abgeschrankt.

Als die Achsenmächte während des Zweiten Weltkriegs die Verdunkelung der neutralen Schweiz forderten (und erlangten), da verwiesen sie darauf, daß die Lichter des Tessins die nachts den britischen Bombern »wie ein erleuchteter Pfeil« den Weg nach Mailand wiesen. Der Vergleich war nicht schlecht gewählt, wenn auch (im wahren Wortsinne) überspitzt. Zwischen dem Monte Rosa, dem südöstlichen Eckpfeiler des Wallis, und dem Grieshorn wie zwischen dem Piz Badile an der Südostecke des Bergells und dem Splügenpaß springt der Alpenbogen tatsächlich wie eine gespannte Sehne nach rückwärts, auf der die Südschweiz gleichsam als klobiges Geschoß aufliegt – und die Richtung dieses Geschosses zielt genau auf Mailand, das nur ein paar Dutzend Kilometer südlich von Chiasso liegt.

Das macht deutlich, was die Eidgenossen an den Alpensüdfuß geführt hat. Mailand bildete immer den kommerziellen Endpunkt der Gotthardstraße, um deren Achse der zentralalpine Bund zuerst erwachsen war. Im Kampf *mit* Mailand zuerst und dann im Kampf *um* Mailand haben sich die Schweizer unter der Führung des Gotthardkantons Uri ihrer »italienischen« oder »ennetbirgischen« Vogteien bemächtigt, aus denen der Kanton entstanden ist. In der kurzen Ära selbständiger eidgenössischer Großmachtpolitik lag die Oberherrlichkeit über die Lombardei tatsächlich ein paar Jahre in eidgenössischen Händen, aus denen der Herzog von Mailand 1512 die Schlüssel seiner Hauptstadt entgegennahm.

Schon drei Jahre später bereitete die Niederlage von Marignano freilich solchen Plänen ein schnelles Ende – ein unvermeidliches, weil eine lockere Föderation selbständiger ländlicher Kommunen und Stadtstaaten nicht auf Großmachtpolitik hin angelegt war. Das Tessin jedoch blieb den Eidgenossen erhalten, weil es ihnen nicht nur als Sprungbrett nach Italien diente, sondern auch eine bescheidenere, aber dauerhaftere Funktion ausübte. Jeder Paßstaat strebt danach, beide Hänge eines Gebirgsübergangs unter seiner Kontrolle zu vereinen. Eben darum hatten auch die Schweizer ihr Auge schon auf die Berggebiete jenseits des Gotthards geworfen, als sie noch gar nicht an eine eigene Italien-Politik dachten. Dieses Ziel zum mindesten haben sie erreicht.

Wie früh und wie konstant sie es verfolgten, erhellt aus einer Tatsache: daß die obere Leventina schon im Bund der Urkantone mit Zürich (1351) in den Bereich zürcherischer Hilfsverpflichtung einbezogen wurde. Man braucht daraus nicht zu schließen, die Urner hätten damals schon an eine territoriale Expansion über die Alpen hinweg gedacht. Sicher deutet diese Bestimmung allerdings darauf hin, daß sie die Leventina als Teil ihrer »Interessensphäre« betrachteten und sich für mögliche Verwicklungen in diesem Gebiet der Rückendeckung ihrer Bundesfreunde aus dem Mittelland vergewissern wollten.

Die Interessen, um die es da ging, waren zunächst kommerzieller Natur. Für den Export ihres Viehs und ihrer Viehprodukte nach Oberitalien wie für den Gotthardtransit strebten die Urner nach Zollvergünstigungen, schließlich nach Zollfreiheit – und tatsächlich wurden nicht nur die urnerischen, sondern alle eidgenössischen Transporte im 15. Jahrhundert bis nach Mailand hin von allen Zöllen befreit. Aber bald stellte sich auch das Bedürfnis ein, den Weg nach Süden durch Bündnisse oder Eroberungen zu sichern und am wichtigsten Verkehrsweg nach Italien ein transalpines Glacis vor die Eidgenossenschaft zu legen. Dabei kamen den Schweizern in den südalpinen Tälern geschichtliche, gesellschaftliche, politische, ja selbst »ideologische« Verwandtschaftsbeziehungen mit den Urkantonen zugute. Ja in einer gewissen Weise bezeichnete das Streben nach transalpiner Expansion sogar eine Rückkehr zu vergessenen eidgenössischen Ursprüngen.

Denn mindestens seit den bahnbrechenden Forschungen Karl Meyers wissen wir ja wieder, was in der Vergangenheit aus dem Gedächtnis entschwunden war: Die Geburtsstätte des eidgenössischen Gedankens liegt im Tessin. Hier waren seine beiden wesentlichen, für das Hochmittelalter so revolutionären Gedanken zuerst ausgebildet worden, ehe sie über den Gotthard getragen wurden: die Idee kommunaler Selbständigkeit bäuerlich-demokratischer Gemeinschaften und die Idee des Schwurverbandes, der zunächst zur Durchsetzung bestimmter politischer Forderungen geschaffen und dann zur quasi-staatlichen Konföderation fortgebildet wurde. Die Saat, der die heutige Eidgenossenschaft letztlich entsprungen ist, wurde also im Umkreis der gegenwärtigen Schweiz erstmals in den Tälern am Oberlauf des Tessins und seiner Nebenflüsse ausgesät: in den »ambrosianischen Tälern« der Leventina, des Blenio und der Riviera.

Unter der fernen und milden Herrschaft des Mailänder Domkapitels hatten sich diese Talschaften früh ausgedehnte autonome Rechte erworben. Bereits 1182 kam es zum »Schwur von Torre«, durch den sich Leventina und Blenio verpflichteten, dem größtenteils bereits vertriebenen heimischen Feudaladel keinen neuen Burgenbau ohne ihre ausdrückliche Billigung mehr zu gestatten; gleichzeitig trafen sie Bestimmungen für ihre alljährlichen Gerichtsversammlungen, die faktisch auf eine gemeinsame »Souveränität« hinausliefen. Nun mußte sich zwar diese erste »Eidgenossenschaft« schon 1231 wieder auflösen. Aber die Idee, der sie entsprungen war, wirkte weiter. Just um die Zeit, da jenseits des Gotthards die Urkantone übereinkamen, keine »fremden Richter« mehr zu dulden, kam es in der Leventina zu einem neuen Aufstand, weil das Domkapitel seine dortigen Rechte an den Mailänder Erzbischof verpachtet hatte; ein halbes Jahr lang verwalteten sich die freiheitsdurstigen Leventiner damals selbst als unabhängige Republik, ehe sie zur Kapitulation gezwungen wurden. Der Podestà von Biasca seinerseits mußte seiner Gemeinde in einem »Freiheitsbrief« attestieren, daß er seine obrigkeitliche Gewalt »allein der besonderen Gunst und Liebe der Kommune Biasca« verdanke und sie »nicht auf Grund eines anderen Rechtes« ausübe. Nicht einmal die sonst so kraftvoll an ihrem fürstlichen Territorialstaat bauenden Visconti wagten sich anders als mit äußerster Behutsamkeit an die Privilegien ihrer alpinen Untertanen heran.

Solches Selbständigkeitsstreben kam den Eidgenossen entgegen, als sie sich am jenseitigen Gotthardhang festzusetzen begannen. Um sich Rückhalt gegen die stärker werdende herzoglich-mailändische Macht zu verschaffen, schloß die Leventina (»Livinen«) 1411 ein »ewiges« Burg- und Landrecht mit Uri und Obwalden ab. Als die Liviner ihrerseits die Bevölkerung des Maggia- und Verzascatals zur Eidesleistung veranlaßten, zeichneten sich sogar bereits erste Ansätze zu einem halb-selbständigen italienischen Kanton im schweizerischen Bunde ab. Aber elf Jahre später rissen die Visconti durch einen Handstreich ihre verlorenen Gebiete wieder an sich und warfen die Eidgenossen durch deren Niederlage bei Arbedo erneut auf die Gotthardhöhe zurück.

Entmutigen ließen sich die Urkantone durch diesen Rückschlag nicht.* Schon 1441 setzten sie sich aufs neue in der Leventina fest; 25 Jahre später wurde ihnen das Hochtal zuerst pachtweise, schließlich endgültig abgetreten. Ein letzter mailändischer Versuch, ihrer eidgenössisch gesinnten Untertanen doch noch Herr zu werden, scheiterte bei Giornico hauptsächlich an den einheimischen Milizen. Obwohl den Leventinern als »Schutzbefohlenen« Uris die volle Gleichberechtigung abging, genossen sie bis ins 18. Jahrhundert hinein völlige innere Selbstverwaltung, zogen unter eigenen, von der Talschaft frei gewählten Offizieren ins Feld und teilten Kriegsbeute im Verhältnis zu den aufgebotenen Mannschaften mit ihren urnerischen »Herren«, von denen sie als »cari fedeli apparenti compatrioti« angeredet wurden. So traten sie fast eher als Zugewandter Ort denn als Untertanenland auf; außer dem urnerischen Landvogt – der sich nicht ständig im Tal aufhielt – unterstanden sie keinem landfremden Beamten, und die einheimischen Gerichte konnten in gewissen Fällen sogar landvögtliche Sprüche aufheben.

Kaum war die leventinische Basis gesichert, drängten die Eidgenossen weiter südwärts. Bleniotal und Riviera ergaben sich 1495/96 den Urkantonen, vor denen 1500 auch die starke Festung Bellinzona kapitulierte. Welche Wichtigkeit man diesem Schlüssel Oberitaliens zumaß, beleuchtet die Versicherung der Tagsatzungs-Gesandten, sie wollten Bellinzona »noch viel weniger« wieder abtreten, als sie bereit seien, Frauen, Kinder und Heimat zu verlieren.

Auch das Maggiatal und Locarno samt dem Luganese und dem Mendrisiotto fielen 1512/13 endgültig an die Eidgenossen, die zeitweise sogar in Luino eine Landvogtei errichteten, diese Stadt aber 1526 für immer fahren ließen, um durch dieses Opfer die Anerkennung ihrer Ansprüche auf Mendrisio einzuhandeln. (Der Tausch soll von den Unterhändlern mit dem heutzutage fast ein wenig frivol klingenden Argument begründet worden sein, sie

---

* Die ennetbirgische Politik Uris wurde anfangs nur von Obwalden intensiv mitgemacht, später vor allem von Schwyz und Nidwalden. Die mehr nach Westen und nach Süden ausgerichteten Berner waren meistens, die nach Osten und Nordosten schauenden Zürcher recht oft gegen ein Engagement am Alpensüdfuß. Auch für die Niederlage von Marignano wurde Bern zum mindesten mitverantwortlich gemacht, weil es wegen seiner damals ausgesprochen profranzösischen Politik den Zuzug seines Kontingents zum eidgenössischen Heer in Oberitalien zurückgehalten hatte.

hätten in ihren Besitzungen nachgerade genug Kastanien, könnten aber sehr wohl noch mehr Wein gebrauchen – und Wein lieferte wohl das Mendrisiotto, nicht aber Luino!)

So war im Laufe zweier Jahrzehnte das ganze Tessin teils durch freiwilligen Anschluß, teils durch Eroberung schweizerisch geworden. Eine Einheit bildete es deshalb freilich nicht. Die acht »italienischen Vogteien« blieben scharf voneinander abgesondert. Jede von ihnen besaß ihre besonderen Statuten, die im wesentlichen das Gewohnheitsrecht zur Zeit der Übernahme durch die Eidgenossen festhielten, also je nach der Stellung und den Privilegien, die sich die eine oder andere Talschaft bis dahin erworben hatte, sehr weit variierten. Zudem unterstanden diese Teilherrschaften auch noch verschiedenen Souveränen: Uri besaß das Protektorat über die Leventina allein, regierte aber gemeinsam mit Schwyz und Nidwalden im Blenio, an der Riviera und in Bellinzona. Locarno, Lugano, Mendrisio und das Maggiatal dagegen bildeten »Gemeine Herrschaften« der Zwölf Orte (ohne Appenzell, das leer ausging, weil es erst nach der Eroberung dieser Gebiete formell in die Eidgenossenschaft aufgenommen wurde).

Den annektierten Gebieten einen Status freier (oder doch fast freier) Glieder in ihrem Bunde einzuräumen, lag den Eidgenossen zu dieser Zeit allerdings fern. Trotzdem gewährten sie den neuen Vogteien ein beträchtliches Maß an Autonomie. Livinen, obwohl mit der Zeit herrschaftlich-straffer an die urnerische Schutzmacht gebunden, büßte seine Vorrechte erst 1755 im Gefolge eines unbedachten Aufstandes ein; Blenio besaß sein eigenes »Parlament«, eine Abwandlung der nordalpinen Landsgemeinde; das Maggiatal behauptete so umfangreiche Privilegien, daß der Landvogt völlig auf die Mitarbeit seiner einheimischen Hilfskräfte angewiesen blieb und selbst die Statuten der Vogtei erst spät ins Deutsche übersetzt wurden; die alte Adelsrepublik Locarno behielt ihre herkömmliche aristokratische Verfassung fast ungeschmälert bis ins 17. Jahrhundert und in wesentlichen Teilen bis 1798; das Mendrisiotto gar genoß völlige Freiheit von Steuern und Abgaben an die regierenden Orte. Das heißt allerdings nicht, daß die Eidgenossen als »Befreier« gekommen wären. Die meisten dieser Rechte hatten schon unter mailändischer Souveränität bestanden, und sie wurden höchstens in dem Maße vorsichtig erweitert, in dem die land- und sprachfremden Vögte stärker als die herzoglichen Statthalter von den einheimischen

Notabeln abhingen.* Alles in allem aber lebten die Tessiner auch unter ihren neuen Herren so weiter wie unter den alten – nicht bedrängter und unselbständiger, aber auch nicht nennenswert freier als vordem.

Über die eidgenössische Verwaltung dieser Gebiete lauten die Zeugnisse eher niederschmetternd. Der Sachse Küttner fällte darüber 1785 das folgende Verdikt:

»Es ist oft gesagt worden, daß keine Regierung härter sey, als die demokratische: Und wenn die Armuth der Unterthanen ein Beweis davon ist, so wird dieser Satz hier im vollen Maaße bestätigt. Nie habe ich ein so elendes Volk gesehen, als hier, nirgends so viele Spuren der bittersten Armuth gefunden, als in den Hütten, Kleidern und der ganzen Ansicht dieser Landvogteyen, die Gegend um Bellenz etwa ausgenommen... Wer keine Stärke hat, sucht seinen Untergebenen mager und schwächlich zu erhalten, und so kann es diesem nie einfallen, seine Kräfte mit seinem Herrn zu messen.«

Der Berner Patrizier Karl Viktor von Bonstetten gelangte aus seinen Erfahrungen als eidgenössischer »Syndikator«, der 1795/97 die Amtsführung der Landvögte in den »zwölförtigen« Gemeinen Herrschaften mitzukontrollieren hatte, zu dem zornigen Schluß, man könne sich überhaupt »keine elendere, unbehilflichere Regierung« vorstellen als eine von zwölf Republiken: »Eine gemeine Wiese, ein gemeiner Acker werden übel besorgt, wie viel mehr ein gemeinuntertäniges Land.« Temperamentvoll rückte er den »unnennbaren« Mißbräuchen dieser »allerschändlichsten« Administration zu Leibe, ohne die Tessiner dabei zu schonen, deren Räte und Volksvertretungen »für nützliche Dinge nie Geld« hätten. Wer für jede Maßnahme erst einmal die Einwilligung aller regierenden Orte einholen mußte, konnte selbst beim besten Willen wenig für seine Schutzbefohlenen tun. Da die Vögte für ihre Einkünfte fast völlig

---

* Sehr klar arbeitet Josias Simler schon 1576 in seinem »Regiment Gemeiner loblicher Eydgnoschafft« bei der Beschreibung der Vogtei Lugano diesen Zusammenhang heraus, wenn er von dem Vogt schreibt, es sei »breüchig / daß ein yeder Vogt / leüt die des Lands satzungen und breüch erfaren haben / zuo jm nimpt / deren rath pfleget er zu brauchen in schweren Sachen«. Und vollends die Formulierungen des folgenden Satzes weisen auf ein bemerkenswertes Selbständigkeitsbewußtsein der Luganeser hin, zu dem sich in den meisten anderen Vogteien Parallelen auffinden lassen: »Das volck laß jn (den Landvogt) auch nit zuo gericht sitzen / er habe dann den gewonlichen Eyd gethon / daß er sy wölle bey jren satzungen und ordnungen beleyben lassen...«

auf Prozeßgebühren, Buß- und Strafgelder angewiesen waren, wurde ihr Palazzo nach Bonstettens Worten unweigerlich »eine ordentliche Prozeßfabrik«. Allein in Locarno, das wenig mehr als tausend Einwohner zählte, fanden 33 »Advokaten und Prokuratoren« ihr Auskommen. Die Freude an Rechtsstreitigkeiten (durch die laut Bonstetten »die Nationalleidenschaften seit Jahrhunderten rege gemacht« worden seien) wie die Vorherrschaft eines geschäftigen Advokatentums, Erbübel der Tessiner Gesellschaft bis heute, müssen so als bedrückende Hinterlassenschaft jenes Landvogtregiments angesehen werden, das Bonstetten an einer Stelle den Regierungen zurechnet, »die zum Bösen wirklich organisiert sind, ... wo das Gute unmöglich ist«.

Daß dieses Verdikt mindestens in seinen Grundzügen durchaus gerechtfertigt war, läßt sich kaum bezweifeln. Trotzdem hat der aufgeklärte Aristokrat ebenso sicher etwas Wesentliches übersehen, wahrscheinlich übersehen *müssen*, weil er nach der Sitte seines Zeitalters den Wert einer Administration an ihren positiven zivilisatorischen Leistungen maß und dabei verkannte, wieviel wichtiger als alle unterbliebenen Fortschritte in den Augen der Beherrschten offenbar die Privilegien erschienen, die sie zu bewahren vermochten. Die Vorgänge nach der Katastrophe der alten Eidgenossenschaft ließen deutlich erkennen, daß die Tessiner es so gut wie durchwegs trotz der Inkompetenz ihrer Verwaltung als einen Vorzug empfanden, Schweizer zu sein. Dies wohl vor allem deshalb, weil ihnen unter eidgenössischer Hoheit just jener historisch bedeutende, für die Betroffenen aber eher zweifelhafte »Fortschritt« zum zentralisierenden Territorialstaat erspart geblieben war. Wie in allen anderen Untertanenlanden, so war die Politik der herrschenden Orte auch hier essentiell konservativ: mehr auf Erhaltung des Bestehenden als auf Reform gerichtet. Damit hatten sie ihren Vogteien zwar wenig neue Rechte beschert, wohl aber die alten, im übrigen Italien längst verschwundenen intakt belassen. Wenn die Verwaltung wenig Gutes leistete, so drückte sie auch mit ungleich weniger Fiskallasten als etwa die modernere der Lombardei unter spanischem oder österreichischem Regiment. Vollends bedurfte das schwerfällige eidgenössische System nur eines Minimums an Einmischung in die Lebensformen und die soziale Ordnung des Volkes. Die Gemeinden – vor allem die städtischen und halbstädtischen der sogenannten »terre privilegiate« wie Lugano, Locarno, Morcote oder die einstmals »reichsunmittelbare« kleine Republik Brissago – genossen eine

Autonomie, die stellenweise die Rechte des Landvogts auf einen Schatten reduzierte, und die Talschaften waren auf ihre Selbstverwaltung ebenso stolz wie auf das Waffenrecht, das die Eidgenossenschaft auch dem Untertanen zubilligte.

Natürlich gab es viel Willkür und Korruption. Aber selbst diese Erscheinungen haben wenig Ressentiments hinterlassen. Giuseppe Zoppi, der viele hundert Tessiner Volkssagen gesammelt hat, konnte in diesem ganzen Traditionsgut nur eine einzige Erzählung ausfindig machen, die einen Hinweis auf »tyrannisches« Gehabe der ehemaligen Herren enthält. Dafür ist die Klage eines Landvogts überliefert, die Einheimischen betrachteten ihre eidgenössischen Magistraten eher als ihre Diener denn als ihre Herren. Und der britische Gesandte Stanyan meinte mindestens von Lugano, Locarno, Mendrisio und dem Maggiatal, diese Territorien seien angesichts ihrer großen Privilegien »of little Benefit to their Sovereigns, or to the Governors they send hither«.

Das abschließende Urteil aber sprachen die Tessiner selbst, als das morsche Gebäude des eidgenössischen Bundes 1798 unter den Hammerschlägen der französischen Revolutionsarmeen einstürzte. Vor die Wahl zwischen dem Anschluß an die Cisalpinische oder an die Helvetische Republik gestellt, optierten sie in ihrer großen Mehrheit für das Verbleiben im schweizerischen Staatsverband. Das war um so erstaunlicher, als die alten Autonomierechte der »ennetbirgischen Vogteien« der Umwälzung auf jeden Fall zum Opfer fallen mußten. Beide Republiken waren ja als zentralistische »Einheitsstaaten« entworfen; lag es da nicht näher, von diesen Reißbrettkonstruktionen immer noch jenem Gebilde den Vorzug zu geben, dem man sich sprachlich und kulturell verwandter fühlen mußte, dem cisalpinischen also? Das Gegenteil geschah. Unter der berühmt gewordenen, bis heute zündenden Parole, sie wollten »Liberi e Svizzeri« sein, frei werden und Schweizer bleiben, vertrieben die improvisierten Bauernmilizen des Sottoceneri auf eigene Faust, ganz ohne Weisung von oben und im Widerspruch zum Willen des Eroberers, jene cisalpinischen Freischärler, die mindestens das Mendrisiotto und das Luganese ihrem Staat einverleiben wollten.

Die Helvetische Republik revanchierte sich, indem sie erstmals die Dreisprachigkeit zum schweizerischen Staatsprinzip erhob und das Italienische gemeinsam mit dem Französischen der bisherigen deutschen Amtssprache gleichstellte. Trotzdem erweckten die gegenrevolutionären Aufstände der Innerschweizer gegen die französische Suprematie im Tessin ihren Widerhall. Der Verzweiflungskampf der Leventiner gegen die fremden Okkupanten, der nur mit rücksichtslosem Terror gebrochen werden konnte, gehört neben dem der Nidwaldner zu den dramatischsten Episoden konservativ-föderalistischer Auflehnung gegen den geschichtsfremden Einheitsstaat. Ein so eifriger »Helvetiker« wie Heinrich Zschokke, der 1800 als »Kommissär« der Zentralregierung einige Ordnung in die tessinische Anarchie zu bringen suchte, mußte feststellen, das Volk jenseits des Gotthards neige zwar »ohne weiteres« zur Schweiz, »aber doch nicht in dem Maße, daß es die helvetische Verfassung schätzte . . .«.

Diese Verfassung hatte das Tessin mehr oder minder zufällig in zwei »Kantone« aufgeteilt, die freilich nichts mehr als bloße Verwaltungsbezirke darstellten: Lugano (mit dem Sottoceneri, Locarno und dem Maggiatal) und Bellinzona. Aber das blieb Episode. Die Napoleonische Mediationsverfassung von 1803, die dem von Bonaparte selber als »naturwidrig« gekennzeichneten Experiment der »einen und unteilbaren Republik« ein Ende machte und die Schweiz auf föderalistischer Grundlage neu organisierte, bot dem Tessin neben Selbständigkeit und Gleichberechtigung auch die Einheit und sprach ihm selbst die Leventina zu, die zeitweise eher zur Vereinigung mit Uri geneigt hatte. Auch der Abtrennung des Mendrisiotto, das Napoleon später seinem Königreich Italien einverleibte, war keine Dauer beschieden. Seit 1815 ist die territoriale Integrität des neuen Kantons nicht mehr in Frage gestellt worden. Dafür mußte er es allerdings in der Restaurationszeit hinnehmen, daß seine Verfassungsentwürfe von der Tagsatzung als allzu »demokratisch« gleich zweimal verworfen wurden, ja daß man ihm durch militärische Intervention ein reaktionäres Regime aufzwang, das allerdings 1830 noch vor den liberalen Anstößen der französischen Julirevolution wieder gestürzt wurde.

Unruhig verlief auch die weitere Entwicklung des Tessins während des ganzen 19. Jahrhunderts. Aber auch die wildesten Parteikämpfe stellten seine Zugehörigkeit zur Schweiz nie in Frage. Keine der streitenden Gruppen faßte je einen Anschluß an das allmählich zur Einheit erwachsende Italien ins Auge. Dabei nahmen die Tessiner am *Risorgimento* im Nachbarland intensiven und kombattanten Anteil ohne viel Rücksicht auf die schweizerische Neutralität. Aber solche Solidarität hatte nichts mit Irredentismus zu tun. Man verteidigte die *italianità* nach Norden hin, wies aber alle Ansprüche und »Erlösungs«-Wünsche rabiater italienischer Nationalisten kühl zurück. Das Grüppchen, das sich schließlich um die irredentistische Zeitschrift »Adula« sammelte, blieb stets auf eine völlig unbedeutende Minderheit beschränkt.

Allerdings ist das Verhältnis des Tessiners zu Italien alles in allem ungleich komplizierter und widerspruchsvoller als das der Deutsch- oder Welschschweizer zum großen sprachgleichen Nachbarn. Bei Francesco Chiesa, dem bedeutendsten Tessiner Schriftsteller, tritt vor allem die positive Kraft der Anziehung zutage, die von Italien ausgeht. Die Deutschschweizer und selbst die *Romands*, meinte er, könnten sich zur Not auf sich selbst zurückziehen, aber die Eidgenossen italienischer Zunge bedürften als kleine, nicht mehr als ein Zwanzigstel der ganzen schweizerischen Bevölkerung umfassende Minderheit der Identifikation mit dem Ganzen der italienischen Kultur und mit Italien als dem Träger dieser Kultur:

»Die italienische Schweiz ist zwangsläufig italienischer als die französische Schweiz französisch und die deutsche Schweiz deutsch ist. Denn die Wenigen können sich nur retten und erhalten, wenn sie viel wollen und viel gelten. Unser einziges Mittel, Italiener zu bleiben, besteht darin, italienisch bis in die Knochen (»*italianissimi*«) zu sein.«

Die Sympathie, die Chiesa auch dem faschistischen Italien Mussolinis bezeugte, entsprang nicht einer Hinneigung des Autors zu totalitärem Denken und Wesen, sondern seiner Angst, durch die Ablehnung des Faschismus gewissermaßen die Nabelschnur zum »Mutterland« durchzuschneiden. Er würde, so versicherte Chiesa nach 1945 andersdenkenden Freunden, auch gegenüber einem kommunistischen Italien keine andere Stellung beziehen können. Weil jede Lockerung der Bande zu Italien das Tessin gefährden müsse, konnte es für Chiesa gegenüber Mussolini keine »geistige Landesverteidigung« geben: Eine radikale Abwehrstellung, wie sie der alemannische Volksteil gegenüber dem Dritten Reich bezog, kam für ihn nie in Frage.

Aber diese Haltung Chiesas bezeichnet eben doch nur ein konsequentes Extrem. Es gibt im tessinischen Italienbild andere Seiten. So zitiert Arnold Künzli in der instruktiven Artikelserie, die er 1957/58 für die Basler »National-Zeitung« schrieb, eine »sehr hochgestellte Persönlichkeit des politischen Lebens im Tessin«, die meint, die Tessiner seien Antifaschisten gewesen, »weil sie eben so antiitalienisch seien«. Das ist sicher übertrieben. Aber zweifellos gibt es im tessinisch-italienischen Verhältnis auch einen Pol der Abstoßung. Selbst zur Zeit, da die Tessiner die italienische Einigungsbewegung gleichsam als ihre eigene Sache betrachteten, mischte sich der Sympathie ein wenig Hochmut bei: Da man sich selber frei fühlte, blickte man von oben herab auf die Verwandten jenseits der Grenze, die noch Fremdherrschaft erduldeten.

Überhaupt wohnt dem Tessiner viel eher als seinem französischsprachigen Landsmann gelegentlich etwas von der gleichen Überheblichkeit inne, die der Deutschschweizer gerne dem Deutschen gegenüber zur Schau trägt. Im Faschismus sah er auch die Bestätigung seines Verdachts, den Italienern fehle es eben an der Fähigkeit zur Freiheit. Und da die italienischen Staatsangehörigen im Tessin (vor dem Ersten Weltkrieg nahezu ein Drittel, heute wieder mehr als ein Viertel der kantonalen Bevölkerung) im wesentlichen proletarischen und subproletarischen Schichten angehörten und hauptsächlich jene Berufe ausübten, für die der Tessiner sich zu gut dünkte, verband sich dieses politisch-ideologische Superioritätsgefühl auch mit einer gewissen sozialen Mißachtung für den zu kurz Gekommenen, das eine auffällige Ähnlichkeit mit der halb wohlwollenden, halb verächtlichen Einstellung des durchschnittlichen Deutschschweizers gegenüber seinem tessinischen Miteidgenossen aufwies.

Man wird aber diesem Phänomen wahrscheinlich kaum gerecht, wenn man es einfach mit der Attitüde eines »Italianissimo« wie Chiesa konfrontiert und darin gewissermaßen zwei extreme Möglichkeiten des geistigen Verhaltens sieht, zwischen denen der »normale« Tessiner eine mehr oder minder ausgewogene Mitte gehalten habe. Vielleicht kommt man der psychologischen Wirklichkeit viel näher, wenn man – so spekulativ das sein mag – eine innere Verbindung zwischen dem positiven und dem negativen Affekt, zwischen Anziehung und Abstoßung herstellt. Erzeugt nicht am Ende gerade das Bewußtsein, wie sehr man Italien nötig hat, wie unweigerlich man auf den großen Raum außerhalb der eigenen Grenzen angewiesen bleibt, etwas wie einen Minderwertigkeitskomplex, der überkompensiert werden muß? Steckt nicht der Zwiespalt zwischen dem Bedürfnis nach Identifikation und dem Bedürfnis nach Selbstbehauptung gegenüber dem Gegenstand dieser Identifikation bewußt oder unbewußt in den meisten Menschen drin, die mit einer so delikaten und mehrdeutigen Situation fertig werden müssen wie die

Schweizer italienischer Zunge, wenn sie sich in den beiden Zusammenhängen, in denen sie stehen – dem politischen einerseits, dem kulturell-sprachlichen anderseits – zugleich als Glied zweier größerer Gemeinschaften und als Außenseiter in beiden empfinden müssen?

Denn auch in der Schweiz sind ja die Tessiner die Außenseiter *par excellence*, viel mehr als die Bündner oder die Walliser, die mit ihnen mindestens in einem gewissen Maße dieses Schicksal teilen. Die Tessiner, meinte vor rund 50 Jahren der bedeutende Romanist Arminio Janner aus Bosco-Gurin*, könnten bestenfalls »Wahlschweizer« sein, Eidgenossen durch die Kraft einer politischen Willensentscheidung; ihre Geschichte sei mindestens bis 1798 »die eines durch geschichtliche Zufälle in einen völlig anderen Staat eingefügten Stükkes lombardischer Erde« gewesen, und weil sie nie »in einer vollen Haß- und Liebesgemeinschaft mit den anderen Schweizern gekämpft, gelitten, sich begeistert« hätten, stecke »in jedem denkenden Tessiner von zwanzig Jahren ... die Möglichkeit zu einem Irredentisten«, wenn er eines Tages plötzlich nicht mehr begreife, warum er eigentlich Schweizer sei.

Der totale Mißerfolg des Irredentismus scheint nun freilich Janners Befürchtungen *ad absurdum* zu führen. Und doch spiegelte sich in seinen Formulierungen eine ehrlich eingestandene Unsicherheit über den wirklichen Platz des Tessins in Welt und Geschichte wider, die nicht einfach beiseite geschoben werden kann. Erst das Erlebnis des Faschismus hat dazu beigetragen, diese Unsicherheit zu überwinden und das Tessin tiefer als je zuvor zu »helvetisieren«. So konnte Arnold Künzli 1958 den Ausspruch eines tessinischen Freundes aus der intellektuellen Elite des Kantons zitieren, der Janner rundweg widersprach: »Das Schweizersein«, meinte er, »ist uns heute kein Problem mehr« – und dieses Wort scheint um so beachtlicher, weil es von einem Manne stammt, der sonst mit seiner temperamentvollen Kritik an den *confederati* deutscher Zunge nicht an sich hält. Und Künzli – ein vorurteilsfreier, hellsichtiger, vom helvetischen Laster der Selbstbeweihräucherung wohltuend freier Kopf – akzeptiert dieses Diktum augenscheinlich genauso vorbehaltlos wie die Ansicht seines Gesprächspartners, »daß wir Tessiner heute nicht mehr nur Wahlschweizer, sondern auch Gefühlsschweizer sind«.

Er tut wohl recht daran; viele Zeugnisse – und auch meine eigenen

---

* Das Dorf Bosco-Gurin ist die einzige Tessiner Gemeinde, deren walserische Bevölkerung seit dem Mittelalter die aus dem Oberwallis mitgebrachte deutsche Sprache behauptet hat.

Eindrücke aus mancherlei Unterhaltungen mit gebürtigen Tessinern wie mit gründlichen deutschschweizerischen Kennern der Südschweiz – bestätigen diese Beobachtung. Nur bedeutet das keineswegs, daß damit das Verhältnis des Tessins zur Schweiz unproblematisch geworden wäre und daß sich das »malessere«, das Unbehagen der Tessiner an der Schweiz, in Minne aufgelöst habe. Es gibt in diesem Verhältnis auch heute und gerade heute gewichtige Gründe genug für Ressentiments, an denen die übrigen Schweizer ihr gerütteltes Maß an Schuld tragen.

Denn es läßt sich nicht verhehlen, daß die Eidgenossenschaft ihr italienisches Glied nicht immer gerade großzügig, geschweige denn zuvorkommend behandelt hat. Die Geschichte der »rivendicazioni ticinesi«, der Forderungen und Wünsche, die das Tessin einmal ums andere in Bern anmeldete und die fast durchwegs zu spät und halbherzig erfüllt wurden, ist keines der erfreulicheren Kapitel in der jüngsten Schweizer Geschichte und läßt den eidgenössischen Gemeinsinn nicht in seinem hellsten Lichte erstrahlen.

Nicht als ob die Tessiner sich über politische oder sprachliche Diskrimination zu beklagen hätten. Obwohl nur 5 % der Schweizer Italienisch sprechen, steht ihre Sprache als Amtssprache des Bundes auf gleichem Fuße wie das Deutsche und das Französische, und niemand hat daran je gerüttelt. In einiger Hinsicht wird das Tessin sogar politisch bevorzugt behandelt. Während der Hälfte der Zeit, in der es ein gesamtschweizerisches Regierungskollegium gab, hat ein Tessiner dem siebenköpfigen Bundesrat angehört. Giuseppe Motta, der katholisch-konservative Leventiner aus uralter Notabelnfamilie, nahm diesen Platz sogar volle 29 Jahre ein (von 1911 bis 1940) und galt ganz unbestritten als der dominierende schweizerische Staatsmann in der ersten Hälfte unseres Jahrhunderts; auch wer seine Außenpolitik wegen allzu beflissener Nachgiebigkeit gegenüber den totalitären Nachbarn im Süden und später auch im Norden kritisierte, dachte nicht daran, ihm sein politisches Format zu bestreiten. Sein Biograph J. R. von Salis rühmt ihm zu Recht nach, er habe »zur Helvetisierung des Tessins ebensoviel beigetragen, wie einst General Dufour zur Helvetisierung Genfs beigetragen hatte«. Von Motta stammt das schöne Wort: »Das Tessin ohne die Schweiz müßte aus Rang und Art fallen; die Schweiz ohne das Tessin – das wäre gleichbedeutend mit der Verstümmelung des eidgenössischen Staatsideals.«

Das skeptische Fragezeichen hinter dergleichen eindrucksvolle

Proklamationen hat ein anderer, jüngerer Tessiner gesetzt: der in Freiburg lehrende Nationalökonom Basilio M. Biucchi. Auf der hohen Stufe von Verfassung und Gesetzgebung und im edlen Stockwerk der eidgenössischen Gefühle, meint er, sei die Mehrheit den Minderheiten gegenüber freilich großzügig. Um so mehr aber gehe ein stiller, hartnäckiger Kampf »im Parterre der unverbrieften wirtschaftlichen Interessen« vor sich und in diesem Kampf hätten es die Stärkeren leicht, die Entscheidung zu ihren Gunsten zu bestimmen. Einen solchen Satz hat generationenlange tessinische Erfahrung geprägt: Allzu oft entsprach der politischen Gleichberechtigung, ja Privilegierung eine ökonomische Benachteiligung eines Kantons, der schon von Natur außergewöhnliche Handikaps mitbekommen hatte.

Als das Tessin 1803 endlich seine Unabhängigkeit im schweizerischen Rahmen erlangt und sie 1814 gegen die restaurativen Tendenzen gesichert hatte, standen seine Regierungen vor einem Berg von Problemen. Sie hatten keine Mittel ererbt; ihre Staatskasse war leer und erst noch durch Servitute wie den Anteil Uris aus den Zolleinnahmen am Monte Piattino belastet. Auf der anderen Seite aber hatte der Kanton einen gewaltigen, in Jahrhunderten der Untätigkeit aufgestauten Nachholbedarf zu befriedigen, ein zeitgemäßes Verkehrsnetz aus dem Nichts aufzubauen, ein öffentliches Schulwesen aus dem Boden zu stampfen, sich eine eigene Administration zuzulegen. Das Mißverhältnis zwischen Aufgaben und Mitteln ließ sich um so schwerer ausgleichen, als der Gemeinsinn der Bürgerschaft durch Untertänigkeit und eingefleischten Partikularimus verkümmert war. So blieb nichts anderes übrig als die Zuflucht zu einer Schuldenwirtschaft, die dem ungesicherten Staatskredit durch Zwangsanleihen und ähnliche Manipulationen nachzuhelfen suchte.

Mit der Errichtung des Bundesstaates fiel nach 1848 schließlich auch noch die einzige solide fiskalische Stütze dahin, da nun der Bund die bisher den Kantonen vorbehaltenen Zölle an sich zog; für diesen Verlust entschädigte er das Tessin mit lächerlichen 200 000 Franken. Begreiflicherweise wehrte sich der mehrheitlich radikale Kanton gegen diesen Verlust, indem er die Bundesverfassung von 1848 ablehnte. Seit dieser Zeit sind die Tessiner, die zuvor im Sonderbundskrieg fest auf der Seite der Tagsatzungsmehrheit gestanden hatten, unbekümmert um ihre parteipolitische Orientierung energische Föderalisten. Sie wissen, daß mit dem wachsenden Gewicht der Zentralgewalt das Risiko einer Gesetzgebung wächst, die wenig

Rücksicht auf ihre einzigartige Situation nimmt. Denn der Bund versteifte sich allzu lange auf den Grundsatz einer »Gleichbehandlung«, die in Wahrheit dem schwachen Außenseiter die schwerste Bürde auf den Rücken lud. Besonders litt das Tessin aber darunter, daß die schweizerische Wirtschaftspolitik in erster Linie von den Interessen des Mittellandes bestimmt wird; bei dem überwiegenden Einfluß der großen Wirtschaftsverbände ist das fast unvermeidlich, weil das Tessin in diesen Verbänden fast nichts zu sagen hat. Vergeblich postulierte der Tessiner Bundesrat Enrico Celio, daß die exzeptionelle Lage der peripheren Kantone auch exzeptionelle Maßnahmen zu ihren Gunsten rechtfertige und daß in solchen Fällen die Ausnahme die Gleichheit erst wirklich garantiere. Das untadelige Prinzip wurde nicht nur in Legislation und Administration mißachtet, sondern auch in den wirtschaftlichen Vereinbarungen mit dem Ausland.

Verhängnisvoll trat das zutage, als das geeinte Italien sein Territorium mit einem Schutzzollgehege umzog, das die bisher überwiegend nach Süden orientierte Tessiner Wirtschaft ihrer traditionellen Absatzgebiete beraubte. Um diesen Ausfall durch engere ökonomische Verflechtungen mit dem nationalen Markt ausgleichen zu können, förderte das Tessin unter schweren finanziellen Opfern die Gotthardbahn. Aber die Begeisterung, mit der es dieses Projekt begrüßt hatte, wich bald der Enttäuschung, als die Tarifpolitik dieses Unternehmens mit ihren »Bergzuschlägen« statt der überwundenen Naturbarriere des Gotthards eine neue Schranke zwischen der isolierten, ökonomisch unterentwickelten Südregion und dem nördlichen Landesteil errichtete. Durch die Zölle vom italienischen, durch die überhöhten Transportkosten vom schweizerischen Markt abgeschnitten, serbelte die einstmals blühende tessinische Industrie hoffnungslos dahin. Erst 1943 wurden die Bergzuschläge schließlich abgeschafft, die aus der »Sonnenstube« ein Armenhaus machten.

In jüngster Zeit ist nun das Verständnis für die temperamentvoll vorgetragenen tessinischen »rivendicazioni« nördlich des Gotthards gewachsen, und das hat es dem Tessin erlaubt, an der Hochkonjunktur nach dem Zweiten Weltkrieg besser als an früheren Perioden des Wirtschaftsaufschwungs zu partizipieren. Der Gotthard ist heute nicht mehr ein »Grenzwall der Prosperität«. Den jüngsten und wahrscheinlich (zumal auf lange Sicht) wichtigsten Beitrag zu dem Wandel hat die Eröffnung des Autobahn-Tunnels durch den Gotthard geliefert. Zum erstenmal ist damit der Anschluß ans bisher noch unvollendete Nationalstraßennetz und damit eine ganzjährige Verbindung mit der Nord- und Westschweiz ohne den Umweg über den San Bernardino hergestellt worden. Daß die historisch so fruchtbare, landschaftlich großartige, aber mühsam und zeitraubend zu befahrende Paßroute seither für den eiligen Straßenverkehr überflüssig wurde, bezeichnet zweifellos einen entscheidenden Ausbruch aus der allzu lange ertragenen Isolierung der Südschweiz vom Rest der Eidgenossenschaft. Für eine Übergangszeit freilich, bis die ganze Straßenverbindung durch die Leventina fertiggestellt ist, müssen sich die Bewohner dieser Täler noch mit einer massiven Steigerung des Verkehrs auf der dazu völlig ungeeigneten alten Route abfinden; spätestens gegen Ende der achtziger Jahre aber, wenn das vierspurige Band ununterbrochen bis Chiasso weiterläuft, wird die Entlastung als um so willkommener empfunden werden: Dann ist der Außenseiterkanton von gestern endgültig gleich offen für die Verbindung nach Norden wie nach Süden.

Zum blühenden Fremdenverkehr ist auch erheblich mehr als früher an Industrie hinzugekommen, vor allem mit Betrieben der Bekleidungsbranche und der Metallverarbeitung. Notleidende Bergtäler profitieren von Kraftwerkbau und Wassernutzung. Ein Jahrzehnte anhaltender Boom des Baugewerbes – mit freilich unverkennbar spekulativen Zügen – hat ebenfalls zum Wachstum des Wohlstandes beigetragen. Und in jüngster Zeit ist, vor allem durch italienische Fluchtkapitalien begünstigt, das Bankgewerbe vor allem in Lugano zum führenden Wirtschaftszweig aufgestiegen; seine Bilanzsumme wird von Fachleuten auf 35 Milliarden Franken – das Sechsfache des jährlichen Volkseinkommens – geschätzt.

Trotzdem war das Bild einer zeitweise fast hektischen Prosperität trügerisch. Der eindrucksvolle ökonomische Aufschwung ließ bald seine Schattenseiten erkennen. Da Kapitalien und unternehmerische Initiative weiterhin – und nun in breiterem Strom als zuvor – von außen kamen, verstärkte der Boom noch die quasi-kolonialen Züge in der Tessiner Wirtschaftsstruktur. Die finanzkräftigen einheimischen Kreise legten – und legen immer noch – ihre Gelder lieber in reinen Grundstücksgeschäften an, die rasche und fast risikolose Gewinne versprechen, als sie produktiv zu investieren. So hat sich zwar eine gewisse Oberschicht vor allem der eingesessenen Advokaten am Boom bereichert. Aber das Tessin insgesamt ist bei dieser Struktur, die der Nationalökonom Angelo Rossi als die einer »economia in rimorchio« – einer »Wirtschaft im Schlepptau« –

kennzeichnete, doch nicht über den Status eines helvetischen Armenhauses hinausgekommen. So weit seine industriellen Betriebe konkurrenzfähig waren, verdankten sie das überwiegend einem weit unterdurchschnittlichen Lohnniveau, das nicht zuletzt auf der Beschäftigung italienischer Grenzgänger beruhte. Insgesamt sind die Verhältnisse auch während der Konjunkturjahre eher schlechter als besser geworden: War das Volkseinkommen pro Kopf 1965 noch um wenig mehr als 16% unter dem eidgenössischen Durchschnitt gelegen, so betrug die Differenz 1978 schon 21,6%, und gleichzeitig rutschte der Kanton in der Rangfolge der schweizerischen Gliedstaaten vom 19. auf den 24. Platz ab – den vorletzten vor dem archaischen Innerrhoden!

Das überwiegend von außen bestimmte und gelenkte Gefüge der Tessiner Wirtschaft zieht auch ein ungewöhnliches Maß an Konjunkturempfindlichkeit nach sich. Kleine ökonomische Rückschläge, die in anderen Kantonen höchstens das Tempo des Wachstums verlangsamen, lösen hier sogleich massive Betriebseinstellungen und schwere Arbeitslosigkeit aus; das hat sich sowohl in der Rezession der siebziger als auch in jener der frühen achtziger Jahre aufs neue bewahrheitet. Augenfällig sind darüber hinaus auch die chronischen Mängel, an denen die Tessiner Landwirtschaft mit der unrentablen Enge und der übermäßigen Parzellierung ihrer Betriebe leidet. Das durchschnittliche Tessiner Bauernanwesen ist dreimal kleiner als das deutschschweizerische, aber mehr als doppelt so zerstückelt. So entvölkern sich vor allem die Gebirgstäler noch rapider als anderswo. Der Bevölkerungsverlust vollzieht sich in ihnen nicht erst seit 1850 oder 1860 – den Jahren aus denen die ersten zuverlässigen Statistiken vorliegen – kontinuierlich, sondern er hat schon Generationen zuvor eingesetzt, und wo er zeitweise aufgehalten oder gar ins Gegenteil verkehrt wurde, da war dieses Wachstum nicht einer Festigung der heimischen Wirtschaftsbasis, sondern eher der Ansiedlung unbeschäftigter – meist pensionierter – Fremder zuzuschreiben.

Aber die Schwäche des gesellschaftlichen Körpers läßt sich kaum allein auf die wirtschaftliche Benachteiligung oder gar die bloße Ungunst der geographischen Lage zurückführen. Vielmehr drängt sich beim näheren Hinsehen der Eindruck eines auffälligen Mangels an Lebenskraft auf. Die Rate der Eheschließungen und der Geburtenüberschuß liegen deutlich unter dem schweizerischen Durchschnitt. 1982 verzeichnete kein anderer Kanton eine so niedrige Geburtenziffer wie das Tessin (9 Lebendgeborene auf 1000 Einwohner), das erstmals selbst hinter dem durchurbanisierten Baselstadt zurückblieb.

Das mutet um so frappanter an, als es im Tessin keine großstädtische Agglomeration gibt und die Katholiken immer noch annähernd neun Zehntel der Bevölkerung ausmachen; daß sich vorwiegend rurale und katholische Regionen im allgemeinen durch überdurchschnittliche Geburtenfreudigkeit auszeichnen, macht diese tessinische Anomalie besonders deutlich.

Der Mangel an Fortpflanzungskraft und Fortpflanzungswillen ist kein neues Phänomen, auch wenn er heute krasser denn zuvor zutage tritt. Schon 1812 beklagte der Benediktinerpater Paolo Ghiringelli den »Bevölkerungsschwund«. Er führte ihn vor allem auf die hohe Auswanderung zurück, die dem Lande die nötigen Arme »wegstehle«, den ungenügenden Kinderreichtum verschulde und die jungen Mütter von der Ehe abhalte. Tatsächlich haben die Tessiner immer mit Vorliebe im Ausland nach günstigeren Verdienstmöglichkeiten gesucht. Nicht nur Künstler, Baumeister und Bauhandwerker zogen oft jahrelang in die Fremde. Die Einwohner des Val Lavizzara waren als »Fumisten« (Rauchfangverbesserer) bis nach Holland hin berühmt; die des Centovalli gingen oft als Stallknechte und Kutscher nach Italien; bei denen des Bleniotals vererbte sich das Gewerbe des Schokoladenmachers; das Val Colla schickte Kupferschmiede, das Onsernonetal ganze Kaminfegerdynastien, das Sottoceneri Maurer und Steinmetzen, Brissago Gipser in die Welt hinaus. Als mit dem Niedergang dieser traditionellen Gewerbe wie mit dem Zerfall der europäischen Wirtschaftseinheit diese Form der Emigration unmöglich wurde, wandten sich die jungen Tessiner in Scharen der deutschen Schweiz zu, wo sie sich bald assimilierten und ihrer Heimat völlig verlorengingen, während sie aus dem Ausland meist wieder zurückgekehrt waren.

Über Nutzen und Nachteil der Emigration ist viel gestritten worden. Ghiringelli, der sie in Grund und Boden verdammte und für alle tessinischen Übel verantwortlich machte, hat noch in jüngster Zeit in Guido Locarninis preisgekrönter, aber einseitiger Studie über »Das ethnische Problem des Tessins« (1954) einen Nachbeter gefunden. Andere Autoren waren vorsichtiger. Der erste tessinische Bundesrat, Stefano Franscini, fand zwar die Saisonauswanderung »wenig ersprießlich«, am allerwenigsten die sommerliche, die den Alten und Frauen alle Last der Landwirtschaft überbürdete (Neigebaur sah die »Weiber« vielfach »zu wahren Lastthieren herabgewürdigt«);

wer aber »eine Reihe Jahre hindurch mit redlicher und ausdauernder Anstrengung seine Abwesenheit verlängert« habe, sei oft mit einem »artigen oder sogar großen Vermögen zurückgekehrt«. Schinz sah im Ferndrang des Tessiners sogar einen Beweis seiner Vitalität: »Während der Plattländer in den Ebenen der Lombardei seinen gewohnten Gang gedrückt fortgeht und an Änderung seiner Lage nicht gedenkt, zieht der Gebirgs-Welsch in allen Städten und Ländern herum, um in allen, auch den seltsamsten Gestalten etwas zu erwerben...«

Ja, Schinz wie Franscini meinen sogar, der Tessiner erweise sich in der Fremde fast durchwegs als tüchtiger denn in seinem Vaterlande und es zeige sich, mit Franscinis Worten, »nicht selten die Betriebsamkeit, die Thätigkeit und Nüchternheit des Tessiners besser im Auslande als in der Heymat«. Darauf führt er es auch zurück, daß viele Handwerksberufe (etwa der des Bäckers) schon im frühen 19. Jahrhundert fast ganz in fremde – hauptsächlich italienische – Hände gerieten und daß selbst ausländische Maurer und Steinhauer in demselben Tessin ihr Auskommen fanden, das so viele Bauhandwerker an Italien abgab.

Gerade aus diesem Umstand geht aber hervor, wie wenig sich die Auswanderung auf rein ökonomische Gründe zurückführen läßt. Hinter ihr scheint ein tieferes Ungenügen am eigenen Lebenskreis zu stecken: der eigentliche Kern jenes tessinischen »malessere«, das die äußeren Schwierigkeiten gewissermaßen nur zum Vorwand des Ausweichens vor der Enge der heimischen Verhältnisse nimmt. Darauf spielt vielleicht auch ein Tessiner unserer Tage an – Felice Filippini –, wenn er in einem nachdenklich-kritischen Porträt seiner Landsleute in ihnen eine »Anlage zu verrückten oder wundervollen Taten« entdeckt, die »unter anderen Umständen Dinge von großer Bedeutung hervorgebracht hätte«, unter den gegebenen Umständen aber »ein schwieriges Volk« aus ihnen gemacht habe. Auch ein Deutschschweizer Autor hat ja die Tessiner Krise als »Mißverhältnis zwischen der politischen, wirtschaftlichen und kulturellen Vitalität der Tessiner und ihren tatsächlichen Möglichkeiten« diagnostiziert.

Ist es nicht dieses Mißverhältnis, das den Tessiner in die Fremde drängt? Entspringt nicht letztlich auch der mangelnde Fortpflanzungswille derselben Wurzel? Natürlich hat die oft lange ausgedehnte Emigration dazu beigetragen, die Heirats- und Geburtenzahl herunterzudrücken. Aber das erklärt nicht, warum denn die demographische Schwäche heute viel ausgeprägter ist als in den großen

Zeiten der Auswanderung, und noch weniger, warum sie auch in jenen Gebieten spürbar wird, in denen die Bevölkerung von jeher verhältnismäßig seßhaft war. Vielleicht verhält es sich doch eher so, daß der geistige Habitus des Tessiners der Einwurzelung widerstrebt, aus jener eigentümlich skeptischen Melancholie heraus, die bei ihm auf so befremdende Weise selbst in die Aufschwünge des Enthusiasmus hineinverflochten scheint. Heiraten, Kinderzeugen ist doch schließlich der elementarste Akt der Einwurzelung.

Die Lücken, die Auswanderung und Geburtenrückgang gerissen haben, sind seit langer Zeit durch Ausländer – fast ausschließlich Italiener – und Deutschschweizer ausgefüllt worden. 1910 stellten die Staatsangehörigen des benachbarten Königreichs fast 30% der gesamten Tessiner Bevölkerung. Diese Ziffer ist seither zwar nie wieder erreicht worden, und eine betont liberale Einbürgerungspolitik der kantonalen Behörden hat dazu beigetragen, einen Teil der ausländischen Gäste zu verschweizern (kein anderer Kanton verzeichnet einen so hohen Prozentsatz an Naturalisationen). Schon Mitte der vierziger Jahre standen nach einer Erhebung des damaligen Staatsrats Lepori 3583 »autochthonen«, seit dem 18. Jahrhundert ansässigen Familienstämmen 5743 andere gegenüber, die das Tessiner Bürgerrecht erst nach 1800 erworben hatten. Seither muß sich das Verhältnis noch bedeutend weiter zugunsten der Neubürger verschoben haben, auch wenn die alteingesessenen *famiglie patrizie* – wie die Angehörigen der Bürgerkorporationen hier heißen – im allgemeinen größer und weiter verzweigt sind als die Geschlechter der späten Hinzugekommenen. Daß im übrigen die »Neutessiner« italienischer Herkunft meist rasch mit den Gewohnheiten der neuen Heimat verwachsen, hat schon ihre Widerstandskraft gegen die Einflüsse des Faschismus bewiesen.

Tatsächlich gelten die häufigen Klagen über die angebliche »Überfremdung« des Tessins nicht in erster Linie (oder überhaupt nicht) der italienischen, sondern ganz überwiegend der deutschschweizerischen Einwanderung (zu der noch eine zahlenmäßig nicht sonderlich große, aber überdurchschnittlich finanzkräftige Gruppe bundesdeutscher Niedergelassener oder Aufenthalter hinzukommt). Sie allein stellt ein ernsthaftes, ständig an Gewicht zunehmendes kulturelles Problem dar, seit das Tessin zum Traumland für die Wohlhabenden aus dem Norden geworden ist, die an jedem freien Platz an und über seinen Seen ihre Villen, Wochenendhäuser und Bungalowkolonien hinstellen. Schon gibt es Gemeinden mit nicht-tessinischer, ja in einzelnen Fällen deutschsprachiger Mehrheit, und andere – darunter so bedeutende wie Ascona –, wo die niedergelassenen Kantonsfremden schon nahezu die Hälfte der Einwohner stellen.

Eine fieberhafte Grundstücksspekulation hat die Bodenpreise in den wichtigsten Touristenplätzen in Höhen hinaufgetrieben, die teilweise geradezu an die der Zürcher City herankommen. Lugano, Locarno, Ascona und die Dörfer in ihrer Umgebung erleben seit dem Zweiten Weltkrieg einen Boom, der zwar viel Geld ins Land bringt, aber zugleich den italienischen Charakter dieser Orte bis zur Unkenntlichkeit überlagert und entstellt. Selbst wenn die Zahl der Deutschsprechenden im Tessin nur 11% ausmacht, nimmt die Überfremdung viel kritischere Formen an, als aus den bloßen statistischen Ziffern hervorzugehen scheint. Dies vor allem aus drei Gründen. Erstens ist die Kenntnis des Italienischen bei den Deutschschweizern viel weniger verbreitet als die des Französischen: Während der Alemanne, der sich in Genf oder Lausanne niederläßt, sich sehr schnell in die Umgangssprache seiner Umgebung hineingewöhnt und bald selber zum *Romand* wird, hält er im Tessin viel zäher an seinem heimischen Idiom fest. Zweitens staut sich der Fremdenstrom in einigen wenigen und eng umschriebenen Regionen auf, die daher viel mehr in Gefahr sind, ihr Gesicht zu verlieren. Und drittens – das ist vielleicht der wichtigste Gesichtspunkt – gesellt sich zu der ethnischen Überlagerung ein soziales Gefälle. Die kantonsfremden Einwohner gehören nämlich vor allem den oberen Berufs- und Bildungsschichten an. Unter den Direktoren und Verwaltern wie den leitenden Angestellten industrieller Betriebe und kaufmännischer Unternehmungen sind die Deutschschweizer mindestens doppelt so zahlreich, wie es ihrem Anteil an der Gesamtbevölkerung entsprechen würde, und ein noch stärkeres Kontingent stellen sie beim technischen Personal. Auch hier stoßen wir also wieder auf jenen schon oben vermerkten quasi-»kolonialen« Charakter der tessinischen Gesellschaft – und dieses soziologische Faktum wird auch kulturell relevant, wo die fremde Oberschicht sich etwa dadurch, daß sie ihre Kinder in Privatschulen zu schicken vermag, der sprachlichen und kulturellen Assimilation entziehen kann. Die vielen Rentner vollends, die im »sonnigen Süden« ihren Lebensabend verbringen, sind ohnedies meist schon über das Alter hinaus, in dem man sich noch Mühe gibt, sich einer neuen Umwelt einzupassen.

Da hilft es nicht viel, wenn schon in der Zwischenkriegszeit Vorsorge gegen das Überhandnehmen fremdsprachiger Aufschriften getroffen wurde; da die Kenntnis des Deutschen – und in vielen Fällen des Schweizer Dialekts – beim Verkaufspersonal der Geschäfte meist vorausgesetzt wird, sieht sich auch der ansässige Fremde jeder Anstrengung enthoben, sich verständlich zu machen. Erschwerend kommt hinzu, daß sich die Tessiner genau wie die Deutschschweizer im Umgang miteinander meist ihres ausgeprägten (lombardischen) Dialekts bedienen und daß viele von ihnen den Gebrauch des Italienischen sogar gerne vermeiden, um sich auf diese Weise von den Gästen aus dem Süden ihrerseits abzusetzen; was als Ausdruck der Selbstbehauptung gemeint ist, wird wiederum zur Quelle von Unzuträglichkeiten.

Die Problematik wohlgemeinter »Schutz«-Maßnahmen gegen die Überfremdung illustriert die sogenannte Lex Furgler: der Versuch des Bundes, gegen den überbordenden Grundstückserwerb durch Ausländer rechtliche Schranken aufzurichten. Nicht nur ist das Gesetz zu einem guten Teil unwirksam geblieben, da Verbote dieser Art etwa durch die Einschaltung von Strohmännern verhältnismäßig leicht zu umgehen sind; seine Handhabung hat auch im Tessin selber viel Kritik hervorgerufen, weil man – soweit es wirklich angewandt wird – darin mancherorts ein Mittel sieht, eine Quelle des Wohlstandes bürokratisch zu verstopfen. Gerade weil das ökonomische Gefüge des Tessins so schwach ist, so wird von den Kritikern etwa argumentiert, bedarf das Tessin der Fremden doppelt, und die vielfach als alarmierend empfundenen Landverkäufe an Ausländer bringen dem Kanton mehr Steuereinnahmen, dem lokalen Handel und Gewerbe neue Absatzmöglichkeiten ein, und sie festigen vor allem die notdürftige einheimische Kapitaldecke – auch wenn das so gebildete Kapital, wie schon erwähnt, nur ausnahmsweise der Produktion direkt zugute kommt, weil die »Wirtschaftsgesinnung« des Tessiners noch manche vorkapitalistischen Züge aufweist.*

Dieses Dilemma übersahen die tessinischen Intellektuellen nur allzu leicht, die 1959 ein Aktionskomitee zur Verteidigung des Tessiner Bodens gegen den »Ausverkauf an Fremde« gegründet haben. Die moderne Entwicklung des Tessins wäre eben ohne diese Frem-

---

* So erzählt z. B. der Leiter eines Treuhandbüros, der sich seit vielen Jahren um die Beschaffung von Mitteln für neue tessinische Betriebe bemüht, ihm hätten zwar zahlreiche deutschschweizerische und auch einige deutsche Klienten Kapital für diesen Zweck angeboten; in seiner ganzen Praxis habe er aber nur ein einziges derartiges Angebot von einem Tessiner erhalten.

den gar nicht möglich gewesen. Biucchi – ein leidenschaftlicher Kämpfer für die *italianità*, aber auch ein Kopf, der unbequemen Wahrheiten nie ausweicht – hat sehr klar darauf hingewiesen, wie leicht kulturelle Verteidigung und ökonomische Entwicklung einander in die Quere kommen können. Das Tessin, sagt er rundweg, habe seine Eigenkultur bloß in den Berggebieten bewahrt, dort also, »wo die Einwohner in Armut leben und infolgedessen eine zunehmende Entvölkerung stattfindet«. Dieser Widerspruch läßt sich durch Xenophobie nicht aus der Welt schaffen. Die bloße Abwehr nach außen löst das Problem des Tessins nicht. Diese Lösung kann nur davon kommen, daß die eigenen Kräfte des Kantons gestärkt werden.

Auch dazu bedarf es allerdings der Hilfe von außen. Der Bund, der seit 1942 dem Kanton eine Subvention von 225 000 Franken »zur Wahrung seiner kulturellen und sprachlichen Eigenart« ausrichtete, hat sich nach langem Hin und Her schließlich zu mehr Großzügigkeit aufgerafft und diesen Zuschuß seit 1981 auf 1,5 Millionen erhöht. Über die richtige Verwendung dieser Gelder dauern allerdings die Meinungsverschiedenheiten noch an. Von der zeitweise gehegten Absicht, sie vor allem dem mittleren und höheren Bildungswesen zuzuführen, ist man inzwischen eher abgekommen. Denn das Tessin verfügt schon seit langem über ausgezeichnete Gymnasien, die zeitweise sogar mehr Schüler unterrichteten als die der Stadt Zürich. Aber nicht ohne Grund wirft man diesen Anstalten vor, sie züchteten vor allem immer zahlreichere Jurastudenten heran, die dann angesichts der Überzahl von Rechtsanwälten Unterschlupf in einer ohnedies hypertrophierten Bürokratie suchten. In der verbreiteten »Advokatenmentalität« hat Locarnini den Hauptgrund für jene Einseitigkeit gesehen, die dazu führe, »daß die Tessiner die technischen und naturwissenschaftlichen Abteilungen unserer Hochschulen in ungenügender Zahl belegen« und daß daher »im Tessin die Ingenieure . . ., Ärzte, Zahn- und Augenärzte etc. immer noch in einem ungebührlichen Verhältnis Nichttessiner sind«.

Daß dem Kanton noch eine eigene Universität fehlt, wird von manchen Intellektuellen als bitterer Mangel gerügt. Andere befürchten freilich, daß eine eigene Hochschule der italienischen Schweiz zum Status einer »Kümmer-Universität« verurteilt bliebe und zudem nur zur weiteren »Verprovinzialisierung« der Intelligenz führen werde; das Studium in Italien oder jenseits des Gotthards habe demgegenüber den Gesichtskreis der jungen Akademiker erweitert. Inzwischen hat man allzu ehrgeizige Projekte schon aus finanziellen Erwägungen abgeschrieben; noch immer diskutiert und überwiegend als praktikabel betrachtet wird einzig die Errichtung eines »Hochschulzentrums«, das sich vor allem nach-universitären (*postgraduate*) Ausbildungs- und Forschungsaufgaben mit ausgesprochen regionalbezogener Ausrichtung zuwenden sollte. Weit mehr in die Breite wirkt jedenfalls die kulturelle Aktivität des *Radio della Svizzera Italiana* und des eigenen Tessiner Fernsehens, die beide mit bescheidenen Mitteln Erstaunliches leisten. Indem sie dem Tessin erstmals eine gemeinsame, das ganze Volk umgreifende kulturelle Institution beschert haben, führen sie gewissermaßen das politische Einigungswerk von 1803 geistig weiter.

Keine der tessinischen Städte hatte diese integrierende Funktion ausüben können. In dem geographisch wie sprachlich von der übrigen Schweiz so isolierten Südkanton hat sich dieser Mangel eines urbanen Kristallisationskerns noch verhängnisvoller bemerkbar gemacht als etwa im Aargau oder im Thurgau und das Zusammenwachsen eines Gemeinwesens verzögert, dessen Bezirke einander bei der Staatsgründung laut Ghiringelli so fremd waren »wie Römer, Mailänder und Piemontesen«. Für die einzelnen Regionen, meint er, sei »die enge Nachbarschaft nur Anlaß zu gegenseitiger Mißgunst und Verachtung« gewesen, und das Volk habe die Gesamtheit des Kantons nicht »in gleicher Weise als Verband zu empfinden« vermocht, »wie es für Lugano, Locarno, Mendrisio, Bellinzona usw. zu empfinden gewohnt war«. Es hängt mit dieser Rivalität zusammen, daß das Tessin bis 1878 nicht einmal einen ständigen Hauptort besaß. Alle sechs Jahre wechselte der Regierungssitz zwischen Lugano, Bellinzona und Locarno. Ein Versuch, Räte und Verwaltung 1865 endgültig in Bellinzona zu etablieren, rief im Sottoceneri einen so erbitterten Widerstand hervor, daß das Tessin um ein Haar in zwei Halbkantone zerfallen wäre. Überhaupt gehört der Gegensatz zwischen Sotto- und Sopraceneri, zwischen dem kleineren, aber wohlhabenderen, dichter besiedelten, »italienischeren« Süden und dem größeren, ärmeren, alpinen und ausgeprägter »helvetischen« Norden zu den Grundkonstanten tessinischer Politik.

Schließlich setzte sich Bellinzona doch als Hauptstadt durch, vor allem dank seiner zentralen Lage als Knotenpunkt des tessinischen Verkehrssystems: der ursprünglichste, am meisten »tessinische« aller »borghi«, schon weil es vom Fremdenverkehr nur am Rande berührt wird, aber trotz seinen drei romantisch burgengekrönten

Hügeln eine etwas kühle, zurückhaltende, ein wenig stagnierende, mehr solide als inspirierende Kleinstadt, konservativ im Stil, wenn auch »fortschrittlich« in der Politik, und ganz bestimmt nicht zur Rolle eines geistigen Zentrums prädestiniert. Viel eher schien schon Lugano berufen, in diese Funktion hineinzuwachsen. Hier herrscht ein heftigerer Rhythmus, gesteigerte südländische Betriebsamkeit und ein fast schon großstädtisch anmutendes Gewimmel, und nicht allein dank dem stärkeren kosmopolitischen Einschlag des Fremdenortes. Schon die frühen Reisenden zeigten sich von dem Elan und der Lebendigkeit der kleinen Stadt ebenso entzückt wie von ihrer hinreißenden Lage, von dem amphitheatralischen Schwung, mit dem sie sich aus der bedrängenden Enge ihres Buchtgestades über gewundene Straßen hügelan erhebt, und von der Vielfalt der Kontraste, die ihre Landschaft auf dem begrenzten Raum zwischen der dramatischen Felspyramide des San Salvatore und den sanfteren Rundungen des Monte Brè ausbreitet. Aber so unbestritten Lugano das Sottoceneri dominiert – für die Nordtessiner bleibt es eine fremde Welt. Daß seine Agglomeration inzwischen auf mehr als 90 000 Einwohner angeschwollen ist, macht es dem Landtessiner fast schon verdächtig.

Sein nördliches Gegenstück bildet Locarno, das gleichfalls auf eine bedeutende Tradition zurückblickt (sein Markt wird schon im 9. Jahrhundert erwähnt) und auch zum Kern einer rasch aufschießenden, womöglich noch mehr internationalisierten Agglomeration geworden ist. Mittelpunkt einer größeren, freilich weniger blühenden Region, die das Centovalli wie das ganze Maggia-, Verzasca- und Onsernonetal umschließt, gibt es sich nicht minder ehrgeizig, aber gewissermaßen auf eine gemächlichere Art. So wie die Natur hier mehr auf epische Breite als auf dramatische Dichte angelegt ist, so scheinen auch die Wesenszüge der Stadt eher durch Ausgeglichenheit als durch Intensität gekennzeichnet – soweit man beim Ausmaß der Überfremdung überhaupt noch von unverwechselbar eigenen Zügen sprechen kann. Eben diese Überfremdung bringt es auch mit sich, daß sich das kulturelle Leben stärker auf die Bedürfnisse der Gäste als auf die der tessinischen Umwelt hin ausrichtet. Die Zentren saugen die Kräfte des Hinterlandes an sich, aber sie geben ihm ihrerseits wenig Impulse ab. So hat das Tessin alles in allem eher die Nachteile als die Vorteile der Urbanisierung mitbekommen. Die vier städtischen und quasi-städtischen Agglomerationen – zu den drei genannten kommt noch der Grenzort Chiasso hinzu, der mit den

Nachbargemeinden im südlichen Mendrisiotto allmählich zu einer neuen Stadt verschmilzt – umfassen zwar bereits weit mehr als die Hälfte der Kantonsbevölkerung. Aber das hebt die traditionelle Zersplitterung nicht auf, macht sie vielmehr eher noch fühlbarer; im Nebeneinander der rasch wachsenden und einander doch eifersüchtig belauernden Kleinstädte potenziert sich das Gebrechen eines Regionalismus, der die Schwächen mangelnden Zusammenhalts nicht mehr durch die Stärken ungebrochenen ländlichen Eigenlebens ausbalancieren kann.

Vielleicht noch mehr als unter den regionalen Gegensätzen aber hat das Tessin lange unter dem Kampf der Parteien gelitten. Schon Walsh, der seine Beobachtungen in den dreißiger Jahren des 19. Jahrhunderts sammelte, hat über die Schärfe dieses Kampfes seinen Kopf geschüttelt (»L'esprit de faction«, so stellt er fest, »règne ici plus qu'en aucune autre contrée de la Suisse«). Ganz ähnliche Klagen über den »Faktionsgeist« reichen bis ins 18. Jahrhundert zurück, in dem sich die politische Leidenschaft noch im engen Kreis der voneinander isolierten Vogteien austobte. Selbst ein Beobachter wie der Deutsche Wilhelm Hamm, der kombattante Demokrat, der das Tessin als einen der »freisinnigsten Cantone der Schweiz« rühmte, kommt nicht ganz darum herum, über die »Unverträglichkeit der Einzelnen untereinander« nachzusinnen, die sich nicht bloß in der »Prozeßkrämerei«, sondern auch in »oft blutigen Händeln« manifestieren – Händeln, die sich ebenso leicht an einem politischen wie einem privaten oder lokalpatriotischen Beweggrund zu entzünden vermochten. Tatsächlich hat der Parteienzwist – zuerst etwa zwischen »gemäßigten« und »reinen« Liberalen ausgetragen, später vor allem am Gegensatz von Konservatismus und Radikalismus hochgesteigert – das ganze 19. Jahrhundert hindurch immer wieder über die Grenzen der Legalität hinausgeschlagen und die Eidgenossenschaft mehr als einmal zur militärischen Intervention gezwungen (wobei der Bund sich zur Zeit der freisinnigen Vorherrschaft allerdings teilweise auf eine höchst parteiische Weise in die Tessiner Auseinandersetzung einmischte und nicht einmal vor der willkürlichen Annullierung unbequemer Wahlen zurückschreckte, wenn es darauf ankam, die Radikalen am Ruder zu halten, beim »Pronunciamento« der Linken von 1855 beispielsweise). Noch 1890 kam es zu einer blutigen radikalen »Revolution« gegen eine konservative Regierung, bei der ein Mitglied des Staatsrates von den Rebellen kurzerhand über den Haufen geschossen wurde – ein Beispiel politischer Verwilderung, das in der neueren Schweizer Geschichte wohl einzig dastehen dürfte.

Es scheint bemerkenswert, daß das Tessin neben Solothurn der einzige katholische Kanton ist, der im allgemeinen ein radikales Übergewicht aufweist – und keineswegs nur im Gefolge solcher Emeuten. Zweifellos hängt das eng damit zusammen, daß es seine Staatswerdung den Erschütterungen der Französischen Revolution verdankt. Aber es hat wohl noch einen tieferen Grund: die eigentümlich ambivalente Haltung des Volkes gegenüber der Kirche. Nicht als ob man den Tessiner als schlankweg antiklerikal einstufen dürfte. Auch die freisinnigen Administrationen haben es nie ernsthaft gewagt, den Katholizismus als Staatsreligion in Frage zu stellen; erst vor wenigen Jahren ist im Tessin als letztem Kanton der Eidgenossenschaft diese antiquierte Identifikation des Staates mit einem bestimmten Bekenntnis aufgehoben worden – und dann ohne ernsthaften Widerstand von kirchlicher Seite.

Aber die religiöse Inbrunst des Innerschweizers, des Wallisers oder gar des Freiburgers bleibt dem *Ticinese* fremd. Eben deswegen neigt er viel eher zur quasi-indifferenten Duldung in Glaubenssachen; für Fanatismus und Intoleranz hat er wenig übrig, gleichgültig ob ihm diese Züge mit klerikalem oder mit liberalem Vorzeichen entgegentreten. Sein Verhältnis zur Kirche scheint stärker von ästhetischen als von metaphysischen Bedürfnissen bestimmt. Auch der Liberale oder der Sozialist zieht am hohen Feiertag gern das Gewand einer kirchlichen Bruderschaft über, um gemessenen Schrittes den Baldachin zu tragen. Aber das bedeutet noch lange nicht, daß er dem Priester erlaubt, ihm in sein Privatleben oder seine politische Überzeugung hineinzureden: Wo die Kirche als »Ordnungsmacht« aufzutreten versucht, tritt er ihr mit einer heiteren Respektlosigkeit entgegen. So sieht sich die kirchliche Hierarchie selbst auf ihrem eigensten Gebiet immer wieder herausgefordert, wenn etwa eine sonst ganz brave Gemeinde lieber ihre Kirche kurzerhand schließt als einen mißliebigen Pfarrer zu dulden, den ihr der Bischof vor die Nase setzt. Der Tessiner ist überhaupt ein geborener Frondeur, ein heimlicher Anarchist unbekümmert um sein politisches oder religiöses Bekenntnis. Feind nicht nur jeder »Staatsschikane« (Erich Mühsam), sondern auch jedes Bestrebens zur Monopolisierung der Macht.

Die Verfassung von 1892 hat dem dadurch Rechnung getragen, daß sie nicht nur für die Wahl des Großen Rats, sondern auch für die der Kantonsregierung (des Staatsrats) kurzerhand den Proporz einführte und damit die Staatsautorität gleichsam ausparzellierte. Der feste Rechtsanspruch der Minderheit auf angemessene Beteiligung an der Exekutive hat die aufgebrachten Gemüter wirksam beschwichtigt und zugleich den raffinierten Manipulationen einer ausgeklügelten Wahlkreisgeometrie enge Grenzen gezogen. Die Verfassungsänderung von 1922 ging noch ein Stück weiter: Von nun an durfte eine Partei auf keinen Fall mehr die Mehrheit im fünfköpfigen Staatsrat beanspruchen, wenn sie nicht über die absolute Stimmenmehrheit verfügt – eine einzigartige konstitutionelle Klausel, die geradewegs auf die Privilegierung der politischen Minoritäten hinausläuft.

Den größten Profit aus dieser Vorschrift haben bisher die Sozialdemokraten gezogen, die trotz ihrer relativen Schwäche mit heute weniger als einem Siebtel der Wähler das Zünglein an der Waage zwischen Radikalen und Konservativen spielen können. Da sich die beiden »historischen« Parteien, bei einem gewissen radikalen Vorsprung, im allgemeinen annähernd ausbalancieren, kommt es für sie darauf an, sich der sozialistischen Unterstützung zu vergewissern. Hatte einst die Linke den Konservativen geholfen, das radikale Regiment aus dem Sattel zu werfen (der Regierungsproporz war der Dank dafür), so zogen später Radikale und Sozialisten als Parteien der Arbeitsgemeinschaft »*intesa da sinistra*« an einem Strick.

Derzeit gehören alle diese Allianzen der Vergangenheit an. Heftige innere Spannungen zwischen gemäßigten und extremen Tendenzen, zwischen rechten und linken Flügeln machen so gut wie allen »historischen Parteien« zu schaffen. Bei den Sozialisten haben sie schon Ende der sechziger Jahre zur offenen Spaltung geführt; die damals begründete, ideologisch zunächst irgendwo im Zwischenreich zwischen orthodoxem Marxismus und Maoismus angesiedelte Autonome Sozialistische Partei (PSA) ist erstaunlicherweise der Verstrickung ins ultralinke Sektenwesen zu einem guten Teil entgangen und hat eine ähnliche Anziehungskraft auf alternative Wähler entwickelt wie die POCH in einigen deutschschweizerischen Kantonen. Sie bedrängt die Mutterpartei so kräftig, daß ihr bei den Staatsratswahlen von 1983 der Versuch, den sozialdemokratischen Vertreter in der Exekutive durch einen eigenen Mann abzulösen, nur um Haaresbreite mißlungen ist.

Aber auch die Radikalen haben lange am Rande eines innerparteilichen Bruchs balanciert. Meinungsverschiedenheiten zwischen der

Gruppe, die sich in dem Klub »Liberi e Svizzeri« eine eigene organisatorische Basis für ihren schroffen, autoritären Verlockungen mindestens zugänglichen und sehr großkapitalistisch eingefärbten aggressiven »Antimarxismus« schuf, und ihren mehr moderierten, sozialpolitisch aufgeschlossenen oder gar von progressiven Tendenzen beeinflußten Gegenspielern schienen auf einen kritischen Punkt hinzutreiben. Auch wenn die Einheit gewahrt werden konnte, haben diese Machtkämpfe viel böses Blut geschaffen. Dies um so mehr, als sie sich, wie so oft im Tessin, nicht nur mit persönlichen, sondern auch mit regionalen Gegensätzen verflochten: Der Rechtsfreisinn hatte seine Bastion in Lugano, wo ihm die Zeitung »Gazzetta Ticinese« kräftige publizistische Unterstützung lieh; die gemäßigten und der linken Mitte zuneigenden Elemente kamen vor allem aus dem Sopraceneri, wo das Mißtrauen gegen den Herrenstandpunkt der Luganeser Großkopfeten grassiert.

Allerdings: mit den Ideologien nimmt man es im Tessin meist so wenig genau wie mit der Religion. Nicht die Weltanschauungen zählen in der Politik, sondern die Persönlichkeit, ihr solider praktischer Einfluß, ihre Protektion. Mehr als in jedem anderen größeren Schweizerkanton verfügt hier der einzelne Politiker noch über seine feste Klientel, und er scheut sich auch nicht, diese Klientel nötigenfalls mit dem Mittel des mehr oder minder unverhüllten Stimmenkaufs – gegen bar oder gegen gewisse Vergünstigungen – zu vergrößern. Noch immer gilt, was Walsh in den dreißiger Jahren des vorigen Jahrhunderts anmerkte: »Les voix se marchandent, pour ainsi dire, publiquement.« Und noch immer erweisen sich die Tessiner als Meister im Ersinnen immer neuer Schliche, die trotz der geheimen Wahl eine Kontrolle der Stimmabgabe ermöglichen – und ohne eine solche Kontrolle hat ja der Stimmenkauf keinen Sinn. Umgekehrt muß aber auch, wer vorwärtskommen will, sich des Rückhalts einer Partei oder noch besser einer möglichst einflußreichen Clique innerhalb einer Partei versichern: Der persönliche Zusammenhalt eines solchen Clans ist wichtiger als Probleme und Prinzipien, und die geeignete ideologische Dekoration findet sich immer als hübsches Ornament für eine robuste Gruppenwirtschaft. Es ist nur ein Symptom dieses freilich sehr südländischen, fast ein wenig neapolitanisch anmutenden Verhältnisses zur Politik, wenn die Stimmbeteiligung bei Sachabstimmungen zwar oft auf geradezu generische Tiefen absinkt, selbst wo es um politisch bedeutsame Entscheidungen geht, wenn sie aber anderseits bei Wahlen fast regelmäßig in die Region des guten schweizerischen Durchschnitts emporschnellt – und bei Gemeindewahlen mag sie sogar nahe an den heute exzeptionellen Satz von 80 % herankommen.

Auch die tessinische Politik spiegelt damit den Unterschied der Temperamente und der Mentalitäten zur alemannischen wie zur französischen Schweiz wider. Bei all ihrer Heftigkeit, die ihr auch nach dem Abklingen der früheren Turbulenz geblieben ist und die sich etwa in der für schweizerische Verhältnisse ganz ungewöhnlichen Giftigkeit mancher Pressepolemiken äußert, wohnt ihr ein fast spielerisches Element inne, eine spürbare Abneigung, den Staat allzu ernst zu nehmen, eine lässige Bereitschaft, sich auch mit einem Einschlag milder Korruption abzufinden, wenn er das Leben leichter macht. Denn dem Tessiner fehlt jedes Talent zu jenem Puritanismus, der dem protestantischen Deutschschweizer fast schon zur Natur geworden ist und selbst den katholischen und den welschen Miteidgenossen eignet, ja in einzelnen der bündnerischen Südtäler (sicher im Bergell, teilweise auch im Puschlav) sogar ins italienische Sprachgebiet hinübergreift. Die hausbackene Solidität des Alemannen kommt ihm als schiere Schwerfälligkeit vor, während dieser seinerseits gleich ratlos vor dem aufbrausenden Ungestüm wie vor der Nonchalance seines südlichen Widerparts steht und dahinter pädagogisch-streng Oberflächlichkeit und Verantwortungslosigkeit wittert. Aber der Tessiner ist nicht ein schlechterer Demokrat, weil er die Dinge des öffentlichen Lebens gern auf die leichte Schulter nimmt und auch der Gemeinschaft gegenüber seinen persönlichen Vorteil offenbarer und ungehemmter verfolgt. Er ist nur ein anderer Demokrat – weil er einem anderen Menschentypus angehört. Daß er, wenn es darauf ankommt, seinen Opportunismus auch in die Ecke stellt und fest bei seinem Leisten bleiben kann, hat er in der zwanzigjährigen Auseinandersetzung mit dem Faschismus bewiesen. Im allgemeinen aber ist er zu sehr kritischer Skeptiker, um sich von Grundsätzen Fesseln anlegen zu lassen. Seiner Politik wie seiner Religion wohnt ein Element des »l'art pour l'art« inne. Aber sollte die prosaische Eidgenossenschaft nicht eines solchen Elementes zum Ausgleich gegen das Übermaß von Erdenschwere gerade bedürfen?

Erläuterungen

Bürgergemeinden: Neben dem Bürgerrecht der Eidgenossenschaft und seines Heimatkantons besitzt jeder Schweizer auch das Bürgerrecht einer Gemeinde, und zwar unabhängig davon, wo er geboren ist und wo er lebt; sollte er in Not geraten, so ist seine Gemeinde gehalten, ihn zu unterstützen. Die Bürgergemeinden, die zu diesem Zweck ihr eigenes »Bürgergut« verwalten, sind von der Einwohnergemeinde, der die üblichen kommunalen Aufgaben zustehen und in der auch der ortsansässige Nicht-Ortsbürger normale politische Rechte genießt, sorgfältig zu unterscheiden.

Bundesrat. Die erstmals in der Bundesverfassung von 1848 vorgesehene siebenköpfige Kollegialbehörde, die in der Schweiz die Funktionen einer Bundesregierung ausübt. Der Bundesrat wird von der Bundesversammlung, d. h. von den gemeinsam tagenden National- und Ständeräten, auf vier Jahre gewählt und kann während seiner Amtszeit nicht gestürzt werden; tatsächlich hat sich die Praxis herausgebildet, die Mitglieder dieser Behörde, soweit sie nicht freiwillig zurücktreten, in ihrem Amt regelmäßig zu bestätigen. Einen eigentlichen Regierungs- oder Staatschef kennt die Eidgenossenschaft nicht: Der alljährlich im Turnus aus den sieben Bundesräten neu gewählte *Bundespräsident* ist nur ein *primus inter pares*, dem außer der Vertretung des Landes nach außen keinerlei eigene Kompetenzen zukommen.

Bundesverträge. Der Staatenbund der alten Eidgenossenschaft (vor 1798) beruhte weder auf einer Verfassung noch auf einem allgemeinen, alle Glieder gleichermaßen verpflichtenden Vertrag, sondern auf einem Netz vielfältiger Allianzen zwischen den souveränen Kantonen. Die ersten Bundesverträge von 1291 und 1315 umfaßten nur die drei Urkantone Uri, Schwyz und Unterwalden; später neu hinzukommende Bundesglieder wurden nicht in diesen Bund aufgenommen, sondern schlossen mit ihm eigene, in »Bundesbriefen« niedergelegte Verträge ab – wobei es keineswegs als notwendig empfunden wurde, daß solche Instrumente, die jeweils recht verschiedenartige Rechtsverhältnisse begründeten, unbedingt mit allen bis zu diesem Augenblick als Angehörige der Eidgenossenschaft betrachteten Ständen abgeschlossen wurden. Der erste einheitliche, für sämtliche Kantone in gleichem Maße verbindliche Bundesvertrag entstand erst 1815.

Burgrechte. Mittelalterlicher, bis zum Ende der alten Eidgenossenschaft üblicher Ausdruck für Bündnisse zwischen Städten und Stadtstaaten; entsprechende Verträge zwischen den ländlichen Kommunen wurden demgemäß als »Landrechte« bezeichnet.

Fronten, Frontenbewegung. Sammelname für eine Reihe faschistischer oder autoritär gerichteter politischer Gruppen der dreißiger Jahre, von denen sich mehrere die Bezeichnung »Front« zugelegt hatten (»Neue Front«, »Nationale Front«, »Eidgenössische Front«).

Gemeine Herrschaften. In der alten Eidgenossenschaft Bezeichnung von Kondominien mehrerer Kantone, die gemeinsam eroberte Gebiete wie den Thurgau, die Grafschaft Baden im Aargau und die tessinischen Talschaften gemeinsam (oder eher in turnusmäßigem Wechsel) verwalteten.

Halbkantone. Die drei Kantone Unterwalden, Appenzell und Basel zerfallen jeweils in zwei Gemeinwesen, die als Halbkantone bezeichnet werden, (Obwalden und Nidwalden, Innerrhoden und Außerrhoden, Baselstadt und Baselland) und alle Rechte eines normalen Kantons genießen, die aber statt zwei Vertretern nur einen in den Ständerat abordnen und deren Stimmen bei Volksabstimmungen über die Änderung der Bundesverfassung, die außer dem »Volksmehr« auch ein »Ständemehr« (d. h. die Mehrheit der Abstimmenden in mehr als der Hälfte der Kantone) erfordern, nur halb gezählt werden.

Initiative. Soviel wie Volksbegehren. In sämtlichen Kantonen mit Ausnahme der Landsgemeindekantone (s. u.) hat eine verfassungsmäßig festgelegte Zahl von Bürgern das Recht, Gesetzesentwürfe einzubringen, die dann der Volksabstimmung unterworfen werden müssen (»formulierte Initiative«), oder von den kantonalen Parlamenten die Ausarbeitung entsprechender Gesetze in der Form einer allgemeinen Anregung zu verlangen.

Landsgemeinde. Die alte, heute noch in Glarus und in den Halbkantonen Unterwaldens und Appenzells fortlebende Form der direkten Demokratie, in der sämtliche stimmberechtigten Bürger alljährlich im »Ring« zusammenkommen, um die Behörden des Kantons sowie die Ständeräte zu wählen und über Gesetzesvorlagen in offener Abstimmung zu beschließen.

Landrechte siehe Burgrechte.

Nationalrat. Die »Volkskammer« des eidgenössischen Parlaments, deren 200 Abgeordnete sich auf die Kantone im Verhältnis ihrer Einwohnerzahl aufteilen, wobei jedoch jedem Kanton oder Halbkanton mindestens ein Nationalrat zusteht.

Orte. In der alten Eidgenossenschaft gebräuchlicher Ausdruck für Kantone.

Referendum. Volksentscheid. Ursprünglich bezeichnete der Begriff in den föderativ gegliederten Kantonen Graubünden und Wallis das Recht der einzelnen Gerichtsgemeinden bzw. Zehnden, das letzte Wort über Beschlüsse der kantonalen Behörden zu sprechen, wurde aber auch für freiwillig von den Regierungen (besonders der bernischen) ausgeschriebene Volksanfragen benützt. Das moderne Referendum beruht auf dem Gedanken, daß entweder sämtliche Gesetze der Volksabstimmung zu unterbreiten seien (»obligatorisches Referendum«) oder daß eine bestimmte Anzahl von Stimmbürgern berechtigt sein solle, einen solchen Volksentscheid über parlamentarisch beschlossene Gesetze zu verlangen (»fakultatives Referendum«).

Regierungsrat. Soviel wie Kantonsregierung oder Mitglied einer solchen Regierung (in einigen, insbesondere in welschen Kantonen auch als »Staatsrat« bezeichnet). In sämtlichen Kantonen werden die Regierungs- und Staatsräte heute durch direkte Volkswahl bestimmt.

Sonderbund. Eine in den frühen vierziger Jahren des 19. Jahrhunderts begründete »Schutzvereinigung« der katholisch-konservativen Kantone, die sich zunächst gegen die Aufhebung der Klöster im Aargau durch dessen freisinnige Regierung wandte, schließlich aber den Charakter einer militärischen Separat-Allianz der extrem föderalistischen Stände gegen die liberale und radikale Bewegung zur Errichtung eines schweizerischen Bundesstaates annahm. Da sich die Sonderbundeskantone 1847 einem Mehrheitsbeschluß der Tagsatzung zur Auflösung ihrer Vereinigung widersetzten, wurden sie von der freisinnigen Majorität im Sonderbundskrieg militärisch niedergeworfen, womit der Weg zur Begründung des Bundesstaates im folgenden Jahre freigemacht wurde.

Stände. Soviel wie Kantone.

Ständerat. Das dem amerikanischen Senat nachgebildete Oberhaus des eidgenössischen Parlaments, in den jeder Kanton unabhängig von seiner Größe zwei Abgeordnete, jeder Halbkanton einen entsendet. Da der Ständerat als Organ der Kantone (»Stände«) betrachtet wird, können diese auch nach eigenem Ermessen darüber bestimmen, in welcher Weise sie ihre Vertreter in dieser Kammer benennen. Als die Eidgenossenschaft noch kein Frauenstimmrecht kannte, stand es einem Kanton, der dieses Recht eingeführt hat, grundsätzlich völlig frei, auch eine Frau in den Ständerat abzuordnen – eine Möglichkeit, von der allerdings nie Gebrauch gemacht worden ist.

Tagsatzung. Das oberste Organ der alten Eidgenossenschaft, in dem neben den eigentlichen Bundesgliedern auch die Vertreter einiger privilegierter Zugewandten Orte Sitz und Stimme hatten. Es handelte sich dabei weder um eine legislative noch gar um eine exekutive Körperschaft, sondern um ein rein deliberatives Gremium, in dem die Abgesandten der Kantone an die Instruktionen ihrer Regierungen gebunden waren, vergleichbar etwa dem Reichstag des Heiligen Römischen Reiches oder, um eine moderne Parallele heranzuziehen, der Vollversammlung der Vereinten Nationen.

Vororte. Da der Staatenbund der alten Eidgenossenschaft über keine ständigen gemeinsamen Behörden außerhalb der unregelmäßig zusammentretenden Tagsatzung verfügte, wurde die Geschäftsführung in der Zeit zwischen den Versammlungen dieser Körperschaft von der Regierung des Kantons besorgt, der auch den Vorsitz an der Tagsatzung führte (ursprünglich überwiegend Zürich, Bern und Luzern, vom 17. bis zum Ende des 18. Jahrhunderts Zürich allein); in der Mediationszeit wechselte diese Funktion zwischen sechs Ständen ab; unter dem Bundesvertrag von 1815 kam sie wiederum – nun aber in festem Turnus – Zürich, Bern und Luzern zu, die auch heute noch in der offiziellen Reihenfolge der Kantone vor den anderen, in der geschichtlichen Folge ihres Beitritts zur Eidgenossenschaft aufgeführten Ständen rangieren.

Waldstätte. Hier durchwegs entsprechend dem alten Sprachgebrauch als Synonym für die drei Urkantone Uri, Schwyz und Unterwalden benützt; gelegentlich wird der Ausdruck auch erweitert, um Luzern einzuschließen (»Vierwaldstätter See«).

Welsche Schweiz. Allgemein gebräuchlicher Ausdruck für französische Schweiz.

Zugewandte Orte. Sammelbezeichnung für jene Glieder der alten eidgenössischen Bünde, die nicht als vollberechtigte »Orte« galten und daher insbesondere auch keinen Anteil an den Gemeinen Herrschaften (s. d.) hatten.

Piper Panoramen der Welt

Fritz René Allemann
8mal Portugal
Überarb. und erweiterte Neuausgabe. 3. Aufl., 15. Tsd. 1983.
369 Seiten mit 37 Fotos

Harald Bilger
111mal Südafrika
1982. 399 Seiten mit 35 Fotos
(Auch in der Serie Piper 5102 lieferbar)

Raymond Cartier
50mal Amerika
Übersetzt aus dem Französischen von Leonore Schlaich/Max Harriès Kester.
16. Aufl., 102. Tsd. 1983. 519 Seiten mit 31 Fotos
(Auch in der Serie Piper 5101 lieferbar)

Tony Gray
50mal Irland
Aus dem Englischen von Ute Wiechern/Hans Jürgen von Koskull.
3., überarb. Aufl., 17. Tsd. 1981. 417 Seiten mit 19 Fotos
(Auch in der Serie Piper 5105 lieferbar)

Erich Helmensdorfer
50mal Ägypten
2., überarb. und erweiterte Aufl., 9. Tsd. 1981. 346 Seiten mit 28 Fotos

Toni Kienlechner
12mal Italien
1980. 454 Seiten mit 19 Fotos

Piper

Piper Panoramen der Welt

Ernst Kobbert
26mal Belgien – 1mal Luxemburg
1983. 331 Seiten mit 29 Fotos

Rudolf Walter Leonhardt
77mal England
Panorama einer Insel. 13. Aufl., 71. Tsd. 1983. 433 Seiten mit 33 Fotos

Klaus Liebe
6mal Jugoslawien – 1mal Albanien
1974. 549 Seiten

Eka von Merveldt
4mal Florenz
1982. 349 Seiten. 61 Abbildungen auf Tafeln

James Morris
3mal Venedig
2., überarb. Aufl., 11. Tsd. 1983. 360 Seiten mit 24 Fotos

Josef Müller-Marein/Catherine Krahmer
25mal Frankreich
3. Aufl., 26. Tsd. 1982. 538 Seiten mit 17 Fotos

Marcel Niedergang
20mal Lateinamerika
Von Mexiko bis Feuerland.
5. Aufl., 28. Tsd. 1978. 575 Seiten mit 17 Karten
und 26 Fotos

Piper

Piper Panoramen der Welt

Dietmar Rothermund
5mal Indien
2. Aufl., 10. Tsd. 1983. 459 Seiten mit 22 Fotos

Hermann Schreiber
6mal Paris
Biographie einer Weltstadt. 2. Aufl., 11. Tsd. 1981.
450 Seiten mit 62 Abbildungen und 23 Tafeln

Axel Schützsack
4mal Skandinavien
1977. 338 Seiten mit 12 Fotos

Klaus Viedebantt
30mal Australien und Neuseeland
3. Aufl., 17. Tsd. 1983. 354 Seiten mit 23 Fotos

Günter C. Vieten
30mal Holland
1983. 293 Seiten mit 20 Fotos

Rudolf Woller
6mal Kanada
1984. 398 Seiten mit 16 Fotos und 2 Karten

Piper